荷塘年鉴

HETANG NIANJIAN

2021

《荷塘年鉴》编辑委员会 编

方志出版社
Publishing House of Local Records

图书在版编目（CIP）数据

荷塘年鉴 .2021/《荷塘年鉴》编辑委员会编 .--北京:方志出版社，2021.11

ISBN 978—7—5144—4901—3

I. ①荷… II. ①荷… III. ①区（城市）—株洲—2021—年鉴 IV. ① Z526. 44

中国版本图书馆 CIP 数据核字（2021）第 229122 号

荷塘年鉴2021

编　　者：《荷塘年鉴》编辑委员会
责任编辑：齐　笑

出 版 者：方志出版社
地址 北京市朝阳区潘家园东里 9 号（国家方志馆 4 层）
邮编 100021
网址 http://www.zgfzcb.cn
发　　行：方志出版社图书经销中心
电话（010）67110500
经　　销：各地新华书店
印　　刷：湖南金太阳印刷有限公司

开　　本：889 × 1194　　1/16
印　　张：28.625
字　　数：598 千字
版　　次：2021 年 11 月第 1 版　2021 年 11 月第 1 次印刷
印　　数：001 ~ 800 册

ISBN 978-7-5144-4901-3　　定价：268.00 元

《荷塘年鉴》编辑委员会

《荷塘年鉴》编辑部

编辑说明

一、本鉴坚持以马克思列宁主义、毛泽东思想、邓小平理论、“三个代表”重要思想、科学发展观、习近平新时代中国特色社会主义思想为指导，坚持辩证唯物主义和历史唯物主义的立场、观点和方法，全面、系统、真实地记载2020年荷塘区政治、经济、军事、文化和社会生活的基本情况和重大事件。

二、本鉴采用条目式记事体，分类编纂，基本结构为类目、分目、条目3个层次。设特载、大事记、综述、中共荷塘区委员会、荷塘区人民代表大会、荷塘区人民政府、政协荷塘区委员会、纪检•监察、群众团体、法治、军事、经济社会监督管理、农业与农村工作、科技和工业信息化、商贸•金融、财税审计、城乡建设与环境保护、园区建设、社会事业、镇•街道、人物、荣誉谱、重要文件选录、统计资料24个部类，共计约59.8余万字。

三、本鉴记述内容起止时间为2020年1月1日至2020年12月31日。为保持记述的完整性，个别内容在时间上限或下限上有所顺延。

四、本鉴文稿均由各部门（单位）指定专人撰写，并经撰稿部门（单位）领导审核，加盖公章，由年鉴编辑部编辑人员进行统一组稿和编辑。荷塘区新任（职务变动）区级领导简介资料，区委、区人大常委会、区政府、区政协及机关各部门（单位）负责人名单由区委组织部提供；“双管”单位，军事、金融等单位负责人名单由各所在单位提供。所收录新任（职务变动）区级领导为2020年新任或职务变动的领导；各部门（单位）负责人名单为2020年1月1日 至 2020年12月31日的任免名单。统计资料由区统计部门提供。

五、本鉴所收录的劳动模范和先进人物，以2020年当选或被授予为时限。囿于时间紧迫和资料收集等方面的原因，本鉴所录只为此范围内部分劳模和先进人物。“荣誉谱” 所收录荣誉未包含企业所获荣誉。

六、本鉴照片主要由区委宣传部提供，其余由各有关单位提供。为防疏漏错误， 照片一律不署作者姓名。

目　录

特　载

大事记

综　述

中共荷塘区委员会

荷塘区人民代表大会

荷塘区人民政府

政协株洲市荷塘区委员会

纪检•监察

群众团体

法 治

军　事

经济社会监督管理

农业与农村工作

科技和工业信息化

商贸•金融

财税审计

城乡建设与环境保护

园区建设

社会事业

镇•街道

人　物

荣誉谱

重要文件选录

统计资料

索　引

荷塘区行政区划图

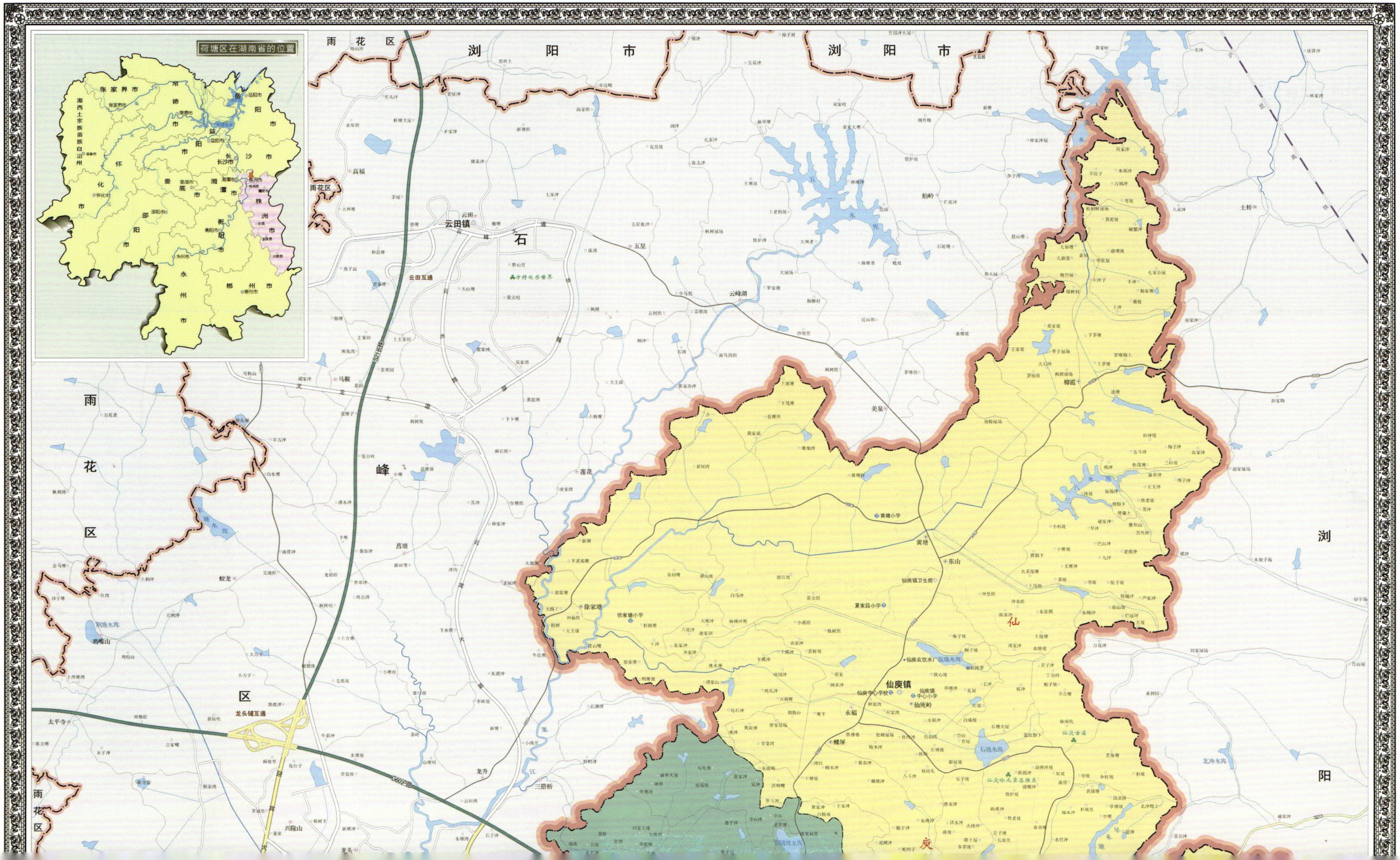

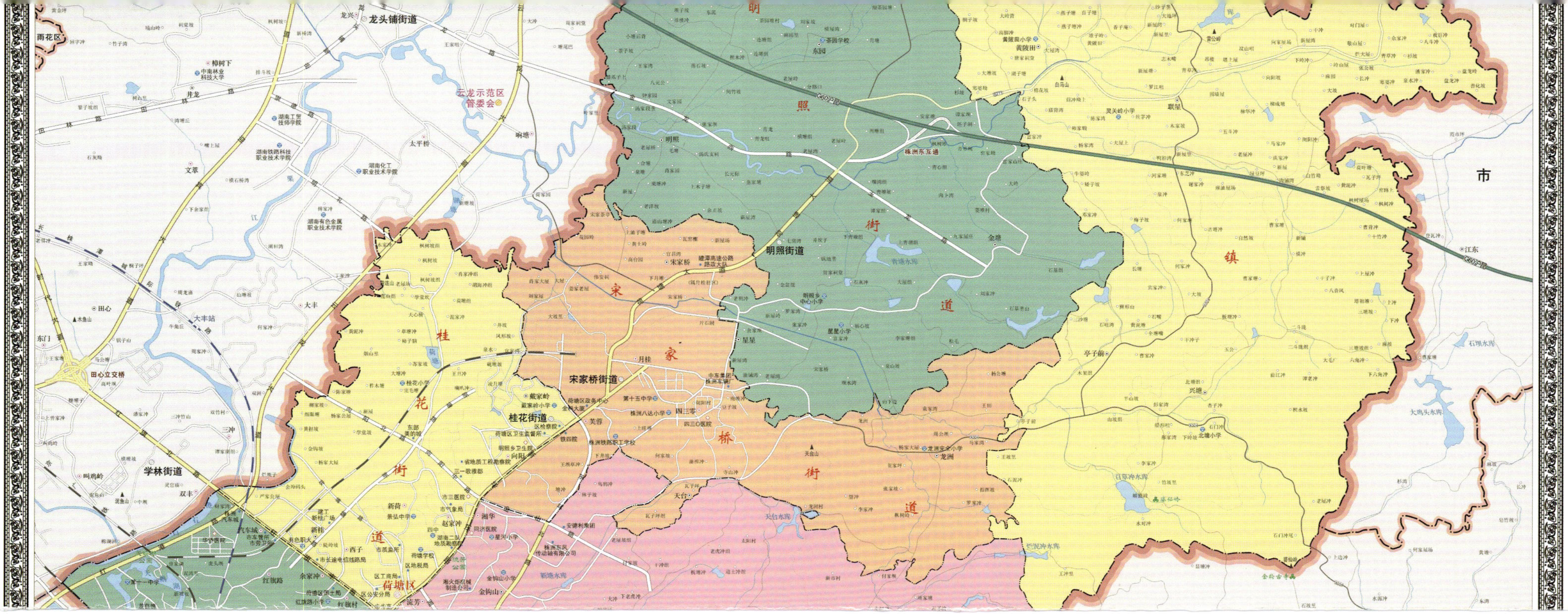

雨花区
龙头铺街道
云龙示范区管委会
学林街道
桂花街道
宋家桥街道
明照街道
荷塘区
市

荷塘荣誉

- 全国计划生育优质服务先进单位
- 全面小康补短板推进工作优秀县
- 湖南省疫情期间稳就业工作较好县市区
- 2020年度全省综治考核评估先进县市区
- 湖南省动物疫病防控先进县

◇ SHUZI HETANG ◇

数字荷塘

- ▲ 全区常住人口 34.89 万人
- ▲ 地区生产总值（GDP）244.2亿元
- ▲ 农林牧渔业总产值 9.4 亿元
- ▲ 规模以上工业同比增长 5.2%
- ▲ 固定资产投资同比增长 15.7%
- ▲ 全年社会消费品零售总额 79.9 亿元
- ▲ 一般公共预算总收入 8.1 亿元
- ▲ 高新技术增加值 79.1 亿元
- ▲ 小学在校学生 43952 人，义务教育入学率、完成率均为100%
- ▲ 全区城乡（镇）居民可支配收入 51491元

1月13日，中共荷塘区委五届八次全体（扩大）会议暨区委经济工作会议召开

8 月 28 日，中共荷塘区委五届九次全体（扩大）会议召开

2 月 4 日下午，召开区新冠肺炎疫情防控工作领导小组第九次会议

3 月 20 日，召开区新冠肺炎疫情防控工作调度会

1月13日，中共荷塘区委五届八次全体（扩大）会议暨区委经济工作会议召开

8 月 28 日，中共荷塘区委五届九次全体（扩大）会议召开

6 月 8—10 日，荷塘区第五届人民代表大会第五次会议召开

6 月 8—10 日，政协荷塘区第五届委员会第五次会议召开

3月17日，中共荷塘区第五届纪律检查委员会第五次全体会议召开

5月20日，荷塘区“十四五”规划编制工作动员大会召开

重要会议

6 月19 日，荷塘区“产业项目建设年”活动暨“温暖企业”行动推进大会召开

10月22日，学习贯彻习近平总书记考察湖南重要讲话精神省委宣讲团株洲分团报告会召开

11 月 30 日，省委第三巡视组巡视株洲市荷塘区工作动员会

12 月 4 日，荷塘区村（社区）“两委”换届工作会议召开

2 月 4 日下午，召开区新冠肺炎疫情防控工作领导小组第九次会议

3 月 20 日，召开区新冠肺炎疫情防控工作调度会

2月8日，区委书记邬凌云（左一）元宵节慰问疫情防控执勤点工作人员和志愿者

2月14日，区委书记邬凌云（左二）督导防疫隔离酒店的疫情防控工作

2 月 27 日，时任区委副书记、区长王利波（左三）督导农贸市场疫情防控工作

3 月 4 日，时任区委副书记、区长王利波（右二）深入辖区企业督导复工复产和疫情防控工作

12 月 26 日，区委副书记、区长罗鹏程（右五）到桂花街道卫生服务中心督导疫苗接种筹备工作

12 月 28 日，区委副书记、区长罗鹏程（右二）到区卫健局指导疫情防控工作

疫情防控

1 月 29 日，时任区委副书记赖晓智（右二）慰问疫情防控工作的医务工作者

2 月 13 日，时任区人大常委会主任陈友元（左一）督导社区疫情防控工作

12 月 30 日，区人大常委会主任刘国梁（右一）督导疫情防控工作

2 月 8 日，区政协主席何恒仁（左二）督导社区疫情防控工作

1 月 24 日，区委常委、统战部部长王顺安（左二）督导宗教场所疫情防控工作

1月30 日，区委常委、纪委书记、监委主任郑志富（左三）督导社区疫情防控工作

2 月 25 日，区委常委、人武部部长马永章（右二）给株洲市景弘中学送防疫物资

2 月 3 日，时任区委常委、区委办主任文韶松（左一）慰问社区疫情防控工作人员

1 月 30 日，时任区委常委、政法委书记成良池（左二）到社区督导疫情防控工作

1 月 30 日，区委常委、宣传部部长田灿（左一）到社区督导疫情防控工作

3 月 9 日，区委常委、区委组织部部长余鹏（右一）慰问派驻社区疫情防控工作队员

12 月 26 日，区委常委、常务副区长刘新华（左二）到中车株洲车辆有限公司督导疫情防控工作

疫情防控

12 月 17 日，区委常委、政法委书记王冬（前右二）到企业督导疫情防控工作

12 月 24 日，区委常委、区委办主任王伟胜（右一）到茨菇塘街道督导疫情防控工作

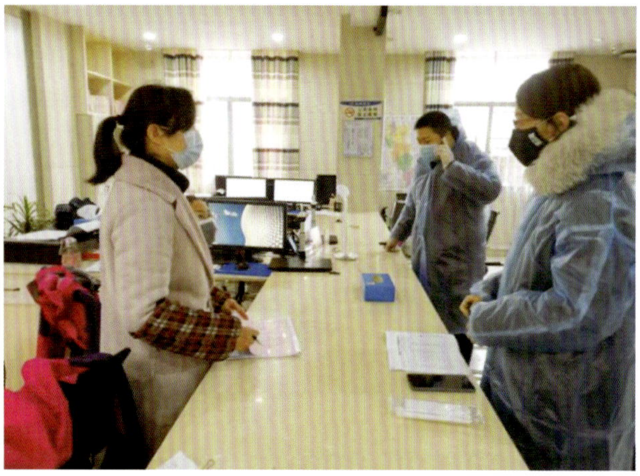

2 月 10 日，区纪委、监委到社区督导疫情防控工作

2 月 18 日，区委办给西子社区防疫志愿者赠送物资

2 月 17日，区人大常委会机关到徐家塘村开展防疫值守

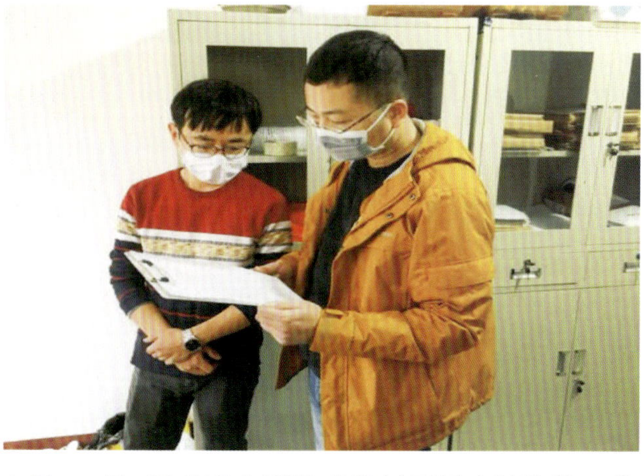

2 月 25 日，区政府办到仙庾岭村开展疫情防控工作

2 月 9 日，区政协机关到企业指导疫情防控工作

2 月 18 日，区委组织部到青塘社区指导疫情防控工作

2 月 19 日，区委宣传部到宋家桥村小微企业指导疫情防控工作

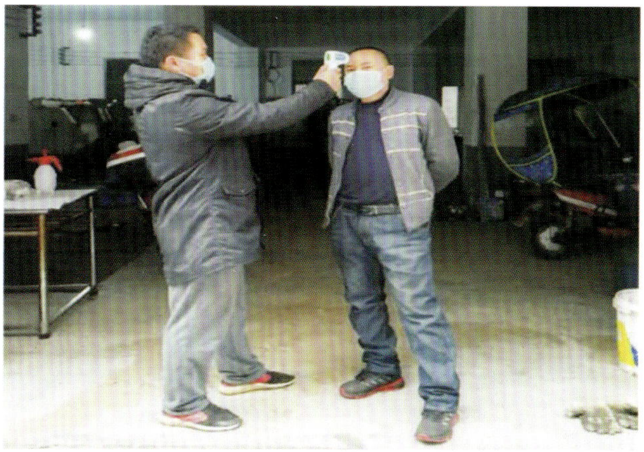

2 月 27 日，区委统战部到太阳村小微企业开展疫情防控工作

2 月 14 日，区委政法委到新荷社区慰问疫情防控一线工作者

1 月 24 日，区人武部组织干部、民兵到合泰开展病毒消杀工作

疫情防控

3 月 8 日，区卫生健康局到红南集中隔离酒店开展疫情防控工作

2 月 18 日，公安荷塘分局对重点地区开展疫情防控值守

2 月 19 日，交警荷塘大队在天鹅湖社区开展疫情防控排查

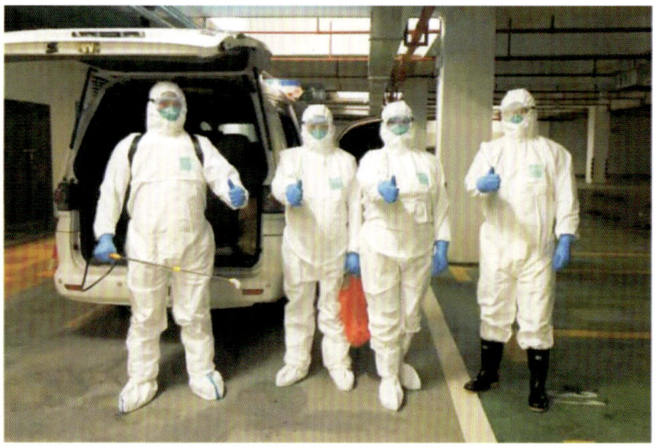

3 月 15 日，区疾控中心到小区进行防疫消毒

2 月 19 日，仙庾镇联合人民医院给 65 岁以上老人发放防疫中药

1 月 30 日，月塘街道在合泰小区给居家隔离的业主送生活物资

2 月 28 日，茨菇塘街道到辖区门店开展疫情防控工作

2 月 18 日，金山街道在辖区防疫卡点开展疫情防控值守

3 月 15 日，桂花街道到西子社区慰问防疫工作人员

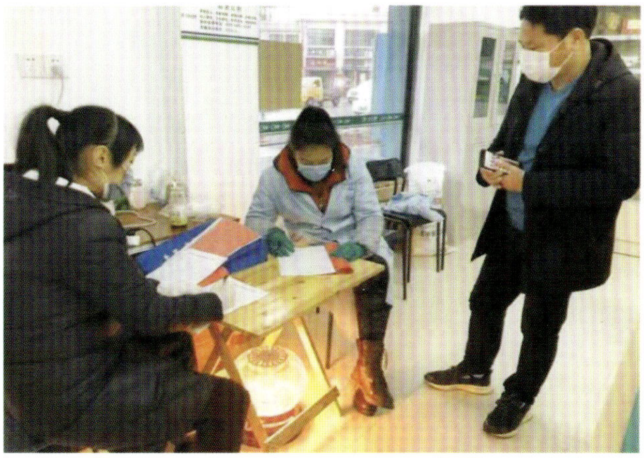

1 月 26 日，明照街道到门店检查消毒、佩戴口罩情况

1 月 20 日，宋家桥街道到小区发放疫情防控宣传资料

2 月 26 日，荷塘区召开学校重点项目建设工作推进会

3 月 3 日，湖南飞山奇新型环保建材制造基地项目开工

3 月 27 日，荷塘区召开三一智慧钢铁城项目指挥部建设领导小组第一次会议

4 月 15 日，荷塘区召开新业态电商产业基地项目研讨会

5 月 9 日，荷塘区召开全市装配式建筑产业链工作研讨会

6 月 4 日，株洲先进硬质材料检测中心揭牌

9月22日，株洲东大门国际商贸城竣工

9月25日，三一智慧钢铁城片区综合开发战略合作意向协议签约

9 月 28 日，新塘路四期（北环线—金桥路）新建工程开工

9 月 29 日，湖南师范大学附属株洲荷塘实验学校项目开工

9 月 29 日，明照湖公园建成开园

12 月 12 日，株洲三一智慧钢铁城产业服务中心项目开工

12 月 28 日，荷塘区召开绩效评估、真抓实干、产业项目建设年、“双比双看”工作调度会

12 月 31 日，中良电气、东裕美耐皿项目开工

1 月 15 日，荷塘区开展“一件事一次办”政务服务改革经验分享暨团队展示活动

4 月 30 日，荷塘区开展“遇见你•青春战‘疫’”故事分享会

5 月 4 日，荷塘区开展"快乐工作，健康生活"团队拓展训练

5月26日,荷塘区"精准就业服务"第二场招聘会在大润发前坪举行

6 月 24 日，荷塘区开展“健康人生•绿色无毒•幸福荷塘”宣传活动

9 月 9 日，湖南省 2020 年“破零倍增”进企业活动（荷塘区专场）

9月18日，荷塘区举办铭记历史、缅怀先烈、珍爱和平、开创未来9·18纪念活动

9月25日，荷塘区举办"庆国庆、爱祖国、颂英雄"朗诵比赛

10 月 22 日，荷塘区开展消防安全应急救援演练

10 月 27 日，荷塘区举行湖南省女职工素质教育大讲堂之心理健康讲座

11 月 10 日，荷塘区举行株洲市硬质合金产业信息化交流沙龙

11 月 28 日，荷塘区举办“公共文化进村入户 戏曲进乡村”文化惠民公益活动

12 月 10 日，荷塘区开展首届优秀社会工作案例现场评选活动

12 月 30 日，荷塘区开展网络安全攻防演习

1 月 17 日，荷塘区开展“邻里一家亲，欢喜迎新春”联谊活动

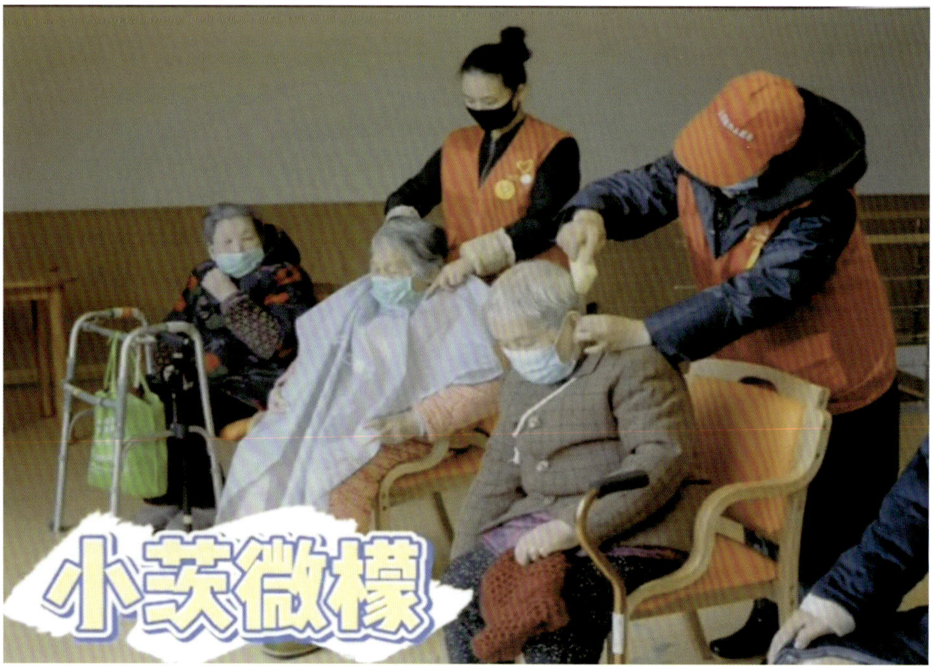

3 月 10 日，荷塘区小茨微檬志愿者为独居老人义剪

7 月 12 日，荷塘区开展爱心公益助学活动

8 月 31 日，荷塘区举行志愿者联合会“润苗助学”第七季活动

9 月 26 日，荷塘区召开精准就业服务企业群众大会

10 月 23 日，荷塘区开展“宋予爱心·浓情九九”重阳节文艺汇演活动

10 月 31 日，荷塘区开展第三届“幸福荷塘”健身广场舞大赛

11 月 13 日，荷塘区开展第五届职工健步行活动

11月18日，荷塘区开展金手杖家国共团圆亲子互动活动

12月4日，荷塘区开展志愿者嘉年华活动

12月7日，荷塘区开展老旧小区改造

12月30日，荷塘区茨兴小区改造完工

特　载

务实担当　主动作为
奋力开启建设现代化荷塘新征程

——在区委五届十次全体（扩大）会议暨区委经济工作会议上的讲话

中共荷塘区委书记　邬凌云

2021 年 1 月 13 日

同志们：

这次区委全会暨区委经济工作会议的主要任务是，以习近平新时代中国特色社会主义思想为指导，深入贯彻习近平总书记考察湖南重要讲话精神、省委十一届十二次和市委十二届十四次、十五次全会精神，认真落实中央、省委经济工作会议要求，总结 2020 年工作，分析当前形势，部署下一步工作，谋划“十四五”蓝图，动员全区上下立足新阶段、适应新要求，务实担当、主动作为，贯彻新发展理念，构建新发展格局，奋力开启建设现代化荷塘新征程。下面，受区委常委会委托，我向全会报告工作。

一、充分肯定成绩，坚定发展信心

过去的 2020 年是极不平凡、极其不易的一年。面对内外形势复杂深刻变化，特别是面对突如其来的新冠疫情严重冲击，我们认真落实习近平总书记考察湖南重要讲话精神，深入贯彻中央和省委、市委决策部署，统筹疫情防控和经济社会发展，扎实做好“六稳”工作，全面落实“六保”任务，以自身工作的确定性有

效应对外部环境的不确定性，在全面建成小康社会、“十三五”收官之年，巩固了稳中求进的良好态势，夺取了疫情防控和经济社会发展“双胜利”，推动高质量发展取得新进步。一年来，主要抓了以下工作：

一是认真学习贯彻党的十九届四中、五中全会精神和习近平总书记考察湖南重要讲话精神，谋划“十四五”工作。坚持把学习习近平总书记重要讲话精神作为区委常委会首个议题，区委理论中心组围绕学习《习近平谈治国理政》第三卷、推进高质量发展等主题开展集中学习，组织开展十九届四中、五中全会精神宣讲活动，持续强化理论武装。习近平总书记考察湖南后，我们迅速召开区委常委会，认真学习并研究贯彻落实意见。将习近平总书记重要讲话指示精神作为谋划“十四五”发展和二〇三五年远景目标的根本遵循，立足“三高四新”战略、“一谷三区”思路，并充分结合荷塘实际，推动“十四五”规划编制工作，进一步明晰要求和路径，为中长期工作明确方向和目标。

二是全力抗击新冠肺炎疫情。面对突如其来的新冠肺炎疫情大考，我们坚持人民至上、生命至上，迅速启动应急响应，建立联防联控机制，研究部署防疫措施，既注重全面防控覆盖，也突出重点区域攻坚，广泛发动群众守望相助，共克时艰，打响了一场防疫人民战争。关键时刻，从党员、医务工作者到志愿者、普通群众均挺身在前，众志成城，有效遏制疫情蔓延，全区未因疫情死亡一人、未出现一起社区传播病例。疫情相对平稳后，我们又迅速抓好复工复产、常态化疫情防控等工作，推动经济社会运行走向正轨。

三是牢牢稳住经济基本盘。有效应对疫情和内外环境冲击，制定并实施区级“六稳六保”工作方案，扎实开展争资引项、真抓实干激励表彰等工作，狠抓中央、省、市惠企政策落实，推动经济由负转正、企稳向好。预计全区全年将实现GDP251亿元、固定资产投资226.7亿元、地方一般公共预算总收入4.77亿元、社会消费品零售总额76亿元、城乡人均可支配收入5.5万元，分别同比增长4.2%、15.5%、0.5%、—2%、6%。电商营收占至全市26%，“四上”企业数逆势新增87个，市场活力重新焕发，主要经济指标走出低谷、好于预期。

四是扎实推进产业项目建设。以“产业项目建设年”、“双比双看”活动为主抓手，紧盯产业链招商、要素保障、企业服务和配套建设等关键环节，持续壮大基础产业，提升产业层次。实现产业链办实体运作，产业链建设措施更实、更系统，硬质材料成功申报为省级先进制造业集群。围绕钢铁、硬质合金、智能建造等新材料产业精准招商，先后洽谈大明国际、韵达物流等项目60余个，签约落地37个，投资总额达92亿元。全年累计融资55.9亿元，批回土地748亩，完成征拆征收项目33个，涉征土地3826亩，国有房屋征收超2.8万平方米，仅四季度，完成11个项目征拆清零。实现好媳妇、飞山奇等14个投资过亿元项目开工，汉德二期、稀美钛、现代物流一期等10个产值过亿元项目竣工投产，三一项目各项工作推进顺畅，达到预期进度。持续开展“温暖企业”行动，建立智能代办系统，深化“代办+带办”服务，飞山奇项目实现全市首个“拿地即开工”；帮助企业融资5.3亿元，落实减税降费1.2亿元，社保降费、租金减免0.8亿元，进一步降低企业经营成本。拉通悦宾路、金城东路二期等8条园区道路，青塘变电站完成交付，金山污水处理厂基本建成，明照湖公园顺利开园，园区学校、医院顺利开建，新老园区配套日趋完善，承载能力全面提升，综合实力稳步向前。

五是持续打好三大攻坚战。牢固树立过“紧日子”的思想，从严控制财政支出，全年共化解隐性债务1.42亿元，超额完成阶段化债目标，有望退出一类风险预警地区，重大风险始终总体可控。抓实中央和省环保督察反馈问题整改，交办任务全部办结，省环保督察“回头看”交办件已办结22件，办结率71%。深入开展蓝天、碧水、净土专项治理行动，空气优良率92.9%，创历史新高。大力推进黑臭水体整治，白石港、建宁港及其支流水系共8处黑臭水体均全面完工。深入推进两港周边污水直排问题治理，完成城区10余千米污水主管网建设。污染防治攻坚战打出了可喜战果，用看得见、闻得着的诸多变化，向群众交出了一份历史答卷。继续选派干部到泸溪县潭溪镇挂职，助力精准脱贫；配合做好全省脱贫攻坚干部考察，100%完成省脱贫攻坚质量“回头看”及涉贫信访问题整改，小康建设成果不断巩固。

六是大力提升城乡品质。2020年是荷塘区城市建设十分重要的一年。迎风路、黄泥塘路等城市道路启动续建，北环路C段竣工通车，在历经株洲火车站改造、智轨建设、新华桥重建等重要基础设施建设的“短痛”后，区内交通的微循环、大动脉将进一步打通，路网结构即将迎来质的蜕变。南岳岭片区建设稳步推进，红旗广场西南角完成征拆，汽车城片区改造启动，核心城区形象和品质将得到提升。新增水木阳光里等多个品质楼盘，省级老旧小区改造试点稳步推进，完成49个老旧小区改造和广铁、601等“三供一业”改造，群众居住环境有了明显改善。深化创建全国文明城市，巩固提升国家卫生城市，有效整治顽瘴痼疾，建宁驿站全部建成运行并推行市场化管养，垃圾分类试点有序推进，城区品质正展现出崭新气象。大力推进乡村振兴，仙庾镇建成自来水接引工程并实现供水，污水处理厂及污水管网完成建设，实现农村地区污水处理“零”的突破。聚力休闲产业发展，耕食小镇项目稳步推进，耕食书院开门营业，香荷等民宿项目竣工，一批休闲农业、乡村旅游、“直播经济”新业态成长迅速。实施耕地质量保护与提升工程，遏制耕地抛荒，切实保障粮食安全。探索构建农机、金融、仓储等农业保障体系，深化农业利益共同体建设，助力农业发展。扎实推进农村人居环境整治、农村厕所革命、美丽乡村建设等行动，村容村貌持续改善。

七是推深做实“幸福荷塘”系列民生行动。贯彻以人民为中心的发展思想，坚持投入不减、标准不降，用细致的服务，推动“幸福荷塘”系列民生行动增项提质，不断提升群众幸福感、获得感和安全感。全面推开精准就业服务。引入专业公司参与，搭建就业服务信息平台，召开企业群众大会，广泛动员各方参与，构建“政府雇员+就业服务专员+驻村工作队+志愿帮扶队”服务队伍，精准人岗匹配，组织订单式技能培训。全年累计培训3281人，同比增长1200%，实现新增就业1.1万余人。推深城乡帮困工作。发挥公益服务中心作用，孵化社会组织3家，入孵4家。“幸福荷塘V联盟”志愿服务平台已累计注册爱心组织52个、骨干志愿者2000余名。推广“三榜工作法”，实施项目

48个，惠及1180人，相关做法入选全国创新社会治理百佳案例，并在全国社会工作会议上作交流。推进养老培训提质工程，深化“友邻帮”农村互助养老服务模式，加速完善城乡养老服务体系。开设“荷塘青春志”抖音号，开辟网上群众路线新阵地，“在荷塘”微信公众号影响力持续增强。突出抓好基层公共卫生防疫和重大传染病防治能力建设，做实家庭医生签约服务，提升基本公卫服务水平，基层医疗机构服务量保持稳定增长。持续引导无物业小区业主自治，新增23个小区实现自治管理，以3年的接续努力，成功引导79.3%的无物业小区实现自治管理。切实加大公办园建设力度，占比提升度居全市之首。引进北大公学附属学校，新建湖南师范大学附属株洲荷塘实验学校、株洲市二中水竹湖片区学校，启动红旗路小学改扩建项目，实现大班额清零。深入开展“六清”行动，建立健全常治长效机制，扫黑除恶专项斗争圆满收官，全区刑事发案数实现四连降。升级改造“网格化+综治中心+雪亮工程”，建设“一站式”诉讼服务中心，区域社会治理现代化水平逐步提升。圆满完成第七次全国人口普查工作。

八是不断加强党的建设。坚持党要管党、全面从严治党，不断提高党的建设质量，把党建设得更加坚强有力。积极配合省委第三巡视组对我区开展巡视，扎实推进交办问题立行立改和信访件交办工作。落实意识形态工作责任制，推广使用学习强国工作获全省先进单位称号。不断夯实基层基础，推动社区专职工作者改革，完善“三岗十八级”薪酬体系，创新设立人才库，启动社区专职工作者选聘，解决了一系列制约社区队伍建设的历史遗留问题。高标准、高质量推进村（社区）“两委”换届选举工作。创新工作推进、党员激励方式，开展“遇见你”等系列活动，提升党员榜样影响力。致力打造“在荷塘•红色领航”党建品牌，从抓实支部主题党日入手，着力开展小区党建，引领基层党建脱虚向实、减负增效，六〇一社区党委被评为“全省先进基层党组织”。切实加大干部交流和优秀年轻干部培养选拔力度，持续开展干部驻村工作，连续举办“群众工作论坛”“乡愁论坛”等活动，大力提升干部解决实际问题、处理复杂矛盾和做好群众工作的能力。纵深推进全面从严治党，聚焦“关键少数”加强日常监督，充分运用执纪监督“四种形态”，实现由“惩治极少数”向“管住大多数”拓展。深化监察体制改革，向镇（街道）派出监察办公室，实现监督全覆盖。对28个党组织开展巡察，成立巡察整改工作领导小组，抓实巡察“后半篇文章”。紧盯“微权力”打击“微腐败”，集中整治群众身边腐败和作风问题，加大对民生领域突出问题的整治力度。坚决破除形式主义、官僚主义，巩固拓展落实中央八项规定精神成果，持续推动全面从严治党向纵深发展、向基层延伸。

同时，区委常委会注重发挥总揽全局、协调各方的作用，大力支持和保障区人大及其常委会依法履职，注重发挥社会主义协商民主的重要作用，着力巩固和发展最广泛的爱国统一战线，民族宗教工作在疫情之下保持稳定有序，全面落实党管武装要求，推进军民融合深度发展，支持群团组织履职作为，形成了团结奋进、干事创业的良好局面。

2020年是“十三五”收官之年。经过五年接续奋斗，全区经济社会发展取得重大成就，

“十三五”规划主要目标任务基本完成。五年来，我们坚持把发展作为第一要务，全区主要经济指标持续保持中高速增长，发展质量和效益明显提高，率先实现全面小康，综合实力跃上新台阶；五年来，我们致力于抓产业、兴园区，全力优化营商环境，飞鹿、宏达先后上市，全区累计引进企业180家，其中有“500强”企业13家，新增规模企业31家、高新企业50家，引进投资过5亿元项目31个，钢铁贸易加工、智能建造等产业快速聚集，园区和产业发展呈现喜人势头，向更高质量迈进；五年来，我们坚持向改革要动力，以创新谋发展，率先开展“最多跑一次”政务服务改革，首创项目办理机制，并在多领域推开基层治理创新工作，营商环境明显改善，打开了工作新局面，激发起发展新动能；五年来，我们一手抓城区提质，“五纵七横”路网日趋完善，城市框架不断拉伸，棚户区、“三供一业”、老旧小区改造持续推进，一手抓乡村振兴，农村基础设施不断完善，休闲产业持续向前，村容村貌明显改善，“五大片区”功能和品质得到同步提升；五年来，我们贯彻以人民为中心的发展思想，连续实施“民生100”工程，次第开展三社联动、养老服务、基本公卫服务、无物业管理小区业主自治、城乡帮困、精准就业服务等“幸福荷塘”系列民生行动，加大教育、文化等方面的投入，有效舒缓了养老、医疗、教育等民生难题，成功创建省“安全生产先进区”，连续保持“平安县市区”称号，群众的获得感幸福感安全感更加充盈，社会事业谱写了新篇章；五年来，我们以生态文明思想引领宜居城区建设，深入推进蓝天、碧水、净土专项治理行动，大力抓好中央、省、市环保督察问题整改，扎实开展黑臭水体治理，持续改善农村人居环境，年均空气优良天数超270天，饮用水源水质达标率100%，生态环境明显改善。经过五年努力，荷塘经济社会发展取得了历史性成就，开创了高质量发展新局面，为建设现代化新荷塘奠定了坚实基础。

二、准确把握新形势

要准确把握新发展阶段面临的新形势、新要求，科学谋划、全力推进“十四五”时期经济社会发展。站在两个百年目标交汇与转换、开启“十四五”规划战略实施的历史关口，习近平总书记考察湖南时提出的“三个高地”“四新使命”、省委对长株潭地区赋予“核心增长极”的历史使命、市委明确的“一谷三区”的发展蓝图，为我们提供了基本遵循，指明了路径方向。从外部环境看，当今世界正经历百年未有之大变局，国际力量对比深刻变化，世界格局加速调整，新冠肺炎疫情影响持续深远，不稳定不确定性因素显著增多，但国内经济表现出坚强韧性和巨大潜能，长期向好的趋势没有改变。从区内自身看，工作亮点和难点交织，在历届区委的持续努力下，我们解决了很多长期想解决而又没有解决的难题，干成了很多以前想干而没有干成的事，虽然也面临化债、环保等诸多压力，但发展慢慢突破了瓶颈期，未来也面临着一系列重大机遇和有利条件，一是国家宏观政策保持连续性、稳定性、可持续性，为发展带来政策利好；二是经济社会总体预期稳定向好，整体投资环境持续向优，带来新的机遇；三是长株潭一体化提速，融城效应、协同效应将加快释放；四是产业新动能聚集势必带来新发展，从长远看，经济稳定向好的基本面持续巩固，我们仍然处于重要战略机遇期。

面对复杂严峻的外部环境，关键还是要集中精力办好自己的事。一方面，要强化机遇意识，把握一切积极因素和潜在机遇，准确识变、科学应变、主动求变，用好重要战略机遇期，加快推动全区高质量发展。另一方面，要强化底线思维，提高风险预见预判能力，做好应对各种复杂状况和风险挑战的准备。尤为关键的是，要保持清醒头脑，保持战略定力，坚持多做打基础利长远的工作，以奋斗姿态、务实作风，下好先手棋，打好主动仗。

三、坚持不懈打基础利长远，以新作为推动实现新发展

今年工作总的要求是：要以习近平新时代中国特色社会主义思想为指导，全面贯彻党的十九大和十九届二中、三中、四中、五中全会精神，坚决落实习近平总书记系列重要讲话指示精神和中央、省委、市委决策部署，坚持稳中求进工作总基调，立足新发展阶段，贯彻新发展理念，构建新发展格局，以推动高质量发展为主题，以深化供给侧结构性改革为主线，以改革创新为根本动力，以满足人民日益增长的美好生活需要为根本目的，坚持系统观念和底线思维，坚持精准施策，扎实做好“六稳”工作、全面落实“六保”任务，推动经济平稳健康运行、社会和谐稳定，加快建设现代化新荷塘，确保“十四五”开好局，以优异成绩庆祝建党100周年。综合各方面因素，区委考虑今年经济社会发展的主要预期目标是：经济增长8%左右，地方一般公共预算收入增长5%，规模工业增加值增长9%，固定资产投资增长10%，社会消费品零售增长10%，城镇调查失业率低于全市，城乡居民收入增长高于经济增长。生态环境进一步提质，全面完成能耗“双控”目标。粮食播种面积和产量保持稳定。要突出抓好以下工作：

1.要在构建产业发展新格局、服务“三个高地”战略上展现新作为。制造业离不开材料和加工的基础支撑，要立足自身实际、着眼发展趋势，紧紧围绕先进装备制造所需的新材料的生产和加工，依托龙头企业带动，持续做好交易、加工、信息等产业配套，为“三高四新”战略提供基础支撑，努力建设主导突出、特征明显的产业强区。要做好产业发展规划。以市国土空间总体规划编制为契机，厘定好开发边界，合理布规控规，保障工业用地规模，引导园区形成先进硬质合金新材料、钢铁新材料、智能建造新材料、复合新材料集聚发展格局，壮大长株潭东部产业带。要抓好项目招引和建设。成立促进招商落地工作专班，围绕主导产业、园中园和存量资源抓招商，紧盯签约项目促履约。重点要聚焦先进钢铁零部件加工等关联企业引进，推动新材料产业向研发和深加工两端延伸，主动做好项目前期工作，推进配套设施建设，提速三一智慧钢铁城等在建项目进度。积极推进硬质合金刀具产业园建设，建好有行业影响力的刀具交易市场，补齐加工、交易等短板，构建更为完整的硬质合金产业体系；大力引进模具产业链配套和生产性服务业项目，形成材料—模具—刀具—零部件加工的工业制造基础产业生态圈。要完善园区配套设施。加快布局新型基础设施建设，积极推进园区智能化、数字化建设，切实提升园区公共服务水平。大力发展现代服务业，推动韵达、现代、怡亚通等物流园建设，着力引进一批科技金融服务、规划设计、电商物流等配套服务商。加快推进金环大道、金塘大道二期、金兴路等道

路建设，着力构建外成环、内成网的园区交通道路体系。推进中美医院、湖南师范大学附属株洲荷塘实验学校等生活性基础设施建设，提升园区功能配套和承载能力。要优化企业服务。坚持将优质的服务打造成荷塘发展最大的优势，树立彻底的服务意识，加大企业服务队伍建设力度，深化“最多跑一次”“带办+代办”服务，坚定不移落实好减税降费、减租降息等一系列纾困惠企政策，做到“说到做到、随叫随到、服务周到”，切实增强服务企业的能力和水平，打造一流营商环境。

2.要在推进农业农村现代化、振兴乡村上展现新作为。坚持按照中央要求和既定方向，继续因地制宜、因需施策，充分发动和组织农民参与乡村振兴，沉下去做好基础工作，小步快跑、久久为功，推动农业产业、美丽乡村建设取得关键突破。要坚持发展农业休闲产业方向不动摇。把耕食小镇项目作为发展休闲产业的战略支撑，加快推进农禅文化园、庆丰山青少年拓展基地等项目落地见效，打造耕食文化品牌。同时，支持发展桃花岛、亿都等民宿，推动体验农业、休闲旅游、健康养老等业态发展，延伸农业产业链价值链，带动农业产业升级。要大力发展精细、特色农业。重点扶持好龙头企业、农业大户，发展精品、高效、绿色种植产业，打造一批特色庭院和田园综合体，打造竞争力强、市场美誉度高的区域农产品品牌。探索新型农业生产经营体系，发展壮大村集体经济。抓好种植结构调整，遏制耕地抛荒，规范耕地占补平衡，牢牢守住耕地红线。要继续深化农村改革。进一步深化以农村集体产权制度改革、供销体制改革、农村宅基地改革等为重点的农村综合改革，释放发展活力。加快调整风景名胜区规划，为发展做好布局、留好空间。健全农业保险、农村金融、仓储物流等体系，搭建监管平台，构建好现代化农业体系。要实施乡村建设行动。找准结合点和切入口，推深做实干部驻村工作，培养一支懂农民的干部队伍，持续助力农村建设。深化美丽乡村建设示范创建，以“四治一改”为抓手开展农村人居环境整治，优化公共服务体系供给，完善农村地区基础设施，推动城乡融合发展。

3.要在抓好“幸福荷塘”系列民生行动、满足群众对美好生活向往上展现新作为。坚持以人民为中心的发展思想，顺应群众对美好生活的向往，继续以“幸福荷塘”系列民生行动为抓手，加大民生投入，增进人民福祉。要坚持就业优先，落实就业创业政策，激发市场参与热情，提升就业队伍专业程度，推进技能培训、求职招工精准匹配，健全就业促进机制，提升就业服务品质。要推深做实城乡帮困服务项目，加强社会组织、社工、志愿者等队伍建设和管理，多渠道链接社会资源，提高帮扶措施的精度和对象甄别的准度，让相对困难群体得到更有温度、更加专业有效的帮扶。要积极应对人口老龄化，优化居家养老服务信息平台，发展普惠型养老、互助性养老和智慧养老，培育养老新业态，健全覆盖城乡的多元养老服务体系。要促进教育公平，提高教育质量，加大学前教育公益普惠发展力度，推动义务教育均衡发展和城乡一体化，加快湖南师范大学附属株洲荷塘实验学校、株洲市二中水竹湖片区学校、红旗路小学等项目建设进度，努力建设教育强区。要加强公共卫生体系建设，完善突发公共卫生事件监测预警处置机制，提升公共卫生防控救治能力；进一步完善分级诊疗，加强农村医卫队伍建设及经费保障，推进月塘街道卫生服务中心重建，促进基层卫生健康发展。要稳步推进无物业管理小区自治，巩固提升前期自治成效，实现更多小区自治。要加大城镇老旧小区改造力度，全面启动红旗村、馨香小区等老旧小区改造，持续改善居民居住条件。

*4.要在巩固环保攻坚战成果、建设宜居城区上展现新作为。*绿水青山就是金山银山，要让生态优先成为经济建设主旋律，让绿色发展成为荷塘大地主色调。要持续巩固污染防治攻坚战成果。继续打好蓝天、碧水、净土保卫战，强力推进夏季攻势工作，抓好省环保督察“回头看”问题整改落实，加大对垃圾中转站等突出环境问题整改。做好黑臭水体整治后期工作，推进长效运营管理，争取雨污分流项目落地，推动两港早日“水清岸绿景美”。要完善生态环境治理体系。充分发挥区污染防治攻坚战指挥部指挥棒作用，统筹各方力量，构建环保信息交互体系，加大环境监察执法力度，落实环境影响评价制度，健全生态环境损害责任追究、生态补偿等制度机制，织牢生态环境“防护网”。要推动绿色低碳发展。深化农村人居环境整治，有序推行垃圾分类治理，深入开展绿色生活创建行动，推行清洁生产、绿色化改造，推动生产生活方式绿色转型。

*5.要在防风险守底线、提升基层治理现代化水平上展现新作为。*当前正处于各类风险易发期，要切实统筹好发展和安全，压实责任，防早防小，牢牢守住安全发展的底线。要以全市创建全国市域社会治理现代化试点为契机，做实区乡村三级综治中心建设，全力推进基层公共服务全覆盖，健全党组织领导的自治、法治、德治、智治相结合的城乡基层治理体系，着力加强改革创新、基础管理、群众工作等各方面能力建设，构建体系更加完备、治理更加有效、群众更加满意的基层治理格局。要继续打好防范化解重大风险攻坚战，推进区属平台公司转型升级，牢牢守住不发生系统性风险底线。要着力加强应急能力建设，完善应急预案体系并强化应急演练，补齐应急管理短板。要切实加强安全生产监管，推进“科技强安”和“安全生产专项整治三年行动”，深入开展各行业安全隐患风险排查和治理工作，从源头上防范化解重大安全风险。要推动扫黑除恶常态化、机制化，进一步完善基层矛盾纠纷调解处置机制，推动各项信访积案化解，确保群众诉求及时得到解决，为长远发展营造宽松有序的良好环境。

四、不断提高区委执政能力和水平

做好各项工作，关键在党、关键在干部。必须把坚持和加强党的全面领导作为攻坚克难的“看家法宝”，大力弘扬实事求是、务实担当的精神，推动各项工作落到实处。

*1.必须全面加强党的领导。*始终坚持党对经济社会发展的全面领导，以高质量的党建引领高质量发展。要以政治建设为统领，不断完善政治建设体制机制，持续增强“四个意识”、坚定“四个自信”、做到“两个维护”。今年是换届之年，必须全力营造风清气正的好氛围，巩固“和”与“正”的政治生态。要坚决扛起管党治党政治责任，以“钉钉子”精神抓好省委巡视反馈问题整改，推动工作取得实效。要加强思想理论武装，把深入学习宣传贯彻党的十九届五中全会精神和习近平总书记在湖南考察时的重要讲话精神作为当前和今后一个时期的重要政治任务。要筑牢意识形态阵地，围绕

建党100周年重大主题组织开展系列专题报道，继续巩固“在荷塘”微信公众号，扩大“荷塘青春志”抖音号影响，走好网上群众路线，夯实党的执政根基。要全面贯彻新时代党的组织路线，坚持好干部标准和“六重六用”用人导向，培养专业化干部队伍。要着力夯实基层基础，全面落实基层建设“1+5”文件，不断巩固深化主题教育成果，落实基层减负，擦亮“在荷塘•红色领航”党建品牌，推动基层党建与中心工作相得益彰。要持续深化全面从严治党，加强警示教育，持续开展突出问题专项整治，反对形式主义、官僚主义，做实巡察“后半篇文章”，构建一体推进不敢腐、不能腐、不想腐体制机制，巩固发展反腐败斗争压倒性胜利。

*2.必须贯彻实事求是的思想路线。*实事求是是干事创业的根本遵循，是党的基本思想方法、工作方法、领导方法。要深刻领悟中央精神，抢抓机遇、把准方向。要俯下身子摸实情、听民意，对工作始终做到心中有数。要牢牢抓住主要矛盾，结合荷塘实际去分析比较，找准全局工作中的重点事项、关键环节，创造性地推动各项决策部署落到实处。要有“功成不必在我、建功必定有我”的定力和胸襟，对打基础利长远的工作扭住不放、一抓到底，努力让工作经得起人民和历史检验。

*3.必须弘扬务实担当的工作作风。*始终坚持把务实担当作为干部队伍的特质和秉性来打造。要树立正确的事业观和政绩观，办实事、求实效，不图政绩、不唯数据，使务实担当在全区上下蔚然成风。要建立健全容错纠错机制，加强重大事项决策风险防范，充分尊重保护干部权利，旗帜鲜明为改革者负责、为担当者担当，激发干事创业的热情和劲头。要把务实担当的导向立起来，把真抓实干的规矩严起来，让埋头苦干、务实担当的干部真正得到重用，让作风漂浮、哗众取宠的干部无以表功。

同志们，岁末年初，各方面工作千头万绪、任务繁重，要特别注意统筹协调。这里我再强调几项重点工作：一要做好冬季疫情防控工作，慎终如始落实常态化防控措施，坚决防松懈、防输入。二要结合“十四五”规划编制，加速产业项目建设，以实干实绩落实好中央和省委决策部署，努力实现 “开门红”，为“十四五”开好局、起好步。三要高度重视安全生产工作，抓好安全隐患排查化解；全力做好困难群众救助关怀、走访慰问；积极开展信访维稳矛盾纠纷排查化解，确保社会大局平安稳定。四要统筹抓好“两会”等重大会议活动，确保高效有序开展。

同志们，风雨多经志弥坚，关山初度路尤长。我们始终相信，光明的未来，是属于脚踏实地奋斗者的，是属于毫不懈怠创新者的。让我们更加紧密地团结在以习近平同志为核心的党中央周围，在市委的坚强领导下，只争朝夕、不负韶华，开拓创新、务实担当，为加快荷塘高质量发展、建设现代化新荷塘而接续奋斗！

株洲市荷塘区人民代表大会常务委员会工作报告

——在株洲市荷塘区第五届人民代表大会第六次会议上

区人大常委会主任　刘国梁

2021年2月4日

各位代表：

我受区人大常委会的委托，向大会报告工作，请予审查，并请列席会议的同志提出意见。

2020年的主要工作

2020年是新中国历史上极不平凡的一年，是克服疫情影响、统筹疫情防控和经济社会发展取得重大成果的一年。区人大常委会在区委的坚强领导下，坚持以习近平新时代中国特色社会主义思想为指导，始终坚持以人民为中心的发展思想，紧紧依靠全体人大代表，围绕中心，服务大局，认真履行宪法和法律赋予的各项职责。全年共组织召开常委会会议5次，主任会议11次，听取和审议“一府两院”工作报告24项，作出决议、决定27项，依法选举、任免和决定任免有关人员及接受辞职等共计80人次，圆满完成了各项目标任务，为推进全区高质量发展、促进民主法治建设、实现人民对美好生活向往作出了积极贡献。

一、始终与区委同向，在紧跟党的步伐中把准人大方向

维护核心，自觉服从区委领导。坚决维护习近平总书记党中央的核心、全党的核心地位，坚决维护党中央权威和集中统一领导，始终将政治建设摆在首位，自觉把人大工作置于区委的领导之下，坚持重大问题、重要事项及时向区委请示报告，保证在谋划工作时凸显区委意图、在履行职权中体现区委要求。区委高度重视人大工作，区委常委会先后多次听取区人大常委会党组工作情况汇报，两次专题研究部署民生实事人大代表票决制工作，成立了以区委书记为组长的票决制工作领导小组，明确出台票决制工作监督办法；区人大常委会党组工作要点经区委常委会研究后，以区委名义行文下发，督促“一府一委两院”主动接受监督，为人大行使职权、开展工作营造了良好氛围。

融入中心，坚决贯彻区委部署。始终在全区大局中谋划和部署人大工作，围绕“产业项目建设年”“双比双看”大竞赛活动，区人大

常委会领导主动牵头参与项目建设、产业链发展、征地拆迁等中心工作。高度关注“三一智慧钢铁城”项目，坚持定期到项目现场调度调研，及时协调解决项目实施过程中的实际困难和问题，稳步有序推进项目进度。组织驻区市代表视察株洲火车站改扩建工程项目和精准就业服务工作，形成高质量视察报告，积极向上争取政策和资金支持，为全区经济高质量发展、重点项目如期推进、“幸福荷塘”系列民生行动增项提质做出了应有贡献。

突出重心，积极响应区委号召。面对突如其来的新冠肺炎疫情，严格按照区委的统一安排部署，班子成员第一时间分赴各联点镇（街道）、村（社区）督促指导疫情防控工作；组织人大机关干部参与“机关干部上前线”“让社区同志休息一晚”“驻企联络服务”等活动；通过微信群向全区各级人大代表发出倡议，代表们积极响应，通过慷慨捐赠物资、开展城乡帮困、收购滞销蔬菜、组织爱心餐车等形式，捐款捐物累计达600余万元；疫情防控常态化后，迅速调整履职视角，深入园区就重大项目进展及企业复工复产情况进行专题调研，有针对性地提出抓资金准备、抓项目进度、抓要素保障、抓产业规划、抓优质服务等意见建议，为我区疫情防控工作取得阶段性成效贡献了人大力量。

二、始终与群众同心，在依法履职监督中展现人大作为

深化财政监督。认真落实预算法和监督法的相关要求，切实加强对政府全口径预算决算的审查和监督。面对经济下行压力持续加大的形势，及时听取和审议了区人民政府关于预算编制、预算执行、预算调整、财政决算、同级审及问题整改情况汇报，提出了做好“六稳”“六保”工作、加大财源建设力度、优化财政支出结构、提升监督管理水平、防范化解债务风险、抓好审计问题整改的建议；听取了我区国有资产管理情况汇报，针对资产基础管理、资产权属、管理制度等方面存在的问题，督促政府完善机制，强化对行政事业单位国有资产全过程监管，切实提高资产管理水平。

深化民生监督。坚持以保障和改善民生作为出发点，视察并听取我区公共文化服务体系运行、退役军人服务保障体系建设、物业管理工作和贯彻执行道路交通安全法、《株洲市畜禽养殖污染防治条例》情况汇报，督促各职能部门树立以人民为中心的发展思想，针对发现问题，切实加以整改，回应群众关切。全程指导仙庾镇推行民生实事人大代表票决制工作，票决确定的“徐家塘污水处理厂污水后续利用项目”和“友邻帮项目”，因资金问题导致进展缓慢，主任会议成员多次现场督办，并督促政府从代表建议办理经费中予以解决，真正把实事办实，得到老百姓高度认可。

深化司法监督。根据司法改革背景下检察职能发生的重点变化和调整，依法作出了关于加强新时代人民检察院法律监督工作的决议；主任会议先后就“两院”司法及公安执法进行专项视察，组织部分人大代表及法律专家13次观摩检察宣告和听评法院庭审，对“公检法”承办的30余件案件卷宗开展了质量评查，督促各单位进一步形成工作合力，不断规范司法行为，推动司法工作与服务全区发展大局的有机融合。

深化专项评议。按照“简要谈成绩，重点找问题”的原则，成立4个评议调查组，深入

各基层单位、镇（街道）、村（社区）和服务对象，分别对法院执行、检察院公益诉讼、教育、民政、自然资源、文化旅游体育、应急管理等7项工作进行了为期3个月的评议调查，座谈各界人士200余人，发放调查问卷700余份，收集各方面意见建议60余条。常委会会议认真听取和评议各专项工作报告，并进行了满意度测评票决。根据评议调查发现的问题和会上代表们的发言，归纳形成评议意见，持续督促被评单位加强整改，专项评议已经成为落实区委决策、改进工作作风的有效载体。

三、始终与代表同力，在保障代表履职中夯实人大基础

强化平台建设，拓宽代表履职途径。认真落实市委、市人大常委会《关于进一步加强和改进新形势下人大代表工作的意见》《关于建立株洲市五级人大代表联动履职机制的指导意见》等“双联”工作文件精神，始终依靠代表来做好人大工作。疫情期间，为让有需要的群众能及时联系代表，让代表实时掌握群众的困难和诉求，在现有基层代表履职平台的基础上，与区委网上群众路线相结合，将代表统筹划分至各级微信群，打造了群众身边的网上代表接待室。据统计，全区各级代表通过网上和驻室接待共收集和整理意见建议211条，帮助并协调解决了群众普遍关注的老旧小区改造、校园安全设施完善、道路修缮、物业管理、公交站点增设等热点难点问题130余个。

强化业务培训，提升代表履职能力。始终将业务培训作为提高代表素质、增强履职能力的重要抓手。全年共组织4次集中培训，邀请省、市人大常委会领导和专家专题解读《湖南省乡镇人民代表大会工作条例》《中共株洲市委关于加强新时代乡镇人大工作和建设的若干意见》；分两批次组织常委会全体组成人员、部分人大代表和人大工作者赴山西省、河北省人大干部培训基地参加履职能力提升培训；组织70余名新任代表开展履职培训。持续开展市、区、镇代表述职，全年统筹安排8名市代表在常委会会议上报告履职情况，并进行满意度测评，圆满完成驻区市代表在届内述职工作；仙庾镇主席团、各街道人大工委也分别组织了区、镇120余名代表述职，面对面地与选民沟通，进一步激发了代表的履职热情，增强了代表的责任心和使命感。

强化建议办理，激发代表履职活力。坚持把代表建议督办作为回应群众呼声、激发履职活力的重要举措，组织召开建议集中交办会、重点建议督办会暨代表座谈会，督促各承办单位不断提高代表建议办理质量和水平。区五届人大五次会议及闭会期间共收到代表建议、批评和意见87件，现已全部办结，代表见面率和满意率均达100%，实际解决率达到56.3%。同时，通过丰富代表小组活动形式，积极为全市、全区经济社会发展建言献策，全年围绕精准就业服务、精准扶贫、项目建设、征地拆迁、城乡帮困、人居环境整治、医联体建设等开展视察调研活动30余次，并形成高质量的视察、调研报告，与市委、区委中心工作高度契合，有的作为闭会期间代表建议提出，得到了市、区两级政府的高度重视，有效促进了相关问题的解决。

四、始终与时代同步，在加强自身建设中提升人大形象

加强学习锤炼务实作风。健全完善党组理论学习中心组学习制度，认真学习贯彻习近平

新时代中国特色社会主义思想和党的十九大、十九届二中、三中、四中、五中全会精神，坚持把学习习近平总书记近期重要讲话精神作为党组会议、主任会议、常委会会议的首个议题，推进政治理论学习常态化、制度化。坚持理论联系实际，围绕涉及全局性、战略性、改革性的课题和群众关心的热点难点问题，有针对性的深入基层、深入企业、深入群众开展调研走访，形成了一批针对性强、富有建设性的调研报告和合理化意见建议，为区委决策提供参考依据。

完善制度强化机关管理。严格落实党内政治生活，充分发挥党组把方向、管大局、促落实的作用，以省委巡视和区委巡察为契机，主动接受“政治体检”，始终坚持问题导向，找差距、促整改、抓落实，通过以上率下、层层落实责任，切实把全面从严治党推向纵深。按照“总结、继承、完善、提高”的原则，对原有规章制度进行了一次全面清理，健全和完善了专题调研、工作作息、会议纪律、财经管理使用等一系列制度和程序，真正做到用制度管人、管事、管权。

上下联动形成工作合力。注重加强对镇（街道）人大工作的联系指导，在全区组织开展“创先争优”活动，明确各代表（联）组全年要组织代表围绕鲜明主题开展活动4次以上，并将该项工作纳入区绩效考核范畴。定期召开镇人大主席、副主席座谈会和镇（街道）人大工作例会，在听取工作情况汇报的同时，及时研究解决镇（街道）人大工作经费、代表活动经费、办公场所等问题，总结交流好经验、好做法，取长补短，使基层人大工作既相对独立，又步调一致，促进各项工作协同共进。

各位代表，一年来，我们合力同心，务实奋进，各项工作迈出了新步伐，取得了新成效，这是区委正确领导的结果，是全体人大代表、人大常委会组成人员和人大工作者共同努力的结果，也是全区人民大力支持，“一府一委两院”及各部门密切配合的结果。在此，我谨代表区人大常委会向重视、关心、支持人大工作的各级领导、全体代表、社会各界和全区人民表示衷心的感谢和崇高的敬意！

回顾过去一年的工作，我们也清醒地认识到，区人大常委会工作还存在一些不足和短板：监督工作的广度和刚性还需进一步增强；各专门委员会在工作上的有机结合还有待进一步紧密；运用信息化手段服务代表、发挥代表主体作用还有待进一步提高。在今后的工作中，我们将坚持问题导向，虚心听取各方面的意见建议，切实整改存在的问题，不断加强和改进人大工作。

2021年的主要任务

2021年，是落实“十四五”规划和融入新发展格局的开启之年，是中国共产党建党100周年，也是区镇两级人大换届之年。区人大常委会工作总的要求是：以习近平新时代中国特色社会主义思想为指导，全面贯彻党的十九大和十九届二中、三中、四中、五中全会精神，坚决落实习近平总书记考察湖南重要讲话精神，牢牢把握新发展阶段新发展理念新发展格局的实践要求，紧扣“三高四新”战略，紧扣回应人民群众重大关切，围绕区委五届十次全体（扩大）会议暨区委经济工作会议提出的目标和思路，团结和凝聚全体代表和全区人民的智慧和力量，议大事，办实事，抓落实，求实效，为加快荷塘高质量发展、建设现代化新荷塘发挥人大作用、贡献人大力量！重点做好以下四个方面的工作：

一是突出政治建设统领，在坚持党的领导上展现新作为。进一步完善讨论、决定重大事项制度，紧紧围绕区委决策部署，广泛开展调查研究，确保作出的各项决议决定符合时代要求、符合人民意愿、符合荷塘实际。进一步规范任免程序，加强任后监督，坚持党管干部和人大依法任免的有机统一，确保区委意图圆满实现。进一步深化认识，准确把握换届选举的指导思想、工作原则和目标任务，始终坚持党的领导、人民当家作主和依法治国有机统一，切实加强对换届选举工作的组织、指导与监督，建好代表资源库，把好代表选举关，完善代表结构，提高代表素质，旗帜鲜明地将纪律和规矩挺在前面，确保换届工作依法有序、风清气正、圆满成功。

二是突出监督工作实效，在推动高质量发展上取得新进展。牢固树立“在监督中支持，在支持中促进发展”的理念，围绕打造先进制造业高地、推进乡村振兴、抓好“幸福荷塘”系列民生行动、巩固环保攻坚战成果、提升基层治理现代化水平等方面，创新监督方式，加大支持力度。聚焦“三大攻坚战”，继续加大对全区经济运行情况的监督，强化计划、财政、审计审查监督和预算联网监督作用，重点听取项目建设进展、“十四五”规划实施、国有资产和政府债务管理、重点专项资金绩效审计、城乡帮困、黑臭水体整治等情况汇报。聚焦幸福荷塘建设，重点围绕精准就业服务、美丽乡村建设、“厕所革命”、食品药品安全、基础教育发展等开展视察调研，组织对退役军人保障法、残疾人保障法、社区矫正法、信访条例等法律法规贯彻实施情况开展执法检查。聚焦民生实事，严格落实票决制工作监督办法，实行“一年三问”机制，年初问计划、年中问进展、年末问结果，通过人大代表全程参与，切实加强票决确定事项的跟踪监督，把一桩桩、一件件人民群众“看得见、摸得着、可参与”的民生实事办好办实，确保民生实事真正办到老百姓心坎上。

三是突出基层基础保障，在服务代表履职上谋求新提升。实施“基层阵地建设提升两年行动计划”，今年继续加大经费投入，督促指导镇、街道代表工作室标准化、规范化建设，明年村、社区代表工作室实现提质，争取“一年做示范、两年全覆盖”。依托“一个载体、两项制度”，深入推进省、市、区、镇四级代表联动履职，创新开展以联系代表群众、助力民生改善，联系项目企业、助力经济发展，联系基层人大、助力监督问效为主要内容的“三联三助”主题活动，积极探索问题收集后如何进行交办、督办的机制，真正实现代表入室常态化、解决问题实效化、行使职权程序化。结合建党一百周年、换届选举和“十四五”规划实施，分层次组织人大代表及人大工作者，有针对性地开展专题培训。不断提高代表建议质量，加大代表建议督办力度，实现代表建议内容高质量、办理高质量。充分发挥镇人大主席团和街道人大工委作用，尤其是在换届选举工作和组织代表活动中，强化服务意识和主责意识，尽最大努力为代表依法履职创造条件。

四是突出队伍自身建设，在提升机关效能上彰显新成效。坚持学思用贯通、知信行统一，自觉用党的创新理论武装头脑、推动工作、破解难题。以开展文明机关创建为载体，努力建设党性过硬的政治机关、胜任职责的工作机关、人民满意的代表机关。建立健全适合人大工作特点、充满活力的运行机制，加快信息化建设步伐，注重发挥各专门委员会和工作（办事）机构的作用，激发常委会组成人员和人大工作者的主观能动性和创造性，坚持和人民群众坐到同一条板凳上搞调研，把务实的作风践行在街头巷尾、田间地头，不断提升依法履职能力。

各位代表！新时代赋予新使命，新征程呼唤新担当。让我们更加紧密地团结在以习近平同志为核心的党中央周围，在区委的坚强领导下，团结奋斗，担当作为，不断开创全区人大工作新局面，为加快荷塘高质量发展、建设现代化新荷塘做出新的更大贡献，以优异成绩庆祝中国共产党建党100周年！

政府工作报告

——在株洲市荷塘区第五届人民代表大会第六次会议上

区人民政府代区长　罗鹏程

2021年2月3日

各位代表：

现在，我代表区人民政府，向大会报告政府工作，请予审议，并请区政协委员和其他列席人员提出意见。

一、2020年主要工作及“十三五”发展回顾

2020年是“十三五”收官之年，也是荷塘发展史上极不平凡、极其不易的一年。面对发展形势的深刻复杂变化，特别是新冠肺炎疫情的严重冲击等多重压力叠加，在市委、市政府和区委的坚强领导下，在区人大、区政协的监督支持下，区政府团结和依靠全区人民，咬定发展不动摇，坚持防疫不放松，保持战略定力、付出艰苦努力，主动应考、沉着应战，为“十三五”画上了圆满句号，交出了一份同心勠力、实干担当的历史答卷。

——这一年，我们万众一心、众志成城，夺取了抗疫斗争决定性成果。始终把人民生命安全和身体健康放在第一位，打好荷塘历史上动员范围最广、投入力量最大的疫情防控阻击战。我们早部署、快行动，大年初一启动应急响应机制，率先构建起网格化立体防控体系，发动群众联防联控、群防群治，以战时状态抢抓防控先机。我们勤调度、严管控，抽调千余名机关干部，动员5000多名志愿者，下沉社区参与居民小区值守，集中全区力量，日夜管控全市防疫风险最大的合泰区域，确保排查管控不漏一户、不漏一人。我们同时间赛跑，与病魔较量，争分夺秒开展“流调”，精准锁定风险人群，快速转运确诊患者，先后隔离654名密接人员，21名区外输入型确诊患者全部治愈，没有一例造成社区扩散。我们千方百计联动市场投放防疫和生活物资，各位代表、委员和爱心企业等社会各界人士也积极捐钱捐物、倾力奉献，确保了人民群众生活安定有序。

疫情如镜，照出了荷塘人民战胜疫情的硬核力量！照出了全区上下迎难而上的昂扬斗志！在此，我谨代表区人民政府，向所有参加抗疫斗争的医护工作者、公安民警、社区工作者、基层干部、志愿者及在座的代表和委员，向各机关和企事业单位干部职工，致以崇高的敬意和衷心的感谢！向仍然奋战在常态化疫情防控

一线的工作人员，致以亲切的慰问！

——这一年，我们坚定不移落实新发展理念，实现了经济发展恢复性增长。坚持打基础、利长远，统筹推进疫情防控和经济社会发展，扎实做好“六稳”工作，全面落实“六保”任务，牢牢稳住了经济发展基本盘。我们抓复工、促复产，在振兴实体经济上主动作为。安排专人指导企业做好复工复产的防疫准备，组织专车赴湖北等地接送务工人员，狠抓中央、省、市惠企政策落实，为企业减税降费 2.5 亿元，为企业对接银行授信 10.55 亿元，“四上”企业逆势新增 87 家，高新技术企业新增 21 家。我们兴产业、抓项目，在推动高质量发展上稳中求进。全年地区生产总值增长 3.5%，规模工业增加值增长 5.2%，固定资产投资增长 15.7%，社会消费品零售总额降幅收窄至 2.4%，地方一般公共预算收入实现正增长，城乡居民人均可支配收入增长 4.7%。

——这一年，我们始终坚持以人民为中心，保障了民生福祉持续性改善。牢固树立政府过“紧日子”的思想，将资金使用重点投向基层、投向民生，确保民生事业发展投入不减、标准不降。全年压减政府一般性支出 10.0%以上，民生支出占公共预算比重达到 81.6%，61 项“民生 100”工程指标全面完成。全面推开“精准就业服务”，搭建线上就业服务平台，构建线下专业服务团队，组织订单式技能培训，主动做好稳岗服务，全区新增就业 1.1 万余人，让群众在家门口就能找到适合的工作、就有满意的收入。扎实推进“幸福荷塘”系列民生行动，老有所养、弱有所扶、困有所助实现新进展，全区人民群众的幸福感持续增强。城乡帮困相关经验入选全国创新社会治理百佳案例，养老服务体系发展、清理拖欠民营企业中小企业账款和根治拖欠农民工工资等工作获得省政府真抓实干表扬激励通报。

这一年，我们各项工作取得了新进展新成效。

（一）产业项目建设逆势挺进。扎实开展“产业项目建设年”活动。全年引进项目 37 个，总投资 92.4 亿元。重点项目完成投资 145.24 亿元，产业投资占固定资产投资比重达到 61.0%。好媳妇、宏达电子等 40 个项目开工。汉德车桥二期、中天杭萧二期等 21 个项目竣工。三一智慧钢铁城、飞山奇等一批项目加速推进。全年累计融资 55.9 亿元，批回项目用地 1720 亩，征拆集体土地 3854 亩，征收国有房屋 2.8 万平方米，建成标准厂房 20 万平方米。推动园区转型升级。理顺园区与产业服务中心、优化营商环境协调事务中心、金城集团的关系，大园区管理模式日趋完善。抢抓新一轮国土空间规划调整机遇，拓展发展空间，“中国动力谷•新材料科技城”纳入市国土空间规划。坚持产业链思维抓发展，加快推进先进硬质材料产业园建设，成立先进硬质材料产业集群发展促进中心，产业链被评为省级先进制造业集群。助推出台了《株洲市绿色装配式建筑管理细则》，园区被认定为全市唯一的装配式建筑生产基地，装配式建筑材料产业园被评为市级“十大两型建设项目”，中天杭萧被评为全省钢结构生产制造示范基地。金城华亿健康产业园成功招引一批成长性强的中小企业入驻，金城华亿电商产业园二期完成部分主体建设。持续开展温暖企业行动。深化“代办+带办”服务，项目审批率先实现“交地即交证”“拿地即开工”“弹性年期出让”，不断刷新全市审批新速度。在全省先行试点企业开办“24小时办结”，公司登记全程电子化率达到85.7%。全面完成国有企业退休人员社会化管理移交接收工作，帮助企业降本增效。营商环境便利度综合测评名列全市第一。

（二）三大攻坚战取得显著成效。有效防控债务和金融风险。政府隐性债余额、关注类债余额比年初分别减少1.5亿元、27.3亿元，政府债务风险成功退出一类预警地区。强力推进污染防治攻坚。中央和省环保督察及“回头看”、长江经济带生态环境突出问题整改达到进度要求，“夏季攻势”9项任务落地见效。持续发力打好“蓝天碧水净土保卫战”，常态化开展建筑工地扬尘、餐饮油烟、垃圾禁烧专项整治行动，空气优良天数达320天，较上年增加47天，优良率居城区第一。投入资金20余亿元，完成白石港、建宁港及支流水系等8条黑臭水体整治，金山污水处理厂投入运营，水环境质量持续改善。加强土壤污染风险管控，开展废弃矿山生态修复治理13.82公顷，区域生态状况得到明显改善。圆满完成脱贫攻坚任务。继续选派干部到泸溪县对口帮扶，投入帮扶资金130万元，助力潭溪镇脱贫摘帽。区域内相对贫困人口“一达标两不愁三保障”得到巩固拓展。省脱贫质量“回头看”及涉贫信访问题全部完成整改，持续巩固小康建设成效。

（三）城市品质加快提升。路网建设全面铺开。金城东路二期等11条道路开工建设，迎风路等5条道路顺利推进，北环线C段、铁东路核心段、新文化路顺利通车，长株潭城铁株洲站开通运营，智轨新华路段建设有序推进，国省干道49处交通隐患路段全部完成整治。城市更新稳步推进。火车站东广场综合开发完成主体建设，红旗广场西南角棚改项目完成征拆交地，明照湖公园、美的景观长廊建成开放，亿都随园等一批高品质楼盘开盘销售。根治西湖、汽车城、向阳广场地区等多处内涝点，实施老旧小区改造68个、“三供一业”小区改造15个，既有住宅电梯加装22台，绿地新增1.5万平方米。市容环境提档升级。持续巩固创文、创卫成果，顺利通过全国文明城市国家复查、国家卫生城市省级复查。城区“建宁驿站”全部建成并实现市场化管养。在桂花街道开展垃圾分类管理试点。有序推动地摊经济、夜间经济，设置临时便民疏导点5处，为城市增加更多烟火气息。拆除城区违规楼宇招牌、广告牌2.8万平方米，拆除违建13万平方米，城市建设和管理秩序更规范更精细。

（四）乡村振兴稳步实施。仙庾镇自来水厂供水并入市政管网，仙庾污水处理厂建成运行，完成柘塘水库、龙江塘水库等水利工程除险加固，完成茶马线（荷塘段）、龙樟线（东山段）提质改造，农村公路硬化21千米，基础设施更加完善。以耕食小镇项目为龙头，稳步推进都市休闲农业产业发展，搭建农机、金融、仓储等农业保障服务体系，联农带农机制不断深化。统筹抓好农村“四治一改”工作，改厕500户，试行农村生活垃圾“首村示范过关制”，农村人居环境整治三年行动取得阶段性成效。建立宅基地“联审联办”机制，全面完成宅基地房地一体确权登记颁证、农村集体产权制度改革工作，发展活力不断彰显。

（五）民生事业推深做实。全面推开“精准就业服务”，城镇登记失业率为2.67%，远低于控制指标，被评为省疫情期间稳就业工作较好的县市区。精准实施城乡帮困，开展帮困项目48个，帮扶困难群众1000余人，发挥公益服务中心作用，孵化社会组织3家，入孵4家。搭建“幸福荷塘V联盟”志愿者服务平台，注册爱心组织52个，注册核心志愿者2000余名，志愿服务时长6.5万小时。同步提质城乡多元养老服务，新建社区日间照料中心3家，引进民办养老机构2家，新增养老床位223个，建成农村居家养老服务中心，优化“友邻帮”农村养老服务。推进教育均衡发展，六〇一中英文小学分部、明照小学新校区投入使用，新增学位1320个，“大班额”实现历史清零。新增公办幼儿园21所，增加园位5400个，公办园位占比提升率居城区第一。荷塘小学、十九中等学校教育教学质量全市领先。成功引进湖师大附中等名校合作办学，优质教育资源不断聚集。提升公共卫生水平，推进村级卫生室提质建设15家，家庭医生履约率、续约率分别达到80.0%、55.4%，基本门诊及住院服务达到17.3万人次，同比增长15.9%。持续推进无物业小区业主自治，新增自治小区23个，覆盖率达到79.3%。顺利完成村（社区）委员会换届。圆满完成第七次全国人口普查。深入推进新时代县域警务工作，持续开展扫黑除恶行动，严厉打击治理电信网络新型违法犯罪，全区刑事发案数实现五连降。全面开展安全生产专项整治三年行动，全年未发生较大安全事故，人民群众安全感显著增强。

（六）政府自身建设不断加强。始终坚持把党的政治建设放在首位，学懂弄通党的十九届五中全会和习近平总书记考察湖南重要讲话精神，抓实政治理论学习、严肃党内政治生活、压实从严治党责任、严守政治纪律规矩，自觉在思想上政治上行动上同以习近平同志为核心的党中央保持高度一致。积极推进法治政府建设，认真执行区人大及其常委会的决议和决定，自觉接受人大法律监督和工作监督，政协民主监督、社会监督，定期向人大报告工作，向政协通报情况。全年办理人大代表建议84件、政协委员提案67件，办复率均为100%。办理市长热线交办件5219件，办结率100%，满意率99.6%，排名全市第一。积极接受经济责任审计和自然资源资产离任（任中）审计。驰而不息正风肃纪，坚决整治形式主义、官僚主义，大力弘扬务实担当的工作作风。严格履行党风廉政建设主体责任，落实“一岗双责”，廉政建设和反腐败工作取得较好成效。

与此同时，国防动员、双拥共建、退役军人、民族宗教、机关事务、工会、共青团、妇联、工商联、残联、红十字、计协、科协、文联、侨联、新联会、知联会等工作取得新进步。

各位代表，过去一年，我们深感创业维艰、奋斗以成。站在两个一百年目标交汇关口，在“十三五”收官、“十四五”开局的关键时期，回顾过去五年，我们更觉历程波澜、成绩显著。

过去五年，是发展质量全面提升的五年。我们贯彻新发展理念，主要经济指标保持中高速增长，结构持续优化，并提前实现全面小康，成为人口净流入区。我们坚持将优质服务作为荷塘发展最大优势来打造，助力中车长江公司株洲分公司回归，飞鹿、宏达上市，规上企业、高新技术企业、中小微企业及个体户分别净增173家、50家、2.4万家，市场主体活力四射。我们立愚公志、吹冲锋号，下苦功、兴产业，连续三年被评为全市“产业项目建设年”先进，共引进企业180家，其中“500强”企业13家，投资过5亿元项目31个，三一智慧钢铁城成为全市最大的产业项目，实现先进硬质、钢铁、智能建造等新材料产业的强势崛起，东部工业长廊初具雏形，发展加速向高质量迈进。

过去五年，是改革创新跨步前行的五年。我们打破思维定式和路径依赖，向改革要动力，向创新要活力，蹄疾步稳推进了系列改革，激发起发展新动能。我们从项目办理机制破题，系统构建“一办两中心”的全流程企业服务体系，摸索出“大会战”攻坚经验，有效破除项目推进的顽瘴痼疾。我们从“一门式”政务服务改革起步，创新开展网上群众路线、城乡帮困、精准就业服务等系列基层社会治理领域改革，不仅荣获全省创新管理奖，也广泛凝聚起了改革共识、创新力量。我们同步落实机构编制、农业农村等领域改革措施，得到上级和群众的认可，相关经验在全市推广，汇聚起了创新驱动发展的强大动力。

过去五年，是城乡面貌绽放新颜的五年。我们加速完善“五纵七横”城市路网，莲易高速、中环大道、新文化路、铁东路核心段等18条主次干道建成通车，道路加速成环，城市框架更加舒展。我们大力优化城市空间布局，在明照山水间崛起一座现代工业新城，水竹湖、太阳商贸城片区新建高楼鳞次栉比，建成区面积不断扩大。我们着力推进城市更新，提质城区品质，南岳岭、红旗广场等重点片区改造有序推进，累计实施棚户区、老旧小区、城中村、“三供一业”改造项目174个，建成“建宁驿站”28座，城区颜值和内涵得到同步提升。五年来，我们加快推进农村基础设施建设，实现了农村道路硬化组组通，城市自来水接引至仙庾镇，加快推进农村生活污水治理，公共服务供给实现了城乡同步同质。大力发展富民乡村产业，促进农业增效、农民增收。全域开展人居环境整治，村容村貌焕然一新。

过去五年，是民生福祉持续增进的五年。我们贯彻以人民为中心的发展思想，坚持走群众路线，以网上群众路线和驻村工作为主抓手，实现与群众线上线下密切而广泛的联系。我们不唯考核、不图数据，次第推开“三社联动”、公卫服务、养老服务、无物业管理小区自治、城乡帮困等“幸福荷塘”系列民生行动，把具体事做到具体人身上，赢得群众广泛认可，并升级为“城乡统筹•幸福株洲”创新社会治理系列行动，向全市推广。我们坚决兜牢基本民生底线，不断加大对事关群众衣食住行及教育、文化等事项的投入，“民生100”工作连年荣获市级先进。我们持续推进平安荷塘建设，深入开展扫黑除恶专项斗争，成功创建省安全生产先进县区，连年保持“平安县市区”称号，全区社会大局稳定有序，群众的获得感、幸福感、安全感持续增强。

过去五年，是生态环境显著改善的五年。我们贯彻绿水青山就是金山银山的理念，统筹各方力量，系统构建环保工作大格局，全面实施10大类、58个重点攻坚项目，推动环保工作由表及里发生变化。我们实行挂牌督办和整改销号制度，严肃抓好中央、省、市环保督察问题整改，实现100%销号清零。我们坚决打好“蓝天碧水净土保卫战”，以壮士断腕的决心，推进黑臭水体整治，在白石港、建宁港及支流水系治出了环境改善、水清岸美的新成效。我们积极落实河长制，切实加强巡河日常监管，有序推进河道综合治理，实现水域常态化管护。我们持续加大环保防治基础设施投入，先后建成金山污水处理厂、仙庾污水处理厂，完成城区 10 余千米污水主管网铺设，斩断了多条“污口”，助推生态环境质量持续改善。

“不驰于空想、不骛于虚声”，幸福是奋斗出来的。各位代表，五年来，在区委的坚强领导下，在机遇挑战前、人民期盼中，我们并肩奋斗，凝聚起了奋发作为的精气神，秉承务实担当的工作作风，迎来了一个经济成效更好、创新能力更强、文明程度更高、生态环境更美、治理效能更佳的幸福新荷塘。回顾“十三五”，我们深深地体会到，只有始终坚持党的全面领导，才能始终坚定正确的政治方向；只有始终坚持人民至上的发展思想，才能让我们的发展更有温度、让民生福祉更有“质感”；只有始终坚持实事求是的思想方法，才能摸实情、出实招、干实事、成实绩；只有始终坚持走稳走好群众路线，才能知群众寒暑冷暖、急难愁盼，才能凝聚群众力量、汲取群众智慧、聚合群众向心力；只有始终坚持改革创新，才会有思想再解放、举措更得力，我们的工作才会更加精准地对接发展所需、基层所盼、民心所向。

各位代表，成绩来之不易，经验弥足珍贵。这是认真学习贯彻习近平新时代中国特色社会主义思想的结果，是上级党委、政府和区委统揽全局、正确领导的结果，是人大代表和政协委员依法监督、参政议政的结果，是全区广大干群奋力攻坚、社会各界同心同德的结果。在此，我代表区人民政府，向人大代表、政协委员，向各民主党派、工商联、无党派人士和人民团体，向驻区部队、武警官兵、政法干警、消防救援和民兵预备役人员，以及所有关心、支持、参与荷塘区发展建设的同志们、朋友们，表示衷心的感谢并致以崇高的敬意！

各位代表，站在新起点阔步前行的同时，我们必须认真面对存在的问题：一是经济运行不确定性因素增多，保持中高速增长压力较大；二是财政收支矛盾突出，保工资、保运转、保民生压力增大；三是基础设施、环境治理、社会治理、城市管理与群众的期待还有很大提升空间。这些问题，需要我们更加积极主动地应对，采取更加切实有力的措施加以改进，尽心竭力做好各项工作，不辜负人民重托。

二、“十四五”及中长期目标和任务

立足新发展阶段，贯彻新发展理念，构建新发展格局。按照区委五届十次全会部署，区政府编制了《株洲市荷塘区国民经济和社会发展第十四个五年规划和二〇三五年远景目标纲要（草案）》，提请大会审查。经大会批准后，区政府将认真组织实施。

“十四五”期间，我们将大力实施“三高四新”战略，加快建设现代化新荷塘，着力打造高质量发展先行区、株洲•中国动力谷新增长极、民生幸福新高地，努力开创社会主义现代化建设新局面。到二〇三五年，基本建成走在长株潭城市群高质量发展前列的经济强区，以新材料产业为代表的有核心竞争力的创新强区，人民群众有高幸福感的民生强区，绿色生活生产方式及绿色发展水平全面提升的生态强区，全面依法治区更高水平的法治荷塘，基本实现社会主义现代化。

三、2021 年总体要求和工作部署

2021 年是现代化建设新征程的起步之年，是“十四五”首战之年，也是中国共产党建党 100 周年。做好今年的工作，责任重大。我们要着眼未来中长期，立足当前，砥砺奋进，为建设现代化新荷塘强势开篇夯实基础、打开局面。

今年政府工作的总体要求是：坚持以习近平新时代中国特色社会主义思想为指导，全面贯彻党的十九大和十九届二中、三中、四中、五中全会精神，深入落实习近平总书记对湖南工作系列重要讲话指示精神和中央、省、市、区委决策部署，坚持稳中求进、进中争先工作总基调，立足新发展阶段，贯彻新发展理念，构建新发展格局，以推动高质量发展为主题，以深化供给侧结构性改革为主线，以改革创新为根本动力，以满足人民日益增长的美好生活需要为根本目的，坚持系统观念和底线思维，坚持精准施策，扎实做好“六稳”工作、全面落实“六保”任务，坚持打基础利长远，推动经济平稳健康发展和社会和谐稳定，加快建设现代化新荷塘，确保“十四五”开好局，以优异成绩庆祝中国共产党成立 100 周年。

今年经济社会发展的主要预期目标是：全区地区生产总值增长 8.0%左右，规模工业增加值增长 9.0%以上，固定资产投资增长 10.0%左右，地方一般公共预算收入增长 5.0%，社会消费品零售总额增长 10.0%左右；城乡居民人均可支配收入增长高于经济增长，城镇调查失业率低于全市平均水平；能耗“双控”及节能减排四大约束性指标完成省下达的年度任务。

围绕目标任务，我们将突出抓好以下十个方面工作：

（一）始终绷紧常态化疫情防控这根弦。严格落实防控举措。落实落细联防联控、群防群控措施，始终保持“外防输入、内防反弹”不放松，统筹抓好农村地区、重点场所、重点人群、聚集活动、进口物品疫情防控。全力提升应急能力。完善核酸检测点设置预案，精准开展疫情监测、分析、研判，有序做好人员、技术、设施、物资、场所等应急准备。强化应急演练，提升紧急医疗救援保障能力。提高公共卫生水平。有序开展新冠肺炎疫苗接种和重点人群核酸检测“应检尽检”工作，筑牢疫情防控防线。

（二）奋力打造新材料产业发展新高地。紧扣“三高四新”战略要求，以建设“中国动力谷•新材料科技城”为统揽，在新材料板块上着力打造四个“园中园”，实现产业链上中下游贯通融合。启动瀚龙刀具生产基地、硬质合金交易中心建设，申报国家级先进硬质材料产业集群，打造全国领先的先进硬质材料产业园。围绕三一项目做好二次招商，引进大明国际等一批钢铁零部件加工龙头企业，形成强大的钢铁加工能力，打造全省领先的智能钢铁新材料产业园。引导智能建造新材料企业统一产品标准，提升研发能力，推动雪宝家装二期尽快投产，飞山奇制造基地竣工达产，启动智能建造示范性工程建设，打造全市领先的智能建造新材料产业园。整合橡胶院、稀美钛、喜德盛等资源优势，引进发展一批高分子材料、溅射靶材、碳纤材料等生产企业，打造行业领先的复合材料产业园。

（三）大力推动园区扩容提质。加快园区规划升级。完成园区调区扩区工作，科学划定园区增长边界，确保建设用地新增 22 平方千米。完成先进硬质材料产业园、智慧物流园产业规划，修订智能建造新材料产业园产业规划，促进园区集约化、特色化发展。加大基础设施配套力度。全年动态储备一批土地，建成标准厂房 25 万平方米以上。围绕重点产业项目，启动丽舍路二期、映日路等 5 条道路，推进金兴路、金宋路等 17 条道路，加速构建园区路网体系。扎实推进园区综合评价工作。抓好23项硬指标质量提升，系统推进绩效薪酬、投融资体制、平台公司转型等改革，园区技工贸总收入突破200亿元，工业集中度达到90.0%以上，融资实现52亿元，力争荷塘工业集中区在全省产业园区综合排名再前进10位。

（四）加快推进产业项目建设。深入推进重点项目攻坚，确保韵达湖南供应链枢纽中心、中大机械等一批项目按期开工，中良电气、东裕美耐皿等一批项目顺利投产。三一智慧钢铁城一期新增供地498亩，建成标准厂房20万平方米，启动铁路专线、红旗路和桂花路跨铁路桥梁、现货交易区建设。力争全年省市重点项目开工30个、竣工21个，完成投资114亿元以上。抓好招商引资项目攻坚，力争引进产业项目28个，“500强”企业2个，投资50亿元以上项目1个，30亿元以上项目1个，亿元以上项目16个，三一智慧钢铁城储备项目11个。进一步发挥先进硬质材料、智能建造新材料、医药健康产业链优势，持续提高产业链供应链稳定性和竞争力。加快土地供应。深入开展“征拆清零”行动，完成集体土地征拆3000亩、国有土地房屋征收3万平方米，批回一批、储备一批、出让一批土地，促进重点建设项目、招商签约项目尽快落地。加强项目储备。聚焦国省重大战略、重大规划、重大政策，开发储备项目40个以上，做实“135项目库”。围绕专项债、一般债、中央预算内资金、政策性银行等重大资金支持方向，抢抓政策机遇，争取提早转化开工一批项目。

（五）不断激发市场主体活力。深入推进优化营商环境三年行动。成立产业招商项目落地攻坚专班，提供从招商到立项、建设到发展，贯穿企业成长的全流程系统化服务。实行“师徒结对”“专才专培”，培养“百事通”专员，靶向精准做好政策宣传和培训，提高政策覆盖面和知晓度。不断深化审批服务机制创新。深化网上办、随时办、一次办、帮代办等“放管服”改革，将更多审批权限下放至镇（街道）一级。深入推进“互联网+监管”，全力打造一流营商环境。继续开展温暖企业行动。成立区产业投资基金，开展产融合作，积极引导扶持企业股改、上市。加大政策支持和跟踪问效力度，落实减税降费、援企稳岗政策，强化普惠金融服务，支持国有企业做大做优做强，推动民营企业发展壮大，助推中小微企业蓬勃发展。鼓励企业技术革新。强化技术创新“破零倍增”服务支撑，打通基础研究、应用研究、产业转化堵点，推动技术研发中心、检验检测等平台向公共服务拓展，争取更多企业申报国省级单项冠军，力争高新技术企业突破80家。做好高层次人才服务，兑现人才奖补政策，让企业发展与人才聚集形成良性互动。

（六）进一步提升城市品质。着力完善城市交通。加快推进金城路、升龙路、新塘路四期等项目建设，进一步优化路网结构。全力做好新华桥改造、雨污管网建设、智轨建设期间，辖区道路通行组织、车辆违停整治等工作，确保全区交通顺畅，群众出行便利。稳步推动城市有机更新。实施老旧小区改造22个、2457户，完成棚户区改造505套，加装既有住宅电梯30台，不断改善市民居住条件。加大水竹湖片区、太阳商贸片区、红旗广场西南角开发建设力度，引进一批大型商业综合体和高端住宅项目，提升城市形象。不断提高城市精细化管理水平。加大市容管控力度，实施市容秩序综合整治示范街、背街小巷品质提升行动。加快推进城区垃圾分类试点工作，建成桂花街道生活垃圾分类示范片区。深入开展爱国卫生运动，确保高质量通过国家卫生城市复审。继续做好治违工作，做到巡查监控全覆盖，确保全年违法建筑“零新增”。巩固绿化建设成果，在居民区建成10个小游园，在重点道路、重要节点打造一批绿化精品。推行城区临街门店诚信等级评价制度，打造一批诚信门店，创建城市管理精细化示范街4条。

（七）稳步推动乡村振兴。抓好农业产业发展。推进耕食小镇农禅文化园、温泉民宿等项目开工建设。做实做优特色精细农业，深化农业发展保障体系，扶持发展精品、高效、绿色的种养殖产业。稳定粮食种植面积，牢牢守住耕地红线和粮食安全底线。实施乡村建设行动。科学编制镇、村空间规划，加快仙庾岭风景名胜区规划调整，为发展做好布局、留好空间。完成S104（兴塘段）提升改造，持续推进“四好农村公路”建设，完成农村道路提质升级20千米。实施百草冲水库、东园村灌溉山塘除险加固，推进仙庾自来水厂市场化运营，实现仙庾污水处理厂拓网运行。实施美丽乡村示范村建设，全面完成农村改厕任务6323个，实现樟霞村、蝶屏村、仙庾岭村农村生活垃圾分类达标，打造茶马线人居环境整治示范带。深化农村综合改革。用好用活农村产权交易平台，推进耕地、林地、宅基地有序流转，先行试点樟霞村宅基地有偿退出，释放发展活力。实施扶持壮大村集体经济三年行动计划，引导村集体经济合作社参与体验农业、健康养老、特色民宿等乡村经济业态，切实增强造血能力。

（八）深入推进生态环境治理。持续做好大气污染防治。全面加强工业废气、扬尘治理、餐饮油烟等方面的大气污染防治。严格落实“五控”措施，通过整治一批散乱污企业，督促餐饮企业加装油烟净化设施，加大机械清扫和雾炮作业频次，推进机动车尾气整治，严控秸秆、垃圾焚烧等措施，下真功夫、硬功夫，保持“蓝天300天”标准。持续做好水污染防治。全面推进“河长制”，深入开展入河口排污口排查，确保工业废水达标排放。加强金山污水处理厂、仙庾镇污水处理厂运营管理，扩大污水收集覆盖面。健全黑臭水体整治长效管理机制，大力实施荷塘铺、新屋街等6条水系雨污分流工程，实现建宁港、白石港流域“长制久清”治理目标，进一步改善水环境质量。扎实做好土壤污染防治。积极推进黄塘村农田重金属污染治理试验项目，强化污染源监测和风险管控。深入开展固体废物“清废”行动，有效防范工业危险废物环境风险。

（九）着力保障和改善民生。深入推进“精准就业服务”，免费培训就业困难群体不少于3000人，全年新增城镇就业1万人、农村劳动力转移就业500人、零就业家庭动态援助保持100%，城镇调查失业率控制在5.5%以内。优化教育资源布局，推动株洲市二中水竹湖学校落地，加快推进红旗路小学改扩建，力争湖师大附属荷塘实验学校秋季开学。运用改建、移交、盘活等方式，新增公办幼儿园位1334个，公办园位占比达到50.0%。实现灵活就业者、新业态从业者纳入参保，职工养老保险扩大覆盖面，推进工伤保险省级统筹和补充工伤保险试点。推进社会救助制度改革，建立低保标准动态调整机制。推进特困供养机构提质升级，对有集中供养意愿的特困人员实现“应养尽养”。发展社区居家养老，推进日间照料中心建设和困难老人家庭适老化改造，提质“友邻帮”农村互助服务，促进覆盖城乡的养老服务体系不断完善。实施“紧密型医联体”建设，推进“互联网+健康”试点，开展6S精益管理，提升基层医疗服务水平。建立示范性普惠婴幼托育机构，扶持社会力量兴办托育机构，加快发展多种形式照护服务。推进区文化馆、图书馆落地，升级农家书屋18家，建成全民健身广场4个，不断丰富群众文体生活。完善国防动员体制机制，扎实开展国防教育，贯彻落实征兵改革和民兵调整改革任务要求，提升国防后备力量建设水平。

（十）持续夯实基层社会治理根基。围绕全市创建全国市域社会治理现代化城市契机，加强区、镇、村三级综治中心建设，全力推进基层公共服务全覆盖，健全党组织领导的自治、法治、德治、智治相结合的城乡基层治理体系，着力加强改革创新、基础管理、群众工作等各方面能力建设，构建体系更加完备、治理更加有效、群众更加满意的基层治理格局。加强信访源头治理，积极化解信访难题。常态化、机制化开展扫黑除恶专项斗争，深入推进十大平安创建，提升“雪亮工程”应用效能，健全社会治安立体化防控体系。继续打好防范化解重大风险攻坚战，全力打击各类非法金融活动，牢牢守住不发生系统性风险底线。深入开展安全生产专项整治三年行动，压实生产企业、消防、建筑施工、“两客一危”等重点领域主体责任，加大道路交通顽瘴痼疾整治力度，全面开展第一次全国自然灾害综合风险普查，落实食品药品安全“四个最严”要求，从源头上防范化解重大安全风险。

各位代表，我们坚持以人民为中心的发展思想，认真贯彻落实民生实事人大代表票决制工作要求，严格按照征集程序，广泛征求意见，提请相关会议审议，从医疗、养老、就业、农业农村、应急安全等领域确定12个候选事项，提请人大代表票决。区政府将全力抓好票决事项的实施，确保把每一件民生实事都办到群众的心坎上！

各位代表，发展的重任和人民的期盼，对政府工作提出了更高要求。我们将永葆忠心、常怀戒心、践行初心，全面推进政府治理体系和治理能力现代化，努力打造人民满意的服务型政府。切实加强政治建设。坚持用习近平新时代中国特色社会主义思想武装头脑、指导实践、推动工作，不断提高政治判断力、政治领悟力、政治执行力。进一步增强“四个意识”、坚定“四个自信”、做到“两个维护”。坚决落实中央、省、市和区委各项决策部署，确保政令畅通、令行禁止。严格落实意识形态工作责任制，坚决反对和抵制各种错误观点。认真抓好省委巡视、审计反馈问题的立行立改和标本兼治。切实推进法治建设。依法接受人大法律监督和工作监督，自觉接受政协民主监督、社会监督，进一步加强审计监督。加快法治政府建设，深化政务公开和权力运行广泛公开，健全法律顾问制度，完善科学决策机制。实施“八五”普法规划，带头遵法学法守法用法，运用法治思维和法治方式推进工作，不断开创法治建设新局面。切实抓好廉政建设。压实“一岗双责”，始终保持惩治腐败的高压态势，严查严控风险点、风险源，锲而不舍营造“和”与“正”的政治生态。严格落实中央八项规定精神，加大对重点领域、重要环节和重点对象的监督。深化群众身边腐败和作风问题治理，凡是群众反映强烈的问题一律严肃对待，凡是损害群众利益的行为一律坚决纠正。

各位代表，起航新时代，奋斗新征程。让我们更加紧密地团结在以习近平同志为核心的党中央周围，在市委、市政府和区委的坚强领导下，紧紧依靠全区人民，不忘初心、只争朝夕、逐梦前行，为实现“十四五”良好开局，开启全面建设现代化新荷塘新征程而努力奋斗!

《政府工作报告》有关名词解释：

1.“六稳”“六保”：指稳就业、稳金融、稳外贸、稳外资、稳投资、稳预期；保居民就业、保基本民生、保市场主体、保粮食能源安全、保产业链供应链稳定、保基层运转。

2.“弹性年期出让”：在原有的一次性最高年限出让方式基础上，灵活设定有偿使用类型和年限，以满足土地市场变化需求。

3.“一达标两不愁三保障”：农民家庭年人均纯收入达到国家现行扶贫标准，不愁吃、不愁穿，义务教育有保障、基本医疗有保障、住房安全有保障。

4.“四治一改”：治垃圾、治厕所、治污水、治村容村貌、改陋习。

5.“三高四新”战略：打造国家重要先进制造业新高地、具有核心竞争力的科技创新高地、内陆地区改革开放新高地，在推动高质量发展上闯出新路子，在构建新发展格局中展现新作为，在推动中部地区崛起和长江经济带发展中彰显新担当，奋力谱写新时代坚持和发展中国特色社会主义的湖南新篇章。

6.“五控”：“控排放、控尾气、控扬尘、控油烟、控焚烧”。

7.“6S”管理：解决整理（SEIRI）、整顿（SEITON）、清扫（SEISOU）、清洁（SEIKETSU）、素养（习惯）（SHITSUKEI）、安全（SAFETY）方面的问题，一种通用型工作现场管理模式。

8.“四个最严”：最严谨的标准、最严格的监管、最严厉的处罚、最严肃的问责，确保广大人民群众“舌尖上的安全”。

9.“民生实事人大代表票决候选事项”：（1）城镇老旧小区改造。（2）精准就业服务保居民就业。(3)病险水库山塘除险改造。(4)提升基层医疗机构应急处置能力。（5）无物业管理小区业主自治。（6）合泰、富家垅地区消防安全专项整治。（7）农村“四好”公路。(8)中小微企业帮扶。(9)示范性社区居家养老(日间照料）中心。（10）流通领域食用农产品快检。（11）公办中小学校、幼儿园安装智慧用电安全隐患监管系统。（12）“幸福荷塘”市民休闲健身小游园。

中国人民政治协商会议
株洲市荷塘区委员会常务委员会工作报告

——在政协株洲市荷塘区第五届委员会第六次会议上

政协株洲市荷塘区委员会主席　何恒仁

2021 年 2 月 2 日

各位委员，同志们：

我代表政协株洲市荷塘区第五届委员会常务委员会，向大会报告工作，请全体委员审议，并请列席会议的同志提出意见。

一、2020 年工作回顾

2020 年是全面建成小康社会决胜之年和“十三五”规划收官之年。一年来，区政协常委会在中共荷塘区委的坚强领导和市政协的指导下，集思广益助发展，凝心聚力促和谐，倾情履职惠民生，为助力夺取全区疫情防控和经济社会发展“双胜利”贡献了政协力量。

（一）加强思想政治引领，始终把牢正确政治方向

*不断深化理论学习。*坚持把学习贯彻习近平新时代中国特色社会主义思想作为首要政治任务，深钻细研习近平总书记关于新时代加强和改进人民政协工作的重要思想，深入学习习总书记在湖南考察时的重要讲话精神。区政协以党组理论中心组学习为引领，形成了常委会议、主席会议、专委会、界别组等多层次、全覆盖、常态化的学习体系。切实强化政协队伍理论武装，筑牢坚持和发展中国特色社会主义共同思想政治基础，把思想统一到牢记新使命，把握新定位，明确新要求上来，把行动落实到发挥人民政协专门协商机构作用中去。

*始终坚持党的领导。*全面贯彻落实以习近平总书记为核心的中共中央各项决策部署，自觉服从中共荷塘区委的领导，坚持重大事项请示报告制度，过去一年，先后就政协党组的工作、贯彻落实关于新时代加强和改进人民政协工作情况等重大事项向区委汇报，做到重要工作主动报告、及时反映。充分发挥政协党组把方向、管大局、保落实的核心作用。把政协党组的政治引领、创新引领、文化引领职责贯彻到各级履职活动中，为政协工作求真务实、创新发展提供坚强的政治保障。

*着力推进制度创新。*深入贯彻中央政协工

作会议精神，根据省委、市委《关于新时代加强和改进人民政协工作的实施意见》，协助区委制定印发了《中共株洲市荷塘区委员会关于加强和改进人民政协工作的实施意见》，就新时代区政协工作的重大问题作出决策部署。同时制定出台《株洲市荷塘区政协民主协商建设的实施办法》，健全民主协商规则，规范民主协商活动，为推动人民政协事业的发展，提供了指导和遵循。

（二）发挥重要渠道作用，深入推进民主协商工作

坚持发挥人民政协民主协商重要渠道和专门协商机构作用，深入推进民主协商工作，积极拓宽协商渠道，切实提升民主协商实效，为科学决策献智、为快速发展出力。

*全会协商助力经济社会发展。*区政协五届五次会议期间，全体委员对“一府两院”和其他报告深入协商，6位政协委员围绕农村人居环境整治、装配式建筑产业建设、提升基层医疗服务能力等进行大会发言，建议得到了区委书记的批示和有关部门的办理落实。10个界别工作组提出各类意见建议90余条。区政协常委会议重点就2020年全区经济社会发展情况、法检两院工作情况、财政预决算执行情况等方面工作开展协商，在全区产业项目建设、城市提质改造、营商环境优化等重大决策中建言献策。

*专题协商助力科学编制“十四五”规划。*编制区“十四五”规划和2035年远景目标是社会主义现代化建设新征程开好头、起好步的关键。区政协常委会议围绕规划纲要编制工作进行专题协商，从重点项目建设、交通设施规划、农村农业发展、基层公共服务、城乡教育均衡等方面协商建言，提出了具有前瞻性、针对性的意见建议30余条。区政协主席会议专题协商了我区精准就业工作情况，提出了加强专业化、信息化、制度化建设和管理，服务居民就业的建议，为我区进一步落实“六稳六保”，顺利开启“十四五”提供参考。

*基层协商助力拓宽民主协商渠道。*试点建立了镇（街道）、村（社区）两级四个示范委员工作室，把协商平台搭建到百姓家门口，组织委员参与基层协商议事、万户帮扶等活动80余次，使政协协商与基层协商有效衔接。其中仙庾镇协商议事室（委员工作室）被授牌“湖南省示范性委员工作室”。

（三）围绕中心服务大局，聚焦荷塘高质量发展

坚持以服务荷塘高质量发展为工作目标，突出建言献策与凝聚共识双向发力，围绕区委、区政府重大部署、重要任务履行政协职能。

*紧紧围绕重大部署建言献策。*紧扣区委部署的狠抓产业项目建设、打赢“三大攻坚战”、优化营商环境、推进乡村振兴等重点任务，选择高质量发展、基层社会治理、生态环境保护等事关全区经济和社会发展的10个调研课题，开展“命题作文”，组织全体委员开展了多角度较深层次的调查研究，形成理论文章和调研报告13篇，被评为市政协优秀调研报告2篇，优秀理论文章2篇。

*紧紧围绕重点任务献计出力。*区政协主席会议视察基层公共卫生服务和应急能力建设情况，针对机构发展不平衡、基层专业人才紧缺、宣传力度不够等问题，提出12条建议。开展重点工业项目视察，提出加大土地调规力度、处理好融资和化债的关系、提高征地拆迁效率等

10条建议。对老旧小区提质改造开展视察评议，从融资模式、物业管理、协调机制、群众参与、工程质量五个方面提出11条建议。

紧紧围绕夺取“双胜利”凝心聚力。针对疫情防控、经济发展、民生实事推进等艰巨任务交织的特点，广泛凝心聚力。把助力疫情防控和助推复工复产作为重要政治任务，闻讯而动、党员带头、委员响应，深入乡村、社区、企业参与抗疫，助推复工复产，累计捐款、捐物97.3万元。积极开展“万户帮扶”行动，响应省、市政协号召，由区政协委员和机关干部156人组建42个帮扶小组，结对帮扶42户家庭，累计捐款捐物21.4万元，资助帮扶困难学生38人，帮助解决困难群众就业10人，在共克时艰中彰显了政协力量，发挥了政协凝心聚力的作用。

（四）聚焦民生热点难点，充分履行民主监督职能。

坚持履职为民，将民生民利作为政协履职的出发点和落脚点，关注和助推解决人民群众“急难愁盼”之事。

专项监督增进百姓福祉。黑臭水体整治是“三大攻坚战”中污染防治攻坚战的重点，区政协委派民主监督小组，对生态环境荷塘分局、住房和建设局、农业农村局工作落实情况开展专项民主监督。组织3次集体监督活动，通过现场视察、召开座谈会等形式全面了解情况，针对发现的问题，向有关部门发出《荷塘区黑臭水体整治工作民主监督建议书》。

提案监督回应社会关切。坚持区政协主席会议成员领衔督办重点提案制度，分别就加快金山新城公共服务体系建设、加快推进园区“物流+电商”融合发展、完善桂花路到新苗公园路段配套设施等事关经济发展和人民群众切身利益的重点提案，召开提案办理专题协商会，有效促进了一些热点难点问题的解决。区政协五届五次会议审查立案的71件提案已全部办结，满意率达到100%。

社情民意和微建议监督解决群众诉求。坚持把反映群众呼声、维护群众利益作为政协工作的重要切入点，2020年共收集社情民意信息24条，及时转交有关部门办理。广大委员深入了解群众身边忧心事、烦心事，提交微建议64条，助推区委、区政府微建设、微服务。

这一年，我们锐意进取，在贯彻落实中央、省委、市委关于加强和改进新时代人民政协工作中做了一些探索；这一年，我们广泛凝聚共识，在合力抗击疫情和助推全区经济社会发展中发挥了政协作用；这一年，“万户帮扶”工作赢得了群众的口碑，在城乡帮困中彰显了政协担当；这一年我们的文史工作取得长足进步，《荷塘工业70年》被评为省政协“走过60年•我们的文史资料”“最具题材创意奖”。回顾过去一年实践，我们始终将坚持党的领导作为政协工作的根本政治原则，始终以创新精神推动政协工作高质量发展，始终把搭建好委员履职平台，发挥委员主体作用作为一项重要工作。

政协常委会的工作是在习近平新时代中国特色社会主义思想引领下，市政协有力指导、中共荷塘区委坚强领导的结果，是区人大、区政府、人武部和各民主党派、社会各界关心支持的结果，是区政协各界别工作组和广大政协委员共同努力的结果。在此，我代表区政协常务委员会，向大家表示衷心的感谢！

与此同时，我们也清醒地认识到，区政协常委会工作仍有不少薄弱环节和不足，主要是：

政协协商民主建设的质量和水平还需进一步提升，建言资政与凝聚共识双向发力还需进一步强化，政协委员履职信息化建设还需进一步加强等，这些问题要在今后工作中认真研究解决。

二、2021年工作安排

2021年是中国共产党建党100周年，是我国社会主义现代化建设新征程的开启之年，也是五届政协的收官之年，做好今年的工作意义重大。今年区政协工作的总体要求是：以习近平新时代中国特色社会主义思想、习近平总书记关于新时代加强和改进人民政协工作重要思想为指导，全面贯彻中共十九大和十九届二中、三中、四中、五中全会精神，坚决落实习近平总书记对湖南工作的重要指示精神，在中共荷塘区委的坚强领导下，深入贯彻落实区委五届十次全会精神，充分发挥政协作为专门协商机构的作用，服务发展大局，凝聚社会共识，为加快建设现代化新荷塘贡献智慧和力量。

（一）坚持党的领导，强化思想政治引领

把坚持党的领导落实到政协工作的各个方面，体现到人民政协事业发展全过程。

坚持和维护好区委统一领导，坚决贯彻落实区委的决策部署，主动担当、协同一致开展工作，坚持政协重要工作、重大事项及时请示报告，重点工作、重要活动围绕服务荷塘发展大局开展。准确理解和把握政协在国家治理体系中的重要地位，发挥政协在区域社会治理中的作用。

强化党的理论武装，将学习贯彻习近平新时代中国特色社会主义思想、党的十九届五中全会精神以及习近平总书记在湖南考察时的重要讲话精神，作为当前和今后一项首要的政治任务抓好抓实。始终把落实“不忘初心、牢记使命”主题教育制度作为加强党的建设的永恒课题和党员干部的终身课题。通过党组理论中心组学习、开展研讨交流、举办政协委员培训班、开展读书活动等形式，组织政协委员和机关干部切实加强政治理论学习，确保学习领会不断深化、思想共识不断凝聚、贯彻落实不断推进。

加强政协组织建设，在区委领导下切实抓好换届选举筹备工作，履行好政协党组的政治责任，按程序对拟继续提名的政协委员人选提出意见，把懂政协、会协商、善议政、守纪律、讲规矩、重品行的各界代表人士推选进政协组织，优化政协委员队伍，加强政协常委会建设，确保圆满完成换届选举。完成镇、街道政协工作联络处建设，选优配强联络工作处主任，发挥联络处作用。推进政协党的组织对党员委员、党的工作对政协委员“两个全覆盖”。

（二）落实区委意见，推动政协事业更新发展

区委制定印发《关于新时代加强和改进人民政协工作的实施意见》是深刻领会习近平新时代中国特色社会主义思想“政协篇”的重要体现，是认真贯彻中央、省委、市委政协工作会议精神的重要举措，更是推动“十四五”期间我区政协事业发展的重要纲领。我们要以创新理念、务实举措大力推进区委《实施意见》落实。

坚持性质定位，把握政协协商的丰富内涵，提高协商能力和协商效能。坚持重大事项、重要工作决策前、决策中协商；认真落实《株洲市荷塘区政协民主协商建设工作实施办法》；抓好基层协商议事室扩面增效，深入推进基层协商，在加强政协民主协商建设上增力度。

坚持改革创新，抓住方式创新这一关键，转变思路，加强履职信息化平台建设，拓宽委员履职渠道，便捷委员发声。推进政协云履职、管理全覆盖。改进委员学习培训方式，优化委员履职考核方式，在推进政协履职能力建设上想办法。

坚持制度引领，把加强制度建设作为新时代加强和改进人民政协工作的基础环节来抓，完善政协常委会组成制度，健全对各民主党派和无党派人士参与政协重大协商、开展共同性事务交流等机制性安排，强化履职成果跟踪反馈机制，在推进政协工作提质增效上求突破。

（三）立足三大职能，持续服务荷塘发展大局

着眼于区委工作的重点、人民群众生产生活的难点、社会治理的焦点问题，自觉把政协工作融入服务构建荷塘新的发展格局，助推我区“十四五”规划实现良好开局。

打造专门协商机构的鲜明形象。围绕服务省委“三高四新”战略、市委“一谷三区”总任务，紧扣区委五届十次全会工作部署，推动区“十四五”规划落实落地开展全会协商。就推进产业链建设、加快产业转型升级等议题开展议政性常委会协商，助推区委决策部署贯彻落实。通过常委会议协商、主席会议协商等形式，就乡村振兴、基层治理体系和能力建设、民生实事等议政建言。支持跨层级协同履职，在“如何借势长株潭岳产业走廊建设，加快推进荷塘区域发展”问题上开展省、市、区三级政协联动协商。

突出民主监督推动落实落地。充分发挥会议监督、视察监督、提案监督等监督形式的作用。主席会议专题视察企业“双创”平台建设、荷塘区商圈建设、农业休闲产业发展、园区配套设施建设情况等。针对民生领域重点工作，热点难点问题，委派民主监督小组，运用提案办理协商等形式开展监督。创新区镇两级联动民主监督，积极对接区纪委监委、法院、检察院开展多种形式的特约监察、监督，鼓励政协委员积极参与，推动民主监督多样性，形成监督合力。

广泛建言献策助力问题解决。结合荷塘实际，积极组织参政议政，区政协将组织各专委会、界别组就主导产业定型与升级、完善生态环境治理体系、新型农业经营主体的培育和发展、发挥文化建设在乡村振兴中的作用等课题开展调查研究，并邀请上级政协委员参与，上下联动力争形成一批有分量的建言成果。闭会期间，围绕就业、就学、就医、养老、小区物业管理等领域，广泛开展微建议、社情民意信息收集，为重点、难点问题的解决助力。

（四）突出两大主题，广泛凝聚荷塘发展正能量

认真落实全国政协《关于加强和促进人民政协凝聚共识工作的意见》，充分发扬民主、增进团结，强化中心环节，不断汇聚加快建设现代化新荷塘的合力。

在凝聚共识上持续发力。落实多层次集中学习制度，围绕中共建党100周年组织党史、国史专题学习培训，在学习领会贯彻落实中不断凝聚共识，夯实团结奋斗的共同思想政治基础。自觉运用党的先进理论指导新时代政协工作实践，不断丰富委员活动形式，把凝聚共识寓于界别委员活动之中，不断增强“四个意识”、坚定“四个自信”、做到“两个维护”，推动委员思想政治进步和团结引领界别群众相促进。

在团结联谊上拓展渠道。坚持大团结大联合，落实政协党组成员联系相关无党派人士、宗教界委员制度，落实主席会议成员带头走访界别和委员制度，听取意见、回应关切、沟通思想、广交朋友，强化统一战线，拓展交往联谊。正确处理一致性和多样性的关系，支持保障各党派团体在政协全会、界别协商、提案督办等履职活动中发声，引导社会各界把思想认识行动统一到区委工作部署和要求上来。

在汇聚高质量发展力量上主动进取。积极宣传荷塘区经济建设、社会发展五年来所取得的辉煌成就，推介区政协近年来工作成果，使政协换届工作的过程成为宣传教育界别群众、凝聚团结群众的过程。切实扩大对外交往联系，站在荷塘改革发展的战略大局上，积极为好项目落户荷塘牵线搭桥，主动利用接待来访、外出调研等机会，积极推介荷塘。务实推进政协走进基层、委员贴近群众，加深对区情社情的了解、认识，宣传阐释党的路线方针政策，协助做好协调关系、理顺情绪、化解矛盾的工作，团结引领全区各界群众保持战略定力，增强发展信心，形成团结一致、众志成城的磅礴力量。

（五）强化责任担当，坚持发挥委员主体作用

牢记新使命，把握新要求，我们要引导广大政协委员，珍惜委员荣誉，扛起委员责任，遂行委员担当。强化委员政治担当，把自觉贯彻党组织意图同依法行使民主权利统一起来，讲规矩、识大体、顾大局，持续改进工作作风，主动把党的主张和重大决策部署转化为委员共识。强化委员为民责任，引导广大委员落实习总书记在湖南考察时提出的“政协委员要更好联系和服务所在界别的群众”要求，把密切与群众的联系摆在履职更加突出的位置，落实政协委员联系界别群众工作制度。强化委员履职担当，激励委员把群众关心关切的热点难点问题作为议政建言的重要内容，深度参与城乡帮困、“幸福荷塘”系列民生行动等工作，做界别群众的引导者、服务群众的志愿者，在履职中练就善用群众语言、善与群众交流的联系群众能力，练就勇于斗争的真本领，提振创新发展的精气神，做荷塘改革发展的有心人、尽心人。

各位委员、同志们，2021年是中华民族实现第一个百年奋斗目标、开启第二个百年奋斗目标新征程的重要节点，能够见证和参与其中是人生的难得际遇，让我们紧密团结在以习近平同志为核心的中共中央周围，在中共荷塘区委的坚强领导下，把握机遇、不负使命、忠诚履职、团结奋进，推动新时代人民政协事业发展，为建设现代化新荷塘做出新的贡献。

“战疫”2020

——荷塘区新冠肺炎疫情防控工作综述

2020年，是一个极其不平凡的，注定将载入史册的年份。这一年，新冠肺炎疫情伴随着新春的脚步席卷而来，迅速蔓延全球，人类社会的生存和发展，迎来巨大的挑战。“战疫”，成为2020年的主旋律。

面对新冠肺炎疫情的突袭而至，荷塘区委、区政府坚决贯彻落实党中央、国务院和省、市决策部署，坚定信心、同舟共济、科学防治、精准施策，第一时间启动应急响应，全民动员、全力以赴投入抗疫行动，全区上下勠力同心，精心布防，精准施治，群防群控，打响了一场疫情防控的人民战争，取得了阶段性重大胜利。全年荷塘区累计报告新冠肺炎确诊病例21例，无症状感染者4例，追踪管理密切接触者180人。自2月14日起，辖区内已无新增确诊病例、无症状感染者和疑似病例；自3月14日起，辖区内实现了确诊病例“零病亡”、医务人员“零感染”、境外疫情“零输入”。荷塘区成为全市第一个全面复工复产的县市区。

一、加强领导，实现防控体系“一盘棋”

新冠肺炎疫情突发后，荷塘区第一时间成立了由区委书记任第一组长，区长任组长，全体区委常委、副区长任副组长的区新冠病毒肺炎防控工作领导小组。区委、区政府分别召开12次常委会和15次常务会，对疫情防控工作实施指挥、调度，解决疫情防控工作中遇到的各种问题。实行了疫情防控工作责任包干制，由区委书记总协调，主抓三级管控工作；区长主抓确诊病例流调、收治、隔离、研判工作；区委副书记主抓合泰、富家垅等重点地区防控工作；常务副区长主抓企业复工复产工作；区委常委、副区长按照职责分工，分头负责区疫情防控领导小组各工作组的工作。同时，根据疫情防控形势的变化，及时调整优化组织领导体系，陆续增设了农村地区疫情防控、宗教领域疫情防控、企业复工复产服务保障、疫情研判、集中隔离等工作组；相继设立了综合协调、后勤保障、流行病学调查、医疗救治、管控摸排、信息宣传、督导问责等12个小组及合泰富家垅地区防控指挥部，构建了统一领导、高效指挥、职责分明、分工协作的组织领导体系。

区疫情防控领导小组成立后，开展了卓有成效的工作，先后制定下发疫情防控相关文件32份，成功领导了全区疫情防控的总体战、阻击战。自疫情发生以来，全区先后发放疫情防控宣传资料42万余份，在省、市、区各级媒体发稿200余篇；调拨一次性口罩20余万个，消毒酒精1500千克，体温枪86把，一次性医学隔离服2500余件。

二、上下联动，形成防控力量“一股绳”

应对疫情，荷塘区上下众志成城，形成了总体战、阻击战的强大合力。

区级领导沉下去。区委书记带头开展各级书记“每天步行巡查10千米”行动，实地查验辖区疫情防控工作落实情况，做到及时发现问题、及时解决难题、全面掌握情况、确保防控到位。区委常委、分管副区长分片包干、分行业负责，每天对疫情防控工作进行督查指导。

机关干部派下去。组织64个单位选派工作队到62个村（社区）直接参与疫情防控工作。开展“让社区干部休息一晚”活动，动员机关各单位800余名党员干部，到34个社区57个卡点值守夜班。专门安排机关干部到交通站点、隔离酒店、合泰地区值班值守。上一线的机关干部比例超过80%，减轻了一线人员连续作战的身心压力。

基层干部冲上去。卫健、疾控、城管、各镇（街道）、各社区等基层单位，春节期间起取消休假，全员上班、精锐出战、日夜不休、全力投入防控工作，以战时状态、战士风采打攻坚战、持续战，涌现出一批先进典型。

志愿者队伍用上去。以村（社区）为单位，发挥好帮扶队、微信群主、退役军人、小区物业、业委会等志愿者队伍的作用，通过电话联系、上门确认、守卡核查等多种方式进行重点人员摸排。在各村、小区出入口设置劝导检测点，落实最严管控措施，做好进出人员测量体温、信息登记等工作。

督查力量跟上去。工作重点到哪里，督查力量就跟到哪里，坚决用纪律保障打赢疫情防控阻击战。成立了9个督查小组深入防控一线进行督查，对督查中发现的问题，现场拍照曝光，督促立行立改。配合市纪委查处1起防控工作期间违反工作纪律问题典型案例，1个单位被通报批评，2名干部受到问责处分。在合泰、富家垅地区疫情防控工作中，约谈干部2名。对1名无故缺岗违反工作纪律的工作人员予以开除处分。全年共计发放疫情防控督查通报11期。

三、精准施策，织牢防控重点“一张网”

荷塘区始终牢牢把握住抗击疫情的重点和关键环节，牵住疫情防控“牛鼻子”，点面结合，精准施策。

抓关键环节。一是疫情研判。每当辖区出现新增确诊病例，疫情研判组立即召开会议研判疫情，迅速开展流行病学调查、密切接触者排查和及时管控，为控制疫情扩散奠定基础。加强疫情防控期间医疗质量管理，开通2条24小时咨询热线，累计接处热线10000余条。二是严格管控。对重点人员管控采取“查三、收二、管三”的措施，即对确诊病例的密切接触者、密切接触者的重要接触者、其他有需要调查对象等3个层次人员进行流调，辖区21例确诊病例全部找到感染来源。对确诊病例的密切接触者、密切接触者的重要接触者全部集中隔离管控。在对确诊病例的密切接触者、密切接触者的重要接触者集中管控的基础上，对其他有需要调查的对象根据具体情况，部分集中隔离管控，部分由镇（街道）居家管控。印发了《集中隔离工作须知10条》，安排指定隔离酒店9家（根据情况调出2家）。疫情发生以来，全区共转诊300余人次，累计集中隔离1511人。通过各部门分工协作，做到了外来人员从运转、入住到解除隔离全流程无缝对接，安全、生活、医疗有保障。对居家隔离对象实行“封条管理”，基层医护人员和社区工作人员上门提供健康检测和生活服务，做到隔离不疏离、封门不封心。三是线索摸排。全区通过各种线索摸排发现涉外（包括港澳台）需管控人员312人，国内中高风险等重点地区返荷人员11168人。组织排查上级联防联控机制下发电话线索信息约1万余条，涉外可能入境电话核查约2000余条。交通卡口排查300余条，并分级分类按管控要求管控到位。

抓面上管控。对全区117个物业管理小区、140个无物业管理小区（开放式片区）实行封闭管理。在各单位和村、小区出入口设置劝导检测点24小时值守，实行严格管控措施，进出必测体温，减少人员流动和聚集，守好“家门口”最后一道防线。同时，在各大型商场、农村集市、公交终点站、公园、主要路口等地设置大小喇叭280余个，开动流动宣传车150余台，让宣传喇叭“处处响”，疫情防控“户户知”。摸排区内中小学及湖南工业大学河西校区的人员情况，根据情况设置北师大株洲附属学校隔离点，共隔离管理人员82人。

抓重点区域。针对合泰富家垅片区流动人员多，人口集中，容易造成疫情扩散的情况，荷塘区专门成立了合泰富家垅片区疫情防控工作指挥部，配强力量，严格按照市委要求，升级防疫措施，实行“区域管控、巡防巡查、全面排查”措施。封闭出入口80余个，仅保留3个出入管制点。组织城管队员、公安干警、交警50余人，对合泰地区进出的车辆人员进行全天候登记排查；相关部门60余名驻村干部主动支援合泰、富家垅地区疫情防控，逐一上户摸排人员情况，累计上门摸排8507户，电话回访838户，排查出非株洲户籍117户，其中湖北籍64户，有离株返株史31户。在摸排的基础上，分成7个小组在各个小区出入口设立检查站，对出入人员实行“一问二查三劝四留”四步管控，片区累计登记5万余次，发放通行证18600余张。按照“一人一档”及“五包一”（一支笔、一个体温计、一份告知书、一个口罩、一份宣传单）、“四个到位”（摸排到位、宣传到位、消毒到位、管控到位）等要求，对片区内“四类人员”（确诊患者、疑似患者、不能排除感染发热患者、密切接触患者）进行管控。

抓重点人群的预防。组织市人民医院中药专家开展研讨，研究预防配方和重点服用人群，实施分类定点配送预防中药。市人民医院负责为在定点酒店集中隔离的密切接触者、工作人员以及辖区65岁以上老年人配送；省直中医院负责为复工复产企业员工和社区，疾控中心等疫情防控一线工作人员配送；基层卫生服务中心负责为基层一线医务人员等人员配送。累计配送预防中药82102份。对辖区内由湖北返回荷塘区的学生提前摸排，做好宣传劝阻工作，完善学校防疫管理措施，统筹谋划后期管控工作，为复学打好基础。

抓核酸检测。湖南省疫情防控领导小组下达加强核酸检测力度文件后，荷塘区积极主动与长沙金域、迪安2家检测公司对接，并达成合作，加速了全区核酸检测速度，扩大了筛查面，提高了筛查效率。全区计采集冷链食品及包装样品488份，冷链环境样品286份，冷链从业人员样品58份，共计832份，经核酸检测均未发现新型冠状病毒阳性报告。疫情发生以来，荷塘区对新冠肺炎出院患者、密切接触者、密切接触者的重要接触者、一般接触者、中高风险地区入荷人员、涉外人员以及企事业单位复工复产人员累计进行核酸检测41022例。

抓健康宣传与消毒。组织开展了全区范围的疫情防控及健康知识大宣传和公共环境卫生大消杀。累计发放各类宣传折页6万余份，发放张贴海报5万余张，发放疫情防控指南8种共34万余份，发放宣传手册4万余册，开展健康宣教180余次。累计开展消杀面积达73604平方米。

四、服务保障，助力企业复工复产

在疫情得到有效控制后，区委、区政府政府适时把推动企业复工复产作为稳经济、促发展的重点工作提上议事日程。区委多次召开常委会（扩大）会议，专题研究企业复工复产相关事宜，专门成立了企业复工复产服务保障组，为企业复工复产提供后勤服务支持，明确由企业在满足防疫条件的前提下自主决定开复工。

为助力企业复工复产，区各级、各职能部门切实担负起全力支持、保障企业复工复产职能。区疫情防控领导小组统一制作了人员编号、车辆通行证，以镇（街道）为单位，发放给企业，确保人员、材料、产品往来通畅；由金山科技工业园管委会、科工信局、企业服务中心分类负责工业企业，住建局负责房地产企业和工程项目，商粮局、市场监管局负责商贸企业，农业农村局负责农业企业的应急防疫物资支援调配工作，主动帮助企业解决实际困难，支持更多符合条件的企业开工。

区委、区政府在继续抓好科学防控的同时，坚决落实市委、市政府关于推进企业复工复产的工作要求，实行平战结合，分类有序推进企业开工复工。安排区委常委到各联点镇（街道）指导企业复工复产工作，进一步压实企业的主体责任、镇（街道）的属地管理责任、行业主管部门的监管责任和驻企防疫联络员的工作责任，印发《荷塘区企业复工复产疫情防控操作指南》等文件，就企业复工要求、条件、程序等提供明晰指引，规范复工复产企业疫情防控工作。安排区科工信局、工业园区、区产业服务中心对全区企业开展走访摸底，了解掌握企业复工复产情况和存在的困难。从区疾控中心、区妇幼保健中心、区卫健执法大队抽调业务骨干，上门为企业讲授疫情防控知识，对全区74家规上企业、11家养老中心、8家大型百货超市、2家长途汽车站，2所培训学校以及合泰地区700余家小微企业开展了疫情防控专业技术指导和培训，对各单位落实防控措施情况及时进行通报。防疫期间，累计指导企业948家，劝阻擅自开工企业95家，查封10家。派出专业人员上户开展防疫培训指导累计15批次30场，发放资料6000余份，惠及企业802家，有效地提升了企业的疫情防控应对能力。建立规模以上企业防疫联络员制度，安排183名驻企防疫联络员点对点联系指导企业复工复产，提前对生产、生活、办公区域进行全面消毒清理，抓紧配备口罩、手套、测温仪等防护物品等，严格落实疫情防控各项措施。对11家重点企业及其配套企业、19家有海外订单和市场需要的企业、省、市重点项目实行了“一企业一分析、一企业一政策、一专班一服务”的服务保障模式。通过发放或联系购买的方式，累计向企业提供口罩30余万个，消毒液3820千克，酒精1390千克，测温枪22把。3月25日、27日分别点对点到湖北监利、洪湖接回220名湖北籍员工返岗，累计帮助解决企业用工1100余人。多措并举，有力地推进了企业的有序复工复产。

至2月27日，全区复工企业已达369家（不含限下企业），其中工业企业共259家（规上工业企业复产率为96.2%，排名全市第一），商贸限上企业49家，农贸市场8家，物流企业4家，其他企业26家。全区经济社会发展开始逐步走入正轨。

大 事 记

2020 年荷塘区大事记

1 月

1 月 8 日 中车长江车辆有限公司株洲分公司正式挂牌为中车株洲车辆有限公司。中车株洲车辆有限公司始建于 1958 年，前身为铁道部株洲车辆厂，之后先后更名为南车集团株洲车辆厂、南车长江车辆有限公司株洲分公司、中车长江车辆有限公司株洲分公司。2019 年，中国中车集团完成旗下货车企业重组整合，筹备成立中车株洲车辆有限公司。

1 月 10 日 新华社长沙电以“小园区来了大项目”为题，对荷塘工业集中区三一集团智慧钢铁产业城项目的施工现场进行报道。2019 年 9 月，株洲市成功签约三一集团智慧钢铁产业城项目，拟在荷塘工业集中区投资 210 亿元，重点打造金属结构件智能制造中心、钢铁数字化加工贸易、二级部件配套产业园三大产业集群。报道称，项目前期所需土地的征拆仅用 4 天即已完成，进入每天 24 小时施工模式。

1 月 11 日 荷塘区召开“不忘初心、牢记使命”主题教育工作总结会，深入学习贯彻习近平总书记关于主题教育一系列重要论述精神，全面落实中央、省、市“不忘初心、牢记使命”主题教育会议要求，总结全区主题教育工作，进一步巩固、深化和拓展主题教育成果。市委主题教育第八指导组全体成员，全体在职县级领导出席会议。

1 月 13 日 荷塘区召开区委五届八次全体（扩大）会议暨区委经济工作会议，深入贯彻中共十九大和十九届二中、三中、四中全会精神，认真落实中央、省委和市委决策部署，全面总结 2019 年工作，分析当前经济形势，安排部署 2020 年工作，动员全区上下进一步统一思想，鼓足干劲、真抓实干，推动荷塘高质量发展。区委书记邬凌云出席会议并发表讲话，区委副书记、区长王利波代表区委常委会作 2019 年工作报告并就贯彻落实全会精神进行安排部署。

1 月 15 日 荷塘区召开 2019 年征地拆迁和房屋征收工作暨三一智慧钢铁城项目阶段性总结表彰大会，总结前期工作成绩，表彰先进单位及个人，动员全区上下再鼓干劲，全力做好 2020 年征地拆迁工作，加速推进三一项目建设，为全区项目建设、产业发展提供坚强保障。

▲ 由荷塘区人民政府主办、荷塘区行政

审批服务局承办的荷塘区“一件事一次办”政务服务改革经验分享暨团队展示活动在荷塘区美的学校演播厅完美收官。此次活动通过讲述工作故事、编排舞蹈、情景朗诵、RAP 歌舞、礼仪展示等形式，展现了荷塘区四年来政务服务改革的具体历程和各项成果。据统计，荷塘区自政务服务改革以来，共接待群众 50 万余人次，累计受理业务 35 万余件，群众满意度超过 99.9%。

1 月 17 日　市委常委、宣传部部长聂方红一行到荷塘区看望慰问了道德模范唐先华，并送上新春祝福和帮扶慰问金。

1 月 19 日　荷塘区召开区、镇（街道）、行业系统党（工）委书记履行基层党建和意识形态工作责任述职评议会议。会上，7 名街道（镇）党（工）委书记和 4 名区属党（工）委先后述职并接受测评。

1 月 23 日　荷塘区委办、区政府办联合下发《关于建立新型冠状病毒感染的肺炎疫情防控工作领导机制的通知》，成立荷塘区新型冠状病毒感染的肺炎疫情防控工作领导小组，负责统一领导全区新型冠状病毒感染的肺炎疫情防控工作，研究决定疫情防控重大事项。区委书记邬凌云任政委，区委副书记、区长王利波任组长，区委常委、宣传部部长田灿，副区长罗曼任副组长，成员由区委宣传部、区委网信办、区政府办、区卫生健康局、区应急管理局、区科工信局、区交通运输局、区农业农村局、区商务粮食局、区自然资源局（区林业局）、区市场监管局、公安荷塘分局等单位主要负责人组成。领导小组办公室设在区卫生健康局，区卫生健康局主要负责人兼任办公室主任。成员单位可根据工作需要适时进行调整。在领导小组之下，建立荷塘区新型冠状病毒感染的肺炎疫情联防联控工作小组，负责疫情防控具体组织协调工作，加强部门联动，落实防控措施。副区长罗曼任组长，区政府办主任向前进、区卫生健康局局长黄国初任副组长，成员由区委宣传部、区委网信办、区教育局、区科工信局、区交通运输局、区农业农村局、区商务和粮食局、区文旅体局、区自然资源局（区林业局）、区市场监管局、区医保局、公安荷塘分局、区疾控中心等单位主要负责人组成。文件同时要求各镇、街道、区直相关部门要相应建立疫情防控领导机构和联防联控工作机制。

1 月 28 日　市政协主席蔡溪先后到株洲市人民医院、沪昆高速公路株洲东收费站，督导检查荷塘区新冠肺炎疫情的防控及救治工作。

1 月 29 日　株洲民革荷塘一支部党员、株洲市忠艺牙科器材有限公司董事长谭忠桂，响应荷塘区委统战部《关于为防控新型冠状病毒疫情捐款捐物的倡议》，为株洲市凯德心血管医院捐赠：一次性橡胶手套 5 件，84 消毒液 2 件，医用酒精 4 件，一次性手术衣 1 件；为株洲市中心医院捐赠：一次性橡胶手套 24 盒，84 消毒液 30 瓶，医用酒精 30 瓶，过氧化氢 30 瓶，一次性手术衣 20 件，价值共 1 万多元。

1 月 31 日　市委常委、政法委书记杨玉芳，市人大常委会副主任刘柏生一行先后到荷塘区向阳社区、大润发超市督查新冠病毒疫情防控工作。

2 月

2 月 3 日　市纪委常委黄青松到桂花街道新荷社区慰问战斗在抗击新冠病毒疫情一线的基层工作人员，并带来慰问金。

2月5日 市纪委常务副书记、市监委副主任朱胜辉到桂花街道指导新冠病毒疫情防控工作。

2月6日 荷塘区委办、区政府办联合下发《关于调整优化区新型冠状病毒感染的肺炎疫情防控工作领导小组和进一步明确区新型冠状病毒感染的肺炎疫情防控工作指导的通知》，就区新型冠状病毒感染的肺炎疫情防控工作领导小组进行优化调整：由区委书记邬凌云任第一组长；区委副书记、区人民政府区长王利波任组长；区委副书记赖晓智任常务副组长；区人大常委会主任陈友元、区政协主席何恒仁任副组长。领导小组下设办公室、秘书组、重点人群筛查组、医疗救治组、农村地区疫情防控组、合泰富家垅片区防疫指挥部、宗教领域疫情防控组、物资保障组、交通运输安全组、复产复工服务保障组、市场秩序组、社会治安组、新闻宣传组、督导问责组、专家组、研判组等16个组。各联点领导负责指导联点的镇(街道)，疫情联防联控工作机制建立与运行；开展重点人员摸排和管理；对重点人群进行跟踪管理、有效隔离，防止疫情扩散；加强基层联防联控、群防群控工作，防止发生聚集性疫情暴发和扩散；市场监管和防控物资保障；医疗救治相关准备；预防交通工具传播疫情工作；落实区防控领导小组部署的疫情防控相关任务。

2月7日 市委书记、市人大常委会主任毛腾飞一行到荷塘区督导企业复工复产后的新冠病毒疫情防控工作。

2月10日 市委常委、政法委书记杨玉芳，市人大常委会副主任刘柏生一行到仙庾镇仙庾岭风景区、黄塘卫生院督察新冠病毒疫情防控工作，并赠送慰问物资。

2月14日 副市长谭可敏一行到荷塘区调研装配式建筑产业链新冠病毒疫情防控和复工复产工作。

2月16日 市委副书记、市长阳卫国到荷塘区看望慰问驻社区机关干部，督导新冠病毒疫情防控工作。

▲ 市委常委、政法委书记杨玉芳一行再次到荷塘区指导疫情防控工作并召开疫情研判会。市委政法委、市卫健委相关领导参加。

2月19日 荷塘区召开新冠病毒疫情防控工作调度会。会议传达学习省委、市委疫情防控工作会议精神，分析研判当前荷塘区疫情防控形势，对下一阶段疫情防控工作进行研究部署。

2月21日 区委副书记、区长王利波主持召开全区经济运行分析研判会。与会区领导就分管行业领域工作经济运行情况进行分析研判，就加快推进复工复产，保障经济社会有序恢复等工作进行了安排部署。

2月23日 区委书记邬凌云主持召开疫情防控工作调度会。会议听取区教育局关于湖北籍学生返校开学方案工作情况汇报，并对核酸检测、恢复交通运输秩序、合泰地区管控等事项进行了研究部署。

3月

3月1日 荷塘区召开企业复工复产调度会议，研究部署企业用工，融资贷款，惠企政策等工作。

3月3日 湖南飞山奇新型环保建材制造

基地项目开工。

3月8日 荷塘区委召开书记专题会议，听取工业园区相关工作汇报，研究部署下一步重点任务。

3月9日 荷塘区召开驻村工作队长暨就业工作会议。

3月17日 中共荷塘区第五届纪律检查委员会第五次全体会议和区委巡察工作会议合并召开。会议以习近平新时代中国特色社会主义思想为指导，深入贯彻党的十九大和十九届二中、三中、四中全会精神，按照十九届中央纪委四次全会、十一届省纪委五次全会、十二届市纪委五次全会部署和区委要求，总结荷塘区2019年纪检监察工作，部署2020年任务。全会审议通过了区纪委常委会工作报告。本次会议以视频形式召开，共设主会场1个，分会场9个。

▲ 市委副书记、市长阳卫国到荷塘区部分企业调研。

▲ 副市长杨胜跃率市文化旅游广电体育局、市农业农村局有关负责人到荷塘区调研指导社会足球场地设施建设工作。

▲ 荷塘区召开2020年汛前准备和森林防灭火工作会议，谋划部署2020年防汛和森林防灭火工作。

▲ 荷塘区召开企业复工复产和防疫工作调度会，对全区疫情防控和企业复工复产工作进行再安排、再部署。

3月18日 湖南省自然资源厅空间规划局局长覃佐彦一行到荷塘区塘区开展乡镇、村庄规划调研。

3月24日 湖南省林业局自然保护地处副处长刘永强，湖南省建筑设计院总规划师李彩林、湖南省风景名胜区协会秘书长刘英、中南林业科技大学副教授刘江龙及湖南省世界遗产和风景名胜管理中心科长陈妍一行到荷塘区仙庾岭风景名胜区，对景区的保护和合理利用、仙庾岭风景名胜区游客接待及耕食文化体验中心（耕食书院）、黄陂田农业康养文化园项目的选址进行现场指导。

▲ 市人大常委会党组书记、副主任彭建忠一行到荷塘区调研，先后实地考察三一项目、汉德车桥项目、中天杭萧钢构项目、千金湘药有限公司、金山新城。

3月27日 荷塘区召开三一智慧钢铁城项目指挥部建设领导小组第一次会议，通报项目进展情况，安排部署下一阶段工作。区委书记邬凌云在会上宣布全面启动三一智慧钢铁城项目大会战第二阶段。

▲ 市委常委、统战部部长覃万成带队到荷塘区开展“万企大走访 、同心促发展”活动，深入区内好媳妇智能家居用品有限公司调研。

3月31日 荷塘区委召开巡察整改工作会议，传达学习最新巡视巡察整改有关工作精神，研究部署下阶段巡察整改工作。

4月

4月2日 荷塘区召开政法工作会议，总结2019年全区政法工作，分析研判形势，安排部署2020年全区政法工作。

4月8日 荷塘区委第十轮巡察工作动员部署会召开。区委常委、区纪委书记、区委巡察工作领导小组组长郑志富作动员讲话，区委常委、组织部部长、区委巡察工作领导小组副组长余鹏主持会议并宣读《关于五届区委第十轮巡察授权的通知》。根据市委巡察工作和区委的统一部署和安排，本轮派出3个巡察组，分别对明照街道党工委、荷塘月色开发服务中心党支部（荷塘月色开发服务中心、区红十字会）、区人大机关党支部、区委统战部机关党支部（区委统战部机关、区工商联、区侨联）、区委办公室党支部（区委办公室、区网格化服务中心、区经济研究中心）、区市场服务中心党支部等6个党组织(11家单位)开展常规巡察。

▲ 市委常委、市纪委书记、市监委主任邓为民以市先进硬质材料产业链链长身份，先后赴株洲硬质合金集团有限公司、株洲夏普高新材料有限公司、株洲金佰利硬质合金有限公司走访调研，了解企业复工复产等情况，并与市硬质合金产业协会、有关企业负责人座谈。市发改委主任向平、市工业和信息化局党组书记、局长刘海宾，区领导邬凌云、王利波、郑志富、喻秋良、陈柏文参加调研。

4月9日 湖南省委老干部局一处处长罗智群一行到金山街道湘华社区调研“美在金秋”老党员之家，现场交流试点工作经验。

4月15日 荷塘区召开2020年宣传思想文化工作会议。会议全面总结荷塘区2019年宣传思想文化工作，对2020年宣传思想文化工作进行了安排部署，并通报表彰了精神文明建设、文明城市创建工作先进集体和宣传思想工作先进单位、先进个人。

▲ 荷塘区召开新业态电商产业基地项目研讨会，探讨交流电商产业基地项目建设情况，安排部署下一阶段工作。

4月20日 湖南千金湘江药业股份有限公司获国家药品监督管理局核发的关于缬沙坦胶囊的《药品补充申请批件》，标志着该公司生产的缬沙坦胶囊通过了仿制药质量和疗效一致性评价。

4月21日 区人大常委会召开五届五次会议，就区政府工作报告征求民主党派、工商联、侨联、新联会代表意见。

4月23日 市委书记、市人大常委会主任毛腾飞，市委副书记、市长阳卫国分组率市级领导、各县市区党政负责人、市直部门负责人赴渌口区、荷塘区开展产业项目建设年第一次“看学议”活动现场观摩。观摩团观摩了荷塘区金山工业园的汉德车桥株洲智能化生产基地项目、湖南国信PC装配式建筑生产基地项目。

▲ 株洲市侨联党组书记李建平一行到荷塘区调研基层侨联建设工作。

▲ 市政协副主席、致公党株洲市委主委余群明率队到荷塘区塘区开展“推进社会治理现代化”专题调研。

5月

5月8日 炎陵县委书记尹朝晖，县委副书记、县长文专文率全县党政代表团到荷塘区塘区考察产业项目建设。

5月9日 株洲市装配式建筑产业链工作研讨会在荷塘区召开。

▲ 应荷塘区邀请，市政协副主席、市文联主席周煦惠带领市文联、市美协文艺家一行18人赴仙庾镇调研指导耕食小镇项目的文化建设。

5月12日 湖南省医疗保障局党组成员、副局长伍国用一行到荷塘区调研，对荷塘区开展医疗保障改革以及落实“两病”用药保障改革和门诊统筹改革的工作进行充分肯定。

5月13日 湖南省人大常委会委员、环资委主任委员文志强到汽齿小区走访调研老旧小区改造工作。

5月15日 荷塘区召开2020年综合治税工作第一次例会，会议听取2019年荷塘区财源建设工作总结和2020年工作要点的汇报。

5月19日 荷塘区举办2020年文明城市创建工作培训班，邀请了市委宣传部副部长、市文明办主任欧阳元初和国家统计局株洲调查队专项科科长郭佳为全区160余人进行了业务培训。

▲ 市委副书记王洪斌一行到荷塘区调研教育、农村人居环境整治、重点农业产业等工作。

5月20日 荷塘区召开国民经济和社会发展第十四个五年规划编制工作动员大会。

▲ 副市长谭可敏带队到荷塘区视察黑臭水体整治项目推进情况。

5月26日 荷塘区召开党政主要领导干部经济责任审计和自然资源资产离任（任中）审计进点会。根据湖南省委审计委员会办公室、湖南省审计厅的部署和安排，派出以岳阳市审计局党组书记、局长谌亚忠为组长的审计组，从即日开始，对荷塘区党政主要领导干部的经济责任履行情况和自然资源资产离任（任中）进行审计。

5月27日 荷塘区召开民主党派基层组织建设座谈会，研究如何加强荷塘区民主党派组织建设工作。

6月

6月4日 株洲先进硬质材料检测中心揭牌仪式举行，湖南省市场监管局局长向曙光、株洲市委副书记、市长阳卫国为中心揭牌，湖南省市场监管局总工程师李丁、中钨高新党委副书记、总经理谢康德为株洲市先进硬质材料检测中心金山科技工业园站和湘渌站授牌。株洲先进硬质材料检测中心依托株洲硬质合金集团有限公司分测中心建立，是服务于硬质合金及难熔金属行业的分析测试机构，将携手硬质合金生产企业和应用企业共同构建硬质合金产品的提质方案，助力株洲硬质合金行业向高端化发展。

▲ 株洲市先进硬质材料产业链推进大会暨产业链企业联合党委成立大会在株洲硬质合金集团有限公司召开。

▲ 荷塘区召开株洲金山科技工业园产业新城铁路专用线项目可行性研究报告研讨会。会议听取了项目可行性研究报告情况、红旗中路、桂花路跨线桥建设前期工作情况的汇报。

▲ 湖南省市场监管局局长向曙光一行到荷塘区督导交通问题顽瘴痼疾集中整治工作，市委副书记、市长阳卫国，市市场监管局局长李余粮，荷塘区委书记邬凌云，荷塘区相关部门负责人参加督导。

6月5日 荷塘区举行区委常委议军、党管武装工作述职暨“军事日”活动。

6月8—10日 株洲市荷塘区第五届人民代表大会第五次会议召开。区委副书记、区长王利波代表区人民政府向大会作《政府工作报告》。会议书面审查了计划报告、财政报告、环保报告，并以举手表决的方式通过《选举办法》。会议以无记名投票的方式，补选刘国梁为株洲市荷塘区第五届人民代表大会常务委员会主任，丁国祥为株洲市荷塘区第五届人民代表大会常务委员会副主任，刘新华为株洲市荷塘区人民政府副区长，陈卫华为株洲市荷塘区人民检察院检察长，何斌、张思思、谭件美为株洲市荷塘区第五届人民代表大会常务委员会委员；依次表决通过荷塘区第五届人民代表大会监察和司法委员会主任委员、农业与农村委员会主任委员；表决通过区人大常委会、政府、计划、财政、法院、检察院工作报告决议（草案）。

▲ 政协株洲市荷塘区第五届委员会第五次会议召开。大会审议批准何恒仁代表政协株洲市荷塘区第五届委员会常务委员会所作的工作报告；审议批准冯晓代表政协株洲市荷塘区第五届委员会常务委员会所作的关于五届四次会议以来提案工作情况的报告；审议通过《政协株洲市荷塘区第五届委员会第五次会议政治决议》；书面报告政协株洲市荷塘区第五届委员会提案委员会关于五届五次会议的提案审查情况。大会补选张苏龙、龚新胜为政协株洲市荷塘区第五届委员会副主席，补选陈乐红、周文洁、袁夕辉政协株洲市荷塘区第五届委员会常务委员。

6月11日 荷塘区召开建设新时代全域化更高水平文明城市工作推进大会。

6月12日 株洲市委常委、市委秘书长、副市长何朝晖率队赴荷塘区现场考察三一智慧钢铁城项目建设工作。

6月17日 荷塘区召开成立黑臭水体整治工作联合领导小组大会，就辖区内各项黑臭水体整治工作进行动员部署。

6月18日 荷塘区召开"产业项目建设年"活动和"温暖企业"行动新闻发布会，副区长陈柏文作新闻发布。2019年，荷塘区上下以"产业项目建设年"、温暖企业行动为抓手，奋力跑出了高质量发展的加速度。全区地区生产总值增长8.9%，规模工业增加值增长14.3%，固定资产投资增长16.8%，地方财政收入在大力度减税降费的情况下增长13.03%，社会消费品零售总额增长10.2%，城乡居民人均可支配收入增长8.7%。其中，固定资产投资、规模工业增加值增速位居全市前列，地区生产总值、建筑业增加值等指标增速高于全市平均水平，全面小康实现程度在全省一类县区中排名第五。2020年，荷塘区统筹推进疫情防控和经济社会发展。株硬集团、宏达电子、中材水泥、中天杭萧钢构等重点企业复工复产成效显著，1—5月产值分别增长4.8%、6.89%、25%、900%。受此影响，全区经济呈现4月趋稳、5月回暖，6月转正的回升态势。《株洲日报》、株洲广播电视台新闻综合频道、株洲公共法制民生频道、株洲新闻网等媒体参加本次新闻发布会。

6月19日 荷塘区召开"产业项目建设年"活动暨"温暖企业"行动推进大会，对2019年"一活动一行动"开展情况进行总结和表彰，督促全区上下再加压、再上劲，再突破，推动2020年"产业项目建设年"活动和"温暖企业"行动再上新台阶。2020年荷塘区"产业项目建设年"活动的主要目标是"5511"，即深入推进省"五个100"、市"五个一批"，深入推进项目攻坚、规划引领、园区升级、设施配套、环境优化"五大行动"，实施"五个一批"重点项目100个，确保完成产业投资超过100亿元。

▲ 株洲市统计局在茨菇塘街道荷叶塘社区开展市第七次全国人口普查综合试点社区观摩活动。

6月22日 荷塘区召开交通问题顽瘴痼疾集中整治行动和安全工作会议。

6月24日 荷塘区召开市委第十轮专项巡察第七巡察组对荷塘区党政机构改革专项巡察立行立改问题交办会。市委第七巡察组组长李斌出席会议并讲话。会议由区委常委、组织部部长余鹏主持，部分镇办、区直机关单位主要负责人参加会议并签收了“立行立改问题移交清单”。

▲ 株洲市装配式智能建造业协会及企业联合党委成立大会在荷塘区召开。

▲ 株洲市金山科技工业园年产100万立方米蒸压加气混凝土板材生产线项目实现“拿地即开工”，成为荷塘区2020年首个“拿地即开工”项目，也创立了株洲市“拿地即开工”新标杆。

6月29日 省委老干部局副局长、省委离退休干部工委专职副书记孔寅湘一行到荷塘区金山街道湘华社区现场考察“美在金秋”老党员之家。

7月

7月1日 荷塘区召开区直机关庆祝建党99周年暨“七一”表彰大会。会上授予中共株洲市荷塘区委办支部等10个党组织“先进基层党组织”称号，授予王杨辉等46人“优秀共产党员”称号，授予唐杜等16人“优秀党务工作者”称号。

7月2日 荷塘区召开国家卫生城市提升工作推进会。会议详细解读了《株洲市荷塘区2020年国家卫生城市提升暨新冠肺炎疫情防控爱卫工作方案》，通报了前一阶段迎国卫复审工作督查情况，并对下阶段工作开展进行了安排部署。

7月6日 荷塘区正式上线微信小程序“荷企福”，囊括了政策资讯、活动报名、问题提报、资源交换和企业信息5大板块功能。

7月7日 省药品监督管理局党组书记、一级巡视员梁毅恒一行到千金湘江药业调研考察。

7月8日 区委书记、区委全面深化改革委员会主任邬凌云主持召开区委全面深化改革委员会第二次会议，区委副书记、区长、区委全面深化改革委员会副主任王利波，委员会委员文韶松、田灿、余鹏、张赐华、方芳出席会议，区领导陈柏文、刘必林、冯晓、易海平列席会议，区委全面深化改革委员会各专项小组相关负责人参加会议。会议传达学习了中央深改委第十一次、十二次、十三次会议，省委深改委第五次、六次会议和市委深改委第三次、四次会议精神；通报了区委深改委人员调整情况；审议通过了《区委深改委专项小组调整方案》和《中共株洲市荷塘区委全面深化改革委员会2020年工作要点》。

7月15日 市委常委、组织部部长、市服饰产业链链长羊贵平率队赴荷塘区现场考察服饰产业链项目发展情况，区领导邬凌云、王利波、王冬、陈柏文参加调研。

▲ 市委常委、政法委书记杨玉芳一行到荷塘区仙庾镇东山村三八水库督查防汛工作，并看望慰问困难老党员，召开软弱涣散党组织整顿工作座谈会。

▲ 荷塘区“我们的中国梦•湖湘文化进万家”文化惠民志愿活动启动仪式在银泰财富广场举行。

7月21日 中共株洲市荷塘区委全面依法治区委员会守法普法协调小组召开第一次（扩大）会议。会议传达学习了省委、市委全面依法治市委员会守法普法协调小组第一次（扩大）会议精神；审议了《中共株洲市荷塘区委全面依法治区委员会守法普法协调小组工作细则（审议稿）》《中共株洲市荷塘区委全面依法治区委员会守法普法协调小组成员单位工作职责（审议稿）》和《2020年株洲市荷塘区普法依法治理工作要点（审议稿）》；全面总结荷塘区的“七五”普法工作，并对荷塘区"七五"普法验收迎检工作进行安排部署。

7月28日 湖南省自然资源厅政务处处长朱尧求一行到荷塘区塘区调研三一智慧钢铁城项目。

7月29日 区委全面依法治区委员会召开第二次会议。会上传达了中央全面依法治国委员会第三次会议、省委依法治省工作推进会议、省委全面依法治省委员会第三次会议、省委依法治省办营造法治化营商环境专题会议以及市委全面依法治市委员会第二次会议精神；审议通过了《区委全面依法治区委员会2019年工作总结报告》《区委全面依法治区委员会2020年工作要点》《荷塘区“七五”普法总结验收工作方案》等文件；听取了全区“七五”普法规划落实情况报告。

▲ 荷塘区委、区政府召开纪念建军93周年暨“八一”表彰会。会议表彰了荷塘区在抗击疫情、助人为乐、爱岗敬业、创业就业等方面做出突出贡献的优秀退役军人。

▲ 区委召开第十一轮巡察工作动员部署会。根据区委的统一安排和部署，区委第十一轮巡察共派出3个巡察组：2个巡察组对区征地工作协调服务中心、区信访局、区应急管理局、区计生协会、区行政审批服务局等5家单位党组织开展常规巡察；1个巡察组对区物业服务指导中心、区网信办、区医疗保障局、区金融工作办公室等4家单位党组织关于落实区委重大决策部署、群众身边腐败问题和不正之风等情况开展专项巡察。

8月

8月7日 市委副书记、市长阳卫国一行赴荷塘区调度三一智能制造及金属材料数字化加工贸易中心项目建设工程，并看望慰问高温下辛勤工作的一线职工。

8月20日 湖南千金湘江药业股份有限公司参加了第三批国家药品集中采购投标工作，公司已通过国家药品监督管理局仿制药质量和疗效一致性评价的缬沙坦胶囊拟中标本次集中采购。

8月21日 荷塘区召开优化养老服务工作调度会，听取荷塘区养老服务就业培训、医养结合工作情况汇报，安排部署下一步养老服务设施建设工作。

8月24日 荷塘区召开“产业项目建设年”活动重点项目推进工作调度会。

8月26日 荷塘区召开“十四五”规划编制工作调度会。

8月27日 国家医疗保障局待遇保障司副司长刘娟一行到荷塘区调研医疗保障待遇实施情况。省医疗保障局待遇保障处处长张棉长，株洲市人大常委会副主任钟燕，株洲市医疗保障局党组书记、局长陈志鸿，副区长罗曼等参加调研。

▲ 湖南锦兰食品股份有限公司在湖南股权交易所标准版挂牌。该公司位于荷塘区戴家岭的加工生产基地是湖南省目前规模最大的豆制品加工基地。

8月28日 荷塘区委召开五届九次全体（扩大）会议，深入贯彻习近平新时代中国特色社会主义思想，全面落实省委、市委部署要求，总结前期工作，分析当前形势，安排下一阶段工作，动员全区上下坚定信心、主动作为，全力以赴实现全年工作目标，为巩固全面小康社会建设、实现“十四五”良好开局奠定基础。

8月31日 湖南省委网信办政策法规处处长雷艳林一行到荷塘区对网信工作进行专题调研。荷塘区委书记邬凌云，区委常委、宣传部部长田灿等参加调研。

9月

9月1日 荷塘区召开2020年禁毒工作会议暨毒品预防教育宣传专项行动推进会。

9月2日 荷塘区启动2020民营中小企业“一对一”管理诊断服务活动，把专家送进企业“把脉开方”。

9月3日 荷塘区召开高质量全面建成小康社会、落实省政府真抓实干成效明显激励措施、争资引项稳保“三保”等工作调度会。

▲ 上海城建集团副总裁葛以衡一行来到荷塘区，就三一智慧钢铁城项目投资工作进行考察。

9月4日 荷塘区组织开展习近平总书记土地管理重要论述及国家法律法规政策精神系列工作措施宣讲培训活动。培训邀请省自然资源厅空间规划局副局长夏依宁授课，区委常委、区委政法委书记、副区长王冬主持宣讲活动。区在家县级领导、区直相关部门负责人、各镇（办）党政负责人和区自然资源局全体人员约120人参加了培训。

9月5日 荷塘区召开产业项目建设工作调度会，贯彻落实市产业项目建设年第三次“看学议”活动评议会议精神，动员全区迅速投入“双比双看”大竞赛活动，全力以赴完成全年目标任务。

9月9日 由湖南省工业和信息化厅指导，湖南省中小企业公共服务平台主办，株洲市荷塘区产业服务中心承办的湖南省2020年“破零倍增”进企业活动在荷塘区拉开帷幕。

9月10日 荷塘区召开园区空间规划工作调度会，听取园区空间规划进展情况汇报，研究和解决规划工作中遇到的困难和问题。

9月11日 荷塘区召开建设新时代全域化更高水平文明城市再推进大会、国家卫生城市提升工作再推进大会、推进社会治理现代化暨公众安全感满意度测评工作推进会，三会合一安排部署相关工作。

▲ 荷塘区召开区委常委（扩大）会议，专题研究“双比双看”工作。

9月16日 荷塘区中小学生“爱我国防”主题征文颁奖典礼在株洲市景弘中学礼堂举行。

9月18日 为纪念“九一八”事变89周年，由株洲市退役军人事务局、荷塘区委、区政府主办的“铭记历史、缅怀先烈、珍爱和平、开创未来”纪念活动，在株洲市烈士纪念园举行。

▲ 荷塘区“新的社会阶层人士统战工作实践创新基地”授牌仪式，在金山科技工业园

株洲军创空间就业创业服务有限公司举行。

9月21日 荷塘区召开全国计划生育优质服务先进单位创建现场核查汇报会，省卫健委人口监测与家庭发展处处长李兴彪、省计生协综合处副处长钟勇平、省卫生计生综合监督局计划生育监督处副处长王俊等领导组成评估组，听取相关工作汇报。

9月23日 省总工会党组成员、经审会主任张慧东，省总工会经审办主任易鸿志，省总工会经审办二级调研员简向前一行到荷塘区对工会经审工作进行专题调研，株洲市人大常委会一级巡视员、市总工会主席王建之，区委书记郛凌云，区委常委、区委办主任文韶松，区总工会党组书记、主席张岚等参加调研。

9月25日 荷塘区举行三一智慧钢铁城片区综合开发战略合作意向协议签约仪式，与片区综合开发联合体达成战略合作意向协议，双方将在三一智慧钢铁城片区开展全方位合作。

9月26日 荷塘区精准就业服务企业群众大会在中车株洲车辆有限公司文体活动中心成功举办，这是荷塘区第三届群众大会。截至2020年年底，荷塘区建立了以区就业服务平台为中心，7个乡镇（街道）就业服务驿站、62个行政村（社区）就业服务点为支撑的服务网络。已累计走访劳动力2.4万人、组织招聘会26场次、开办培训班30余期、培训1000多人，帮助8900余人实现就业。

9月28日 荷塘区举行湖南师范大学附属株洲荷塘实验学校签约仪式新闻发布会，通报湖南师范大学附属株洲荷塘实验学校签约暨开工仪式有关情况。

▲ 株洲金山科技工业园管理委员会与中国农业银行株洲分行拟签订《战略合作框架协议》。根据协议，银行为园区企业及项目累计提供不低于2亿元信贷支持，合作期3年，通过为园区企业整体授信的战略合作，为园区内企业提供全方位金融服务，为园区产业发展和重点项目“疏通血脉”。同时，充分发挥双方优势互补，加强信息沟通与相关事项协调，积极推动合作共赢。

▲ 市委常委、市政府常务副市长何剑波到荷塘区调研三一项目建设及荷塘区化债工作。

9月29日 湖南师范大学附属株洲荷塘实验学校签约暨开工仪式在荷塘区金山科技工业园举行。副省长吴桂英，省教育厅党组成员、省委教育工委副书记王建华，湖南师范大学校长、教授、博士生导师刘起军，湖南师范大学副校长、教授、博士生导师王善平，市领导毛腾飞、阳卫国、何剑波、何朝晖、杨胜跃，市直有关部门负责同志等参加仪式。

▲ 荷塘区明照湖公园正式建成开园，区委书记郛凌云，区委副书记、区长王利波，区人大常委会主任刘国梁，区政协主席何恒仁现场为明照湖公园揭牌，区全体在家县级领导共同参与游园。

9月30日 荷塘区举行2019年社会组织出壳暨2020年社会组织入孵仪式。截止2020年年底，荷塘区先后引进15家社会组织入驻荷塘，吸附40余名专业社工专职参与公益事业；已孵化出壳本土社会组织10家，正在孵化的社会组织4家。

10月

10月13日 省委党校2020年下学期第一期省直机关处级干部进修班一行到荷塘区塘区考察，区领导邬凌云、田灿、朱福兴陪同考察。

10月14日 省政协副主席贺安杰一行到荷塘区塘区督查调研，市政协党组书记、主席蔡溪，市政协党组成员、副主席候选人彭新军，区领导邬凌云、何恒仁、文韶松、方芳参加调研。

10月15日 区产业服务中心联合株洲市硬质合金产业协会组织全市先进硬质材料企业40余家，到东莞长安镇进行为期2天的对接交流活动。

▲ 区产业服务中心和与株洲三一智能制造有限公司、湖南中良电气设备有限公司、湖南东裕科技有限公司3家企业签订“指定代办”无偿委托服务协议，为企业提供行政审批全程免费代办服务。

10月21日 湖南师范大学基础教育发展中心主任龚民一行到荷塘区调研合作办学履约情况。广益中学、附属思泌中学原校长刘邵来，长沙市一中原副校长陈德平，湖南师范大学基础教育发展中心副主任杨栋、项目部部长何磊参加调研。

10月22日 荷塘区2020年消防安全应急救援演练在月塘街道富家垅B区广场进行。

10月27日 市委常委、宣传部部长、市包装印刷产业链链长聂方红带领市包装印刷产业链有关人员深入荷塘区调研指导包装印刷产业链发展。

11月

11月10日 驻荷塘区株洲市第十五届人大代表联组视察荷塘区精准就业服务和助力居民就业工作。市人大常委会原主任姜玉泉，副秘书长王龙才，区委书记邬凌云、区人大常委会党组书记、主任刘国梁等30余名代表参加活动。

▲ 株洲市硬质合金产业信息化沙龙在荷塘区金山新城一楼会议室举行。

11月11日 市人大代表姜玉泉、刘勇、叶美雄、李育云，区人大常委会党组书记、主任刘国梁一行，在西子社区开展现场接访。

11月13日 荷塘区举办“激发职工新状态 助力荷塘新发展”—荷塘区职工第五届职工健步行活动。

11月20日 中共荷塘区委理论学习中心组召开2020年第十次集中学习研讨会，邀请了市委统战部副部长、市民宗局局长陈宇奇进行专题授课，区委书记邬凌云主持学习研讨。

11月26日 新华社记者到荷塘区对网上群众路线工作做深度报道。

11月30日 荷塘区召开省委第三巡视组巡视荷塘区工作动员会。会前，省委第三巡视组组长曾凡国主持召开与荷塘区委书记邬凌云和区委副书记、区长王利波的见面沟通会，传达了中央和省委关于巡视工作的指示精神。会上，曾凡国就即将开展的巡视工作作了讲话，株洲市委常委、市委组织部部长羊贵平对配合做好巡视工作提出要求。邬凌云主持会议并作表态讲话。

12 月

12 月 2 日 中国政法大学政治与公共管理学院教授潘小娟率课题组到荷塘区调研城乡基层治理工作。市人大社会建设委主任委员章文才，市民政局副局长童举纲，区领导邬凌云、刘国梁、彭物明、刘定光、冯晓分别参加各阶段调研。

12 月 4 日 荷塘区召开村（社区）“两委”换届工作会。区领导邬凌云、郑志富、余鹏、王冬、刘定光、冯晓出席会议。会议部署了下一阶段全区村（社区）“两委”换届工作，要求明确时间节点，实行“挂图作战”，保障换届选举各项工作有力有序完成，不断夯实基层党组织和基层政权建设。

12 月 8 日 荷塘区召开 2020 年度根治欠薪冬季专项行动工作会议。

12 月 9 日 西藏自治区山南市扎囊县副县长丹增平措带领扎囊县干部、教师代表团到荷塘区钻石幼儿园考察学习。

12 月 10 日 荷塘区开展首届优秀社会工作案例现场评选活动。此次案例评选自 2020 年 10 月份正式启动，共征集了来自全区 18 个项目服务案例，涉及社会救助、老年儿童、残障人士、大病救助等多个领域。经过前期集中培训、初步筛选、专家指导，最终确定 10 个案例入围现场路演评选。荷塘区委常委、区委办主任王伟胜出席活动并讲话，并特邀请了湖南师范大学公共管理学院社会学系副教授胡建新、长沙市中级社会工作师易茜 2 位专家评委。

12 月 17 日 荷塘区召开党外知识分子联谊会成立大会暨第一届理事会。市委统战部副部长郭晓丹，区委常委、统战部部长王顺安，区委常委、组织部部长余鹏出席会议。

12 月 21 日 荷塘区召开重点项目工作会议，研究部署明年全区重点项目工作。

12 月 22 日 荷塘区召开学习宣传贯彻党的十九届五中全会精神省委宣讲团株洲分团报告会暨区委理论学习中心组（扩大）2020 年第十一次集中学习会。省委宣讲团株洲分团成员、市委常委、市委宣传部部长聂方红作宣讲报告，会议由区委书记邬凌云主持。

12 月 23 日 株洲市装配式建筑产业链链长办公室、株洲市装配式智能建造业协会、中共株洲市装配式建筑产业链企业联合委员会举行揭牌仪式。

▲ 荷塘区召开领导干部大会，宣布省委任职决定：罗鹏程被提名为荷塘区人民政府区长候选人。

12 月 24 日 市人大常委会副主任李智率市人大社会建设委、市财政局、市国土资源和规划局、株洲金城燃气发展有限公司相关负责人一行到对口联系企业荷塘区仙庾镇湖南仙庾耕食小镇投资发展有限公司走访调研。

12 月 29 日 区委书记、区委网络安全和信息化委员会主任邬凌云主持召开区委网络安全和信息化委员会第二次会议。会议传达学习了中央、省、市 2020 年来有关网信工作会议精神和《新时代我国网络安全发展成就综述》，通报了区委网信委组成人员调整情况，听取了 2020 年网络安全和信息化工作情况、2020 年度舆情研判报告以及提请会议解决事项等汇报，并就如何加强网络安全和信息化工作提出具体意见。

12 月 30 日 荷塘区启动“护网 2020”网络安全攻防实战演习，全面检验荷塘区关键信息基础设施的网络安全防御能力，排查问题和隐患，以演促改、以演促管、以演促建，不断提升各部门关键信息系统网络安全防护和应急处置水平。

12 月 31 日　荷塘区召开新冠疫苗接种工作调度会，对全区疫苗接种工作进行再强调、再部署、再落实。

（何爱辉）

综　述

位置面积人口民族

【位置面积】荷塘区位于北纬 27°49′46″～28°00′55″，东经 113°07′49″～113°17′02″，地处株洲市东北部，东与长沙市的浏阳市接壤，南与芦淞区毗邻，西、北与石峰区相连。辖区面积 143 平方千米，其中陆地 135.5 平方千米，占 94.9%；水域 7.2 平方千米，占 5.1%。

【人口民族】2020 年年末，全区常住人口 34.89 万人。城镇化率为 97.45%。民族以汉族为主，另有土家族、苗族、侗族、瑶族、回族、满族、壮族、布依族、彝族、白族、蒙古族、土族、维吾尔族、黎族、哈尼族、朝鲜族、傣族、畲族、藏族、仫佬族、水族、拉祜族、景颇族、仡佬族、佤族、塔吉克族、京族、门巴族、锡伯族等 29 个少数民族。

（统计局）

建置区划

【建置沿革】荷塘区境域（除仙庾镇外）自唐贞观元年（627）随建宁县并入湘潭县后，一直辖于湘潭县。1951 年 6 月，株洲建市，境域划属株洲市郊区。仙庾境自宋哲宗元符元年（1098 年）起属善化县。民国时期并入长沙县。1956 年，始立蝶屏乡（仙庾镇前身），隶属长沙县龙头铺人民公社。1959 年 1 月，龙头铺人民公社由长沙县划入株洲市郊区。1952 年 3 月，境内设立明照乡。1959 年 6 月，株洲市设荷塘铺区（乡级），以境内晏家湾、荷塘铺、宋家桥为辖域。1961 年 4 月，撤明照、蝶屏乡，成立蝶屏、明照两个人民公社，隶属郊区龙头铺区公所。1965 年 4 月，上述两个公社划归株洲县。1969 年 7 月，株洲市合并荷塘铺区、田心区及中心区月塘街道，设立东区，为境内首个县级行政区。1984 年 4 月，蝶屏、明照重新划入株洲市郊区，并恢复乡建制，同时析置荷塘铺乡。1997 年 5 月，株洲市撤东、南、北、郊 4 个区，以原东区的月塘、茨菇塘、宋家桥 3 个街道和原郊区的蝶屏、明照、荷塘铺 3 个乡为主要行政区域，始立荷塘区。是年8月1日，荷塘区正式成立。2001年10月，撤蝶屏乡建仙庾镇。2005年2月，撤荷塘铺乡析置桂花、金山2个街道办事处。2015年11月，撤明照乡，并入仙庾镇。2016年9月，将仙庾镇的星星、分路口、金塘、明照、龙洲5个建制村划入宋家桥街道，将仙庾镇的新市、桐梓坪2个建制村划入金山街道。2017年5月，将宋家桥街道的星星村、东园村、金塘村、明照村4个建制村划出，成立明照街道。2020年年末，荷塘区共辖有7个乡级政区。

【行政区划】2020年年末，荷塘区辖仙庾镇1个镇和茨菇塘、月塘、宋家桥、金山、桂花、明照6个街道，下设38个社区、24个建制村。

仙庾镇：永福社区1个社区，联星村、东山村、兴塘村、黄陂田村、徐家塘村、黄塘村、樟霞村、亭子前村、仙庾岭村、蝶屏村10个村。

茨菇塘街道：麻园社区、红旗村社区、前进社区、红旗路社区、上月塘社区、新月塘社区、六〇一社区、长征社区、荷叶塘社区、余家冲社区、天鹅社区、黄家塘社区、汽车城社区13个社区。

月塘街道：野鸭冲社区、石塘冲社区、南岳岭社区、袁家湾社区、石子头社区、东环社区、水竹社区、合泰社区、文化路社区、东湖社区10个社区和荷塘铺村1个村。

宋家桥街道：芙蓉社区、四三〇社区、月桂社区3个社区和宋家桥村、天台村、龙洲村3个村。

金山街道：流芳社区、湘华社区、晏家湾社区、石宋路社区4个社区和太阳村、金钩山村、新市村、桐梓坪村4个村。

桂花街道：西子社区、新荷社区、赵家冲社区、向阳社区、龙湾社区、阳光里社区6个社区和戴家岭村、新桂村2个村。

明照街道：青塘社区1个社区和东园村、金塘村、星星村、明照村4个村。

（荷塘年鉴编辑部）

地形气候

【地形】荷塘区属湘东山丘区，为丘陵岗地地貌。地势东北高，西南低，由东北部向西南部倾斜。城区处于湘江冲击堆积形成的Ⅰ、Ⅱ台阶地上，地形较平坦，地面高程39.0～42.0米；农村地区为构造侵蚀和构造溶蚀低丘地貌，切割深度60～160米。最高峰婆仙岭，位于境内东南部，海拔313.3米；最低点白石港，位于境内西南角，海拔31.4米。

【气候】荷塘区属中亚热带季风性湿润气候，气候温暖，四季分明，热量充足，雨水集中，春温多变，夏秋多旱，严寒期短，暑热期长。平均气温17.7℃，极端最低气温－11.5℃，极端最高气温40.5℃。年平均日照时数1524.9小时，年平均降雨日数为155.7天。常见主要自然灾害有冰冻、雷雨、大风、干旱。

（荷塘年鉴编辑部）

国民经济和社会发展

【概况】 2020年是“十三五”收官之年。面对极其严峻复杂的国内外形势，特别是新冠肺炎疫情的严重冲击，荷塘区坚决贯彻习近平总书记考察湖南时的重要讲话精神，坚决落实市委、市政府决策部署，坚持稳中求进工作总基调，统筹疫情防控和经济社会发展，推动经济社会高质量发展，人民生活持续改善，各项社会事业繁荣发展，生态环境质量总体改善，高水平全面建成小康社会取得决定性成就。全年地区生产总值（GDP）244.2 亿元，同比增长 3.5%。其中，第一产业增加值 5.0 亿元，第二产业增加值 123.5 亿元，第三产业增加值 115.7 亿元，分别增长 2.8%、4.7%和 2.0%。全区三次产业结构比按现价为：2.0∶50.6∶47.4。

【固定资产投资】2020 年，荷塘区固定资产投资 227.04 亿元，同比增长 15.7%。其中，工业固定资产投资完成 136.98 亿元，增长 22.9%；基础建设投资完成 38.50 亿元，同比增长 32.2%；房地产开发投资完成 40.70 亿元，同比下降 16.0%。

【财政】 2020 年，荷塘区全区一般公共预算总收入完成 73638 万元，其中：税收收入 62754 万元，税收占比为 85.22%；地方收入完成 40474 万元，其中：税收收入 29590 万元，税收占比为 73.11%。一般公共预算支出完成 201519 万元，较上年下降 11.61%，其中：民生支出 164441 万元，占全年支出的比重为 81.60%，较上年增长 12.61%，支出结构进一步优化；科技支出 21751 万元，较上年增长 45.22%。

【农业】 2020 年，荷塘区实现农林牧渔业总产值 9.4 亿元，同比增长 2.8%。其中农业总产值 6.2 亿元，同比增长 4.4%。2020 年，全区粮食播种面积 4.31 千公顷，粮食产量 3.13 万吨，同比下降 10.1%，粮食单产为 484 公斤/亩。油菜籽播种面积 0.83 千公顷，收获油菜籽 0.10 万吨。蔬菜种植面积 3.32 千公顷，收获产量 13.79 万吨，同比增长 2.47%；瓜果种植面积 0.16 千公顷，收获 0.16 万吨。全区出栏生猪 1.82 万头，出栏羊 2.34 万只，出笼家禽 32.55 万羽，实现牧业总产值 22461 万元，同比下降 0.3%。水产品产量完成 3900 吨，实现渔业总产值 6068 万元，同比增长 6.5%。

【工业和建筑业】2020 年，荷塘区规模以上工业增加值 58.4 亿元，同比增长 5.2%，其中：园区规模工业占全部规模工业比重为 94.7%。从注册登记类型来看，国有企业、股份制企业完成增加值分别增长 5.2%、5.5%；外商及港澳台商投资企业和其他类型企业下降 38.3%。新增规模工业企业 14 家，小升规模工业企业 7 家。新增高新技术企业 50 家，全区实现高新技术产品产值 258 亿元，增长 17.9%。全年资质以上建筑业完成总产值 70.95 亿元，同比增长 10.2%，增加值 24.02 亿元，同比增长 5.4%。建筑企业房屋施工面积 477.34 万平方米，其中本年新开工面积 23.14 万平方米，房屋竣工面积 105.23 万平方米。

【国内贸易】2020 年，荷塘区共完成外贸进出口额 2.0 亿美元，同比增长 14.3%。全年社会消费品零售总额 79.9 亿元，同比下降 2.4%。批发业和零售业分别实现商品销售额 34.6 亿元和 66.3 亿元，同比下降 0.3%和 1.1%；住宿业和餐饮业营业额分别为 1.8 亿元和 6.6 亿元，同比下降 14.7%和 5.0%。

【对外经济】 2020 年，荷塘区利用外资到位 2.1 亿美元，同比增长 14.3%，完成进度为 104.8%。引进内资到位 92.4 亿元，同比增长 23.3%，完成进度为 101.0%。项目开工 22 个，开工率 59%。

【旅游】2020 年，荷塘区以乡村振兴总体发展目标为导向，积极推进乡村旅游发展，挖掘荷塘农耕文化，成功申报“天伦•芳舍”“希尔顿•欢朋”两家住宿业为四上企业，正积极对接“万喜登酒店”为四上企业；积极引导乡村产业创新发展，完成 3 家乡村旅游等级复核工作；建设旅游厕所 5 座共 77 个蹲位；完成了旅馆业普查，住宿单位 430 家，客房 10773 间，床位 17466 张，平均出租率 53.66%。

【教育】2020 年，全区小学招生人数 5086 人，同比下降 4.8%，小学在校学生 29004 人，同比增长 4.30%；普通初中招生人数 5091 人，同比增加 1.2%，普通初中在校学生 14948 人，同比增长 4.94%。适龄儿童小学入学率 100%，小学升学率 100%，普通初中生升学率 99.87%。一年级外来务工人员子女新生创历史新高，入学人数达到 3304 人，占一年级新生人数的 64.96%。

【科技】2020 年，荷塘区申请专利 735 件，查处涉嫌假冒专利案件 0 件。全年共争取各级项目 154 项，争取资金 6200 余万元。完成高新技术增加值 76 亿元，同比增长 15.9%。

【文化】2020 年，荷塘区利用“十一”黄金周整合辖区旅游资源，在“在荷塘”公众号推介文章，点击量达 3 万；成功将湖南仙泉谷文化旅游公司申报为四上企业，株洲湘民实业有限公司、吉度酒店、柏悦酒店正在申报中；同时，积极引导乡村产业创新发展，2020 年积极申报耕食小镇和香荷生态农庄为湖南省 5 星级乡村旅游区点。指导香荷生态农庄升级开业，成为株洲市成效首个树屋民宿；积极参加市文旅广体局举办的“第二次文创作品大赛”，推荐作品 7 幅，获奖情况正在评审中。

【卫生】2020 年，荷塘区新农合参合率为 98.2%，统筹地区政策范围内新农合住院补偿率 77.28%。孕产妇健康系统管理率 95.84%，儿童健康管理率 95.81%；5 岁以下儿童死亡率 2.37‰；婚前医学检查率 88.85%；孕前优生检查项目目标人群覆盖率 100%，高危孕产妇管理率 100%，高危孕产妇住院分娩率 100%，产后访视率 97.41%；七岁以下儿童保健管理率 95.81%，3 岁以下儿童系统管理率 94.33%；0～6 岁儿童血红蛋白检测率 63.2%；出生缺陷发生率 66.26 万。

【体育】2020 年，荷塘区体育事业有序发展。一是已按要求完成全国社会足球场地设施建设试点工作，省发改委一行督查建设情况评价良好。荷塘区新增石子湖公园、钻石幼儿园、四三〇厂区、601 社区 4 个社会足球场；二是如期完成仙庚岭村、樟霞村、黄塘村、星星村、亭子前村、袁家湾社区、黄家塘社区、金山运动公园 8 个健身路径的安装，其中由国家体育总局捐赠的全省唯一一套健身路径落户荷塘区金山运动公园；三是顺利完成国民体质检测国家样本数602人、全民健身活动状况调查国家体育总局样本数260人；四是举办全省第二届趣味运动会排位赛七场次，同时组织广场舞等协会参加全市广场舞、曳步舞大赛获二等奖；五是全面完成2020年荷塘区体育产业专项调查工作。

【社会保障】2020年，荷塘区实现城镇新增就业11058人，新增农村劳动力转移就业682人，扶持高校毕业生微创业5人，零就业家庭动态援助100%，城镇登记失业率2.67%，低于4.5%的控制目标。新增企业养老保险参保6022人，被征地农民参加企业职工养老保险2610人，失业保险参保1657人。

【资源】 2020年，荷塘区规上工业的综合能源消费量是27.16万吨标准煤，同比上涨了5.9%；万元产值能耗系数是0.1719，同比上升0.8%。能源消费的种类仍以煤、电为主，其中原煤消费量为23.96万吨，折合标准煤为18.76万吨，占比为69.1%，比重同比下降了1.6个百分点，能源消费结构有所改善。

【环境】 2020年，荷塘区成立了生态文明建设暨污染防治攻坚战指挥部及办公室，全力推进污染防治攻坚战，开展蓝天、碧水、净土专项治理行动，环境质量持续改善，未发生重特大环境安全事件。仙庾镇污水处理厂已建成，并在加紧调试；荷塘区金山污水处理厂一期工程已完成可研、立项、规划。1—12月，荷塘区空气质量优良天数为320天，优良率87.4%；大气$PM_{2.5}$、PM_{10}浓度分别为37微克/立方米、54微克/立方米，其中PM_{10}较上年下降21.7%。空气污染综合指数为3.88。全年饮用水源水质达标率100%。

【安全生产】截至2020年12月31日，全区共发生各类安全事故10起，死亡10人（道路交通7人，建筑施工3人），受伤0人。全区没有发生较大及以上安全生产事故。

注：

1.地区生产总值、三大产业增加值、工农业总产值和人均生产总值绝对数按现行价计算，增长速度按不变价格和可比价格两种方法计算。

2.部分数据因四舍五入的原因，存在与各分项合计不等的情况。

（据《株洲市荷塘区2020年国民经济和社会发展统计公报》）

中共荷塘区委员会

【概述】2020年，中共株洲市荷塘区委员会（简称“荷塘区委”）在市委的坚强领导下，深入学习贯彻党的十九大和十九届二中、三中、四中、五中全会精神，坚持以习近平新时代中国特色社会主义思想为指引，认真落实习近平总书记考察湖南重要讲话精神，统筹疫情防控和经济社会发展，扎实做好“六稳”工作，全面落实“六保”任务，巩固了稳中求进的良好态势，夺取了疫情防控和经济社会发展“双胜利”，在推动高质量发展上取得新进步。

党的政治建设不断加强。区委常委会会议坚持把学习习近平总书记重要讲话精神作为首个议题，区委理论中心组围绕学习《习近平谈治国理政》（第三卷）、推进高质量发展等主题开展集中学习，在全区组织开展中共十九届五中全会精神宣讲活动，理论武装不断强化。扎实落实意识形态工作责任制，被评为全省“学习强国”学习平台推广使用工作先进单位。不断加强党的全面领导，发挥区委总揽全局、协调各方的作用，为区人大常委会、区人民政府、区人民政协、区人民法院、区人民检察院党组及各级党组织开展工作、履行职能创造良好外部环境和条件。集中力量做打基础、利长远的工作，统筹推进疫情防控和经济社会发展。习近平总书记考察湖南后，荷塘区委迅速召开区委常委会会议，认真学习并研究贯彻落实意见，将习近平总书记考察湖南重要讲话精神作为谋划“十四五”发展和2035年远景目标的根本遵循，立足“三高四新”战略、“一谷三区”思路，为荷塘区中长期工作明确了方向和目标。继续涵养良好政治生态。不断深化“不忘初心、牢记使命”主题教育成果，推动“四谈四做”常态化，修订《关于进一步做好密切联系群众工作的通知》，以人民为中心的价值追求、实事求是的思想认同、走群众路线的工作方法日益成为荷塘区各级党员干部的底色，“和”与“正”的政治生态品牌不断擦亮。全力配合党政主要领导干部经济责任审计和自然资源资产离任（任中）审计，积极采纳审计意见，立行立改、整章建制，在招商引资、融资举债、棚改、征地拆迁等方面出台了一系列制度文件。接受省委巡视，从严从实开展政治体检，16个立行立改问题已整改13个，立案查处6人，清退违纪违法资金3.56万元。有效促进领导干部廉洁勤政和权力规范运行，为全区经济社会高质量发展保驾护航。

经济指标逆势上扬。2020年，由于新冠肺炎疫情的突发，经济发展面临前所未有的严峻形势。荷塘区委迅速启动应急响应，广泛发动党员群众打响了一场抗疫人民战争，有效遏制了疫情蔓延，实现了全区范围内的全面复工复产，经济运行快速步入正轨，并逆势上扬。全区地区生产总值（GDP）完成244.2亿元，固定资产投资227.0亿元，地方一般公共预算总收入4.8亿元，社会消费品零售总额79.9亿元，城乡人均可支配收入5.15万元，同比分别增长3.5%、15.7%、0.5%、—2.4%、4.7%。主要经济指标走出低谷，好于预期。

*产业项目取得新突破。*以"一活动一行动"、"双比双看"大竞赛为主抓手，扎实推进产业项目建设，实现产业链办实体运作，硬质材料成功申报为省级先进制造业集群。围绕钢铁、硬质合金、智能建造等新材料产业精准招商，洽谈大明国际、韵达物流等项目60余个，签约落地37个，投资总额达92亿元。全年累计融资55.9亿元，批回土地748亩，完成征拆征收项目33个，涉征土地3826亩，国有房屋征收超2.8万平方米。全力保障了三一项目达到预期进度，好媳妇、飞山奇等14个投资过亿元项目开工建设，汉德二期、稀美钛等10个产值过亿元项目竣工投产。大力提升工业园区竞争力，拉通悦宾路、金城东路二期等8条园区道路，青塘变电站完成交付，金山污水处理厂基本建成，明照湖公园顺利开园，园区学校、医院顺利开建，配套设施日趋完善，承载能力全面提升，综合实力稳步向前。持续开展"温暖企业"行动，建立智能代办系统，深化"代办+带办"服务，飞山奇项目成为全市首个"拿地即开工"项目。年内帮助企业融资5.3亿元，落实减税降费1.2亿元，社保降费、租金减免0.8亿元，有效降低了企业生产经营成本。

*持续打好三大攻坚战。*风险防控卓有成效。化解隐性债务1.42亿元，超额完成阶段化债目标，重大风险始终做到总体可控。污染防治扎实推进。中央和省环保督察交办任务全部办结，省环保督察"回头看"交办件已办结22件；空气质量有效提升，优良率达92.9%；白石港、建宁港及其支流水系共8处黑臭水体整治全面完工；完成城区10余千米污水主管网建设。精准扶贫务实有效。继续选派干部到泸溪县潭溪镇挂职，助力精准脱贫，100%完成省脱贫攻坚质量"回头看"及涉贫信访问题整改，小康建设成果不断巩固。

*大力提升城乡品质。*北环路C段竣工通车，迎风路、黄泥塘路等城市道路启动续建，区内交通的微循环、大动脉进一步打通。省级老旧小区改造试点稳步推进，完成49个老旧小区改造和广铁、六〇一等生活区"三供一业"（供水、供电、供热和物业管理）改造，群众居住环境有了明显改善。南岳岭片区建设稳步推进；红旗广场西南角完成征拆，汽车城片区改造启动。深化创建全国文明城市，巩固提升国家卫生城市，有效整治交通顽瘴痼疾，建宁驿站全部建成并市场化运行，垃圾分类试点有序推进，城区品质展现出崭新气象。仙庾镇建成自来水接引工程并实现供水，污水处理厂及污水管网完成建设，实现农村地区污水处理"零"的突破。耕食小镇项目稳步推进，耕食书院开门营业，香荷等民宿项目竣工，休闲产业全面发展。探索构建农机、金融、仓储等农业保障体系，深化农业利益共同体建设，助力农业发展；扎实推进农村人居环境整治、农村厕所革命、美丽乡村建设等行动，村容村貌持续改善，乡村振兴稳步推进。

*民生行动纵深发展。*全面推进精准就业服务。引入专业公司参与，搭建就业服务信息平台，召开服务企业群众大会，广泛动员各方力量，构建4支服务队伍，精准人岗匹配，组织订单式技能培训，实现新增就业1.1万余人。推广城乡帮困工作“三榜工作法”，实施项目48个，惠及1180人，相关做法在全国加强乡镇（街道）社会工作人才队伍建设推进会议上作经验交流，并入选“湖南基层改革探索100例”。推进养老培训提质工程，深化“友邻帮”农村互助养老服务模式，城乡养老服务体系不断完善。拓展网上群众路线阵地，“在荷塘”微信公众号影响力持续增强，新开设“荷塘青春志”抖音号。大力提升基本公卫服务水平，抓好基层公共卫生防疫和重大传染病防治能力建设，做实家庭医生签约服务，基层医疗机构服务量稳定增长。持续引导无物业小区业主自治。新增23个无物业小区自治，累计引导79.3%的无物业小区自治管理。均衡义务教育资源。公办园占比提升度居全市之首，大班额实现清零。深化平安建设。开展“六清”行动，建立健全常治长效机制，扫黑除恶专项斗争圆满收官，全区刑事发案数实现四连降。升级改造“网格化+综治中心+雪亮工程”，建设“一站式”诉讼服务中心，区域社会治理现代化水平逐步提升。

*党的执政基础建设不断加强。*不断夯实基层基础。推动社区专职工作者改革，完善“三岗十八级”薪酬体系，创新设立人才库，启动社区专职工作者选聘制。高标准、高质量推进村（社区）“两委”换届选举工作，实现“两委”平稳、圆满换届。开展“遇见你”等系列活动，提升党员榜样影响力。致力打造“在荷塘•红色领航”党建品牌，从抓实支部主题党日入手，着力开展小区党建，引领基层党建脱虚向实、减负增效，六〇一社区党委被评为“全省先进基层党组织”。创新培养干部队伍。切实加大干部交流和优秀年轻干部培养选拔力度，持续开展干部驻村工作，连续举办“群众工作论坛”“乡愁论坛”等活动，大力提升干部解决实际问题、处理复杂矛盾和做好群众工作的能力。纵深推进全面从严治党。牢牢把握新时代党的建设总要求，抓牢主体责任这个“牛鼻子”，打好了全面从严治党“持久战”，坚持把纪律和规矩挺在前面，持续推进正风肃纪。深化监察体制改革，向镇（街道）派出监察办公室，实现监督全覆盖。对28个党组织开展巡察，实现全覆盖。成立巡察整改工作领导小组，抓实巡察“后半篇文章”。紧盯“微权力”打击“微腐败”，集中整治群众身边腐败和作风问题，加大对民生领域突出问题的整治力度。坚决破除形式主义、官僚主义，巩固拓展落实中央八项规定精神成果，持续推动全面从严治党向纵深发展、向基层延伸。

【区委五届八次全体（扩大）会议暨区委经济工作会议】1月13日，荷塘区委召开五届八次全体（扩大）会议暨区委经济工作会议，深入贯彻党的十九大和十九届二中、三中、四中全会精神，认真落实中央、省委和市委决策部署，全面总结2019年工作，分析当前经济形势，安排部署2020年工作，动员全区上下进一步统一思想，鼓足干劲、真抓实干，推动荷塘高质量发展。区委书记邬凌云出席会议并发表讲话，区委副书记、区长王利波代表区委常委会作2019年工作报告并就贯彻落实全会精神作安排部署。会议由区委副书记赖晓智主持。

【区委五届九次全体（扩大）会议】8月28日，荷塘区委召开五届九次全体（扩大）会议，深入贯彻习近平新时代中国特色社会主义思想，全面落实省委、市委部署要求，总结前期工作，分析当前形势，安排下一阶段工作，动员全区上下坚定信心、主动作为，全力以赴实现全年工作目标，为巩固全面小康社会建设、实现“十四五”良好开局奠定基础。区委书记邬凌云出席会议并发表讲话，区委副书记、区长王利波代表常委会作工作报告并就贯彻落实全会精神作安排部署。会议号召，要更加紧密地团结在以习近平同志为核心的党中央周围，在市委的坚强领导下，团结带领全区广大干部群众，用奋斗诠释担当，用实绩定格历史，努力开创荷塘高质量发展新局面，以最好的状态，迎接实现第一个百年奋斗目标的伟大胜利。

【区委常委会会议】2020年，中共荷塘区五届区委共召开30次常委会会议（第75次至第105次）。

1月10日　召开五届区委第75次常委会会议。会议组织学习习近平总书记在庆祝澳门回归祖国20周年时、在主持中央政治局专题民主生活会时、在全国政协新年茶话会上以及2020年新年贺词中的一系列重要讲话精神；学习株洲市委十二届十次全会暨市委经济工作会议精神、新修订的《中国共产党党和国家机关基层组织工作条例》、全市干部监督工作会议精神、市第十五届人民代表大会第四次会议精神、市政协九届四次会议精神。传达湖南省“两会”的有关精神。研究综合管理类公务员职务职级并行的相关事宜；关于召开荷塘区第五届人民代表大会第五次会议的有关事项；关于召开政协株洲市荷塘区第五届委员会第五次会议的有关事项；荷塘区第五届人民代表大会补选代表的有关情况；关于2019年度文明建设先进集体、文明城市创建工作先进集体申报推荐和评选表彰工作的有关情况；区委五届八次全体（扩大）会议暨区委经济工作会议的有关事项。

1月17日　召开五届区委第76次常委会会议。会议传达学习习近平总书记在主持中共中央政治局会议时的重要讲话精神、在缅甸媒体发表的署名文章、在十九届中央纪委四次全会上发表的重要讲话；研究推荐副处职领导干部的有关事宜。

1月30日　召开五届区委第77次常委会会议。会议传达学习省委办公厅、省政府办公厅联合印发的关于进一步做好新型冠状病毒感染的肺炎疫情防控工作的通知精神和省卫健委转发的国卫明电〔2020〕20号、21号文件精神，市委、市政府有关会议精神；研究新型冠状病毒感染的肺炎疫情防控工作有关情况。

2月1日　召开五届区委第78次常委会会议。会议专题研究新型冠状病毒感染的肺炎疫情防控工作有关情况。

2月4日　召开五届区委第79次常委会会议。会议传达学习湖南省委办公厅印发的《关于学习贯彻习近平总书记在中央政治局常委会会议上的重要讲话精神》《坚决打赢疫情防控阻击战的通知》和《关于集中精力打赢坚决打赢疫情防控阻击战的通知》文件精神及市委、市政府有关会议精神；研究部署区机关干部上班、企业复工复产等有关工作。

2月7日　召开五届区委第80次常委会会议

议。会议传达学习习近平总书记在“不忘初心、牢记使命”主题教育总结大会上、在中缅建交70周年系列庆祝活动暨中缅文化旅游启动仪式上、在2020年春节团拜会上、在主持召开中央全面依法治国委员会第三次会议时的一系列重要讲话精神，在主持召开中央政治局常务委员会时对军队做好疫情防控工作的重要讲话精神，在《求是》杂志上发表的《坚持历史唯物主义不断开辟当代中国马克思主义发展新境界》《在敦煌研究院座谈时的讲话》重要文章；听取全区疫情防控工作有关情况汇报；研究部署疫情防控工作的相关事宜。

2月9日 召开五届区委第81次常委会会议。会议传达学习2月9日市疫情防控工作会商会的有关精神，研究全区疫情防控工作有关事宜。

2月16日 召开五届区委第82次常委会会议。会议传达学习习近平总书记近期一系列就做好新型冠状病毒感染的肺炎疫情防控工作作出的重要指示；传达学习株洲市委、市政府印发的《关于全面落实“两防两确保”的实施意见》（株发〔2020〕4号）文件精神和2月16日全市县、市、区委书记视频会议精神、株洲市新冠肺炎疫情防控工作领导小组指导组在荷塘区督导精神；听取关于企业复工复产有关情况汇报；研究部署了企业复工复产相关事宜。

2月19日 召开五届区委第83次常委会会议。会议传达学习《关于进一步依法科学有序做好新冠肺炎疫情防控工作的通知》（湘疫防〔2020〕16号）、湖南省新冠肺炎疫情联防联控机制印发的有关文件精神和2月18日全市县、市、区委书记视频会议精神；研究全区疫情防控工作的相关事宜。

3月13日 召开五届区委第84次常委会会议。会议传达学习习近平总书记近期就统筹推进新冠肺炎疫情防控和经济社会发展工作、决战决胜脱贫攻坚工作的重要讲话和2020年2月发表的2篇讲话中有关疫情防控工作和健全国家公共卫生应急管理体系方面的内容节选；传达学习中央、省委、市委有关政法工作会议精神；研究区第五届纪委第五次全会相关事宜和《关于深化区纪委区监委派驻机构改革的实施意见》《区纪委区监委派驻机构改革方案》；研究近期宗教工作有关事宜；研究“十四五”规划编制工作相关事宜；听取2019年县、市、区委书记抓基层党建述职评议考核结果的有关情况汇报；研究有关干部人事任免工作；通报近期合泰、富家垅片区疫情防控和复工复产有关情况。

3月30日 召开五届区委第85次常委会会议。会议传达学习习近平总书记在二十国集团领导人特别峰会上的重要讲话精神、《中国共产党宣传工作条例》文件精神和中央、省委、市委宣传部长会议精神、关于全市组织部长会议暨机构编制、老干部工作会议精神；听取疫情防控工作情况汇报；研究当前疫情防控工作；研究《荷塘区关于深入学习贯彻党的十九届四中全会精神推进区域治理体系和治理能力现代化的实施意见》；研究关于做好2020年领导干部报告个人有关事项的工作；研究关于株洲市荷塘区第五届人民代表大会第五次会议有关事项；研究关于对政协株洲市荷塘区第五届委员会委员调整增补及政协株洲市荷塘区第五届委员会第五次会议有关事项。

4月27日 召开五届区委第86次常委会会议。会议学习习近平总书记在浙江考察疫情防控和经济社会发展工作时的重要讲话、对四川西昌市经久乡森林火灾作出的重要指示精神和主持召开中共中央政治局常务委员会议时的重要讲话精神、关于统计工作的相关批示指示精神和中央、省、市有关统计工作文件精神；听取市委一季度经济形势分析会暨“产业项目建年”“看学议”活动评议会的相关情况汇报；研究关于2019年度荷塘区促进区域经济发展奖励办法考核兑现的相关事宜；研究荷塘区2020年“产业项目建设年”活动实施方案、重点建设项目计划、考核办法及2019年“产业项目建设年”活动先进单位、先进个人评选等相关事宜；研究水竹湖片区土地招商和处置工作相关事宜；研究财政工作相关事宜；研究了“精准荷塘就业服务”工作相关事宜。

4月28日 召开五届区委第87次常委会会议。会议传达学习习近平总书记对安全生产工作作出的重要指示精神和主持召开中共中央政治局会议时重要讲话精神、全市新冠疫情防控常态化工作电视电话会议精神；研究关于学习泸溪县教育改革经验提升乡村教育发展水平以及进一步落实义务教育教师工资待遇的相关事宜；研究安全生产工作相关事宜；研究统战工作相关事宜。

5月9日 召开五届区委第88次常委会会议。会议传达学习习近平总书记在4月29日主持召开中共中央政治局常务委员会时的重要讲话精神；研究有关干部人事任免工作相关事宜。

5月19日 召开五届区委第89次常委会会议。会议研究人事工作相关事宜。

6月2日 召开五届区委第90次常委会会议。会议研究干部人事任免工作相关事宜；研究2020年预算安排调整相关事宜；研究株洲市荷塘区第五届人民代表大会第五次会议、政协株洲市荷塘区第五届委员会第五次会议有关事项。

6月5日 召开五届区委第91次常委会会议。会议传达学习中央军委国防动员部《深化民兵调整改革检查考评情况通报》、湖南省军区《关于持续用力抓好深化民兵调整改革工作的意见》、湖南省人民政府和省军区《关于印发〈激励大学生参军入伍若干措施〉的通知》以及湖南省、株洲市两级深化民兵调整改革暨“十三五”规划落实情况评估验收推进等会议精神。

6月18日 召开五届区委第92次常委会会议。会议传达学习习近平总书记在陕西考察时、在主持召开中共中央政治局常务委员会会议时、在山西考察时、在第73届世界卫生大会视频会议开幕式上、在参加全国“两会”内蒙古代表团审议时、在看望参加政协会议的经济界委员时、在参加湖北代表团审议时、在出席解放军和武警部队代表团全体会议上、在主持召开专家学者座谈会上、在宁夏考察时、在中央政治局第二十次集体学习时的重要讲话；研究年度中、小学招生工作相关事宜；研究区污染防治攻坚战、城市社区专职工作者管理相关事宜；研究《关于荷塘区监察委员会向镇（街道）派出监察办公室的实施方案》。

7月3日 召开五届区委第93次常委会会议。会议研究干部人事任免工作相关事宜；研究新时代县域警务工作相关事宜；传达省扫黑除恶专项斗争督导株洲市工作情况反馈会议有关精神、市委主要领导对当前有关工作的指示精神；研究部署当前相关工作。

7月23日 召开五届区委第94次常委会会

议。会议传达学习习近平总书记在“一带一路”国际合作高级别视频会议上、在主持召开中共中央政治局会议时、在主持召开中央政治局第二十一次集体学习时、在主持召开中央全面深化改革委员会第十四次会议时、在主持召开中共中央政治局常务委员会会议时、在主持召开企业家座谈会时的重要讲话和株洲市2020年“扫黄打非”工作部署会议精神；研究区抖音号建设相关事宜、区2020年政府投资项目计划相关事宜、红旗路小学改扩建相关事宜。

8月17日 召开五届区委第95次常委会会议。会议传达学习习近平总书记视察空军航空大学时、在吉林考察时、在亚洲基础设施投资银行第五届理事会年会视频会议开幕式上、在主持召开中共中央政治局第二十二次集体学习时的重要讲话和对制止餐饮浪费行为的重要讲话指示精神；研究《荷塘区“六保”工作实施方案》、区食品安全工作、关于引进湖南师范大学附属中学合作办学相关事宜；听取2019年度区绩效评估有关工作及市对区绩效评估奖金发放有关情况的汇报。

8月18日 召开五届区委第96次常委会会议。会议研究关于推荐2020届省文明村镇、文明单位及在届省文明村镇、文明单位复查工作相关事宜；关于《区委五届九次全体（扩大）会议上的报告（审议稿）》相关事宜；关于在全区开展政治建设考察工作相关事宜；公务员职级套转与晋升相关事宜。

9月11日 召开五届区委第97次常委会会议。会议研究工业园区项目建设、基础设施建设、征地拆迁、黑臭水体整治等工作相关事宜；区“双比双看”大竞赛活动相关事宜。

9月15日 召开五届区委第98次常委会会议。会议研究“坚持政治建警全面从严治警”工作相关事宜；2020年“民生100”工程相关事宜；第一批省级生态环境保护督察“回头看”工作相关事宜；区“人才十六条”落实兑现情况相关事宜；2019年度区管领导班子及区管领导干部年度考核相关事宜；干部人事任免工作相关事宜。

10月19日 召开五届区委第99次常委会会议。会议传达学习习近平总书记在扎实推进长三角一体化发展座谈会上、在经济社会领域专家座谈会上、在纪念中国人民抗日战争暨世界反法西斯战争胜利75周年座谈会上、在全国抗击新冠肺炎疫情表彰大会上、在中央财经委员会第八次会议上、在教育文化卫生体育领域专家代表座谈会上、在七十五届联合国大会一般性辩论会上、在中央第三次新疆工作座谈会上、在中央第七次西藏工作座谈会上、在联合国生物多样性峰会上、在中央党校（国家行政学院）中青年干部培训班开班式上、在深圳经济特区建立40周年庆祝大会上、在视察海军陆战队时、在向中国人民警察队伍授旗时、在主持中共中央政治局会议时、在中央全面深化改革委员会第十五次会议上、在科学家座谈会上、在中央政治局第二十三次集体学习时、在湖南考察时的重要讲话精神和湖南省委书记杜家毫在领导干部会议上的讲话、中共湖南省委《关于深入学习贯彻习近平总书记考察湖南重要讲话精神 奋力谱写新时代坚持和发展中国特色社会主义湖南新篇章的决定》等文件精神；研究区“十四五”规划基本思路，关于推荐湖南省抗击新冠肺炎疫情先进个人、先进医务工作者和先进集体相关事宜；听取关于区公务员职级晋升有关情况汇报；研究关于干部人事任免、园区发展、“双比双看”大竞赛活动、三一智慧钢铁城项目等相关事宜。

11月3日 召开五届区委第100次常委会会议。会议听取村（社区）两委换届选举有关情况汇报，审议通过《茨菇塘街道社区新一届党组织书记候选人初步人选方案》。

11月12日 召开五届区委第101次常委会会议。会议研究中共株洲市荷塘区委关于深入学习贯彻习近平总书记考察湖南重要讲话精神，在奋力谱写新时代坚持和发展中国特色社会主义湖南新篇章中干在实处，走在前列的决定；研究区反恐怖工作相关事宜；传达学习了省委常委、省纪委书记、省监委主任傅奎在全省纪检监察领导干部培训班上的讲话精神；研究区关于贯彻落实中央、省委、市委关于新时代加强和改进人民政协工作相关事宜；传达学习《党委（党组）意识形态工作责任制实施办法》《新时代公民道德建设实施纲要》《新时代爱国主义教育实施纲要》等文件精神；研究区意识形态工作、干部人事任免相关事宜。

11月21日 召开五届区委第102次常委会会议。会议学习习近平总书记关于巡视工作的重要论述、《中国共产党章程》《中国共产党廉洁自律准则》《关于新形势下党内政治生活的若干准则》《中共中央关于加强党的政治建设的意见》《中国共产党纪律处分条例》《中国共产党党内监督条例》《中国共产党巡视工作条例》《中国共产党问责条例》《党委（党组）落实全面从严治党主体责任规定》、中央、省委巡视工作领导小组关于深化政治巡视的要求和《被巡视党组织配合省委巡视工作规定》等文件精神。

12月9日 召开五届区委第103次常委会会议。会议学习习近平总书记关于纪念中国人民志愿军抗美援朝出国作战70周年有关重要讲话；关于“十三五”规划和第七次全国人口普查工作的重要讲话；关于全面推动长江经济带发展的重要讲话；关于全面依法治国工作的重要讲话等一系列重要讲话精神；在金砖国家领导人第十二次会晤上、在亚太经合组织工商领导人对话会上、在亚太经合组织第二十七次领导人非正式会议上、在二十国集团领导人第十五次峰会第一阶段、第二阶段会议上的重要讲话；向第三届世界顶尖科学家论坛（2020）和第三届巴黎和平论坛的视频致辞。传达学习中国共产党第十九届中央委员会第五次全体会议重要精神、《中国共产党党校（行政学院）工作条例》、中共湖南省委十一届十二次全体会议主要精神及株洲市贯彻落实意见。传达全省乡镇人大工作和建设推进会及民生实事人大代表票决制工作等有关会议精神。研究绩效评估工作相关事宜；垃圾中转站环保督查整改工作相关事宜；支持企业上市（挂牌）工作相关事宜；关于设置区公办中学初三教育质量奖相关事宜；村（社区）“两委”换届工作相关事宜；干部人事任免相关事宜。

12月15日 召开五届区委第104次常委会会议。会议通报株洲金城投资控股集团有限公司党总支书记、董事长周亮平涉嫌严重违纪违法，目前正接受醴陵市纪委监委纪律审查和监察调查的相关情况。

12月21日 召开五届区委第105次常委会会议。会议传达学习习近平总书记在中共中央政治局会议和中共中央政治局第二十六次集体学习时、在党外人士座谈会上和中央经济工作会议上的重要讲话；传达学习株洲市委十二届十四次全会精神；研究区党建工作相关事宜、村（社区）“两委”换届工作相关事宜。

【领导到荷塘区督导调研】2月7日，株洲市委书记、市人大常委会主任毛腾飞一行到荷塘区督导企业复工复产后的疫情防控工作落实情况。毛腾飞先后到株洲硬质合金集团有限公司、中天杭萧钢构生产车间实地检查。毛腾飞要求，要对照企业复工复产“七个必须”“五个严禁”要求，严格落实各项防控措施，确保生产安全、人员安全。同时强调，各级各部门要立足企业复工复产的新形势新情况，完善各项疫情防控举措，加强形势研判和工作调度，确保打赢疫情防控总体战、阻击战。要用心落实各项防控举措，切实抓好联防联控、群防群治、物资保障等工作，守护好人民群众的生命安全和身体健康。要在全力做好防控工作的同时，统筹抓好改革发展稳定各项工作，确保生产生活平稳有序。2月16日，株洲市委副书记、市长阳卫国到荷塘区合泰社区，实地检查人员进出管控措施、重点人员健康监测落实情况。阳卫国强调，机关干部下沉疫情防控一线要当好战斗员、信息员，既要与社区干部一道落实好各项疫情防控措施，又要把基层疫情防控中存在的突出问题反映上来，为加强形势研判，打赢疫情防控阻击战提供支撑。驻点机关干部在加强自身防护的同时，在具体工作中要创新工作方式，最大限度避免人员直接接触，减少病毒交叉感染的风险。相关部门要统筹安排好帐篷等疫情检验检疫设施，切实做好驻点机关干部的后勤保障。 5月13日，湖南省人大常委会委员、环资委主任文志强到汽齿小区走访调研老旧小区改造工作。市人大常委会副主任冯建湘等陪同调研。区委副书记、区长王利波，区人大常委会党组成员、副主任刘湘林以及相关单位负责人参加。在小区现场，区住建局相关负责人向调研组介绍了汽齿小区基本情况和改造计划，王利波向调研组一行简要汇报近年荷塘区老旧小区改造的工作情况及成效。文志强对荷塘区老旧小区改造和自治管理工作给予高度肯定，并指出要坚持以人民为中心，立足小区居民最关心、最迫切的实际需要，充分调动小区居民积极性和主动性，让居民参与老旧小区改造全过程。要以汽齿小区改造为助燃剂，全面推动荷塘区老旧小区改造工作，给人民交一份满意的答卷。8月27日，国家医疗保障局待遇保障司副司长刘娟一行到荷塘区调研医疗保障待遇实施情况。湖南省医疗保障局待遇保障处处长张棉长，株洲市人大常委会副主任钟燕，株洲市医疗保障局党组书记、局长陈志鸿，荷塘区副区长罗曼等参加调研。调研组先后前往月塘社区卫生服务中心、金山社区卫生服务中心现场查阅资料、查看平台系统以及同患者交谈了解实际情况，并召开座谈会，详细了解基层医疗机构在城乡居民门诊统筹政策和 “两病”用药保障政策的实施情况。10月14日，省政协副主席贺安杰一行到荷塘区塘区督查调研，市政协党组书记、主席蔡溪，市政协党组成员、副主席候选人彭新军，区领导邬凌云、何恒仁、文韶松、方芳参加调研。在荷塘区公益服务中心，调研组一行听取荷塘区城乡帮困、志愿服务情况的汇报。贺安杰对荷塘区公益服务中心所做的工作给予高度的肯定和赞扬。他希望，荷塘区能持之以恒地把公益慈善、志愿服务工作坚持下去，去帮助更多需要帮助的人，传递正能量。随后，调研组一行来到金山科技工业园，先后深入汉德车桥智能化制造基地、金山工业园区及三一智慧钢铁城项目施工现场，详细解金山科技工业园的发展情况，实地查看汉德车桥车间工作情况，现场听取关于三一智慧钢铁城项目规划及土地征拆、周边配套道路建设、市场前景等情况的汇报。贺安杰要求，市、区两级政协委员要充分发挥政协专门协商机构作用，积极推进政协协商与基层协商有效衔接，助推区域公益事业发展。他希望，荷塘区进一步发挥项目集聚及区位优势，提高政治站位，加强与上级部门的沟通链接，不断创新合作方式，加快完善项目周边配套设施开发，提升片区开发价值，助力荷塘高质量发展。

10月14日，省政协副主席贺安杰（左三）一行到荷塘区督查调研。图为调研组一行在荷塘区公益服务中心听取汇报

【动员部署第十轮巡察工作】4月8日，区委召开第十轮巡察工作动员部署会。区委常委、区纪委书记、区委巡察工作领导小组组长郑志富作动员讲话，区委常委、组织部部长、区委巡察工作领导小组副组长余鹏主持会议并宣读了《关于五届区委第十轮巡察授权的通知》。郑志富就如何开展好区委第十轮巡察工作指出，一是认识要“深”，增强做好巡察工作的责任感和使命感，把巡察作为落实上级部署、查摆自身问题、解决基层矛盾的有力抓手；二是效果要“实”，要从聚焦贯彻落实党的路线方针政策和党中央决策部署情况，聚焦群众身边腐败问题和不正之风，聚焦基层党组织软弱涣散、组织力欠缺问题等三个方面开展政治巡察，巡察过程中要注意工作方式方法、注重巡察成果运用，确保工作取得实效；三是责任要“清”，区委巡察工作领导小组要强化领导责任，区委巡察组要强化担当责任，被巡察单位要强化配合责任，共同完成好本轮巡察工作任务；四是素质要“硬”，通过开展巡察，锻造一支对党忠诚、敢于斗争、廉洁自律的好队伍。

4月8日上午，荷塘区委召开第十轮巡察工作动员部署会

【荷塘区携手湖南师范大学合作办学】9月29日，湖南师范大学附属株洲荷塘实验学校签约暨开工仪式在荷塘区金山科技工业园举行。副省长吴桂英，省教育厅党组成员、省委教育工委副书记王建华，湖南师范大学校长、教授、博士生导师刘起军，湖南师范大学副校长、教授、博士生导师王善平，市领导毛腾飞、阳卫国、何剑波、何朝晖、杨胜跃，市直有关部门负责人和荷塘区全体在家县级领导，部分企业负责人参加仪式。签约仪式上，副省长吴桂英宣布湖南师范大学附属株洲荷塘实验学校项目开工。区委书记邬凌云对出席和参加仪式的各位领导表示诚挚的欢迎和衷心的感谢。市政府副市长杨胜跃在讲话中指出，湖南师范大学附属株洲荷塘实验学校落户荷塘区，是荷塘教育的大事，也是株洲教育的喜事，荷塘区要全面

学习借鉴先进理念，提升整体办学水平，争当全市教育事业高质量发展的“排头兵”。王建华表示，省教育厅将全力支持荷塘区与湖南师范大学的合作办学项目，希望签约双方密切沟通、无缝对接、形成合力，充分发挥各自优势，将湖南师范大学附属株洲荷塘实验学校打造成全省合作办学的示范和标杆。

【省委党校省直机关处级干部进修班一行到荷塘区考察】10月13日，省委党校2020年下学期第一期省直机关处级干部进修班一行到荷塘区考察，区领导邬凌云、田灿、朱福兴陪同考察。考察团一行先后来到荷塘区政务服务中心、汉德车桥智能制造基地、耕食小镇项目现场考察，并与相关负责人进行深入交流。

【荷塘区举办习近平总书记考察湖南重要讲话精神报告会】10月22日，学习贯彻习近平总书记考察湖南重要讲话精神省委宣讲团株洲分团报告会在荷塘区举行。报告会由区委书记邬凌云主持，全体县级领导参加。会上，湖南省委宣讲团株洲分团成员赖晓智作宣讲报告，围绕习近平总书记为湖南发展明确的战略定位、战略目标、战略任务，大力发展先进制造业和实体经济、脱贫攻坚和乡村振兴、生态文明建设、调查研究、问计于民、基层建设、红色文化等方面，从政治和全局高度，全面深入地解读总书记考察湖南重要讲话精神。区委副书记、区长王利波指出，深入学习贯彻习近平总书记考察湖南重要讲话精神，是我们当前和今后一个时期的首要政治任务和重大政治责任。我们要以这次宣讲为契机，进一步学懂弄通做实习近平总书记考察湖南重要讲话精神，推动讲话精神在荷塘落地生根、开出硕果。

【省委第三巡视组到荷塘区开展巡视】11月30日，省委第三巡视组巡视株洲市荷塘区工作动员会召开。会前，省委第三巡视组组长曾凡国主持召开与荷塘区委书记邬凌云和区委副书记、区长王利波的见面沟通会，传达了中央和省委关于巡视工作的指示精神。会上，曾凡国就即将开展的巡视工作作了讲话，株洲市委常委、市委组织部部长羊贵平对配合做好巡视工作提出要求。邬凌云主持会议并作表态讲话。

【学习宣传贯彻党的十九届五中全会精神】12月22日，荷塘区召开学习宣传贯彻党的十九届五中全会精神省委宣讲团株洲分团报告会暨区委理论学习中心组（扩大）2020年第十一次集中学习会。省委宣讲团株洲分团成员、市委常委、市委宣传部部长聂方红作宣讲报告，会议由区委书记邬凌云主持。聂方红紧紧围绕习近平总书记在党的十九届五中全会上的重要讲话和全会审议通过的《建议》，聚焦新发展阶段，并结合省委十一届十二次全会精神、省委“三高四新”战略、市委十二届十四次全会精神和省、市、区三级的发展实际，从充分认识、深刻把握“十三五”时期特别是“十三五”收官之年的突出成就充分彰显了中国共产党领导和中国特色社会主义制度的显著优势和人民力量；“十四五”规划《建议》是习近平总书记亲自领导，汇集全党全社会智慧的成果；全会《建议》的核心要义体现在进入新发展阶段、贯彻新发展理念、构建新发展格局；2035年远景目标和“十四五”时期我国发展的指导方针、主要目标、重点任务；实现“十四五”规划和

2035年远景目标必须坚持党的全面领导，必须贯彻以人民为中心的发展思想，动员各方面力量为之团结奋斗；十九届五中全会精神和习近平总书记考察湖南重要讲话精神是紧密联系、有机统一的，必须贯通起来学习、统筹起来落实，让十九届五中全会精神和习近平总书记考察湖南重要讲话精神在三湘大地扎下深根、开出繁花、结出硕果等6个方面的内容，对党的十九届五中全会精神进行了深刻阐述。

【中共株洲市装配式建筑产业链企业联合委员会成立】12月23日，株洲市装配式建筑产业链链长办公室、株洲市装配式智能建造业协会、中共株洲市装配式建筑产业链企业联合委员会举行揭牌仪式。区委书记、市装配式建筑产业链常务副链长郛凌云，区委常委、组织部部长余鹏，市住建局总工程师曾靖出席揭牌仪式。2017年市委、市政府将“株洲市装配式建筑产业示范园”选址定于荷塘区金山科技工业园，建设用地约131.73公顷，其中PC构件生产区58公顷，钢结构生产区31.33公顷，配套服务区43.93公顷。先后招商引进湖南建工五建装配式建筑基地、中天杭萧钢结构装配式建筑基地、湖南国信装配式建筑基地等生产主机企业，雪宝家装板材、飞山奇加气混凝土等配套企业。2020年，株洲市中心城区建筑总开工面积624.73万平方米，中心城区装配式建筑开工面积338.81万平方米，新增装配式建筑面积占比54.23%，装配式建筑推广应用工作位居全省第一。

【全面深化改革】2020年，荷塘区坚持以问题、需求为导向，在经济、民生等重点领域和关键环节，推动各项改革任务落地生效，不断增强经济社会高质量发展动力，激发创新基层社会治理活力，积极推进经济建设领域改革，激发高质量发展新动力。拓展产业服务中心“一中心、九平台、多站点”服务体系，聘请一批高素质企业服务专员，“一对一”为企业提供项目申报、人才、融资等9类93项精准服务。运用信息技术创立部门审批首席代表制，改变权力结构，实现“认流程不认关系，认标准不认面孔”无差别审批；构建区—街道—社区三级40余个便民服务中心，推出免费政务服务专递、上线“智慧荷塘”手机APP、建立网上政务服务大厅、成立“365帮办团”，实现自然人服务事项的“一门办、一次办、一网办、马上办、全区通办”；运用微信等新媒介，系统构建1487个、覆盖全区约53.2%人口的微信群组，形成“党委—盟主—群主”的管理架构，开辟线下活动阵地发动群众、服务群众。“在荷塘”微信公众号长期居全省政务微信公众号榜首。开设“青春志”官媒抖音号，持续深入把党的“好声音”、身边好产品导入网络阵地；大力推进社区、社会组织、社会工作者协调联动，在全省率先成立区级公益服务中心，引进社会组织11家、孵化10家，积极培育社工人才和公益队伍，推动社会组织承接公共服务；相关做法入选2020年全国创新社会治理百佳案例，并在全国社会工作会议上作交流。

【荣获全省综治考核评估先进县市区】2020年，荷塘区坚持以人民为中心，围绕疫情防控和职责使命，有效维护了全区社会大局和谐稳定，始终坚持以法律为准绳，推动社会发展在法治的轨道上运行。春节期间，执结江苏某路桥建设有限公司拖欠谭某等84名农民工工资案件，执行标的890余万元，让农民工真切感受到司法的公正和关怀；开展法律援助，共办理法律援助案件190件，其中刑事案件律师辩护全覆盖案件153件，民事案件37件，为农民工、残疾人等弱势群体挽回经济损失200余万元；全面推行行政执法“三项制度”，严格实施持证上岗、亮证执法工作要求，明确对执法过程进行全程记录，全年未发生1起执法人员违规事件，荣获全省综治考核评估先进县市区。

（何爱辉）

2020年中共荷塘区委发文一览表

表1

序号	文号	文件标题
1	株荷发〔2020〕1号	关于表彰2019年度征地拆迁和房屋征收先进单位及先进个人的通报
2	株荷发〔2020〕2号	关于成立中共株洲市荷塘区委巡察整改工作领导小组的通知
3	株荷发〔2020〕3号	关于表彰2019年度促进区域经济发展先进单位和先进个人的通报
4	株荷发〔2020〕4号	关于深入学习贯彻习近平总书记考察湖南重要讲话精神 在奋力谱写新时代坚持和发展中国特色社会主义湖南新篇章中干在实处走在前列的决定
5	株荷发〔2020〕5号	关于新时代加强和改进人民政协工作的实施意见
6	株荷发〔2020〕6号	关于成立中国共产党株洲市荷塘区应急管理局委员会的通知

（张腾升）

区委办公室工作

【概况】 中共株洲市荷塘区委员会办公室（简称“区委办”）前身为中共株洲市东区委员会办公室，成立于1973年11月，为中共荷塘区委内设办事机构。2020年，区委办有机关行政编制12名，档案馆事业编制9名；实际在职在编行政编制人员9名，档案馆事业编制人员8名。

2020年，区委办在区委的坚强领导下，在市委办公室的指导下，坚持以习近平新时代中国特色社会主义思想为指导，坚持擦亮政治机关成色，始终围绕中心、服务大局，在优质高效做好“三个服务”（服务领导、服务基层、服务群众）工作中取得一定成绩，被评为株洲市综合工作先进单位，区委督查室被评为2020年度全省党委督查工作先进基层单位。

【督查督办】2020年，区委办办结市级及以上督办件36件。其中，市委书记、市长批示12件，市委领导重要批示4件。区委书记、区长批示件均按时办理、及时反馈。办结网络问政件405件，办结率100%，满意率99.8%。加强了对各项重点和中心工作的督查督办力度，围绕省、市绩效评估和区委、区政府重点任务及中心工作科学确定考核指标，狠抓督查落实。一是围绕重点，督促决策部署和主要领导批示、指示的贯彻落实，切实将中心重点工作落到实处；二是整合资源，组织领导带头督、协调部门联动督、动员办公室全员督，将督查工作与业务工作、日常工作相结合；三是提高效率，分层与分级并行、调研与督查同步、办理与反馈提速；四是确立导向，以促进工作、解决问题、群众满意为导向。年内共督查解决98个重点项目中的280个问题；群众不满意回复件实地督办后办结率达到100%。

【人才队伍建设】2020年，区委办从全区选拔了4名优秀年轻干部，在全市范围招考了1名综合文字人员，在教师系统招考了10名政治素质高的教师进入办公室系统。先后安排4人到市委办跟班学习，7人参加区委驻村工作，多途径培养年轻后备干部。

【文稿工作】2020年，紧扣新冠肺炎疫情防控、产业项目建设、乡村振兴、优质服务、“幸福荷塘”、党的建设等重点工作，深入调研，为领导决策提供参谋和依据。组织人员起草主要领导人讲话稿、全区工作经验汇报材料、上级调研汇报材料及工作总结等各类文稿40余篇。

【党委信息】2020年，聚焦上级文件精神，展示重点工作、重点活动、部门动态等，刊发信息、文章近500篇，组织编发《荷塘工作》38期，报送各类信息286篇，其中《湖南基层干部群众春节回家见闻》等信息被省委办采用，《荷塘区四举措发力稳就业》等信息被市委办采用。

【办文办会】2020年，区委办按照中央八项规定，落实中央、省“基层减负”要求，全力整治“文山会海”，在公文处理方面，严控发文数量，规范收文管理，所有文件均实现规范办理、收发、传阅、报备审查、存档管理。2020年，区委及两办（区委办、区政府办）发文38件，同比减少9.52%；规范性文件4件，同比增加100%。会务工作做到会务工作者各司其职，会场布置井然有序，圆满承办全市全面深化改革集中督察活动，完成区精准就业服务企业群众大会等约100余次会议活动。接待中钢国际建设发展有限公司、湖南师范大学附属中学等单位，以及炎陵等兄弟县市区考察交流 10余次。

【机要保密】2020 年，区委办定期开展安全保密专项检查，同时，与各部门签订责任书，进一步提升机要保密工作质量。在保密工作中严格落实领导干部保密工作责任制，对涉密载体进行严格管理，组织领导干部、涉密人员开展保密培训，有效增强了涉密人员的保密能力并提高管理水平，做到文件管理严格规范，持续保持无泄密纪录。

【应急值班】2020 年，区委办严格按照市委办公室和市委总值班室要求，进一步细化总值班室的工作职能，加强制度化、规范化建设，规范紧急重大信息的报送流程，完善横向到边、纵向到底的值班应急管理体制。发布各类信息通知 2000 余条次，接转群众来电 400 余次，及时上报突发事件信息 10 次，确保信息渠道畅通。

【档案工作】2020 年，区委办将档案工作纳入区绩效考核，定期对区直部门的档案工作进行督促指导，落实机构改革撤销合并部门的档案移交处置，组织区直部门档案管理员进行档案法及档案工作业务培训，制定档案工作“十四五”规划，圆满完成上级档案主管部门交办的各项工作任务。

【综合调研】2020 年，区委办积极开展幸福荷塘系列民生行动、园区建设、招商引资、项目建设等大调研活动，明确调研课题，采取边调研边解决问题的方式，经常深入基层、深入群众、深入园区开展调查研究，加快问题解决，进一步营造务实担当的工作作风，推进大调研活动持续走向深入，促进大调研活动不断取得新成效、新变化，实现新突破。在“幸福荷塘”系列民生活动、园区建设等方面形成一批调研成果，完成调研报告 15 篇。

（何爱辉）

2020 年中共荷塘区委办公室发文一览表

表 2

序号	文号	文件标题
1	株荷办发〔2020〕1 号	关于印发《荷塘区组织、人事、编制部门三家联席会议议事规则》的通知
2	株荷办发〔2020〕2 号	关于进一步做好密切联系群众工作的通知
3	株荷办发〔2020〕3 号	关于荷塘区三一智慧钢铁城项目大会战指挥部成员小组考核奖励暨先进个人的通报
4	株荷办发〔2020〕4 号	关于建立新型冠状病毒感染的肺炎疫情防控工作领导机制的通知
5	株荷办发〔2020〕6 号	关于调整优化区新型冠状病毒感染的肺炎疫情防控工作领导小组和进一步明确区新型冠状病毒感染的肺炎疫情防控工作指导的通知
6	株荷办发〔2020〕7 号	关于进一步规范公务用车使用管理的通知

续表2

序号	文号	文件标题
7	株荷办发〔2020〕8号	关于印发《株洲市荷塘区国有企业退休人员社会化管理工作实施方案》的通知
8	株荷办发〔2020〕9号	关于印发《2020年三一智慧钢铁城项目建设工作方案》的通知
9	株荷办发〔2020〕10号	关于学习泸溪县教育改革经验进一步提升我区乡村教育发展水平的意见
10	株荷办发〔2020〕12号	关于成立株洲市荷塘区医药集中带量采购及相关配套改革试点工作领导小组的通知
11	株荷办发〔2020〕13号	关于印发《2020年荷塘区规范新增融资行为、防范债务风险及化债计划》的通知
12	株荷办发〔2020〕14号	关于印发《荷塘区2020年温暖企业行动工作方案》的通知
13	株荷办发〔2020〕15号	关于印发《荷塘区2020年“产业项目建设年”活动实施方案》的通知
14	株荷办发〔2020〕16号	关于表彰荷塘区2019年“产业项目建设年”活动先进单位先进个人的通报
15	株荷办发〔2020〕17号	关于印发《荷塘区城市社区专职工作者管理实施细则（试行）》的通知
16	株荷办发〔2020〕18号	关于成立荷塘区非公有制经济工作领导小组的通知
17	株荷办发〔2020〕19号	关于印发《株洲市荷塘区“十四五”规划编制工作方案》的通知
18	株荷办发〔2020〕20号	关于印发《株洲市荷塘区2020年国家卫生城市提升暨新冠肺炎疫情防控爱卫工作方案》的通知
19	株荷办发〔2020〕21号	关于成立荷塘区党员教育管理工作协调小组的通知
20	株荷办发〔2020〕22号	关于印发《株洲市荷塘区市场监督管理局职能配置、内设机构和人员编制规定》的通知
21	株荷办发〔2020〕23号	关于印发《株洲市荷塘区交通运输局职能配置、内设机构和人员编制规定》的通知
22	株荷办发〔2020〕24号	关于印发《中共株洲市荷塘区人大常委会党组2020年工作要点》《中共株洲市荷塘区政协党组2020年工作要点》的通知
23	株荷办发〔2020〕25号	关于2019年度全区绩效评估结果的通报

续表2

序号	文号	文件标题
24	株荷办发〔2020〕26 号	关于印发《荷塘区保民生就业 保基本民生 保市场主体 保粮食安全 保产业链供应链稳定 保基层运转工作实施方案》的通知
25	株荷办发〔2020〕28 号	关于印发《荷塘区 2020 年“民生 100”工程实施方案》的通知
26	株荷办发〔2020〕29 号	关于印发《荷塘区“双比双看”大竞赛活动工作方案》的通知
27	株荷办发〔2020〕30 号	关于调整“荷塘区县级领导和单位（部门）联系点安排表”“荷塘区县级领导定点联系学校（幼儿园）安排表”“荷塘区温暖企业行动领导对点联系企业安排表”的通知
28	株荷办发〔2020〕31 号	关于印发《株洲市荷塘区政协民主协商建设的实施办法》的通知
29	株荷办发〔2020〕32 号	关于印发《关于深化统计管理体制改革提高统计数据真实性的实施办法》的通知
30	株荷办发〔2020〕34 号	关于印发《2020 年度市对区重点工作绩效评估指标任务分解表》《荷塘区 2020 年绩效评估实施方案》的通知
31	株荷办发〔2020〕35 号	关于成立株洲市荷塘区城市生活垃圾分类工作领导小组的通知
32	株荷办发〔2020〕37 号	关于印发《荷塘区镇（街道）职责准入制度》的通知

（张腾升）

巡察工作

【概况】株洲市荷塘区委巡察工作领导小组办公室（简称“区委巡察办”）成立于 2017 年 3 月，为荷塘区委正科级工作机构，区委巡察办、巡察组共设行政编制 6 人。2020 年 12 月成立股级二级机构荷塘区巡察事务中心，设事业编制 6 人。

2020 年，区委组织开展 3 轮巡察，共派出 10 个巡察组（次），对明照街道等 28 个单位党组织开展常规巡察，第十一轮组建 1 个巡察组对区委办公室党支部和区市场服务中心党支部开展专项巡察，第十二轮组建 1 个巡察组对仙庾镇东山村等 4 个软弱涣散、反映问题较多的村（社区）党组织开展专项巡察。年内共召开“书记专题会”4 次、区委常委会 3 次、巡察整改工作会议 1 次、巡察工作领导小组会议 6 次，听取汇报、研究部署巡察工作。

【成立巡察整改工作领导小组】1 月 20 日，荷塘区委成立了以区委书记邬凌云为组长，区委办、区纪委监委、区委组织部等 13 个职能部门为成员单位的区委巡察整改工作领导小组，领导小组定期召开专题会议，研究部署区委巡察整改工作。领导小组下设办公室，负责将巡察反馈问题交办到各成员单位和相关责任单位，强化整改主体责任。

【召开第1次巡察整改工作会议】3月31日，区委巡察整改工作领导小组召开第1次巡察整改工作会议，会上点名通报各被巡单位在整改过程中存在的突出问题和第九轮巡察整改“回头看”中存在的共性问题。区委书记邬凌云向仙庾镇党委、宋家桥街道党工委、茨菇塘街道党工委、桂花街道党工委、金山街道党工委、月塘街道党工委、区民政局党组、区住建局党委、金科公司党总支、金城公司党总支10个单位党组织主要负责人现场交办问题37个，向相关职能部门书面下达《指导监督落实整改问题清单》3份。会议要求把指导和督促贯穿巡察整改全过程：一是压实整改责任。被巡察党组织落实整改主体责任，主要负责人自觉担负第一责任人责任，分管区领导履行“一岗双责”责任，区纪委监委、区委组织部等相关部门进行日常监督。二是加强部门联动。整改工作领导小组13个成员单位（职能部门）根据各自的工作职责牵头负责指导、督促整改工作，建立组织方式、成果运用、信息运用等协调联动机制，增强巡察整改合力，做实整改监督。

3月31日，荷塘区委召开第一次巡察整改工作会议

【常规巡察】4月8日、7月29日、10月27日，区委分别启动第十轮、第十一轮、第十二轮巡察工作。共派出10个巡察组（次），分别对明照街道、荷塘月色等28个单位党组织开展常规巡察。三轮巡察共组织个别谈话246余人次，查阅相关资料2856余份，走访相关人员134人次，接待来信来访38人次。巡察中共发现“三个聚焦”（聚焦基层贯彻落实党的路线方针政策和党中央决策部署情况；聚焦群众身边腐败问题和不正之风；聚焦基层党组织软弱涣散、组织力欠缺问题）方面存在的问题326个，已整改237个；交办立行立改问题66个，已全部整改到位；向被巡察单位党组织提出意见建议67条，向区委、区政府等相关职能部门提出意见建议6条，移交问题线索7条。立案2人，给予党纪政务处分1人，组织处理1人。

【专项巡察】7月29日，区委第十一轮第三巡察组对区金融办、网信办、物指中心、医保局4家单位党组织开展了专项巡察；10月27日，区委第十二轮第二巡察组对仙庾镇东山村、明照街道明照村、宋家桥街道芙蓉社区、月塘街道水竹社区等4个村（社区）党组织，按照“三个聚焦”的内容开展专项巡察。巡察中共开展个别谈话111人次，查阅资料及相关信息2942余项，走访相关人员377人次，接待来信来访1人次，向被巡察单位交办立行立改问题31个，提出意见建议34条，向区委、区政府等相关职能部门提出意见建议11条。

【巡视带巡察】11月30日，省委第三巡视组进驻荷塘区开展常规巡视，同时对区委巡察工作开展专项检查。按照巡视上下联动、指导督导要求，荷塘区委组建4个巡察组（其中1个巡察组派驻芦淞区）对明照街道党工委、金科公司党总支、金城公司党总支、国有商业房产租赁情况开展专项巡察，顺利完成任务。

【人员培训】2020年，荷塘区委先后选派3名业务骨干参加全省市县巡察干部业务培训班，1名巡察干部参加第六期全国巡察办主任提级培训班。年中分4批，对87名抽调巡察干部进行轮训，同时结合巡察实际以巡促学、以巡练兵，提高精准发现问题能力，有效提高巡察水平，推动巡察工作高质量发展。

【成立巡察事务中心】12月28日，经荷塘区委批准，成立荷塘区巡察事务中心，为股级事业单位，隶属于区委巡察办管理，设置6个事业编制。主要负责贯彻落实中央、省委、市委和区委巡视巡察工作的决策部署，为区委巡察工作高效开展提供服务保障。

（宋炬红）

组织工作

【概况】中共株洲市荷塘区委组织部（简称“区委组织部”）是主管全区组织工作、干部人才和老干部工作的区委工作机构，所属事业单位3个，为区党员教育中心（参照公务员管理）、区人才服务中心、区老干部服务中心，对外加挂直属机关工作委员会、老干部局、非公有制经济组织和社会组织工作委员会、公务员局牌子，统一管理区委机构编制委员会办公室。核定编制人数26人，其中行政编制人数10人、事业编制人数15人（参照公务员管理8人）、工勤编制人数1人。

2020年，区委组织部着力强化政治建设、组织建设和思想建设，立足主责主业，深耕组织工作。提升干部队伍素质。全年累计提拔、重用、调任干部59人，其中“80”“90后”干部占进一步使用总数的78.4%；分两轮完成了7个镇（街道）、53个区直单位领导班子和领导干部的政治建设考察工作，领导干部政治素养全面提升。完成公务员年度考核、录用、登记、退休核定、落实工资福利待遇等工作，更新公务员管理信息库；建立完善组织、人事、编制部门三家联席会议议事制度。夯实基层基础，创建“在荷塘•红色领航”党建品牌。以提升基层组织力为重点，释放党建活力，广泛建立小区党支部102个，大力推行“红色物业”，延伸基层党建触角；出台《荷塘区城市社区专职工作者管理实施细则（试行）》等指导文件，设立社区工作者人才库，落实建立“三岗十八级”薪酬体系，完成80名“新人”、69名“老人”的转岗定级，促进社区管理专业发展；进行三批次共计54家国有企业退休党员组织关系移交协议的集体签约，签约党员移交人数2130人，完成移交1225人；顺利完成16个村（社区）书记、主任“一肩挑”，吸纳储备16名本乡本土能人、72名青年大学生成为村（社区）后备力量。加强宣传教育。创建“党建好声音”平台，弘扬党建好声音；开展“遇见你”无职党员志愿者评选活动，开展宣讲活动30余场，为300余名无职党员志愿者授牌；开设基层党务工作者培训、村（社区）主职干部培训、初任副科级干部培训等精品课程，提升干部素质能力。优化精准服务。编订《荷塘区惠企政策汇编》，组织人才实地培训32场，开展线上培训8期，吸引700余人在线学习，全年新引进高层人才8人，兑现2019年度人才奖补资金112.45万元；在全省较先建成“美在金秋”老党员之家，成功经验吸引省、市多家单位前来考察学习；组织“开展红色教育 牵手奔向未来”等活动，注重做好青少年关心关爱工作。积极投入新冠肺炎疫情防控工作，牵头组建“合泰、富家垅地区防疫小分队”，深入开展“让社区同志休息一晚”“驻企联络助复工复产”“‘遇见你•青春战疫’故事分享会”等活动，为全区疫情防控作出了贡献。

【创建党建品牌】2020年，区委组织部对党建工作进行全盘考虑，高位谋划，牢固树立脱虚向实的工作理念，组织实施“红色服务”“红色阵地”“红色小区”“红色基金”“红色动力”五大工程，创建“在荷塘•红色领航”党建品牌。将党建工作与中心工作无缝对接，并引导各基层党组织依据主业主责，积极创新，出亮点出特色，推动整体提升。其中区教育局党委“红色领航•先生最美”活动成为校园一道靓丽的风景，茨菇塘街道党工委在书香小区创设“小区会客厅”，得到中央电视台社会与法频道的关注和报道。

【村（社区）党组织换届】7月，启动村（社区）“两委”〔村（社区）党组织、村（居）民委员会〕换届工作，按照“四必谈”要求，与现任“两委”成员、党员、群众、老干部开展谈心谈话3200人次，电话访谈800余人次；按照“六个一”（“六个一”：拿一套整顿方案、定一名联点领导、派一支工作队伍、配一名第一书记、选一批帮扶项目、建一个坚强班子）整顿机制，坚持先整改再换届，2个软弱涣散党组织全部转化升级。坚持早谋划、早部署、早行动，以试点先行再辐射铺开，稳步推进，确保组织意图和群众意愿的高度统一，试点的茨菇塘街道于10月完成党组织换届。至12月底，全区24个村、38个社区党组织换届全部圆满完成，选举产生村党组织成员102人、社区党组织成员176人，平均年龄41.7岁，比上届下降7.2岁；大专以上学历228人，占总数82.6%，比上届增加11.7个百分点。

【在抗疫中锤炼党员干部队伍】2020年，在抗击新冠肺炎疫情期间，荷塘区在全市率先开展“让社区同志休息一晚”活动，驻村工作队带头到合泰地区攻坚，全区逾9成党员干部战斗在疫情防控、复工复产、精准帮扶一线。注重在疫情防控、项目建设、乡村振兴等重点工作中锤炼党员队伍，将疫情防控表现作为发展党员的重要依据，激发广大群众入党积极性。全年发展党员128名，其中3人在疫情一线火线入党。3000余名党员志愿者主动投身战疫情保发展一线，凝聚起强大内生动力，表现特别优异的288名无职党员授牌成为“遇见你”党员志愿者，601社区党委被评为“全省先进基层党组织”，并作为唯一社区代表在“全省抗击新冠肺炎疫情表彰大会”上发言。

【基层建设】2020年，荷塘区委认真落实省委加强基层建设“1+5”文件精神，加快推进基层治理体系和治理能力现代化。推行社区专职工作者改革。构建城市社区专职工作者人才库，面向社会开放，实行“一人一档”精细管理，吸引 354 人入库。出台《荷塘区城市社区专职工作者管理实施细则（试行）》，完善“三岗十八级”薪酬体系，完成 80 名“区聘人员”、69 名“老体制人员”转岗定级。成立小区党支部 102 个，建成 7 个区级示范小区党支部，其中荷塘星城、金钩花园党支部被评为市级“五星党支部”，全区五星党支部数占全市三分之一。利用“腾讯文档”生成二维码，党建专干通过手机直报，数据在后台自动汇总至收表人，党建报表比以往减少 70% 以上。举办 28 期组织工作业务“晨学班”，组织各区直属党（工）委党务工作者参加，促进提升履职能力。

【干部选拔任用】2020 年，荷塘区委深入贯彻落实《党政领导干部选拔任用工作条例》和习近平总书记提出的好干部标准，坚持德才兼备、注重实绩、群众公认的选人用人原则，不断完善选任机制，严格工作程序，严肃工作纪律，选人用人公信度和组织工作满意度不断提高。全年累计调整干部 10 个批次共 181 人，其中提拔 38 人，重用 13 人，调任 8 人。一大批在疫情防控、驻村工作等重点、难点工作中表现突出的优秀年轻干部走上了领导岗位，为全区经济社会发展提供坚强的组织保障和人才支撑。立足实际，制定出台《关于进一步激励广大干部新时代新担当新作为的意见》文件，把职级晋升作为激励担当作为的重要方式之一，牢固树立正确的用人导向。2020 年，区管综合管理类公务员共晋升 44 人，其中晋升三级调研员 4 人，晋升四级调研员 4 人，进一步发挥政策的激励作用，有效激励干部担当作为。

【干部教育】2020 年，区委组织部深入贯彻落实《干部教育培训工作条例》和省、市干部教育培训规划，深入开展理论学习，扎实开展党性教育，针对性抓好业务培训。依托湖南省干部教育培训网络学院平台广泛开展“线上”学习，组织全区 778 名干部深入学习习近平新时代中国特色社会主义思想和党的十九大精神；坚持走好党的群众路线，成立第二批次驻村工作队，深入全区 24 个村开展城乡帮困、精准就业、移风易俗等工作，积极助推乡村振兴，全面锤炼年轻干部队伍；持续举办“群众工作论坛”“乡愁论坛”等学习交流活动，吸引党员干部 1000 余人次旁听和讨论，在思维上、行为上、方式上引导和培养干部；依托区委党校举办初任副科级干部培训班，为 2018 年至 2020 年新提拔的 57 名副科级干部传经送宝，强化业务能力，理顺工作思路；召开荷塘区组工业务培训会议，集中区委组织部、区委编办、区委党校全体成员以及各区直部门（单位）分管人事副职共 89 人，由区委常委、组织部部长余鹏进行了干部选拔任用、日常监督、档案管理等内容的授课。

7 月 21 日，荷塘区举办第二期乡愁论坛

【干部监督】2020 年，区委组织部全面落实从严治党要求，加强干部监督管理。严格落实《党政领导干部选拔任用工作条例》中关于征求意

见、公示公告、任前谈话等制度规定，扎实做好干部选拔任用纪实工作；结合开展区政治建设考察，深入查找各单位在选人用人、落实民主集中制等方面存在的不足，全力保障从严治党落到实处；加强领导干部因私出国（境）管理，进一步完善印发《关于加强和改进区管干部、职级公务员（含离退休）因私出国（境）管理监督工作的通知》，深入开展“一人多证”专项清理。全年共新增登记备案181人，取消调出、退休干部备案4人，专项清理工作预备取消备案36人，审批办理因私出国（境）证件1本；严格落实领导干部经济责任审计制度，对8名领导干部开展经济责任审计工作，充分运用审计结果，加强对领导干部的监督管理；依托“12380”举报信息管理系统，构建常态监管格局。登记受理的举报件依据人员和事项的管理权限，由区委组织部行文督促有关单位办理并限时回复。对于群众反映强烈、性质严重、内容具体的举报件，由区委组织部明确专人进行专项核查，年内共受理并办结举报件3件。

【党员教育】2020年，区委组织部全面落实党员教育培训工作有关要求，切实提高党员教育培训工作质量，致力建设一支政治合格、执行纪律合格、品德合格、发挥作用合格的党员队伍。根据“五个一”（每个案例做到有一套文本、一名以上优秀讲师、一部专题视频、一个现场教学点、一个网上展厅）标准，结合实际，重点打造2个学习贯彻习近平新时代特色社会主义思想典型案例。集中在9—11月推进“党课开讲啦”，在各区直属党（工）委举办专场活动，要求各级党组织书记、党员教育讲师认真筹备讲好党课；开展“遇见你”微党课进社区、小区活动，不断丰富党员干部精神世界，进一步夯实思想根基；以广大居民群众喜闻乐见的形式组织“爱国主义电影进小区”，丰富精神文化生活，激发爱党爱国情怀。组织各级党员参加省、市、区级培训107次，通过扎实的培训学习，让广大党员干部做到学有所思、学有所悟、学有所得、学有所用，切实增强党性修养。按照省、市要求，大力推进“村（社区）基层组织人才定向培养工作”。培养造就一支懂农业、爱农村、爱农民的“三农”工作队伍，择优推荐村（社区）基层组织人才86人。创建无职党员争先创优展示风采的平台——“遇见你”党员志愿者故事征集活动，不设名额、不定等级，对积极参与疫情防控、精准就业服务、城乡帮困等区委中心工作的300余名党员志愿者进行授牌和典型事迹宣传，充分发挥党员的先锋模范作用。建立区级师资库。在全区各领域中选拔专业水平较高的10名优秀党员，组建“党员教育培训讲师团”，以乡村振兴、温暖企业行动、“幸福荷塘”系列民生行动等为主题，以“遇见你”党员志愿者风采故事为素材，开展30余场有针对性的“送课下基层”活动。打造“荷塘党建好声音”掌上程序。安排专人录制“党建好声音”并生成二维码，设置在小区党支部阵地、党群服务中心、建宁驿站等人流密集区域设置扫码区，居民通过扫码就能学习习近平新时代中国特色社会主义思想、基层党建知识、“遇见你”微党课等学习资料，运用现代化技术手段创新党教工作方式，将党的理论政策通过喜闻乐见的方式向群众传递。

【“两新”党组织建设】2020年，区委组织部进一步加强“两新”（新经济组织和新社会组织）党组织建设。整合多方资源，打造基层服务平台，发动辖区单位、“两新”组织、物业公司及社会多方力量参与，推动“两新”党组织在街道“大工委”、社区“兼职委员”制中充分发挥作用，加深辖区各企业、单位之间的业务交流。进一步加强“两个覆盖”（党的组织和党的工作覆盖），全年新建“两新”党支部 8 个。推进党建工作向社区延伸，新建物业公司党支部 3 个，归口区委“两新”工委管辖。牵头先进硬质材料、生物医药、装配式建筑产业链链长办公室，组建了 3 个产业链联合党委，以党委震动产业链，打通合作交流新渠道，形成合奏共鸣。共完成 7 对结对共建，实现了检测中心平台资源共享、党组织共办、产销管理互学，推动产学研高效共融。

6 月 3 日，株洲市委组织部到株洲恺德心血管病医院开展“两新”党建工作调研

【公务员管理】2020 年，区委组织部进一步完善公务员考核体系，制定公务员平时考核办法；突出平时，突出基层，突出务实，注重考核工作激励导向作用发挥。全年完成录用镇（街道）公务员 3 人；公务员（参照管理人员）登记 21 人；办理公务员（参照管理人员）17 人退休待遇核定备案工作；更新公务员管理信息库，完成 2020 年度公务员（参照管理人员）统计、公务员（参照管理人员）工资统计、地方各级领导班子成员统计及事业单位领导人员统计工作。建立了组织、人事、编制部门三家联席会议议事制度，全年召开会议 12 次，严格落实和执行联席会议的议事规则、借调人员和临聘人员管理规定、审批、备案等程序。完成省委巡视组立巡立改问题交办，全年清退违规借调工作人员 46 人，村（社区）借调人员 22 人，清退临聘人员 302 人，派出驻村队员 85 人。

【老干部工作】2020 年，区委组织部坚持以习近平做好新时代老干部工作重要指示精神为指引，着力推动各项老干部工作开展。切实落实老干部待遇。制定完善了老干部在学习参观、通报情况、参加重要会议活动、重要节日走访慰问、重大决策征求意见等方面的政治待遇制度，持续做好离休干部“一人一策”工作。率先将金山街道湘华社区居家养老日间照料服务中心打造成全市首个“美在金秋”老党员之家，“今日头条”“株洲老干部”“新闻株洲”“直播株洲”等媒体纷纷予以报道。积极引领离退休干部发挥作用。在年初突发的新冠肺炎疫情防控工作中，区内数千名老党员不顾自己是易感人群纷纷加入志愿者队伍。2020 年，荷塘区湘华社区第四党支部和荷塘区人民检察院第三党支部被评为株洲市示范离退休干部党支部；原机关离退休支部书记汪再德被评为全省“离退休干部先进个人”和全省“最美学习之星”。

【人才引进】 2020 年，区委组织部组织编订《荷塘区惠企政策汇编》，通过上门走访、集中宣讲、媒体宣传等方式强化人才政策推广。

截至2020年底，累计引进高层次人才69人。年内新引进高层人才8人，其中D类3人，E类5人，为基层单位、新兴企业注入新鲜血液。将人才保障列为温暖企业行动重要组成部分，实行一周一调度，保障“人才十六条”兑现落实。2020年兑现2019年度人才奖补资金112.45万元，奖补科技创新人才2人，其中重大科技成果转化奖励5万元，创新发明专利奖励3万元；优秀青年人才共奖补96.45万元，其中2018年39人奖补兑现64.2万元，2019年34人奖补兑现32.25万元；高技能人才6人，共奖励4.7万元。根据企业需求和全区产业情况规划安排，组织各类人才培训32场，内容涵盖企业管理、财税、技能、生产管理、部门政策等，较好地满足企业多方面的培训需求。牵头组织各类沙龙、相亲会近10余期，让人才在株洲有归属感、获得感、幸福感。结合荷塘区实际，积极推动“草帽工程”，依托农业农村局、科技和工业信息化局链接专家资源，由87名技术专家组建了一支科技专家服务团，其中工业科技专家56人，联系工业企业19家；农业技术专家31人，联系农业企业23家。指导农村科技工作，培养了一批“农民专家”“乡村网红”，引导人才往农村中小微企业、农村项目流动，助推乡村振兴；同时，通过招商引资与招才引智深度结合，主动出击、以诚引才，让一批“星期天工程师”“候鸟型教授”20余名人才到荷塘区塘贡献才智。

【党校工作】2020年，荷塘区委党校立足实际、开拓创新，充分发挥党校在党员干部培训中的作用，联合区委组织部举办初任副科级干部培训班、党务工作者培训班、组工业务培训班和入党积极分子培训班4期培训班，培训人数达280余人，取得良好的效果。利用各种培训、宣讲活动面向机关和教育系统遴选优质师资，建立“师资共享库”；汇集整理一批主题鲜明、质量较高的党员教育课程教案进入“课程教案库”。从各类示范点、纪念馆、红色基地等现场教学资源中，遴选一批开展现场教学和实践教育活动的“示范基地库”。

（袁　果）

宣传工作

【概况】中共株洲市荷塘区委宣传部（简称“区委宣传部”）主管全区意识形态工作，组织开展理论学习指导、新闻宣传、精神文明建设、思想政治、文化文艺等工作。有人员编制10名，其中行政编制4名、事业编制6名。内设融媒体中心1个职能室，对外加挂区新闻出版局（区版权局）、区精神文明建设指导委员会办公室牌子，归口管理区文联。

2020年，全区宣传工作再创佳绩。“在荷塘”微信公众号自创立以来，已创造38个月位居全省县级政务微信排行榜首位的好成绩；区融媒体中心顺利通过省验收组考核验收；上线“荷塘青春志”抖音号，各项指标在全省县级政务类抖音号排名前列；“学习强国”学习平台推广使用工作被评为全省先进单位。

【中心组学习】2020年，荷塘区委理论中心组坚持把习近平新时代中国特色社会主义思想和党的十九大、十九届二中、三中、四中、五中全会精神作为主要学习内容，全年开展学习研讨 11 次，并将新思想内化于心、外化于行，落实到荷塘区的经济社会发展大局之中，充分发挥“关键少数”的示范引领作用。同时，推动全区各党（工）委（党组）理论学习中心组学习“每月一次、上下同题”，深入学习贯彻新思想。

11 月 4 日，荷塘区委理论学习中心组举行第九次集中（扩大）学习

【学习宣讲】 2020 年，区委宣传部组织举办“党的十九届五中全会精神进基层”宣讲、“好声音讲坛 百姓微宣讲”比赛、主题征文等一系列主题活动，推动党的创新理论飞入“寻常百姓家”，将“大道理”种到百姓心里，在全区掀起学习新思想的新一轮高潮。

【意识形态】2020 年，区委宣传部抽派干部参加区委四轮巡察工作，全年对区人大机关党支部等 24 家单位 19 个党组织开展意识形态专项巡察，并以“四个纳入”（将意识形态纳入重要议事日程、纳入党建工作责任制、纳入领导班子、领导干部目标管理及干部考核体系、纳入党的纪律监督检查范围）压实意识形态工作主体责任，将履行意识形态工作责任制情况作为各级党组织书记年度述职评议的重要内容。同时，抓好意识形态工作业务指导，通过召开宣传思想工作调度会、到各区直属单位（部门）调研指导、定期下发学习资料、把相关学习内容列入支部主题党日学习提示等方式，切实抓好对各基层党组织履行意识形态工作责任制的教育指导，提升履职的水平能力。

【新闻宣传】2020 年，全年在新华社、《人民日报》、人民网、《中国社会报》等中央媒体上稿 8 篇，《湖南日报》《株洲日报》、株洲电视台等省、市主流媒体先后报道 500 余篇（次），“在荷塘”微信公众号更新 291 期，区政府门户网发布政务类信息报道 3000 余条，有力宣传推介了全区经济社会发展的成效，很好地传播了正能量。

【“两中心一平台”建设】2020 年，区融媒体中心以满足广大民众需求为出发点，不断提升报道的引导力、吸引力，更好引导群众，服务群众，融媒体中心建设顺利通过省验收组考核验收。高质量建设新时代文明实践中心（所、站），实现区、镇（街道）、村（社区）全覆盖，建立了 116 支文明实践志愿服务队伍，招募了 2850 名骨干志愿者。年内，区新时代文明实践中心发布志愿服务活动 251 个，志愿者累计积分时长达 65321 个小时。在“学习强国”学习平台推广使用上，将“学习强国”平台推广使用工作纳入意识形态考核。全区党员注册率、每日活跃度及人均积分均稳居全市前列，被评为全省“学习强国”学习平台推广使用工作先进单位。

【打造新媒体品牌】2020 年，区委宣传部充分利用“在荷塘”微信公众号，遵循“可信、可读、可亲”的基本定位，紧扣群众需求策划议题，精心创作和打磨出一大批有感情、有温度的原创稿件，得到了基层党员群众的热切点赞和回应。“在荷塘”创造了38个月位列全省县区级政务微信第一名的好成绩。11月，“荷塘青春志”官方抖音号正式上线，以短视频的形式集中展现荷塘区青年一代昂扬向上、奋发有为的精神风貌，各项指标在全省县级政务类抖音号排名前列。

【优化微信群网络架构】2020年，荷塘区优化“五级微信群网络”架构，共建立微信群组1478个，入群居民15.1万人，占全区总人口的53.2%；入群户数8.2万户，占全区总户数的90%，群组结构和管理机制进一步优化。9月，成功举办了第三届微信群主大会，广泛凝聚人心，汇集人气，传递正能量。

【文明城市建设】2020年，区委宣传部深入推进社会主义核心价值观落细落小落实，以“十大文明行动”（深化文明城管行动、深化文明交通行动、深化文明餐桌行动、深化文明旅游行动、深化文明乡村行动、深化文明网络行动、深化文明家庭行动、深化文明校园行动、深化文明社区行动、深化文明单位行动）和“十大专项治理”（政务服务优化行动、农贸市场环境整治行动、老旧小区提质改造行动、市政基础设施补短板行动、市区违停及交通赌点整治行动、城市污水治理行动、扫黑除恶专项斗争行动、社会文化环境治理行动、诚信突出问题专项治理行动、户外广告规范整治行动）为抓手，强化主官主责、推动协调发展、注重常态长效、突出全域创建。在2020年全国文明城市复查测评的大考中，荷塘区各实地考察点和入户调查均取得高分，为全市荣膺全国文明城市“三连冠”做出了重要贡献。

【精神文明建设】2020年，荷塘区涌现出一批工作推进有力、创建成效突出、示范作用明显的先进典型。如徐家塘村被评为全国文明村、市第四中学被评为全国文明校园；被评为湖南省文明村2个、文明单位4个、文明校园1个、文明家庭1个、最美文明实践志愿者1人，湖南好人2名；被评为株洲市最佳志愿服务组织1个、最佳志愿服务项目1个、最美志愿服务社区1个、最美志愿者2名。

【骨干队伍建设】2020年，荷塘区委继续深入开展“不忘初心、牢记使命”主题教育，不断提升骨干队伍政治站位，增强学习贯彻落实习近平新时代中国特色社会主义思想和习近平总书记关于主题教育的重要讲话、指示精神的主动性、自觉性，推动全区宣传思想文化系统干部为民服务、做出表率。深入推进“四力”（以脚力深入基层、以眼力明辨真伪、以脑力深入思考、以笔力呈现作品）建设，促使全区宣传思想文化系统干部不断掌握新知识、熟悉新领域、开拓新视野，适应形势所需、履行使命所需、落实工作所需，不断提高专业能力、专业精神，从而打造一支过得硬、靠得住、求实创新、能打胜仗的高素质队伍，推动宣传思想工作不断实起来、强起来。

（张春花）

统战工作

【概况】中共株洲市荷塘区委统一战线工作部（简称“区委统战部”）为区委工作机关，加挂株洲市荷塘区民族宗教事务局牌子。有行政编制6名，实有工作人员8名，其中部长1名（区委常委、统战部部长）、副部长3名（常务副部长1名，副部长2名）、办公室人员4名。

2020年，区委始终将统战工作置于全区工作大局统筹谋划，区委常委会6次听取统战工作汇报，在人、财、物上给予统战工作大力支持。区委统战部以习近平新时代中国特色社会主义思想为指导，全面贯彻党的十九大和十九届二中、三中、四中、五中全会精神，深入学习贯彻习近平总书记关于加强和改进统一战线工作的重要思想和关于湖南工作的重要讲话指示精神，坚决落实中央、省委和市委关于统一战线系列重大决策部署，以凝聚人心为根本，以思想政治引领为主线，以深入实施“凝心聚力新时代”行动为载体，着力把握新时代新使命，突出加强思想政治引领和服务发展大局，大兴调查研究之风，统筹推进统战各领域工作，不断推动全区统战工作高质量发展，在推动“幸福新荷塘”建设中继续贡献智慧和力量。

【宗教领域疫情防控】2020年，面对突发的新冠肺炎疫情，区委统战部（区民宗局）按照一级响应部署，及时对区内所有宗教团体发出通知，制定并发放、张贴《关于加强我区新型冠状病毒感染的肺炎疫情防控工作的通知》等文件，定期向辖区内5个宗教场所推送省、市、区疫情情况及防疫信息229条。先后现场督查宗教场所65次，调度各镇、街道在宗教场所周边加强巡查，全天播放防疫信息、悬挂横幅30条，设置禁止标识，安排“文明劝阻员”，共劝返信众5000余人，既有效形成信众人人知晓防治，人人参与防控的浓厚氛围，又确保所有场所不对外开放、不举行宗教和民间信仰活动。区委统战部（区民宗局）还为受疫情影响，陷入困境的宗教场所送去折合人民币4000余元的防疫物资、大米100千克、油50千克及其他生活物资。疫情期间，全区28名统战干部坚守抗疫一线，分布于区内各大医院、各级医疗机构的29名党外医务者工作全程奋斗在临床一线。统战系统共计捐赠物资折合人民币约62.94万元。

5月15日，区委常委、统战部长王顺安（中）为受疫情影响的宗教场所送去生活物资

【多党合作】2020年，区委统战部深刻领会习近平总书记关于“新型政党制度”的新思想新论断，组织全区统一战线成员认真学习全国“两会”精神、习近平总书记在企业家座谈会上的重要讲话精神、在湖南考察时的系列重要讲话精神、中共十九届五中全会精神及新修订《中国共产党统一战线工作条例》，并交流讨论。深入开展“不忘合作初心，携手继续前进”专

题教育系列活动。组织民主党派、工商联协商区委全会报告、政府工作报告，每半年召开一次政情通报会；协助区委制定《2020年政党协商计划》；组织各民主党派、工商联、侨联、新联会围绕荷塘的改革发展、社会事业、经济建设等工作召开座谈会，提出意见和建议60条；制定下发《荷塘区民主党派开展社会服务帮扶行动的方案》，并定期召开调度会，引导各民主党派对口联系各镇（街道），充分发挥党派资源及其他优势，融入镇、街道社会服务帮扶工作。

【非公经济统战】2020年，区委统战部继续将非公经济统战工作融入产业项目建设年建设，为统战工作注入活力，赢得主动权。制定下发《荷塘区开展服务民营企业“万企大走访 同心促发展”暨2020年“月走访 季会商”活动方案》，成立区级民营企业走访小组8个，镇（街道）走访小组7个，共走访民营企业215家，收集问题270个，现场解决一批问题，并向区相关部门集中交办问题30个，向市委统战部专项报告问题2个；并联合辖区10家银行金融机构，为168家复工复产企业提供授信4.95亿元，已为150家企业放款共计2.65亿元；为43家小微企业办理贷款展期或无还本续贷1.01亿元，切实为企业纾困。定期召开企业服务调度工作例会，将企业服务专员收集的问题进行交办，会诊当下企业发展的综合性问题，督查相关部门办理。

【“四同”创建】2020年，区委统战部持续将“四同”创建（同心项目、同心园区、同心社区、同心乡村）作为基层统战工作重要抓手深入推进，重点围绕统一战线服务乡村振兴主题，深入开展“同心美丽乡村”创建工作。按照“成熟一个，发展一个”的原则，在全区择优选择了月塘街道的荷塘铺村开展“同心美丽乡村”创建工作，组织各镇（街道）、民主党派和“同心美丽乡村”创建点主要负责人赴娄底市新化县考察学习相关创建工作。区委统战部全力引导党外代表人士在乡村振兴战略中献策出力，取得良好成效。

【民族宗教工作】2020年，荷塘区民族工作卓有成效，宗教领域和谐稳定。区民宗局定期督查走访辖区内宗教场所新冠肺炎疫情防控工作，加强宗教场所、少数民族门店的安全生产服务。组织全区各镇（街道），分别在红旗广场和各自辖区内进行民族宗教政策宣传，共制作板报24块，横幅8条（幅），电子屏16块，宣传资料2000多份，参加工作人员26人次，参与群众3500人次。组织区委统战部（区民宗局）全体人员，各镇（街道）民宗工作负责人、专干，各村、社区民宗工作负责人，辖区各宗教场所负责人100余人进行民宗工作政策法规培训。贯彻落实全区普通高校招生民族优惠政策，主动对接市教育局，扎实做好全区少数民族考生审核38人，确保全区少数民族考生享受民族优惠政策。联合市、区相关部门协调解决纠纷矛盾，并进行调研、协调。加大宗教领域建设力度，开展宗教活动场所“五进五好”活动（党的重要会议精神进场所、国旗国歌进场所、核心价值观进场所、政策法规进场所、中华优秀文化进场所；政治品格好、守法遵规好、文明友善好、传承文化好、服务社会好），组织辖区5个宗教场所负责人学习党的全会和全国“两会”精神，推动宗教场所规范化管理。

【侨务工作】2020 年，区委统战部向区委常委会专题汇报全市对台工作会议精神，并指导区侨联做好相关工作，全区全面铺开了侨情调查工作。积极筹备区侨联换届工作，并在端午节、中秋节、教师节等节日对荷塘区老归侨进行慰问，安排侨眷进行体检。受理侨界群众来信来访及法律政策咨询 5 人件（次），帮助归侨侨眷和海外侨胞解决实际问题 2 件，协调办理侨胞子女入学 2 名。

【组织建设】2020年，区委统战部进一步明确统战工作的主体是各级党组织，并重点发挥镇（街道）和村（社区）在区级统战工作中的主体作用。各镇（街道）已明确统战委员、明晰统战标识，规范档案整理，开展同心工作。定期到各镇（街道）走访调研基层统战工作，并召开座谈会，组织开展乡镇统战干部队伍业务培训，真正做到重视发挥基层统战干部作用、关心基层统战干部成长。为加强党外干部特别是党外科级干部队伍建设，联合区委组织部，对全区科级及一般党外干部名单进行梳理，做好了党外干部梯队培养使用。

【夯实基层基础】2020年，区委统战部大力夯实基层基础，成立“荷塘区党外知识分子联谊会”，建设“荷塘党派之家”并投入使用，在株洲军创空间就业创业服务有限公司打造“新的社会阶层人士统战工作实践创新基地”。全区统战系统的10个单位、39名个人和2家宗教场所分别被授予先进称号。月塘街道荷塘铺村被授予全市“同心美丽乡村”。茨菇塘街道被授予全市“民族团结进步示范单位”。

（焦薇薇）

机构编制

【概况】中共株洲市荷塘区委机构编制委员会办公室（简称“区委编办”），为中共株洲市荷塘区委机构编制委员会的办事机构，承担委员会日常工作。作为区委工作机关，对外使用株洲市荷塘区事业单位登记管理局名称，归口中共株洲市荷塘区委组织部管理。下设荷塘区机构编制事务中心，为副科级全额拨款事业单位。

【机构编制管理】 2020 年，区委编办紧紧围绕年初制定的各项工作目标，强化机构编制管理，狠抓落实，迎难而上，不断创新，较好地完成了各项工作任务。教师编制专项整治扎实推进。在区委编委会上专题研究公办中小学教职工编制管理突出问题专项整治工作，成立了相应工作领导小组，制定了整治工作实施方案，明确了各成员单位的责任分工和工作要求。在区教育局上年度对存在的问题进行自查的基础上，先后两次由区委编办牵头组成现场核查小组进行现场核查，建立了各类数据信息台账和问题清单。针对自查和现场核查发现的问题，组织召开领导小组会议进行研究和部署，严格按照要求对标对表、立行立改。综合行政执法改革工作有序推进。按照中央和省委关于深化市场监管、生态环境保护、文化市场、交通运输、农业等 6 个领域综合执法改革的部署要求，组建了区城市管理综合行政执法大队，人员转隶和干部调整下一步按要求调整到位。规范机构编制管理稳步推进。坚持党管机构编制原则，建立健全机构编制相关制度。研究制定了《荷塘区人才周转编制池管理办法（试行）》《荷塘区机构编制审批权限与程序清单（试行）》《编制使用核准单》等文件，定期组织《条例》和上级文件精神学习，进一步规范机构编制审批权限、人员流动办理程序，不断加强监督管理，强化制度刚性约束，杜绝超越权限和不按程序审批等事件的发生。

荷塘区委编办组织开展公办中小学教职工编制管理突出问题专项整治工作现场核查

【机构改革跟踪评估】 2020 年，区委编办开展了机构改革执行情况“回头看”。一是采取“先运行、后三定”的方法，根据群团和直属事业单位在实际工作中承担和履行的职责职能情况，最终确定并印发“三定”方案。二是及时根据实际情况和上级文件要求优化各单位的职能职责，如将区仙庾岭风景名胜区管理服务中心调整为区自然资源局所属，并协调区自然资源局与区荷塘月色管理委员会进行了工作交接；三是针对调整后职责纠缠不清，事权边界不明的部门，充分发挥了协商协调职能，促使部门之间边界清、职责明。

【事业单位登记管理】 2020 年，区委编办严格按照《事业单位登记管理暂行条例》《事业单位登记管理暂行条例实施细则》要求，建立了全区事业单位登记管理台账，详细记录设立、变更、注销、年度报告等事项办理进展情况；制定了《荷塘区事业单位登记管理事项办理流程》，完善和规范了各事项的办理流程。全年共办理事业单位设立登记 19 个（其中利用国有资产举办事业单位登记设立 16 个），变更登记 10 个，注销 2 个，证书补领 1 个，完成 62 个事业单位年度报告工作。同时，规范了档案管理，做到材料齐全，内容完整，方便查阅。

【统一社会信用代码赋码工作】 2020 年，区委编办根据中央、省、市文件相关要求，配备专门工作人员做好宣传指导和信息公开，根据人事调整及时完成了全区党政机关、人大机关、政协机关、行政机关、各民主党派机关和机构编制部门直接管理机构编制的群众团体统一社会信用代码赋码、变更和发放证书工作。

【机构编制工作专项巡视巡察】 2020 年，根据省委、市委统一部署，荷塘区分别接受了省委经济责任审计（机构编制工作）、市委第十轮专项巡察第七巡察组（党政机构改革情况专项巡察）、省委第三巡视组机构编制工作专项巡视组的监督检查。

【网上名称管理】 2020 年，区委编办及时对接上级主管部门进行域名管理系统的维护，对新设立、变更、注销单位的域名及时更新。

【政务内网建设】 2020 年，荷塘区按照省委办公厅的相关要求，进行政务内网建设，于12月建成投入使用。

（李诺男）

网信工作

【**概况**】中共株洲市荷塘区委网络安全和信息化委员会办公室（简称“区委网信办”）为中共株洲市荷塘区委网络安全和信息化委员会（简称“区委网信委”）的办事机构，区委正科级工作机关，成立于2019年3月。主要负责网络意识形态、网络安全、网络舆情管控、网络综合治理、信息化发展和网上群众路线等工作的开展和推进。核定行政编制人数3人，设主任1名，副主任1名，2020年年末实有在编人员3人。

2020年，区委网信办以习近平新时代中国特色社会主义思想为指导，深入贯彻习近平总书记关于网络强国重要思想和一系列重要指示批示精神，认真落实区委和区委网信委各项任务部署，为全区改革发展稳定提供良好网络舆论环境、可靠网络安全保障和有力信息化支撑。2020年，区委网信办在全市网上群众路线工作年度考评中荣获第一名；5月，被评为“2019年度红网网民留言办理工作先进单位”。

【**网络意识形态**】2020年，区委网信办组织全区微信群主、盟主、微信网格员通过全区层层覆盖的微信群推送政策宣传、警示教育类信息40余万次，不断壮大主流舆论的传播力和影响力。严格网评队伍管理，印发《关于优化网评员队伍的通知》，明确网评员基本要求和工作职责，优化重组后全区网评员共69名。12月10日，召开全区网评员培训会，邀请市委网信办综合科科长梁文达专题授课，网评队伍业务水平进一步提高。加强网络舆论引导，运用网言网语主动发声，正确引导舆论201次。新冠疫情防控期间，通过“在荷塘”发布辟谣稿件4条，以权威声音稳定民心。针对舆情危机高发领域，区委网信办在区教育局集中学习会上作网络舆论引导专题辅导报告，切实提高教育系统舆论引导能力。

荷塘区网评员培训会

【**网络舆情管控**】2020年，区委网信办不断提升网络舆情监测预警、风险研判和管控处置能力，向市网信办报送舆情综述7篇，向省舆情系统报送信息2993条；编印《涉荷舆情》35期、《舆情分析》4期、《舆情快报》1期。成立了区委网信委舆情应急处置小组，强化联合会商、联动应对，召开联动处置会议7次，快速处置涉荷舆情410件次。

【**网络安全防护**】2020年，区委网信办加强网络安全风险隐患排查，9月，联合公安荷塘分局网安大队、第三方检测机构对区政府机房和区教育局机房开展网络安全专项检查，检查扫描硬件设备、软件系统存在的漏洞，排查网络安全风险，并督促有关单位及时整改漏洞，构筑网络安全第一道防线。12 月 30 日，区委网信委组织开展网络安全攻防演习，提升全区网络安全防护和应急处置能力。推进网络安全等级保护建设，完成二级等级保护备案系统 49 个，三级等级保护备案系统 8 个，网络安全风险预测和管控能力得到不断提高。

【国家网络安全宣传周活动】9 月 14—20 日，为 2020 年国家网络安全宣传周，区委网信办通过“在荷塘”“荷塘教育”微信公众号推送《年度最差密码曝光！其中有你在用的吗？》《校园网络安全宣传》等稿件，制作宣传展板 13 块，播放宣传视频 200 余次，派发宣传资料 7000 余份，统筹区总工会、团区委、区妇联等部门开展校园日、青少年日、个人信息保护日等主题活动，广泛普及网络安全知识，营造“网络安全为人民、网络安全靠人民”的良好氛围。

【网络综合治理】2020 年，区委网信办加大清理核查力度，印发《关于开展新媒体、网站、自媒体账号备案登记工作的公告》，对全区新媒体、自媒体账号进行梳理统计和清理整改，加强政策指导和内容管理，全区登记备案的新媒体账号 37 个。加大排查整治力度，对新媒体信息合法合规性开展排查整治，责令要求“株洲去哪吃”微信公众号删除不实信息 1 篇。加大监督举报力度，及时举报有害信息，封堵传播渠道，2020 年，共举报违法违规信息 600 条，报送网络涉黑涉恶违法犯罪线索 2 例。

【信息化发展】2020 年，区委网信办加强统筹协调推进，充分发挥信息化的驱动引领作用，协调各有关部门开展信息化助农活动，通过“在荷塘”微信公众号及时发布农产品销售信息 5 条，抖音直播带货 6 次，积极推进产销对接，搭建促销平台。2020 年，荷塘区网上政务大厅能直接办理 37 个事项，预受理 325 个事项；居民可通过“智慧荷塘”微信公众号缴纳 14 所公办学校学费；上线“荷企福”小程序，为企业提供贴心服务，为优化营商环境、方便群众办事、激发市场活力提供有力支撑。“荷塘大就业”服务平台功能逐步完善，用工需求和求职需求实现动态更新，微信盟主、群主积极加入就业服务专员队伍，通过微信群及时发送岗位信息，精准帮扶 1 万余人实现就业。

【网上群众路线】2020 年，全区有微信群组 1496 个，入群居民 17.9 万人，占全区总人口的 58.2%；入群户数 8.2 万户，占全区总户数的 90%。区委网信办坚持共建共治共享，加强线上线下联动，开展特色活动 50 余次，参与人数 1050 余人次；广泛链接整合社会资源，推动网上群众路线工作与各项工作深度融合，不断激发网上群众路线工作“内生力”。年初新冠疫情突发后，通过微信群及时推送疫情动态和防控建议，有效提高居民自我防护意识；发动群员线上“接龙”，对 9 万余户居民实现在线摸排；124 位微信群主、盟主响应号召，主动报名参与疫情防控工作；微信群集结 750 余名机关干部、3300 余名党员和志愿者开展各类志愿服务。在纪检监察方面，村（社区）通过微信群公示精准扶贫、工程项目和村级财务等信息 6000 余条，将村务党务事务搬到微信群里、晒在群众眼皮底下，打造“指尖上的监督”。在城乡帮困方面，微联盟积极参与城乡帮困项目，成立“微义工”、“小茨微盟”等志愿者服务中心，牵头参与帮困项目，累计帮扶困难群众1600余人；在农村，24个村建立志愿帮扶微信群，开展一对一、多对一的常态化帮扶行动；依托“幸福荷塘V联盟”公益微信公众号，引导2200名志愿者、52个组织进行登记注册，服务2000余名困难群众。在解决群众诉求方面，2020年，通过微信收集群众诉求1876件，解决诉求1870件，解决率99.68%；同时对2019年15件未解决的诉求进行“回头看”，已解决13件，服务群众更高效、更快捷。

（李　芳）

网格化管理

【概况】荷塘区网格化管理服务中心（简称“区网格化中心”）前身为荷塘区社会管理工作办公室，成立于2012年2月，2019年3月，改设为区网格化中心，是区委直属全额拨款正科级公益一类事业单位，核定全额拨款事业编制12名，其中主任1名，副主任2名。2020年12月，归口区委政法委管理。主要负责创新基层社会治理，加强对社会组织的培育扶持，推进社会工作人才队伍建设；网格化建设的统筹、协调、督查、考核，完善网格化管理平台，建立健全网格化长效工作机制；指导社区规范化建设，完善社区信息服务平台，持续推进社区减负增效工作落到实处；城乡帮困领域相关志愿者队伍建设，进一步健全完善城乡社区服务体系等工作。

【城乡帮困工作】2020年，区网格化中心按照重点服务个案总数大体不变、精准识别服务对象类型全覆盖、总体投入基本持平、培育和扶持社会组织、凸显项目效果影响力的原则，全年策划实施相对贫困人员精准帮扶项目49个（含微公益8个），总投入272万元。覆盖老、弱、病、残、其他等群体，包含青少年、独居困境老人、困境妇女、社矫人员等8大类别，帮扶重点个案总数1180人。制定完善《城市相对贫困人员精准帮扶“三榜工作法”》及《城市相对贫困人员精准帮扶“三榜工作法”示意图》，按照精准识别帮扶对象，精准帮扶对象需求，精准制定“一户一策、一人一策”的帮扶措施。充分发挥公益服务中心组织孵化、人才培育等功能，对株洲市荷塘区晨曦社会工作服务中心、株洲市荷塘区春天使者社会工作服务中心、株洲市荷塘区星火汇社会工作服务中心等3家入孵组织开展孵化培育，并成功出壳。采取线上线下相结合、“请进来”与“走出去”相结合的方式，开办“益课堂”、特色沙龙等活动，对全区志愿服务类、社区公益类和社会工作类等社会组织进行培育扶持。全年开展社会工作能力提升、项目设计与管理等各类培训课程26次，举办8期社工趣味主题沙龙活动，服务1482余人次。举办了9期社工考前培训班，26人考取社会工作证。完善“幸福荷塘V联盟”志愿服务平台（微信公众号），统筹志愿者招募、爱心活动发布、微心愿认领等志愿服务内容，并通过积分商城进行积分兑换，构建“分布式记录+价值网络”的志愿服务体系。全区共有2300余名核心志愿者和50余个爱心组织注册，发布志愿服务活动263个，发布并实现微心愿32个，积分商城上架产品20余种，积分时长达6万余分（小时），营造了较为浓厚的志愿服务氛围。2020年荷塘区城乡帮困工作入围全国创新社会治理百强案例评选，并在全国乡镇社工人才队伍建设推进会上作经验交流；入选“湖南省基层改革探索100例”案例。相继被《中国社会报》《中国社会工作》等刊物推介报道。

7月6日，区网格化管理服务中心到宋家桥街道调研三社联动和城乡帮困工作

【“马上就办”工作】2020年，区网格化中心坚持马上就办与日常工作紧密结合，两手抓、两促进，进一步加大工作宣传，完善立即办理、按时办结的督办机制，强化考核问责，提升马上就办工作效率，推进“马上就办”制度化、规范化和常态化。扎实做好网络问政平台的处理和回复，针对网友提出的每一个问题，依据相关政策、法规和制度进行答复，做到每一个答复有根有据、合规合法，全年回复并解决各类民生问题342条。

（刘　婷）

经济研究

【概况】荷塘区经济研究中心（简称“区经研中心”）于2019年机构改革成立，为区委、区政府直属正科级公益一类事业单位。内设办公室、综合室、调研室。现有在编在岗6人。主要负责起草、修改区委重要文稿和区委主要领导讲话稿、署名文章，开展全区经济社会发展重大问题的调查研究，分析研判全区经济社会发展形势，跟踪、搜集重要信息、动态，为区委提供决策参考等。

2020年，在区委、区政府的正确领导下，区经研中心认真贯彻落实区委、区政府的决策部署，结合文稿写作、调查研究、参谋服务等职能，坚决落实区委的决策部署，较好地完成了全年各项工作任务。

【文稿工作】2020年，区经研中心紧紧围绕文稿写作、调研等主责主业，坚持深入钻研、精心打磨，不断提高文字材料的质量和水平，起草区委全会报告、区委主要领导讲话稿、署名文章、工作汇报等文稿100余篇，有效发挥了“以文辅政”的作用。

【调研工作】2020年，区经研中心坚持深入基层开展调查研究，服务好区委决策部署，开展好一批课题调研，为领导决策提供第一手资料。围绕区委全会重点工作，注重突出区委、区政府重大决策、重要工作部署落实情况，围绕产业发展、民生保障、乡村振兴等区委中心工作，开展调研活动。撰写了三一智慧钢铁城建设、精准就业服务、农业农村产业发展、养老服务体系等调研报告10余篇，为区委、区政府决策提供了建设性的参考意见。

（刘丽丹）

档案•史志

【概况】 株洲市荷塘区档案馆（简称“区档案馆”）是区委、区政府授权管理全区档案工作和史志工作的全额拨款正科级事业单位。2020年，区档案馆核定编制9名。办公地点位于株洲市新华东路1468号。主要担负档案管理、史志编纂等工作。

【档案法律法规宣传】 2020年，区档案馆在“6•9”国际档案日以“档案见证小康路、聚焦扶贫决胜期”为主题，大力营造决胜全面建成小康社会的良好氛围，在区政府办公楼1楼摆放宣传板报，在株百荷塘购物中心设置宣传点，并向市民发放宣传资料1000余份；同时积极开展主题征文活动，纂写以“档案见证小康路、聚焦扶贫决胜期”为主题的文章10篇。

【档案接收与利用】 2020年，区档案馆共接收档案25990卷（件、盘），其中文书档案13938件，科技档案66卷，专业档案11962卷，音像档案9盘，实物档案15件。截至年末，馆内共有档案167660卷（件、册、张、盘），其中文书档案100296卷（件），科技档案974卷，专业档案60622卷（件），实物档案1199件，照片档案862张，音像档案232件（盘），图书资料3475册。区档案馆积极规范服务流程，扎实做好民生、财务及文书档案的查询工作，2020年共计接待查阅档案1450余人次，调阅档案3200余卷，复印有效材料近0.8万页，查阅利用率达100%。

【档案保管及保护】 2020年，根据株荷办发〔2020〕8号文件要求，区档案馆负责辖区国有企业退休人员移交人事档案的集中管理，因档案馆库房容量不足，该项工作委托株洲国投保安票据档案信息化管理中心负责，并要求该管理中心按有关规定认真做好档案提供利用工作，实现档案服务数字化、便捷化。

【档案信息化建设】 2020年，区档案馆按照省、市档案工作信息化工作要求，与外包公司签订合同推进档案工作信息化，完成馆内民生档案扫描任务10万余页，为群众及各部门提供了更方便快捷的档案查询利用服务。

【党史工作】 2020年，区档案馆严格按市委党史研究室要求，按时按质完成《株洲百年大事（荷塘卷）》和《株洲百年图志》的组稿任务，并完成《湘潮》征订任务320份。

【《荷塘年鉴（2020）》出版发行】 2020年12月，《荷塘年鉴（2020）》由海南出版社向国内外公开出版发行。《荷塘年鉴（2020）》收录彩照32张，文字54.7万余字，印数700本。截至2020年，《荷塘年鉴》连续4年公开出版，在荷塘区产生良好的社会效益。

（贺　钰）

荷塘区人民代表大会

【概况】株洲市荷塘区人民代表大会常务委员会（简称“区人大常委会”）有领导班子成员6人。区人大设监察和司法委员会（法制委员会）、财政经济委员会（预算工作委员会）、教育科学文化卫生委员会（民族华侨外事委员会）、环境与资源保护委员会、农业与农村委员会、社会建设委6个专门委员会，区人大常委会下设办公室、选举任免联络工作委员会2个工作（办事）机构，联工委下设股级公益一类事业单位代表联络服务中心。常委会机关有工作人员33人。荷塘区辖1镇6办，镇配备专职人大主席（正科级）、副主席，街道办事处均设立人大工作委员会，为常委会派出机构，配备主任（正科级）、人大联络员1～2名。

2020年，区人民代表大会在区委的坚强领导下，坚持以习近平新时代中国特色社会主义思想为指导，始终坚持以人民为中心的发展思想，紧紧依靠全体人大代表，围绕中心，服务大局，认真履行宪法和法律赋予的各项职责。全年共组织召开常委会会议5次，主任会议11次，听取和审议“一府两院”工作报告24项，作出决议、决定27项，依法选举、任免和决定任免有关人员及接受辞职等共计80人次，圆满完成了各项目标任务，为推进全区经济社会高质量发展、促进民主法治建设、实现人民对美好生活的向往做出了积极贡献。

【区第五届人民代表大会第五次会议】 6月8—10日，株洲市荷塘区第五届人民代表大会第五次会议召开。会议应到代表158人，实到代表152人，邀请列席人员114人。共举行3次全体会议，3次主席团会议。会议听取和审查区人民政府、区人民代表大会常务委员会、区人民法院、区人民检察院工作报告；审查和批准荷塘区2019年国民经济和社会发展计划执行情况与2020年国民经济和社会发展计划草案的报告，批准荷塘区2020年国民经济和社会发展计划；审查和批准荷塘区2019年财政预算执行情况和2020年区级财政预算草案的报告，批准荷塘区2020年区级财政预算；补选刘国梁为株洲市荷塘区第五届人民代表大会常务委员会主任，丁国祥为株洲市荷塘区第五届人民代表大会常务委员会副主任，刘新华为株洲市荷塘区人民政府副区长，陈卫华为株洲市荷塘区人民检察院检察长，何斌、张思思、谭件美为株洲市荷塘区第五届人民代表大会常务委员会委员；表决通过谭件美为荷塘区第五届人民代表大会监察和司法委员会主任委员、龙丽娜为农业与农村委员会主任委员；表决通过区人大常委会、政府、计划、财政、法院、检察院工作报告决议（草案）；会议期间共收集代表建议、批评和意见87件，全部予以受理。圆满完成大会各项任务。

【区人大常委会会议】2020年，荷塘区五届人大共召开5次常委会会议(第24次至第28次)。

3月27日　召开区五届人大第24次常委会会议。会议听取和审查《关于2019年区级预算调整方案（草案）的报告》和《关于2019年区级预算调整方案（草案）的审查报告》，批准2019年区级预算调整方案；初审提请荷塘区第五届人民代表大会第五次会议审查的相关工作报告（征求意见稿）；审议通过《株洲市荷塘区人大常委会2020年工作要点》；审议通过《株洲市荷塘区人民代表大会常务委员会关于加强新时代人民检察院法律监督工作的决议》；任命席卫国为株洲市荷塘区人大财政经济委员会副主任委员；决定任命陈翊为株洲市荷塘区人大常委会选举任免联络工作委员会副主任；黎伟为株洲市荷塘区桂花街道人大工作委员会主任。免去陈翊的株洲市荷塘区人大财政经济委员会副主任委员职务。决定免去席卫国的株洲市荷塘区人大常委会选举任免联络工作委员会副主任职务；陈靖的株洲市荷塘区桂花街道人大工作委员会主任职务。决定接受喻秋良、郭莉、黄继刚、文立高、刘梅、汤思源、陈靖7人辞去株洲市荷塘区第五届人民代表大会代表职务，接受黄继刚辞去区人民代表大会监察和司法委员会主任委员职务。其中黄继刚、刘梅、文立高3人的区五届人大常委会委员职务自行终止。决定接受喻秋良、郭莉2人辞去株洲市荷塘区人民代表大会常务委员会副主任职务。任命谢振宁为株洲市荷塘区人民法院云龙示范区人民法庭副庭长（正庭职）；舒睿为株洲市荷塘区人民法院综合审判庭庭长；何丽为株洲市荷塘区人民法院刑事审判庭庭长；陈晓东为株洲市荷塘区人民法院民事审判庭庭长；蒋坤学为株洲市荷塘区人民法院民事审判庭副庭长；黄晓华为株洲市荷塘区人民法院立案庭副庭长。免去谢振宁的株洲市荷塘区人民法院刑事审判庭庭长职务；尹建刚的株洲市荷塘区人民法院云龙示范区人民法庭副庭长（正庭职）职务；何丽的株洲市荷塘区人民法院民事审判庭庭长职务；陈晓东的株洲市荷塘区人民法院综合审判庭庭长职务。

6月5日　召开区五届人大第25次常委会会议。听取和审查《关于2020年预算安排调整情况报告》。会议原则同意将《关于2020年预算安排调整情况报告》提请区五届人大五次会议审议；审议决定荷塘区第五届人民代表大会第五次会议有关事项。会议决定免去刘国梁的株洲市荷塘区人民政府副区长职务，报下一次人民代表大会备案。会议决定免去朱福兴的株洲市荷塘区住房和城乡建设局（人民防空办公室）局长（主任）职务。会议决定任命刘胜贤为株洲市荷塘区住房和城乡建设局（人民防空办公室）局长（主任），曾健为株洲市荷塘区科技和工业信息化局局长。会议决定免去龙丽娜的株洲市荷塘区人民代表大会常务委员会办公室主任职务。会议决定接受刘勇辞去株洲市荷塘区人民代表大会农业与农村委员会主任委员职务，报下一次人民代表大会备案。会议决定任命刘勇为株洲市荷塘区人大常委会办公室主任。会议决定接受刘胜贤辞去株洲市荷塘区第五届人民代表大会代表职务。会议同意区代表资格审查委员会关于补选代表的资格审查报告，确认选举的刘国梁、许太相2人的代表资格有效。会议决定接受陈友元辞去株洲市荷塘区人民代表大会常务委员会主任职务，报下一次人民代表大会备案。

7月30日　召开区五届人大第26次常委会会议。会议交办区五届人大五次会议期间代表建议、批评和意见；听取《关于荷塘区2019年度财政决算（草案）的报告》和《关于2019年度区本级预算执行和其他财政收支情况的审计工作报告》，会议同意区人大财政经济委员会提出的《关于荷塘区2019年度财政决算草案的审查报告》，决定批准2019年区级财政决算；书面审查2020年上半年国民经济和社会发展计划执行情况及区人民法院、区人民检察院上半年工作情况汇报；听取和审议《关于荷塘区2019年度行政事业性国有资产管理情况汇报》和《关于我区行政事业性国有资产管理情况的调查报告》；听取和审议《关于我区贯彻执行道路交通安全法的情况汇报》和《关于我区贯彻执行道路交通安全法情况的调查报告》；决定任命杨艳红为株洲市荷塘区明照街道人大工作委员会主任；决定免去谭宇的株洲市荷塘区明照街道人大工作委员会主任职务；决定任命刘定光为株洲市荷塘区人民政府副区长，苏智为株洲市荷塘区财政局局长，旷世平为株洲市荷塘区统计局局长，谭洪勇为株洲市荷塘区农业农村局局长，罗智玲为株洲市荷塘区商务和粮食局局长；决定免去张苏龙的株洲市荷塘区财政局局长职务，刘骞晖的株洲市荷塘区农业农村局局长职务，谭洪勇的株洲市荷塘区商务和粮食局局长职务，刘石平的株洲市荷塘区统计局局长职务；决定接受陈友元辞去株洲市第十五届人民代表大会代表职务；决定接受苏智辞去株洲市荷塘区第五届人民代表大会代表职务。

9月25日　召开区五届人大第27次常委会会议。会议听取和评议部分驻荷塘区市十五届人大代表述职；听取《关于荷塘区2020年1—8月财政预算执行情况和预算调整方案（草案）的报告》和《关于2019年度区本级预算执行和其他财政收支审计反映问题整改落实情况的报告》及14家审计整改单位整改落实情况报告，并进行认真审查。会议同意区人大财政经济委员会提出的《关于2020年1—8月财政预算执行情况和预算调整方案（草案）及2019年度审计反映问题整改落实情况的审查报告》，决定批准2020年区级预算调整方案；听取和审议《关于我区贯彻执行〈中华人民共和国消防法〉的情况汇报》和《关于荷塘区贯彻实施〈中华人民共和国消防法〉情况的调查报告》。会议决定接受王琼瑶辞去株洲市十五届人民代表大会代表职务；补选刘国梁、朱福兴、宋慧玲、邓波4人为株洲市第十五届人民代表大会代表，报市人大常委会确认。任命王晓龙、李志敏、黄木春3人为株洲市荷塘区人民检察院检察委员会委员。会议同意区代表资格审查委员会关于补选代表资格的审查报告，确认李俊伟的荷塘区第五届人民代表大会代表资格有效。

12月3日　召开区五届人大第28次常委会会议。会议传达学习全省乡镇人大工作和建设推进会及民生实事人大代表票决制工作相关会议精神；讨论《株洲市荷塘区人民代表大会常务委员会关于民生实事人大代表票决制工作监督办法（讨论稿）》；听取和审议《关于区五届人大五次会议及闭会期间代表建议办理情况的报告》和《关于区五届人大五次会议及闭会期间代表建议、批评和意见和督办情况的报告》；听取和评议“一府两院”相关专项工作报告，并进行了满意度测评。经到会的26名区人大常委会组成人员投票表决，区人民法院执行工作和区人民检察院公益诉讼工作满意率为96%，教育、民政、自然资源、文化旅游体育、应急管理5项工作满意率均为100%。会议决定任命向前进为株洲市荷塘区人民政府副区长，决定免去王冬的株洲市荷塘区人民政府副区长职务；决定任命唐坚为株洲市荷塘区人民政府办公室主任，决定免去向前进的株洲市荷塘区人民政府办公室主任职务、唐坚的株洲市荷塘区发展和改革局局长职务；任命王丹茂为株洲市荷塘区人民法院审判员、云龙示范区人民法庭庭长、审判委员会委员；决定接受王丹茂、彭莹的株洲市荷塘区人民法院员额法官报备；免去郭娅的株洲市荷塘区人民检察院检察委员会委员、检察员职务，易砥梁的株洲市荷塘区人民检察院检察委员会委员职务。

【围绕中心参政议政】2020年，区人大常委会坚决贯彻区委工作部署，围绕“产业项目建设年”“双比双看”大竞赛活动，区人大常委会领导主动牵头参与项目建设、产业链发展、征地拆迁等中心工作，定期深入到“三一智慧钢铁城”项目现场调度调研，及时协调解决项目实施过程中的实际困难和问题，稳步有序推进项目进度。组织驻区市代表视察株洲火车站改扩建工程项目和精准就业服务工作，形成高质量视察报告，为积极向上争取政策和资金支持，推进项目建设及“幸福荷塘”系列民生行动增项提质做出了贡献。

11月10日，驻荷塘区市第十五届人大代表联组视察荷塘区精准就业服务和助力居民就业工作

【监督工作】2020年，区人大常委会切实履行依法监督职能。一是加强财政监督。面对经济下行压力持续加大的形势，加强对政府全口径预算决算的审查和监督，及时听取和审议了区人民政府关于预算编制、预算执行、预算调整、财政决算、同级审计问题整改情况汇报，提出了做好“六稳”“六保”工作、加大财源建设力度、优化财政支出结构、提升监督管理水平、防范化解债务风险、抓好审计问题整改的建议。同时听取区国有资产管理情况汇报，针对资产基础管理、资产权属、管理制度等方面存在的问题，督促政府完善机制，强化对行政事业单位国有资产全过程监管，切实提高资产管理水平。二是加强民生监督。坚持以保障和改善民生作为出发点，视察并听取了区公共文化服务体系运行、退役军人服务保障体系建设、物业管理工作和贯彻执行道路交通安全法、《株洲市畜禽养殖污染防治条例》情况汇报，督促各职能部门树立以人民为中心的发展思想，针对发现问题，切实加以整改，回应群众关切。全程指导仙庾镇推行民生实事人大代表票决制工作。针对票决确定的“徐家塘污水处理厂污水后续利用项目”和“友邻帮项目”，因资金问

题导致进展缓慢的情况，主任会议成员多次现场督办，并督促政府从代表建议办理经费中予以解决，真正把实事办实，得到老百姓高度认可。三是加强司法监督。根据司法改革背景下检察职能发生的重点变化和调整，区人大常委会依法作出关于加强新时代人民检察院法律监督工作的决议。主任会议先后就法、检“两院”司法及公安执法进行专项视察，组织部分人大代表及法律专家13次观摩检察宣告和听评法院庭审，对“公检法”承办的30余件案件卷宗开展质量评查，督促各单位进一步形成工作合力，不断规范司法行为，推动司法工作与服务全区发展大局的有机融合。

【代表工作】2020年，区人大常委会按照“简要谈成绩，重点找问题”的原则，成立4个评议调查组，深入各基层单位、镇（街道）、村（社区）和服务对象中，分别对法院执行、检察院公益诉讼、教育、民政、自然资源、文化旅游体育、应急管理等7项工作进行了为期3个月的评议调查，座谈各界人士200余人，发放调查问卷700余份，收集各方面意见建议60余条。常委会会议认真听取和评议各专项工作报告，并进行了满意度测评票决。根据评议调查发现的问题和会上代表们的发言，归纳形成评议意见，持续督促被评单位加强整改，专项评议已经成为落实区委决策、改进工作作风的有效载体。同时，区人大常委会认真落实市委、市人大常委会《关于进一步加强和改进新形势下人大代表工作的意见》《关于建立株洲市五级人大代表联动履职机制的指导意见》等“双联”（常委会联系人大代表、人大代表联系选民）工作文件精神，始终依靠代表来做好人大工作。疫情期间，为让有需要的群众能及时联系代表，让代表实时掌握群众的困难和诉求，在现有基层代表履职平台的基础上，与区委网上群众路线相结合，将代表统筹划分至各级微信群，打造了群众身边的网上代表接待室。据统计，全区各级代表通过网上和驻室接待共收集和整理意见建议211条，帮助并协调解决了群众普遍关注的老旧小区改造、校园安全设施完善、道路修缮、物业管理、公交站点增设等热点难点问题130余个。2020年，区人大常委会共组织4次代表集中培训，邀请省、市人大常委会领导和专家专题解读《湖南省乡镇人民代表大会工作条例》《中共株洲市委关于加强新时代乡镇人大工作和建设的若干意见》；分两批次组织常委会全体组成人员、部分人大代表和人大工作者赴山西省、河北省人大干部培训基地参加履职能力提升培训；组织70余名新任代表进行履职培训。持续开展市、区、镇代表述职，全年统筹安排8名市代表在常委会会议上报告履职情况，并进行满意度测评，圆满完成了驻区市代表在届内述职工作；仙庾镇主席团、各街道人大工委也分别组织了区、镇120余名代表述职，面对面地与选民沟通，进一步激发了代表的履职热情，增强了代表的责任心和使命感。

【建议办理】区五届人大五次会议及闭会期间共收到代表建议、批评和意见87件，已全部办结，代表见面率和满意率均达100%，实际解决率达到56.3%。同时，通过丰富代表小组活动形式，积极为全市、全区经济社会发展建言献策，全年围绕精准就业服务、精准扶贫、项目建设、征地拆迁、城乡帮困、人居环境整治、医联体建设等开展视察调研活动30余次，并形成高质量的视察、调研报告，与市委、区委中心工作高度契合，有的作为闭会期间代表建议提出，得到了市、区两级政府的高度重视，有效促进了相关问题的解决。

【同心战疫】2020年，面对突如其来的新冠肺炎疫情，区人大常委会班子成员第一时间分赴各联点镇（街道）、村（社区）督促指导疫情防控工作，并组织人大机关干部参与“机关干部上前线”“让社区同志休息一晚”“驻企联络服务”等活动。同时向全区各级人大代表发出倡议，代表们通过慷慨捐赠物资、开展城乡帮困、收购滞销蔬菜、组织爱心餐车等形式积极投身疫情防控，捐款捐物累计达600余万元。疫情防控常态化后，区人大常委会迅速调整履职视角，深入工业园区就重大项目进展及企业复工复产情况开展专题调研，有针对性的提出抓资金准备、抓项目进度、抓要素保障、抓产业规划、抓优质服务等意见建议。

（贺　梦）

荷塘区人民政府

【概况】 2020年，荷塘区人民政府坚持以习近平新时代中国特色社会主义思想为指导，认真贯彻中共十九大和十九届二中、三中、四中、五中全会精神，坚持稳中求进工作总基调，经济总量稳步扩大、发展质量稳步提升、发展动能加快升级，全区综合实力实现大幅度提升。统筹做好疫情防控、企业复工复产、项目建设、改革创新、乡村振兴、环境优化、民生事业等各项工作，较好地完成了全年各项工作任务，进一步推动了荷塘经济社会高质量发展。全年完成地区生产总值（GDP）244.2亿元，同比增长3.5%。三次产业结构比为2.0∶50.6∶47.4。规模以上工业同比增长5.2%，新增高新技术企业50家，高新技术产品产值增长17.9%；社会消费品零售总额79.9亿元，同比下降2.4%，外贸进出口额2.0亿美元，同比增长14.3%。资质以上建筑业完成总产值70.95亿元，同比增长10.2%，增加值24.02亿元，同比增长5.4%；农林牧渔业总产值9.4亿元，同比增长28%。全年固定资产投资同比增长15.7%。使用外资到位2.1亿美元，同比增长14.3%；引进内资到位92.4亿元，同比增长23.3%；全区一般公共预算总收入完成73638万元，同比增长0.57%；一般公共预算支出201519万元，较上年下降11.6%；至2020年，全区拥有国家高新技术企业50家，国家级研发机构4家，省级研发机构19家。全年全区申请专利735件，完成高新技术增加值76.0亿元，同比增长15.9%。义务教育适龄儿童小学入学率100%，小学升学率100%，普通初中生升学率99.87%。积极推进乡村旅游发展，挖掘荷塘农耕文化，成功申报“仙泉谷”“吉度酒店”等5家住宿业为“四上”企业。坚持文化惠民工程，全年送戏下乡8场次，举办了第三届“幸福荷塘”健身广场舞大赛，组织业余团体免费进行舞蹈、韵律操、合唱培训29场，全年播放公益电影384场。新建4个社会足球场、8条健身路径。

【区政府常务会议】2020年，荷塘区五届人民政府共召开常务会议19次（第54次至第72次）。

1月14日 召开区五届人民政府第54次常务会议。会议安排区委常委、常务副区长刘国梁通报2019年12月18日区委常委会议精神，会议要求区政府各职能部门按照常委会议精神，切实抓好落实。会议听取生态环境荷塘分局局长易广志关于龙洲垃圾场应急处置工程建设和后期维护管理的情况汇报，听取区政府办主任向前进关于《政府工作报告（征求意见稿）》起草工作的汇报，听取区发改局局长唐坚关于

《2020年国民经济计划报告（征求意见稿）》起草工作的汇报，听取区财政局局长张苏龙关于2019年预算执行情况和2020年预算编制工作的情况汇报，并进行讨论研究。会议就春节前后相关工作进行安排部署。

1月29日 召开区五届人民政府第55次常务会议。会议听取区人民政府副区长罗曼关于区疫情防控工作情况的汇报，并就全区疫情防控工作进行安排部署。

2月10日 召开区五届人民政府第56次常务会议。会议安排区委常委、常务副区长刘国梁通报2月7日、9日区委常委会议精神，会议要求区政府各职能部门按照常委会议精神，切实抓好落实。会议听取区人民政府副区长罗曼、卫生健康局局长黄国初、疾控中心主任谭光明关于区新型冠状病毒感染的肺炎疫情防控工作情况的汇报，并就下一步疫情防控工作进行研究和部署。

2月12日 召开区五届人民政府第57次常务会议。会议通报全区新冠肺炎疫情防控工作有关情况，并就下一阶段全区疫情防控工作进行安排部署。

2月21日 召开区五届人民政府第58次常务会议。会议听取区卫生健康局局长黄国初关于全区疫情防控工作的情况汇报，听取金山科技工业园管委会主任易海平、区科技和工业信息化局局长谭件美、区商务和粮食局局长谭洪勇、区市场监督管理局局长罗炽威、区住房和城乡建设局副局长蔡群英关于企业和项目复工复产的情况汇报，听取区发改局局长唐坚关于《株洲市荷塘区“十四五”规划编制工作方案（审议稿）》起草工作的汇报，并进行讨论研究。

3月10日 召开区五届人民政府第59次常务会议。会议听取区人民政府副区长罗曼关于全区疫情防控工作的情况汇报，听取区人社局局长周湘雄关于荷塘区国有企业退休人员社会化管理工作的情况汇报，听取生态环境荷塘分局局长易广志关于划定畜禽养殖禁养区的通告编制情况汇报，并进行讨论研究。传达学习关于加强城市社区专职工作者管理的有关文件精神、习近平总书记关于统计工作的重要讲话和指示批示精神。

3月20日 召开区五届人民政府第60次常务会议。会议安排区委常委、常务副区长刘国梁通报2月16日、19日区委常委会议精神，会议要求区政府各职能部门按照常委会议精神，切实抓好落实。会议听取区政府办主任向前进关于2019年市、区政府工作报告重点工作任务完成情况汇报，听取生态环境荷塘分局局长易广志关于固定污染源排污许可清理整顿和排污许可发证登记工作的情况汇报，听取区人民政府副区长罗曼关于全区疫情防控工作的情况汇报，听取区政府办主任向前进关于落实省政府2020年真抓实干督查激励措施任务分解的情况汇报，听取区金山科技工业园党工委副书记王巍关于湖南福瑞印刷有限公司项目标准厂房项目和关于新能源汽车动力蓄电池包残余能量检测分析系统（电池医院）及梯次利用项目的情况汇报，并进行讨论研究。

4月16日 召开区五届人民政府第61次常务会议。会议安排区委常委、常务副区长刘国梁通报了3月13日、30日区委常委会议精神，会议要求区政府各职能部门按照常委会议精神，切实抓好落实。会议听取区应急管理局局长赵冰关于安全生产工作的情况汇报，听取区教育局局长赵文喜关于学习泸溪县教育改革经验提升乡村教育发展水平以及进一步落实义务教育教师工资待遇的情况汇报，听取区荷塘月色事务服务中心主任汤灿关于构建荷塘区农业金融体系的情况汇报，听取区发展和改革局局长唐坚关于“产业项目建设年”活动的情况汇报，听取区政协副主席提名人选、区财政局局长张苏龙关于落实减免租金的政策的情况汇报，听取区自然资源局局长熊昕关于株洲市城区砂石土矿开采专项规划（2019—2025年）荷塘区拟新设采矿权工作的情况汇报，听取区政府办主任向前进关于2019年度荷塘区促进区域经济发展奖励办法考核兑现的情况汇报。会议传达学习中央政法委秘书长、全国扫黑办主任陈一新在全国扫黑办第9次主任会议上的讲话精神。

4月26日 召开区五届人民政府第62次常务会议。会议听取区教育局局长赵文喜关于教育系统疫情防控和复学复课工作的情况汇报，听取区金科集团董事长袁洪武关于水竹湖片区土地招商和处置工作的情况汇报，并进行讨论研究。

5月14日 召开区五届人民政府第63次常务会议。会议安排区委常委、常务副区长刘国梁通报4月27日、28日区委常委会议精神，会议要求区政府各职能部门按照常委会议精神，切实抓好落实。会议听取区政府办主任向前进关于禁毒工作的情况汇报，听取公安荷塘分局副局长刘拥军关于信访维稳工作的情况汇报，听取区政府办主任向前进关于交通问题顽瘴痼疾集中整治行动工作的情况汇报，听取区政协副主席、区民政局局长冯晓关于城市社区专职工作者管理实施细则制定工作的情况汇报，听取区教育局局长赵文喜关于中小学招生工作的情况汇报，听取生态环境荷塘分局局长周应和关于污染防治攻坚战2020年度工作的情况汇报，听取金山科技工业园党工委副书记王巍关于三一智能制造以及金属材料数字化加工贸易中心项目入园工作的情况汇报，听取区园林绿化中心主任易旭关于2009年、2010年区绿化提质改造工程草花部分资金落实工作的情况汇报，听取区政协副主席提名人选、财政局局长张苏龙关于2020年预算安排调整工作的情况汇报和关于2020年存量资金清理工作的情况汇报，并进行讨论研究。

6月1日 召开区五届人民政府第64次常务会议。会议安排区委常委、常务副区长刘国梁通报5月9日区委常委会议精神，会议要求区政府各职能部门按照常委会议精神，切实抓好落实。会议听取区环卫服务中心主任张晖关于建宁驿站管养、招商市场化招标和购置环卫智能手环工作的情况汇报，听取区统计局局长刘石平关于做好第七次全国人口普查工作的情况汇报，听取区卫生健康局局长黄国初关于迎接国家卫生城市第三次复查评审工作的情况汇报，听取区教育局局长赵文喜关于荷塘区招商引资重点企业高管和“双创人才”子女入学工作的情况汇报，听取区人社局局长周湘雄关于荷塘区困难企业认定、困难企业稳岗返还工作的情况汇报和关于2019年度机关事业单位工作人员年度考核等次评定和荷塘区机关事业单位职业年金个人账户本息补缴工作的情况汇报，听取区自然资源局局长熊昕关于荷塘区批而未供地土地清查工作的情况汇报，听取区发改局局长唐坚关于育才路（五中宿舍—合泰街）改造工程等项目调整投资估算的情况汇报，听取区委统战部常务副部长周文洁关于株洲电子政务内网（荷塘区委统战部）横向接入建设工作的情况汇报，听取区金科集团董事长袁洪武关于永逸房地产请求支付车辆厂棚改项目保证金利息及前期投入的情况汇报，并进行讨论研究。

6月24日 召开区五届人民政府第65次常务会议。会议安排区委常委、常务副区长刘新华通报6月18日五届区委第92次常委会议精神，会议要求区政府各职能部门按照常委会议精神，切实抓好落实。会议听取区政府办主任向前进关于2020年《政府工作报告》重点工作任务责任分解的情况汇报，听取区应急管理局局长赵冰关于二季度安全生产工作及购买社会治理保险的情况汇报，听取区自然资源局局长熊昕关于禁食陆生野生动物人工繁育主体退出补偿工作的情况汇报和关于荷塘区自然保护整合优化工作的情况汇报，听取金山科技工业园党工委副书记王巍关于海绵城市新材料智慧产业园项目入园工作的情况汇报，听取区档案馆馆长李俊伟关于国有企业退休人员人事档案外包储存工作的情况汇报，听取区改制办主任陈军莎关于企业改革工作的情况汇报，听取区人社局局长周湘雄关于荷塘区精准就业社会化服务项目工作的情况汇报，并进行讨论研究。

7月7日 召开区五届人民政府第66次常务会议。会议安排区委常委、常务副区长刘新华通报7月3日五届区委第93次常委会议精神，会议要求区政府各职能部门按照常委会议精神，切实抓好落实。会议听取区发改局副局长彭小龙关于荷塘区2020年政府投资项目计划的情况汇报，听取区民政局局长冯晓关于荷塘区特困人员供养服务机构提质升级三年行动的情况汇报，听取区卫健局局长黄国初关于向原东区医院退休人员补发2018年综治考核奖的情况汇报，听取区行政审批服务局局长文丽关于荷塘区行政审批服务局政府雇员薪资晋级相关工作的情况汇报，听取区教育局局长赵文喜关于红旗路小学改扩建方案的情况汇报，听取区政府办主任向前进关于修订《荷塘区促进区域经济发展奖励办法》相关事宜的情况汇报，并进行讨论研究。

8月6日 召开区五届人民政府第67次常务会议。会议安排区委常委、常务副区长刘新华通报7月23日五届区委第94次常委会议精神，会议要求区政府各职能部门按照常委会议精神，切实抓好落实。会议听取政府办主任向前进关于制定《荷塘区"六保"工作实施方案》的情况汇报，听取区市场监督管理局局长罗炽威关于食品安全工作的情况汇报，听取区财政局局长苏智关于制定《2020年荷塘区综合治税工作考核奖励办法》的情况汇报，听取区财政局局长苏智关于直达资金、债券资金分配方案的情况汇报和关于荷塘区2020年上半年债务情况及下阶段工作措施的情况汇报，听取区自然资源局局长熊昕关于申请印发《荷塘区农村宅基地房地一体确权登记颁证工作实施细则》的情况汇报，听取区人社局局长周湘雄关于荷塘区2020年"民生100"工程工作的情况汇报，听取区教育局局长赵文喜关于荷塘区引进湖南师范大学附属中学合作办学的情况汇报和关于荷塘区公办幼儿园提质工作的情况汇报，听取区委办副主任张健关于2019年度区绩效评估有关工作的情况汇报，听取区发改局局长唐坚关于荷塘区仙庾镇农村产业融合发展示范园基础设施建设工作的情况汇报，听取区禁毒办主任向前进关于2020年来排查吸毒人员“清瘾”行动工作汇报，并进行讨论研究。

9月8日 召开区五届人民政府第68次常务会议。会议安排区委常委、常务副区长刘新华通报8月18日五届区委第95次、96次常委会议精神，会议要求区政府各职能部门按照常委会议精神，切实抓好落实。会议听取区政府办主任向前进关于落实2020年市政府真抓实干激励措施工作的情况汇报，听取生态环境局荷塘分局局长周应和关于配合做好第一批省级生态环境保护督察“回头看”工作的情况汇报，听取区统计局局长旷世平关于第七次人口普查工作的情况汇报，听取区人武部军事科参谋长贺锟关于落实省政府、省军区《激励大学生参军入伍若干措施》责任分工的情况汇报，听取区应急管理局局长赵冰关于安全生产专项整治三年行动的情况汇报，听取区委组织部副部长周波关于“人才十六条”落实兑现工作的情况汇报，听取区教育局局长赵文喜关于天鹅湖小学搬至北大公学新校区装备添置工作的情况汇报，听取区科工信局局长曾健关于兑现区级瞪羚企业扶持政策的情况汇报，听取区财政局局长苏智关于国有经营性资产调拨的情况汇报，并进行讨论研究。

10月12日 召开区五届人民政府第69次常务会议。会议安排区委常委、常务副区长刘新华通报9月15日五届区委第98次常委会议精神，会议要求区政府各职能部门按照常委会议精神，切实抓好落实。会议听取区发改局局长唐坚关于《荷塘区“十四五”规划编制基本思路》的情况汇报，听取区政府办主任向前进关于国务院第七次大督查及月度重点工作任务交办的情况汇报，听取区农业农村局局长谭洪勇关于农村宅基地审批管理工作的情况汇报，听取区教育局关于荷塘区金色梯田幼儿园举办公办园的情况汇报，听取金山科技工业园党工委副书记王巍关于湖南中天杭萧钢构科技股份有限公司装配式发泡轻质混凝土墙板项目的情况汇报，听取区财政局局长苏智关于落实荷塘区义务教育教师工资待遇的情况汇报，听取荷塘区自然资源局局长熊昕关于乱占耕地建房问题整治工作情况汇报，并进行讨论研究。组织传达学习中央政治局委员、中央政法委书记、全国扫黑专项斗争领导小组组长郭声琨9月25日在全国扫黑除恶专项斗争第三次推进会上的讲话精神。

11月9日 召开区五届人民政府第70次常务会议。会议安排区委常委、常务副区长刘新华通报10月19日、11月3日五届区委第99次、100次常委会议精神，会议要求区政府各职能部门按照常委会议精神，切实抓好落实。会议听取区政府办主任向前进关于市、区《政府工作报告》前三季度完成情况的汇报，听取区征地服务中心主任王沧海关于征地拆迁和房屋征收工作的情况汇报，听取区卫健局局长黄国初关于疫情防控工作的情况汇报，听取区人社局局长周湘雄关于提高乡镇机关事业单位工作人员工资待遇的情况汇报，听取区委办副主任张健关于2020年区绩效评估及市对区重点工作绩效评估工作的情况汇报，听取区禁毒办主任向前进关于禁毒工作的情况汇报，听取副区长陈柏文关于粮食收储工作的情况汇报，听取区教育局局长赵文喜关于第十九中学智慧校园信息化建设工作的情况汇报， 并进行讨论研究。

11月27日 召开区五届人民政府第71次

常务会议。会议安排区委常委、常务副区长刘新华通报11月12日、11月21日五届区委第101次、102次常委会议精神，会议要求区政府各职能部门按照常委会议精神，切实抓好落实。会议听取区政府办主任提名人选唐坚关于2020年区人大建议和政协提案办理工作情况的汇报，听取荷塘交警大队大队长周武关于增配公安交通安全辅警工作情况的汇报，听取区环卫服务中心主任张晖关于新增主次干道清扫保洁经费情况的汇报，听取区城管局局长汤思源关于垃圾分类试点工作情况的汇报和关于垃圾中转站环保督查整改工作情况的汇报，听取区教育局局长赵文喜关于提高教育质量突出贡献奖相关情况的汇报，听取区金融办主任彭治凯关于荷塘区支持企业上市（挂牌）工作情况的汇报，并进行讨论研究。

12月29日　召开区五届人民政府第72次常务会议。会议安排区委常委、常务副区长刘新华通报12月9日至21日五届区委第103次至第105次常委会议精神，会议要求区政府各职能部门按照常委会议精神，切实抓好落实。会议听取区科工信局局长曾健关于2020年区级科技计划项目的情况汇报，听取金山科技工业园党工委副书记、区招商办常务副主任王巍关于汉德车桥（株洲）齿轮有限公司二期项目产业专项资金的情况汇报，听取区行政审批局局长文丽关于行政审批局政府雇员薪资晋级工作的情况汇报，听取公安荷塘分局副局长杨湘兵关于成立“荷塘区打击治理电信网络新型违法犯罪中心”和“反电信网络诈骗中心”相关工作情况汇报，听取区农业农村局局长谭洪勇关于开展农村生活垃圾分类工作的情况汇报，听取区“三供一业”办主任陈军莎关于抽秀总厂等2家企业移交区政府管理工作相关事宜和关于驻区央企“三供一业”物业分离移交工作相关事宜的汇报，听取区财政局局长苏智关于2020年区级预算调整方案（草案）的情况汇报，并进行讨论研究。

【疫情防控】年初新冠肺炎疫情骤然突发。2月12日，荷塘区紧急启动应急响应机制，率先构建起网格化立体防控体系，发动群众联防联控、群防群治，以战时状态抢抓防控先机。先后抽调千余名机关干部，动员5000多名志愿者，下沉到社区参与居民小区疫情防控点值守，集中全区力量，日夜管控全市防疫风险最大的合泰区域，确保排查管控不漏一户、不漏一人。争分夺秒开展“流调”，精准锁定风险人群，快速转运确诊患者，先后隔离654名密接人员，21名区外输入型确诊患者全部治愈，没有造成社区扩散。千方百计联动市场投放防疫和生活物资，确保人民群众生活安定有序。全区疫情得到有效控制，取得阶段性胜利。

【产业项目建设】2020年，荷塘区完成重点项目投资145.24亿元，“好媳妇日用品家居智能制造（简称“好媳妇”）”“宏达电子”等40个项目开工，汉德车桥二期、中天杭萧二期等21个项目竣工，三一智慧钢铁城、飞山奇等一批项目加速推进。全年引进项目37个，总投资92.4亿元。全年批回项目用地114.67公顷，建成标准厂房20万平方米。加快推进先进硬质材料产业园建设，成立先进硬质材料产业集群发展促进中心，产业链被评为省级先进制造业集群。助推出台《株洲市绿色装配式建筑管理细则》，金山工业园被认定为全市唯一的装配式建筑生产基地，装配式建筑材料产业园被评为市级“十大两型建设项目”，中天杭萧被评为全省钢结构生产制造示范基地。深化“代办+带办”服务，项目审批率先实现“交地即交证”“拿地即开工”“弹性年期出让”，不断刷新全市审批新速度。在全省先行试点企业开办“24小时办结”，公司登记全程电子化率达到85.7%。营商环境便利度综合测评名列全市第一。

7月27日，区委副书记、区长、区级总河长王利波（左一）率队开展巡河工作并调研污水治理情况

【三大攻坚战】2020年，荷塘区持续打好“三大攻坚战”（防范化解重大风险、精准脱贫、污染防治）。有效防控债务和金融风险。政府隐性债余额、关注类债余额比年初分别减少1.5亿元、27.3亿元，政府债务风险成功退出一类预警地区。强力推进污染防治攻坚。持续发力打好“蓝天碧水净土保卫战”，空气优良天数达320天，较上年增加47天，优良率居株洲市城区第一。投入资金20余亿元，完成白石港、建宁港及支流水系等8条黑臭水体整治，金山污水处理厂投入运营，水环境质量持续改善。开展废弃矿山生态修复治理13.82公顷，区域生态状况得到明显改善。圆满完成脱贫攻坚任务。继续选派干部到泸溪县对口帮扶，投入帮扶资金130万元，助力潭溪镇脱贫摘帽。区域内相对贫困人口“一达标两不愁三保障”（农民家庭年人均纯收入达到国家现行扶贫标准；不愁吃、不愁穿；义务教育、安全住房、基本医疗有保障）得到巩固拓展。

【城市提质改造】2020年，荷塘区不断完善路网建设，金城东路二期等11条道路开工建设，迎风路等5条道路顺利推进，北环线C段、铁东路核心段、新文化路顺利通车，国、省干道49处交通隐患路段全部完成整治。城市更新稳步推进。火车站东广场综合开发完成主体建设；红旗广场西南角棚改项目完成征拆交地；明照湖公园、美的景观长廊建成开放；根治西湖、汽车城、向阳广场地区等多处内涝点；实施老旧小区改造68个、“三供一业”小区〔供水、供电、供暖和物业管理职能从国企（含企业和科研院所）剥离，转由社会专业单位实施管理的家属区〕改造15个。市容环境提档升级。城区“建宁驿站”全部建成并实现市场化管养；在桂花街道开展垃圾分类管理试点；拆除城区违规楼宇招牌、广告牌2.8万平方米，拆除违建13万平方米。

【乡村振兴】2020年，仙庾镇自来水厂供水并入市政管网，仙庾污水处理厂建成运行；柘塘水库、龙江塘水库等水利工程完成除险加固；茶马线（荷塘段）、龙樟线（东山段）完成提质改造，农村公路硬化21千米，基础设施更加完善。以耕食小镇项目为龙头，稳步推进都市休闲农业产业发展，搭建农机、金融、仓储等农业保障服务体系，联农带农机制不断深化。统筹抓好农村“四治一改”（治垃圾、治厕所、治污水、治村容村貌；改陋习）工作，改厕500户，试行农村生活垃圾“首村示范过关制”，农村人居环境整治三年行动取得阶段性成效。建立宅基地“联审联办”机制，全面完成宅基地房地一体确权登记颁证、农村集体产权制度改革工作，发展活力不断彰显。

【民生事业】2020年，荷塘区全面推开“精准就业服务”，城镇登记失业率为2.67%，远低于控制指标，被评为省疫情期间稳就业工作较好的县市区。精准实施城乡帮困，开展帮困项目48个，帮扶困难群众1000余人，发挥公益服务中心作用，孵化社会组织3家，入孵4家。搭建“幸福荷塘V联盟”志愿者服务平台，注册爱心组织52个，注册核心志愿者2000余名，志愿服务总时长6.5万小时。同步提质城乡多元养老服务，新建社区日间照料中心3家，引进民办养老机构2家，新增养老床位223个，建成农村居家养老服务中心，优化“友邻帮”农村养老服务。推进教育均衡发展，六〇一中英文小学分部、明照小学新校区投入使用，新增学位1320个，“大班额”实现历史清零。新增公办幼儿园21所，增加园位5400个，公办园位占比提升率居城区第一。提升公共卫生水平，推进村级卫生室提质建设15家，家庭医生履约率、续约率分别达到80.0%、55.4%，基本门诊及住院服务达到17.3万人次，同比增长15.9%。持续推进无物业小区业主自治，新增自治小区23个，覆盖率达到79.3%。顺利完成村（社区）委员会换届。圆满完成第七次全国人口普查。深入推进新时代县域警务工作，持续开展扫黑除恶行动，严厉打击治理电信网络新型违法犯罪，全区刑事发案数实现五连降。全面开展安全生产专项整治三年行动，全年未发生较大安全事故，人民群众安全感显著增强。

11月2日，荷塘区召开“民生100”工程工作推进会

【荣获全国计划生育优质服务先进单位】2020年，荷塘区常住人口29.75万人，其中流动人口6.57万人、育龄妇女5.89万人、7岁以下儿童1.96万人，始终围绕“强基础、谋创新、上水平、争优秀”的总目标，把人口计生工作纳入全区经济社会发展总体布局，以创“国优”活动为载体，着力创特色、育亮点、克难点、求实效，促进全区人口计生管理服务上水平、上台阶，促进了人口与辖区经济社会、资源环境协调可持续发展。全区政策生育率水平、出生人口性别比控制均优于全省均值，出生缺陷发生率控制、全员人口主要数据项准确率实现逐年提优，各项指标达到国优目标，处于省市前列，全面完成了省市下达的人口与计划生育各项目标任务，荣获全国计划生育优质服务先进单位。

【荣获湖南省疫情期间稳就业工作较好县市区】2020年，荷塘区始终把稳就业作为落实中央“六稳”（稳就业、稳金融、稳外贸、稳外资、稳投资、稳预期）“六保”（保居民就业、保基本民生、保市场主体、保粮食能源安全、保产业链供应链稳定、保基层运转）的首要任务来抓，积极探索“市场参与助就业、两级平台畅就业、三级书记抓就业、四支队伍帮就业、五个精准促就业、六项保障稳就业”的工作机制，将“精准就业服务”做细做好。全区匹配城镇新增就业人员10800人，完成全年目标120%；城镇登记失业率2.3%，低于4.5%的控制目标；新增农村劳动力转移就业683人，完成全年目标284.5%；组织线上线下职业技能培训3281人，完成全年目标121.5%；规上企业复工复产率100%，被评为全省疫情期间稳就业工作较好县市区。

（曹　彧）

2020年荷塘区人民政府发文一览表

表3

序号	文号	文件标题
1	株荷政发〔2020〕1号	关于落实中央、省市应对新冠肺炎支持企业发展政策措施的通知
2	株荷政发〔2020〕2号	关于认真做好荷塘区第七次全国人口普查工作的通知
3	株荷政发〔2020〕3号	关于印发《株洲市荷塘区招商引资重点企业高管和“双创人才”子女入学暂行办法》的通知
4	株荷政发〔2020〕4号	关于支持具有国有资产的民办园及小区配套幼儿园举办公办园的实施方案
5	株荷政发〔2020〕5号	关于印发《株洲市荷塘区残疾儿童康复救助制度实施办法》的通知
6	株荷政发〔2020〕6号	关于印发《株洲市荷塘区深化改革加强食品安全工作实施方案》的通知
7	株荷政发〔2020〕7号	关于印发《株洲市荷塘区支持企业上市（挂牌）补助办法》的通知

（杨　盛）

区人民政府办公室工作

【概况】株洲市荷塘区人民政府办公室（简称“区政府办”）为区政府综合办事机构，设有行政编制18人，办公室设主任1名，副主任5名，督查专员（副科级）1名（兼任督查室主任）。所属事业单位有：区委、区政府接待服务中心，为全额拨款副科级公益一类事业单位，核定全额拨款事业编制5名，其中：主任1名；区民兵武器装备仓库，为区政府办公室所属全额拨款股级公益一类事业单位，核定全额拨款事业编制4名。

【综合协调】2020年，区政府办坚持以习近平新时代中国特色社会主义思想为指导，积极贯彻落实区委、区政府各项决策部署，充分发挥综合协调、统筹各方的“中枢纽带”作用，全力推动各项工作落实落地。主动加强对重点项目、重大活动、重要工作的综合协调，先后专题协调各类事项100多次，千方百计解决工作推进中遇到的困难，确保各项工作顺利推进。主动担当参与疫情防控，积极协助区新冠肺炎疫情防控指挥部抓好疫情防控各项工作，全面及时准确收集反馈荷塘疫情防控信息，成立专项督查组深入基层和一线，一天一督查，督促落实各项防控措施。统筹调度全面建成小康社会补短板工作，紧扣全面建成小康社会补短板监测考评指标，坚持一月一调度，精准发力，补短板、强弱项。荷塘区在全省全面小康补短板实现程度一类县区中排名第五，并获得全省全面小康补短板推进工作一类优秀县区。全面督导整治交通顽瘴痼疾，开展隐患排查治理工作，下发整改通知书68份，开出“一单四制”25份，督促限期完成整改隐患项目105处。

【当好参谋助手】2020年，区政府办围绕政府中心工作，切实发挥“智囊团”“参谋部”作用，积极为领导决策献计献策。一是抓调查研究。紧扣疫情防控、“六稳六保”等关键性、现实性和紧迫性的重大问题，深入基层组织开展专题调研，为推动经济社会发展出谋划策。二是抓文稿撰写。不断提升文稿服务水平，起草区政府常务会议、区长办公会议、各类专题会议纪要34篇，起草政府工作报告等各类报告、讲话、汇报材料200多篇。三是抓信息服务。全年上报市政府门户网信息300余条，上报政务信息236条，为区委、区政府掌握情况、科学决策和指导工作提供及时、准确、优质有效的信息服务。

【办文办会】2020年，区政府办进一步精简理顺办文程序，严控发文数量，全年制发文件257件，下发类文件进一步减少。规范文件办理、收发、传阅、存档管理，全年累计接受运转公文1408件，办理各类涉密文件24件，文件办理有序有效，无泄密情况发生。坚持高效办会，节约办会，严控会议数量和会议时间，会前充分做好沟通准备工作，高质高效办好全区经济工作会议、区政府全体会议等大型会议。

【政务督查】2020年，区政府办紧盯省、市、区重大决策部署，组织开展疫情防控、政府工作报告落实、三大攻坚战、民生实事等专题督查，着力推动区委、区政府决策部署落地见效，市级每月重点交办件全部完成。认真贯彻落实国务院办公厅印发《关于全面推进基层政务公开标准化规范化工作的指导意见》文件精神，进一步明确公开事项职能权限，确定公开事项，共梳理出25个领域325个事项。在政府门户网政务公开专栏中新开辟了基层政务公开标准目录板块，方便群众及时查询政务信息。办理答复依申请公开40件，充分保障人民群众的知情权。认真办理市长热线交办问题，处理市长热线、区长信箱交办件5219件，办结率100%，满意率100%，解决了大量市民反映的实际问题，做到了“件件有落实、事事有回音”，全市排名第一。

【法治政府建设】2020年，区政府办认真贯彻落实市委依法治市办《关于在全市开展湖南省法治政府建设示范创建活动的通知》文件精神，全年办理人大代表建议84件，政协委员提案67件，满意率和办结率均为100%。自觉维护司法权威，全年受理行政诉讼案件56件，均积极应诉并履行裁决结果。

【禁毒工作】2020年，区政府办先后出台《荷塘区持续深入开展排查吸毒人员“清隐”行动工作方案》《关于加强打击整治外流贩毒工作的通知》《关于开展“净边2020”专项行动》等文件，组织了“健康人生绿色无毒•幸福荷塘”等毒品预防教育宣传专项行动，组织开展禁毒集中宣传118场、运用“株洲禁毒”公众号、“在荷塘”、“智慧荷塘”等网络媒体宣传平台，提升荷塘禁毒工作的传播力、影响力和渗透力。全区共有高风险人员5人，中风险人员198人，社戒社康人员管控率为100%。

（曹　彧）

2020年荷塘区人民政府办公室发文一览表

表4

序号	文号	文件标题
1	株荷政办发〔2020〕1号	关于印发《株洲市荷塘区2020年春运工作实施方案》的通知
2	株荷政办发〔2020〕2号	关于申报2020年度政府性投资建设项目计划的通知
3	株荷政办发〔2020〕3号	关于印发《荷塘区自然保护地整合优化工作方案》的通知
4	株荷政办发〔2020〕4号	关于印发《株洲市荷塘区畜禽养殖禁养区划定方案》的通知
5	株荷政办发〔2020〕5号	关于成立株洲市荷塘区殡葬改革工作领导小组的通知
6	株荷政办发〔2020〕6号	关于印发《荷塘区2020年度第五化民政建设实施方案》的通知
7	株荷政办发〔2020〕8号	关于成立荷塘区臭水体整治工作领导小组的通知
8	株荷政办发〔2020〕9号	关于印发《株洲市荷塘区2020年度地质灾害防治方案》的通知

续表 4

序号	文号	文件标题
9	株荷政办发〔2020〕10 号	关于印发《2020 年〈政府工作报告〉重点工作任务分解表》的通知
10	株荷政办发〔2020〕11 号	关于印发《株洲市荷塘区市场监管领域全面推行部门联合“双随机、一公开”监管重点任务实施方案》的通知
11	株荷政办发〔2020〕12 号	关于印发《荷塘区市农村宅基地房地一体确权登记颁发证工作实施细则》的通知
12	株荷政办发〔2020〕13 号	关于成立株洲市红旗广场西南片区棚户区二期项目征拆指挥部的通知
13	株荷政办发〔2020〕14 号	关于 2020 年度根治欠薪冬季攻坚行动工作方案的通知
14	株荷政办发〔2020〕16 号	关于印发《2020 年度荷塘区城市生活垃圾分类工作方案》的通知
15	株荷政办发〔2020〕17 号	关于开展第一次全国自然灾害综合风险普查的通知

（杨　盛）

民政工作

【概况】 株洲市荷塘区民政局（简称“区民政局”）是区政府正科级工作部门，有在编人员 11 人（行政编 6 人、事业编 5 人），退休人员 9 人。主要担负社会救助（城乡低保、临时救助、特困供养）、社会福利（养老、慈善、孤儿管理、福利企业）、社会事务管理（社团和民办非企业、婚姻登记、地名区划、殡葬改革、流浪乞讨管理）、基层社区治理（社区建设、基层政权建设）等工作职能。内设综合股、社会事务和基层组织股、社会救助股 3 个股室，下辖慈善事务服务中心、区敬老院、区仙庾敬老院、区明照敬老院 4 个所属事业单位。

2020 年，区民政局坚持认真履行“基本民生保障、基层社会治理、基本社会服务”职责，紧紧围绕经济社会发展大局，全面深化民政改革，扎实推进民生改善，积极创新社会治理，大力发展社会服务，民政事业取得较为显著的成绩，荣获“湖南省养老服务体系发展成效明显的县市区”“全省五化民政先进单位”“省级示范儿童之家”“县市区民政重点工作综合评估优秀单位”等多项荣誉称号。

【社会救助】 自 7 月 1 日起，荷塘区城乡低保标准由 520 元/月提高到不低于 600 元/月，农村低保标准每人每年不低于 7200 元。提标后城市月人均救助水平不低于 510 元，农村月人均救助水平不低于 340 元。特困供养基本生活标准按照不低于低保标准的 1.3 倍设定，达到 780

元/月。特困人员照料护理费全自理、半护理、全护理分别达到 221 元、368 元、737 元。2020 年，累计清退不符合条件低保对象 159 户 355 人；新增低保对象 62 户 109 人；新增特困对象 21 户 21 人，清退 20 户 20 人。全区全年共有城市低保对象 1693 户，2296 人，农村低保对象 640 户，1132 人；特困对象 198 人，其中城市三无 52 人，农村五保 146 人；临时救助对象 206 人。全年共发放城乡低保金 1826.29 万元，特困供养金 180.13 万元，特困护理费 42.76 万元，临时救助金 31.68 万元。根据物价变动情况，及时按规定启动实施社会救助和保障标准与物价上涨挂钩联动机制，发放物价临时补贴 199.37 万元。

【残疾人补贴】 7 月始，荷塘区残疾人“两项补贴”（困难残疾人生活补贴和重度残疾人护理补贴）均由原标准 70 元/月/人提高至 100 元/月/人。同时，依托“两项补贴”系统平台，加强基本信息的实时监测、比对、归纳分析和动态管理，提供简便、智能、快捷、准确的工作模式，从而提高“两项补贴”工作效率。年内两项补贴发放 36829 人次，共计 368.29 万元。其中，困难残疾人生活补贴共发放 13831 人次，发放资金 138.31 万元；残疾人重度护理补贴共发放 22998 人次，发放资金 229.98 万元。

【流浪救助】 2020 年，为流浪乞讨人员提供救助累计 85 人次，寻亲救助 2 人，救助金额共计 5900 元。针对夏季高温气候特点，开展“夏季送清凉”“寒冬送温暖”专项救助行动，为上门求助或街头流浪乞讨人员发放药品、食物、水等防暑降温包 100 余份、棉大衣 4 件。同时在各镇办设置临时救助点，及时为流浪乞讨人员提供救助服务，保证其生命安全。通过共同努力，流浪人员救助工作都按照中央统一的规定执行到位，无一流浪人员死亡。

【儿童福利】2020 年，荷塘区儿童福利工作列入湖南省民政厅儿童福利创新实践试点县区。至年末，已建成儿童之家 62 家，覆盖率达到 100%。完成建设 1 家荷塘区未成年人救助保护中心，并委托湖南省虹雨社会工作发展中心运营和管理。依托已建儿童之家和未成年人救助保护中心，采取以项目代运作的方式，组织开展了丰富多彩的关爱服务活动，如“阳光下没有孤独”防疫复学帮扶走访活动，“七彩假期•情暖童心”青葵儿童自护成长教育课堂、“伴你成长”家庭教育亲子沟通技巧课堂等，不仅提供了困境儿童的学习能力，更使其身心得到健康发展，切实增强了困境儿童的获得感和幸福感。自 2020 年 1 月起，提高孤儿基本生活费最低生活保障标准，社会散养孤儿由 950 元/月/人提高到不低于 1085.2 元/月/人。荷塘区孤儿 3 人，发放孤儿基本生活费 4.4767 万元；事实无人抚养儿童 14 人，发放事实无人抚养儿童生活费 7.2581 万元，发放事实无人抚养儿童临时价格补贴 2254 元。

【慈善捐赠】 2020 年，荷塘区为发动更多爱心力量助力“三社联动•城乡帮困”，扩大社会资金效应，结合腾讯“99 公益日”，发起“城乡帮困•幸福荷塘”乐捐项目，总筹款 232.53 万元，其中公众筹款 169.18 万元，腾讯配捐 63.35 万元，配捐率约为 37.5%，捐款达 23000 余人次；策划实施相对贫困人员精准帮扶项目

49个，精准帮扶个案1065人；区慈善会救助共12人，救助金额6.3万元；全区在编干部捐赠爱心捐款10.277万元；通过联系、走访辖区内的企业，共链接了143家企业和爱心人士，筹集58.97万元定向捐赠资金开展城乡帮困。

【养老工作】 2020年，区民政局发放高龄补贴415.845万元，发放百岁老人补贴2.15万元，发放基本养老服务补贴1.636万元。对于区内200位特困老人养老，根据老人困难程度不同，将其划分为A、B、C三类，通过购买服务的方式，分别向三类困难老人提供200～400元/月不等的居家养老服务补贴，有效提升了特殊、困难老年群体的获得感。对辖区内民办养老机构、居家养老服务中心给予“9876建设补贴”、床位建设补贴、运营补贴以及运营奖励，共计发放400余万元。坚持把“智慧养老”作为养老服务特色品牌，为老人提供日间照料、送餐、家政、精神慰藉等多种养老服务，平台开通以来，共提供服务18万余单，用户反馈好评率达98%。按照“社会化、便利化、适老化、专业化、信息化、标准化”要求，已建成12家示范性社区日间照料中心（幸福里），其中晏家湾、前进社区日间照料中心为2020年新建。年内，引进新康养护院和汽车城睦邻乔松养老中心2家民办养老机构。截至2020年底，全区有民办养老机构12家，民办养老机构占全区养老机构的80%；全区有养老总床位数2122张，其中护理型床位1884张，护理型床位占比88.7%。完成养老护理员培训200余人次，与株洲晚报老年大学签订合作协议，在养老机构和社区日照中心开展各类兴趣培训36场次，服务老人1000余人次。积极开展“群众满意护理之星”和“群众满意养老机构”评选活动，鼓励养老服务人员在服务上力争优秀。在农村，坚持立足实际，积极探索“友邻帮”互助养老模式，通过政府购买服务，聘请有经验、有爱心、有意愿的村民对口帮扶困难老人，提供助餐、助洁、助医、助农等各类服务，25位“友邻帮”服务人员累计为67位农村困难老人提供服务1.6万余次。为改善特困老人居住条件，解决消防安全问题，2020年推进特困人员集中供养服务机构提质升级三年行动，启动了对仙庾敬老院提质升级工程项目。

改造后的仙庾敬老院

【基层政权和村（社区）建设】2020年，区民政局以创建示范村为契机，加强民生协理员队伍和民政工作标准化建设。年底全区62个村（社区）全面启动换届选举工作，进行了村（社区）换届选举相关工作的业务培训和动员。在全区15个村试点推行了村民议事堂建设，推动村民事村民议村民理。通过健全完善议事制度、议事方式、议事流程等，不断完善农村基层治理机制，提高基层民主协商、民政决策水平。进一步完善线下线上村（居）务监督运行机制，深化“幸福荷塘”系列民生行动。规范、健全“一约四会”制度，完善基层治理运行机制，组织村（社区）对村规民约（居民公约）进行修订完善，修订率达到100%；指导各村（社区）建立健全村规民约（居民公约）、红白理事会、道德评议会、村（居）民议事会、禁毒禁赌会制度，加快构建自治、法治、德治相结合的村（社区）治理体系；引导多元力量参与城乡社区共商共建共治活动，大力推动基层民主协商工作的落实，全面提升了城乡社区依法自治水平。

【婚姻登记】2020年，婚姻登记纳入全区“一件事一次办”政务服务平台，在政务大厅设置标准化婚姻登记窗口，实现婚姻登记“网上办结”，全程提供免费服务。全年，累计结婚登记1039对，离婚登记718对；补发结婚登记387对，补办离婚登记164对；建档补录历史婚姻登记记录53320条。

【殡葬工作】2020年，为推动殡葬改革和殡葬事业更好地服务于保障和改善民生、促进精神文明和生态文明建设，荷塘区下发了《株洲市荷塘区人民政府办公室关于成立株洲市荷塘区殡葬改革工作领导小组的通知》（株荷政办发〔2020〕5号）、《关于印发株洲市荷塘区惠民礼葬实施办法（试行）的通知》等文件。年内，万福陵园及601殡仪馆、430殡仪馆均已完成降费30%，并予以实施。将惠民礼葬业务纳入了“最多跑一次”政务服务事项，惠民礼葬共办理58例，其中免除基本殡葬费45例、节地生态安葬13例，共计发放10.84万元；农村公益性公墓万福陵园现建设墓地共计4000余座，其中节地生态墓地已建成460余座。

【行政区划和地名管理】2020年，荷塘区按省、市地名普查办的相关工作要求，完成了《荷塘区地名志》的出版工作；《荷塘区地名图集》《荷塘区地名录》已进入最后终审。认真做好国家地名信息库更新完善工作，在完成2020年地名信息采集更新的同时，对国家地名信息库中800多条地名信息进行核对与修改。按照市民政局《关于开展清理整治不规范地名工作有关事项的通知》要求，荷塘区制定了《株洲市荷塘区不规范地名清理整治实施方案》，明确工作要求，压实工作责任，确保清理整治工作措施落到实处、取得实效。以审慎稳妥、依法实施、以人为本、便民利民为基本原则，以《株洲市地名管理条例》为认定标准，发动各镇（街道）对全区居民区、大型建筑物和道路、街巷等地名中存在的“大、洋、怪、重”等地名，按照规范化、标准化的要求进行了全面排摸，共摸排3条不规范地名，建立了清单。

4月21日，荷塘区民政局在区公益服务中心举办社会组织培训会

【社会组织管理】2020年，区民政局根据《民办非企业单位暂行登记管理条例》和《社会团体登记管理条例》的规定和相关政策，按照“政务公开，优质服务”要求，高质量地做好社会组织的日常登记管理工作。截至年底，荷塘区已注册登记社会组织共161家。其中依法登记的民办非企业单位127家，依法登记的社会团

体单位34家。依法完成网上年检的有128家，年检合格率93%。

【养老机构疫情防控】为严格实施对新冠病毒疫情的防控，区民政局按照“封、防、消、通、测、导”的“六字诀”和“八个最严”要求，严格落实养老机构封闭管理要求。自1月27日起，对全区12家养老机构、敬老院实施全封闭管理，全区养老机构疫情期间未出现1例感染和疑似感染病例。对城乡困难对象及家庭、疫

区民政局联合市人民医院开展“预防中药送到院”活动

情防控一线人员家庭、新冠肺炎患者及家庭等3类对象中的“一老一小”特殊困难群体，解决基本生活需求和必要帮助。疫情期间，全区共摸排困难老人105人，并根据实际情况积极落实有关帮扶政策。在荷塘区宁康养护院设立了荷塘区刚需返院老人集中医学隔离观察点（简称观察点），为确因刚需返院的老人，提供医学隔离观察。自2月24日设立以来，共有16名老人住进该观察点。为全区防疫一线的医务人员、志愿者因防疫工作无法照顾的父母等直系亲属提供疫情期间免费入住养老机构的照料服务。区民政局组织人员密切对接防护用品、消杀用品等疫情防控和应急物资有关企业，积极向上级争取支持，为敬老院、民办养老机构提供防疫物资保障。为辖区内12家养老机构累计配发84消毒液1200千克、哈爱士抗菌液75千克、口罩1300个、酒精500千克，艾条150盒，为疫情防控提供了有力支撑。

（彭　玲）

退役军人事务

【概况】株洲市荷塘区退役军人事务局（简称“区退役军人事务局”）成立于2019年1月。为区政府正科级工作部门。内设双拥优抚安置股，下辖事业单位1个退役军人服务中心。核定机关行政编制3名，全额拨款事业编制4名。主要负责拟订全区退役军人事务发展规划和政策，并组织实施；负责全区军队转业干部、复员干部、退役士兵、无军籍退休退职职工、伤病残军人的移交安置和服务管理工作；组织实施全区退役军人教育培训工作，协调扶持退役军人和随军随调家属就业创业；贯彻落实国家关于退役军人的保障政策；组织指导全区拥军优属工作；负责全区烈士及退役军人荣誉奖励、纪念活动等工作；开展全区退役军人权益维护和有关人员的帮扶援助等工作。

2020年，区退役军人事务局以“组建退役军人管理保障机构，维护军人军属合法权益，让军人成为全社会尊崇的职业”为总目标，以党建为引领，以健全服务保障体系为抓手，以推进政策落实为核心，以业务办理为重点，坚持一手抓党的建设，一手抓体系建设和服务保障，竭力推进工作清单化、服务标准化、管理

智能化，在党的建设、机构运行、优抚优待、就业扶持、双拥褒扬、权益维护等方面都取得一定成绩。先后荣获株洲市“同赞军民鱼水情•共创双拥模范城”文艺作品征集活动“优秀组织奖”、株洲市2020年度退役军人服务保障体系建设“先进单位”；局工作人员文波被评为湖南省第十届“爱国拥军模范个人”荣誉称号。

【抚恤优待】 截至2020年底，区退役军人事务局退役军人和其他优抚对象信息采集审批通过率100%。发放重点优抚对象抚恤金787.3万元；发放义务兵家庭优待金57万元；发放2019年入伍大学生“一次性奖励金”10.8万元。开展优抚对象人员数据动态管理，二代身份证录入率达到100%，身份数据核查完成率达到100%。严格执行上级有关政策规定，落实伤残军人、在乡复员军人和“三属”（烈士遗属、因公牺牲军人遗属、病故军人遗属）自然增长机制，约发放自然增长抚恤补助27.8万元。对15名因病致困复转军人进行了特殊困难援助，援助资金4.9余万元。落实相关优抚对象“价格临时补贴”联动机制，及时足额发放相关优抚对象“价格临时补贴”39.6万元。对享受国家定期抚恤补助的优抚对象实施医疗救助，救助资金46.6余万元。按照政策规定审批上报2名补评、提级伤残人员程序，确保申报材料全面真实准确，已全部通过审批，从当月开始享受伤残抚恤等相关待遇。严格按照政策规定审定新增60周岁以上农村籍退役士兵，从1月份开始享受相关待遇。组织开展短期疗养、健康免费体检、医疗巡诊、送医送药，惠及服务对象1000余人。

【安置就业】 2020年，区退役军人事务局对2019年度自主就业退役士兵发放一次性经济补助金共计33.6万元；转业军官、转业士官和随军家属全部安置到位。大力推进退役士兵社保接续工作，受理退役士兵社保补缴资料完成率100%，受理比例和完成情况均排名全市前列。举办2次大型专场招聘会活动，帮助80多名退役军人实现了再就业。对辖区内12家由退役军人开办的个体、企业进行摸底和走访，上门宣传帮扶政策。充分利用金山工业园的区位特点，与工业园深入加强合作，搭建了“株洲市退役军人创业园”就业创业孵化基地，提供政策、场地等的资源，为退役军人创业创造条件。落实无军籍职工的“两个待遇”（政治待遇、生活待遇），推动军休服务与管理上水平。

2020年度退役士兵光荣返乡欢迎仪式合影

【“双拥”褒扬】 2020年，区退役军人事务局积极推进军民共建，警民共建，累计投入110万元，对驻荷部队和退役军人进行走访慰问，走访慰问覆盖率100%。在参加株洲市“同赞军民鱼水情•共创双拥模范城”文艺作品征集活动中，荷塘区共报送28幅优秀作品参评，荣获一等奖作品1幅，二等奖作品1幅，三等奖作品3幅，优秀奖作品4副，单位获“优秀组织奖”。在全市率先开展庆“八一”先进典型评选活动，共表彰助人为乐模范个人、就业创业标兵、爱岗敬业先进个人和抗疫先锋志愿者共32人。为参与到区疫情防控值守工作的退役军人颁发了“新冠肺炎疫情防控优秀退役军人志愿者”荣誉证书；对19名志愿军老兵入户颁发“中国人民志愿军抗美援朝胜利70周年”纪念章。全面展开对烈士纪念设施保护管理的资料收集整理和信息录入工作。2020年，荷塘区共有烈士23名，7处零散烈士墓均已纳入维护管理。开展东园村、大观塘2处抗日烈士墓周边环境整治工作，对董映烈士墓周边山体被挖造成安全隐患问题，组织公安、检察院、街道等进行联合处置，保障烈士纪念设施的庄严性。开展“送喜报”活动，奖励年度现役官兵立功受奖人员25人，发放奖励金1万余元。

【“筑梦启航营”活动】2020年，区退役军人事务局采取政府购买社会服务的方式，开展“筑梦启航营”退役军人帮扶关爱服务项目，与专业社工组织一道对全区优抚对象开展综合性的服务，并对个案开展有针对性的帮扶，实施全方位服务保障退役军人工作。购买专业体检机构服务项目，为全区重点优抚对象进行健康免费体检。组建全市首支优秀退役军人“传承红色基因”宣讲团，在全区范围内开展进机关、进企业、进学校、进现役部队、进村（社区）“五进”宣讲活动，先后开展5次宣讲。建立退役军人常态化联系（“一包三”联系）工作机制，对107名局机关、镇（街道）、村（社区）三级常态联系对象定期开展走访和慰问工作，并做好记录。年内共计走访243人次。

（文　波）

信访工作

【概况】株洲市荷塘区信访局（简称“区信访局”）2019年3月由区委办、区政府办共同管理的机构调整为区政府工作部门。内设办公室、信访接待中心、网信（办信）股等业务股室。有行政编制3名，事业编制3名。主要负责接待和处理群众来信来访，承担上级机关和区委、区政府领导交办、转办的信访事项，检查指导、督察督办、参与协调处理突出信访问题。

2020年，荷塘区信访工作以“三无”（无进京非访登记和进京重复越级访、无到省级以上的集体访、无极端恶性事件）创建为抓手，全年共接待群众来访316批911人次，同比上升95.91%；到市上访134批482人次，同比上升41%；赴省上访32批50人次，同比下降51%，进京访26人次（外围查找），同比下降35%；无进京非接待场所上访；没有发生因信访处置不当引发的群体性事件和极端恶性事件；收到网上信访（含网上投诉、来访、来信）491件，办结率100%，网信占比70.5%。圆满完成全国、省、市“两会”及中共十九届五中全会等特护期间信访接劝返工作。

【信访网格管理】 2020年，区信访局继续坚持“民生优先、服务为先、基层在先”的原则，以“推进乡村振兴驻村工作队”管理模式，推动广大党员干部走出机关，深入群众，着力构建源头治理、动态协调、全域覆盖的基层群众工作新格局，全方位收集民情民意，对一些群众最关心、最需要解决的问题，采取定人、定责、定时限、挂号的方式进行落实，逾期不能办结的单位或个人，将直接与政绩考核挂钩；交办完结的问题在公示榜销号存档。干群关系明显改善、群众满意度明显提高。

5月12日，荷塘区召开信访联席会议，对信访工作进行全面安排部署

【领导接访】 2020年，区县级领导按照《关于印发〈荷塘区县级领导接访人工作办法〉的通知》（株荷信联〔2013〕2号）文件和《荷塘区委、区政府值班接访安排表》，严格履行值班接访制度。仅全国“两会”特护期间，区县级领导累计参与接访30批288人次，处置突发群体性上访事件4起。全年区级领导共接待来访群众197批688人次。

【积案化解】 2020 年，区信访局开展“大排查、大下访、大包案”信访矛盾百日攻坚活动，全年共化解 6 件，稳控 4 件，化解率 60%。联席办对信访积案和重点领域、重点群众、重点问题、重点人员等突出矛盾问题进行摸排，甄别摸排信访积案 20 件（其中包含市级交办“大排查、大下访、大包案”信访矛盾百日攻坚活动 8 件），对每件信访积案全部实行区级领导包案，通过明确责任单位和责任人员，切实做到“一个积案、一名领导、一套班子、一个方案、一包到底”。区委书记邬凌云进行现场交办，并要求各镇、街道和相关部门要高度重视，上心用心，围绕“‘拉响警报’、责任上肩、事情落实”三个方面，抓好信访工作。20 件信访积案已全部办结，办结率 100%。

【“三无”创建】 2020 年，区信访局继续以“三无”创建活动为抓手，在全区范围内大力开展矛盾纠纷源头化解工作。对化解不力的进行催办、督办、限期办结，提高积案化解效率。建立信访问题分层处理机制，村（社区）、镇（街道）、区三级联动，及时发现、掌握、化解新问题。加大督查力度，每案一档，切实推进确保“案结事了”。全区 7 个镇（街道）及 60 个村（社区）参与全市的“三无”创建考核，其中“三无”镇（街道）4 个，达标率为 57.14%；“三无”村（社区）57 个，达标率为 95%。

【信访事项回访核实】 2020 年，区信访局继续按照省、市相关文件要求，在全区全面开展信访回访核实工作，对于纳入满意度评价的初件和上级督办、交办件做到 100%回访核实，形成回访核实材料。

【信访法治宣传】 6 月，区信访局联合各镇、街道及区直相关单位集中开展“信访法治宣传月”活动，共发放宣传资料 1400 余张，展出展板 20 块，接受群众咨询 400 余人次。通过宣传让群众知晓信访工作流程及相关法律法规，实现依法依规合理维权，起到了普法到民的作用，增强了群众的法律意识。

【打造群众满意窗口】 2020 年，区信访局按照省、市统一部署，积极开展“人民满意窗口”创建活动，助力信访制度改革，进一步提高来访接待办理质量和窗口服务水平，努力推动群众信访问题解决，树立服务群众的良好形象，提升信访工作公信力和群众满意度。

（杜　钰）

行政审批服务

【概况】 株洲市荷塘区行政审批局（简称“区行政审批局”）成立于2019年3月。为区政府正科级工作部门。下设事业单位区政务服务中心。有行政编制人员3人，事业编制人员8人，政府雇员28人。办公地点位于株洲市荷塘区新华东路218号金科大厦。主要担负贯彻落实国家、省、市有关方针政策、法律法规和决策部署；负责推进“一件事一次办”改革工作；负责全区电子政务的发展应用、“互联网+政务服务”有关政策、制度和工作计划的制定、组织实施、监督和考核工作；负责全区政府数据资源工作，组织建立数据资源管理沟通协调机制；负责自然人、法人和其他组织区级审批事项的全程审批、综合协调、监督考核工作；负责公共服务综合信息平台等行政审批、社区管理电子网络一体化项目、智慧荷塘APP规划建设、应用推广、管理维护以及与市级平台对接、数据互通等工作职能。

2020年，区行政审批局按照省、市“一件事一次办”政务服务改革部署要求，在省、市相关职能部门的大力支持和精心指导下，通过简政放权、阵地覆盖、共享数据、流程再造，依托公共服务综合信息平台、“自治家园”大数据库、“智慧荷塘”手机APP等信息系统，深入推进 “一件事一次办”改革工作，不断优化服务体系，提升政务服务效能和社会公共服务精准化水平。全年全区累计受理业务11万余件，业务量较2019年同期增加17%，其中受理法人事项业务27000余件。2020年，荷塘区被评为“湖南省‘一件事一次办’、商事制度改革和优化营商环境成效明显的市、县市区”；区行政审批局被评为2019年度“株洲市文明单位”。

【助力战“疫”复产】 2020年，区行政审批局采取线上线下齐联动，多措并举助力战“疫”复产。通过“智慧荷塘”微信公众号、居民网格群等平台发布通告，告知企业、群众，因新冠肺炎疫情暂停窗口服务期间可通过“网上办”“掌上办”“邮政寄递”等渠道实行线上递交材料，不见面完成审批；采取专人值班、电话预约办，及时为群众提供业务咨询及预约办理服务；针对一些短期提交材料有困难的企业，经审核部门同意，实行容缺受理。严格按流程接待办事群众，认真落实大厅防疫保障工作，为办事群众营造一个安全、干净、有序的办事环境；出动干部职工，支援防疫一线。先后派出干部职工33人，组成支援队伍和企业复工网格小组分赴各村社区、园区企业开展联防联控和复工准备工作。

【政务服务改革】 2020年，区行政审批局深入推进“一件事一次办”改革。按照“不唯上、不唯书、不违法”的原则，对所有事项逐一清理，精简“瘦身”，再造流程，共化服务事项82项，新增服务事项45项，最大程度将审批时限和流程压缩到最短、最简。同时，省政府提出的两批100个事项，已实现区级权限内的160个事项“一件事一次办”；并梳理发布区级权限内“一件事一次办”事项目录和办事指南，实现三级便民服务中心线上线下全公示。

5月14日，荷塘区行政审批服务局率7名镇、街道首席代表到各镇、街道、社区便民服务中心开展政务服务“看学议”活动

【网络安全管理】2020年，区行政审批局按照“以公开为常态、不公开为例外”的原则，推进决策、执行、管理、服务、结果公开，全年受理群众依申请公开37份。政府门户网全年共发布各类信息2746条，并按时完成全区政务新媒体摸底、清理及监督协调等工作。在区政务服务大厅设政务公开专区，为办事群众提供政务事项咨询办理“一站式”服务；完成全区村级电子政务外网铺设工作，实现电子政务外网区域全覆盖；定期对全区网络进行安全维护，保障全区网络正常有序运行。

【政务服务】2020年，区行政审批局按照“三集中三到位”改革要求，结合基层公共服务(“一门式”)全覆盖工作，新增24个村级便民服务大厅。目前全区共有69个便民服务中心，已实现便民服务场所和电子政务外网区域全覆盖。将过去“部门专窗”合并为“综合窗口”，区级491个事项全部实现“一窗受理”；同时，在区级政务大厅新增税务窗口、“一件事一次办”联办事项综合窗口（跨域通办事项窗口）、“六稳六保”政策兑现专窗等窗口，建立自助服务区，进一步优化政务服务大厅“一站式”功能。全区已实现184个事项跨域通办，“一件事一次办”联办事项综合窗口（跨域通办事项窗口）累计办理业务1000余件，企业群众办事效率大幅提升。

【政务服务“一网通办”】 2020年，区行政审批局推出“智慧荷塘”便民缴费系统，目前教育缴费板块全区已有16所公办学校3万余名学生实现入学报名缴费无纸化、掌上办；推出健康证微信预约取号服务和就近免费办证服务，在区政务服务中心及全区各社区卫生服务中心设立健康证办理点，有效解决办事群众排队长、等待时间久等问题。目前37个事项实现全流程网上办理，325个事项实现网上预受理，66个事项实现自助终端受理，12个高频事项实现自助终端全流程直接办结。启动法人事项、“智慧荷塘”APP（含微信公众号）升级，进一步优化完善平台功能布局，在“智慧荷塘”APP新增就业、产业项目、城乡帮困等专区，预估升级后网上可办事项占到全区可办事项的82.3%。

（赵朝霞）

优化营商环境

【概况】株洲市荷塘区优化营商环境协调事务中心（简称“区优化环境中心”）组建于2019年6月，为区政府直属全额拨款正科级公益一类事业单位。主要负责统筹管理全区项目（原区项目办职能），组织协调各职能部门、业主单位解决项目中的矛盾和问题，提高项目建设的效率和效能，定期交办、督办，调度项目进度按时间节点推进；负责贯彻落实党中央、省委、市委、区委、区政府关于优化营商环境工作的方针政策和决策部署；组织对全区优化营商环境相关政策的宣传，对政策落实情况进行评价。

2020年，区优化环境中心根据区委、区政府经济工作总体部署，联合相关区直部门，协调各业主单位，确定全年建设项目表，制定建设项目任务计划，对全区项目在前期手续办理，征地交地，协调开工等方面进行了多方调度、协调和督办。年内，共下达交办函62份，交办事项283个，其中产业项目166个，基础配套项目73个，民生项目44个。通过奖罚兑现机制，交办任务落实率达93%，尤其是确保了省、市重点项目的顺利开工和施工。通过挂图作战，现场督查，及时协调，有力推进了嘉德工业园二期、株洲国信PC装配式建筑生产基地、稀镁泰新材料等8个项目竣工投产；芙蓉路、悦宾路、商一路等12条道路，明照湖公园、建宁港荷塘铺黑臭水体整治工程等10个民生项目竣工；三一智慧钢铁城、中美医院、“好媳妇”、宏远机械、现代物流等21个在建项目顺利推进；雪宝二期、飞山奇等11个项目开工建设。在2020年产业项目建设年活动中，荷塘区营商环境全年排名全市第一；在2020年度全市营商环境评价考核中，荷塘区取得全市第一的成绩。

【项目征收扫尾清零】 2020年，区优化环境中心及时协调解决用地指标及报批过程中遇到的问题，加快了重点项目报批速度。积极督促和协同项目所在街道，年内完成三一智慧钢铁城、中美医院、妇科千金胶囊、红旗路西南角项目棚户区征收等项目的征收扫尾清零工作。

【助推“拿地即开工”】 2020年，区优化环境中心扎实落实优化营商环境政策，开展“温暖企业”行动，为企业打造全方位“保姆式”服务。前期手续涉及部门多、环节多，由中心提供专员实行代“带”办服务，有效提升服务效能，推进产业了项目迅速落地，创造飞山奇项目7个工作日内完成11项行政审批服务手续速度，成为株洲市“拿地即开工”的新标杆。

【精准服务项目建设】 2020年，区优化环境中心抓住项目前期手续、征地拆迁等关键问题，实行精准协调服务，先后召开项目调度会16次，项目交办会议3次，重点解决了三一智慧钢铁城、妇科千金胶囊、中美医院、水竹湖、东裕美耐、中良电器等18个项目中遇到的40余个问题，有效推进了项目建设的进度。

荷塘区优化环境中心联合市交通局、区城管局现场调度铁东路通车事项

【开展落实惠企政策测评】 2020年，区优化环境中心组织开展了落实惠企政策100条测评活动。此次测评活动共有68家企业参与，涵盖了8种测评标准，测评反馈问题20余条，全部得

到及时处理，有效促进了惠企政策的进一步落到实处，优化营商环境。

（刘　莹）

机关事务

【概况】株洲市荷塘区机关事务服务中心（简称“区机关事务中心”）是区政府直属全额拨款正科级事业单位。现有编制10名，其中领导职数4名。2020年有在编正式干部职工9名，退休干部职工11名。主要负责机关大院和机关宿舍的公共设施维修、设备维护、治安秩序、园林绿化、会议服务、环境卫生、公务用车使用管理、立体停车场和机关食堂管理及院内报刊征订收发等工作。

【公务用车管理】2020年，区机关公车平台有运行车辆43台，其中委托管理车辆17台（机关部门、园区、街道车辆）。随着区公务用车信息化管理平台投入使用，公务用车全部采用电脑或手机APP申请审批派遣机制，截至10月底，平台累计派车2174次。聘用司勤人员21名，推行班组化管理机制，每季度评选优秀班组。出台《进一步规范公务用车使用管理的通知》（株荷办发〔2020〕7号），完善《荷塘区司勤人员管理制度（试行）》《荷塘区司勤人员安全绩效考核办法（试行）》等制度，举行首届荷塘区司勤人员岗位技能比武大赛，有效地调动司勤人员积极性，提升职业技术素质。全年全区公务用车实现了零违纪零事故。

【食堂疫情防控】2020年，为应对新冠肺炎疫情，区机关事务中心切实加强食堂监管。对食堂工作人员身体状况进行了全面仔细排查，确保24名工作人员及其家人均无咳嗽、发热等异常情况方可上班。坚决落实晨检和巡查，每天监测食堂员工体温并登记备案，同时严格检测食材配送人员的体温。严格落实分餐制，建立分餐微信群，按照各单位报用餐人数—按计划烹饪—分时段领取的程序进行。坚持食堂开餐之前对食堂厨房、储存室、餐厅等场所进行大扫除，并邀请区疾控中心专业人员对食堂进行了全面消毒。严格管控配送环节，固定配送食材人员，对食材配送人员进行体温检测，固定配送隔离酒店盒饭人员和车辆。每个季度对食堂进行综合满意度测评。与此同时，认真贯彻落实党中央“杜绝舌尖上的浪费”指示精神，开展“光盘有奖”活动，对前10名光盘用餐者赠送小礼品。设置了“监督员”，用餐时巡视检查，在取餐处、餐盘放存处等区域监督浪费行为，积极劝说制止浪费行为。

食堂卫生消毒

【日常管理】2020年，区机关事务中心积极精细化日常管理。在新冠肺炎疫情防控方面，实行24小时轮流值班测体温，登记外来人员，对公共区域进行常态化全面消毒。为缓解机关干部停车难问题，确保了智能停车楼投入使用。认真落实市专项巡察整改要求，统一规范了机关各单位门牌。高效优质做好省审计组和市专项巡察组进驻荷塘区开展工作的后勤保障服务。全年提供会议服务380余场次，完成零星维修报修586次，劝返或处置各类上访事件余元更新会议室设备。

【创建节约型机关】2020年，区机关事务中心在机关大院大力开展节水节电节油等绿色节能活动，倡导低碳绿色环保生活和工作方式。在机关单位率先全面实施垃圾分类，出台了实施方案，明确工作目标，组织机构，落实工作任务。在院内设置了垃圾集中收集屋，楼层、办公室、会议室、电梯口设置了分类垃圾桶。

【政府性投资项目建设稳步实施】2020年，区人武部公寓楼改造工程项目已完成立项批复，设计，预算编制评审定审，政府采购审批，委托代理采购等程序，项目前期人员搬迁安置等均已完成，年底前可望竣工验收。

（彭超群）

政协株洲市荷塘区委员会

【概况】 2020年，政协株洲市荷塘区第五届委员会（简称“区政协”）有委员155名。区政协机关内设正科级办事机构1个：办公室；正科级专门委员会5个：提案和委员学习联络委员会、经济科技和外事委员会、文教卫体和文史委员会、社会法制和民族宗教委员会、农业农村和人口资源环境委员会。提案和委员学习联络委员会下设股级公益一类事业单位委员联络服务中心。委员按界别构成分成经济、科技、文体艺术、医卫、教育、城建、法制、农村、群团、联络联谊等10个界别工作组。

2020年，区政协围绕中心，服务大局，主动担当，有效作为。召开全体委员会议1次，常务委员会议5次，主席会议8次。围绕区委中心工作，举办常委会议协商、主席会议协商、提案协商4次，扎实开展课题调研和民主监督，成果丰硕，收集基层干部、群众反映的意见建议90余条，征集提案104件，立案71件（含并案7件），微建议64条，社情民意24条，较好地发挥了人民政协作为专门协商机构的作用。

【区政协五届五次全会】 6月8—10日，政协株洲市荷塘区第五届委员会第五次全体会议在荷塘区机关举行。会议听取并审议通过了政协株洲市荷塘区委员会主席何恒仁代表区政协常委会所作的工作报告和政协株洲市荷塘区委员会副主席冯晓所作的提案工作报告；协商并讨论了区人民政府工作报告、区人民法院工作报告、区人民检察院工作报告及其他有关报告；补选张苏龙、龚新胜为政协株洲市荷塘区第五届委员会副主席，补选陈乐红、周文洁、袁夕辉为政协株洲市荷塘区第五届委员会常务委员；通过政协株洲市荷塘区第五届委员会第五次会议有关决议。

【区政协常委会会议】 2020年，荷塘区五届政协共召开5次常委会会议（第16次至第20次）。

4月8日　召开区五届政协第16次常委会会议。会议审议通过区政协五届五次会议相关事项；协商通过干部人事任免名单；辞免、增补部分政协常委、委员。

6月8日　召开区五届政协第17次常委（扩大）会会议。会议协商区政协副主席、常务委员候选人建议名单；协商《大会选举办法》草案；协商确定总监票人、监票人建议名单。

6月9日　召开区五届政协第18次常委（扩大）会会议。会议听取各界别小组讨论情况汇报；协商审议提案审查报告和大会政治决议（草案）。

9月28日 召开区五届政协第19次常委会会议。会议学习《中共株洲市委关于新时代加强和改进人民政协工作的实施意见》文件；听取2020年区政府上半年全区经济社会发展情况汇报；听取协商《株洲市荷塘区国民经济和社会发展第十四个五年规划和二〇三五年远景目标纲要（草案）》；辞免、增补部分政协委员。

12月25日 召开区五届政协第20次常委会会议。会议学习《中共株洲市荷塘区委关于新时代加强和改进人民政协工作的实施意见》文件；听取协商区人民法院、区人民检察院关于2020年工作情况；辞免部分政协委员。

【加强和改进政协工作】 2020年，区政协协助区委制定印发《中共株洲市荷塘区委员会关于加强和改进人民政协工作的实施意见》，就新时代区政协工作的重大问题作出决策部署。协助区委制定出台《株洲市荷塘区政协民主协商建设的实施办法》，健全民主协商规则，规范民主协商活动，为推动人民政协事业的发展，提供了指导和遵循。

【调研工作】 2020年，区政协各界别工作组组织开展区老旧小区改造工作、垃圾分类工作、新业态电商产业与物流发展、培育和发挥社会组织作用、基层公共卫生应急体系和能力建设等11项专题调研，其中《关于发展壮大新型村级集体经济实现荷塘区农业农村高质量发展的思考》《强化人才要素，推进株洲制造业高质量发展的调研报告》2篇报调研报告分别被评为市政协优秀调研报告二、三等奖，《关于发展壮大新型村级集体经济实现荷塘区农业农村高质量发展的思考》《关于加强村（社区）工作人员管理的调研报告》《荷塘区央属企业“三供一业”分离移交调研报告》3篇调研报告被评为区政协调研报告一等奖。

11月12日，区政协党组书记、主席何恒仁（左三）率主席会议成员就精准就业服务工作开展视察

【视察评议】 2020年，区政协主席会议先后围绕基层公共卫生服务和应急能力建设、重点工业项目建设、精准就业服务、老旧小区提质改造等工作开展视察评议。视察基层公共卫生服务和应急能力建设情况，先后实地考察荷塘区疾控中心、桂花街道社区卫生服务中心等单位并召开座谈会，针对机构发展不平衡、基层专业人才紧缺、宣传力度不够等问题，提出12条建议。视察重点工业项目建设情况，实地考察了稀美泰IC溅射靶材项目、飞山奇项目、三一智慧钢铁产业项目、杭萧钢构等项目并召开座谈会，提出了加大土地调规力度、处理好融资和化债的关系、提高征地拆迁效率等10条建议。视察精准就业服务工作情况，实地考察了茨菇塘街道就业服务驿站、金山街道就业服务驿站、区公共就业服务中心并召开座谈会，提出了加强专业化、信息化、制度化建设和管理，

服务居民就业的建议。视察评议老旧小区提质改造工作情况，从融资模式、物业管理、协调机制、群众参与、工程质量5个方面提出了11条建议。

【专项民主监督】 2020年，区政协聚焦“三大攻坚战”中污染防治攻坚战的重点，就黑臭水体整治工作，分别对生态环境荷塘分局、区住房和建设局、区农业农村局等相关部门开展专项民主监督。先后组织3次集体监督活动，通过现场视察、召开座谈会等形式全面了解情况，针对发现的问题，向有关部门发出《荷塘区黑臭水体整治工作民主监督建议书》。

【提案工作】 2020年，区政协收到各类提案104件，立案71件（含并案7件），转社情民意6件，转上级政协委员参考15件，转来信来访12件，立案率为68.3%。区政协主席会议遴选《加快金山新城公共服务建设的提议》《关于加快推进荷塘区园区“物流+电商”融合发展的建议》《关于发展壮大村级集体经济的提案》《关于完善桂花路到新苗公园路段配套设施共享幸福荷塘发展成果的提案》等6件围绕区委、区政府中心工作，反映经济和社会发展的重点问题，群众普遍关心的热点难点问题的提案作为重点提案，加大督办力度，由区委、区政府分管领导和区政协主席会议成员领衔督办。所有立案提案办复率100%，委员们反映的问题已采纳或解决的提案共50件，占全部立案提案的70.4%。其中《关于涵养“荷塘工匠”人才的建议》《关于进一步加强义务教育阶段学生心理健康教育的提案》《关于进一步推进荷塘区养老服务业做精做优的建议》《关于荷塘区“稳就业 促发展”工作提案》等12件提案被评为年度优秀提案。

【微建议和社情民意监督】 2020年，区政协利用政协云和提案系统，组织委员积极开展微建议和社情民意报送工作。全年共收到64条微建议，交由相关职能部门办理，帮助人民群众解决微困难、微需求，有效对接区委、区政府微建设、微服务；在收集的各类社情民意信息中，选取群众反映强烈，意见集中的24条社情民意信息进行集中上报，为区委、区政府体察民情、关注民生架起桥梁，促进社会各方面的沟通和理解，增进社会共识，共同开创共建共治共享的社会治理新局面。

【委员驻室工作】 2020年，区政协试点建立了仙庾镇、月塘街道、仙庾岭村、石子头社区4个示范委员工作室，把协商平台搭建到百姓家门口，组织委员参与基层协商议事、万户帮扶等活动80余次，使政协协商与基层协商有效衔接。仙庾镇协商议事室被授牌“湖南省示范性委员工作室”。

2月14日，区政协主席何恒仁（右一）一行赴联点社区、村、复工企业等基层一线督察疫情防控工作

【全力以赴战疫情】 2020年，新冠肺炎疫情

肆虐，区政协把助力疫情防控和助推复工复产作为重要政治任务，闻讯而动，及时倡议，党员带头，广泛聚力。党组成员做表率深入抗疫一线联系指导村、社区、企业抗疫工作，机关党员干部全员参与，报名到合泰等人员复杂地区值守，到社区参与夜间值守，到企业驻点助推复工复产。机关党员主动捐款支援抗疫，各界别政协委员积极响应，累计捐款、捐物97.3万元。

【万户帮扶工作】 2020年，区政协积极响应省、市政协号召，由区政协委员和机关干部共计156人组建42个帮扶小组，结对帮扶42户家庭，将帮扶行动与界别活动有机结合，依托委员工作室为载体，深入困难群众家庭，提供帮助。万户帮扶行动以来累计捐款捐物资金21.4万元，资助帮扶困难学生38人，帮助解决困难群众就业10人。

【履职成果汇编】 2020年，区政协组织编写《建言献策 忠诚担当——政协株洲市荷塘区委员会2020年履职成果汇编》。全书分为协商专报、调研报告、理论文章、优秀提案4个部分，共10万余字。

【表彰奖励】 2020年，区政协评选韩永斌、帅慧娟、刘红、 刘敏、刘献忠、陈小伟、黄德明、石建中、欧阳春华、周悫昱、叶青、何艳艳、罗飞跃、黄雄、周毅、石宏、黎静、齐鑫、袁宏伟、邓运喜、李育云、彭武、颜洪、晏云、王坤婷、陈丽霞、郭义和、汤云峰、姜开维等29名政协委员为优秀政协委员；评选教育界别组、科技界别组、群团界别组、经济界别组等4个界别组为先进界别组；评选优秀界别组长5人、微建议先进个人4人、优秀民主监督员2人、提案办理工作先进单位6个、委员驻室工作先进界别组2个。

（阳小希）

纪检·监察

【概况】2020年，中共株洲市荷塘区纪律检查委员会、株洲市荷塘区监察委员会（简称“区纪委监委”）坚持以习近平新时代中国特色社会主义思想为指导，认真贯彻中央、省、市纪委全会精神和区委的决策部署，立足政治机关定位，紧紧围绕“国之大者”充分发挥监督保障执行、促进完善发展作用，稳中求进、坚定稳妥，全面从严治党不断取得新的成效。

【政治监督】2020年，区纪委监委坚持把严明政治纪律和政治规矩摆在首位，督促各级党组织履行全面从严治党政治责任。全年对全区各级领导干部共开展提醒谈话422人次。严把干部提拔、评先评优等廉政审核关，全年共出具审核意见1628人次，有效防止了“带病提拔”、“带病上岗”、“带伤评优”。坚持目标导向和问题导向相结合，重点开展了对工程建设项目招投标、人防系统等行业的监督检查，严格治理了餐饮浪费行为。对村（社区）“两委”换届进行全过程全方位监督，先后组织督查20余轮次，提出意见建议10余条，督促整改落实问题6个，取消候选人提名资格8人次。紧盯“微权力”，对民生领域“微腐败”进行深入纠治，共立案9起，移送司法1人，退还群众资金47.05万元。

【疫情防控纪律保障】年初新冠肺炎疫情防控阻击战打响后，全区纪检监察干部全员进入战时状态，第一时间严明抗疫纪律，直插一线，靠前监督，紧盯隔离管控、医疗救治、物资供应、生活保障等环节，严查失职渎职、截留挪用等行为。全区共发现并督促整改问题163个，4名干部、1家单位被追责。开展对支持企业防控疫情复工复产的政策、措施落实情况的监督检查，选派纪检监察干部下沉企业，帮助解决实际困难问题36个，发出整改告知书127张。对株洲国信公司复工复产受阻问题，督促相关职能部门主动作为，化解矛盾，并持续跟进施工动态，确保企业项目顺利完工。围绕社会保障领域开展专项督查，督促相关部门取消不符合资格低保户2起，组织处理1人；开展医保基金专项整治，追回医保基金22.82万元。

【健全监督体系】2020年，区纪委监委做实监督全覆盖，增强监督有效性，切实把制度优势转化为治理效能。强化“六位一体”监督。信访监督、在线监督、专项监督、大数据监督、微信监督和办案监督贯通融合，推动了监督下沉、落地。其中“服务与监督微信群”的实践与运用，走出了一条纪检监察专责监督与群众监督、舆论监督上下贯通、有机结合的“新时代网上群众路线”。加强检举举报平台建设，使信访工作更加规范高效。切实发挥派驻监督“探头”作用。全年，各派驻纪检监察组与驻在单位党员干部开展日常廉政谈话68人次，紧盯廉政风险易发高发的重点领域、关键环节开展监督检查37轮次，立案3起，给予处分3人。向全区7个镇（街道）派驻监察办公室，授予镇（街道）纪（工）委监察权，监督触角不断向基层延伸。

【推动作风建设】2020年，区纪委监委坚持不懈正风肃纪，推动作风建设在坚持中深化、在深化中发展。坚定不移纠治“四风”（形式主义、官僚主义、享乐主义和奢靡之风），针对违规吃喝、违规收送红包礼金、违规操办婚丧喜庆事宜等老问题，紧盯隐形变异新动向，深挖细查，先后查处违反中央八项规定问题5起。大力整治形式主义和官僚主义，配合区委深入整治“文山会海”、检查考核过多、项目建设不力等重点难点问题，查处执法过程中不作为、慢作为和项目拆迁中不正确履职的问题。对典型案例点名道姓通报曝光，督促全区干部弘扬真抓实干工作作风，强化担当有为意识。旗帜鲜明支持干部干事创业，为1名受到错告诬告的党员干部澄清正名，将诬告陷害者李某移送司法机关，追究其刑事责任，保护干事创业的干部，狠刹诬告陷害风。

【标本兼治反腐败】2020年，区纪委监委坚持标本兼治，准确把握“不敢腐”“不能腐”“不想腐”的内在联系，努力增强反腐败的综合效应。强化“不敢腐”，始终保持惩治腐败高压态势。全年立案审查调查24人，给予党纪政务处分19人，收缴违纪违法资金1600余万元。在三年的扫黑除恶专项斗争中，共受理办结涉黑涉恶腐败和“保护伞”问题线索27件，立案9人，处分9人，移送司法机关2人。围绕“不能腐”，做好后半篇文章。深化以案促改，梳理案件背后暴露出的体制机制问题，下发纪检监察建议书4份，督促案发单位召开专题民主生活会和警示教育会，查办案件治本功能得到充分发挥。致力“不想腐”，涵养清正廉洁价值理念。大力加强反腐倡廉宣传教育，实时发布、推送廉政信息300余期。推动监督执纪由惩治“极少数”向管住“大多数”进一步拓展。全区运用“四种形态”（经常开展批评和自我批评、约谈函询，让“红红脸、出出汗”成为常态；党纪轻处分、组织调整成为违纪处理的大多数；党纪重处分、重大职务调整的成为少数；严重违纪涉嫌违法立案审查的成为极少数）占比分别为81.8%、14.3%、1.3%、2.6%，问责更加精准，实现了监督执纪的关口前移。

【巡视巡察工作】2020年，区纪委监委坚持把配合省委巡视作为重大政治任务，以高度的政治自觉、思想自觉和行动自觉协助区委狠抓巡视整改。坚持边巡边查、快查快处。年内承办省委巡视组移交信访件48件，已办结25件，立案4人；办理巡视移交问题线索8件，已办结5件。始终把牢政治巡察定位，高质量推进巡察全覆盖。全年开展3轮巡察，发现问题326个、问题线索7条，推动立行立改问题50个。截至2020年底，本届区委已完成对60个党组织的巡察全覆盖任务。强化组织领导，深化巡察成果运用，在全市率先成立以区委书记为组长的区委巡察整改工作领导小组，推动了巡察整改工作落细落实。

【强化自身建设】2020年，区纪委监委不断巩固拓展“不忘初心、牢记使命”主题教育成果，让纪检监察干部在抗击疫情最前沿、正风反腐主战场，砥砺政治品格、磨砺斗争意志、展现担当作为。通过开展全员培训，举办专题培训班，实行全员办案，跟班培训，纪检监察干部执纪审查调查能力明显提升。在选优配强队伍方面，坚持好干部标准，拓宽渠道精心选、补齐短板用心育、树立导向大胆用。年内区纪检监察系统共提拔重用7人，交流4人，补充新生力量2人，1名副科级干部被省纪委监委录用。

5月27日，荷塘区纪委监委以廉政主题辩论赛的形式举办第三期“80后”干部座谈会

（欧阳好）

群众团体

荷塘区总工会

【概况】 株洲市荷塘区总工会（简称“区总工会”）前身为株洲市东区总工会，成立于1973年9月，1997年8月因区划调整更为现名。是区委领导的工人阶级群众组织。下设区困难职工帮扶中心，为股级公益一类事业单位。有机关行政编3名，全额拨款事业编2名。主要担负维护职工群众的合法利益和民主权利；吸引职工参加改革，努力完成经济与社会发展任务；代表职工参与国家和社会事务的管理，参与企业、事业单位的民主管理；引导和教育职工提高自己的思想道德和文化技术素质等工作职能。

2020年，区总工会坚持围绕核心，充分发挥桥梁纽带作用，在推进常规工作的同时，创新载体，打造品牌，进一步发挥了工会组织的作用。先后荣获“湘阅读•工力量”2020湖南省职工主题阅读活动优秀组织奖、株洲市工会工作红旗单位、区绩效考核一类单位、区文明单位等荣誉称号。区总工会主席张岚被评为“全国优秀工会工作者”。

【政治引领】 2020年，区总工会党组书记、主席牵头抓意识形态工作，及时学习传达中央和上级党组织关于意识形态工作的决策部署及指示精神，把党的理论和路线、方针、政策贯彻落实到工会工作各方面、全过程。强化职工思想政治引领，认真组织学习中共十九届四中、五中全会精神及习近平总书记系列重要讲话精神，深化“中国梦•劳动美”主题教育，定期组织工会干部，引导企业职工学习，坚定思想信念，提高政策解读能力，引导广大职工坚定不移听党话、跟党走。充分利用职工学校、融媒体和网上工会等宣传阵地，加大宣传力度，以职工喜闻乐见的形式发出工会“好声音”，讲好工会“新故事”，弘扬工会正能量。

【职工活动】 2020年，区总工会以创新为导向开展劳动竞赛，引导广大职工创新创业、建功立业。利用微信、云视频等现代信息方式，开展了一系列丰富多彩的活动。联合区直机关工会组织各分会委员等100余人开展了“微培训”和“微抢答”；组织工会会员进行时事政治、党建、工会、禁毒知识等方面的技能竞赛活动；联合区教育系统工会举办2020年“教坛新秀”评选活动，选送10名选手去市参赛，4人在市级获奖。7 月，组织职工队伍参加市总工会举办的第二届“石峰杯”轨道交通产业暨全国和省职工职业技能大赛（部分项目）株洲选拔赛。联合区直属机关工委在国庆前夕举办了“庆国庆、爱祖国、颂英雄”朗诵（劳动技能竞赛）比赛，参加活动的干部职工以朗诵的形式，抒发了对祖国的热爱之情，热情地歌颂了在抗击新冠疫情、助力复工复产工作中涌现的先进人物和先进事迹。积极组织开展各类职工活动。5 月，组织全区基层工会主席开展了团队拓展训练、组织 20 多家企事业单位职工参加篮球赛，受到中国工会网的关注。5 月 24 日在仙庾镇耕食书院举办“地久天长”职工相亲会，为荷塘区企事业单位职工搭建“鹊桥”，并助力荷塘宣传和荷塘消费，受到各大媒体广泛关注。10 月，组织职工观影活动。11 月上旬，组织全区 2000 余名干部职工开展了以“激发职工新状态 助力荷塘新发展”为主题的荷塘区第五届职工健步行活动。12 月，组织参加市总工会举办的“贺岁杯”羽毛球赛，荣获冠军。

12 月，在株洲市总工会组织的“贺岁杯”羽毛球赛上，荷塘区工会代表队荣获冠军

【劳模表彰宣传】2020 年，区总工会通过广泛宣传劳动模范的先进事迹，大力弘扬劳模精神，进一步营造尊重劳模、学习劳模、争当劳模的良好氛围。“五一”期间，全区镇、街道通过悬挂横幅、制作宣传展板、滚动播放电子屏等方式宣传劳模事迹。在元旦等重要节日期间上门慰问劳模，9 月份带领 20 名各级劳模及抗疫医务人员开展疗休养活动。根据省、市总工会的安排部署，积极组织开展职工劳动模范评选活动。通过评选活动大力弘扬劳模精神、劳动精神、工匠精神，传递社会正能量。全区有 2 人荣获“湖南省劳动模范”称号，3 人荣获“株洲市劳动模范”称号，1 人被评为“株洲市先进工作者”，其中，省劳模刘丹丹被选入株洲市“双进”活动暨劳模事迹报告团成员。开展“网聚职工正能量，争做中国好网民”活动，以“中国梦•劳动美——决胜小康奋斗有我”为主题开展教育活动，分别在荷塘区官方抖音号——“荷塘青春志”和荷塘区官方媒体——“在荷塘”公众号上集中宣传劳模的先进事迹，激发奋进力量。

区总工会采购 10 万元物资慰问抗疫一线医务人员

【助力疫情防控】2020 年，区总工会根据湘工发〔2020〕9 号、10 号、12 号文件的要求，向职工、工会会员发放新冠肺炎疫情防控特别慰问消费券，将省级专项补助和区级补助资金合计 70.74 万元发放到辖区范围内 111 个单位、2808 人，同时将全面可发放的 7 个节日慰问费未发放部分提前一次性发放，引导广大职工、

工会会员积极消费，促进市场复苏。积极作为，主动服务，拨付采购10万余元物资率先慰问辖区一线医务人员，为奋战在“疫”线的职工及其家属送温暖、献爱心、奉真情。

【**精准帮扶**】2020年，区总工会积极开展各类帮扶活动。春节期间，对全区420名困难职工、劳动模范、抗疫一线人员等发放慰问物资共计14.3万元；对39名困难职工发放慰问金4.5万元；对3个全总级档案困难户发放疫情期间生活补贴、子女助学、大病救助3.58万元。通过走访慰问活动，为困难企业、困难职工、劳模等群体送上了党和政府及工会组织的温暖和关怀。开展第七期职工医疗互助活动，有效缓解职工因病致困的问题。全区有142家单位参加，共缴纳互助金额393310元，完成市总工会下达任务155%。其中6006人参加职工医疗互助活动，缴费金额360360元；有3295人参加女职工女性特殊疾病保障活动，缴费金额32950元。8月，对全区2198名高温一线作业职工开展“夏送清凉”活动，送去慰问金13万余元。为切实解决困难职工、农民工家庭子女上学难问题，为全区5名困难职工和困难农民工家庭子女发放助学金共计20000元。

【**工会组织建设**】2020年，区总工会将工会组建作为服务职工群众的重要抓手，按照“党建带工建，工建促党建”工作机制，坚持依法建会、分类建会，探索新常态下的建会模式，采取单独建会、联合建会等多形式、多渠道，将广大职工特别是货车司机、快递员、农民工等群体吸纳到工会组织中来。截至年末，全区工会系统货车司机等群体会员达到1752人。全区百人以上企业建会情况实现了动态清零，6万余名职工都有了自己的“娘家”。按步推进工会会员实名录入工作，组织各级工会负责人及社会化工会工作者深入辖区、企业，实地走访摸底，采取“边采集、边核查、边汇总”的工作模式，截至2020年底，全区已录入工会组织357个，工会会员43523人，超额完成年度任务100.31%。

【**基层工会管理**】2020年，区总工会推行工会工作绩效挂钩以奖代拨机制，加强对镇（街道）、园区工会工作目标考核。开展各系统、各行业工会主席联络联谊活动，充分调动工会干部工作的积极性和主动性。实行镇（街道）、园区工会联合会依法选举，规范工会社团法人登记、工会账户开设、工会经费收支管理，保障基层工会运转。充分发挥工会“大学校”培养人、教育人、凝聚人、引导人、塑造人的作用。完善工会干部职工教育培训机制，干部职工赴省、市和名校培训学习成为常态化；组织女职工参加心理咨询师、婚姻家庭咨询师培训；组织基层工会财务人员参加工会财务知识专题培训；每年组织一次基层工会主席进行拓展训练。深入推进社会力量参与工会经费审查。6月，率先在全市通过委托第三方公司建业审计事务所的方式，对辖区11个下级工会进行经费审查，2年内将所属下级基层工会全部审查完成。

【**建家工程**】2020年，区总工会按照“政策引导、经济支持、因地制宜、分步实施”的工作方针，深入推进“强基层、补短板、增活力”行动和“会站家”一体化建设，高标准建设工会阵地，打造工会活动和服务基地样板。年内重点打造金山街道工会联合会职工之家，已申报省级示范职工之家。株洲金山科技工业园被评为湖南省百佳工业园；株洲市荷塘区美的学校工会委员会和株洲市荷塘区月塘街道袁家湾社区联合工会被株洲市总工会命名为株洲市模范职工之家；国药控股株洲有限公司工会委员会后勤部分工会被株洲市总工会命名为株洲市模范职工小家。在辖区建立2个工会服务站，将辖区内商户、职工和居民群众紧密凝聚在一起，基本实现工会组织和工会工作全覆盖，形成社区党群综合体。桂花街道、金山街道、茨菇塘街道先后被评为省“六好乡镇”。

步增强。同时，为女职工专门开展心理健康讲座活动，开设《智慧女人之情绪篇》《正念助人及自助》等课程，为女职工提高幸福指数，减轻心理压力。

12月19日，荷塘区总工会组织开展“职工课堂”——《智慧女人之情绪篇》

【关爱女职工】2020年，区总工会按照以工会组织建设带动女工组织建设的思路，加强女职工组织体系建设，实基础，扩大覆盖面，做到女工组织与工会组织同步组建、同步改建、同步加强。坚持工会工作开展到哪里，女工工作就开展到哪里，坚持从组织建设方面为广大女职工发挥好“半边天”作用搭建平台。继在“职工之家”、大型商场等设立“母婴关爱室”后，2020年，又在国药控股公司、美的学校、园区大型企业工会组织中设立了“母婴关爱室”，为机关、企事业单位女职工提供优质温馨贴心的服务。为切实维护好女职工合法权益和特殊利益，在三八妇女节期间，会同区妇联一起积极开展女职工维权行动，通过微信等形式持续开展女职工权益法律法规政策的宣传普及工作，着力推动女职工维权宣传活动进企业、进车间、进班组，深化“七五”普法工作，组织女职工学习《湖南省女职工劳动保护特别规定》，在全区开展女职工维权行动月、宪法宣传日等主题活动，使女职工维权意识得到进一

【开设职工课堂】自“湘悦读•工力量”2020年全省职工主题阅读活动开展以来，区总工会通过板报、LED显示屏、微信群等宣传方式进行了大规模、全范围的宣传，努力做到“职工知晓主题阅读活动，人人参与主题阅读活动”。坚持对活动的各个阶段进行宣传报道，通过图片展示等形式让广大职工深入了解活动的精神实质和文化内涵， 做到“湘悦读•工力量”主题阅读活动成果人人共享。借助湖南省总工会和株洲市总工会的优质资源平台，以开设“荷塘区职工课堂”的形式开展了一系列的主题阅读活动。自9月开始，相继开展了《优质形象塑造与公务礼仪》讲座、联合樊登读书——株洲运营中心开展线上共读《幸福的方法》、《终身成长》线下翻转课堂、《正念助人及自助》心理健康讲座、《智慧女人之情绪篇》等一系列“职工课堂”活动。同时，积极指导下级工会加强对职工书屋文化阵地的建设，为广大职工搭建读书学习交流平台。“荷塘区职工课堂”系列活动得到了湖南24小时、潇湘晨报等知名

媒体的争相报道，区总工会荣获“湘阅读•工力量”2020湖南省职工主题阅读活动优秀组织奖，并推选本区一名女职工荣获“芙蓉悦读者”。

“荷塘职工课堂”系列活动之《优质形象塑造与公务礼仪》讲座
（谭　琦）

共青团荷塘区委员会

【概况】共青团株洲市荷塘区委员会（简称“团区委”）前身为共青团株洲市东区委员会，成立于1972年10月，1997年8月随区划调整更为现名，2001年设立专职书记。核定全额拨款行政编制2名。2020年，团区委在区委和团市委的坚强领导下，聚焦于提升团的组织力、引领力、服务力和大局贡献度的目标，引领凝聚青年、组织动员青年、联系服务青年，团结带领全区广大青年为建设幸福新荷塘贡献青春力量。团区委被评为2020年度全市共青团宣传工作先进单位；仙庾镇团委、茨菇塘街道团工委被评为市级“五四”红旗团委（团工委）；荷塘区人民检察院团支部；茨菇塘街道红旗村支部等多个团组织被评为市优秀称号；茨菇塘街道幸福办、 区产业服务中心、区检察院 3 家单位被评为“市青年文明号”荣誉称号。

【思想引领】 2020年，团区委牢牢抓住思想政治引领这个灵魂，在清明节、“五四”“六一”等节日时间点，举办“缅怀先烈致敬英雄”云祭扫、“遇见你•青春战疫”故事分享会、“让青春为祖国绽放”特别主题团日暨离队入团仪式、“喜迎少代会•争做好队员”入队仪式、“铭记历史•不负青春”青年观影等主题活动30余场，不断增强青少年对少先队及共青团组织的光荣感和归属感。深入开展“青年大学习”“青年讲师团”计划，推动团员青年政治学习制度化、日常化。发动各领域团员青年集中学习，“青年大学习”网络主题团课参与人数达到22553人次。挑选了7名各领域优秀青年组建“青年讲师团”，以疫情防控、乡村振兴等工作为主题，选树一批先进典型，深入村（社区）、学校开展主题宣讲。选出“优秀共青团员”“优秀青年志愿者”等团青个人和集体54个。

【青年志愿者服务】2020年，团区委紧紧围绕中心服务大局，在全区重点任务和中心工作中主动作为、勇于担当，展现荷塘青年的风采。迅速投身疫情防控，以青年党员、团员为主体，在卫健、城管、公安等重点行业系统及街道组建疫情防控青年突击队24支，全力参与上户排查、设卡测温、社区消杀、隔离关怀等联防联控工作。开展“为奉献者奉献”关爱疫情防控一线人员活动，为辖区16名驰援湖北前线和株洲定点治疗医院的医护人员提供家庭生活关爱、线上陪伴辅导、心理疏导等服务，累计发放慰问物资1.2万元。同时，组织青年志愿者为卫健、公安、城管系统、镇街等奋战在一线的工作人员免费提供暖心理发。深化“青春益起来”志愿服务。以“荷塘区青年志愿者协会”

“荷塘区大学生联盟”为载体，引导辖区青年投身公益服务，以青春正能量引领社会新风尚。寒、暑假期间，依托青年之家、青青E家活动阵地，举办“七彩假期•情暖童心”公益课堂，通过“团干部+社工+青年志愿者”模式，开展学业辅导、兴趣课程、安全自护、心理疏导等志愿服务。区青年志愿者协会被评为2020年湖南省“七彩假期”优秀县级青年志愿者协会。春运期间，组织辖区返乡大学生开展“情满旅途•暖冬行动”，以青春之名服务他人、奉献社会。积极推进乡村振兴青春建功行动。以青年视角推介大美荷塘，动员广大团员青年积极投身乡村振兴，开展3期“青春在荷塘•团团带你游”系列活动；依托“株洲共青团”“在荷塘”“共青团荷塘区委员会”微信公众号开展“青春助农”助销农副产品。深入挖掘、培育青年人才，其中杨家寨职业培训学校盛诺蓉被评为“第六届株洲农村青年致富带头人”。先后2次组织60余名青年志愿者开展“青春助春耕”活动。

【关爱青少年】2020年，团区委以青年喜闻乐见的互动方式开展“青春恋爱季”联谊系列活动4场，参与青年近200人；利用团官方微信公众号发布青年就业招聘岗位信息460余个，7家青年就业见习基地为146名大学生提供见习机会，积极组织开展各类考试公益课程，为应届毕业生及待业青年提供考前免费培训；开展“青年体验官”活动，组织青年走进消防、法院等，感受不一样的职业体验。区茨菇塘街道幸福办等3家单位成功创建市级青年文明号，并开展“号声嘹亮•青年文明号向祖国报到”活动。护航青少年成长。线上、线下同步开展青少年法治宣传教育，重点围绕《中华人民共和国民法典》中未成年人权益保护内容进行宣传教育。加强“12355”服务，组织第十九中学等6所学校开展“‘12355’•阳光行动”讲座，为考生提供考前减压服务。广泛开展青少年自护教育，在各学校安全教育的基础上，团区委在假期公益课堂上开设安全自护课，增强了青少年群体的自护意识和能力。做好重点青少年帮扶。由团区委牵头推进“青葵乐园”农村留守儿童社工服务、“照亮明天”未成年人关爱保护2个政府购买服务项目，为56名农村留守儿童、困境青少年提供精准帮扶。全年发放希望工程“一元捐”助学金、各类奖学金10.5万元。

【共青团组织建设】 2020年，团区委依托智慧团建系统，扎实做好团员管理、“学社衔接”等工作，严格团员标准和入团程序。加强团前教育和推优入团工作，严格落实“一人一号”团员发展调控计划，今年共发展团员354人，初中毕业班团学比控制在30%以内。加强“青年之家”建设，全年常态化开展学习交流、兴趣班、青年社工培训、人才沙龙、志愿服务等活动484场，增进青年群众的互动交流。扩大“两新”（新经济组织和新社会组织）领域，增强团组织有效覆盖。积极推动非公企业、社会组织建团，并印发《荷塘区“两新”组织团建工作手册》，从流程上规范、指导建团。加大对快递小哥、街舞青年等新兴青年群体的工作覆盖。高质量完成村（社区）团组织换届选举。超前谋划，以点带面，坚持“党建带团建”，通过“三严”工作法，周密部署，高质量完成24个村、38个社区团组织换届选举工作。新一届团组织班子成员平均年龄27岁，其中：30

岁以下 91 人；本科及以上学历 95 人，实现年龄学历“一降一升”。

【少先队员教育培养】 2020 年，团区委注重发挥仪式教育功能，规范性开展少先队入队仪式，并持续开展“迎接少代会”“建队日”“国旗下的讲话”“十四岁集体生日”等主题活动，增强少先队员光荣感和自豪感。开展“走红色之路、做红色传人”红领巾讲解员活动，培养了一批优秀少先队讲解员。以团教协作为契机，筑牢少先队组织基础。持续加强团教协作，出台区级少先队改革方案。以“星火”少先队名师工作室为依托，发挥优秀少先队辅导员的辐射带头作用，10 月，工作室被命名为株洲市首批少先队名师工作室。开展少先队辅导员专题培训，邀请全国知名专家授课，加强少先队辅导员队伍的政治素质和履职能力建设。以推优选树为方向，引领少先队向上向善。积极推报、选树各类先进典型。举办荷塘区 2020 年少先队工作经验交流暨表彰大会，用榜样引领前行。

12 月 24 日，荷塘区 2020 年少先队经验交流暨株洲市“星火”名师工作室挂牌仪式

（王思静）

荷塘区妇女联合会

【概况】株洲市荷塘区妇女联合会（简称“区妇联”）前身为株洲市东区妇女联合会，成立于 1973 年 8 月，1997 年 8 月因区划调整更为现名。是中共荷塘区委领导下的社会群众团体，其基本社会职能为团结、动员广大妇女参与经济建设和社会发展，代表和维护妇女利益，促进男女平等。核定行政编制 2 名，事业编制 1 名。下设妇女儿童活动中心。

2020 年，区妇联以深入推进妇联改革为契机，根据市妇联工作部署，围绕区委中心工作，坚持实事求是，走好群众路线，抓实“最美庭院”创建，做好“家”字文章，有力有序推进困境妇女儿童精准帮扶项目、探索建立妇女婚调、维权体系，提升全区妇女的幸福感和获得感。

【困境妇女帮扶行动】2020 年，区妇联依托“幸福荷塘”系列民生行动，策划、实施“妇”字号城乡帮困精准帮扶项目 5 个，联系社会组织、妇联组织、巾帼志愿者队伍，以项目化、专业化服务为困境妇女、青少年儿童、失能老人提供量身定制的一对一精准帮扶。5 个精准帮扶项目中共有帮扶重点个案 155 人，惠及近 500 人，第三方评估服务满意率达 99%，项目实施过程中有 40 余名帮扶对象加入爱莲萌志愿者队伍。区妇联牵头探索建立“赋能—增能—赋能”帮扶闭环体系，为帮扶对象在心理、经济、物资、医药、社交、就业等方面提供全方位立体支持。积极链接社会资源，为帮困项目筹得 22.5 万元善款用于个案帮扶。

【妇女儿童维权】建立荷塘区妇女儿童维权绿色通道，形成由区妇联统筹，区公安分局、区人民法院、区司法局、区检察院联动维权调解的工作合力，旗帜鲜明为妇女儿童撑腰。建立

“第一时间”答疑机制。开通法院立案庭全体法官24小时在线法援，为需要法律咨询的妇女儿童第一时间提供帮助。2020年，区妇联接访88件次，比2019年增加近3倍，办结率和满意度显著提高。拍摄反家暴宣传片、维权常识短视频、重点维权个案纪录片，在全区各便民服务站点和居民微信群进行播放推广，把妇女维权科普资料送达到群众手中。

【巾帼就业帮扶行动】2月底，区妇联开设了线上女性专场招聘会，联系多家企业，提供了118个工作岗位，一周内全部满员。开设线下女性专场招聘会2场，成功送107名失业、待业女性上岗就业。针对一些就业困难女性，区妇联提供了一对一联系用工单位，陪同面试、送人上岗、动态跟踪等全程服务，获企业、群众好评。

荷塘区妇联“巾帼助农”直播活动现场

【创建“最美庭院”】2020年，区妇联积极推进“最美庭院”创建工作。编制了“最美庭院”宣传推文、宣传手册，大力宣传“最美庭院”创建工作，实行月度抽查、季度考核。开展“最美庭院”示范村、示范户评选工作，共评选示范村5个，示范户45户，营造人人知晓、人人参与的创建氛围。积极助力乡村振兴，组织2场“巾帼助农”直播活动，为荷塘区滞销农产品带货，观看人数达16.5万人次，获点赞数163万，售出农产品10余万元，并帮助农户宣传产品品牌、拓展了销售渠道，在全区反响热烈。大力弘扬优良家风，在社区开设传统国学亲子共读共计1300余场，在改善亲子关系、和谐邻里关系方面成效明显。开展文明家庭、最美家庭评选活动，营造传承、弘扬文明家风的良好氛围。

【妇联组织建设】 不断织密建强妇联组织体系，增强妇联工作活力，推动妇联组织和妇女工作向企业、社会组织延伸拓展。2020年，荷塘区新建的10个妇联组织中，企业、社会组织妇委会共有5个。依托帮困项目、维权调解、“最美庭院”创建等重点工作，激发执委干事创业活力，培优炼强执委队伍前沿主力，让执委有舞台，有戏唱。一方面，把执委培养成项目带头人，另一方面，把志愿服务主力培养成执委。目前，荷塘区共有230余名执委参与城乡帮困项目志愿服务，农村执委全部参与“最美庭院”建设，常态化提供心理、法律、教育公益服务的执委有12人，提供维权调解公益服务的执委有41人。多次开展妇联执委、巾帼志愿者团建活动，执委、巾帼志愿者队伍不断壮大，2位妇联执委注册成立志愿组织。有序开展村（社区）妇联换届工作，截至目前，全区共有40个村（社区）完成妇联换届，政治坚定、表现突出的妇女代表均高票当选妇联主席。由于妇联组织建设的不断加强，无论是在就业帮扶、城乡帮困行动中，还是在矛盾化解、维权一线，都有妇联执委挺身而出，影响一批单位主动申请成立妇联组织，提高了组织覆盖率，执委参与率，群众满意率。

（张思思）

荷塘区归国华侨联合会

【概况】荷塘区归国华侨联合会（简称“区侨联”）成立于2017年12月，列入群团机构序列。核定全额拨款事业编制3名。

2020年，区侨联始终围绕全区中心工作，牢牢把握为侨胞务的宗旨，紧密团结全区归侨侨眷，在凝聚侨心、汇聚侨智、发挥侨力、维护侨益上做工作，充分发挥出侨联作为党和政府联系广大归侨侨眷和海外侨胞的桥梁和纽带作用，为荷塘区经济社会发展凝心聚力。

【归侨侨眷联络联谊】2020年，区侨联通过座谈、慰问等方式，加强与荷塘区定居归侨侨眷的联系，倡议他们经常联系、问候海外亲人，做好宣传推介本乡本土工作。利用春节、端午等传统节日，会同区委统战部代表区委、区政府走访慰问了重点归侨、侨眷，并向他们发放了慰问金和物资，将党的方针政策送到他们家中，鼓励他们安心生活，发展生产。组织1名归侨进行了体检。全面完成“民生100”实事中的慰问困难归侨侨眷工作。重点走访了在侨界有影响力、号召力、凝聚力的多名侨界代表人士特别是其中的青年一代，建立良好联系互动。

【发挥和维护侨力侨益】2020年，区侨联在发挥侨力，助推经济发展方面，广泛收集整理归侨、侨眷的海外资源信息和区招商引资信息，建立招商引资信息数据库，搭建海外侨商投资咨询平台。主动邀请市侨商会到荷塘区进行商务考察，为荷塘区经济社会发展助力。积极通过在区归侨侨眷向广大海外侨胞宣传荷塘，推荐荷塘，邀请他们回乡考察投资，为他们提供政策咨询等。年内已摸排全区3所高中“三侨生”、侨眷人数，落实高考加分政策；累计受理侨界群众来信来访及法律政策咨询5件，帮助归侨侨眷和海外侨胞解决实际问题4件，协调办理侨胞子女入学2名。

【侨情调查】2020年，区侨联为掌握家底，摸清侨情，继续在全区全面铺开侨情调查工作，分类建立老归侨、侨眷、侨企侨商、海外留学归国人员、海外华侨华人侨情数据库，加强对侨工作的宣传力度，调动广大归侨侨眷、海外华侨华人的积极性，更好凝聚侨心、汇集侨智、发挥侨力。开展换届筹备工作，广泛走访侨界代表人士，确定参会人员及侨联领导班子组成人员，全力做好侨联换届工作。

（焦薇薇）

荷塘区科学技术协会

【概况】株洲市荷塘区科学技术协会(简称“区科协”)成立于2012年8月，为中共荷塘区委领导下的人民团体。设主席1名，副主席1名，事业编制3人。2020年在职2人，其中主席1名，副主席1名。全区有注册科普中国信息员人数21722人，注册科技志愿者4793人。

2020年，区科协着眼科普工作社会化、精准化、信息化，积极整合社会资源，广泛宣传发动，全面推进科普信息化融合工作，构建适应大众需求的科普服务体系，全年传播科普文章 21.7 万余篇次，开展科技志愿活动 12 场次。区科协先后荣获全国科普信息员队伍建设优秀组织奖、湖南省科普信息传播竞赛优秀组织奖、全国科普日优秀活动奖、湖南省全国科普日优秀组织奖。区科协科普信息化融合发展工作被市科协作为“荷塘区典型经验”在全市推介。

【科普宣传】2020 年，区科协广泛发动参加湖南省第四届科学素质网络大赛，印发参赛宣传资料 34000 余份，参赛人员超过 5 万余人次。精心组织开展“科技活动周”“全国科普日”等系列活动。围绕 2020 年“决胜全面小康，践行科技为民”全国科普日主题，在仙庾镇开展 2020 年荷塘区全国科普日活动——科普助力乡村振兴，为当地村民发放科学种养、病虫防治、合理膳食等科普资料 5000 余册，并提供了葡萄种植现场培训，500 余人次参加了此次活动。积极引导农户树立现代农业、绿色农业、质量农业的理念，组织发动杨家寨等科普示范基地开展科学种养科普活动 6 场次，参与群众 1000 余人次。组织发动区全民科学素质领导小组成员单位、各镇（街道）、各基层科协开展各类科普活动 120 余场次，参与人数达 2 万余人次。在国家“十三五 ”公民科学素质测评工作中，荷塘区作为株洲市城区唯一抽样测评单位，组织月塘街道合泰社区、东湖社区，茨菇塘街道新月塘社区、余家冲社区及仙庾镇黄塘村，共抽取样本 120 份，高质量通过了此次测评。

【创建科普示范点】 2020 年，区科协认真组织开展市级科普示范点创建的指导、推荐工作。柏春水果种植科普示范基地被纳入株洲市“科普惠农兴村计划”，争取项目奖补资金 10 万元。

【表彰奖励】2020 年，在全国第四个科技工作者日到来之际，区科协组织开展了荷塘区“最美科技工作者”“最美科技志愿者”评选，共表彰奖励“最美科技工作者”11 名、“最美科技志愿者”12 名。积极落实区“人才十六条”政策，对飞鹿新材李德斌、硬质合金集团余怀明 2 位科技创新人才分别奖励 5 万元、3 万元，对 38 名青年科技人才共奖励 43.55 万元。

【调查研究及建言献策】2020 年，区科协组织科技工作者积极围绕荷塘区经济社会发展开展调研和建言献策，先后撰写了《强化人才要素，推进株洲制造业高质量发展的调研报告》《荷塘区央属企业“三供一业”分离移交调研报告》，提出了《关于在荷塘区设立一家工量刃具交易中心的建议》《关于涵养“荷塘工匠”人才的建议》等提案和建议 15 件，荣获区政协调研报告一等奖 1 篇、三等奖 1 篇，优秀提案 2 篇，被民进中央采用社情民意信息 1 篇，获市科协“抗疫情、稳生产、促发展，为党委政府科学决策”建言献策活动征文三等奖。

（游　隽）

荷塘区残疾人联合会

【概况】株洲市荷塘区残疾人联合会（简称“区残联”）成立于 2004 年 4 月，是归口区政府管理的群众团体（参照公务员法管理），为正科级单位。有编制 4 人，其中班子成员 2 人。内设办公室、业务股。主要工作职责是负责残疾人组织建设、教育就业、康复维权、宣传文体、社会保障、帮扶解困等工作；负责全区“中华人民共和国残疾人证”的管理和发放工作；负责残疾人就业保障金审核工作；负责宣传贯彻残疾人工作相关法律法规。

2020年，区残联坚持以“全面建成小康社会，残疾人一个都不能少”为奋斗目标，加大精准扶贫力度，创新工作机制，重点抓好残疾人在组宣、康复、教育、就业、维权、社会保障等方面工作，积极推进荷塘区残疾人事业与经济社会和谐发展。

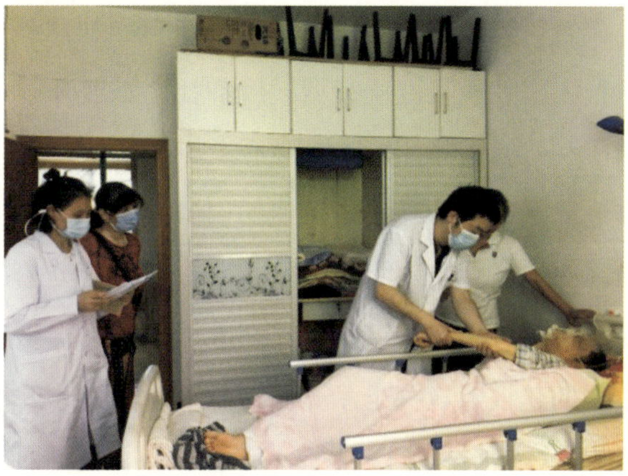

5月12—13日，荷塘区残联为辖区内20名瘫痪在床的残疾人进行上门评残鉴定服务

【“残疾人证”办理】2020年，区残联开展“残疾人证”到期换证和贫困户新办证清零专项行动，核查办证系统换证情况，摸排疑似残疾人未办证情况，主动对接辖区评残医院，为残疾人朋友提供免费上门评残服务。全年发放“残疾人证”778本；完成4727名持证残疾人入户走访工作，发放惠残政策读本5000份，调查走访入户率97.3%。

【助残公益及文体活动】2020年，区残联组织残疾人代表、托养机构、日间照料机构以及残疾人培训机构，网络观看全国自强脱贫和先进事迹网络报告会；在省、市残联、区政府门户网及其他网络媒体发布信息78条，营造扶残助残的好氛围。在第30次全国助残日，围绕“助残脱贫 决胜小康”主题，开展形式多样的系列助残活动；“六一”期间，举办了主题活动庆“六一”；全国肢残人日，组织41名残疾人开展免费体检公益助残活动；盲人节，组织参加“残健竞走，有爱无障碍”全市2020年盲协趣味竞走比赛活动；组织60名精智障残疾人及家属开展了“助残关爱 文体娱教”文化周系列活动。

5月13日，荷塘区残联在桂花街道向阳之家举办全国助残日趣味运动会

【残疾人教育及就业】 2020年，区残联全面开展未入学残疾儿童筛查、核实工作，协同区教育部门落实适龄残疾儿童入学问题；组织开展残疾人高中生、大学生及贫困残疾人家庭子女的教育资助工作，为57名残疾学生和贫困残疾人家庭子女发放助学金14.06万元；完成40家单位残疾人就业保障金征收年审工作，辖区机关、团体、企事业单位安排残疾人就业428人；对30户农村贫困残疾人家庭实施“农村残疾人阳光增收计划”扶持和培训，发放生产物资6万元；扶持10名城乡残疾人发展创业，发放创业扶持资金10万元；举办创业提升、农村实用技术、残疾人网络培训、专职委员培训等4期培训班，培训人次130人；完成180名精

神、智力及重度肢体残疾人的托养照护服务。

【残疾人康复及维权】 2020年，荷塘区大力推进残疾儿童康复救助工作，先后制定出台《株洲市荷塘区人民政府〈关于印发株洲市荷塘区残疾儿童康复救助制度实施办法〉的通知》《株洲市荷塘区残疾儿童康复救助资金结算办法》和《2020年荷塘区实施省重点民生实事工程和市“民生100”工程残疾儿童康复救助方案》等文件，加强康复资金管理，规范康复资金使用，并委托第三方机构蒲公英助残社会组织，对承接荷塘区残疾儿童康复训练的4家定点康复服务机构开展康复监测和检查，保证康复质量。全年投入资金61.65万元，为77名残疾儿童提供康复训练；投入资金5.55万元，为208名有辅具适配需求的视力、听力、肢体残疾人发放盲杖、助听器、轮椅、拐杖等辅具器具；为277名贫困精神病患者提供免费服药补贴13.85万元；完成2361名残疾人家庭医生签约服务工作；为175名肢体残疾人发放残疾人机动轮椅车燃油补贴4.55万元；投入资金3.5万元，为5户贫困重度残疾人家庭实施无障碍设施改造。处理来信来访8起、市长热线3起，均妥善处理和回复；受理残疾人免费公交卡代办申请业务90件。

【扶残脱贫攻坚】 2020年，区残联认真落实各项惠残政策，保障残疾人基本民生。开展“连千村帮万户”扶贫工程，结对帮扶残疾人6户；落实消费扶贫行动，安排经费5600元购买扶贫产品，推动扶贫产业发展；开展结对帮扶残疾人及“心愿卡”征集活动，对茶陵县思聪街道左垅村3户建档立卡残疾人开展结对帮扶；做好部门之间数据比对，结合动态更新工作，对残疾人两项补贴、重度残疾人代缴医保、养保等数据与民政、社保、医保部门进行比对、交换；落实贫困重度残疾人长期照料护理工作，依托民政部门的“友邻帮”服务资源，为11名重度残疾人提供邻里照护服务。

【助力残疾人抗击疫情】 2020年是新冠肺炎疫情大突发的一年，区残联积极引导残疾人应对疫情，帮助残疾人战胜疫情。为全区400余名残疾人发放中药汤剂2400余袋；开展特别关爱行动，为2020年春季参加高考的11名残疾考生发放1000元/人资助金；走访核查辖区盲人按摩店、残疾人个体工商户、残疾人私营业主等门店机构58家，助力残疾人稳岗就业，并发放疫情防控期间门店租金补贴8.6万元；发动基层残疾人志愿者积极参与抗疫工作，入户协助防控和排查，宣传抗疫知识；依托网络平台举办“抗击疫情书画艺术主题网络展”，组织全区残疾人艺术家展出一批优秀的艺术作品，在各类网络媒体发布抗疫信息，凝聚力量，在残疾人中传播抗疫正能量。

【率先在全市启动换发“残疾人证”工作】 10月10日，株洲市第三代（智能化）“残疾人证”换发启动仪式在荷塘区政务服务中心举行，全市各城区残联理事长、荷塘区所辖镇、街道残联及残联专职委员100余人参加启动仪式。株洲市残联理事长程轶辉、副理事长彭红宇、荷塘区人民政府副区长刘定光等领导出席仪式。仪式上，刘定光副区长代表荷塘区作致辞，程轶辉理事长宣布启动仪式正式开始。出席仪式的领导现场为优秀残疾人代表颁发株洲市首批第三代（智能化）“残疾人证”，标志着荷塘区在全市率先启动第三代（智能化）“残疾人证”换发工作。

10月10日，株洲市第三代（智能化）残疾人证换发启动仪式在荷塘区政务服务中心隆重举行

【召开区残联第三届主席团第五次会议】 12月22日，荷塘区残联第三届主席团第五次会议召开，区残联第三届主席团全体委员参加会议。区政府副区长、区残工委主任刘定光出席会议并讲话。会议通过关于增补荷塘区残联第三届主席团委员及调整荷塘区残联第三届主席团主席、副主席的决议；会议审议并通过区残联第三届主席团副主席、执行理事会理事长宋周伟代表第三届执行理事所作的工作报告。会议充分肯定2020年荷塘区残疾人工作取得的成绩，指出2021年残疾人工作要抓住机遇，谋求发展，不断提高和改善残疾人民生水平，推进残疾人全面实现小康社会进程。

（周　芬）

荷塘区工商业联合会

【概况】 株洲市荷塘区工商业联合会（简称“区工商联”）前身为株洲市东区工商业联合会，成立于1995年，1997年8月因区划调整更为现名。是区委领导的以非公经济人士和非公企业为主体的，具有统战性、经济性、民间性的人民团体和商会组织。2020年在岗在编5人，其中行政编制 2名，事业编制3名。内设办公室。

2020年，区工商联在区委、区政府领导下，围绕“两个健康”（非公有制经济健康发展和非公有制经济人士健康成长）主题，把握“统战性、经济性和民间性”有机统一的立会建会主脉络，努力在政治引领、推动发展、抗击疫情、关注公益、服务会员、商会服务六个方面下功夫，组织凝聚力和影响力持续增强，为推动区域民营经济高质量发展做出了新贡献。

【会员服务】 2020年，区工商联先后组织59名企业家参加全市民营企业金融培训、全省组织工作会议、民营经济数据统计会议；举办会员企业素质能力提升培训班，邀请著名形象管理师进行商务礼仪培训，邀请桂花税务所进行新税改政策和小微企业减免税政策解读。

【企业服务】 2020年，区工商联组织企业家赴芦淞区工商联学习，并赴成都考察。先后组织企业参加2020湖南（醴陵）国际陶瓷产业博览会、株洲自有品牌零供对接会、市消费扶贫暨农产品产销对接会及温暖企业行动“国企带民企、大手牵小手”系列之“中国动力谷十大消费品牌暨北汽产地车”走进荷塘区推介活动。区工商联、区金融办、区产业服务中心联合辖区10家银行金融机构，为168家企业提供授信10.55亿元，为150家企业放款共计2.65亿元，为43家小微企业办理贷款展期或无还本续贷

1.52 亿元。对企业兑现区本级制定的人才十六条、中小微工业企业贷款担保费补贴、瞪羚企业贷款利息补贴等政策资金 200 余万元。全力帮助企业申报上级项目资金，全年累计申报上报资金 5300 余万元。为企业对接用工服务 1.1 万余人，减免企业税收、社保、租金、电费等 2.5 亿元。

【组织企业投身疫情防控】2020 年，面对新冠肺炎疫情的突发，区工商联积极组织广大企业家发挥自身优势，为疫情防控作贡献。湖南兰天集团有限公司在疫情期间购买 4 台负压车，价值 120 多万元，捐赠给政府用于抗击疫情。宁康实业有限公司共计捐赠防疫治疗药品、防护物资（口罩、消毒液、酒精、防护帽、医用检查手套等）、核酸检测试剂盒 10 万余元，并通过红十字会捐赠现金 10 万元。

【引导企业关爱弱势群体】2020 年，区工商联积极引导企业关爱弱势群体，帮助困难群众解决实际问题。带领企业家助力荷塘区腾讯九九公益日，为困难群众筹集捐赠资金 10 万余元；联合株洲市退役军人创业园在区公益服务中心对全区城乡帮困骨干志愿者进行中秋节、国庆节慰问，共捐赠了价值 15000 元的月饼。汽车服务协会会长企业快易省积极为幸福荷塘志愿者提供了捐赠物资。

（胡跃玲）

荷塘区红十字会

【概况】株洲市荷塘区红十字会（简称“区红十字会”）前身为株洲市东区红十字会，成立于 1988 年 8 月，1997 年 8 月，随区划调整更为现名。为社会救助团体，主要宗旨是保护人的生命和健康，发扬人道主义精神，促进和平进步事业。2020 年，有编制 3 人，在职在岗工作人员 3 人，其中副会长 1 名。

2020 年，区红十字会结合新冠疫情防控等工作，组织党员、干部和志愿者开展上门入户宣传红十字精神以及“三救”（应急救援、应急救护、人道救助）和“三献”（献血液、献造血干细胞、献人体器官组织）活动，提高知晓率和影响力。同时突出宣传教育工作重点，要求各镇办、红十字示范社区利用电子屏、文化宣传栏等载体进行定期宣传，将红十字文化传播和居民社会道德建设融入其中，潜移默化营造良好的红十字宣传氛围。

【宣传工作】2020 年，区红十字会将宣传工作作为全年工作重点，结合建设高水平文明城市、“三献”、应急救护等工作，组织上门入户宣传。积极开展主题宣传活动。在“5•8”世界红十字日宣传活动中，展出大型板报 1 块，发放宣传资料 2000 余份，联合株洲市人民医院为 600 余名群众提供了义诊。在 9 月世界急救日宣传活动中，展出大型板报 2 块，发放宣传资料 2000 余份，联合株洲痔瘘胃肠医院为 300 余名群众提供了义诊。11 月，组织各镇办、红十字示范社区开展弘扬抗疫精神、决战脱贫攻坚、纪念抗美援朝主题宣传活动，共制作宣传栏板块 15 个。

【“三救”工作】春节期间，区红十字会组织开展“红十字博爱送万家”慰问活动，向 161

户困难家庭每户发放1袋大米和1瓶油，共计2万余元；向16名特困群众发放慰问金共计8000元。年内为全区困难居民成功申请省红十字会重大疾病补助8例。争取市红十字会、区政府的大力支持，在株洲市烈士纪念园新建1处备灾救灾物资仓库，并获得株洲市红十字会、荷塘区应急局捐赠的急救箱、棉被、帐篷等备灾物资。

【“三献”工作】 2020年，区红十字会通过广泛宣传发动，先后有1550人踊跃参加了无偿献血，献血量465000毫升；有2名群众登记自愿捐献遗体和器官，相关资料已上报株洲市红十字会。

【开展“光明行动在株洲”活动】 2020年，区红十字会积极响应市红十字会关于开展“光明行动在株洲”活动的号召，积极组织各镇（街道）开展贫困家庭白内障患者摸底工作，免费为18名白内障患者在株洲市中心医院进行了眼科手术。

【疫情防控】 年初新冠肺炎疫情突袭而至，2月14日至5月初，区红十字会组织30名志愿者，蹲点南岳岭社区，宣传科学防控疫情知识，协助健康监测和入户排查，向市红十字会申请调运了10顶急救帐篷，为各镇（街道）疫情防控监测点工作人员及过往群众提供方便。

【创建红十字示范社区】 2020年，区红十字会积极开展创建红十字示范社区工作。石子头、荷叶塘、601、野鸭冲、文化路、湘华、430、向阳8个试点社区已相继完成红十字社区服务站阵地建设，基本达到创建要求，并普遍在创新应急救护培训模式、普及慢病防控干预知识、养老照护技能培训、人道救助、志愿服务活动等方面取得了积极成果。

月塘街道野鸭冲社区红十字工作站开展义诊活动

【志愿者培训】 9月，区红十字会邀请湖南省蓝天救援队讲师，向社区专干、志愿者共30人开展现场救护培训。10月，向湖南省红十字会送培救护师资1人。通过理论与实践演练的结合，不断提高了志愿者救护能力和水平。积极招募红十字志愿者，充分发挥社区志愿者更熟悉社区工作、更接近社区群众的优势，有针对性地做好开展帮扶救助、敬老爱老、关爱青少年成长等志愿服务活动。

应急救护培训

【志愿者服务】 10月25日重阳节，荷塘区红十字会发动五心志愿服务队 30 名志愿者，走进 601 盛康幸福里安养院，帮老人做家务、陪老人散步、表演文娱节目，陪老人们度过了一个开心快乐的老人节。

（魏　然）

荷塘区文学艺术界联合会

【概况】 株洲市荷塘区文学艺术界联合会（简称“区文联”）成立于 2016 年 1 月，是中共荷塘区委领导、区委宣传部主管的文艺界人民团体，为正科级，核定事业编制 3 名。

2020 年，区文联带领区 9 个专业协会，坚持以习近平新时代中国特色社会主义思想为指导，全面贯彻落实党的十九大和十九届二中、三中、四中、五中全会精神，统筹动员广大文艺工作者积极投身抗击新冠肺炎疫情文艺创作，紧扣决胜全面建成小康社会、决战脱贫攻坚等重大主题，紧紧围绕“举旗帜、聚民心、育新人、兴文化、展形象”的使命任务，自觉履行新时代文联职能，积极践行社会主义核心价值观，在“队伍建设、人才扶持、精品创作、文艺展演、文化惠民”等方面主动作为，为繁荣发展新时代社会主义文艺事业和建设幸福新荷塘作出积极贡献。先后荣获“2020 年度湖南省文联系统先进单位”“株洲市 2020 年度文明单位”等荣誉称号；区文联主席蔡灵敏被评为“2020 年度荷塘区最美战‘疫’先锋”。

【召开文联系统工作总结大会】 1 月 16 日，2019 年度荷塘区文联系统工作总结会在荷塘区政府召开。荷塘区委常委、宣传部部长田灿主持会议，荷塘区政府副区长罗曼宣读表彰决定。株洲市政协原副主席、株洲市诗词协会主席贺夏盛，株洲市文联党组书记黄勇，株洲市文艺名家，区文联各文艺协会、文艺骨干代表等近 70 人出席会议。会议全面回顾总结了区文联 2019 年度各项工作完成的有关情况，并对“先进协会、优秀协会、最美文艺志愿者服务团队、优秀文艺工作者”进行表彰。

2019 年度荷塘区文联系统工作总结大会合影

【主题文艺活动】 2020 年 5 月 23 日为第 7 个中国文艺志愿者服务日，区文联与区诗词楹联协会的近 30 名诗词专家、会员，以文艺志愿小分队的形式走进仙庾镇樟霞村、仙庾岭村等地，开展“领略荷塘美，诗赋新农村”诗词采风创作活动，并对如何繁荣荷塘区诗词文化、提高写作创新能力进行深度座谈交流。活动邀请了市诗词楹联协会会长贺夏盛、市原书法家协会主席汤树林一行 13 位协会主席团与知名文艺家莅临现场交流指导。组织区舞协文艺志愿者近 25 人，前往市文化园世纪广场，参加市文联主办的 2020“健康动起来”公益培训暨株洲市文艺志愿者服务活动启动仪式。2020 年，区文联围绕抗击新冠肺炎、建党 99 周年、扶贫攻坚、乡村振兴、国庆节、中秋节等重大节庆与重大事件、项目，主动设置议题，深度策划组织参与各类展演活动近 30 场。双向联动区相关各部门、企事业单位，开展文艺进机关、进社区、进校园、进企业等惠民活动，开展送春联送福、荷塘公益讲座等公益活动近20场，惠及群众近3000人次。新吸纳近30名文艺骨干作为各协会副主席、理事进行重点培养；发展荷塘区舞蹈培训领军人才，株洲市天星艺校校长窦强为区舞协副主席，并发展陈晓微、李其曼等90后文艺新人担任各协会重要职务；组织荷塘区窦强、陈晓微等5人参加中国文联重点人才培训。运用新兴媒体造势，利用中国文联、“在荷塘”“荷塘文联”公众号、株洲文艺窗等网络平台，有计划地推出代表区域艺术创作水平的文艺家和拔尖人才，专题宣传报道全年共先后推送个人近20期。

【送春联送福活动】 春节来临前夕，区文联带领区书画名家丁华成、晏云、陈伟红、李运南、颜洪、钟建文、丁珂等近20名文艺志愿者，开展“祖国新春好•幸福进万家”活动，分别深入荷塘区红旗广场建宁驿站、区嘉德工业园、区金山科技工业园、景业山湖湾小区、逸都花园小区、仙庾镇政府、馨香小区、南岳岭社区、区城管环卫一线基层等多地，开展送春联送福惠民活动10余场，为近1600名群众带来笔尖下的“年味儿”，书写喜庆春联、“福”字近1600副，送去新春挂历近200副。

【召开舞蹈家协会工作座谈会】 4月2日，区文联召集区舞蹈家协会在区政府1号楼附楼区文联会议室召开2020年荷塘区舞蹈家协会工作交流座谈会。区文联主席蔡灵敏、区舞蹈家协会主席团、理事会成员等近25人参加会议。会议对新吸纳的区舞协理事进行举手表决，总结了2019年度工作成绩与亮点，传达了株洲市舞协年初的工作会议精神，并对区舞协下一步围绕党委和政府，服务基层群众，持续开展“公益舞蹈进校园”“荷塘区舞蹈精品展演”等多个文艺惠民活动进行了安排与动员。

【“书香悦荷塘”系列网络活动】 2020年4月23日是第25个“世界读书日”，区文联携荷塘读书会、团区委、区政务服务中心、区作协举办“荷你悦读”网络视频好书分享会活动，并联合天元区图书馆、韵动书屋等友好单位，一起开展“我与读书那些事”网络主题征文活动。

【市文联调研指导耕食文旅小镇文化建设】 5月9日，荷塘区邀请市政协副主席、市文联主席周煦惠带领市文联、市美协文艺家一行18人赴仙庾镇调研指导耕食小镇项目的文化建设。区委常委、统战部部长王顺安，区委常委、宣传部部长田灿陪同调研。区荷塘月色事务服务中心主任汤灿、区文联主席蔡灵敏、区仙庾岭风景名胜区管理服务中心主任黄强、耕食小镇总经理欧阳华、副总经理许建辉、李重华等相关负责人参加调研座谈。

【区书法家协会召开理事扩大会议】 5月12日，荷塘区召开区书法家协会2020年理事扩大会议暨株洲市书法名家工作交流座谈分享会。区文联主席蔡灵敏、区书法家协会主席团、理事会成员等近40人参加会议。株洲市书法家协会主席楚石、著名书法家丁华成及市书法家协会主席团彭卉轩、叶建平、陈勇、谭必清、王志良等应邀参加座谈并指导。会上，对区书协新增补的秘书长、理事进行提名并举手表决；区书协主席晏云对 2019 年协会工作进行了总结汇报，并对 2020 年协会工作进行安排部署。会议集体学习了区文联 2020 年工作要点文件精神、区协会理事管理制度、财务工作系列制度，并对各项工作的执行落实进行了再次动员与安排。

【手机摄影公益讲座进基层】 7 月 8 日，区文联组织区摄影家协会以文艺志愿者身份深入到基层，与区网格化管理服务中心联合精心组织，为荷塘区近 70 名社工、志愿者们带来了一堂生动实用的手机摄影技能公益讲座。本次活动，区文联派出中国摄影家协会会员、荷塘区摄影家协会副主席胡子平担任主讲嘉宾。胡子平以“手机摄影与修图技巧”为主题，围绕“手机摄影、构图、主题表达和趣味拍摄技巧、案例讲说、指划修图”等 5 个方面进行了讲解。

区戏剧家协会常务副主席、株洲红楼越剧艺术团团长杨红讲课

【《戏曲文化与越剧赏析》公益讲座】 7 月 24 日，区文联组织区戏剧家协会常务副主席、株洲红楼越剧艺术团团长杨红在当当书店为广大戏迷朋友带来《戏曲文化与越剧赏析》公益讲座。主讲嘉宾杨红从戏曲的构成与特征、中国戏曲的发展历程、戏曲的行当、越剧的形成和流派特点、越剧唱腔学习的方法与技巧等方面进行讲解，并对中国经典优秀的《天上掉下个林妹妹》等越剧作品进行集体欣赏解析。此外，杨红还携本土知名越剧老师团队近 20 人为大家演绎了经典的《杨开慧•记得当年清水塘》等 4 个越剧选段。

【书法讲座与书法协会开班】 6 月 2 日，区文联组织荷塘区书法家协会晏云、陈子龙、李运南、刘湘宁一行 9 人，以文艺志愿小分队形式深入到株洲车辆段，与职工开展了“幸福荷塘•文化润民”公益惠民讲座暨“文艺进万家•健康你我他”活动，将传统书法文化送进企业。株洲车辆段党委书记黄岚、车辆段工会、车辆段墨韵书画协会负责人以及该企业的书法爱好者近 70 人参加活动。8 月 21—23 日，由湖南省青年书法家协会主办的第六届国展冲刺公益班（株洲班）在株洲市荷塘区艺术品城区文联书画创作交流基地（潇湘烟雨工作室）开班。公益班共录取学员 45 人，包括书法专业生 7 人，省级会员 7 人，其他书法爱好者 31 人。学员主要来自株洲市区以及攸县、茶陵等各个县区，其中来自荷塘区的书法学员人数最多。8 月 23 日下午，全国青联委员、湖南省青年书法家协会主席梁理，株洲市书法家协会主席团、区文联主席蔡灵敏等相关领导与书法名家，应邀参加此次公益培训班的结业典礼，并为学员颁发结业证书，为优秀学员颁奖。

【诗词楹联公益讲座】 9 月 11 日，区文联、区诗词楹联协会、荷塘读书会邀请株洲市诗词楹联专家梁晃岚开展 2020 年“幸福荷塘•文化润民”荷塘大讲堂第 28 期主题公益讲座——《漫谈传统诗词和楹联常识及创作简介》。活动由区政协二级调研员、区诗词楹联协会会长陈立塔主持，原区人大常委会主任吴功传、原区人大常委会副主任曾育军、区委宣传部常务副部长张智春、区文联主席蔡灵敏以及区诗词楹联协会、荷塘读书会、机关干部、区教育局教师代表、广大诗词爱好者等近60人参与学习。

【诗词楹联书画展】 9月28日，由区文联主办，区诗词楹联协会、区书法家协会、区美术家协会联合承办的2020年“庆国庆•吟中秋•颂荷塘”诗词楹联书画展，在荷塘区政府2号楼2楼大厅开展。本次展览利用区文联各协会的专业资源优势，积极开展协会跨界融合，形成工作合力，创新性的将“赞祖国、颂荷塘”系列区原创诗词楹联创作与区书画艺术再次创作进行互动结合，旨在传播与感受诗词楹联、书画之美。本次展览展出3个协会合力创作的诗词楹联、书画作品近50幅，展期20天。

“庆国庆•吟中秋•颂荷塘”诗词楹联书画展展出作品

【株洲市文艺名家到荷塘区调研采风】 10月26日，荷塘区迎来一批株洲市重量级文艺名家来到明照湖公园、仙庾镇樟霞村开展调研采风活动。采风团一行有株洲市委宣传部原副部长、讲师团原主任何辉宇，湖南省作协原副主席、株洲市著名作家聂鑫森，株洲市文联名誉主席、株洲市美术家协会主席周伟钊，中国作家协会会员、株洲知名作家叶之蓁，株洲知名作家王亚等文艺名家，区领导王顺安、文韶松、刘定光、朱福兴等分别陪同。

【区文联、区作家协会赴仙庾镇采风】 11月28日，区文联、区作家协会来到仙庾镇开展“走进仙庾、情系乡村”文学采风活动，区文联主席蔡灵敏，株洲市作协副主席、荷塘区作家协会主席张雄文，荷塘区仙庾风景管理处主任黄强以及区作家协会知名作家、重点作者一行20余人参加活动。采风团一行参观走访了著名人文景点仙庾古庙、文昌阁、文殊寺、古孝子老莱子捐碑、南宋文学家凌登龙墓、耕食书院等，感受孝道文化、宗教文化、书院文化、名人文化四大文化。随后又赴荣获了“株洲市文明村镇”“株洲市美丽乡村建设示范村”等称号的仙庾镇樟霞村，体验了美丽乡村建设示范村的风采。

【演讲艺术讲座】 12月8日，由区委统战部、区委宣传部、区文联联合主办，由荷塘读书会执行承办的《主题演讲文稿撰写及演讲语言艺术呈现》讲座在区政府2号楼12楼会议室举行。本次活动邀请株洲市朗诵家协会主席、著名语言艺术家张海松担任主讲嘉宾。讲座由区文联主席、荷塘读书会负责人蔡灵敏主持，区委常委、统战部部长王顺安参加活动并讲话；来自区机关党员干部、区统一战线各界人士和区各民主党派、新联会、无党派人士、荷塘读书会书友以及广大演讲、诵读爱好者近70人聆听座谈。

【朗诵名家张海松荷塘小学讲学】 12月23日，

一批演讲、诵读爱好者齐聚荷塘小学多功能报告厅，听取朗诵名家张海松《朗读艺术与朗诵艺术的审美区别》主题讲学。这是2020年冬季荷塘读书会线下系列学习活动之一。本次讲学活动由区文联、区教育局联合主办，荷塘读书会执行承办，荷塘小学协办。区文联、区教育局、荷塘小学各级领导及全体语文老师近80人参加学习讲座。

（蔡灵敏、刘天文）

荷塘区计划生育协会

【概况】株洲市荷塘区计划生育协会（简称“区计生协会”）前身为株洲市东区计划生育协会，成立于1986年4月，1997年8月因区划调整更为现名。是荷塘区列入参照《中华人民共和国公务员法》管理的9个全区性人民团体和群众团体之一。2020年，荷塘区有计生协会组织11个，会员2531名。其职责是发挥广大会员带头、宣传、服务、监督、交流作用为育龄群体和广大群众服务；协助政府稳定人口低生育水平，推行优生优育，提高出生人口素质，解决出生人口性别比偏高问题，实现国家人口与计划生育的目标和任务。

2020年，区计生协会为辖区523人购买计划生育特殊家庭综合保险，为513人购买计生特殊家庭护理补贴保险，共投入资金13.71万元。根据省计生协会出台的相关申报标准，1个街道获得2019年省级计生基层群众自治先进乡镇（街道）、2个村（社区）获得2018年省级计生基层群众自治先进村（居、社区）；1人获得省级计划生育协会疫情防控工作先进个人。

【会员活动日】 5月29日，是中国计生协会成立40周年，也是全国计生协会第22个“会员活动日”，区计生协会组织开展了以“壮阔四十年，奋斗新时代”为主题的“5•29”会员活动月活动，活动内容包括最美抗疫人、工作典型、优秀基层计生协会、优秀会员优秀书画和摄影作品等评比活动，对评选出的7个优秀基层计生协会、39名最美抗疫人、10名工作典型、16名优秀会员、15名优秀书画作品作者和15名优秀摄影作品作者进行了现场颁奖。

【计生协会项目建设】2020年，区计生协会狠抓计生系列保险项目，其中赔付计生综合保险案件83人（件），赔付金额13.96万元，赔付率119.3%；赔付计生护理补贴保险案件78人（件），赔付金额13.11万元，赔付率168%，增强了计生特殊家庭的抗险化灾能力。其中赔付1万元以上的22人。狠抓生育关怀项目，筹资6万元，对全区计生特殊家庭、计生困难家庭、湖北籍学生等350名对象进行了走访和慰问。狠抓计生特殊家庭重病大病住院护理补贴项目。年内，辖区有54人享受计生特殊家庭重病大病住院护理津贴补助，金额15.1万元。年内荷塘区成功向国家计生协会申报“暖心家园”项目1个；省计生协会“计划生育家庭创业贷款贴息项目”1个；市计生协会“三结合项目”1个。

（陈　敏）

法 治

政法及综治

【概况】中共株洲市荷塘区委政法委员会（简称“区委政法委”）前身为中共株洲市东区区委政法委员会，成立于1982年8月，1997年8月随区划调整更名为中共株洲市荷塘区委政法委员会。内设办公室、政治部、政治安全室、维稳指导室、综治督导室、执法监督室。现有在编在职人员10人。在辖区内担负指导、监督、协调公、检、法、司工作；组织社会治安综合治理等职能。

2020年，区委政法委认真贯彻中共十九大精神，紧紧围绕中央、省委、市委和区委的决策部署，坚持以人民为中心，履行职责使命，维护全区社会大局和谐稳定，促进社会公平正义，保障人民群众安居乐业，各项工作齐头并进。荷塘区连续14年保持“平安县市区”的称号，2020年再次被省委、省政府评为年度全省综治考核评估“先进县市区”。

【维护社会和谐稳定】2020年，区委政法委牢牢把握“稳中求进”工作总基调，成立区维护社会稳定联席会议领导小组，多次组织参与东部美的城、恒大林溪郡、恒大御景湾、福达置业、新凯龙、医药大厦等群体集访稳控工作，接访劝返群众200多人，调处非正常死亡事件7起。在全国“两会”、国庆、十九届五中全会等重大节点特护期间，劝返进京上访人员17人次，实现进京非访“零登记”。健全区委国家安全委员会，制订2020年度荷塘区国家安全工作细则、荷塘区国家安全工作领导小组职责和制度、荷塘区国家安全情报信息管理工作职责和制度，加强了全区国家安全工作的领导力量。紧盯黄赌毒、盗抢骗、网络传销、电信诈骗等群众反映强烈的突出违法犯罪，全年共侦破现行刑事案件633起，刑事打击491人。全区刑事发案2071起，同比下降10.9%，实现全区刑事发案4年连降。开展重案攻坚行动，成功侦破“2006—07—29”入室抢劫杀人案和“2008—09—11”抢劫杀人案，形成打击犯罪的强大震慑力。

【推进社会治理创新】2020年，荷塘区进一步对“网格化+综治中心+雪亮工程”进行升级改造，投入高清视频探头试运行以来，协助还原偷盗犯罪现场1起，查找犯罪嫌疑人1起，还原交通事故现场1起，社会治安联防体系初步形成。推动“一站式”多元解纷和诉讼服务体系建设与“一门式”政务改革相结合，在全市率先建成集立案服务、自助服务、多元调解、集中送达、信访服务于一体的“一站式”诉讼服务中心，提供材料收转、档案查询、联系法官等诉讼服务 2 万余人次。持续开展“平安创建”活动，制定下发《荷塘区深入开展“平安创建”活动的实施方案》，评选出平安村（社区）12 个、平安单位 10 家、平安校园 3 所、平安企业 5 家、平安交通 4 家、平安医院 2 家、平安小区 8 个、平安家庭 473 个，平安联创联建初步形成。

12 月 2 日，中国政法大学政治与公共管理学院教授潘小娟（左三）率课题组到荷塘区调研城乡基层治理工作

【促进公平正义】2020 年，区委政法委始终坚持走群众路线，认真做好涉法涉诉信访工作。共受理信访 21 件次，全部核实处理到位。开展司法救助，全年救助 3 案 3 人，共计 11 万元，切实维护了被害人合法权益，化解了社会矛盾风险。

【扫黑除恶专项斗争】2020 年，区委政法委组织深入开展“六清”（线索清仓、逃犯清零、案件清结、伞网清除、黑财清底、行业清源）行动，建立健全常治长效机制。全年全区共打掉黑社会犯罪组织 1 个、恶势力犯罪集团 3 个、恶势力团伙 3 个，成功抓获“百日追逃”行动中的 4 名逃犯，公开宣判 2 名公职人员涉嫌充当恶势力保护伞案，查封、冻结、扣押涉案资产 10 亿元。联合十大行业领域牵头主管部门对群众反映强烈的社会乱象开展专项整治，重点整治月塘街道、市场流动和金融放贷领域，着力实现行业领域无乱象、“黑恶”滋生无空间。组织召开线索会商 8 次、牵头复核中央督导组督办线索 14 条，办结省移交线索 1 条，累计发放相关资料 5 万余份。

【坚守疫情治安防线】年初，新冠肺炎疫情突袭而至，区委政法委统筹全区政法干警在积极投入疫情防控的同时，切实从严从快打击危害疫情防控的犯罪行为，加强日常巡查及无物业小区的管理，查处违法人员，确保全区社会秩序良好。在疫情防控期间，督促快速侦破王某利用微信朋友圈销售口罩骗取他人钱财一案，成为株洲市首例审判的防疫物资诈骗案。立案查处刘某酒后驾驶小型客车撞毁宋家桥街道疫情防控岗亭后逃逸案，维护了正常的疫情防控秩序。

【优化营商环境】2020 年，区委政法委制定了《荷塘区政法系统 2020 年温暖企业行动工作实施方案》，成立了荷塘区政法系统温暖企业行动工作领导小组，加大对知识产权的保护力度和涉企执行案件工作力度。新冠肺炎疫情防控期间，积极助力复工复产，共走访、电访企业近 200 家，专访复工复产企业 175 家，及时协调解决企业复工复产中的困难问题 30 余个，协助 90 余家非公企业复工复产，办理涉企案件 5 件 8 人。

【舆论宣传】2020年，区委政法委认真总结近年来荷塘区创新社会治理的案例和亮点，争取到中央电视台到荷塘区拍摄无物业小区管理自治和友邻帮的专题纪录片。6月，“创新方法精准帮扶相对困难群体”的案例成功入选全国创新社会治理100个典型案例，在全国进行了推介。撰写的《创新治理建设幸福新荷塘 株洲全方位破解社会综合治理难题》荣获株洲市政法系统优秀新闻作品二等奖，形成了良好的宣传效果。

（李 慧）

公 安

【概况】株洲市公安局荷塘分局（简称“公安荷塘分局”）内设7个派出所、8个业务大队和5个综合部门，有在职民警331人。

2020年，公安荷塘分局在区委、区政府和市公安局的坚强领导下，始终以争创“三个一流”（建一流班子，带一流队伍，创一流业绩）为目标，全力做好战疫情、防风险、保稳定、护发展各项工作，取得了较好成效。分局连续4年被评为全省执法质量考评优秀单位；荣获全市政法工作先进集体；以满分的成绩赢得2020年度全市公安机关平安建设优秀单位。

【坚守防疫一线】面对年初突然突发的新冠肺炎疫情，1月24日，公安荷塘分局召开疫情防控联动紧急调度动员部署会议，全局民辅警放弃休假，全力以赴投入疫情防控工作中。分局成立以荷塘区副区长、公安分局局长黄团结为指挥长的新型冠状病毒感染的肺炎疫情防控工作指挥部，制定了分局防控疫情工作方案，明确职责任务和内部分工。同时，建立工作协调、舆情监控、排查管控、警务督察、应急处置等多个专门工作组同步开展工作。坚持“内防扩散、外防输入”，线上通过大数据进行分析、研判，全面摸清涉疫风险线索。线下对湖北旅居人员逐一通过电话、上门等形式核查，实施精准防控，在全区各高速路口、交通要道全部设置卡口，堵住疫情传播路径。强化防控举措，对居家隔离观察者，与区职能部门共同落实“五包一”措施。巡警大队警航中队，发挥技术优势，坚持开展无人机空巡。

成立疫情防控青年突击队

【维护社会稳定】2020年，公安荷塘分局出台了《2020年荷塘区城乡社区政治安全和社会稳定风险报告》，对全区1镇6街道、62个社区（村）的风险隐患进行大起底。以社区为风险防控最小单元，构建区镇村三级公共安全防线，把风险隐患化解在初期。经侦大队创新建立的涉众型经济犯罪“四实”机制和金山派出所在金钩山村依托基层党组织建立的“警+N”风险防控化解工作模式，分别被省公安厅经侦总队和省公安厅县域警务办专题推介。恪守维稳职责，力保大局平稳。

【夯实基层基础】2020 年，公安荷塘分局全面强化户政管理。圆满完成了第七次全国人口普查、户口整顿、指纹补采、公安服务平台推广等工作，推行网上预约、办证、答复、咨询等便民举措，解决群众办证的困难，赢得老百姓的口碑。全面开展安全检查。对辖区内各种安全隐患开展常态化检查，及时发现、查处各种安全隐患。严格落实“护学岗”制度，督促整改安全隐患 25 处，确保了全区校园安全事故“零发生”。全面提高防控能力。大力开展“四巡四防”工程，加强“一村一辅警”的考核管理，新组建一支 15 人的备勤处突中队和机关干部突击队，进一步强化社会面管控。推进“雪亮工程”建设，初步完成民用视频监控并网建设，有效震慑了犯罪。全面开展基础建设。月塘派出所新业务大楼竣工启用，分局新执法办案中心建成投入使用，桂花派出所新业务技术用房已开工建设，茨菇塘派出所新建项目已提上日程。分局一楼执法办案区提质改造完成，食堂基础建设得到彻底改造。

【打击违法犯罪】2020 年，公安荷塘分局始终对违法犯罪保持严打高压态势，实现全区刑事发案五年连降，现行命案连续 9 年保持 100% 破案率。严打突出违法犯罪。全年共侦破现行刑事案件 986 起，刑事打击 512 人，刑事发案数同比下降 10.5%，群众安全感得到进一步巩固。大力开展重案攻坚。开展命案积案攻坚行动，成功侦破“2006—07—29”入室抢劫杀人案和“2008—09—11”抢劫杀人案两起命案积案；深入推进扫黑除恶，先后打掉涉黑组织 1 个，涉恶集团和恶势力团伙各 3 个，抓获嫌疑人 62 人，破获各类刑事案件 75 起，移交纪委相关线索 3 条，冻结资金、财物共计价值 10 亿元。其中，赴异地侦办的“2•11”王某明为首黑社会性质组织案，被评为 2020 年全市公安机关扫黑除恶专项斗争精品案件。主动打击电信网络诈骗新型犯罪。在全市率先成立区县级反电诈中心，并迅速打掉一个跨境电信诈骗团伙，抓获犯罪嫌疑人 10 余人。

荷塘公安分局代表队荣获“公正文明执法 建设法治株洲”法律知识竞赛一等奖

【典型人物推介】2020 年，公安荷塘分局按照“对党忠诚、服务人民、执法公正、纪律严明”总要求，落实全面从严管党治警工作部署，着力锻造“四个铁一般”的荷塘公安铁军。严管厚爱相结合。对全体民辅警进行毛发毒品初筛检测。依法处理民警正当执法被侵害案件 4 起，维权慰问 5 人，办理民辅警工伤 4 人，理赔 36 人。组织优秀民警代表 38 人疗养疗休，组织慰问民警 57 人，为 44 名民警家属办理了团体医疗保险。警营文化展风采。新添了分局文化墙，展示荷塘公安工作发展历程、突出业绩、优秀典型，营造了积极向上的浓厚氛围。对分局办公楼一楼大厅及阳光栏进行改版升级，面貌焕然一新。争先创优树品牌。对在疫情防控、“四个大抓”等重点工作表现突出的民警，启动火线表彰，局领导送奖上门，鼓舞士气。在分局内网及“株洲荷塘公安”微信公众号及时发布典型人物、先进事迹，讲好荷塘公安故事，以宣传聚警心，推树了“湖南省最美政务民警”张伟林、“株洲市十大平安卫士”毛志刚、“全市最美基层民警”谢毓安、“忠真卫士”刘湘金等一批先进典型。分局代表队在全市首届刑事技术职业竞赛中赢得法医、痕迹类团体第一，并在市公安局法律知识抢答赛中夺得冠军。

【召开全区公安工作会议】2月26日，公安荷塘分局召开2020年全区公安工作会议。荷塘区人民政府副区长、分局党委书记、局长黄团结及分局全体局领导出席会议。黄团结作了题为《保持昂扬斗志 ，不断自我革新，为实现“三个一流”目标努力奋进》的工作报告。他要求，2020年，全区公安工作要以习近平新时代中国特色社会主义思想为指导，牢牢把握“对党忠诚、服务人民、执法公正、纪律严明”总要求，紧扣公安部、省公安厅、市局和区委区政府的决策部署，在保持工作连续性的基础上，持续以“建一流班子”为抓手，以“带一流队伍”为保障，以“创一流业绩”为目标，保持昂扬斗志，不断自我革新，努力开创荷塘公安工作新局面，为全面建成小康社会和“十三五”规划圆满收官创造安全稳定的社会政治环境。

【驻荷塘执法办案中心检察室挂牌】 3月24日，荷塘区人民检察院驻荷塘公安分局执法办案管理中心检察室及检察官办公室，在公安荷塘分局执法办案管理中心举行揭牌仪式。荷塘区副区长、公安分局党委书记、局长黄团结，荷塘区人民检察院党委书记、检察长（代）陈卫华以及公、检两家主管副职和下属相关单位领导、民警代表参加揭牌庆典仪式。仪式结束后，与会领导参观了公安分局的执法办案管理中心，并召开了公检两家联席座谈会，就下一步如何抓好各项配套制度落实、机制运转，包括2020年公、检两家如何加大会商对接和沟通协调工作力度进行了讨论。

【在全市率先建立区级反电信网络诈骗中心】12月22日，荷塘区打击治理电信网络新型违法犯罪中心和反电信网络诈骗中心正式成立。中心集多部门资源、海量数据、技术手段、综合应用于一体，致力于建设服务打击治理电信网络新型违法犯罪工作的实战化、实体化作战平台，以有效遏制当前电信网络新型违法犯罪高发多发势头。

【勇夺刑事技术职业技能竞赛团体冠军】10月19日，株洲市公安局举办第一届刑事技术职业技能竞赛。公安荷塘分局刑侦大队技术中队参赛选手经过充分准备、顶住压力，勇夺法医类和痕迹类2个团体一等奖，中队长李巍荣获痕迹类个人一等奖，朱亚俊、王儒各荣获法医类个人二等奖。

分局荣获第一届株洲市刑事技术职业技能竞赛多项殊荣

【月塘派出所改扩建项目竣工】10月30日，公安荷塘分局举行月塘派出所改扩建项目竣工暨新业务大楼启用仪式。市公安局党委委员、副局长贺建初，市公安局警保部主任杨忆，株洲南方建设公司董事长李纯，公安荷塘分局全体局领导，各所、队、室主要负责人和月塘派出所民警、辅警代表参加此次活动。荷塘区副区长、公安分局党委书记、局长黄团结发表仪式致辞。此次改扩建工程历时一年多时间，拆除了原来的建筑面积627平方米，在此基础上新建1860.3平方米，改善了月塘派出所办公条件。

【锦旗暖警心】3月3日，株洲市景炎中学党委书记刘坚华一行到茨菇塘派出所，为茨菇塘派出所送来了“佑护平安勇担当，真心为民显情怀 ”的锦旗以及慰问品，对茨菇塘派出所昼夜坚守，确保辖区治安稳定有序，助力新冠肺炎疫情防控表示致敬和感谢。所长欧阳智感谢株洲市景炎学校对派出所的支持和信任，并表示派出所将在继续开展好各项防疫工作的同时，加强和景炎中学“校警共建”，积极开展校园法制安全教育宣传，加深治安联勤防控，共建突发事件联合快反机制，为平安校园营造良好的治安环境。

【成功破获命案积案】 2020年，公安荷塘分局成功破获“2008—09—11”命案积案。2008年9月11日凌晨4时许，37岁、家住裕丰广场的受害人胡某在出门上班时遭遇抢劫，被犯罪嫌疑人用刀捅伤，因伤势过重当场死亡。由于犯罪嫌疑人反侦查意识较强，案件侦破工作一度被迫中断。2020年，公安荷塘分局刑侦大队积极开展命案积案攻坚，对该案案卷材料进行认真梳理和研判分析。市、区两级刑侦部门充分发挥技术手段优势，成功锁定徐某（男，32岁，湖北洪湖人）有重大作案嫌疑。10月中旬，专案组赶赴湖北武汉，通过缜密侦查，成功将犯罪嫌疑人徐某抓获。

【民警力擒三名涉毒人员】1月6日晚，桂花派出所治安中队民警在辖区某小区进行清查时，在房间内当场抓获吸毒人员李某（男，26岁，株洲人）和言某（男，29岁，株洲人）。经深挖细查，民警根据线索抓获吸毒人员余某（男，27岁，株洲人）。在抓捕余某的过程中，余某持菜刀和尖刀暴力拒捕，民警单立宁、汪正海、辅警盛友三人反应敏捷，迅速夺下余某手中的菜刀和尖刀，果断将余某制服抓获。

【涉疫诈骗被擒】2月6日19时许，接受害人肖某鹏报案，称被一名网友以出售一次性口罩和N95口罩为名骗取人民币11000元。经查：犯罪嫌疑人王某（男，湘潭人）经济拮据，在网上看到有人利用新型肺炎疫情倒卖口罩获利，于是在无存货且无货源的情况下，利用微信朋友圈发布销售一次性口罩和N95口罩信息。2月7日16时许，公安荷塘分局民警在湘潭市岳塘区将犯罪嫌疑人王某抓获。犯罪嫌疑人王某到案后认罪认罚，并退还部分赃款。

【一网打尽一跨省流窜盗窃团伙】 5月24日晚，有群众报警，称其在荷塘区大润发前坪被人偷走黄金项链，价值12000元。接案后，公安荷塘分局侦查实战中心、桂花派出所通过对案件研判和视频追踪，成功锁定犯罪嫌疑人和作案车辆。经2个昼夜连续跟踪、蹲守，于5月26日晚，在湘乡市将犯罪嫌疑人薛某某（男，37岁，山西省天镇县人）、戚某某（男，36岁，河南省新蔡县人）、杨某某（男，49岁，河南省驻马店市人）和张某（女，42岁，河南省遂平县人）抓获。经查，该团伙分工明确，2人利用卡车摆台卖货吸引群众注意，一人趁群众不备时用剪钳盗窃群众脖子上的黄金项链，另一人则遮挡把风。经审讯，4名犯罪嫌疑人对在湖南、江西等地流窜盗窃黄金项链的犯罪事实供认不讳。

【平板电脑物归原主】5月7日0点33分许，热心群众李先生匆匆赶到茨菇塘派出所，将1台平板电脑交到民警手中。他告诉民警，这是刚在新华西路招商银行自助取款机上发现的，因为没有任何联系方式，就想到了派出所，希望民警能够帮忙物归原主。为了尽快找到失主相关信息，民警当即决定根据李先生提供的招商银行卡号这条线索，寻找失主。在招商银行通力配合下，当天上午10点，民警终于联系上了失主马女士。马女士对民警的高效服务连连称赞。

（刘云庆）

交　警

【概况】 株洲市公安局交警支队荷塘大队（简称“荷塘交警大队”）前身为株洲市公安局交警支队东区警察队，成立于1987年5月。1990年12月更名为株洲市公安局交警支队东区交通警察大队。1997年8月因区划调整更名为株洲市公安局交警支队荷塘大队。内设办公室、交通法制宣传中队、交通事故处理中队、秩序中队、第一执勤中队、第二执勤中队、第三执勤中队、第四执勤中队、第五执勤中队，有民警60人，辅警87人。

2020年，荷塘交警大队认真贯彻中共十九大精神，以政治建警为引领，深入开展“坚持政治建警，全面从严治警”教育整顿活动，大力加强队伍建设，较好完成了新冠肺炎疫情防控、极端恶劣天气及洪涝灾害交通应急处置、新华桥交通管制及主干道改建交通维护等一系列任务，辖区道路交通安全形势稳步向好，道路通行基本顺畅，交管服务持续改进。

【交通事故处置】2020年，荷塘交警大队共接处辖区警情14991起，其中交通事故11168起、刑事立案95起（交通肇事13起，危险驾驶82起），　交通事故死亡22人。辖区内没发生较大以上交通事故。

【优化道路交通】2020年，荷塘交警大队以治堵保畅为中心，严格落实勤务制度，强化现场道路疏导措施，在荷塘区辖区范围内设置了1个一级值守岗、3个二级值守岗、10个四级值守岗，4个巡逻组，8个中小学护学岗，按照“高峰守点、平峰巡逻”模式，保证高峰期60余名警力值守，平峰期4个巡逻组、40余名警力巡逻。中心城区通行效率明显提升，主次干道未发生因管理不到位而造成的严重交通拥堵，确保了城区道路有序畅通，主干道高峰时段平均车速明显提升，路口阻塞率小于2%。

【开展专项行动】2020年，荷塘交警大队按照株洲市交警支队交管重点工作安排部署，先后开展春运、交通问题顽瘴痼疾集中整治、“清堵点、治违停、反酒驾、治顽疾”城市交通秩序整治行动、农村交通安全守护、交通事故“减量控大”等大项工作和整治任务，有力震慑各类交通违法行为，提升了城乡道路交通环境。

荷塘交警整治小街小巷交通顽瘴痼疾

【交通违法查处】2020年，荷塘交警大队全年查处交通违法近10万起，其中非现场执法8万余起，现场执法1.6万起。查处严重违法行为1801起，其中酒驾307起、醉驾81起、严重超载（100%以上）104起，保证了辖区交通畅通有序。

1月1日，荷塘交警大队在株洲东沪昆连接线开展货车、客车超载违法行为整治

【事故隐患排查治理】2020年，荷塘交警大队坚持把隐患排查治理作为交管工作重点来统筹推进。强化重点企业源头管控，全年走访、检查企业75余家，推动企业落实主体责任。扎实开展农村安全守护行动，着力提升农村地区交通参与者安全意识。在乡镇开展多种形式安全宣传活动20余场次，悬挂交通安全宣传横幅百余条，发放交通安全宣传资料万余份。大力开展顽瘴痼疾集中整治，区内49处隐患路段、高风险路段，全部“清零销账”整改完毕，上级通报的26台“违法王”车辆全部追查到案。

【建议提案热线办理】2020年，荷塘交警大队高度重视提案议案和热线办理工作，积极协调解决人大代表、政协委员和市民反映的问题，及时跟进督促，保证每一条答疑均能得到及时回复，每一条合理建议均能得到采纳，每一条需整改的问题均得到解决，用实际行动践行为人民服务的宗旨。全年办结代表建议15件、委员提案16件，办结满意率100%。办结市长热线360起、信访8起、“马上就办”26起、12389转办15起、舆情56起，办结满意率99.8%。

【交通安全宣传】2020年，荷塘交警大队全年通过开展“文明出行”、“中小学安全教育日”、警医联动演练等活动，深入开展各种形式的交通安全宣传。在全区开辟交通安全橱窗43处、悬挂横幅近150条，发放宣传资料3万余份，开展各种形式交通安全宣传活动30余场次，校车交通安全专题讲课4场次。利用微信公众号、短信平台推送交通安全提醒，夯实了交通安全宣传的舆论平台，形成了强有力的社会宣传氛围和良好的群众基础。通过宣传教育，提升了全民的交通安全意识、法治观念、文明素质，有效震慑了交通违法犯罪，实现了预防和减少交通事故的良好社会效益。

（邹湘艳）

检 察

【概况】株洲市荷塘区人民检察院（简称“区检察院”）前身为株洲市东区人民检察院，成立于1979年10月，1997年8月因区划调整更为现名。内设办公室、政治部、第一检察部、第二检察部、第三检察部共5个部室。有政法专项编制41个，在职干警38人。位于荷塘区新华东路326号。

2020年，荷塘区人民检察院紧紧围绕“十三五”规划收官年履职尽责，深耕法律监督主责主业，各项检察工作在持续深化改革中稳步向前。在市检察院业务考核124项核心数据中，荷塘区有76项位居前三，全市排名第二。全年共批准逮捕各类刑事案件278件428人，提起公诉案件455件711人。贯彻落实宽严相济刑事政策，作出刑事和解63件69人，依法不批准逮捕92人、不起诉159人；认真落实认罪认罚从宽制度，办理认罪认罚案件433件584人。同时，加强侦查、审判监督，共发出纠正违法通知书52份，监督撤案13件，监督立案13件，追捕追诉漏犯18人，提出抗诉4件，改判2件，追诉漏罪14起，纠正审理违法16次，发出《检察建议书》17份。开展社区矫正对象脱漏管专项清查，监督缓刑、假释、暂予监外执行不当163人次，监督脱管、漏管6人次。积极推进民事行政和刑事执行监督，办理羁押必要性审查后变更强制措施12人。立案行政公益诉讼案件78件。着力做好信访工作，组织检察长接待日48次，共接待群众来信来访89次110人，受理的31件涉法涉诉案件均在7日内作了程序性答复，控告申诉7日内答复率居全市第一。年内，区检察院先后被评为“全省检察机关扫黑除恶工作先进集体”“2020年度全市先进基层检察院”“全市检察机关‘一院一品’优秀项目”“全市示范离退休干部党支部”等荣誉称号。

【围绕中心服务大局】2020年，区检察院积极围绕区委、区政府的中心重点工作，充分发挥检察机关的职能作用。深入推进扫黑除恶专项斗争，批准逮捕涉黑涉恶案件10件26人，起诉5件18人。全力“打伞破网”，对充当保护伞的符某某等人受贿、滥用职权案依法向法院提起公诉。重点做好疫情期间维稳工作，坚持防疫办案“两手抓”，积极参加“让社区同志休息一晚”疫情防控，派员卡点值守209人次。办理扰乱疫情防控秩序的案件8件8人，2日内办理全市第一起涉疫口罩诈骗案，该案快审快结被省检察院推介。服务保障村（社区）“两委”换届，对辖区1600余名候选人是否存在违法犯罪问题进行审查，排查问题候选人5名，防止了“带病入选”。服务民营经济发展。开展“温暖企业”专项行动，深入走访企业近200家，协调解决困难问题30余个，被市检察院作为经验转发。积极助力企业复工复产，协助90余家非公企业正常复工复产，被省检察院转发推介。护航企业发展，对涉民营企业家犯罪案件坚持“慎捕慎诉”，开展了民营企业案件羁押必要性审查专项活动，依法作出不批准逮捕17人、不起诉30人。涉企刑事案件追赃挽损数、侵害企业和企业家刑事案件追捕、追诉数等10项涉企考评指标居于全市前列。助力打好三大攻坚战。防范重大金融风险，突出打击非法集资、非法吸收公众存款、电信网络诈骗等违法犯罪，批准逮捕破坏金融管理秩序和金融诈骗犯罪12人、起诉28人。助力脱贫攻坚，真情帮扶困难群众，办理国家司法救助案5件，发放救助金21万元，司法救助率居全市第一。参与环境污染防治，与相关职能部门开展高污染燃料、油烟废气直排等违法行为联合整治，督促取缔、关停非法企业4家、整改企业19家。

【法律监督】2020年，区检察院以“案—件比”为导向提升检察办案质效，“案—件比”从2019年1.63下降至1.31。以认罪认罚从宽制度为抓手做优刑事检察工作。落实宽严相济的刑事政策，对认罪悔罪的584名犯罪嫌疑人适用认罪认罚从宽制度。依法履行反腐败工作职责，及时对接监察机关，协同推进反腐败斗争。共受理职务侵占案1件1人、国有公司人员滥用职权案1件1人，起诉2件2人，法院均已判决，向相关部门移送职务犯罪线索3件。以深化执法监督为着力点做实民事行政检察工作。维护国家和公民合法权益，依托支持起诉职能，支持保障性住房服务中心依法追讨房屋公共租金4户1万余元，支持农民工起诉3件3人，追回农民工工资12万余元。认真贯彻落实《最高人民检察院四号检察建议书》，走访和调查辖区窨井盖管理现状，会同政府相关职能部门及事业单位以座谈会形式共商完善措施，着力守护群众“脚底下的安全”。以公益保护为目标做好公益诉讼检察工作。开展护苗行动，联合区市场监督管理局、区教育局开展校园食品安全检查专项行动，督促20余家存在食品安全问题或风险的食堂及门店进行了整改，对3起涉食品安全的刑事犯罪向区法院提起刑事附带民事公益诉讼。助力耕地保护，会同区自然资源局和农业农村局等部门到仙庾镇、金山办事处等地调研，办理破坏和占用耕地违法行为的公益诉讼案件4起，并针对耕地保护及粮食安全问题向区政府提出建设性意见，该项工作得到省检察院充分认可。拓展“等”外公益诉讼，对加油站防爆区使用二维码收款、地下人行通道积水等存在公共安全隐患的问题，向相关职能部门提出检察建议，促使安全隐患及时消除。

【司法体制改革】2020年，区检察院坚持稳进，脚踏实地深化司法体制改革。推进检察体制改革，6月，顺利完成内设机构改革，将原有的11个部门合并为5个部门，通过机构“瘦身”有效整合了办案力量。进行司法责任制改革，完善员额检察官动态管理制度，构建了员额检察官和检察官助理“有进有出”的良性循环机制。注重特色，做好做优检察产品。率先在公安荷塘分局、公安经开分局执法办案管理中心设立派驻检察室，建立员额检察官坐班制，前移监督端口，该派驻检察室成为省检察院派驻专项联系点。推出危险驾驶案相对不诉“4+2”工作机制，在法律条件允许的情况下尽量“慎诉”，对情节轻微的危险驾驶案58件58人作出相对不起诉处理。通过“检察三会”精准办理案件，积极回应人民群众对公正司法办案的新期待。举行检察宣告会9场、公开听证会5场、诉前会议1场，邀请人大代表、政协委员及群众100余人次参加，此举得到省、市检察院充分肯定。持续提升，建立健全工作机制。

“例行约谈”促履职，会同区市场监督管理局和教育局，每年例行对辖区200余名中小学及幼儿园负责人进行集体约谈，以强化监督、促进履职，得到高检院在“公益诉讼检察工作专项监督活动新闻发布会”上作推介。“巡回检察”促规范，联合区司法局定期对辖区各司法所进行巡回检察，实现社区矫正法律监督制度化、常态化。

荷塘区检察院对五起驾驶案件公开宣告不起诉决定

【队伍建设】2020年，区检察院狠抓检察干部队伍建设。勤学厉兵，推进履职尽责。年内检察干警有36人次被省、市、区记功嘉奖或评为先进个人。培训提能，选派干警参与区委和上级检察院组织的竞赛、培训100余人次。岗位练兵，院领导带头办案，直接办理案件167件，占案件总数的13.1%，并通过“传帮带”培养年轻办案力量。正风肃纪，推进从严治检。筑牢拒腐思想防线，开展多种形式的党风廉政建设学习教育活动，通过通报违法违纪典型案例、自查自纠等形式，加强廉政建设自律防线，筑牢干警教育防线。开展干部入职、提拔、重要节假日前廉政谈话30余人次。加强文化建设，以深入培植“社会主义核心价值观”为主题，全方位、系统化加强检察文化建设，以深厚的检察文化自信助推检察工作行稳致远。开展“两优一先”、文明家庭评选及各种主题党日活动，丰富干警精神文化生活，激发干事创业新活力。

【接受监督】2020年，区检察院主动接受人大监督，定期向区人大常委会报告工作和重要部署，主动邀请人大代表参加检察开放日等活动13次。认真抓好区人大常委会关于加强公益诉讼工作的评议意见的整改落实。接受市政协、民盟株洲市委会调研2次，邀请政协委员、人民监督员等参加听庭评议、公开听证等活动35人次，向区政协常委会及全体委员通报全年检察工作和重大事项，并认真听取意见建议。广泛接受社会监督，以公开促公正，共发布案件程序性信息1001条、重要案件信息122条、法律文书522份，利用“两微一端”（微博、微信及新闻客户端）、外网网站等平台发布检察动态信息310余条，在市级以上主流媒体发表文章110余篇。

（刘丽华）

法　院

【概况】株洲市荷塘区人民法院（简称“区法院”）前身为株洲市东区人民法院，成立于1978年10月，1997年8月因区划调整更为现名。位于荷塘区红旗南路208号。有中央政法专项编制60个，在职干警57人，员额法官28人。设政治部、综合办公室（司法警察大队）、审判管理办公室、立案庭、刑事审判庭、民事审判庭、综合审判庭、执行工作局8个内设机构和云龙人民法庭，管辖荷塘区、株洲经济开发区（云龙示范区）一审民事、刑事、行政非诉、国家赔偿和执行案件。

2020年，区法院受理各类案件6713件，审（执）结6637件，一线员额法官人均办案247件，结案率98.87%，居全省基层法院第四名，被评为全市先进法院、全省优秀法院。

【扫黑除恶】2020年，区法院严惩危害人民群众生命财产安全的各类犯罪431件716人。聚焦“案件清结”，审结涉黑涉恶案件9件，判处罪犯37人；聚焦“伞网清除”，移交线索4条，审结国家公职人员充当“保护伞”案件1件；聚焦“黑财清底”，办理涉黑涉恶财产刑执行案件9件，执行到位475.5万元；聚焦“行业清源”，发出司法建议7份，铲除黑恶势力滋生土壤。积极开展“未收押、未收监”专项清理行动，排查出17名待“清理”对象，坚决杜绝“纸面服刑”，绝不让犯罪分子逃避惩罚。

【忠诚履职】2020年，区法院执结各类案件2798件，执行到位金额2.57亿元，766名失信被执行人列入“黑名单”，依法拘留失信被执行人12人次，“一处失信、处处受限”的失信惩戒网络越织越密，核心质效指标始终居全省前10位。完善网络司法拍卖机制，定向询价、网络询价、网上委托评估、网络拍卖标的物451件，成交额1933万元，溢价率10.84%，有效保障当事人合法权益。春节期间，执结系列涉农民工工资案件，通过“云执行”化疫情不便为简便，为84名农民工追讨回工资款890余万元，相关工作获最高人民法院推介。

【服务中心工作】2020年，区法院始终坚持围绕区委、区政府中心和大局工作，充分发挥好法院的职能作用，为全区经济和社会发展保驾护航。出台《依法服务保障重点项目征地拆迁工作的指导意见》，受理非诉执行审查案件4件，非诉财产保全案件29件，为上月塘棚改、新文化路、红旗广场西南片区、富家陇城中村、云龙城际铁路等项目提供有力司法保障，助力三一智慧钢铁城等10多个重点项目落地。以环资审判为切入点，做好护航荷塘绿色山水文章，依法惩处污染环境、破坏资源犯罪案件2件，发出司法建议书23份。紧扣“六稳”“六保”工作大局，妥善化解涉企矛盾纠纷341件，营造公平透明、可预期的法治化营商环境。防范化解金融风险，审结涉金融机构借款纠纷317件，标的额1897万元，促进不良信贷风险稳妥化解。严厉打击逃废金融债务行为，执结涉金融案件288件，执行到位金额3357万元。依法规范民间融资行为，审结民间借贷纠纷505件，维护良好金融秩序。年初新冠肺炎疫情防控“战役”中，区法院先后组织党员干部347人次赴社区24小时设岗轮值，入户摸排1931人次。

【参与社会综合治理】2020年，区法院邀请了8家调解组织和45名人民调解员入驻区法院在线调解平台。在7个镇（街道）设立诉源工作治理站，建立法官联系点，指导人民调解，开展巡回审判。从源头上减少诉讼增量，1445件矛盾纠纷化解在诉前，跟进司法确认195件。系统排查风险隐患，集中化解涉诉信访案件18件，接待涉诉信访群众187人次，圆满完成各级“两会”等重要时间节点信访维稳任务。加大司法救助力度，为136名符合条件的当事人缓、减、免诉讼费56万元，向确有经济困难的当事人提供司法救助金10.4万元，传递了司法温暖，促进了社会和谐稳定。

诉源治理工作站在茨菇塘社区挂牌

【普法宣传】2020年，区法院认真落实“谁执法谁普法”责任制，组织送法进乡村、进社区、进机关、进学校、进企业等“五进”活动11场次。以小案件传播大道理，审结的“热心男孩帮助老人过马路摔伤遭索赔案”，让人民群众不再纠结“扶不扶”“救不救”，为解决长期困扰大众的道德困境和法律风险，传播法治、弘扬正气、引领昂扬向上的社会新风尚提供了范例，被《人民法院报》等多家媒体报道，湖南省高院、株洲市法院人大工作报告引用。

法制宣传进社区

【开门纳谏】2020年，区法院加强与人大代表、政协委员联络，走访代表委员65人次，邀请代表委员列席审判委员会、视察座谈、旁听庭审、见证执行68人次，让代表委员的监督走进法院的日常工作和执法办案中。

【诉讼服务中心建设】4月22日，区法院投资127万元进行提档升级的诉讼服务中心正式投入使用，着力打造了“一站式”、全方位、集约化诉讼服务体系，促进了多元解纷和诉讼服务体系建设与“一门式”政务改革相结合。为有效解决“送达”难问题，在诉讼服务中心新设集约送达组，全年接收送达任务9039件次，有效完成9011件次，直接送达完成6635件次，有效送达天数缩短至3天左右。强化系统集成，整合立案、调解、信访、保全、鉴定、送达、自助服务等职能，实现诉讼事务“一站通办”。强化科技赋能，全面实现跨域立案、网上办案、远程接访、网络庭审、在线缴退费，全年网上立案351件，跨域立案32件，互联网庭审479场，实现诉讼事务“一网通办”。

提档升级后的诉讼服务中心

【司法体制改革】2020年，区法院持续推进以审判为中心的刑事诉讼制度改革，落实罪刑法定、疑罪从无、非法证据排除规定，对认罪认罚的390件527名被告人依法从宽判处，占比90.7%，以宽严相济的司法政策，感化其积极悔罪、主动退赔。加强人权司法保障，强化诉辩对抗，为101名未聘请律师的被告人指派援助律师到庭辩护。以审判流程、裁判文书、执行信息和庭审四大公开平台为依托，倒逼审判人员公正司法，共网络公开直播庭审 4451 场次，裁判文书上网公开率 100%。

（张雅涛）

司法行政

【概况】株洲市荷塘区司法局（简称“区司法局”）前身为株洲市东区司法局，成立于 1983 年 12 月，1997 年 8 月因区划调整更为现名。为区人民政府工作部门。内设办公室、普法与依法治理办公室、法制办公室、社区矫正中心、公共法律服务中心，镇（街道）按建制数设立 7 个司法所。主要负责法治宣传、依法治区、法律服务、人民调解、法律援助、社区矫正、安置帮教等工作。有政法专项编制 19 名，其中局机关政法专项编制 10 名，区司法局 7 个司法所政法专项编制 7 名，正式在编在岗工作人员 17 人。

2020 年，在区委、区政府的坚强领导下，荷塘区司法局紧紧围绕区委、区政府中心工作，开展法治政府、法治宣传、公共法律服务、社区矫正等工作，积极为全区经济建设和构建和谐社会营造良好的法治氛围。

【加强依法行政】2020 年，区司法局组织对全区 23 份规范性文件进行了集中清理、及时废止或调整完善工作。严格按规范性文件“三统一”（统一登记、统一编号、统一公布）工作要求出具审核意见 2 条。审核各类涉法文件、合同 80 余份，出具法律意见书 20 余份，修改建议 24 条，为政府依法行政、依法决策当好参谋。

【推行行政执法“三项制度”】2020 年，区司法局全面推进行政执法“三项制度”（公示制度、记录制度、审核制度）的落实，严格规范公正文明执法。按上级规范公正文明执法要求和部署出台了落实“三项制度”的相关细则和文件，使职能部门在执法时做到有据可循，有法可依。严格执法人员持证上岗，行政执法整个过程全程记录。

【开展证明事项清理】2020 年，区司法局着眼优化营商环境，方便群众办事，组织开展证明事项清理工作，全区 25 家单位清理出保留的证明事项清单共 23 项，做到清单之处无证明，为企业、群众办事减少不必要的流程和烦琐，提高工作效力。定期开展相关领域的行政执法监督检查专项活动 2 次，督促相关部门在行政执法过程中依法办事、依法规范行政。

【行政复议和应诉】2020 年，全区共收到行政复议申请 1 件，同比下降 90%；新收行政应诉案件 28 件，同比下降 6.7%，胜诉率达 90%。以上数据表明，依法办事，法治观念逐渐深入人心，规范行政执法的执政理念得到进一步加强。

【法治宣传教育】2020 年是“七五”普法收官之年，区依法治区委员会成立普法协调小组，加强了对法治宣传教育工作的组织协调。坚持普法工作从青少年抓起，精心组织全区普法讲师定期到辖区各中、小学校开展普法宣讲工作，开展法治道德进校园活动，录制普法讲堂节目赠送各学校循环播放，积极宣讲《中华人民共和国预防未成年人犯罪法》《中华人民共和国未成年人保护法》等法律法规，受益教育师生达3万多人。大力建设法治宣传阵地，全区现已建成天鹅湖法治公园1个，各镇（街道）、村（社区）法治小广场、长廊14个，新增新桂村普法小广场1个。通过法治阵地建设、法治宣传“六进”活动的开展，送到居（村）民手中普法宣传资料10万余份，组织法治宣传50余场次，参加群众约3万人次，面对面的为涉法群众解惑实教，取得显著效果。严格落实国家工作人员学法考法工作。区委、区政府从制度上明确规定区委常委会、区政府常务会、全区理论中心组学习每年定期召开学法内容会议。组织部门明文要求公务员学法考法情况纳入干部考核内容。2020年，全区共有学法考法学员3378人，报考率、通过率均达100%，为提高公务员法治素养夯实了基础。

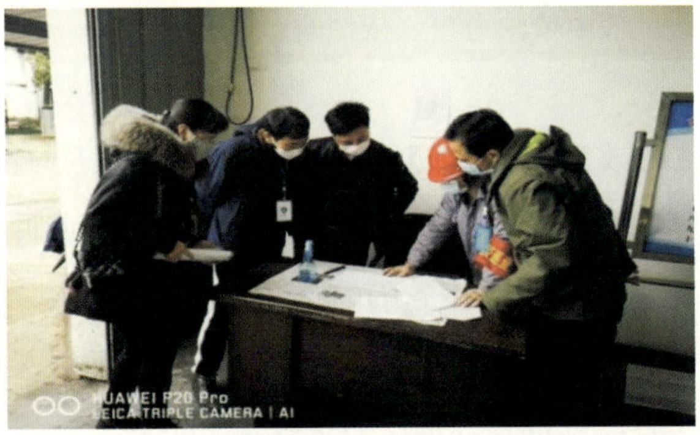

3月3日，荷塘区司法局带领律师服务团为企业提供法律服务现场

【公共法律服务】2020年，区司法局选聘了40余名律师及法律工作者驻村（居）担任法律顾问，为群众提供便捷的法律服务指引。定期开展工作情况交流，研究、探讨村（社区）法律顾问工作管理的方法，互通工作情况，总结交流经验。班子成员带队不定期走访镇（街道）、村（社区）、园区（企业），听取并征求相关意见和建议，及时改进工作，确保群众在家门口能享受到全方位的公共法律服务。新冠肺炎疫情防控期间，组建了2支专业法律服务队伍，为辖区群众、企业提供免费法律咨询、法治体检服务；为企业法治体检及相关政策解答70余次。全年区法律援助中心共办理法律援助案件215件，其中刑事案件律师辩护全覆盖案件168件，行政案件1件，民事案件46件，为农民工、残疾人等弱势群体挽回经济损失500余万元。

【人民调解】2020年，区司法局不断完善联合调解机制，打造调解新模式。在区法院诉讼中心成立联合调解委员会，派驻专职调解员开展人民调解工作，进一步完善“公调对接”“诉调对接”。积极推动“社工+人民调解”模式，打造株洲“枫桥经验”新样板，2020年博弘社工共受理调解各类纠纷80余件，调解成功率达98%，真正打通了社区法治的“最后一千米”。新冠肺炎疫情防控期间，发动全区人民调解员积极战斗在抗疫一线、参与辖区重大建设项目的矛盾纠纷调处工作，第一时间排查矛盾纠纷，及时化解苗头性纠纷。全年全区各级调委会共调解案件714件，成功调解697件，涉及金额约1035余万元，防止群体性上访6起37人。

【社区矫正】2020年，区司法局加强对社区矫正对象的监督管理。严格落实社区矫正对象每日手机APP打卡签到工作，依法依程序办理变更居住地、外出审批、分级管理等工作。在湖南省智慧矫正管理系统月考核平均得分99分以上，在市系统月考核中名列前茅。全年共接受社区矫正对象 83人，解除111人，目前在册147人，没有发生社区矫正对象脱管失控、重大恶性案件。切实做好与监狱对刑释人员面对面的无缝衔接工作，落实刑满释放人员安置帮教工作，近三年来，安置帮教对象 460 人。6 月开展远程探视全省试点以来，区司法局共为群众申请远程探视 8 次，成功探视 8 次。远程探视被群众一致认定为是一项"以人民为中心"的便民利民民生实事。

（邓建珍）

军　事

【概况】株洲市荷塘区人民武装部（简称“区人武部”）最早为1960年3月成立的株洲市荷塘铺区人民武装部。1970年10月，随区划调整更名为株洲市东区人民武装部，隶属中国人民解放军建制。1986年5月，由军队编制改为地方建制，更名为湖南省株洲市东区人民武装部，设立军事科、政工科、后勤科。1996年4月，再度由地方建制改为军队建制，更名为中国人民解放军湖南省株洲市东区人民武装部，隶属株洲军分区。1997年8月，随区划调整更名为中国人民解放军湖南省株洲市荷塘区人民武装部。为县级地方军事领导指挥机关，担负辖区内后备力量建设和战备、兵役及动员，指挥民兵作战等工作职能。2011年4月，云龙示范区武装工作调整到荷塘区人民武装部管理。

2020年，区人武部深入贯彻习近平强军思想，认真执行上级党委和区委、区政府决策部署，坚持稳中求进、安全托底的工作指导，紧盯主责主业抓备战，攻坚克难搞建设，推动了武装工作不断发展。

【党管武装】6月5日，区委召开议军会议，针对当前民兵整组工作存在的编兵难、训练难、工作推动难以及征兵难、区人武部公寓楼破旧等问题，组织镇（街道）党工委书记进行了武装工作述职，进一步传导压力、压实责任。出台了多项具体措施，涵盖了对编兵企业和民兵进行物质和精神激励、对相关局（办）进行党管武装绩效考核、专武干部队伍建设管理等多个方面，有力地促进了民兵预备役建设中重点难点问题的解决。积极深化军地协作，联合退役军人事务、政法和公安等部门，共同做好慰问抗战和抗美援朝老兵、立功送喜报、军地平安创建、军转安置等各项工作。发动民兵参与辖区疫情防控、绿化植树、社会治理、创文创卫等双拥共建活动。对部队提出的合理合法需求，均做到了第一时间回应并及时处理，有效维护了军人军属合法权益。落实了优抚对象各项待遇保障，按上级拨付金额，以社会化保障的形式，足额下拨了各类优抚资金，并加强检查监督，确保及时到位。

区委议军会暨镇（街道）党工委书记武装工作述职会议现场

【思想政治建设】2020年，区人武部以《习近平谈治国理政（第三卷）》为基本教材，认真组织部党委中心组各项理论学习。制作了理论学习园地展板，及时展出全国“两会”、党的十九届五中全会精神以及习主席最新重要讲话。利用每周四教育日和专武干部、民兵集训时机，采取集中授课、参观见学、交流讨论、微课推送等多种方式，大力加强听党指挥、战备形势、争先创优等内容的教育，官兵思想根基更加牢固、练兵热情更加高涨。

【战备训练】2020年，区人武部始终把备战工作作为头等大事和中心工作来抓。完善相关战备方案计划，组织多次针对性演练，采购部分急需装备器材和物资，提升行动能力和水平。狠抓实战化军事训练和岗位练兵，完成年度各期各类人员军事训练。选派两批次民兵参加军分区组织的集中轮训，组织民兵无人机侦察排、舆论法理斗争和心理攻防班参加军分区比武，均获得全市第一名，其中舆论法理斗争和心理攻防班民兵彭元亮在省军区比武中勇夺第二名。

【民兵调整改革】2020年，区人武部党委先后多次专题分析研究民兵调整改革工作，军地先后5次联合召开会议、3次联合发文部署推进，将民兵调整改革工作纳入党管武装绩效考评和军地联合督导范围，提升抓建合力。按照“队伍、阵地、资料”三大要素，以迎接各级检查考评为牵引，坚持问题导向，落实责任分工，严抠关键细节，不断提升各项工作标准质量，尤其是在迎接军委国防动员部深化民兵调整改革检查考评准备期间，组织区民兵应急连开展强化训练，部领导亲自带训，既当指挥员，又当教练员，按照作战部队标准和要求规范民兵养成，收到明显成效，获得军分区检查组高度肯定。

【国防动员和兵役征集】2020年，区人武部不断提升国防动员质量水平，常态组织区国动委成员单位领导参加有关会议与学习，抓好专业部门工作人员业务培训，增强依法履职意识和能力。组织“一综七专”办公室人员进行国防动员潜力调查业务培训，开展多轮数据会审，较好完成了国防动员潜力数据统计调查任务。兵役征集工作克服新冠肺炎疫情防控带来的挑战，以线上发动为主、线下发动为辅的方式创新宣传手段，严把体检、政考、役前教育、定兵等各个环节，严守廉洁征兵各项纪律规定，圆满完成了年度义务兵征集任务。

【正规化建设】2020年，区人武部积极贯彻落实中央军委基层建设会议和国防动员系统基层建设会议精神，以正规化建设为牵引，投资40余万元，完成了作战室、值班室、战备图库、视频会议室升级改造；在办公楼显要位置悬挂了全军十大英模挂像、党务公开栏、理论学习园地，对荣誉室进行了升级改造，营区政治氛围不断浓厚。

【基层武装部星级达标建设】2020年，区人武部严格按照上级《关于加强新时代基层人民武装部、村级民兵营（连）建设的意见》和关于开展基层镇街武装部星级达标建设决策部署，积极推动了镇（街道）武装部星级达标建设。召开了多轮专题培训会议，指导辖区10个镇（街道）武装部对照考评标准要求，逐项进行整改和资料准备，并联合区委组织部、区人社局等部门开展了多轮现地督导和模拟考评，会同荷塘区和云龙示范区组织部门对工作进展不力的4个街道武装部长进行了重新调整，有力促进了星级达标建设考评各项工作任务落实。辖区10个镇（街道）武装部，有3个通过省军区五星级达标评审，另有3个通过军分区四星级达标评审，其余4个均通过了三星级达标认定。

9月16日，荷塘区中小学生“爱我国防”主题征文颁奖典礼在株洲市景弘中学礼堂举行

【全民国防教育】6月5日，组织区主要领导和区国动委成员单位、区深化民兵调整改革领导小组成员单位领导共40余人集中过“军事日”活动，学习轻武器操作常识，开展轻武器实弹射击，进一步强化各级领导国防意识，提升军事技能；联合地方多个部门开展了“薪火传承”系列国防教育活动，邀请3名优秀参战老兵到辖区部分中小学校开展了战斗故事巡回宣讲，在全区中、小学校中开展了“爱我国防”主题征文活动，并在景弘中学隆重举行了颁奖典礼，制作了国防历史、军兵种知识等在内的多块国防教育展板，到部分中、小学校进行了巡回展览，营造了浓厚的全民国防氛围。

【部队管理】2020年，区人武部以军委国防动员部“四个秩序”现场会精神为准绳，积极开展向天元区人武部学习活动，抓好各项基础性经常性工作落实，持续提升部队建设质量。牢固树立底线思维，始终将安全工作作为党委工程、保底工程，充分吸取其他单位安全事故教训，及时传达上级各类事故案件通报，严格落实安全保密各项规章制度，定期进行安全自查自纠、保密工作专项清查、“百日安全”等各项活动，确保部队始终保持高度集中统一、安全有序，牢牢守住安全底线。进一步规范了营区战备、训练、工作、生活等各项内容，严格落实一日生活制度，部队正规化管理水平得到新的提升。

【后勤装备保障】2020年，区人武部认真落实党委理财、党委议装等各项制度要求，严格按照预算管理、遵守规定、精打细算、严把关口的原则使用经费。加强对枪弹、车辆的日常检查和维护保养，高标准完成部分武器装备退役报废处理工作。在区委、区政府的大力支持下，完成了公寓楼提质改造工程，进一步改善了官兵工作和生活环境。

（杨　泽）

经济社会监督管理

发展和改革

【概况】株洲市荷塘区发展和改革局（简称“区发改局”）成立于2005年6月，为荷塘区人民政府综合经济部门，担负全区经济社会发展和改革方面的相关工作职能。内设办公室、业务股（加挂国民经济动员办公室牌子）2个职能股室及城乡协调发展中心、区价格认证中心2个所属事业机构。在编人员11名，其中行政编制4名，事业单位编制人员7名。

2020年，区发改局牵头的主要经济指标成效突出。地区生产总值（GDP）同比增长3.5%；全社会固定资产投资增长15.7%（其中产业投资增速16.8%）；荷塘区高新技术产业投资、技改投资分别占产业投资比重为32.8%和80.0%，分别高于2019年7.5个和5.6个百分点；社会消费品零售总额降幅收窄至2.4%，城乡居民人均可支配收入增长4.7%；万元GDP能耗下降3.0%；利用内资增长23.31%，利用外资增长14.26%；“四上”企业数逆势新增87个，各项社会事业稳步发展。荷塘区被评为株洲市“产业项目建设年”活动先进县市区；区发改局被评为2019—2020年株洲市价格认定案卷管理先进单位。

【产业项目建设】2020年，荷塘区扎实开展“产业项目建设年”、“双比双看”（比项目建设，看推进力度；比全年任务，看完成进度）活动，全年固定资产投资增长15.7%；全区134个重点项目建设快速推进，51个市级重点建设项目完成投资145.24亿元，占年度投资计划的110.8%。其中，计划内29个产业项目完成投资99.05亿元，占年度投资计划的111.67%；22个基础设施配套项目完成投资46.9亿元，占年度投资计划的109%。其中，纳入湖南省“五个100”项目内的汉德车桥和三一数字化智能制造项目基地2个重大产业项目、高强高韧超细晶硬质合金刀具材料1个重大科技创新项目、国联捷和宏达电子2个重大产品创新项目，分别完成投资38.76亿元、2.12亿元、1.81亿元，分别为年计划的100.74%、100%、235%；已签约引进1个“500强”项目，为年计划的100%。纳入市“五个一批”项目的好媳妇等27个重点产业项目、新型焊接材料等10个重点科技创新项目、PC构建装配式等8个重点产品创新项目、重点招商引资项目、引进科技创新人才分别完成年度计划的111.67%、100%、110%、123%、

185%。“奋战一百天，冲刺双过半”“双比双看”大竞赛持续开展，“看学议”“集中开竣工”活动强力推进，项目攻坚高质高效。全年组织湖南飞山奇新型环保建材制造基地、金城国际学校等23个项目参加5次集中开竣工活动及4次“看学议”活动，副省长吴桂英宣布金城国际学校开工。湖南师范大学附属株洲荷塘实验学校、湖南飞山奇制造基地、株洲宏达电子提质扩能等40个项目开工，汉德二期、中天杭萧生产基地二期、湖南国联捷（货友汇）网络货运平台、株洲东大门国际商贸城等21个项目竣工。实施征拆项目33个（其中集体29个，国有4个），完成集体土地征拆256.93公顷；完成国有土地上房屋征收2.8万平方米，全面完成年计划任务，共交地29宗。

【争资引项】2020年，区发改局共申报了19个专项类别，储备录入国家重大项目库97个项目，申请中央、省资金总投资达158.94亿元，申报补助资金63亿元。已获批到位资金35396万元，其中：申报中央预算内项目61个，到位资金19491万元；申报省级预算内项目24个，到位资金305万元；申报地方政府专项债券项目12个，到位资金15600万元。在项目储备及申报方面，申报2021年中央预算内投资计划储备项目49个（已全部完成国家重大项目库的录入），总投资211160万元，申报需求资金94297万元。其中：保障性安居工程配套基础设施储备项目48个，总投资19.51亿元，申报资金9.11亿元；地区经济项目1个，总投资1.60亿元，申报资金0.32亿元。

【行政审批】2020年，荷塘区所有建设投资项目的审批、核准和备案均依托全省投资项目在线审批监管平台实行项目网上申报、并联审批、信息公开、协同监管，不断优化办事流程，提高服务水平，并加强事中事后监管，主动接受社会监督。特别是社会投资工业项目由原7个工作日办理流程直接缩短至即日办理，实现快速审批机制的建立，做到零上门、零审批、零成本的“三零”服务。全年办理项目立项审批154个，总投资36.9亿元，完成企业备案项目53个，总投资34.15亿元。

10月23日，市发改委党组成员、副主任张勇（左四）一行到荷塘区调研2020年工作情况及2021年工作思路、"十四五"规划纲要编制工作

【“十四五”规划编制】5月20日，正式召开动员会，启动区“十四五”规划编制工作。经过深度调研、全面走访、重点访谈和对相关资料进行梳理分析，8月25日形成了规划思路研究的征求意见稿，于9月 28日提请区政协五届十九次常委会议协商，10月12日提请区政府常务会议审议通过，10月19日经区委常委会审定通过。12月15日形成规划《纲要》初稿。《纲要》分为4个部分，分别为发展基础篇、发展战略篇、发展任务篇、发展保障篇。经多方调研讨论，初步储备84个“十四五”重大项目，计划投资630亿元，其中三一集团株洲基地项目、汉德车桥株洲制造基地项目、好

媳妇株洲智能制造基地等 23 个项目已纳入市级“十四五”重点项目库。

【“两型”社会建设】2020 年，区发改局积极开展“两型”（资源节约型、环境友好型）社会建设工作。组织开展了绿心保护主题宣传活动，提高绿心区村民的生态保护意识；按照中央环保督察绿心问题整改相关要求，督导荷塘区金桥页岩砖股份有限公司项目退出后的生态复绿工作，并保证好树种成活率。坚决防止发生新的违法违规建设项目，坚决控制绿心地区新增工业项目；深入开展“两型”示范创建，推进示范片区创建和面上“十进 14 类”示范创建工作，重点打造“两型”示范片区樟霞片区，发展光伏屋顶发电、生态绿道建设、生态绿色农业、“两型”文化基地等项目，建立常态化调研督导机制，对重点创建单位加大扶持力度。配合市“两型”办开展了 2020 年“两型”试验区总结评估工作。

【价格认证】 2020 年，区发改局价格认证工作水平不断地提高，有力地服务司法办案需要和政府中心工作。年内，共受理价格认定并完成 106 件，认定金额 74.5 余万元。

（范玉婷）

人力资源和社会保障

【概况】株洲市荷塘区人力资源和社会保障局（简称“区人社局”）2010 年由原区人事局与原区劳动和社会保障局整合而立，为区人民政府工作部门。内设办公室、人力资源股，下辖区就业服务中心、区社会保险服务中心、区劳动监察大队 3 个事业单位。2020 年年末，全局有在编在职干部 31 人。主要担负贯彻执行国家、省、市有关人力资源和社会保障工作的法律法规和方针政策；结合全区实际，制定相应政策，并组织实施；对全区人力资源和社会保障工作进行宏观规划、综合管理、监督指导、协调服务；拟定全区人力资源规划、开发工作、劳动行政管理与监察、劳动人事争议调解仲裁、就业创业；统筹建立覆盖全区城乡的社会保障体系；牵头区政府落实省、市“为民办实事”考核工作等工作职能。

【精准服务稳就业】2020 年，荷塘区委、区政府高度重视稳就业工作，积极探索“市场参与助就业、两级平台畅就业、三级书记抓就业、四支队伍帮就业、五个精准促就业、六项保障稳就业”的工作机制，将“精准就业服务 点亮万家灯火”工作做细做实。一是创新机制，引进市场机构“助就业”。采取政府购买服务方式，引进湖南宏信人力资源科技有限公司负责全区精准就业服务工作，将专业事交给专业的机构去做；二是夯实基础，打造区、镇（街道）两级服务平台“畅就业”。搭建了以区就业服务中心“荷塘大就业”大数据平台为核心，7 个镇（街道）就业服务驿站、62 个村（社区）就业服务站点为分支的公共就业服务平台；三是强化领导，落实三级书记责任“抓就业”。明确区委书记、镇（街道）党委书记、村（社区）书记作为精准就业服务工作的第一责任人，把“精准就业服务 点亮万家灯火”工作作为 2020 年的首要工作来抓；四是扩充力量，打造服务队伍“帮就业”。各镇（街道）劳动保障站在机构改革中被撤销后，荷塘区新组建了“区就业服务政府雇员+城乡就业服务专员+农村驻村工作队+城乡志愿帮扶队”4支就业服务队伍，共332人，对全区62个村（社区）就业服务工作实行网格化管理；五是精准发力，优化5项服务流程“促就业”。精准信息摸排、精准信息匹配、精准对接服务、精准技能培训、精准后续跟踪，服务流程闭环运作；六是严格落实，强化六项保障政策“稳就业”。落实阶段性三项社保费用减免政策、扩大失业保险保障范围、支持灵活就业和新就业形态、促进重点群体就业创业、兜底保障就业困难人员、推进职业技能提升行动。2020年全区匹配城镇新增就业人员11058人，完成全年目标122.87%；城镇登记失业率2.67%，低于4.5%的控制目标；新增农村劳动力转移就业682人，完成全年目标284.2%；组织线上线下职业技能培训3281人，完成全年目标121.5%。荷塘区被评为全省疫情期间稳就业工作较好的县市区之一。“精准就业服务 点亮万家灯火”的做法得到了人民网、《湖南日报》《株洲日报》等中央、省、市媒体的广泛推介及企业、群众和省、市人社部门的一致肯定。

4月28日，荷塘区人社局召开精准就业服务工作动员大会

【人才服务】2020年，区人社局按“凡进必考”的原则，依法依规完成2020年教师公开招考159人、事业单位公开招聘20人、政府雇员6人、事业单位公开选调3人、从公办学校在编在岗教师中择优竞聘5人到区属事业单位、招募“三支一扶”高校毕业生2人。全年完成37名人才引进任务，其中博士2人，硕士研究生35人，完成率达185%。全年完成初级职称评审及认定159人，中级职称评审31人，高级职称评审15人。

【事业单位岗位设置】2020年，区人社局根据按需设岗、竞聘上岗、按岗聘用的原则，对2019年机构改革中新设立单位、更名单位、机构升格单位、编制调整的55家事业单位完成了岗位设置。

【工资福利】 2020年，荷塘区进一步完善了乡镇机关事业单位工作人员奖金政策和事业单位工作人员绩效工资政策，确保高于区直机关同职级干部10%～20%。进一步提高了教师工资待遇，确保不低于公务员工资待遇。

【社会保障】2020年，荷塘区企业养老保险新增扩面6022人，基金征缴收入39705.63万元；城乡居民基本养老保险新增扩面1970人，基金征缴收入1125.55万元；失业保险新增扩面1900人，征缴收入321.95万元；机关事业单位养老保险在职参保人数3318人，基金征缴收入12177.21万元，职业年金收入2128.69万元。围绕“一覆盖两提升三保障”（城乡居民全覆盖；参保率、缴费率两提升；制度、法治、信息三保障）工作主线，加快推动实现城乡居民基本养老保险（简称“城乡居保”）全覆盖目标，荷塘区于8月底前在全市率先完成29870人的摸底统计工作，9月底前在全市率先完成1499名城乡居保法定覆盖人群的参保登记。

【惠企政策助力企业抗疫复产】2020年，面对新冠肺炎疫情突发对企业生产经营带来的冲击，荷塘区按照省、市统一部署，积极落实阶段性减免养老、失业保险单位缴费政策。一年来，为1052家企业减免企业职工养老保险征缴费7653.21万元，为887家企业减免失业保险征缴费391.24万元。积极推进失业保险稳岗返还，对190家单位返还失业保险稳岗补贴116.2万元。疫情期间，根据市统一部署，对企业职工养老保险参保单位缴费基数未作批量调整，而是按其参保职工上年末缴费基数作为缴费工资，按暂定基准值保底封顶为基数。同时，为388家企业减免因延迟缴纳养老保险征缴费产生的滞纳金30.58万元；并对工业园区120家企业的8738名参保人员开展了养老保险缴费费率过渡试点实施效果评估，继续落实费率过渡试点优惠政策，极大地减轻了疫情对企业尤其是中小微企业的影响，为企业复工复产创造了一个缓冲期。

【社保基金监督】2020年，区人社局努力规范经办机构内控制度，认真开展社保基金现场安全检查，利用大数据等信息化技术推进社保基金智能管理，提高社保基金监督能力。组织开展对全区服刑人员违规领取养老保险待遇问题的专项整治，查处违规享受待遇信息9条，通过与全省各地监狱、公安机关的配合，对相关人员进行依法依规停保及追回待遇，确保社保基金的规范运作率和安全完整率达到100%。

【劳动监察执法】2020年，区人社局完善和落实劳动监察执法制度，认真受理劳动维权投诉举报，加强劳动保障日常巡查。全年共受理劳动投诉案件130起，结案130起，涉及劳动者1200人，追回被拖欠工资950万元，清退押金0.5万元。开展根治欠薪冬季攻坚专项行动，按照综合协调组、房产建设领域清欠组、工业领域清欠组、农业领域清欠组、文教卫领域清欠组、城管领域清欠组、信访组和办公室“七组一室”的分工，根治拖欠农民工工资问题，维护农民工合法权益，促进了社会和谐稳定。

【劳动争议调解仲裁】2020年，区人社局坚持“调解为主，调裁结合”的原则，努力化解劳资双方矛盾，消除不稳定因素，依法妥善、公正、及时处理好劳动争议案件。全年受理劳动仲裁案件149起，结案149起，为215位申请人追回被拖欠的工资、经济补偿金、工伤补偿等损失607万元。

【启动国有企业退休人员社会化管理】3月，荷塘区全面启动国有企业退休人员社会化管理工作，按照中央、省、市关于国有企业退休人员社会化管理工作部署，成立荷塘区推进国有企业退休人员社会化管理工作领导小组，积极与拟移交的央企、省企、市企对接，摸清退休人员的基本情况。同时，印发《株洲市荷塘区国有企业退休人员社会化管理工作实施方案》，通过规范服务事项，明确工作流程，加快推进国有企业退休人员社会化管理工作。坚持“上级主导、集团推动、企业主动、部门联动、平稳交接”的原则，紧跟时间进度，档案提前统一标准、一次接收等有效方式，圆满完成2020年国有企业退休人员社会化管理工作任务。截至12月31日，荷塘区已与129家企业签订退休人员社会化管理移交协议书，共接收退休人员14174人，退休党员3406人。其中，中央企业42家9140人、省属企业13家837人、市属企业62家3417人、厂办大集体企业和原国有（集体）改制企业12家804人。

【“民生100”工程】2020年，荷塘区“民生100”工程共计有8大类61项指标，全部按时完成。其中：超额完成的指标有27项，占总任务的44.3%；日常进度考核在全市5个城市区中排名靠前。

（何珊珊）

荷塘区2020年“民生100”工程考核指标表

表5

序号		指 标 项 目	工作目标	累计完成数	完成年度目标（%）
一、就业增收工程	1	新增城镇就业	8900人	9334人	105
	2	实现“零就业家庭”动态援助	100%援助	100%	100
	3	新增农村劳动力转移就业	240人	682人	284
	4	▲开展政府补贴性职业技能培训	2700人次（农村转移就业者200人次）	3281（其中农村转移就业者1574人次）	121
	5	土地托管服务	1000亩	1000亩	100
	6	惠民综合服务中心（社）	3个	3个	100
	7	乡、镇成立供销合作社	1个	1个	100
	8	扶持农机专业合作组织	1家	1家	100
	9	新建、维修、改造农村机耕道	100千米	100千米	100
	10	残疾人职业技能和实用技术培训	60人	60人	100
	11	●支持企业上云上平台	10家	10家	100

续表 5

序号		指 标 项 目	工作目标	累计完成数	完成年度目标（%）
二、社会保障工程	12	新增企业养老保险参保人数	2500 人	6022 人	240.88
	13	▲提高农村低保标准和救助水平	标准不低于 6240 元/年，水平不低于 223 元/月	7200 元/年 340 元/月	低保标准 115 救助水平 152
	14	▲困难残疾人生活补贴和重度残疾人护理补贴提标	70 元/人/月	100 元/人/月	142
	15	▲解决残疾儿童救助	48 名（288 个月）	75（401 个月）	139
	16	▲特困人员护理床位建设	50 张（护理床位 40 张）	50 张（护理床位 40 张）	100
	17	探索推行“长者餐厅”	1 家	5 家	500
	18	提高社区居家养老日间照料中心覆盖率	70%	100%	140
	19	殡葬改革	殡葬费用整体降低 30%以上	100%	100
	20	扩大城镇职工医保参保面	新增城镇职工医保参保人数 3600 人	5531 人	153.64
	21	提高城乡居民高血压、糖尿病门诊用药保障水平	符合规定的降血压、降血糖药品费用医保支付比例 70% 以上，待遇人数 200 人次以上	支付比例 70%，享受待遇 3497 人次	1748.5
	22	●扩大特殊病种门诊享受	出台实施办法，优化办理流程，全年待遇支付 100 万元以上，人数 200 人以上	待遇支付 185.53 万元，人数 867 人	433.5
	23	实现军转安置率 100%	100%	1 人	100
	24	困难归侨（侨眷）重要节日慰问	3 人	4 人	133
三、素质提升工程	25	农村免费放映公益电影	288 场	384 场	133
	26	全部消除义务教育大班额	7 个	7 个	100
	27	▲增加公办幼儿园学位	5378 个	5453 个	101.4
	28	资助家庭经济困难学生	500 人	3166 人	633.2
	29	公益艺术教育培训	1200 人次	3090 人次	257.50

续表 5

序号		指标项目	工作目标	累计完成数	完成年度目标（%）
四、全民健康工程	30	▲建制乡镇卫生院 2 名全科医生全覆盖（68×2 名）	2 名	2 名	100
	31	▲村卫生室运行经费数 609.6 万元	14.4 万元	14.4 万	100
	32	在岗乡村医生按规定参加养老保险	23	100%	100
	33	▲孕产妇免费产前筛查	2348 人	2348 人	100
	34	▲农村及城镇低保适龄妇女“两癌”免费检查	2500 人	2519 人	100.76
	35	归侨健康检查	1 人	1 人	100
	36	全市社会足球场地设施建设	建成 4 片社会足球场地	4 片	100
五、安居宜居工程	37	市县乡村四级综治中心建设	区级综治中心 1 个、乡镇（街道）综治中心 7 个，村（社区）综治中心 60 个	视联网建设全部完成	100
	38	金山污水处理厂新建工程	完成主体工程建设	/	主体为市住建局，市局不需区提供
	39	新建改建城市供水管网	新建 3 千米，改建 0.5 千米	/	主体为市住建局，市局不需区提供
	40	城市既有住宅加装电梯	5 台	5 台	100
	41	黑臭水体整治	1 处	1 处	100
	42	▲城镇老旧小区改造	12 个	12 个	100
	43	●农村宅基地房地一体确权登记颁证	颁证率 90%以上（约 1 万本）	14649 本	100
	44	●生活垃圾分类街道、社区试点创建	在辖区内公共机构、新交付居民小区开展生活垃圾分类	1.制定出台荷塘区垃圾分类方案；2.完成桂花街道、西子和幸福里社区试点创建工作	100
	45	●加大违法违章建筑治理	“零增长”	127747 平方米	102
	46	推进“一江两岸”及城区重要节点亮化提质	做好协同配合及资金配套工作	市局未要求进行工作开展	100
	47	开展“微亮化”建设	做好协同配合及资金配套工作	市局未要求进行工作开展	100
	48	新增住房公积金建制人数	1500 人	2420 人	161
	49	▲改（新）建农村户用厕所和农村公用厕所	户厕 500 个	500 个	100

续表 5

序号		指 标 项 目	工作目标	累计完成数	完成年度目标（%）
六、畅通出行工程	50	新增停车泊位	50 个	105 个	210
	51	新建智能自助洗车便民点	1 个	1 个	100
	52	▲自然村通水泥沥青公路	2.648 千米	3.225 千米	122
七、安全保障工程	53	化解民间纠纷	650 件	695 件	107
	54	农超消费放心工程—流通领域使用农产品快检	69584 批次	69584 批次	100
	55	株洲市电梯应急救援处置	做好配合协调工作	/	电梯应急救援处置现在事权未下放到区局，已积极配合市局完成工作。
八、扶贫解困工程	56	残疾人居家服务	55 名（2640 小时）	66 名（3168 小时）	120
	57	贫困残疾人家庭无障碍设施改造	5 户	5 户	100
	58	免减缓交诉讼费	110 件，40 万元	112 件，45.5 万元	114
	59	为困难群众实施法律援助	215 件	215 件	100
	60	帮扶救助困难职工	300 人次	356 人次	118.67
	61	职工医疗互助	6000 人	9301 人	155.01

说明：带▲为省重点民生实事项目，带●为面向社会征集的项目

（何珊珊）

市场监督管理

【概况】株洲市荷塘区市场监督管理局（简称“区市场监管局”）成立于 2019 年 5 月，是在整合株洲市工商行政管理局荷塘分局、株洲市食品药品监督管理局荷塘分局相关职责的基础上，融合了知识产权、质量技术、价格监管、盐业市场监管四大市级职能组合而立。为区政府工作部门。内设股（室）13 个，直属事业单位 1 个，下设市场监管所 7 个（合署 5 个所办公）。核定人员编制 74 名，其中行政编制 60 名，事业编制 11 名，机关后勤编制 3 名。现有在职在编人员 67 人，其中机关 40 人、基层监管所 27 人。主要承担全区市场主体登记注册、食品、药品、特种设备、产品质量安全监管、价格、公平竞争、信用监管、打击传销规范直销、消费维权、知识产权保护与应用、计量、标准化管理等市场综合监督管理职能。2020 年，区市场监管局先后荣获株洲市创建全国文明城市工作先进单位、荷塘区“先进基层党组织”荣誉称号。

【开展“年关守护”行动】1 月 6 日，区市场监管局召开“保安全、守底线”暨“年关守护（2020）”工作部署会，发布《荷塘区市场监管“年关守护（2020）”行动方案》，对岁末

年初市场监管工作进行安排部署。从 2019 年 12 月 26 日起至 2020 年 2 月底，在全区范围内开展食品、药品、特种设备、电取暖器、烟花爆竹、电动汽车、危险化学品等重点工业产品、道路交通等安全检查，以及节日市场检查、消费者权益保护、执法打假等综合性市场检查。会上要求，通过“年关守护（2020）”行动切实消除食品、药品、特种设备和重点工业产品安全风险隐患，确保不发生系统性、区域性安全问题，坚决防范和遏制较大及以上安全事故和重大影响事件发生。切实保护好人民群众利益，营造安定祥和、安全有序的市场环境。

【确保疫情期间市场运营健康有序】年初新冠肺炎疫情突发后，区市场监管局迅速成立防控工作领导小组，实施“保价格、保质量、保供应”系列行动，突出加强对农贸市场、餐饮行业、药品医疗器械、防疫物资供应和民生商品的价格监管，对野生动物、活禽交易市场的巡查监管，发现问题立即督导整改。集中力量打赢重要防疫物资保供战、市场价格监管稳控战、防护用品质量安全保卫战、野生动物与活禽交易歼灭战、企业复工复产攻坚战，为全区疫情防控营造了健康有序的市场环境。

【助力复工复产】新冠肺炎疫情防控期间，区市场监管局建立服务企业联系机制，协助开展返岗员工监测、宣传教育、日常防护和台账建立等防控工作；对富家垅范围内服装生产企业复工复产进行精准指导；对联点村仙庾镇蝶屏村和永福社区协助疫情防控和进行复工复产工作指导；对全市最大的“菜篮子”中南蔬菜市场实行定点值守，其他农贸市场实行“一日一巡查”。实施“暖企助企”，督促辖区内转供电主体落实相关政策要求，确保降电价政策红利及时足额传导至所有转供电终端用户，全年监督退还多收电价款 28 万余元。稳步推进餐饮复市，联合“饿了么”给辖区内餐饮企业送去 1500 只爱心口罩，全力支持疫情防控和复工复产；鼓励房主对经营户实施房租减免，全年共为中南蔬菜批发市场、中南建材市场、恒泰布匹市场等 10 余家大型市场 1550 户市场主体减免房租 2133 万余元。认真落实市市场监管局《关于疫情防控期间支持个体工商户复工复产的通知》，从推动复工复产、优化政务服务、降低经营成本、加强服务力度和发挥党组织、行业协会作用 5 个方面制定 16 条措施，有力推动个体工商户复工复产。

【市场主体快速发展】2020 年，荷塘区市场主体大幅增长。截至 2020 年年末，全区共有市场主体 38895 户，其中企业 8075 户，个体工商户 30820 户。年内新增企业 1719 户，同比增长 26.83%；新增个体户 4445 户，同比增长 16.7%，各项指标均为历史新高，企业年报率历年均稳定在 90%以上，市场主体活跃度不断增强。产业结构不断优化。年内新增的 6164 户市场主体中，企业占比 28%，同比增长 8%。从行业分布来看，新材料、信息传输、软件和信息技术服务业逐步摆脱新冠肺炎疫情负面影响，呈现平稳发展态势。产业质量逐步提高。以金山片区为主体，新材料、轨道交通装备配套、医学健康等传统产业不断转型升级，钢铁、智能建造、电商等新兴产业不断发展壮大，产业结构持续优化升级，形成了先进制造业集群梯次推进的发展格局，产业竞争力得到了有效提升。

【推进商事制度改革】2020年，区市场监管局大力推进商事制度改革。一是审批时限全面压缩。企业设立、变更登记实现当日办结，营业执照、印章、发票和税控设备“一窗领取”“一次发放”，正在探索试行营业执照和食品经营许可证登记资料一次性提供制度。二是登记手段全面优化。通过“减事项、减材料、减环节、减时间”的工作举措，将企业开办事项所需材料归并整合，实现“一表申报、一套通办”。市场主体设立、变更、注销登记均实现“一窗受理、并行办理”。大力提倡网上办事并优化办事流程，采取邮寄等方式将结果物送达到申请人处，企业需求和企业服务更精准的对接，实现了“一次不用跑”。全面推广全程电子化登记，率先启动个体户登记全程电子化，登记率分别达87.6%、12.6%，均位列全市前列。对标国务院、省政府要求，实现涉企行政审批事项“证照分离”106项，“多证合一”37项。三是“一件事一次办”全面升级。通过一次告知、一窗受理、一网通办、一次办好，实现企业和群众办事线上“一次登录、一网通办”，线下“只进一扇门、最多跑一次”。截至年末，共办结业务1268件。荷塘区被省政府办公厅认定为“一件事一次办”、商事制度改革和优化营商环境成效明显的县（市、区）。

【优化营商环境】2020年，区市场监管局大力优化营商环境。放宽市场准入门槛，允许住宅改为经营性用房，取消“住改商证明”，实行“一址多照”、工位号登记、个体户电子化登记，进一步简化证明材料，降低创业成本，激发市场投资活力。强化事中事后监管，牵头推进23个政府部门“双随机、一公开”（随机抽取检查对象，随机选派执法检查人员，抽查情况及查处结果及时向社会公开）联查，制定《荷塘区市场监管领域部门联合“双随机、一公开”重点工作任务实施方案》，共开展“双随机”抽查活动9次，随机抽取检查对象650户。公平竞争审查1次，审查相关文件4份。坚持最严监管。严格落实“四个最严”（建立最严谨的标准、实施最严格的监管、实行最严厉的处罚、坚持最严肃的问责）要求，先后开展强化食品、药品、特种设备和重点工业产品质量监管，严防严管严控安全风险，守住安全底线。坚持信用监管，年内企业年报公示率91.6%，依法列入经营异常名录市场主体619户，列入严重违法失信人名单市场主体126户，公示企业股权冻结信息10件，办理股权解冻2件。坚持包容监管。针对疫情冲击，立足区域经济发展实际，出台了《荷塘区市场监管领域首次轻微违法行为不予行政处罚的规定》，对无主观故意、情节轻微的不予行政处罚，彰显市场监管温暖底色。

【重点优势产业高质量发展】6月，株洲先进硬质材料检测中心挂牌，荷塘区金山科技工业园分站授牌，荷塘区硬质合金产业全面发展、整体升级得到有力推进。标准化建设成果累累，株硬集团研发中心的工业产品质量控制与技术评价实验室被工信部认可，汉德车桥（株洲）齿轮产品省级质监站为湖南唯一，飞鹿股份拥有通过CRCC认证产品7项，为行业领先。区市场监管局围绕重点优势产业，大力培育高价值核心专利，保持商标注册持续稳步增长，同时实行更严格的知识产权保护。全区年内新增专利申请735件、其中发明专利申请174件，现有有效发明专利414件。

【食品安全监管】2020年，区市场监管局对食品安全实施“最严格的监管”。新冠肺炎疫情防控期间，先后开展了食品安全、护苗行动、食品安全百日整治行动、网剑、长江流域禁捕、非洲猪瘟、食盐监管、大米、固体饮料、婴幼儿配方奶粉、创文创卫等专项整治行动。6月，根据市长热线举报，区市场监管局在明照街道东园村发现一无证加工食品窝点，执法人员当场对“黑作坊”予以取缔，对冷冻库实施查封，扣押猪头50余千克、猪头皮30余千克。完成重大节会、活动、“三考”期间食品安全保障工作4次，实现了重特大安全事故和区域性、系统性、源发性食品事故零发生。通过农贸市场快检室为市民免费提供农兽残快检，积极督导市场方和第三方开展食品安全快速检测，监督实施问题食品召回和处置。加强抽样检验和隐患排查，共筛查快检食用农产品69584批次，一般程序监督抽检食用农产品881批次，针对不合格产品，依法依规严格处置。学校“明厨亮灶”覆盖率达到90%以上。

【开展冷链食品核酸检测】8月13日，区市场监管局对辖区内21家冷链生产经营单位进行约谈，要求经营者严格落实进货查验和索证索票管理制度，落实好清洁、消毒、通风、个人防护等卫生防疫措施，切实履行好经营者的主体责任。联合区疾控中心对辖区内冷藏冷冻食品开展核酸检测采样工作，截至2020年年末，已累计检测核酸检测样品519批次，检测结果均为阴性。

【药品、医疗器械和化妆品质量安全监管】2020年，区市场监管局坚持贯彻药械“四个最严”和“安全用妆”要求，持续抓好常态化疫情防控工作，对消毒液生产、防疫用医疗器械经营企业等进行检查，持续抓好药店三类药登记。坚决落实用药、用械、用妆安全监管责任，严格审批器械许可备案制度，开展了中药饮片、疫苗安全、网络销售违法违规行为、药品流通使用环节、医疗器械“清网”、无菌和植入性医疗器械、医疗机构医疗器械、化妆品“线上净网线下清源”等专项检查行动，共检查企业120余家。督促157家保健食品经营户开展了自查。

11月20日，荷塘区市场监管局开展2020年“全国安全用药月”宣传活动

【特种设备监察】2020年，区市场监管局督促20余家电梯使用单位整改86台超期未检电梯接受定期检验，检查特种设备使用单位190余家次，发出责令改正通知书16份，处理电梯投诉60起。深入开展“电梯宣传周”等宣传活动，推动电梯安全责任保险的落地，为全区安全生产和人民群众生命财产安全提供了有力的保障。开展中秋节、国庆节期间特种设备安全监管工作。“双节”期间，共出动执法人员142人次，检查特种设备使用单位68家，检查特种

设备 230 台套；开展“快开门式压力容器”专项隐患排查治理行动，检查“快开门式压力容器”2 家，发现隐患 2 起，下达责令改正通知书 2 份；开展以检查促年检率专项检查行动，出动执法人员 90 人次，检查特种设备使用单位 44 家，检查特种设备 109 台（套），下达安全监察指令书 5 份、责令改正通知书 14 份；开展气瓶充装单位专项监督检查和瓶装液化石油气专项治理行动，出动执法人员 68 人次，检查瓶充装单位 1 家，发现 5 个压力表超期未检，下达责令改正通知书 1 份。检查瓶装液化石油气经营单位 2 家。检查使用瓶装液化气的经营户 75 家，发现超期未检在用钢瓶 17 只，执法人员当场责令经营户停止使用。

【重点工业产品质量隐患排查整治】2020 年，区市场监管局以危险化学品、涂料、油漆、防水卷材、电动自行车、安全帽摩托车头盔、儿童和学生用品、火灾防控产品、防汛抗旱用品、毛巾、劳保用品等为重点持续开展专项整治，确保不发生系统性质量安全问题。先后会同市市场监管局业务部门对辖区内 4 家危险化学品企业开展产品质量风险隐患排查；会同省、市市场监管局业务部门对辖区内 1 家大型食品包装材料生产企业开展有机产品标签标识专项检查行动；会同市市场监管局业务部门对辖区内 3 家企业开展 2020 年认证活动“双随机、一公开”监督检查。

【创建诚信经营示范店】2020 年，区市场监管局组织开展了诚信经营示范店创建活动。结合日常监管、经营者落实主体责任和签订诚信经营承诺书等内容，推荐并评选出了步步高商业连锁股份有限公司株洲分公司、株洲百货股份有限公司荷塘购物广场等 12 家“诚信经营 放心消费”创建工作先进单位。2020 年，荷塘区中南建材市场商户吴德航获“全国先进个体工商户”荣誉称号，区市场监管局广泛宣传该商户先进事迹，在广大个体工商户、企业家队伍中大力弘扬诚信经营、助人为乐的精神。

【市场监管领域交通顽瘴痼疾整治】2020 年，区市场监管局对红港路汽车城、黄塘马路市场就有无销售非法改（拼）装车辆、大吨小标车辆、非标车辆，以及无强制性（3c）产品认证等进行了清理检查，对辖区内销售机动车、变型拖拉机及电动自行车进行了摸牌登记及相关案源线索的收集，对 2019 年 4 月 15 日生产的电动自行车和无 3C 的电动车不准销售。检查了台铃、雅迪等电动自行车销售门店 80 户，重点检查电动车及电瓶是否合格、有无 3C 认证、销售企业购销台账是否健全等情况，要求经营者建立购销台账，做到索证索票。

6 月 4 日，省市场监管局局长向曙光（右三）一行在荷塘区汽车城督导交通问题顽瘴痼疾集中整治工作

【向曙光到荷塘区督导交通顽瘴痼疾集中整治工作】6 月 4 日，湖南省市场监管局局长向曙光一行到株洲督导交通问题顽瘴痼疾集中整治工作开展情况，在荷塘区汽车城详细查看了汽

车（货车）销售企业情况。在株洲市顺昌汽车贸易有限公司，向曙光认真查阅该公司相关资料、证书、台账，仔细询问该公司负责人汽车销售情况，实地查看了该公司摆放的待售货车。向曙光强调，各市县区局要积极发挥基层市场监管的作用，加大对辖区内的机动车、变型拖拉机及电动自行车经销门店（含个体工商户）的隐患排查力度，进行“地毯式”清查检查。发现销售非法改（拼）装车辆、大吨小标车辆、非标车辆，以及无强制性（3C）产品认证产品等违法行为要及时向工信部门推送信息并严格依法查处。

9月2—4日，区市场监管局在辖区内开展农村集贸市场专项整治行动暨“进农村”宣传活动

【农村集贸市场整治】9月2—4日，区市场监管局在辖区内开展农村集贸市场专项整治行动暨“进农村”宣传活动。此次专项整治行动以食品安全、商品质量、计量监管等方面为切入点，重点检查了是否存在经营过期食品的问题和食品经营户索证索票的情况；查看了是否存在“三无产品”现象，服装、饮料、酒水等领域是否存在“傍名牌”和商标侵权行为；检查了是否存在使用改装、不合格的计量器具或者蓄意破坏计量器具准确度的行为，以及集贸市场公平秤的设置、维护和检定的情况等。实现了对辖区内农村集贸市场全覆盖检查，确保了综合监管执法和政策宣传服务落到实处，为群众营造了满意放心的消费环境。同时，也让农村消费者在日常消费场景中接受到了良好的消费教育，增强了群众在质量安全、商标品牌、绿色消费和法律维权等方面的意识，达到了预期效果。

【非法金融活动风险专项整治】4月，在区金融办的统一部署下，区市场监管局对金融放贷（非法放贷）行业领域进行细致摸排，未发现相关问题和风险隐患；联合税务部门对辖区内非持牌融资担保企业进行了摸排，未发现非持牌从事融资担保业务的企业。7月，联合区金融办开展2020年防范非法集资宣传活动，共排查重点企业和个体工商户24家，共计发放宣传资料600余份。8月，对由区金融办所提供的非法集资风险线索，进行现场摸排核实，对1家公司涉及虚假宣传进行立案查处，并将相关情况汇总交由区金融办研判。

【行政执法】2020年，区市场监管局共立案查办各类行政违法行为案件63起，涉刑移送案件2起，罚没金额共计36.48万元，其中食品及相关案件共立案27件，罚没金额共计9.14万元。

【消费维权】2020年，区市场监管局共受理消费者投诉举报2958件，办结2958件，办结率100%，满意度100%。涉及金额123.32万元，为消费者挽回经济损失76.91万元。

【普法宣传】2020年，区市场监管局组织开展了一系列普法宣传活动。开展“食品安全宣传周”宣传活动，发放禁食野味、禁捕禁食长江野生江鲜、预防毒蘑菇等宣传资料10000余份。在重大活动和节日期间，发布“温馨提示”，引导群众正确消费。开展“进校园”“进农村”宣传活动，送法上门。4月26日，区市场监管局开展世界第20个知识产权日宣传活动，活动现场共发放《株洲市科技创新公共服务平台公共服务指南》《年报啦》《严格知识产权保护营造一流营商环境》《小明与商标的故事系列》等相关宣传资料1000余份，接待咨询50余人次。年内，还先后开展了化妆品安全科普宣传周、医疗器械安全宣传周、全国安全用药月等系列活动，发放宣传资料2000余份，培训监管人员260余人次。

（龙莉莉）

自然资源管理

【概况】株洲市荷塘区自然资源局（简称“区自然资源局”）成立于2019年4月，为区政府正科级工作部门，加挂区林业局牌子。有编制37人。内设办公室、法规股、调查监测和确权登记股、所有者权益和开发利用股、空间规划股、国有空间用途管制股、矿产管理和地质环境股、林业股8个机构，下辖荷塘区土地储备中心和荷塘区仙庾岭风景名胜区管理服务中心2个副科级事业单位。

2020年，区自然资源局在全市率先完成国家耕地保护督查和往年土地例行督查“挂账”问题的标准整改，实现双清零。在全市先试先行，打造了“飞山奇”项目“拿地即开工”新标杆；中良电气、东裕美耐皿项目从土地交易摘牌到取得“建筑工程施工许可证”，仅用5个工作日，成为全市首宗工业用地30年弹性年期供应“标准地”“交地即交证”标杆案例，刷新了“拿地即开工”审批速度纪录。坚持把党的建设作为单位发展的核心要素，把党员模范带头作为干部队伍成长的原生动力。在年初新冠肺炎疫情防控期间，局支部全体党员连续50多天奋战在抗疫一线，为夺取抗疫和工作双胜利做出了积极贡献。区自然资源局先后被评为2020年度省文明单位；市2020年农村宅基地房地一体确权登记工作、农村乱占耕地建房问题摸排、违法用地查处及闲置土地处置工作、自然保护地整合优化工作表现突出单位；2020年度荷塘区征地拆迁和房屋征收工作服务征拆工作先进职能部门红旗单位。

【耕地保护】 2020年，区自然资源局以共抓大保护为基调着力打造生态优美、环境宜居的绿色荷塘。通过严格落实耕保责任、推动往年被占用基本农田复耕、配合区政府对镇（街道）进行耕保责任考核、优化整合自然保护地、全面开展“多规合一”村庄规划编制等方式，牢牢守住耕地红线和生态保护红线。严格落实建设占用耕地先补后占，确保完成耕地保有量不少于2609.8公顷和基本农田保护面积不少于1668.34公顷的任务，做到耕地占补平衡。

【用地报批与土地供应】 2020年，区自然资源局积极主动为产业项目建设做好服务工作，主动上门走访对接园区和相关部门，明确工作任务，建立工作推进表，坚持一月一调度，及时协调解决用地指标及报批过程中遇到的问题，加快重点项目报批速度。共批回三一重工株洲基地（智慧钢铁制造）地块等 34 个项目，批回土地总面积 122.73 公顷；完成飞山奇、三一智能制造等 12 个工业用地项目的出让及出让合同的签订，成交面积 71.6 公顷，成交价款 38881.1 万元，分别比 2019 年同期分别增长 160%、203%。

【土地节约集约工作】 2020 年，区自然资源局全面开展闲置土地、批而未供土地清理整治工作。共核实疑似闲置土地 29 宗，动工销号 27 宗，划拨土地上报市局统筹收回处置 2 宗；省厅下达的 2009 至 2018 年批而未供土地涉及荷塘区共 32 个批单，未供面积为 284.33 公顷，按“一地一策”要求制定了处置方案，完成出让、备案和划拨约 194.16 公顷，处置率达 68.29%。

【征地拆迁】 2020 年，区自然资源局开展征地拆迁攻坚战，加强统筹协调，加快征地方案的编制，优先保障重点项目用地需求。全年完成征地拆迁项目 26 个，征地面积 255.04 公顷。

荷塘区自然资源局开展征地拆迁业务培训

【执法监察】 2020 年，区自然资源局通过部季度卫片加省月度卫片执法新模式，对违法用地“月发现、月预警、月处置”，加强建设项目用地全流程执法监管。共核查月度卫片图斑 106 个，认定违法用地 4 宗，其中实质性违法已立案查处到位 2 宗；村民建房违法 1 宗，正补办村民建房审批手续；历史性建成且实地无新增建构筑物地块 1 宗，已在全国第三次土地调查工作中变更为建设用地。由于处置及时，避免更大规模违法用地行为的发生，实现季度卫片执法零图斑，有效维护土地资源监管秩序。

【月清“三地”】 2020 年，区自然资源局严格落实月清“三地”（对撤批土地、闲置土地和违法用地“三地”问题，严格实行月清月结）制度，以零容忍态度查处整治土地违法行为。按照“一地一策”要求，做好违法用地、闲置土地和批而未供土地清理整治工作，坚持每月一调度，确保增量问题每月处置，存量问题逐步清零，规范土地管理秩序，推进高质量发展。

【乱占耕地建房专项整治】 2020 年，为贯彻落实全国农村乱占耕地建房问题专项整治工作电视电话会议精神，荷塘区扎实组织开展了乱占耕地建房专项整治，由区分管领导组织召开了全区农村乱占耕地建房专项整治工作动员暨业务培训会，明确了摸排工作期限，压实镇（街道）、村两级整治摸排工作责任，截至 2020 年底已完成部 1479 个图斑和省厅 6484 个图斑的摸排工作，位于全市前列。

【生态修复和地灾防治】 2020 年，区自然资源局全力推进区内 4 个矿点的生态修复任务，修复治理面积 13.82 公顷。其中明照机砖厂、桂花制砖用泥质粉砂岩矿修复治理面积 9.29 公顷，已被征收转为建设用地，通过县、市级验收。富盟新型砖厂、凯亮页岩砖厂修复治理面积4.53公顷，已完成设计方案编制及专家评审工作，拟采取“种植植被，改善生态环境”措施积极组织实施。开展荷塘区金塘村藕塘组滑坡地质灾害治理工程项目有关工作。通过技术单位人员到现场踏勘，明照街道多次沟通协调，于4月份正式进行工程勘查， 9月份开始设计及预算编制工作，目前已按规定程序完成组织招投标。

【“三调”工作和确权登记】2020年，荷塘区已完成全国第三次土地调查（简称“三调”）统一时点更新工作，数据通过省级核查并上交国家“三调”办，目前已通过国家审批；农村宅基地房地一体确权登记发证工作推进顺利，已完成全区14649宗农村宅基地的房地一体确权登记工作，完成率100%。

4月27日，荷塘区政府印发《关于开展农村宅基地和集体建设用地房地一体确权登记颁证工作的通告》，在全市率先启动农房一体确权登记颁证工作

【空间规划】2020年，荷塘区启动了《荷塘区土地利用总体规划（2016—2020年）》《仙庾镇土地利用总体规划（2006—2020年）》（2016年修订版）修改工作，调整规划面积48.35公顷。（其中已批复1.2189公顷），完成仙庾岭村、黄陂田村、蝶屏村、联星村、亭子前村、兴塘村、东山村、樟霞村8个村“多规合一”村庄规划编制工作，其中仙庾岭村、黄陂田村、蝶屏村、联星村、亭子前村5个村已获市人民政府批复；完成《株洲市荷塘区仙庾岭村“多规合一”村庄集中居民点修建性详细规划》的初步编制。

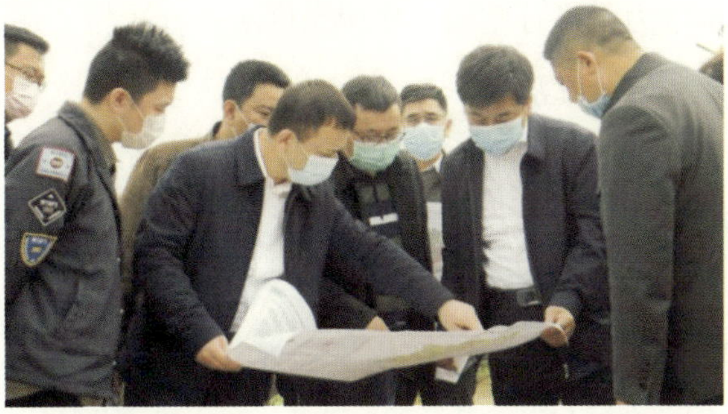

省自然资源厅国土空间规划局局长章佐彦（右二）到荷塘区调研空间规划工作

【林业管理】2020年，区自然资源局对全区33家野生动物人工繁育场所进行摸底调查，对全区8家有存栏的野生动物人工繁育场所进行封控处理，并组织完成禁食陆生野生动物人工繁育主体退出工作。开展国土绿化工作，完成道路绿化52.18千米。设立2个义务植树基地，接收社会义务植树3千余株，植树面积2公顷。采取领导包片责任制，建立健全森林防火组织机构，强化野外火源管理，加强宣传教育，层层做好值班值守和巡查守护工作，做到无重特大森林火灾、无人员伤亡事故。

【自然保护地整合优化】2020年，区自然资源局按时保质完成自然保护地整合优化工作的摸底调查、评估论证、整合优化3个阶段工作，提请区委常委会98次会议审议的《荷塘区自然保护地整合优化预案》已上报市、省自然保护地整合优化预案评审会通过。

【遗留问题化解和人居环境整治】 2020年，区自然资源局全力配合市化解办做好房地产办证历史遗留问题化解工作，在时限内为问题项目办好不动产登记，目前市领导包案的3个项目已经全部处理到位。持续开展农村人居环境整治工作，进一步开展“违建房”再排查工作，集中力量进行整治，实现全区所有行政村“违建房”全部清零。

（贺凤林）

交通运输

【概况】株洲市荷塘区交通运输局（简称“区交通局”）成立于2019年4月，为区人民政府工作部门。内设综合办公室、交通运输事务中心。核定行政编制3名，事业编制3名。主要职责是贯彻执行国家和省有关公路交通行业发展规划，制定并督促实施固定资产投资、运输等中、长期规划和年度计划，负责全区公路交通及交通工业的行业管理和组织实施重点交通工程建设；负责全区地方公路、站及其设施建设和交通建设项目的立项、审查及上报；负责道路的养护管理和交通运输行业的管理；承办区人民政府交办其他事项。2020年，区交通局被评为全市交通运输系统真抓实干先进单位、交通运输系统铁路环境专项整治先进单位、交通建设及养护目标管理先进单位。

【把好交通疫情防控关】年初新冠肺炎疫情突发后，区交通局全力以赴投入防疫攻坚战，严把疫情防控交通关。科学设卡，在车流人流密集站场、高速路口设置防疫检查站点；严格程序，按照上级疫情防控检查流程图，严格落实各项防控措施，对站场、高速路口乘客严格执行测温、扫码、登记、消毒等各项措施；跟踪摸排，成立专班，共核查涉鄂车辆275台，479人，均体温正常；助力复工复产，3月25日，组织专车接回湖北返湘务工人员共149人。

【推进“农村四好”公路建设】2020年，区交通局为优化农村公路路网功能结构，增强公路运载质量使用功能，大力推进“农村四好”（建设好、管理好、养护好、运营好）公路建设。一是修好出行路，提升群众幸福感。实现25户以及100人以上自然村水泥（沥青）路“村村通”完成率100%，完成仙庾岭村、徐家塘村组道畅通15千米。二是修好产业路，服务企业发展。投资1000万元，完成中材水泥厂—茶马线3千米路面大修，解决水泥运输路面扬尘和绕行问题。三是修好旅游景观路，助推乡村振兴。围绕仙庾岭、婆仙岭两大乡村旅游板块，投资800万元对104省道进行路面提质改造4.8千米；投资450万元打造东山—樟霞新农村建设样板路；投资500万元，对黄陂田一耕食小镇、香荷生态庄园进园道路进行提质硬化。四是落实公路管养责任，提高农村公路管养水平。清理水沟15千米，路边打草30千米，路面修补1200平方米，泥土滑坡清运3000立方米，修建200立方米挡土墙。

【交通顽瘴痼疾整治位列全市前茅】2020年，区交通局收到省、市下达的40处交通顽瘴痼疾整改任务，截至8月31日全部完成整改，排名全市前列。共安装波形护栏2880米，道路指示牌58块，减速带63条。严格治理车辆超限超载。年内联合市治超办、区交警大队等相关部门，共开展治超56次，检查车辆1827台，查处超限超载车辆176台，查扣“百吨王”15台。定期对区域范围内的10家“两客一危”（从事旅游的包车、三类以上班线客车和运输危险化学品、烟花爆竹、民用爆炸物品的道路专用车辆）以及4家货运源头企业开展安全生产检查，张贴宣传海报标语22条，对企业进行普法宣传，开展安全专题培训6次。开展禁毒教育和驾驶员毒品检测。全区交通运输企业先后开展了11场禁毒教育讲座。组织全区“两客一危”企业489名驾驶员进行毒品检测，排除毒驾风险，保证道路交通安全。

【整治铁路周边安全隐患】 2020年，根据省、市铁路安全隐患整治领导办公室下达的整改清单，荷塘区先后收到4批共25处整治任务，其中普铁14处，城铁11处。截至10月，25处安全隐患已经全部整改完毕，排名全市前列。

（刘一鸣）

应急管理

【概况】 株洲市荷塘区应急管理局（简称“区应急局”）成立于2019年3月。为区人民政府工作部门，对外加挂区防汛抗旱指挥部办公室牌子。内设办公室、应急指挥中心、综合协调股、监督管理股、综合执法股。主要负责应急管理工作，指导全区各镇、街道各部门应对安全生产类、自然灾害类等突发事件和综合防灾减灾救灾工作；负责安全生产综合监督管理和工矿商贸行业安全生产监督管理工作；组织编制全区应急体系建设、安全生产和综合防灾减灾规划，组织拟订相关规程和标准并监督实施；组织编制荷塘区总体应急预案和安全生产类、自然灾害类专项预案，综合协调应急预案衔接工作，组织开展预案演练，推动应急避难设施建设；牵头推进全区统一的应急管理信息系统建设；建立监测预警和灾情报告制度，健全自然灾害信息资源获取和共享机制，依法统一发布灾情。2020年，全区发生安全生产事故3起，死亡3人，其中工商贸其它事故2起，道路交通1起。全区未发生较大及以上安全生产事故，没有发生因非法生产经营引起的安全生产事故，没有发生群死群伤的恶性火灾事故。

【抗疫救援】 年初新冠肺炎疫情突发，区应急局充分发挥救援救助职能作用，积极调拨救援物资支持疫情防控一线。全区应急系统共调拨400件棉衣，800件雨衣，100套折叠桌椅，50顶帐篷，400床棉被，并积极寻找供货渠道，为各镇、街道、城管、公安等部门供货800余台体温枪。2月6日起，区应急局局长赵冰带队到辖区重点企业进行安全生产及疫情防控工作专项检查，对企业生产过程中的安全问题及时作出指导。

【安全生产集中整治】 2020年，荷塘区严格按照省、市关于安全生产工作的要求，先后开展了春节、全国“两会”、“五一”、中秋节、国庆节期间的安全生产集中整治、交通问题顽瘴痼疾专项整治、危险化学品顽瘴痼疾专项整治、马路市场整治等行动。投入100万元，对辖区23所公立学校进行智慧用电改造；投入79万元，为全区 7.9万户家庭投保综治和自然灾害保险；投入16万元，为月塘街道荷塘铺村微型消防站添置消防救援设备。在月塘街道的富家垅和合泰地区开展为期100天的“三合一”场所（住宿与生产、仓储、经营一种或一种以上使用功能违章混合设置在同一空间内的建筑）整治。区应急局针对全区硬质合金企业安全隐患多，管理不到位的现象，投入10万元，对全区12家规模以上硬质合金企业进行安全生产体检工作。扎实开展安全生产专项整治三年行动，制定“1+2+10”的方案体系和工作部署，区财政每年预算100万元用于安全生产专项整治三年行动。全年全区共组织执法行动34362次，检查生产经营单位28529家次，立案调查421起，经济处罚1091.64万元，挂牌督办重大风险隐患4个，责令停产停业5家，暂扣或者吊销许可证照12个，取缔关闭9家。至12月底，累计排查重大事故隐患523个，销号523个，销号率100%。

2月7日，区委书记邹凌云（左三）带队开展春节前安全生产检查

【打击非法储存、销售醇基燃料行为】 2020年，荷塘区在做好成品油、烟花鞭炮的打非治违工作的同时，突出对非法储存、销售醇基燃料的打击。根据高速交警提供的线索，区应急管理局联合公安荷塘分局在分路口打掉1个非法储存、销售醇基燃料的黑窝点，当场刑事拘留犯罪嫌疑人1名，没收醇基燃料10吨。专案组顺藤摸瓜，到浏阳市、望城区、芦淞区、天元区等地走访摸排、收集证据，先后查处非法储存、销售醇基燃料的黑窝点10个，行政拘留20人，刑事拘留犯罪嫌疑人3名，没收醇基燃料50吨，行政处罚12万元，向兄弟县市区提供线索3条，有力地打击了非法储存、销售醇基燃料的行为。

【森林防火】 2020年，荷塘区加强扑火队伍建设，严格落实三级扑火队伍驻防备勤：区级扑火队伍建立有区人武部的民兵预备役、民兵森林防火应急分队、荷塘消防救援大队专业救援队、区城管大队城管队员应急分队，共3支队伍约240人；镇（街道）级建立有半专业的扑火队，共5支队伍约150人；各村建立有群众义务扑火队伍，共20支队伍约300人。先后开展应急扑火集训、实战演练、防火业务培训等活动。加强对森林防火物资的补充，共投入资金约10万元，添置防火必备工具约300件（具）。持续做好森林防灭火宣传工作，按照“横向到边、纵向到底”和“五进”（进林区、进社区、进学校、进机关、进厂矿）要求，通过推行“五个起来”（喇叭响起来、横幅挂起来、公告贴起来，倡议发起来，微信转起来），切实做好宣传预警工作。镇（街道）每天安排1台宣传车在辖区开展流动宣传，共悬挂横幅标语100余条，印发张贴禁火令500份，印发森林防火倡议书6000份发放到每家每户，通过荷塘区的四级微信群渠道转发《森林防火倡议书》及森林火险、森林防火预警信息。全力做好火源管控和打击森林违法用火专项行动工作。制定并下发了《荷塘区野外火源专项治理行动实施方案》《开展打击森林违法用火行为专项行动工作方案》，在全区开展野外火源专项治理和打击森林违法用火行为专项行动。每天约有 50 名义务护林志愿者参加火源管控巡查。

【防汛抗旱】 3 月，全省进入汛期，区防指、区防办连续制定并下发一系列文件和措施落实汛前准备工作。组织防指成员单位、各镇（街道）及时开展度汛安全隐患排查，共排查出隐患 11 个（其中地质灾害类 3 个，交通设施类 3 个，水利工程类 2 个，城市易涝 3 个）。投入 60 余万元补充了防汛物资（编织袋 10000 个、救生衣 100 件、雨衣 100 件、雨鞋 100 双、铁锹 100 把、头灯 50 盏）。全区共储备防汛物资袋类 3 万条、编织布 1.1 万平方米、照明设备 100 台、铅丝 0.43 吨、块石 2500 立方米、砂石 1.1 万立方米、冲锋舟 2 艘、橡皮艇 1 只、救生衣（圈）260 只、大型发电机 1 台、抽水机 5 台。在仙庾、白石港两个重点隐患区域分别协议代储了砂石 1000 立方米、块石 500 立方米。

【召开防汛和森林防灭火工作会议】 3 月 17 日，荷塘区召开 2020 年汛前准备和森林防灭火工作会议，谋划部署 2020 年防汛和森林防灭火工作。区领导王利波、王冬、陈柏文、刘必林、冯晓、张苏龙参加会议，副区长陈柏文主持会议。会上，区应急管理局、自然资源局、农业农村局等单位就相关工作情况进行汇报；参会区领导分别就统筹做好应对森林防灭火、灾害防治、汛前准备等工作进行详细部署并提出明确要求。

【安全生产执法工作培训】 4 月 24 日，区应急局在煤田技校举办了全区安全生产执法工作培训。区应急局全体人员，各镇、街道分管领导，安监站全体人员，金山工业园、市场服务中心分管领导、专干共 30 余人参加培训。会上，市应急管理局副局长王中凡作开班动员，市应急管理局法规科科长谭江波作执法工作培训，重点围绕安全生产行政执法知识、执法工作程序、执法文书使用、执法检查内容、企业安全监管等方面，进行深入细致的讲解。

【安全生产宣传教育】 5 月 12 日，是全国第 12 个防灾减灾日，区应急局制作应急普法知识竞赛易拉宝 260 块，发放到每个村、社区和人员密集场所，提升群众防灾减灾意识。6 月 4 日，荷塘区举行以“消除事故隐患，筑牢安全防线”为主题的“安全生产月”启动仪式，开办隐患排查治理专题培训班，湖南省应急管理厅处长黄永恒出席并进行授课。结合文明城市复审工作，区安委办协调区委宣传部在新华路和红旗路的隔离带安装安全生产和消防知识宣传牌 20 块，在中心汽车站和沪昆高速株洲东出口安装大型喷绘 2 块，在全区营造良好的安全生产和消防工作氛围。针对月塘街道富家垅片区人流量大、“三合一”场所多、火灾危险系数高的特点，组织消防、公安、交警、城管、卫健等部门开展消防安全应急救援演练，提升防灭火综合救援能力，演练先后被人民网、株洲电视台法制频道报道。

【开展消防安全应急救援演练】 10月22日，荷塘区在月塘街道富家垅B区广场举行2020年消防安全应急救援演练。区领导郭凌云、王利波、郑志富、田灿、刘新华、刘定光参加演练。本次演习为假想火灾演练，模拟月塘街道办事处富家垅B区一服饰加工厂发生火灾的情景。整个演练主要分为逃生自救、接警调度、初期火灾处置、荷塘消防救援大队到场处置4个方面。

消防安全应急救援演练现场

（李　莉）

消防救援

【概况】株洲市荷塘区消防救援大队（简称“区消防大队”）2019年12月正式挂牌成立。下设向阳消防救援站。有消防指战员及政府专职消防员、消防文员85人，消防车辆7台。主要担负防火监督检查；灭火、抢险救援；社会消防宣传培训；火灾事故调查；消防产品监督管理；公共聚集场所营业前消防安全检查；指导培训派出所开展消防监督执法检查；指导乡镇、街道、行业部门做好本单位、本行业、本部门内的消防安全管理和消防安全培训教育等工作职能。

2020年，区消防大队共检查单位637家，查改火灾隐患和消防安全违法行为233处（起），下发《责令改正通知书》198份，责令“三停”（停产停业、停止使用、停止施工）4家单位，查封7家单位，罚款20.96万元，3处重大火灾隐患整改销案。全区未发生较大以上火灾事故。

【灭火救援】2020年，向阳消防救援站共接警出动92次，出动车辆153台次，出动消防员1106人次，抢救被困人员8人，疏散被困人员2人，抢救财产价值112.6万元。1月12日，荷塘区芙蓉冲13栋一民房起火，荷塘区向阳消防救援站迅速出动2台水罐车、14名指战员赶赴现场扑救，成功营救3名被困人员，其中1名老人、1名年轻妇女和1名小孩，并将大火扑灭。1月14日，区消防大队接到报警电话，荷塘星城1栋1703室发生火灾，70多岁的朱先生被困家中，情况十分紧急。中队紧急派出3台消防车和21名消防指战员火速赶往现场展开救援，经过3个小时的紧张救援，将明火扑灭。大队消防指战员积极进行火灾起因调查，并安抚老人的情绪，发动街道社区为老人捐款捐物，帮助老人渡过难关。9月10日，朱先生将一面写有“谢谢”的锦旗送到区消防救援大队。

【社会服务】2020年，区消防大队忠实践行“对党忠诚、纪律严明、赴汤蹈火、竭诚为民”四句话方针，牢记全心全意为人民服务的宗旨，积极参与辖区各项社会服务。1月，全体指战员对辖区道路义务扫雪除冰，用实际行动传递对荷塘人民的温暖和关怀；积极参加无偿献血活动，彰显消防指战员的无私奉献精神。3月，深入荷塘区敬老院开展“学雷锋”活动，看望慰问孤寡老人，展现消防指战员尊老爱老敬老的优良品德。6月，多次参加区委、区政府组织的人居环境整治各项活动，踊跃担任环境保护志愿者。全年，区消防大队持续开展关爱独居老人消防安全系列活动。深入金山街道晏家湾社区新华二村、宋家桥街道、月塘街道水竹社区等实地排查辖区独居、空巢老人家中的安全隐患，并为独居老人送去消防大礼包。系列活动不仅给独居老人送去关爱和温暖，更为预防和减少火灾事故发生、保障老人等弱势群体安全提供硬件保障，受到老人们的一致称赞。

1月20日，荷塘消防大队开展“关爱独居老人消防安全”活动，为独居老人送去了消防大礼包

【消防队伍和基础设施建设】2020年，区消防大队立足长远夯实基础，着力提升灭火救援保障能力。年内，正式建成四三〇政府专职消防队，组建了仙庾镇政府专职消防队、荷塘铺村等5支村志愿消防队。宋家桥消防救援站正式投入使用。消防救援大队新配置1台32米云梯消防车，有效提升高层建筑的火灾扑救能力。区政府投入57.82万元，在合泰银基小区、裕丰广场小区新增室外消火栓39具，对提升该区域抵御火灾风险能力具有重大意义。经与住建局沟通衔接，将消防设施改造纳入了老旧居民小区改造范围。荷塘区2019—2020年老旧小区改造计划共计67个小区，惠及9729户居民，改造内容包括增加室外消火栓、拓宽消防车通道、整治电气线路。目前改造计划项目已全面公示。

【消防监督执法】2020年，区消防大队坚持优化服务保民生，着力提升社会火灾防控能力。落实区政府“最多跑一次”改革推进会要求，对行政审批服务局受理人员进行业务培训，确保大队级“安检”项目统一纳入区级政务受理平台，真正做到便民利企。受理“96119”火灾隐患举报投诉和“12345”市长热线平台投诉共计233起，做到件件有调查、有反馈、有落实，群众评价满意率达90%以上。年内，部署开展了消防安全专项整治三年行动，同步开展打通“生命通道”集中攻坚整治行动、高层建筑消防安全专项整治三年行动、深入推进“独居老人消防关爱计划”，辖区内共摸排独居老人共计427人，全部实现与社区党员、志愿者的责任捆绑。组织辖区108家重点单位开展“三自主、两公开”（自主评估风险、自主检查安全、自主整改隐患；向社会公开消防安全责任人、管理人）工作，督促单位落实主体责任。联合教育、商务、卫计、民政4个部门联合开展各行业消防安全标准化管理示范单位创建活动。对辖区镇（街道）、派出所定期开展指导、培训。截至2020年底，全区60个高层住宅小区完成消防车通道施工画线工作，规划禁停标线174条、设置提示标牌224块、拆除障碍物3处、查处车辆占用行为73起、开展联合执法行动29次、查处投诉举报121起。

【消防宣传培训】2020 年，区消防大队继续拓展消防宣传阵地，打造全民消防格局。组织辖区 108 家重点单位开展消防安全管理明白人培育计划，组织 226 个小区物业企业从业人员开展消防设施器材实操培训。投入专项经费联合区教育局以及一线感悟全民消防教学志愿者团队，在美的小学培育全区小学生消防知识标准化教学小课堂，普及小学生消防安全教育的五大理念，即做一个“不玩火、会报警、会防烟、不乱跑、跑得快”的好孩子。成立 5 人组专职消防宣传服务队、230 人的消防志愿服务队，投入专项经费制作服务队人员穿戴的制服，购买专业宣传设备，保证服务队的正常运行。全年深入“三合一”（住宿与生产、仓储、经营一种或一种以上使用功能违章混合设置在同一空间内的建筑）场所、群租房、居民小区、中小学及幼儿园等各类场所累计培训人员 10600 余人次。向阳消防救援站累积开放 40 次，参观群众 2700 余人次。

【宋家桥消防救援站成立】6 月 29 日，株洲市荷塘区宋家桥消防救援站举行驻勤仪式。区人民政府副区长陈柏文、株洲市消防救援支队副政治委员严路明、政治部主任刘超出席驻勤仪式。仪式由荷塘区消防救援大队大队长易彦主持，宋家桥街道党工委书记苏智、区消防大队副大队长欧旦，大队、中队全体指战员参加仪式。宋家桥消防救援站为荷塘区第二个消防站，是在原四三〇企业专职消防队执勤楼的基础上进行提质改造建成，建筑面积 1200 余平方米，总投资近 200 余万元。投入驻勤后，配备 15 名政府专职消防员，2 台水罐消防车，1 台抢险救援车及各类配套的器材装备。该站的投入使用有效弥补荷塘区城市东片区消防站点建设空白，对实现“灭小、灭早、灭初期火灾”具有重要意义，为保护人民群众生命财产安全又建立起一道牢固的防线。

（方　圆）

市场服务

【概况】 株洲市荷塘区市场服务中心（简称“区市场服务中心”）属区政府直属全额拨款正科级公益一类事业单位。核定事业编制 12 名，其中：主任 1 名，副主任 2 名。现有在职人员 24 人，在编人员 6 人，党员 9 人。内设办公室、消防服务办、产业发展办、市场服务办。主要负责合泰地区服饰加工行业的消防安全服务工作，引导合泰地区服饰加工行业产业提质升级，协调相关职能部门，规范合泰地区服饰加工行业的经营秩序，优化市场经营环境，承办区委、区政府交办的其他工作。

2020 年，区市场服务中心坚持以习近平新时代中国特色社会主义思想为指导，贯彻落实上级安排部署，紧扣区委、区政府中心工作，以安全生产工作为主线，以强化服务意识为宗旨，着力抓好合泰地区服饰加工行业的疫情防控、消防安全、“个转企、小升规”等工作，圆满完成各项工作任务，确保合泰地区的平安稳定大局。

【疫情防控】 2020 年，新冠肺炎疫情突如其来，合泰地区作为荷塘区外来流动人口众多、人口高度集聚的区域，成为荷塘区疫情高风险预警区。疫情突发后，区市场服务中心全力以赴抓好合泰地区服饰加工行业的疫情防控工作，先后张贴《推迟开工告知书》1409份，劝阻外地返株人员300余人，累计劝阻私自开工加工厂95家，查封10家。3月底，指导948家服饰加工企业做好复工复产准备工作，正式复工复产896家，复工人数10000余人；为已复工企业开足马力恢复产能提供有力支持，安排专人赴湖北监利、洪湖等地“点对点”接回湖北籍员工40人。分类指导、精准施策，邀请区疾控中心开展服饰加工厂防疫工作专场培训15批次30场，培训各类服饰加工企业802家，发放防疫宣传资料6000余份。

2月28日，荷塘区市场服务中心联合月塘派出所、文化路社区开展疫情防控巡查、排查

【消防隐患排查】2020年，区市场服务中心制定了《市场服务中心关于对合泰服饰加工场所安全生产风险分级管控工作方案》，对合泰地区服饰加工场所进行安全生产风险评价和分级管控；落实消防网格化管理机制，夯实消防安全基础，开展大排查、大整治行动，对合泰地区916家服饰加工厂的消防隐患开展了2轮地毯式排查、复查，发现并整改消防隐患1587处，开展联合执法行动16次，临时查封关停加工厂55家，整改“三合一”（指住宿与生产、仓储、经营一种或一种以上使用功能违章混合设置在同一空间内的建筑）现象的服饰加工厂70家。

【消防专项整治】2020年，区市场服务中心对合泰地区所有服饰加工厂开展为期半年的专项整治，逐户列出消防安全隐患清单，提出整改要求，督促落实整改，彻底消除隐患。基本完成荷塘区滨湖大厦、东华大厦、金园小区、裕丰四区9～17栋等区域159家服饰加工厂的消防专项整治工作。期间，对“三合一”场所、室内外消防通道堵塞、厂区抽烟、电动车违规充电停放、使用大功率取暖设备等消防安全违法行为进行了严厉打击。

【打造智慧消防】2020年，区市场服务中心突出技防，打造“智慧消防”。督促“电丁丁”科技有限公司做好782台智慧用电系统后续的配套服务，做好日常动态监测和预警，全年完成3轮次厂内电气线路隐患排查工作；在加工厂宿舍推广安装独立式烟感探测报警器4500个，着力提高加工厂宿舍的预警和疏散逃生能力。

9月24日，荷塘区市场服务中心组织辖区部分服饰加工企业负责人开展为期一天的消防安全、应急救援专题培训。图为实操演练培训现场

【消防安全培训】2020年，区市场服务中心加强对合泰地区服饰加工企业负责人的消防知识培训力度。组织服饰加工企业负责人开展消防安全警示教育集中培训23场，培训加工厂负责人862人次。由各中队牵头组织工作人员深入

加工厂对其员工开展“上门培训”92场，培训加工厂员工2100余人次，切实提高了合泰地区服饰加工企业负责人及其员工的消防安全意识和处理突发火灾的应变能力。

【产业转型升级】 2020年，合泰地区有各类服装加工厂916家，其中企业104家，个体637家，无证经营户175家。长期以来，规模小、生产技术水平落后、没有品牌、抗风险能力差成为制约合泰地区服饰加工厂发展的巨大瓶颈。区市场服务中心在抓好疫情防控、复工复产、消防安全工作的同时，抓好企业服务工作，做到广泛宣传、分类指导、促进企业转型升级。完成“个转企”29户，完成“小升规”10家，其中工业6家，零售3家，批发1家。引导无证服装加工厂或注册地不在荷塘区的加工厂尽快办理营业执照或将工商税务登记变更至荷塘区，促进其合法有序经营，全年共引导加工厂新注册企业、个体工商户533家，变更工商税务登记56家。

【市场服务】 2020年，针对合泰地区服装加工厂负责人提出的购买标准厂房、购置工业用地及融资等需求，区市场服务中心与工业园区管委会、华亿标厂和农商银行等多方接洽，为企业提供多元优质的服务。大力推广“荷塘大就业”平台，组织服装加工厂负责人参加服饰行业专场人才招聘会，配合人社部门开办“缝纫技能培训班”等，为服装加工厂解决招工问题提供有力支持。探索城乡统筹梯度转移“代加工”模式，在荷塘区部分近郊村，由村集体经济合作社牵头，利用闲置集体资产作为生产场地，鼓励合作社成员入股，筹建服装加工厂（车间），承接合泰地区加工厂生产订单，就近吸收当地剩余劳动力就业。首个试点农村加工厂已于6月18日在明照街道东园村正式投产，待模式成熟后可以向全区各城郊村进行复制推广。

【毛腾飞到合泰地区调研服饰产业复工复产情况】 4月7日，株洲市委书记、市人大常委会主任毛腾飞到荷塘区合泰地区辛甜米娜服装厂调研复工复产情况，市领导覃万成、杨胜跃，荷塘区委书记邬凌云、区委副书记赖晓智等陪同调研。毛腾飞与企业负责人进行交谈，详细了解辛甜米娜服装厂复工复产、疫情防控情况，以及生产经营方面的困难，充分肯定该厂在关心关爱员工、疫情防控、积极复工达产等方面的做法，毛腾飞叮嘱随行相关部门负责人要多深入企业调研走访，了解企业在生产经营过程中遇到的痛点、难点、堵点问题，为企业纾困解难。毛腾飞强调，市、区各职能部门要贯彻落实新发展理念，聚焦问题、破解难题，化危为机，推动服饰产业长远发展，充分发挥政府引导作用，进一步落实服饰产业规划，结合新形势新需求出台扶持政策，以“链长制”来整合力量、优化服务，及时协调解决产业发展中的问题，确保服饰行业平稳健康有序发展。

【羊贵平到合泰地区调研消防安全工作】 7月15日上午，市委常委、组织部部长羊贵平一行到荷塘区石宋路创业者家园，调研合泰地区服饰加工企业生产经营、消防安全等情况，区委副书记、区长王利波，副区长陈柏文等陪同调研。羊贵平一行来到创业者家园2栋1单元6楼的亮彤服装加工厂，实地察看企业发展规模，询问企业的品牌研发、货源、技术优势、市场销售等情况，并详细了解亮彤服装加工厂在疫情防控、复工复产、消防安全等方面所做的工作，包括企业近期的生产经营状况，对亮彤服装加工厂负责人提出的困难和问题，给予指导性意见和建议。羊贵平强调，企业在“谋发展”的同时也要“重安全”，疫情防控不能松劲、消防安全不能放松，要克服经济压力，谋求发展。要善于危中寻机、化危为机，坚定信心，在做好疫情防控的同时，开拓新思路，转型升级，利用抖音、直播平台等进行线上销售，扩大销售圈，做强品牌；要把安全生产理念贯彻到生产的各个环节，把安全生产放在第一位，做到警钟长鸣、常抓不懈；各级党委、政府、部门要做好“勤务员”，支持服饰企业“主力军”做大做强，重点扶持、培育一批优秀企业，推动合泰地区服饰行业高质量发展。

（刘　英）

统　计

【概况】株洲市荷塘区统计局（简称“区统计局”）成立于1997年11月，为区人民政府工作部门，担负辖区内经济社会发展的相关统计工作。2020年，区统计局严把月、季统计报表数据重点，确保统计数据及时准确 。实行实时监测统计数据质量，及时发现奇异值、错报值，有效指导企业纠错改错，主动对接行业主管局预报预警。全力发挥好统计分析服务职能，编制《月度荷塘区主要经济指标专报》《季度荷塘区经济和社会发展统计手册》等统计资料。各专业定期和不定期进行统计分析，撰写月度、季度分析材料，为区委、区政府决策提供参考依据。年内新申报 87 家“四上”企业（规模以上工业企业、资质等级建筑业企业、限额以上批零住餐企业、规模以上服务业企业）。

【住户调查】2020 年，区统计局为确保区城乡住户调查工作稳步推进，积极创新举措。一是依法依规开展住户调查工作，加强法规制度宣传。在认真贯彻执行《中华人民共和国统计法》及住户调查制度、管理办法的基础上，多渠道、多举措、常态化开展对辅助调查员和记账户的法规宣传，在培训、走访、慰问等工作中坚持法制先行，全方位营造依法调查、依规记账的良好氛围。二是规范记账流程，着重痕迹化管理。建立起完善的管理、业务、数据三大台账，确保每个环节有迹可循。三是加强辅助调查员队伍建设。通过创新考核方式，细化考核指标来提高辅助调查员责任意识，通过以会代训、交叉会审、实地走访等方式，加强辅助调查员业务技能的培训，以日督促、周汇总、季总结等方式激励辅助调查员争先创优。四是立足数据质量，强化审核查询力度。实时监测记账平台数据奇异值，及时核实数据真伪，提高纠错改错效率。以上四点作法在工作实践中成效明显，得到市调查队充分肯定。

荷塘区统计局对全区住户调查记账户进行春节慰问

【“双比双看”大竞赛】2020年，区统计局通过加强对经济社会发展主要经济指标的分析研判，及时预警，科学的监测分析，助推荷塘区在全市“双比双看”大竞赛活动“比全年任务”中，取得9月、10月综合得分排名城区第一，全年综合得分排名城区第一的好成绩。

【被评为“全面小康补短板推进工作优秀县”】 2020年是全面建成小康社会的收官之年，区统计局紧紧围绕“高质量全面建成小康社会”总体目标，在区委、区政府的坚强领导下，贯彻实施月调度、月考评机制，定期监测指标运行情况，及时发现短板指标，及时报告反馈问题，及时推动问题解决，积极主动抓好小康指标的调度、监测、分析、协调等工作。通过艰苦工作，成效显著，荷塘区全面小康补短板实现程度得分排名位列全省一类县前5名，荷塘区被评为“全面小康补短板推进工作优秀县”。

【第七次全国人口普查】 2020年，区统计局圆满完成了第七次全国人口普查各项工作任务。根据普查数据，全区常住人口为34.89万人，与第六次全国人口普查相比增加4.82万人，与2019年年报数据相比增加5.14万人。城镇化率为97.45%，与第六次全国人口普查相比提高2.57个百分比，与2019年年报数据相比提高1.89个百分点。

【依法治统】 2020年，区统计局以学习宣传《宪法》的基本原则和精神实质为主，以“深入学习宣传习近平法治思想，大力弘扬学法精神”为主题，积极开展“宪法宣传周”“统计法治宣传月”活动和以宣传宪法、党的十九届五中全会精神、统计法律法规为重点的法治宣传教育活动。组织机关干部对《中华人民共和国宪法》《中华人民共和国民法典》《中华人民共和国统计法》《关于深化统计管理体制改革提高统计数据真实性的意见》《统计违纪违法责任人处分处理建议办法》《防范和惩治统计造假、弄虚作假督察工作规定》以及区委办和区政府办联合下发的《关于印发〈关于深化统计管理体制改革提高统计数据真实性的实施办法〉的通知》等法律法规和文件精神进行了深入学习和贯彻落实，进一步在干部职工中牢固树立依法行政，依法治统的观念。

（廖　妍）

农业与农村工作

【概况】株洲市荷塘区农业农村局（简称“区农业农村局”）是荷塘区政府正科级工作部门，对外加挂“株洲市荷塘区扶贫开发办公室”牌子。内设综合股、农业股、水利股3个机构，下辖农村经济管理服务站、农业技术推广服务中心2个副科级事业单位。有机关行政编制7名，事业编制15名。主要承担农业生产、畜牧水产生产、水利建设、河长制、新农村建设、农村经营管理、农机管理、农产品质量监管、乡镇企业管理、农村能源、动物防疫等工作职能。

2020年，全区粮食播种面积2.79千公倾，粮食产量1.82万吨，同比下降41.88%，粮食单产为6823.3千克/公顷。油菜籽播种面积552.6公倾，油菜籽0.10万吨。蔬菜种植面积3320.1公倾，产量13.8万吨，同比增长2.47%；瓜果种植面积156.5公倾，产量0.16万吨，农业总产值为6.2亿元。秋冬种落实油菜种植面积660余公顷，同比增长34%，秋粮73.33公顷，同比增长10%，落实蔬菜种植面积1400公顷，同比增长5%。境内有建宁港、白石港2条河流，均属湘江一级支流，境内全长18千米。有1座小I型水库，16座小II型水库和1座排渍站。总装机23千瓦，有1367口骨干山塘，年平均蓄水1300万立方米，农业灌溉面积600余公顷。

2020年，区内龙头企业、农民合作社、家庭农场等新型经营主体不断壮大。年内申报认定1家省级龙头企业（湖南兰亭食品有限公司）和2家市级龙头企业（湖南仙庾耕食小镇投资发展有限公司、株洲万合生态农业科技有限公司）。成功创建1家省休闲农业示范农庄（耕食小镇生态山庄）、1家省五星级农庄（香荷生态农庄）和2家省三星级农庄（君乐生态园、鸵鸟休闲农庄）；成功创建1家省级百佳联合社（株洲市荷塘区绿缘仙综休闲农民专业合作联社）、1家省级示范社（株洲市荷塘区仙庾镇湘民农村合作社）和3家市级农民合作社示范社（株洲市荷塘区金桥油茶农民专业合作社、株洲市荷塘区永红农民专业合作社、湖南省乐农种养殖农民专业合作社）；成功创建1家省级示范家庭农场（荷塘区志远家庭农场）和2家市级示范家庭农场（荷塘区老周家蔬菜种植场、荷塘区尚明家庭农场）。湖南兰亭食品有限公司、株洲市杨家寨生态养殖有限公司、民庆食品股份有限公司3家农业企业成功在湖南省股权交易所挂牌。区农业农村局被株洲市深化供销合作社改革领导小组评为2020年度全市深化供销合作社改革优秀单位。

【粮食生产】2020 年，荷塘区坚持不懈抓好粮食生产，坚决扛稳粮食安全责任，成立以区委副书记、区长和分管农业工作的副区长为组长，区农业农村局局长为副组长，区农业农村局分管农业的副局长和 6 个涉农镇（街道）分管领导为成员的领导小组落实机制，通过层层压实责任、制定多种鼓励政策、加强治理耕地抛荒的督查通报等各种措施，基本实现能种尽种、能水不旱，旱却不荒。全年治理抛荒 66.67 余公顷，完成早稻面积 1000 公顷，一季稻面积 339.33 公顷、晚稻面积 1333.33 公顷。早稻粮食总产 0.7335 万吨，薯类、大豆等其他旱粮面积 789.33 公顷，全年粮食总产 2.56 万吨。培育和发展 2 公顷以上种粮大户 18 户。

8 月 28 日，荷塘区召开区委农村工作会议

【防汛抗旱】2020 年，荷塘区坚持“防在先，抗在后”的工作思路，根据“汛旱一体”实际情况，全面落实各项防汛抗旱措施。强化组织领导，召开全区防汛抗旱工作会议，统筹安排部署防汛抗旱工作，责任到村，明确防旱抗旱工作重点及措施要求，形成全区上下齐抓共管的防旱抗旱工作格局。先后对三八水库、高塘水库、百草冲水库进行库容调度，确保汛期安全度汛，全区 17 座水库和 1367 口山塘为 3137.27 公顷农田提供灌溉任务，未出现大面积旱灾，有力保障了全区粮食增产、农业农民增效及社会经济的稳步发展。

【农村安全饮水】2020 年，荷塘区投资 1000 多万元，拉通到仙庾镇的 8 千米自来水主水网管道，并在仙庾镇打钻 4 处机井，为比较分散的农户提供安全水源，有力保障了农村地区饮水安全。

【水利建设】2020 年，荷塘区紧紧围绕“水利建设补短板，水利行业强监管”总基调，以水生态文明建设统领水利改革发展。补短板方面，加快城乡污水治理，强化河湖“四乱”整治。年初启动龙母河全面治理项目，先后建成仙庾、430 污水处理厂并投入使用；建宁港全线清淤工作完成；全区污水截流项目竣工；完成白石港岸线项目清理整治。推进农村地区灌溉水系连通和三八水库灌溉、泄洪综合整治工程，荷叶塘水库除险加固工程竣工验收；推进智慧水利，提升信息化效能。强监管方面，健全综合督查、强监管两个工作制度。以河长制工作牵头，开展每月一次综合督查，对水库的管护，防汛设施设备的完善，水利工程的质量，日常工作的规范进行打分排名。开展公共机构节水型机关创建，抓好农业用水节水管理，探索小型水库物业化管理，加强水库大坝安全管理。开展“六进”宣传工作，让全社会、全阶层、各年龄段都懂水、爱水、护水、节水，让“以水定人”的规律、“以水定城”的理念、“以水定产”的方向植根于政府、企业的管理者。

【乡村振兴】2020 年，荷塘区以发展精细农业为总目标，以结合实际发展地方特色为方向，以一、二、三产业融合发展为路径，以体系建设为抓手，坚持抓重点、补短板、强弱项，引领乡村产业不断做大做强，推进乡村全面振兴。特色小镇稳步推进，耕食书院2021年5月顺利复业，成为长株潭都市休闲圈的网红打卡地，营业收入突破600万元；组建耕联盟、食联盟，流转土地2400亩，成立配送中心，种养殖示范基地已具雏形，耕食鳌院加盟并营业，黄陂田农禅康养文化园项目选址方案与省林业厅、省风景管理处进行有效沟通；荷花田、庆丰山及周边的文旅项目正在规划。推行“企业管两头，村级合作社和农户管中间”的生产经营模式，发展订单生产和股份合作农业，完成绿色食品认证7个，完成高标准农田上图入库工作。推进农业品牌建设，兰亭食品有限公司年营业额突破亿元(相比2019年的7290万元增长48%)。兰亭豆制品、民庆食品、柏春葡萄等产品名气大涨。大力发展休闲农业，香荷生态庄园民宿项目正式营业，亿都、桃花岛等民宿项目前期已基本完成。全面完成农村集体资产清产核资、村集体经济组织成员身份确认及建立村经济合作社的工作任务，合作社挂牌、颁证率100%。茶马线绿化提质工程高质量完成，致力打造最美乡村旅游公路。仙庾镇自来水网实现供水，污水处理厂建成并运营，为乡村振兴的长远发展打下坚实基础。

【美丽乡村建设】2020年，荷塘区按照“政府主导、分类创建、示范带动、群众参与、整合资源”的工作思路在荷塘区全域深入推进美丽乡村建设工作。按照“区统筹、镇（街道）为主、村负责”的建设模式，将美丽乡村示范创建工作与特色小镇建设、乡村休闲旅游、“文明行动”结合起来，完成基础设施类投资项目40余项、产业内投资项目15余项、社会公益投资项目30余项。仙庾镇成功创建省级美丽乡村建设示范镇；蝶屏村成功创建省级美丽乡村建设示范村；仙庾岭村成功创建省级精品乡村；徐家塘村成功创建市级美丽乡村示范村。

【重金属污染耕地种植结构调整】2020年，荷塘区切实打好重金属污染耕地种植结构调整三年行动收官之战，圆满完成种植结构调整任务目标201公顷，面积涉及3个镇（街道）和8个行政村。荷塘区始终坚持“完成任务是基本、产业发展是重点、利益保障是核心、持续调整是关键”的基本原则，积极发挥地处近郊的区位优势，按照农业与旅游业相结合、一产带三产协同发展的思路，根据市场的需求决定种植的数量和规模，种养加销售逐步形成产业链，打造了集传统农业、现代农业和旅游观光农业于一体的新发展格局，有力确保了荷塘区种植结构调整工作实现“调得下、稳得住、有效益、可持续”的目标。仙庾镇联星村通过引进公司流转重金属污染耕地20余公顷，采取“公司+基地+农户栽种盆景式花卉苗木基地”的模式流转土地11.33公顷，带动了周边剩余劳动力就业30余人，闻景而来的游客络绎不绝。仙庾镇黄塘村通过土地流转引进合作社，进行龙虾、鱼养殖近8公顷，引来了钓客，拉来了游客，促进了消费。为巩固种植结构调整成果，提高种植效益，促进农民增收，2020年“一年生”作物全面推广“两油模式”种植，上半年种植芝麻，下半年秋冬全部种植油菜，同时引导不适合种植水稻的农户全部种植油菜，打造油菜片区，仙庾镇徐家塘村、黄塘村成为株洲市城郊范围内小有名气的油菜花观赏点。

【脱贫质量回头看】2020年，荷塘区在24个行政村全面开展脱贫质量“回头看”工作，重点围绕脱贫质量、“两不愁、三保障”（农村贫困人口不愁吃、不愁穿；保障其义务教育、基本医疗和住房安全）实现情况、重大政策落实情况、获得帮扶情况、有无新致贫风险和问题，组织56名调查员按照镇（街道）内村际交叉排查的方式对2014年以来的边缘户及特殊困难群体（建档立卡以外的低保户、分散供养五保户、重残户、重病户）开展拉网式全覆盖调查排查。经摸底和上户核查，梳理排查问题共计52个，其中住房保障问题26个、医疗保障问题3个、饮水安全问题6个、残疾人保障问题8个、致贫风险问题6个、教育问题1个、收入问题1个、基础台账问题1个。各镇（街道）针对发现的问题，分门别类、建立台账，认真研究整改措施、明确整改主体、落实整改责任，52个问题均已整改到位，整改到位率100%。扎实推进脱贫攻坚，确保如期完成2020年度脱贫攻坚目标任务，加大边缘户排查帮扶力度，截止10月，荷塘区边缘户94户221人均已消除致贫风险，并在全国扶贫开发信息系统中取消致贫风险标识。

【农业综合改革】农村集体产权制度改革整体推进。全面完成农村集体资产清产核资、村集体经济组织成员身份确认及建立村经济合作社的工作任务，合作社挂牌、颁证率100%。顺利完成2018年度、2019年度农村集体资产年度清查工作及产改自查验收。农村宅基地管理体制改革全面完成，6个镇、街道均建立了“一个窗口对外受理，多部门内部联动”的联审联办机制，并将宅基地综合执法职能纳入镇、街道城管（治违）大队执法体系。举办农村宅基地管理业务培训8次，累计培训620人次；发放《农村宅基地管理法律政策问答》读本，印制《株洲市荷塘区农村村民住房建设管理流程图》宣传单页6000份。积极发挥各村经济合作社的龙头作用，有效盘活乡村闲置宅基地，开发乡村民宿、旅游等休闲农业，大力促进特色产业发展和农民增收。供销合作社综合改革有序推进，成立株洲市城市5区第一家供销惠农服务有限公司，圆满完成土地托管66.67公顷、成立1家乡镇基层供销社、3家供销惠民服务社的目标。

6月4日，荷塘区农业农村局在仙庾镇召开村级集体经济组织建设座谈会，交流探讨经济合作社的运行、管理和监督等

【推进“河长制”向纵深发展】2020年，荷塘区围绕“保先晋位”“全域Ⅱ类水”目标，坚持改革创新，以河长履职为核心，以基层建设为基础，以河湖保护治理为重点，以制度建设为关键，以社会监督为支撑，积极探索河长制“五化”模式，推动河长制工作向纵深发展。通过基层建设标准化，配齐“一办三长两员”（一办，即河长办；三长，即官方河长、民间河长和河道警长；两员，配备1～2名专职的护

河员和河湖保洁员）；阵地建设明确“六有”（有机构、有人员、有场所、有制度、有经费、有设备），9月份完成仙庾镇、月塘街道河长制工作标准化建设验收，10月份对全区39块河湖公示牌完成改造升级。召开区总河长会议1次、成员单位会议3次、镇办总河长会议7次，对河长制工作进行安排部署；组织区级河长制成员单位、镇（街道）、村级河长进行河长制标准化建设培训，培训人数累计200人次。通过河长巡河履职规范化，推行河长职责“四字诀”（巡、治、考、报）、巡河“三步法”（看、查、交）、APP+纸质“两同时”，打通了河长制工作“最后一千米”。各级河长累计巡河2885次，交办70余件问题均已整改到位。强化部门联动，会同自然资源、生态环境、住建等主要成员单位，对辖区内重大水环境治理项目进行日常调度和跟进，如金山工业园污水处理厂的建成运行情况等；组织开展“守护母亲河”“世界水周、中国水日”“最美河长”“河小青”“河湖洁净月”等主题宣传和志愿活动。9月22日，《株洲日报》发表文章《飞走的“天鹅”又回来了》，对治理后的天鹅湖进行长篇报道。10月30日，《株洲日报》发表文章《美丽在身边，幸福来敲门》进行专题报道，荷塘区以河长制为抓手，以提升老百姓的获得感、幸福感为目的，对辖区所有河湖进行管护，实现河有河长，塘有塘长。10月，区河长制工作委员会领导小组办公室在全区组织开展的“乘‘枫’破浪”河湖保洁专项行动被“湖南河长制”官方微信公众号和省水利厅专题报道。同月，《株洲日报》“河长在线”栏目对荷塘区河长制工作取得的成绩进行了专题报道。通过社会监督多元化，突出发挥人大代表、政协委员、志愿者、社会公众等监督，形成全民总动员的护水氛围。

10月26日，区委书记、第一总河长邬凌云（右一）带队巡河

【畜禽养殖废弃物资源化利用】2020年，荷塘区扎实推进畜禽养殖废弃物资源化利用，完成养殖场废物资源化利用设施设备改造23户，完工率达100%，无村民正当投诉、无粪污直排、无养殖污染防治设施不配套或不正常运转等现象。严格落实病死畜禽集中无害化处理，截至年底，无害化处理病死及乱丢乱弃生猪468头、禽类11.3万羽，有效防止了病死畜禽流向餐桌。年内，荷塘区畜禽养殖资源化利用率达83.73%。

【荣获湖南省动物疫病防控先进县】2020年，荷塘区严格按照“政府保密度、部门保质量”和“村组干部带路、防疫人员免疫、养殖大户自免、整村推进”的方式，扎实开展政府、职能部门双重负责的“双责地毯式”春秋季集中对动物强制免疫工作。全年免疫生猪1.7万头、牛757头、羊6556只、禽类70.4万只，强制免疫病种常年免疫密度达到90%，春、秋季集中免疫期间应免动物免疫密度达到100%、免疫抗体合格率达到70%以上，全区没有重大动物疫情上报，基本保证清净无疫，荣获湖南省动物疫病防控先进县。

【“非洲猪瘟”防控】2020年，荷塘区对“非洲猪瘟”疫病防控工作一直保持高压态势。制定出台《2020年荷塘区非洲猪瘟防控“夏季行动”方案》，张贴和发放“非洲猪瘟防控公示卡”“非洲猪瘟防控明白纸”等宣传资料1000余份，监测排查生猪场260户，严格生猪运输车辆备案，通过全国系统备案生猪运输车辆15台。严格规范处置可疑疫情，发生可疑疫情，按照“早、快、严、小”原则，坚决果断采取先期处置措施，限制疫点周边生猪及其他动物的移动，防治疫情扩散，全年全区未发生一起“非洲猪瘟”疫情。

【农村人居环境整治】2020年，荷塘区以“四治一改”（治垃圾、治厕所、治污水、治村容村貌；改陋习）为重点，深入推进“五大工程”（ 农村环境污染整治工程、村容村貌改善工程、农村基础设施提升工程、特色村镇培育工程、乡风文明创建工程），全区农村人居环境整治三年行动8大项21小项任务全面完成，实现全区农村人居环境显著改善，村庄环境基本干净整洁有序，农民环境与健康意识普遍增强的目标，顺利通过中央、省、市农村人居环境整治三年行动工作考核验收。村庄清洁行动成效显著，累计清理农村陈年垃圾9700吨，清理村内水塘179口，清理村内沟渠39千米。厕所治理进展顺利，严格按照统一改造标准、统一规划放样、统一施工队伍、统一验收奖补的“四统一”要求，高质量完成500户农村户用卫生厕所改（新）建任务，农村户用卫生厕所普及率达到98%以上；污水治理有序推进，加大力度建成仙庾镇樟霞村人工湿地，周边农户及各项设施生活污水均已接入，农村生活污水得到有效治理；仙庾镇污水处理厂已完成建设，黄塘商业街生活污水已部分接入管网。大力抓好畜禽养殖场、大中型休闲农庄生活污水治理和尾水回收利用，实现达标排放。农业生产废弃物资源化利用大力推进，开展畜禽粪污和农作物秸秆的资源化利用，全区畜禽养殖资源化利用率达到83.73%，规模养殖场粪污处理设施装备配套率100%，农作物秸秆资源化利用率达89.04%。“四类房”（违建房、危旧房、空心房、偏杂房）整治全面推进。全面完成了约20条总长40.24千米的乡村道路绿化补植补造和新造工作，村庄绿化覆盖率达到30%以上，70%以上村庄达到绿色村庄标准。全面推进“四好公路”（ 建好、管好、护好、运营好）建设，积极开展农村路域环境治理，做到农村公路边沟排水通畅，无淤积、堵塞。积极开展“创最美庭院”活动。利用新媒体平台强化宣传，着力提升家庭知晓率。“最美庭院” 挂牌率已达到50%以上。

【农村垃圾分类】2020年，荷塘区将农村生活垃圾分类减量工作作为推进生态宜居建设、落实乡村振兴战略的重要抓手，积极探索形成了适合本地实际和广大农村群众能普遍参与、简便易行的“荷塘区”垃圾分类处理模式。仙庾镇樟霞村是农村生活垃圾分类首村试点示范，农村垃圾分类知晓率达100%，参与率达80%以上，准确率达60%，垃圾分类减量率达到50%以上。多形式、多渠道、大力度广泛开展宣传，印发张贴农村垃圾分类倡议书和垃圾分类指南9000余份，在辖区内设置醒目的四分类知识宣传牌及生动形象的垃圾分类宣传漫画，切实增强群众的垃圾分类意识，做到进村入村、入脑入心、养成习惯。逐村逐组召开垃圾分类动员培训会议，面对面宣传引导，手把手示范分类，将垃圾分类知识覆盖到村民“神经末梢”，达到家喻户晓、人人动手、人人会分类的良好氛围。严格建立农村垃圾分类考评奖惩机制，根据农村垃圾分类评判标准，每月每户评比15次，按照A、B、C等级划分，月末进行垃圾分类评比汇总，当月评比排名前50%者设置奖励，一等奖设置5%、二等奖设置10%、三等奖设置15%、优秀奖设置20%，同时在村分拣中心设置了垃圾分类光荣榜。形成了全民知晓、全民参与、全面推进的氛围。坚持厨余垃圾定村沤肥不出村组，在前期摸底调研的基础上，科学合理选址、因地制宜建设安装厨余垃圾堆肥池，农户将剩菜剩饭、菜叶果皮等厨余垃圾投入堆肥池后，经过3到6个月后便能腐熟成为高效优质的有机肥，从源头减少垃圾产生，做到厨余垃圾就近就地处理、不出村组、变废为宝，实现减量化、资源化、生态化、实用化的处理。通过樟霞村试点示范，厨余垃圾处理效果显著，农村人居环境明显改善。配置完善农村垃圾分类处理设施，严格按照上级要求，建立和完善各类生活垃圾的分类收运设备，村级配置“三个有”：有村级垃圾分拣站，有密闭性好、节能环保的垃圾收集运输车辆，有毒有害垃圾设有单独存放点；农户配备“四个有”：有颜色鲜明、标识正确两类垃圾桶（可回收垃圾、其他垃圾），有自备有害垃圾袋，有垃圾分类告知书和分类指南，就近有厨余垃圾堆沤池。科学构建“3+3+2+2”垃圾分类工作体系，即成立垃圾分类工作“三人领导小组”，村书记担任组长，两名村委委员为成员，村委委员担任垃圾分类专管员，落实具体工作和宣传教育；三名垃圾分类督导员，负责垃圾分类政策宣传、分类指导、考核评比工作；两名垃圾分类收集员，负责分类收运及分类信息采集；两名垃圾分拣员，负责可回收垃圾进出分拣中心的分拣、统计、兑换生活用品等工作。针对一些分类不清或是投放量特别大的农户、经营户等，建立垃圾分类网格化管理制度，村支两委班子成员划分责任片区，各村党支部党小组组长、驻村干部、村民组长等联系若干村民，落实落细责任，确保垃圾分类全覆盖、零死角。

（文　慧）

科技和工业信息化

【概况】 株洲市荷塘区科技和工业信息化局（简称“区科工信局”）是由原荷塘区科学技术局和原荷塘区经济和信息化局于2019年3月合并而立。内设办公室、经济运行股、中小企业发展和科技创新股、环境和能源综合利用股。下设二级机构1个：科技创新服务中心。党委直管党组织15个，其中改制企业党组织11个，区属企业党组织2个，机关支部和机关退休支部各1个，共有党员420名。2020年，有编制数13名，其中机关行政编制9名，事业编制4名。

2020年，区科工信局紧紧围绕新冠疫情防控、温暖企业行动、产业项目建设年活动、“冲刺100天，实现双过半”和“双比双看”（比项目建设，看推进力度；比全年任务，看完成进度）等中心和重点工作，取得了较好成绩。争资引项，完成区委下达任务的321%，是2019年的433%，任务完成率居全区第一。圆满化解历时8年的金荷水泥厂因征拆而导致的职工安置历史遗留问题。结合国企退休职工社会化移交工作，彻底解决区4家改制企业的档案规范化管理问题。着力开展“清欠”工作，被省政府给予真抓实干激励表彰。下大力气开展规上工业申报工作，圆满完成上级下达的新增规模工业企业、高新技术企业数量的任务。其中规模工业超额完成3家，全年规模工业企业达93家，实现历史性突破。

2020年，荷塘区全年完成工业增加值58.4亿元，同比增加5.2%。完成新增规模工业企业21家，提前完成年度任务（18家）。科技9项考核指标：全区R&D经费投入总量8.3亿元，研发经费入统企业数56家，财政科技支出2.18亿元，同期增长45.2%；完成高新技术产业增加值79.1亿元，增速16%；两批次成功申报高企数量32家，全年突破77家；科技型中小企业备案入库数58家；完成技术合同交易额12亿元；新增省级以上科技创新平台2个；成果转化34个。各项指标均圆满或超额完成年度目标任务。全年高新技术产业增加值占GDP比重31.1%，在2019年的基础上提升5.2个百分点。

【温暖企业行动务实有效】 2020年，面对突如其来的新冠肺炎疫情，荷塘区积极致力于全面帮助企业战胜疫情，成为全市第一个全面复工复产的县市区。为扎实推进温暖企业行动，荷塘区建立县级领导对口联系温暖企业制度，累计帮助企业解决问题430个，满意率99.8%。兑现区本级制定的人才十六条、中小微工业企业贷款担保费补贴、瞪羚企业贷款利息补贴等政策资金200余万元。全力帮助企业申报上级项目资金，累计申报上报资金5300余万元。积极帮助企业创品牌，树形象，中车株洲车辆有限公司、中材株洲水泥有限公司被评为全国“绿色工厂”。株洲硬质集团等公司获得省级荣誉及品牌50多项。开展“国企带民企，大手牵小手”之三一配套对接会，“中国动力谷十大消费品”进荷塘宣传推介会，硬质合金论坛等暖企主题活动21次，从企业最需要的地方提供力所能及的帮助。为全区三大产业链提供必要的支持和帮助，先进硬质材料产业被评为省级特色产业集群；围绕强链补链强链，产业链招商、科技协作等工作强势推进。年初确定的29项暖企清单均按进度圆满完成。

7月17日，荷塘区召开2020年“温暖企业行动”工作调度会

【科技创新】2020年，荷塘区创新实施区级科技创新券，促进国家、省重点实验室对外开放并不断做大做强。重点推进1个省“五个100”重大科技创新项目、10个市“五个一批”重大科技创新项目不断取得进展。产学研合作成效明显，已组织企业与15家高校科研院所签订产学研合作协议，引进博士以上高端人才18人。八方声学新材料公司与清华大学共建的声学材料产学研基地、株洲格斯特机械动力有限公司与浙江大学进行的无人靶机合作，均已取得显著成效。建立区级科技专家服务团87人，推荐市派科技特派员6名，以专家团队的专业知识服务企业发展，推进企业的科技创新。

【企业安全生产和环保工作】 2020年，区科工信局聘请2名安全专家对工业行业，特别是对汉德车桥、株洲橡胶院等12家纳入年度执法计划的工业企业，每季度开展一次安全生产大排查，对检查出的重大隐患、重要问题及时上报区安委会，第一时间督促企业整改落实，坚决杜绝安全生产事故，及时消除安全隐患。全力开展“散乱污”企业整治工作，对市级督办的3家木材加工厂全部做到“两断三清”（断水、断电；清除原料、清除设备、清除产品），区级发现的问题均实现及时处置到位。

【基层党建工作】2020年，区科工信局党委全面推进下辖13个党组织的“五化”（支部设置标准化、组织生活正常化、管理服务精细化、工作制度体系化、阵地建设规范化）工作，截至

9月9日，区科工信局到辖区企业党支部开展在荷塘·红色领航“一个党员一面旗”授牌授旗活动

2020年年底实现了“五化”全覆盖。着力抓好“两新”党建工作，在11家非公企业党组织创新开展“党员先锋岗”评比工作，首批评比20

名优秀党员，并由局党委班子成员带队到企业现场进行颁奖授旗，集体赴杨开慧故居进行红色教育，在全体11家企业350多名党员中树立了典型模范。组织非公企业支部到钻石人力支部参观学习，激发企业抓好党建的内生动力。隆重召开庆祝建党99周年大会，表彰了一批优秀共产党员和先进党组织。

（周士杰）

工业企业选介

株洲硬质合金集团有限公司

【概况】株洲硬质合金集团有限公司（简称“株硬集团”）是国家“一五”期间建设的156项重点工程之一，被誉为“中国硬质合金工业的摇篮”。公司1954年开始建厂，现为世界500强中国五矿集团有限公司旗下骨干企业，是国内产销规模最大、创新能力最强、品牌知名度最高的硬质合金行业领军企业，在世界硬质合金行业占有重要的一席之地。公司被湖南省认定为“十大标志性工程”企业，也是工信部认定的“制造业单项冠军示范企业”。公司主要生产矿山及油田钻探采掘工具、硬质材料、稀有金属粉末制品等系列产品，广泛应用于冶金、机械、地质、煤炭、石油、化工、电子、轻纺等领域。公司拥有硬质合金国家重点实验室、工业产品质量控制和技术评价实验室、国家认定企业技术中心、国家级分析测试中心；被评为国家技术创新示范企业、国家知识产权优势企业；是湖南省第一家博士后科研工作站挂牌单位。公司获得质量、职业健康安全及环境管理和知识产权管理体系认证，是国家级“绿色工厂”。

2020年，株硬集团克服新冠肺炎疫情带来的种种困难，自觉践行发展新理念，心无旁骛聚焦公司的高质量发展，在抢抓机遇中乘势而上，在高质量发展中砥砺前行，在不忘初心中全力以赴，在从严治党中凝心聚力，明路径，稳规模，调结构，增效益，高质量发展态势持续向好，经营业绩再创新高，公司全年销售收入同比增长6.78%；硬质合金产量同比增长7.5%；硬质合金销量同比增长3.1%。收获湖南省工业质量标杆、五矿科技进步一等奖、湖南省环境诚信企业等荣誉，为公司“十四五”规划的开局奠定良好的基础，企业综合实力进一步增强。

【战疫复产】2020年年初，新冠肺炎疫情突发后，株硬集团及时建立有效工作机制和人员排查、信息报送制度，科学宣传新冠疫情防护知识，及时疏解员工恐慌心理，稳定情绪，增强全员自我防护意识和战胜疫情的信心。采取有力措施，做好疫情防控工作，落实早发现、早报告、早隔离、早治疗和集中救治措施，保证了公司没有出现1例新冠肺炎病人或疑似病人。在落实疫情防控各项措施的同时，2月10日，公司全面实现复工复产。

【改革改制】2020年，株硬集团深入推进事业部制改革，撤销型材合金事业部，成立了型材分公司，全面下放事权，同时进行必要的监管，做到放管结合，公司事业部制改革迈上新的台阶。完成长江工具公司的破产重组和钻掘公司的吸并注销，企业运营质量持续改善。继续深化 IPD 体系建设，在公司范围内全面铺开 IPD 体系的研发体系、营销体系、任职资格体系和企业文化建设，各经营单位发展活力倍增，员工工作热情倍增。

株硬集团召开科技大会，对 101 项科研成果和项目给予奖励

【科技创新】2020 年，株硬集团全年科研投入占主营业务收入的 5.36 %。公司以“科技兴企”为引领，进一步完善科研管理体系，加强研发体系能力建设，通过持续开展技术研究和产品开发，木工刀具材质系列化等重点产品得到快速突破。公司坚持产品结构的调整与优化，以增量战略为切入点，加速转型升级，提升企业的市场竞争力，钻针等各板块重点产品发展进入稳健成长期，市场竞争优势明显增强。公司坚持项目推动，大力推进 2000 吨/年高端硬质合金棒型材生产线技术改造项目、中粗碳化钨粉智能生产线技术改造项目等重点技改项目建设。公司产业能力布局持续优化升级，各板块重点产品整体实力和核心竞争力更加突出，科研成果对公司的贡献持续提升，全年新产品贡献率达到 33.6%；全年兑现各类科技奖励 700 万元，新产品提成奖励逐年递增。公司 1 项科技成果获省部级评价为“整体技术达到国际先进水平”；获五矿科技进步一等奖 1 项、中钨高新科技创新奖 3 项。获得中国专利优秀奖 1 项、五矿集团专利奖二等奖 1 项。公司牵头的硬质合金标准创新中心首批次进入国家技术标准创新基地（长株潭）。

株硬集团 SAP—ERP 项目成功上线

【内部管理】2020 年，株硬集团苦练管理基本功，产业链竞争优势更加突出。持续开展降本增效活动，成本管理深入一线，重点对合金事业部进行成本对标分析，并有针对性提出降本措施。持续降低能源费用，通过推广循环冷却水余热回收节能技术、应用无功补偿节能技术等措施，全年硬质合金产品单位能耗下降 5.7 %、单位水耗下降 18.9%，远低于有色行业用水定额的先进值 160 立方/吨。加强精益生产管理，调整在制品管理模式，全年在制品周转率同比提升 10.74%。加快信息化建设，SAP—ERP 系统全面上线，逐步建立覆盖公司运营全流程，管理规范化、过程可视化、系统高度集成、信息高度共享的管理信息平台。加强安全环保管理，积极落实安全环保生产主体责任，加强安环设施建设，雨污分流一期工程已经完成施工；废水除磷除镍预处理、工业噪声整治、VOCs 治理等项目已相继投入使用。公司全年无重伤及以上事故，无环境污染事故，千人负伤率为 0.88‰，无新增职业病病例，职业危害因素合格率 100%，工业水复用率 97.43%。加强绩效考核管理，完善绩效考核方案，充分体

现增量绩效，公司全员劳动生产率同比增长10.43%。

（孔 娟）

中车株洲车辆有限公司

【概况】中车株洲车辆有限公司（简称“株辆公司”）始建于1958年，前身为铁道部株洲车辆厂，先后更名为南车集团株洲车辆厂、南车长江车辆有限公司株洲分公司、中车长江车辆有限公司株洲分公司。2019年，中国中车集团完成旗下货车企业重组整合，筹备成立中车株洲车辆有限公司。2020年1月8日，中车长江车辆有限公司株洲分公司正式挂牌为中车株洲车辆有限公司。

2020年，株辆公司有在册员工2070人，在岗人员2034人，其他从业人员371人，其中公司级及以上核心人才116人。有高级专业技术职称70人，中级技术职称140人，高级技师115人，技师183人。女员工385人，占在册员工18.6%。占地面积60万平方米，生产面积16.8万平方米，固定资产原值6.19亿元，净值2.19亿元。拥有全谱系铁路货车研发制造能力，且是唯一拥有铺架设备三重车型修理过轨资格的企业。主导产品包括敞车、平车、罐车、棚车、漏斗车等全系列通用货车，生产能力为新造铁路货车6800辆/年。公司先后荣获“全国质量效益型先进企业”“科学技术先进集体”等国家级荣誉称号，是国家安全生产标准化一级达标企业和绿色企业。2020年，公司顺利通过了省级企业技术中心、高新技术企业、两化融合体系以及军工保密资质三级认证，被评为国家绿色企业、国家级劳模创新中心（易冉劳模创新工作室）、湖南省制造企业100强。

1月8日，中车株洲车辆有限公司召开成立大会

【生产经营】2020年，是株辆公司成为子公司独立运营的第一年，完善了以独立法人为模式的组织构架。全年共完成11个品种4138辆新造货车的生产，其中出口车完成4个品种709辆，非出口车完成6个品种3429辆。完成车体及整车配套生产4个品种23辆，特种车辆厂段修8辆，部件生产51545件。实现销售收入17.39亿元；新产业订单签约4.86亿元，实现销售收入3.66亿元，完成归母净利润2886万元。全年综合创效4160万元。积极探索实践“精益+数字化”转型道路，深入推进“以机代人”项目，完成生产设备的迭代更新。新线新设备的投入使用，实现各轨距车轴加工检测全自动节拍化流水作业和摇动座、侧架、摇枕自动组装，以及下侧门全流程自动化流水生产，升级了公司的智能制造技术水平，拉动生产效率效益的提升，提高了安全本质度和产品质量的稳定性，降低员工劳动强度，进一步改善现场作业环境。退休人员社会化管理、“三供一业”（供水、供电、供气，物业管理移交改造）物业移交分离完成率达到100%。

【技能竞赛】2020年，株辆公司积极组织员工参加各级技能竞赛。在全国智能焊接职业技能竞赛（国家Ⅱ类竞赛）中，公司3名员工同获冷作钣金工铜奖，创公司参加全国性技能竞赛最好成绩。在湖南省株洲市第二届“石峰杯”轨道交通产业职业技能竞赛中，公司员工获电工比赛第一名和第四名，冷作钣金工比赛第二名和第四名，焊工比赛第五名；公司荣获优秀组织奖。在“嘉克•通用技术杯”国际焊接大赛中，公司获得2个二等奖和3个三等奖，实现在“嘉克杯”赛场的新突破。

【党建工作】2020年，株辆公司党委把学习贯彻习近平总书记最新重要讲话和重要指示批示精神作为党委会“第一议题”、党委中心组“第一专题”，累计组织党委中心组4次集中学习，11次自学，实现了党的十九大精神学习全覆盖。坚持学以致用，组织公司领导深入开展课题调研，其中“构建‘五轴五心’党建品牌体系，打造株辆特色党建‘金名片’”课题获中车优秀政研课题二等奖。通过开展“不忘初心使命、筑强基层堡垒，全员对标降本、确保目标实现”等党内主题实践活动，各支部围绕公司生产经营重点提报献礼项目19项、党小组承诺77项、党员攻关项目164项。党员带头组织提报改善提案，并抓好优秀改善提案的推广和应用，累计征集改善提案2450条，实施率达98%，创造可评估直接经济效益300余万元，有效地将员工的智慧固化成知识成果。成立公司创新工作室联盟，建立了全国劳动模范易冉领衔的七类工作室11个，迈出推进新时代产业工人队伍建设的新步伐，其中易冉劳模创新工作室被评为“全国示范性劳模和工匠人才创新工作室”。突出支部特色工作建设，13个基层党支部结合行政和党建工作特点制定了各具特色的深度融合策划书，其中6个支部策划书成功入选《长江集团基层党组织“深度融合”策划书汇编》，组装车间党总支部策划书入选《中车党建工作与生产经营深度融合实施方案汇编（基层党组织篇）》。深入开展“四讲四有”（讲责任，有担当；讲主动，有效率；讲创新，有活力；讲奉献，有作为）主题教育活动。通过目视化宣传、微信读书答题、读书心得征文、形势任务宣讲、株辆特色文化提炼、“四讲四有”典型宣传等系列活动，将观念转变落实到具体工作中去，推进工作绩效全面提升。开展“打造核心企业”“三力三创和科改示范行动”主题宣传，其中数篇被中车微信转发，10余篇文章被地方报纸以及各大网站转载，公司荣获中国中车五周年新闻工作特别贡献奖。深入实施“新株辆、新征程”主题宣传，围绕中车成立五周年组织开展系列庆祝活动，隆重举办中车全球开放日、“9.28中车日”大型升旗活动，开展系列文艺作品和微视频征集活动，开展《与你同行》中车之歌传唱活动、品牌案例和品牌故事征集活动，《把“金蓝领”打造成为企业品牌和形象代言人》获中车优秀品牌案例二等奖。制定《公司党委构建“不能腐”体制机制实施细则》，新增和修订了共49个党风廉政建设制度。组织基层13个党（总）支部签订了年度党风廉政建设责任书，确保了“两个责任”落实落地。强化重要部署和重点领域的监督检查，开展学习贯彻落实党的十九届四中全会精神、深化改革创建世界一流示范企业、制止餐饮浪费行为、电商采购物资招标采购、安全领域形式主义官僚主义整治等17项专项监督与整治，下达纪律检查建议书1份，查找问题37个，提出建议31条。盯紧元旦、春节、“五一”、中秋节、国庆节等重要节日节点下禁令、明规矩，开展节中突击查、节后再监督，有效防止“节日病”的出现。

【企业文化建设】 2020年，株辆公司围绕“打造最具国际竞争力的铁路物流装备供应商”的战略目标和“成为长江集团核心企业”的战略定位，积极打造个性企业文化，总结提炼了“厚载博融、致新致远”的株辆精神和“始于品质、忠于客户、基于创新、成于实干”的经营理念，切实发挥文化理念在各项工作中的规范和引领作用，为实现公司的战略目标提供了文化支撑。

（谭　达）

株洲飞鹿高新材料技术股份有限公司

【概况】 株洲飞鹿高新材料技术股份有限公司（简称“飞鹿股份”）1998年由中车株洲车辆厂投资创办，2004年改制为民营企业，2017年在创业板挂牌上市，为国内轨道交通涂料行业第一家上市企业，国内轨道交通装备防腐涂料、轨道建设工程防水材料的供应和涂装施工一体化解决方案的优秀供应商。建有防腐涂料、防水涂料等多条专业化生产线，生产线全程采用自动控制系统，通过新技术、新设备、新工艺的应用，具备较高的自动化和柔性化生产能力。

2020年，飞鹿股份拥有4家全资子公司，7家合资公司，员工500多人，年产值约6亿元，较上年同期增长21.37%，总资产约12亿元。是国家高新技术企业、湖南省新材料企业，拥有国家认可委认可实验室、湖南省级企业技术中心、湖南省水性及高固体份涂料工程研究中心，湖南省涂料工业协会会长单位。拥有防水防腐保温工程专业承包壹级资质、核心技术18项，参与起草行业相关技术标准12项，6项技术通过省部级科技成果鉴定，7项产品通过CRCC认证，风电叶片涂料通过德国GL认证，无机硅酸锌车间底漆获得挪威船级社（DNV）认证。飞鹿公司在轨道交通装备防腐和轨道建设工程防护领域具有较强的市场竞争优势，主要客户包括中国中车旗下长江公司、南京浦镇公司、青岛四方股份公司、长客股份公司等10多家主机修造公司，中国铁路总公司旗下广铁集团、上海铁路局、郑州铁路局、成都铁路局等10多家检修路局，中国铁路总公司旗下京沪高铁、沪昆高铁、京石铁路、沪宁城际等80多家铁路专线建设公司，以及深圳、南京、福州、苏州、武汉、西安等20多家城市地铁公司，是城轨动车国产化涂料首批次应用厂商，产品随多类轨道装备车辆远销澳大利亚、阿联酋、巴西等10多个国家和地区。年内，新增高铁地铁建设工程防水材料业务订单2.03亿元，先后参与深圳地铁、重庆地铁、长沙地铁等40多个高铁、地铁、公路建设项目；圆满完成川藏铁路拉萨至林芝段5个站房及相关工程的防水工程订单，攻坚克难实力显著增强；轨道工务维修取得突破，承接了沪宁、沪杭高铁桥梁混凝土露筋整治和芜湖南站、扬州站站房钢结构涂装工程。与中国中车、中国中铁等长期固有客户合作不断深入，检修业务逐步增量。

【科技研发】 2020年，飞鹿股份全年投入研发经费1779万元，较2019年增长18%。在创新人才方面，公司研发人员增加8人，1人获湖南省技术能手，1人获湖南省行业竞赛二等奖，1人获荷塘区科技创新人才，4人获荷塘区优秀青年人才荣誉称号。在创新成果方面，围绕“专、精、特、新”方向持续创造，新申请专利23项，其中发明专利18项，并新获得授权发明专利3项；主持制定并发布团体标准2项；1项产品通过省级鉴定，鉴定结果为国内领先。年内，获湖南省产品质量监督抽查连续合格企业，湖南省建筑行业协会科学技术进度二等奖1项。在创新储备和产品优化方面，轨道装备轻量化、涂装服务智能化和水性树脂自产化做了大量技术储备，功能型防结冰涂料、易清洁涂料产品、防火涂料、无气味弹性腻子、复合材料等通过客户评审、工艺试验或三方检测；梁端止水带修复材料、预铺高分子防水卷材、自粘湿铺高分子防水卷材、水性高分子防水涂料等系列产品得到不断优化和技术升级。2020年，公司自主创新技术，打破国外垄断，成为国内首批水性涂料应用在250千米标准动车组上的企业。

水性涂料产品在250千米标准动车应用

【荣获2020年湖南省上云平台标杆企业称号】 2020年，飞鹿股份持续优化和建设信息化系统，建设和优化了包括ERP、PLC、OA、PDM研发系统、SHR人力资源管理系统、在线培训系统、各厂区在线监测系统，规划了DCS系统等，推进全资子公司智能制造数字化车间和智能工厂、移动办公等其他信息化系统的建设，加快业务响应速度，提高运作效率。实现公司与各子公司之间研发、市场、财务、人力资源等管理一体化，被评为2020年湖南省上云平台标杆企业。

（李珍香）

湖南千金湘江药业股份有限公司

【概况】 湖南千金湘江药业股份有限公司（简称“千金湘药”）为1998年由原株洲市湘江制药厂改制设立，系上市公司“千金药业”控股子公司。注册资本4800万元人民币。千金湘药经营范围包括化学合成原料药与固体制剂的生产和销售，主要剂型有片剂、硬胶囊剂、颗粒剂、散剂、溶液剂（外用）。公司主要产品有拉米夫定片、缬沙坦胶囊、马来酸依那普利片等20余个品种，目前拥有发明专利19件、实用新型专利16件、外观设计专利38件、注册商标53件，50多个药品生产批文。公司在2015年曾主持制定了5项国家药品标准，先后获得“中国专利优秀奖”“湖南省科技进步一等奖”“湖南省专利一等奖”等荣誉。公司为湖南省文明单位、湖南省绿色工厂，2020年被评为“湖南省高新技术企业”“湖南省两化融合管理体系贯标试点企业”“2020中国连锁药店最具合作价值品牌”。

【缬沙坦胶囊（替坦文®）通过一致性评价】 4月20日，千金湘药收到国家药品监督管理局核发的关于缬沙坦胶囊的《药品补充申请批件》，这是该公司继蒙脱石散、马来酸依那普利片、拉米夫定片之后，又一个通过质量和疗效一致性评价的产品。缬沙坦胶囊是千金湘江药业拳头产品，于2010年8月获批上市，是一种血管紧张素Ⅱ受体拮抗剂，主要用于治疗轻、中度原发性高血压。它是2019年国家医保药品目录甲类药品，入选2018年版《国家基本药物目录》。因其具有良好的降压效果，良好的安全性和耐受性，已被多个指南推荐为抗高血压治疗领域的一线药物。

7月7日，省市场监督管理局党组成员、省药品监管局党组书记梁毅恒（左三）一行赴湖南千金湘江药业股份有限公司调研考察

【梁毅恒一行到千金湘药调研】7月7日，省药品监督管理局党组书记、一级巡视员梁毅恒一行到千金湘药调研考察。梁毅恒一行参观了千金研究院，实地了解企业生产经营与科研工作情况，并就企业发展召开座谈会。梁毅恒对千金集团、千金湘药的经营业绩和科研成果进行肯定，并指出，省委、省政府和省局高度重视湖南省生物医药产业发展，鼓励有条件的企业抢抓机遇，加快发展。千金湘药要充分发挥自身优势，结合原料药供应、产品市场份额、技术工艺水平等因素确定一致性评价品种目录；要做好过评品种的市场维护，深入研究和利用国家集采政策，促进企业又好又快发展。同时强调，企业要严格落实生产质量主体责任，把控药品质量安全，鼓励创新研发，发挥标杆和示范引领作用。省药监局党组成员、副局长覃永忠，省药监局检查分局局长罗业军、副局长李长林等参与调研。株洲市政府副秘书长、市政府办党组成员李一平，市市场监督管理局局长、市生物医药产业链常务副链长李余粮等领导陪同调研。

【缬沙坦胶囊获国家药品集中采购拟中标资格】 8月20日，千金湘药参加了第三批国家药品集中采购投标工作，公司已通过国家药品监督管理局仿制药质量和疗效一致性评价的缬沙坦胶囊拟中标本次集中采购。缬沙坦胶囊是该公司的拳头产品，此次拟中标国家药品集中采购，将为公司进一步服务广大患者提供平台和机会，对公司深耕医疗市场起到良好推动作用，并对公司未来发展产生积极影响。

【荣获“2020中国连锁药店最具合作价值品牌”奖】 8月25—27日，2020全国药店周暨中国医药工业百强年会、中国医药互联网经济年会在昆明隆重举行。会上发布了“2020中国连锁药店最具合作价值品牌”榜单，凭借卓越的工商合作实践，千金湘药获此殊荣。千金湘药多年来深度合作全国连锁药店，持续开展“关爱父母——孝心行走计划”“全民POP”大赛“千金是福——爱心飞翔”“连锁厨艺大赛”等多项公益及趣味活动，从线上传播到线下推广，为百姓谋福利，为客户增动销，受到广泛好评。该公司将进一步积极致力于为广大连锁药店、零售市场提供长期的全流程服务、持续的引流解决方案，增强顾客黏性，携手共创合作新模式。

【盐酸地芬尼多片在全国首家通过一致性评价】 11月30日，千金湘药收到国家药监局核发的《药品补充申请批准通知书》，公司生产的盐酸地芬尼多片在全国同种药品中首家通过仿制药质量和疗效一致性评价。盐酸地芬尼多片是该公司的重点产品，主要用于治疗和防治多种原因或疾病引起的眩晕、恶心、呕吐，如乘车、船、飞机时的晕动病等。公司自2017年启动盐酸地芬尼多片质量和疗效一致性评价的研究工作，于2019年10月提交一致性评价的补充申请资料。通过三年多的不懈努力，保证了该产品质量和疗效与原研一致。这是该公司第5个通过质量和疗效一致性评价的药品品种。

（杨馥宁）

中国化工株洲橡胶研究设计院有限公司

【概况】中国化工株洲橡胶研究设计院有限公司（简称“株橡公司”）前身为化工部乳胶工业研究所。1964年创建于广州，1965年迁建于云南省晋宁县，1988年整体搬迁至湖南省株洲市，2014年5月更名为中国化工株洲橡胶研究设计院有限公司，现隶属于中国昊华化工集团股份有限公司，占地面积3.85万平方米，注册资本3198万元，资产总额1.7亿元。

株橡公司主要从事以探空气球为主的乳胶制品、特种橡胶制品、高分子复合新材料和气象器材的研制、生产、销售、检测、监测、技贸及信息服务，拥有气象专用技术装备使用许可证、安全生产标准化三级达标企业等资质。其主要产品和服务包括：探空气球、特种橡胶制品、高分子复合新材料，乳胶制品、橡胶与橡胶制品、油漆涂料、农药等化学品的委托检验、仲裁检验、鉴定检验，体系认证、强制认证、产品认证咨询等技术服务及乳胶制品检验设备的研制和开发；主导产品探空气球通过质量体系认证，占据国内市场份额80%，远销俄罗斯、法国、美国、德国、英国等40多个国家和地区。公司是全国胶乳行业专业研究机构、全国胶乳制品军工配套产品开发研制生产单位、国家火炬计划重点高新技术企业、国家乳胶制品质量监督检验中心、全国工业（乳胶制品）产品质量控制和技术评价实验室、湖南省临近空间探空气球材料与技术湖南省重点实验室、世界气象组织（WMO）供应商、世界水文气象设备行业协会（HMEI）会员、中国气象局和各兵种探空气球定点研制生产企业，是中国仅有的2家探空气球生产企业之一。湖南省橡胶与橡胶制品质量监督检验授权站、株洲市特种橡胶工程技术中心均设在公司。2020年，公司坚守安全底线，优化客户资源，防范经营风险，克服新冠肺炎疫情带来的严重影响，实现总收入同比增长24.29%，净利润同比增长33.16%，资产负债率比2019年增长1.65个百分比。

【抗击疫情作贡献】年初，面临突如其来的新冠肺炎疫情，株橡公司精心组织，周密安排，细化措施，实行群防群控，确保员工新冠肺炎病毒“零感染”。2月17日实现全面复工复产后，全员积极主动参与自主过滤式呼吸器生产，40天内共生产自主过滤式呼吸器L型口罩22.26万只，M型口罩25.52万只，头带3.8万根。同时利用技术优势，2个月内突击完成国标委组织的12个国家、52项医用手套标准等相关国家标准的解读、翻译以及与欧美标准的比对分析，助力国内、国际疫情防控。公司疫情防控与复工复产工作获得工信部复工复产第七工作组的高度肯定。

【助力“嫦娥五号”返回器安全着陆】近年来，株橡公司研制的NSL—40气象气球多次为中国运载火箭技术研究院获取全面、精准的气象数据提供重要保障，气球的平均升空高度达42千米以上，全面满足了任务探测高度要求。2020年12月15日，公司生产的探空气球从远望3号上升空大气层，为“嫦娥五号”回家探路；12月16日，酒泉卫星发射中心、西安、太原、西昌、文昌……相继施放公司生产的探空气球，把脉“气象”、探测 “天情”，为“嫦娥五号”平安回家保驾护航。株洲电视台、《株洲日报》、“在荷塘”等新闻媒体相继就此对公司进行专题采访和报道。

株洲电视台报道公司生产的探空气球为“嫦娥五号”保驾护航

【通过全国制造业单项冠军企业（产品）复核】作为《气象气球规范》国际标准的制定单位，株橡公司56年来专注于探空气球的研制与开发，先后筹建了国家级检测中心，建设了临近空间探空气球材料与技术湖南省重点实验室，配备了一支从研发到生产高达100余人的中高级专业技术队伍，承担了多项科技部研发专项和中国气象局行业科研专项课题，投入了大量资金，从环保、节能、自动化等方面探索气象气球新工艺技术。12月21日，公司气象气球产品成功通过工业和信息化部、中国工业经济联合会联合开展的第二批制造业单项冠军企业（产品）复核。

【荣获橡胶技术网“优秀合作伙伴”奖】11月28日，橡胶技术网在南京组织召开2020年第十二届橡胶技术交流会，株橡公司凭借着专业的技术、优质的服务得到橡胶技术网平台及橡胶界同仁的综合肯定，并荣获橡胶技术网“优秀合作伙伴”奖。

【获评“株洲市工业设计中心”】近几年，株橡公司重点提升设计创新能力、促进工业设计和产业发展，拥有丰富的工业设计和产业转化经验，已经建成独立的工业设计中心，拥有设计水平高、经验丰富的工业设计人才队伍，加大知识产权保护力度，企业工业设计发展水平和核心竞争力显著提升，有力地助推了本地工业经济高质量发展。2020年，株橡公司经过荷塘区初审推荐、专家评审、现场核查、专题会议审查和网上公示等程序环节顺利入围，成功入选市级工业设计中心。

【多个科研项目成功验收】2020年，株橡公司开展“低成本零压探空气球平漂机理及其控制研究”等10项科研课题研究和申报。其中“241项目”“省重点实验室建设”“基于天然橡胶的轮胎绿色供应链系统构建”“湿法混炼石墨烯/橡胶复合材料研制与应用”“GNSS掩星观测长航时平漂气球载体及回收系统的研制”5个项目完成验收，“平流层气象探空观测系统研制及试验”项目荣获中国化工科技进步奖二等奖。中国气象局气象探测中心对公司气象气球产品在“海燕计划”中做出的突出贡献而专程发来感谢信。

（罗碧霞）

湖南中天杭萧钢构科技股份有限公司

【概况】湖南中天杭萧钢构科技股份有限公司（简称“中天杭萧”）于2017年9月19日由杭萧钢构股份有限公司、株洲金科建设投资经营集团有限公司、湖南中天建设集团股份有限公司共同发起成立，注册资本1.4亿元，生产基地设在株洲市荷塘区金山科技工业园内。

中天杭萧生产基地是湖南省装配式建筑产业基地，基地总投资6.2亿元，占地13.34公顷，总建筑面积10.2万平方米。基地分两期建设，一期占地6.67公顷，新建主厂房1栋，配套科研楼1栋，总建筑面积4.7万平方米，具备年产钢管束构件6万吨、钢梁柱2万吨、楼承板100万平方米的生产能力，年产构件可满足100万平方米装配式钢结构建筑需求，已于2019年4月投产。基地拥有整套国际先进水平的生产设备和自动化生产线，主要从事装配式钢结构设计、研发，新材料、新技术、环保产品的研发设计及加工，钢管束构件、梁柱构件、楼承板、墙体等钢结构住宅体系的核心部件系列产品的制造。2020年，公司实现营业收入破亿元，所生产的产品已销往国内7个省份，并通过努力更上一个台阶，成功“出海”，销往非洲，经过5个月航运，产品已顺利抵达非洲国家刚果（金），应用于当地一大型桥梁工程。

【战疫情有序复工复产】2020年初，新冠肺炎疫情突如其来。中天杭萧面对抗击疫情不容松懈，生产履约刻不容缓的严峻挑战，严格对照企业复工复产“七个必须”“五个严禁”的要求，积极落实疫情防控企业主体责任，在确保各项疫情防控工作全面扎实落实到位的情况下，于2月6日（正月十三）顺利复工，成为株洲市首批复工复产企业。复工后市委书记毛腾飞、副市长谭可敏等分别调研公司疫情防控和复工复产工作，对公司的疫情防控工作给予肯定。复工后，公司积极履约，跑出复工复产加速度。

【资质管理提实力】2020年，中天杭萧通过质量、环境、职业健康安全管理三体系认证，被评为国家高新技术企业，认定为重合同守信用企业，综合实力逐步提升，公司资质进一步完善。

中天杭萧钢构科研楼

【科研楼示范项目建设】2020年，中天杭萧高质量高标准地完成中天杭萧钢构科研楼建设。这是全省首个采用“钢管束组合结构体系”的钢结构装配式建筑，创造了30天封顶的建设速度。科研楼建筑面积14169平方米，地上10层，地下1层，集科研、办公、公寓（倒班房）及配套用房于一体，装配率66%，达到A级装配式建筑标准，是株洲市装配式钢结构建筑示范项目，也是株洲市获批住建部装配式钢结构住宅试点城市的首个试点项目。该项目从结构系统、外围护系统、设备管线系统、内装系统应用装配式技术等方面，与传统混凝土建筑相比，建筑垃圾减量75%，能耗减少15%，碳排放减少29%，体现了钢结构建筑低碳、绿色、环保、节能及施工周期短、工业化程度高、节省劳动力、可循环利用等优势。

【助力“株洲城市名片”的建造】2020年，中天杭萧承接了株洲城市名片智轨这一市重点项目钢结构站台的建设任务。为尽可能降低站台建设对城市交通的影响，此次智轨工程站台建设工期非常紧张，公司优质高效的完成各类构件的生产制造、安装，为株洲智轨建设贡献了株洲智造的力量。

智轨工程站台建设现场

【启动二期项目建设】12月30日，中天杭萧与金山科技工业园管委会、金城集团就二期项目用地签订入园协议及项目合同。响应国家“碳中和”的目标，立足当前一期生产钢结构装配式建筑构件的基础上，二期将主要生产与装配式建筑配套用的新型绿色节能环保墙板产品，加快装配式建筑的普及和绿色建筑的发展。

（汪　莎）

中材株洲水泥有限责任公司

【概况】中材株洲水泥有限责任公司（简称“中材水泥”）是国务院国资委直接领导下的中国建材集团所属的成员企业，企业职工人数290余人，地处株洲市荷塘区仙庾镇。拥有5000吨/天水泥熟料新型干法生产线1条，年产高标号水泥200万吨，配套建设有9兆瓦纯低温余热电站，拥有自备石灰石矿山。企业主要经营水泥及辅料、水泥制品生产、销售；露天水泥石灰岩开采；石灰石销售；招投标服务；污水处理及其再生服务。是长株潭地区少数具备核心竞争力的水泥企业之一。企业历获全国学习型企业“突出贡献奖”和“实践功勋奖”，湖南省“名牌产品”、第一批“湖南省质量信用等级A级企业”、国家首批14个“环境标识低碳水泥产品认证”企业之一、湖南省重合同守信用企业、湖南省“高新技术企业”等称号；2020年顺利通过国家级绿色工厂认定，并荣获“中国科技创新先进单位”“全国产品质量稳定合格企业”“全国质量检验稳定合格企业”“全国质量信用优秀企业”“全国质量诚信标杆企业”“全国百家质量检验诚信标杆企业”“全国水泥行业质量领先企业”“全国质量信誉保障产品”等国家级荣誉。

2020年，中材水泥积极稳妥应对新冠肺炎疫情发生以来的复杂形势和艰巨任务，坚持“两手抓、两手硬、两手赢”工作主线，抓紧抓实抓细疫情防控，精准有序推进复工复产和生产经营，扎实开展对标世界一流提升行动，统筹落实年度总体工作安排，扎实推进经营、管理、战略、党建等各项工作，多项经营指标再创历史同期新高。“水泥+”业务、科技创新和品牌质量取得新突破。收入、利润等核心经营指标同比大幅上升，压减指标同口径同比继续下降，“一升一降”的运营结果，实现公司“高质量”发展的整体目标。熟料产量 180 万吨，水泥产量 200 万吨，水泥熟料销量 227.78 万吨，实现销售收入 7.36 亿元，利润 2.6 亿元，缴纳税费约 7763 万元。

【经营管理】 2020 年，中材水泥在对标世界一流、精细操作，强化过程控制和责任落实的同时，对关键设备进行改造，有效提高设备台产和运转率，降低煤耗和电耗。全年创新申报技改项目 9 项，完成 7 项，通过技改优化生产系统指标、减少员工劳动强度，实现粉尘超净排放。年内企业各产品电耗及煤耗较去年同期均有所降低，尤其是生料工序电耗较上年同期降低 4.88%，水泥工序电耗较上年同期降低 3.29%，吨熟料标准煤耗较上年同期降低 1.49%。至 2020 年，企业连续第二年入选全国重点用能行业能效“领跑者”企业。

【拓展“水泥+”业务】 2020 年，中材株洲“水泥+”业务拓展取得丰硕成果。株洲市市政污泥资源化集中处置（水泥窑协同）项目运转良好，全年处置市政污泥 3.65 万吨，为株洲市持续改善城市环境做出了积极贡献。

【安全环保工作】 2020 年，中材水泥继续开展一级安标复审的准备工作，邀请 CTC 专家进行现场辅导，制定各种安全方案并加以演练，完成大中修安全环保及防疫监督检查、“四体系”再认证审核、安全标准化自评等工作，持续提升安全环保标准化管理水平。2020 年企业面对严峻的新冠疫情，迅速制定下发《新型冠状病毒感染的肺炎疫情防控工作方案》，成立以总经理为组长的新型冠状病毒疫情防控工作领导小组，积极开展居家远程办公、严控进厂人员与车辆、发放防疫物品、开展全员新冠病毒抗体检测等一系列措施，精准有序推进复工复产和生产经营，为株洲市疫情稳定后的经济复苏做出了积极贡献。同时，企业在夯实环保基础、防范环保风险的基础上，完成“蓝天保卫战”粉尘治理项目，对生产线部分收尘器进行技术改造，同时新增了 4 台收尘器，现场环境得到进一步改善，收尘设施达到超净排放要求，各项污染物排放数据均做到湖南省水泥行业大气污染物特别排放限值要求；完成公司煤堆棚初级沉淀池建设等工作。企业先后获得“2020 年度株洲市职业卫生工作目标管理先进单位”“株洲市 2020 年度安全生产先进企业”等荣誉称号。

12 月 3 日，株洲市突发辐射事故综合应急演练在中材株洲水泥有限责任公司举行

【辐射事故综合应急演练】 12月3日，株洲市突发辐射事故综合应急演练在中材株洲水泥有限责任公司举行。此次演练由株洲市生态环境局、荷塘区人民政府主办，株洲市生态环境局荷塘分局承办，株洲市生态环境局局长彭小中担任总指挥。株洲市公安局、株洲市卫生健康委员

会、株洲市应急管理部门、株洲市公安局荷塘分局、株洲市公安交通警察支队荷塘大队、荷塘区卫健局、荷塘区应急管理局、中材株洲水泥有限责任公司、湖南贝可辐射环境科技有限公司参与此次演练。湖南省生态环境厅核与辐射管理处处长陈战军、株洲市委政法委副书记、中共株洲市委国家安全委员会办公室副主任颜文明、荷塘区人民政府副区长陈柏文、湖南省辐射环境监督站调研员刘忠义、株洲市公安局治安支队副支队长邹洲、株洲市生态环境局总工李小江、株洲市卫生健康委员会副调研员肖青玲、中材株洲水泥有限责任公司党委书记、总经理韩战义，观摩此次演练。

（喻　娇）

商贸·金融

商务和粮食

【概况】株洲市荷塘区商务和粮食局（简称“区商粮局”）2015年12月由区商务局、区招商局和区粮食局整合而立。主要承担市场建设管理、调控和粮食执法监控、招商引资等工作职能。内设办公室、市场建设贸易股、市场监控秩序股、经济合作股和电子商务股5个股室。编制9人，实有人员8人，另有退休干部23人。2020年，局机关被评为株洲市“文明单位”荣誉称号。

2020年，荷塘区有传统大型专业市场8个，分别为株洲（国家）汽车城、中南蔬菜批发大市场、中南文化艺术品市场、中南建材市场、亚和国际家居广场、天成联运旧货市场、株洲现代五金机电大市场、东大门市场；有大型城市综合体5个，分别为东都商业广场、伟大国际广场、东方时代广场、华润万家购物中心、银泰财富广场；有大中型商场、超市4个，分别为华润万家购物中心、大润发超市、东都步步高、株百荷塘超市。有农贸市场12家，分别为中南蔬菜批发市场、晏家湾农贸市场、六〇一农贸市场、月塘农贸市场、荷叶塘农贸市场、文化路农贸市场、四三〇农贸市场、戴家岭农贸市场、东湖农贸市场、财富农贸市场、群远农贸市场、嘉盛农贸市场。全区形成以汽车销售、家居建材、五金机电、布料服装、蔬菜水产等为主要构成的市场体系。全年荷塘区实现社会消费品零售总额79.85亿元，同比增长—2.4%，增幅居株洲市城区第二；全年全区引进外资2.05亿美元，同比增长14.26%；内联引资到位资金92.35亿元，同比增长23.31%。全区外贸进出口完成10.99亿元，同比增长—37.0%。

【“两稳一促进”成效明显】2020年，区商粮局围绕“两稳一促进”（稳外贸、稳外资；促消费），在新冠肺炎疫情防控总体形势下，强化服务手段，积极帮扶商贸企业复工复产，主动上门协助企业办理相关复工复产手续，协调政府各职能部门解决商贸企业在复工复产中遇到的实际困难，积极与劳动就业服务中心对接，为商贸企业招工。采取多种形式刺激消费，开展商粮局长“为消费代言，为商家带货”网上直播活动，效果明显；积极开展“和包券”消费活动，通过“和包券”撬动市场需求，刺激广大市民消费，增强市场活力。组织全区龙头商贸企业参加各类主题展会，扩大企业的影响力，帮助企业开拓市场。全年组织区商贸企业分别参加了上海进口博览会、消费促进月直播活动、万企融合闯国际、娄底电商节、湖南服饰博览会等多类会展活动。

荷塘区商务和粮食局深入商贸企业为复工复产提供精心服务

【维护成品油市场秩序】2020年，区商粮局根据《2020年株洲市成品油市场集中整治专项行动方案》，制定荷塘区成品油市场集中整治巡查制度，持续保持打击非法制售成品油站点高压态势。牵头组织区级联合执法3次，取缔非法储油点1个，收缴改装车辆1台、加油机1台、柴油7000余升，涉案人员已移送司法机关。全区成品油市场秩序保持稳定有序。

【助力电商产业园发展】2020年，区商粮局大力扶持电商产业园的发展，积极推进“直播经济”“网红经济”新业态。多次联系省、市电商产业发展联盟，介绍荷塘区产业园情况，争取在电商和快递产业发展、电商招商等方面的指导和支持，积极主动向省、市商务部门对接工作，汇报企业生产规模、市场销量、产品特色和发展目标等情况，推介电商产业园。认真落实市商务和粮食局《打造株洲直播经济新高地行动方案》的精神要求，牵头组织一批具有一定影响力的直播带货企业参加株洲市直播电商联盟，壮大直播经济供应链条，培育有市场带动力的网红主播。组织株洲鑫鑫文化传媒有限公司、株洲市枫戈服饰有限公司、株洲菲月娅服饰有限公司等发展势头较好的电商企业参加“消费促进月”“服饰博览会”等活动，扩大本土直播平台的辐射面和影响力，展示企业的良好形象，助力电商产业园发展提质。

【招商引资】 2020年，荷塘区完成招商引资项目37个，为指标任务的123%。完成省级、市级“500强”项目引进任务各1个；完成中大机械、长远智造生产制造等1亿元以上项目引进28个，为指标任务的140%；完成耕食健康养生园、鑫建兴装配式建筑配套产业园等5亿元以上项目引进9个，为指标任务的225%；完成韵达物流园、湖南师范大学荷塘附属实验学校等10亿元以上项目引进3个，为指标任务的300%。2018—2019年签约未开工21个项目中，好媳妇日用品智能制造、飞山奇建材等18个项目年内实现开工，开工率71.4%；2018—2019年签约未投产29个项目中，中天杭萧钢构、以机代人新造铁路货车生产线等20个项目投产，投产率69%；2020年引进的37个项目中，卓尔创新材料、中景橙石机械加工等22个项目开工，开工率为73%，超过年度目标任务43个百分点。年内完成招商项目开发48个，为年度任务指标的228.6%。区招商办积极落实《株洲市加快工业新兴优势产业链现代化建设》相关要求，承接了装配式建筑、生物医药健康、先进硬质材料三大新兴优势产业链，并相继成立产业链链长办公室、联合党委、产业链协会。截至2020年年末，生物医药健康产业链已引进口腔医治材料生产链、耕食健康养生园等项目5个，投资总额为7.5亿元；装配式建筑产业链已引进中天杭萧装配式混凝土墙板、鑫建兴装配式建筑配套产业园项目2个，投资总额为10亿元；先进硬质材料产业链已引进卓尔创新材料、昆灿机械等项目共11个，总投资4.7亿元。已成功申报先进硬质材料省级产业集群，欧科亿、华锐2家链上代表企业已成功上市。主动对接韵达集团、中山邦特生物科技、中天杭萧钢构科技股份、中国南方电网等“500强”、湘商、龙头优质企业80余家；已引进南方电网光伏式发电、韵达湖南物流产业园项目等省级“500强”项目。正在对接的重点项目有长株潭智造技术装备商贸城、三一快而居、瀚龙刀具生产基地、柳鑫陶瓷基板新材料园、中建五局装配式园等21个。

【培育“四上”企业】2020年，面对上半年“四上”企业申报形势严峻的不利情况，区商粮局组织精干力量对辖区有代表性的28家商业企业进行细致调研，形成详细的调研报告，为荷塘区2020年“四上”企业培育基本工作思路提供依据。对有代表性的商业企业进行细致摸排了解，多次组织召开全区“关于‘四上’企业培育申报入库工作协调会”，研究“四上”企业培育工作对策。全年已完成9家“新投产”批零企业和15家“小升规” 批零企业的“四上”企业的申报工作。

【扶持外贸企业】受新冠疫情在全球蔓延的影响，区内外贸企业订单流失严重，企业产品交货期、客户到访、售后服务、业务开展、产品销路等均受到严重冲击。区商粮局积极筹措资金15万元，对区内外贸龙头企业株洲硬质合金进口有限责任公司给予补助10万元，株洲科能新材料有限公司补助5万元，帮助企业渡过难关。

【保粮食安全】2020年，区商粮局指导神农米业有限公司完成区级储备粮的轮换，确保区级储备粮的安全。全力抓好粮食行政管理部门及涉粮企业“隐患大排查、问题大整改、队伍大整顿”工作，及时对排查出的问题和隐患开展整改，重点对镉超标粮的监管进行了调查，对涉及使用镉超标粮的唐人神饲料厂加强入库、出库的监管，明确了监管人员。按照上级安排部署，开展了荷塘区粮食管理问题整改“回头看”专项行动，积极对接市级相关部门，在规定的时间内完成工作任务。按照“六保”（保居民就业、保基本民生、保市场主体、保粮食能源安全、保产业链供应链稳定、保基层运转）工作要求，扎实做好荷塘区落实“粮食安全省长责任制”考核牵头部门的工作，对责任制任务进行分解落实，协助区政府召开相关工作任务部署会及进行考核评分等工作。会同区农业农村局共同做好严格管控区、结构调整区超标粮食的处置工作。

（肖　伟）

金　融

【概况】株洲市荷塘区人民政府金融工作办公室（简称“区政府金融办”）成立于2019年3月17日，为区政府工作部门，有机关行政编制

3名。主要负责培育企业上市、挂牌，协调推进直接融资；做好金融服务实体经济发展和深化金融改革工作；负责小额贷款公司、融资性担保公司的准入、退出和监管，承担典当、融租、商业保理等“7+4类”金融机构监管；组织协调有关部门防范、打击和处置非法集资等非法金融活动工作，防范化解金融风险，优化地方金融生态环境等。

2020年6月8日，荷塘区调整打击和处置非法集资工作领导小组成员及行业主（监）管部门处非工作组成员，并设立10个行业主（监）管部门处非工作组，形成工作合力，金融处非工作组织领导得到强化。为持续强化非法金融活动全链条治理，2020年12月4日，建立健全区防范化解涉众型非法经营活动稳定风险联席会议制度，按照“联动配合、明确职责、综合处置、重在治本”的工作思路，防化风险，着力治标。全年印发了《荷塘区防范化解涉众型非法金融活动风险排查专项整治行动方案》等防范打击长效机制相关政策法规、方案文件6个，根据市平安办下发《2020年度县市区综治工作考评办法》，起草《2020年度荷塘区镇、街道平安建设考评办法》，将防范和处置非法集资及打击金融违法犯罪纳入平安建设考评内容，强化了责任的落实和追究。在查办案件中，分类施策，精准拆弹，完善攻坚协作机制，有力有序化解陈案。公安荷塘分局、区人民检察院、区人民法院密切配合，高度重视维护稳定，不断完善体制机制，积极回应诉求，引导群众依法理性维权，严防风险外溢传导，2020年陈案化解率达100%。在2020年县市区综治考评防范和处置非法集资工作中，区政府金融办被评为全市第一方阵，牢牢守住了不发生系统性区域性金融风险和大规模群体事件的底线。荷塘区人民政府被评为“2020年度全市防范和处置非法集资工作先进单位”。

【防范化解重大风险】 2020年，区政府金融办协助开展政府债务风险防范，确保风险总体可控、持续收敛。通过盯紧目标，积极应对，妥善化解存量债务，完成全年隐性债务化解目标的232.78%。建立债务化解政银企协调沟通机制，坚持稳增长和防风险相结合，通过实施“六个一批”、续贷展期等方式存续本金14.86亿元，平滑偿债高峰。严厉打击非法金融活动，强化综合治理，狠抓机制建设、宣传教育、风险排查、案件处置和信访维稳等工作。开展多层次处非“两节宣传”及宣传月活动，利用区政府门户网视频专栏、“在荷塘”等媒体，依托便民服务中心、银行等网点扩大宣传声势，提醒广大群众特别是老年人提高风险防范意识。持续开展“一非三贷”等非法金融活动风险专项整治行动7批次，将防范化解涉众型非法金融活动风险排查专项整治与扫黑除恶专项斗争融合推进，深入1304家机构（含个体工商户）实施排查整治联合执法，签订了约2600份《不组织不参与非法金融活动的承诺书》。立足防惩并举、“打早打小”，2020年全区新立案打击3起，积极协调推动2起陈案处置攻坚，切实掌握金融领域有关苗头性、区域性问题及其社会风险隐患，引导投资受损对象依法维权，保障重大节会期间和谐稳定。

【金融支持稳企业】 2020年，面对复杂严峻的国内外形势，特别是新冠肺炎疫情的严重冲击，区政府金融办在区委、区政府坚强领导下，切实做好疫情防控和受困企业金融服务，全面落实省、市、区支持企业应对疫情的信贷、担保政策，扎实做好金融支持“六稳”“六保”工作。通过搭建政企银担互动机制，积极宣传运用市综合金融服务平台，加大线上办理，优化金融服务，全力支持企业复工复产。据不完全统计，2020年联合10家金融机构为301家辖内企业授信10.55亿元，已放款287家共计5.29亿元（其中：助推湖南千金湘江药业股份有限公司农行授信3000万元，享受人民银行专项再贷款政策，贴息后企业实际融资成本在1.6%以下）。为受疫情影响较大的70家辖内小微企业办理贷款展期或无还本续贷1.52亿元，有效纾困。累计帮助辖内134家企业加入市金融支持疫情防控和复工复产“白名单”企业，为78家企业获得银行融资2.59亿元。

【温暖企业】深入开展“金融支持稳企业进园区”政银企对接活动，结合“一行一主链”，拓展产业链、供应链金融服务，引导金融资源精准流向实体经济。加强政策引导，保重点。引导和支持银行业金融机构帮助辖内重点项目和中小微企业用足用好政策措施，进一步降低中小微企业融资成本。落实区“白名单”工业企业担保费补助和区瞪羚企业贴息政策，为18家企业补贴白名单贷款担保费39.63万元，为6家瞪羚企业贴息48.89万元。充分发挥金融作用助推重大项目建设，帮助辖内“好媳妇”“飞山奇”等7个重大项目（企业）授信4.95亿元，实现项目加速推进。促推金山科技工业园管理委员会与农行株洲分行签订《战略合作框架协议》，为园区产业发展和重点项目“疏通血脉”。

金山科技工业园与农行株洲分行拟签订《战略合作框架协议》

【企业上市培育】 2020年，荷塘区继续完善企业上市（挂牌）孵化体系，出台《株洲市荷塘区关于支持企业上市（挂牌）的补助办法》，实施企业上市培育工程。培育湖南国信建设集团股份有限公司、株洲春华实业有限公司、株洲格斯特动力机械有限责任公司、株洲宜城车辆工业有限责任公司、株洲市湘江电焊条有限公司、湖南国联捷物流有限公司和湖南中天建设集团股份有限公司列入株洲市2020年拟上市后备资源库，培育株洲长远智造股份有限公司、株洲通达合金股份有限公司、株洲同一硬质合金股份有限公司、株洲迪远冶金工业炉股份有限公司和湖南远东机械制造股份有限公司列入株洲市2020年拟“四板”股改板挂牌企业资源库。组织株洲春华实业有限公司、湖南国信建设集团股份有限公司、湖南国联捷物流有限公司和湖南中天建设集团申报并列入2020年省重点上市后备企业资源库。辅导株洲鑫品硬质合金股份有限公司、湖南锦兰食品股份有限公司、株洲民庆食品股份有限公司和株洲杨家寨农业科技股份有限公司成功在四板挂牌。加大湖南中天建设集团股份有限公司、株洲科能新材料有限责任公司的上市培育力度。引导企业积极对接资本市场，鼓励上市公司实施再融资，株洲飞鹿高新材料技术股份有限公司成功发行可转债1.77亿元。

湖南锦兰食品股份有限公司在湖南股权交易所标准板挂牌

【优化农村金融资源配置】 2020年，为应对新冠肺炎疫情给农业发展带来的影响，由荷塘月色事务中心牵头摸底梳理20家农业种植、休闲等6大类行业领域资金需求，加大供需双方的座谈对接。为引金融活水浇灌农业产业，2020年5月18日，区政府与省农担公司签订合作协议，建立“风险共担、合作共赢”的政银担支农模式，充分发挥财政资金杠杆放大效应，低成本、高效率引导资金持续注入农业企业，目前已发放“特色贷”200万元。同时围绕农民生产生活加大普惠金融宣传力度，积极践行乡村振兴金融服务，强化“三农”数字化转型推进，配合金融机构做好农户信用信息采集建档，金融服务和金融产品供给持续优化。

【融资力度位列全市前茅】 2020年，区政府金融办积极平衡防风险与稳增长的关系，指导平台公司加强与金融机构对接，全年融资任务45.71亿元，实际完成50.89亿元，完成率111.33%，在市“双比双看”大竞赛活动中，荷塘区融资力度指标城区排名第一，全市排名并列第一。

（管　婧）

中国工商银行新华路支行

【概况】中国工商银行股份有限公司株洲新华路支行（简称新华路支行）成立于1985年1月。位于株洲市荷塘区新华东路1507号。内设综合管理部、业务营销部、营业综合部，下辖茨菇塘支行、晏家湾支行、红旗路支行、宋家桥支行4个网点。现有员工70人。

截至2020年年末，新华路支行各项存款余额37亿元，各项贷款余额33.2亿元，中间业务收入3203万元，拨备前利润10735万元，净利润7349万元，不良贷款为零。行长朱拥斌荣获“2020年株洲市银行业系统优秀支行行长”称号。

（汤文娟）

中国建设银行株洲市城东支行

【概况】中国建设银行株洲市城东支行（简称“建行城东支行”）位于株洲市荷塘区新华西路399号。下设营业部、业务部。年末有在职员工16人。2020年年末，一般性时点存款余额163882万元，比年初新增20509万元，完成率176.34%。其中对公时点存款余额55425万元，较年初新增6019万元，完成率601.86%；个人时点存款余额10840万元，比年初新增14490万元；对公日均存款余额53375万元，比年初新增3913万元，完成率39.13%，个人日均存款余额99303万元，比年初新增10554万元，完成率104.5%。贷款余额171481万元，较年初增加27197万元。其中对公贷款105393万元，较年初24391万元；个人贷款66088万元，较年初增加 2806 万元。普惠金融贷款余额 15989 万元，比年初新增 6370 万元，计划完成率 163.33%。其中小企业普惠贷款余额 8269 万元，比年初新增 4889 万元，计划完成率 195.57%；个贷普惠贷款余额 7720 万元，比年初新增 1481 万元，计划完成率 105.75%。

2020 年，建行城东支行加大对制造业的支持力度，成功审批株洲齿轮厂的技术改造升级固定资产贷款 4 亿元，发放贷款 1 亿元，新增汉德车桥 2 亿元的固定资产贷款，有力地支持了地方企业经济的发展。大力支持荷塘区中小微企业，促进了地方经济发展。

（蔡　弘）

中国农业银行株洲荷塘支行

【概况】中国农业银行是国有控股商业银行，也是中国主要综合性金融服务提供商之一。中国农业银行株洲荷塘支行（简称“农行荷塘支行”）成立于 2010 年 3 月，是农行湖南株洲分行辖内的一级支行，下辖本部营业部、红旗广场、向阳村、荷叶塘、茨中、公园路 6 个经营网点，全行员工共计 70 人。位于荷塘区新塘路 1600 号。截至 2020 年年末，农行荷塘支行实现营业收入 8005 万元，实现净利润 3878 万元、中间业务收入 1607 万元，人民币日均核心存款 32266 万元，人民币各项实体贷款 22549 万元。

【优化服务】农行荷塘支行始终践行“客户首选”满意银行的经营理念，针对老年人和有特殊困难的客户，开辟绿色通道和上门服务等多种服务方式，运用平板电脑等移动终端，实现移动化的业务受理、现场调查、实地拍照等信息采集工作，通过电子化、信息化的数据、影像流转方式，利用网络与后台业务系统进行对接，实现了业务的实时办理，将柜台“搬”到了客户身边。

为行动不便的老人提供“绿色通道”服务

【开展“走进百园万企”攻坚活动】2020 年，农行荷塘支行积极投入省、市分行启动的“走进百园万企”攻坚活动，针对荷塘区金山科技工业园制定综合金融服务方案，与金山工业园园区管委会签署战略合作协议，与区内平台公司加深联系。“百园万企”方案推动以来，农行荷塘支行在金山工业园区内中小微企业新开账户 68 户，规模以上企业存量 21 户，新开 4 户（万达、星联、飞山奇、万金置业即万达广场项目公司）重点账户。普惠小微贷款新增 2100 万元，小微贷款客户数新增 49 户，对公线上活跃客户净增 78 户。3 月 15 日，成功对株洲金城华亿发展有限公司，发放株洲金城华亿电商服饰产业园（一期）项目贷款 9000 万元，标志着农行荷塘支行资产业务翻开了新篇章。截至 2020 年 12 月 8 日，农行荷塘支行普惠小微贷款较年初净增 3054 万元，对公实体贷款较年初净增 7019 万元。在 2020 年新冠肺炎疫情抗战中，农行株洲荷塘支行积极作为，大力推进“药商贷”及流动资金贷款，对接人民医院的流动资金贷款，疫情期间为该企业授信3000万元人民币。

【情系“三农”】2020年，农行荷塘支行高度重视“三农”（农业、农村、农民）工作，采取“齐步走、跨步走、稳步走”战略，加强组织领导，深入政企合作，精简服务流程，加快信息建档，坚持重点突破，全面铺开，推进“三农”业务。惠农贷款政策覆盖荷塘区仙庾镇、明照街道、宋家桥街道、云龙示范区云田镇共25个村部（社区），营销聚合码商户75户，配套营销惠农点7处，布置宣传牌7处，惠农机具布置6处，吸收存款约1500万元，惠农通“千站建设”项目正在有序进行中。截至2020年11月末，农行荷塘支行惠农贷款余额年净增4007万元；“三农”有效建档24个行政村，建档农户1574户。惠农e贷授信年净增198户，“三农”业务各项考核指标排名全市前列。

（刘红梅）

华融湘江银行东一支行

【概况】华融湘江银行东一支行（简称“东一支行”）成立于2011年1月，为华融湘江银行株洲分行下辖A类支行。位于桂花街道新华东路1468号。2020年，东一支行坚持“立足地方、依托地方、服务地方、支持地方”的发展思路，紧紧围绕区委、区政府的工作重点，大力支持地方基础建设、重点项目和中、小企业发展，实现了自身与地方经济发展的同频共振。截至2020年年末，支行一般性存款时点余额为20.8亿元，较年初增长1.17亿元。投放信用总量余额达27.79亿元，年内被评为“株洲市巾帼文明岗”、荷塘区“金融保险业服务先进单位”、全行“先进基层工会”“先进集体”等多项荣誉。

【服务重点项目建设】2020年，东一支行始终以助推经济转型升级和健康发展为内在动力，积极响应区委、区政府重大战略部署和重要发展决策。至2020年年末，荷塘区2家政府融资平台公司及其他政府事业单位在东一支行授信总额为32.27亿元，用信余额达18.74亿元。全力支持政府相关部门和企事业单位的改革，新开立“株洲市荷塘区医疗保障事务中心”“株洲市荷塘区社会保险中心”账户，同时与荷塘区行政审批局签订了战略合作协议“智慧荷塘”教育板块线上缴费项目已正式上线，重点支持三一智慧钢铁城项目和金城华亿工业园小微企业融资等项目。

【支持本土企业成长】2020年新冠肺炎疫情期间，东一支行持续为荷塘区一批上市公司、央企、国企和小微企业提供优质全面的综合金融服务。全面落实相关监管制度和鼓励政策措施，严格规范服务收费行为，利用税e贷、税联贷、多抵贷、快抵贷、信义贷等一揽子特色产品，全力支持小微企业的专项再贷款，为小微企业提供全周期、全产业链的金融服务，共计投放5.18亿元支持荷塘区实体经济发展，着力解决“融资难”“融资贵”“利率高”的问题。

（刘　婷）

中国光大银行株洲文化路支行

【**概况**】中国光大银行株洲文化路支行属于中国光大银行株洲分行下属支行之一，为国有控股的股份制商业银行，地处荷塘区新华西路465号，营业面积530平方米，有2台在行式自助ATM机、2台智能柜员机。支行有职工13人，金融服务主要群体为荷塘区重点党政机关和企事业单位及周边居民。2020年年末，支行一般性存款时点余额为11.67亿元，各项贷款余额16.42亿元，较2019年新增1.15亿元。

（刘　君）

财税审计

财　政

【概况】株洲市荷塘区财政局（简称“区财政局”）前身为株洲市东区财政局，成立于 1990 年 8 月。为区人民政府工作部门。内设办公室、预算国库股、综合业务股。下设荷塘区国库集中支付核算中心、荷塘区乡镇财政服务中心、荷塘区财政投资评审中心。在编 37 人。主要担负荷塘区范围内的财政收入和支出管理工作。

2020年，荷塘区完成一般公共预算总收入73638万元，为年计划的82.85%，较2019年同口径降低13.01%，税收占比为85.22%，其中税收收入完成62754万元，为年计划的75.55%，较2019年同口径降低20.67%；完成地方收入40474万元，为年计划的81.26%，较2019年同口径降低14.68%，税收占比为73.11%，其中税收收入29590万元，为年计划的67.27%，较2019年同口径降低29.37%。荷塘区地方收入增幅列全市第二，地方税收收入增幅列全市第二，一般公共预算总收入中税收比重列全市第一。完成一般公共预算支出201725万元，为年计划的80.27%，同比下降11.52%，其中：社会保障与就业支出16444万元，同比增长28.26%；科技支出21751万元，同比增长45.22%。2020年，政府性基金上级补助收入89633万元，地方政府专项债务转贷收入39400万元，上年结余1492万元；本年支出105069万元，调出资金14318万元，上解上级支出42万元，债务还本支出23800万元；年终基金结余9806万元。社会保险基金收入完成18964万元；社会保险基金支出完成15883万元；社会保险基金本年结余3081万元，累计结余22073万元。

【民生保障】 2020年，区财政局严守“三保”（保基本民生、保工资、保运转）底线，认真贯彻落实区委、区政府过“紧日子”的要求，切实把调整优化财政支出结构作为应对收支矛盾、缓解支出压力的主渠道，优先保障重点领域支出需求，全年工资补贴按时足额发放，民生政策刚性兑现，政府性投资项目按进度拨付。克服多种不利因素，紧抓国家政策机遇，全力以赴做大财力规模，强化部门协调配合，争取特殊转移支付及抗疫特别国债等直达资金22765万元、参照直达资金17040万元，争取债券资金 44215万元，通过收回结余结转资金、清理特设专户存量资金等方式筹集53908万元。全年住房保障、科学技术、社会保障与就业、节能环保、教育支出分别较上年增长 105.50%、45.22%、28.26%、26.10%、4.21%，有力支持了全区经济社会持续健康发展。

【财政管理】 2020年，区财政局积极推进国库集中支付电子化改革，以电子财政一体化系统建设试点为抓手，建立起电子验章、全程动态跟踪的业务管理方式，强化预算执行管理监控，实现财政资金审批、拨付的“无纸化”，进一步提高财政资金的支付效率和安全管理水平；推进直达资金监管，以直达资金监控系统为依托，加强对直达资金预算分解下达、资金支付、惠企利民补贴补助发放情况的监控，实现资金分配、安排使用等各个环节的痕迹管理，做到直达资金全程监管，确保每一笔资金有标识、可追溯；推进预决算公开，以全省地方预决算公开核查为契机，对全区预决算公开内容完整性、真实性、及时性、公开形式和细化程度逐一审核，着力促进预决算公开标准化规范化，切实保障群众知情权监督权。在2020年全省地方预决算公开核查中，荷塘区在137家地州市及县市区中名列第14名。

5月19日，区财政局召开2020年度会计监督检查工作调度会

【评审监督】 2020年，区财政局审定预算项目112个，送审金额25377.78万元，审定金额23195.59万元，审减金额2182.19万元，核减率8.60%；审定结算项目79个，送审金额46882.44万元，审定金额37257.77万元，审减金额9624.67万元，核减率20.53%。概算项目5个，送审金额2535.18万元，审定金额2176.68万元，审减金额358.5万元，核减率14.14%。完成财务决算项目2个，决算财政资金1685.21万元。

【金融与债务】 2020年，区财政局将防范化解债务风险工作列为重点工作，定期研究、汇报，推动实现化存量、控增量、防风险，制定《荷塘区规范新增融资行为防范化解债务风险及化债计划》；牢固树立“红线”意识和“底线”思维，实现精准化债；坚持疏堵并重，把“开前门”和“堵后门” 协调起来，积极向上争取政府债券，有效保障项目资金运转；通过加强银政企对接、经营性资产覆盖转化关注类债务，超额完成年度化债计划，达到三类债务之和下降的目标，化债工作在全市城区排名靠前，地方债务风险预警下降一个等级。

（曹菁槿）

税　务

【概况】 国家税务总局株洲市荷塘区税务局（简称“区税务局”），由原荷塘区国家税务局、原荷塘区地方税务局合并，于2018年7月正式挂牌成立。主要担负辖区内各项税收、社会保险费和非税收入的征收管理以及贯彻执行相关法律、法规、规章和规范性文件，组织落实国家规定的税收优惠政策，开展税收经济分析和税收政策效应分析，为地方党委、政府提供决策参考等工作职能。目前，区税务局共有在职干部168人，其中，中共党员117人，具有研究生学历的19人、大学本科学历的117人，具有注册会计师、律师、税务师资格15人。2020年，局管辖正常状态纳税人15174户，个体工商户7695户。其中，一般纳税人2499户，小规模纳税人12675户。

2020年，面对经济下行压力加大、减税降费以及新冠肺炎疫情冲击等多重考验，区税务局坚持以习近平新时代中国特色社会主义思想为指导，认真贯彻上级各项决策部署，统筹疫情防控和经济社会发展，充分发挥税收职能作用，圆满完成区政府确定的目标任务，为服务"六稳"（稳就业、稳金融、稳外贸、稳外资、稳投资、稳预期）"六保"（保居民就业、保基本民生、保市场主体、保粮食能源安全、保产业链供应链稳定、保基层运转）大局贡献税务力量。干部队伍平安稳定，全年无违纪违法案件、安全责任事故发生。党的建设进一步加强，深化"五化"支部建设，推广"湘税党建"云平台和株洲党建平台，10个党支部网上"五化"（组织设置网格化、工作运行民主化、党员管理一体化、服务群众品牌化、保障机制标准化）建设通过验收。新冠肺炎疫情突发后，有105名党员干部下沉社区投身抗疫工作第一线。平稳承接审计署长沙特派办专项审计和市局党委政治巡察，顺利通过省级文明单位复检，荣获"株洲市税务系统绩效管理先进单位"。

【组织收入】2020年，受经济下行压力、减税降费以及新冠肺炎疫情冲击等多重因素影响，特别是房地产行业销售持续低迷，组织收入形势异常严峻。区税务局积极落实支持复工复产"十条措施"，利用大数据支持企业复工复产，加强经济税（费）源调查，逐月对电力、有色金属、医药制造、装备制造、房地产建安行业等重点税源企业进行税收动态监控，扎实做好税款入库监控和分析，准确把握经济税源走势。提高收入分析研判能力，按旬、按月开展预测偏差分析，提高收入预测准确率。落细落实干部收入责任，强化税务干部不讲条件、不折不扣完成收入任务的责任心，明确各税管员工作职责，努力克服畏难情绪。6月和12月，税收征管一线干部无特殊情况一律不准请假、休假，集中力量打好组织收入"攻坚战"，并强化监督检查，严格责任追究，将组织收入成果列入绩效考核指标，集中精力加强房地产及建安行业的整治工作。积极争取区委、区政府支持，建立由政府主导推进的协税护税机制，努力确保收入目标的实现。2020年，区税务局组织收入25.39亿元，完成区政府口径税收18.44亿元。

【减税降费】2020年，减税降费作为党中央重要的战略部署，荷塘区税务局将其作为政治任务抓好落实，并将成果列入绩效考核指标，通过上门辅导、走访调研，大数据畅通产业链等方式，实行"一企一策"网格化个性服务，以落实减税降费政策为企业复工复产提供助力，减少新冠肺炎疫情对企业的冲击。按照税（费）种类梳理减税降费系列政策，依托金税三期数据库筛选符合减税降费条件的企业，并建立纳税人信息数据和管理台账，逐户核实调整、逐户核实退库，及时提醒和辅导纳税人更正申报以及提请减征、免征，确保政策红利为纳税人用好用足，成立青年志愿队、应急管理团队和专家团队进驻办税服务厅，针对减税降费政策的难点、堵点问题进行点对点式跟踪辅导。青年志愿队深入金山工业园区、红旗广场等场所开展税费优惠政策宣传，深入中车长江车辆有限公司、株洲硬质合金集团等重点企业开展专场培训，确保各项税收优惠政策“稳着陆”，为企业复工复产按下“快进键”。2020年，荷塘区累计新增减税降费13949万元。其中，2020年出台的支持疫情防控和经济社会发展税费优惠政策新增减税降费5162.1万元，2019年年中出台政策在2020年翘尾新增减税降费8786.9万元。

【税收征管】2020年，区税务局坚持依法治税，稳妥推行行政执法三项制度，干部学法考法合格率100%。切实发挥重大税务案件审理委员会集中讨论、集体决策作用，全年审理重大税务案件36件，成功应对存量房交易价格异议诉讼案件。健全纳税人监督机制，拓宽畅通纳税人监督渠道，依法保障纳税人监督权利，处理纳税人举报投诉事项73件，及时办结率100%。稳妥有序做好企业社保费和机关事业单位职业年金征管、非税收入职责划转，推进城乡居民“两险”（基本养老保险和基本医疗保险）全覆盖，其中，养老保险缴费1.23万人，新增729人；医疗保险缴费15.21万人，新增7081人。全年征收社会保险费2.97亿元，非税收入0.75亿元。用好金税三期数据监控平台，夯实税收征管基础，修改更正基础数据2157户次，监控异常数据5562条，处理率达到98.9%。做好税收征管质量5C监控评价试点工作，做到紧盯评价、分类应对、动态监管5C监控评价指标，该项综合得分排名全市前茅，相关工作经验在全市系统内推广。做好增值税即征即退、期末留抵退税等工作，个人所得税综合所得首次年度汇算平稳实施，汇算清缴1804户企业、33068人次。完成企业所得税汇算清缴5971户，同比增长19.06%，汇缴面99.26%。强化税收风险管理，巩固发票风险快速反应工作机制，完成风险应对任务1395户次，入库税款200万元。完成纳税评估和税收核查115户，入库税款2120.71万元，加收滞纳金48.56万元。加强房地产企业税收管理，重点核查房地产企业土地增值税及企业所得税是否预征到位、增值税是否准确，对达到清算条件的14户房地产企业进行清算，清算土地增值税5500万元。加强对外来施工企业的监控力度，加强与荷塘区市场监督管理局等部门沟通协作、对辖区内新登记户进行信息比对核实，澄清税源底子，利用房地产税费管理平台比对获取外来施工报验项目，清理外来施工企业税收500余万元，进一步规范了房地产建筑业税收征管秩序。

【纳税服务】2020年，区税务局通过组建专家团队进金山工业园区和重点企业，开展了12场“点对点”培训，举办纳税人学堂60期，培训纳税人7918户次。聚焦税务“四力”（优惠政策落实要给力、“非接触式”办税要添力、数据服务大局要尽力、疫情防控工作要加力）工作要求，成立税收政策服务小分队，按照“一企一策”开展网格化服务，将政策分类打包精准推送纳税人7.2万户次，做到精确滴灌。深化“放管服”改革，企业设立登记时间压缩到1个工作日，一般注销业务压缩到8个工作日，打造线上即到即审出口退税模式，平均每笔出口退税时间缩短至1.27天。建立导税预审机制，前置资料审核，优化窗口分配，引导错峰办税，组织专家团队进驻办税厅解决涉税难题，平均办税时间压缩40%以上。大力推广电子税务局、手机APP等非接触式办税。拓展自助办税专区，增配自助办税设备，安排6人做好自助办税辅导；年内网上申报32.5万笔，同比增长2.87倍，网上申报率始终在98%以上，纳税人整体办税效率提升30%以上。深化银税互动，落实支持疫情防控等税费优惠政策和延期缴税申报等便利措施，全年减税降费1.23亿元。疫情期间对纳税人诉求进行摸底调查，利用发票信息匹配市场供需，为3户企业牵线搭桥达成意向交易1.56亿元。为25户企业办理延期缴纳税款6161.49万元，为资源综合利用、出口以及福利企业办理出口免抵退税1.19亿元，为103家企业发放信用贷款5276万元，有效缓解企业资金周转压力和中小企业“融资难”“融资贵”问题。区税务局坚持优化服务，突出便利办税，快速响应企业需求，提供更便捷的服务供给，满足纳税人多样性、个性化的需求，纳税人满意度稳步提高。在总局2020年全国纳税人满意度调查中，区税务局位列全省第3名，全国第68名。

【规范干部管理】2020年，区税务局践行严管善待理念，坚持人才兴税，干部队伍建设持续加强。抓好技能培训，按季开展换位业务培训，原国税地税干部互相指导，围绕减税降费、社保费划转等新增业务培训学习40余次，实操培训21次，培训覆盖率100%。开展业务“云培训”“钉钉”直播16场，短期内补齐业务短板。专门出台《业务比武和三师奖励办法》，充分调动干部职工的积极性和创造性，鼓励干部争先进、创荣誉，形成“比、学、赶、超”的氛围，新增“三师”（注册会计师证、税务师证、律师证）2人。注重人文关怀，最大限度用好用活政策，有序推动职级晋升，完成职级套转161人次，进一步激发干部干事创业热情。为干部购买大病重疾保险，走访慰问特困干部职工12人，发放扶助金8.6万元。规范内部管理，以绩效管理为抓手，强化层级管理、厘清岗责体系、健全奖惩机制，营造争先创优的工作氛围。严格落实过“紧日子”要求，严格公务用车和公务接待管理，“三公”经费、培训、差旅、会议经费等一般性支出较2019年减少76.47万元，有效保障人员经费、基层运转，让管理更加规范、更有温度。

（吴　鹏）

2020年荷塘区税收收入情况统计表

表6　　　　单位：万元

项目	累计收入			
	本年累计	上年同期	增长额减	同比增幅
一、税收收入	215616	255758	－40142	－15.70%
其中：中央级	76376	84373	－7997	－9.48%

续表 6

项目	累计收入			
	本年累计	上年同期	增长额减	同比增幅
省级	17905	21833	－3928	－17.99%
地市、县区级	121335	149552	－28217	－18.87%
1.增值税	105054	114050	－8996	－7.89%
2.消费税	64	96	－32	－33.33%
3.企业所得税	31002	35183	－4181	－11.88%
4.个人所得税	8640	10192	－1552	－15.23%
5.资源税	324	357	－33	－9.24%
6.城市维护建设税	7875	7972	－97	－1.22%
7.房产税	4253	4338	－85	－1.96%
8.印花税	1865	1967	－102	－5.19%
9.城镇土地使用税	6509	6554	－45	－0.69%
10.土地增值税	7974	26508	－18534	－69.92%
11.车船税	2673	3185	－512	－16.08%
12.耕地占用税	1798	5205	－3407	－65.46%
13.契税	37357	39864	－2507	－6.29%
14.环境保护税	228	234	－6	－2.56%
15.原营业税	0	53	－53	－100.00%
二、出口退税	－10248	－10686	438	－4.10%
三、海关代征进口税收	0	0	0	—
四、预算内五费金	7475	7694	－219	－2.85%
1.教育费附加	3334	3373	－39	－1.16%
2.地方教育附加	2223	2248	－25	－1.11%
3.残疾人就业保障金	654	788	－134	－17.01%
4.水利建设基金	1261	1265	－4	－0.32%
5.文化事业建设费	3	20	－17	－85.00%
五、其他非税收入	30792	16258	14534	89.40%
1.税收罚没收入	13	48	－35	－72.92%
2.其他收入	1090	1081	9	0.83%
3.企业职工基本养老保险基金收入	29689	15129	14560	96.24%
区政府口径	184406	222207	－37801	－17.01%

（吴　鹏）

审　计

【概况】 株洲市荷塘区审计局（简称“区审计局”）前身为株洲市东区审计局，成立于1989年1月，1997年8月随区划调整更为现名，为区人民政府正科级工作部门。担负荷塘区范围内政府各部门及所有企事业单位的审计监督工作。办公地点位于新华东路1468号。内设办公室、业务股，有编制10名。

2020年，区审计局坚持依法审计、独立审计原则，客观公正、求真务实，充分发挥审计监督职能，为荷塘区经济高质量发展提供了坚实保障。年内，经区委审计委员会第二次会议批准，安排审计项目计划16个，其中：财政预算执行审计项目1个，部门预算执行审计项目2个，领导干部经济责任审计项目 8个（均为离任审计），自然资源资产离任审计1个，专项资金审计项目2个（防疫资金、自然灾害救灾资金），平台公司审计2个（经批准，调整到2021年完成）。全年共完成审计项目14个，出具审计报告和专项审计调查报告25篇，查出违规问题金额1546万元，审计促进拨付资金到位9671.02万元，提出审计建议40条全部被采纳。向纪检监察部门及相关部门移交审计线索4条，向区政府提交审计要情7篇，区政府主要领导对审计要情做了重要批示，有效地促进了审计整改落实。

【召开区委审计委员会第二次会议】 4月，区委书记、区委审计委员会主任邬凌云主持召开区委审计委员会第二次会议，对全区的审计工作作出全面谋划和系统安排。同时，出台《2020年度株洲市荷塘区审计局统一组织审计项目计划》《中共荷塘区委审计委员会关于进一步加强审计整改工作的实施意见》等文件。区委审计办认真学习贯彻习近平总书记关于审计工作的重要指示批示，落实区委书记邬凌云的讲话精神，切实抓好区委审计委员会议定重大事项的落实工作，持续推进审计工作高质量发展。

4月23日，荷塘区召开区委审计委员会第二次会议

【财政资金审计】 2020年，区审计局对区本级预算执行和其他财政收支情况开展审计工作（含区文体旅局、区城管局部门预算），重点关注预算编制、调整、执行情况，转移支付拨付、使用，财政资金的存量与增量，审查财政资金安排、分配、使用等环节存在的问题。部门预算执行审计牢牢盯住行政运行绩效，重点关注财政资金的规范化使用。通过此次财政预算执行审计，查出主要问题金额11244.17万元，促进拨付资金9671.02万元，提出审计建议7条全部被采纳，审计结果向区人大及常委会报告。

【专项资金审计】 2020年，区审计局在上级审计机关的统一组织下，开展荷塘区应对新冠肺炎疫情防控资金和捐赠款物专项审计及荷塘区自然灾害（防汛抗洪抢险）救灾资金专项审计调查，审计过程中通过查看专项资金的相关资料及抽查核实，发现存在资金分配拨付不及时、捐赠款物信息未公示、统计数据不准确等问题，相关单位对发现的问题进行了及时整改。

【政府投资项目审计】 2020 年，区审计局完成结算审计项目 83 个，已定案项目送审金额为 51112.2 万元，审定金额为 50475.9 万元，审减 636.3 万元。审计过程中发现的主要问题有合同签订不严谨、项目现场管理不规范、项目资料不完备等。为切实做好区政府投资项目结算工作，审计中心积极发挥主观能动性，加快对已送审项目的审计进度。同时，在重要时间节点对一些重点、大型项目（如明照安置房一标段、荷塘大道跨线桥、东环北路安置房小区等）结算审计过程中，进一步加速了项目结算进度，确保不因为审计结算的原因影响农民工工资的支付，切实发挥工程审计作用。

【领导干部经济责任审计】 2020 年，区审计局按照区委审计委员会的统一部署，安排领导干部经济责任审计项目 9 个（含自然资源资产离任审计）。在审计项目实施中，重点审查领导干部贯彻执行经济法律法规、党和国家方针政策和决策部署情况，落实中央八项规定、厉行节约和国务院“约法三章”相关要求情况，把机构设置、编制使用、专项经费等作为重要内容纳入审计范围。为认真贯彻落实《党政主要领导干部和国有企事业单位主要领导人员经济责任审计规定》和湘办发电〔2019〕76 号文件精神，持续深入推进区经济责任审计工作，经区委、区政府同意，于 3 月建立区经济责任审计工作联席会议制度，扎实开展经责审计项目审前纪检、审计联席会议制度，进一步明确各部门审计重点，做实审计方案。通过对领导干部经济责任审计，向纪检监察部门及相关部门移交审计线索 3 条，向区政府提交审计要情 3 篇、经责审计综合情况报告 1 篇，区政府主要领导对审计要情作出重要批示，有效地促进了审计整改落实。同时，配合参与省委审计委员会对区主要领导经责审计工作。

（李　凯）

城乡建设与环境保护

住房和城乡建设

【概况】株洲市荷塘区城乡建设局和株洲市荷塘区人民防空办公室于2019年4月合署办公，更名为株洲市荷塘区住房和城乡建设局（株洲市荷塘区人民防空办公室）(简称“区住建局”)。2020年，内设综合办公室、财务室、棚改办和人防综合办公室。有行政编制9名。下辖事业单位“荷塘区建设工程质量安全监督站”，有事业编制14名。区住建局党委下辖机关党支部、机关退休支部、金科党总支部和3个非公党支部（长兴、海天、顺天），有中共党员147名。主要担负全区城市道路建设和基础设施建设；对区内建筑业市场和房地产企业进行监督和管理，协助市相关部门对全区建安工程现场质量和安全生产管理；负责辖区内燃气企业（瓶装、管道）安全生产监管工作、城市棚户区改造工作、“三供一业”（供水、供电、供气，物业管理移交改造）工作；负责老旧小区改造以及配合市房产局开展对辖区低收入家庭享受廉租房政策的初审等工作职能。配合市人防办办理人民防空工程（含结合民用建筑修建的防空地下室）的建设、拆除审批及监督检查城区和重要经济目标的人民防空建设。

【基础设施建设】2020年，区住建局继续实施“北联”（通过建成金龙路、金桥路、北环路、向阳路连接云龙大道，促进与云龙示范区的融城发展）、“东拓”（通过建成荷塘大道延伸段跨沪昆、新塘路、金塘路、金瑞路、升龙路推进荷塘区向东发展）、“南进”（通过建成东环北路、铁东路、金塘路、新文化路、建宁港路，发展荷塘商贸城和太阳片区，与芦淞区对接），从而形成“五纵七横”道路路网（五纵：升龙路、新塘路、新华路、金环大道、金塘路。七横：金瑞路、金龙路、金桥路、北环路、向阳路、红旗路、铁东路）。市政基础设施计划荷塘区区本级负责实施建设56个，总投资45.42亿元，年内计划投资12.73亿元。其中，新塘路（金荷大道）总投资32130万元，于4月早于计划1个月开工；续建项目水竹湖片区道路水支03路（黄泥塘路—规划六路）、黄泥塘路（水支06路—规划二路）、迎风路（水支06路—规划二路）、规划二路（桂花路—迎风路）、规划六路（水园路—规划二路）5条道路正在有序推进工程进度；芙蓉路—规划九路（32 号路—升龙路）已进入扫尾阶段。这些项目的建成，将有效改善荷塘区交通路网，对促进荷塘区经济和社会发展具有重要意义。

9 月 28 日，新塘路四期（北环线—金桥路）新建工程开工

【民生工程】2020 年，市委党校维修提质改造项目一期建设工程已基本完工，正在推进二期项目建设和征拆；中美医院门诊及综合病房楼裙楼已封顶，主楼正在 7 层施工中，制剂楼及配套用房开始筹备施工；市人民医院门急诊综合大楼项目日照方案已通过复核。为方便老旧小区上下楼出行，为老旧小区加装电梯 5 台。广铁、601、橡胶院等 11 个“三供一业”项目续建全部完工。2019—2020 年，全区老旧小区改造 67 个小区，共计 9628 户。所有项目均完成了设计、立项、预算编制、评审、招投标工作，已全面开工。改造内容主要包括基础设施、房屋建筑、景观环境等方面，为小区全体居民提供美观、舒适、整洁的生活环境。

【安全生产】2020 年，对辖区内建筑工地进行了荷塘区安全生产百日行动、安全生产大排查、工地扬尘防治专项整治行动等共计 5 次安全生产行动，发现安全隐患 7 处，累计下达整改督办通知书 4 份，整改回复 4 份，均按整改要求进行了整改。2020 年以来，区住建局共对全区 4 家管道燃气企业、3 家瓶装燃气企业进行了共计 3 次地毯式安全生产排查。

【污染防治】 2020 年，区住建局持续开展污染防治攻坚战的重要工作——水环境治理。2020 年计划新建 5 个项目，已开工 1 个，金山新城北部核心区污水干管工程早于计划半年于 6 月提前开工，正在进行顶管工程及工作井开挖工程（另外 4 个水系清淤已纳入由三峡集团实施的“株洲市中心城区污水整治一期工程”PPP 项目）。黑臭水体整治项目建宁港荷塘铺黑臭水体整体工程、太阳支流截污干管、桂花路片区水系（白石港水竹湖片区老河道）黑臭水体整治工程项目已提前竣工。区住建局在市住建局、市生态环境局指导下开展在建工地扬尘防治工作，发现问题及时督促整改，共下发整改督办函 10 余份。

黑臭水体整治施工现场

【人防工作】 2020 年，区住建局（人防办）在新冠肺炎疫情期间，利用防空警报器对预防新冠病毒进行宣传，并顺利完成 4 月 4 日全市利用防空警报鸣放深切哀悼在抗疫中牺牲烈士和逝世同胞的哀悼活动。切实做好辖区内 28 台防空警报器的管理维护工作，2020 年在株洲市

第十八中学新增1台防空警报器。高标准、高质量完成了全区“11•1”日警报试鸣及人员疏散演练活动。

10月10日，荷塘区住建局（人防办）联合601社区开展“讲人防故事•铸护民之盾”主题故事展播活动

【党建工作】 2020年，区住建局党委大力推进“在荷塘•红色领航”工程，将老旧小区改造与小区党建相结合，投入20万元，在汽齿、廖家冲等老旧小区改造项目中挖掘企业文化，打造党建文化广场、文化长廊，营造红色氛围，“脏乱差”小区变身为全新的红色小区。树立“抓党建促发展”理念，全面推动基层党建与住建业务深度融合，将党的政治优势转化为发展优势。在新塘路四期、铁东路核心段等5个项目实现指挥部与临时党支部同时成立、同时挂牌，同时运转。开展“一个党员一面旗”活动，引导广大党员在“产业项目建设年”“温暖企业”行动中亮身份、比贡献，有力推动了中心工作开展：桂花路片区水系等4个黑臭水体整治工程顺利通过国家验收，并得到国家有关部委高度肯定；既有住宅加装电梯5台，改善了生态和居住环境，方便了群众出行；新塘路四期等6条道路顺利推进，进一步完善“五纵七横”骨干路网建设。局党委全年召开专题研究意识形态工作会议2次。党委理论学习中心组组织专题学习12次，党委班子开展中共十九大及十九届四中、五中全会精神宣讲活动10余次。同时，持续加大“学习强国”推广使用力度。通过开展年度竞赛等促学活动，评选系统内“学习达人”和“学习标兵”，掀起了新一轮的“学习强国”学习使用热潮。

（倪得利）

城管综合执法

【概况】 株洲市荷塘区城市管理和综合执法局（简称“区城管局”）为区政府正科级工作部门，内设办公室、法规室、考核评价室3个股科室。下设4个二级事业机构：区城市管理综合行政执法大队、区环境卫生服务中心、区园林绿化中心、区数字化城市管理监督指挥中心；1个股级二级机构：市政工程维护中心。全系统正式干部职工226人，区聘合同工183人，一线环卫工人1082人。主要负责制订管辖范围内城市管理和综合执法中长期发展规划和各项专项规划，并组织实施；制订管辖范围内市政公用设施大中修和专项维修、园林绿化建设和维护、环卫设施建设和维护、执法装备保障的城市管理项目年度计划，并组织实施；区直有关部门、镇（街道）、社区城市管理和综合执法工作的组织指导、监督检查、考核考评工作；辖区城市管理综合执法的指挥调度，并组织实施辖区联合执法行动；辖区市容市貌的监督管理和综合整治工作。负责辖区户外招（店）牌、指示牌设置及沿街门店商业文化活动占道的审批和监督管理工作。负责城市规划范围内车辆清洗行业管理；对辖区内未依法取得规划许可或者未按照规划许可内容建设的建（构）筑物治理方面的工作；辖区环境卫生的监督管理工作。另设城管考评办、治违考评办和株洲市垃圾场3个临时管理机构，分别负责组织全区城市管理、治违考评工作和接收处置全市垃圾应急和填埋工作。2020年，区城管局“战寒潮 排内涝 应急包畅通”工作被评为株洲市城管局亮点工作；代表建议办理工作、提案办理工作被评为荷塘区先进单位。

11月24日，荷塘区召开城市管理领域综合行政执法改革转隶工作会

【二级机构改革】2020年，根据中共株洲市荷塘区委机构编制委员会《关于荷塘区城市管理领域综合行政执法机构编制事项的通知》《中共株洲市荷塘区委机构编制委员会关于印发〈株洲市荷塘区城市管理综合行政执法大队职能配置、内设机构和人员编制规定〉的通知》文件精神，合并原区城市管理行政执法大队和原区治理违法建设综合管理大队，组建株洲市荷塘区城市管理综合行政执法大队，负责管辖范围内城市管理综合执法工作，以株洲市荷塘区城市管理和综合执法局的名义统一执法，依法统一行使区本级城市管理领域的行政处罚权以及与行政处罚相关的行政检查、行政强制权等执法职能。11月24日，正式召开转隶大会。区城市管理综合行政执法大队为区城市管理和综合执法局所属副科级执法机构，内设办公室、党建室、纪检监察室、督查室、法规室、安全生产室6个内设机构，下辖有机动中队、市政环卫中队、月茨中队、金桂中队、宋家桥中队、治违一中队、治违二中队7个执法中队。核定事业编制80名，现有正式干部职工44人（参公编37名、事业编4名、机关后勤编3名），劳务派遣协管员153人。

【倾力抗疫保城防】年初，新冠肺炎疫情突然突发。2月4日，区城管局临危受命，1600余名干部职工投入“战疫”行动，在流动人口多、人口密集的合泰区域设立4个24小时执勤管控岗点，成立52个全时防控巡查小组，不放过任何一条小街窄巷，对车辆行人进行严格管控。期间，先后对253栋居民楼、405栋散户进行摸排，累计登记信息62533人，共发现外市到株人员37082人（其中涉湖北3236人），劝返16248人、车辆14228台，确保了合泰抗疫“寸土不失”。全区7个环卫作业公司、千余名环卫作业工人全力保城区清扫频次、垃圾清运速度、机械化清洗力度，累计无害化处理垃圾约8万吨，投放490个口罩专用收集桶，回收处理废弃口罩10.5吨。全程指引导231家企业和1500余家门店复产、13个农贸市场复市、17个在建工地和3425名工人复工。对895家加工厂进行防疫培训，发放宣传单4.8万份。派驻50余名党员干部对3个隔离酒店、长途汽车站等重点地域执行值守任务；派驻169名党员执行社区值守任务，帮助联点单位设置废弃口罩投放点53个、购置废弃口罩专用桶50个，引导做好废弃口罩专项收集工作。严格管控城区市容秩序及农贸市场周边等重点区域，杜绝当街占道售卖、宰杀活禽等行为，实现各类服务设施消杀全覆盖无死角。与市慈善总会对接联系防疫资金5万元，准备防疫应急专项资金10万元，有力保障一线需求。同时，对内全面排查，签订415份个人情况申报书，对387人进行核酸检测，配发口罩14万个，测量体温9.7万人次，实现人员全闭环无缝隙监管，城管队伍零感染。

党员带头值守合泰地区

【市容综合整治】2020年，区城管局全面加强主次干道、农贸市场周边市容秩序管控力度，对出店经营、占道经营等市容环境问题立案查处190余起，处罚金额9.8万余元。扎实开展人行道违停专项整治行动，对机动车人行道违停贴单14093起，处罚金额达22.45万元；对人行道摩托车乱停乱放执法887台次，其中处罚790台次，批评教育97台次。严格落实住建部“全国规范城市户外广告设施管理工作试点”工作要求，对新华路、红旗路、新塘路、红港路、向阳路、荷塘大道等主次干道开展集中整治，全年共计拆除违规招牌、广告牌385处，总计21259平方米，城市天际线日益清爽，主干道两厢外立面更为整齐洁净。积极配合市户外广告资源管理处开展最美招店牌和户外广告评选活动，精选20幅作品参与评选，其中2幅获奖。对照全国文明城市和国家卫生城市测评标准及《株洲市城市综合管理条例》（以下简称《条例》），开展了一系列整治与宣传工作。全年共计开展“《条例》进工地”“《条例》进门店”“《条例》颁布实施两周年”等宣传活动10余次，发放宣传单1500余份。

【环保整改】2020年，区城管局以环保领域整改为抓手，查漏补缺化解城市管理难题。扎实开展露天烧烤专项整治和扬尘污染防治工作，助力株洲市完成“蓝天300天”目标。联合环保部门、各街道办事处开展露天烧烤专项整治行动60余次。共出动人员600余人次、执法车辆70余台次；劝导违章行为500余次；下达整改通知书90余份，登记保存80余件；立案10起，罚款3800元。严格规范辖区内工地管理，扎实落实“8个100%”扬尘治理标准，强化渣土运输秩序，多次与市城管支队、区交警大队开展联合行动，严厉打击渣土车运输中的各类违法违规行为。2020年，辖区防尘网覆盖面积约712000平方米，种草植绿化降尘86500平方米，新增降尘雾炮机37台，新建洗车平台19处，新设围挡45处约12360米，硬化道路4处720米，在11个工地设置了扬尘在线检测仪。全年下达整改通知书197份，督办函2份，立案31起，罚款32.89万元。全区先后投入1800万元强化机械化清扫、清洗设备，重点加强城区主次干道路面的洒水降尘和保洁工作，出动1台空气雾炮降尘车全天候不间断在城区主干道开展降尘作业。有效处置垃圾中转站渗滤液直排、恶臭扰民等问题。对于群众投诉较多、不具备整改条件的垃圾中转站坚决关停，目前已关停东湖站、430站和红港路站等7座垃圾中转站。按照中央环保督查要求，经过4年多的努力，圆满完成南郊垃圾场渗滤液整改系列工程，渗滤液处理做到了应收尽收，雨污分流。

【城管水平持续提升】2020年，区城管局以国家文明城市、国家卫生城市复检标准为导向，持续提升城市管理水平。环卫作业市场功能不断强化，投入5126.57万元启动第五轮环卫作业市场化，实现了环卫作业“横向到边、纵向到底”全覆盖，全区市场化率达到100%。联合交警、城管等执法部门，积极开展“车轮下积尘”整治行动，新华东路等14条重点路段车位“顽疾”等问题得到明显改善。城管数字化智能监管能力不断提高。全年数字中心共受理各类城市管理案件117030条，处置115277条，处置率96.67%，结案数111337条，结案率96.63%。认真办理12345、12319和市民微信举报投诉案件，处置率、办结回复率均达100%。

【基础设施建设】2020年，荷塘区在2019年建成开放22座建宁驿站的基础上，再建成开放7座，至此全区28座建宁驿站全部建成运行并推行市场化管养，为城市增添了靓丽风景。市政维护稳步推进。2020年以来全区安装人行道限行桩500个、新增盲道800余米；为多个社区换装太阳能路灯20余盏、修复“四化”（美化、绿化、亮化、数字化）工程漏水屋面1100余平方米；在多条主次干道安装休闲便民座椅200把，方便出行市民休憩。

【园林绿化养护】2020年，荷塘区新增绿地面积1.5万平方米，圆满完成了阶段性增绿护绿工作任务。开展“大树瘦身”行动。对新华路、红旗路、红港路等主次干道遮挡信号灯、路灯、警示牌的行道树进行全面修剪，新添置1辆高空绿化作业车，确保了安全、高质量的修剪。大力推进绿化管养市场化。投入960万元，完成第五轮主次干道42万平方米的绿化管养市场化管理工作。招标面积38.5万平方米，新增新塘北路（向阳中路—北环路）、金桥路、株洲东入口、示范性林荫停车场、东环北路二期等5处绿地招标，同比新增绿地招标面积3.6万平方米，市场化养护投入274万元/年，同比新增养护经费55万元/年，养护单价由每6元/平方米增加至7.2元/平方米。对荷塘大道绿化提质改造、袁家湾小游园、金塘大道（金精路—金兴路）东侧绿化防护工程、北环线绿化工程4个绿化工程实施了全面监管。完成金达路、金兴路、香榭路、丽舍路、金精路、荷塘大道、袁家湾小游园、美的景观长廊、茶马线提质改造9个绿化项目的初步验收。完成规划32号路、规划30号路、迎风路、芙蓉路4条道路新建绿化的移交手续，新增绿地面积1.5万平方米。通过实施对全区园林绿化工程从设计到施工到竣工监管的全覆盖，从源头上确保绿化精细化管理的水平和质量，做到新建绿化与后期绿化管理的无缝对接。加强道路绿化日常管理，通过微信工作群、信息员现场采集、技术现场指导、标段养护处理的管养模式，实现“管理—养护—整改—追踪”实时工作动态更新。每月完成地被植物、绿篱灌木的整形修剪，绿化垃圾的清理；每月对新华路、红旗路、新塘路、向阳路等主干道的绿化带进行清洗；春、秋季对所有绿地及行道树进行全面施肥；对人为破坏、交通事故等损坏的苗木进行补栽，共计补栽苗木约160余万株。强化绿化监察，巩固绿化成果，处理各类毁绿占绿、群众举报和市长热线投诉120余件。严格预防和控制病虫害，对全区各社区、小区进行了白蚁治理；邀请园林专家对所有员工进行修剪、除草、运用新科技等园艺知识和技能的培训。全年处理“一门式”申请的砍伐危树90多株，处理率、满意率均达到100%。

【义务植树】3月25日为第42个全民义务植树日，在疫情可控又安全的前提下，区绿化中心以“推进农村增绿、打造生态城乡， 巩固创森成果、建设绿色株洲”为主题，牵头组织市中级人民法院、市城管局、市检察院、市气象局、市审计局及区相对应机关，区四大家及区直机关等多家单位200多名干部职工开展义务植树，共栽植乔木460株，灌木300株。

【造景荷塘】 2020年，在春节、元旦、“五一”、“十一”等重大节日期间，共计投入100余万元，对红旗广场、区政府、新华桥头、红港广场、向阳广场等节点进行节日氛围布置，共摆放鲜花26余万盆，绢锦、植物造型20个。红旗广场渠化岛更换时令花卉2次和草皮1次。各类景观从组织、构思、设计、施工到养护管理等各项工作环环相扣，积极营造喜庆、祥和的浓厚节日氛围，打造景观荷塘。

银泰财富广场“迎中秋•庆国庆”主题景观

【绿化提质改造】2020年，先后完成对荷塘大道和袁家湾小游园的绿化提质改造。针对荷塘大道绿化因为前期设计、施工与土壤等原因，两旁的行道树长势不佳，层次凌乱，依靠日常养护已经无法改变的情况，区绿化中心邀请相关专家多次到现场调研论证，敲定方案：保留中央隔离带的银杏、樱花及红叶石楠；沿线断头、绿量不足、长势不佳的661棵樟树进行移栽，新栽种复羽栾树，与常绿香樟形成对比，打造四季多彩的景观大道。为行道树移栽的问题专门邀请社会各界建言献策，这是在株洲市内首次就道路绿化工作召开听证会。该工程由市、区两级各投入200万元，于5月底开工，7月完工。袁家湾小游园提质改造工程由市财政投资95万元，于5月底开工，8月底完工。小游园位于红旗立交桥西侧与袁家湾居民楼之间，提质改造面积3500 平方米。提质改造依据“公园景观系统规划”划分为文化休闲绿带、文化休闲广场、健身游园3个地块。袁家湾小游园是株洲市唯一一处党建结合城管元素的小游园，沿线绿化景观中穿插党建标识标牌、城管知识宣传栏、城管文化标识、城管宣传标牌、党建文化墙、党建长廊、党建之窗等。游园有效利用街头巷尾绿化空间，营造了休闲、舒适、优美的环境，深得附近居民喜爱。

【规范地摊经济】 2020年，区城管大队坚持“以人为本、便民利民”的原则，全面做好常态化疫情防控形势下市容秩序分区分级管理工作，允许有序占道经营、适当出店经营和适度占道促销。在伟大国际广场、新桂广场、东湖广场西广场试点设置临时便民疏导点，现场设立公示牌，总计约200多个摊位，推动商场、零售、餐饮、旅游等行业的加快复苏，恢复城市“烟火气”。并率先在东湖西广场疏导点实行业主自治制度，推选自治责任人，建立自治模式。同时联合交警部门、街道办事处加强地摊经济乱象的整治，取缔了三一歌雅郡、荷叶塘路、东湖南广场影响交通安全和行人通行的马路市场，进一步规范地摊经济，确保放而有序、兴而不乱，更好地活跃城市经济。

【创新工地围挡设施】2020 年，区城管大队为解决区项目建设前期工地、破占道施工工地长期存在的围挡不规范等不文明施工现象，创新设计出一款可移动式多功能围挡底座，配合仿绿篱围挡在工地中使用，有效防止了施工场地内废料、污水外溢污染路面，进一步规范了辖区项目建设前期工地、破占道施工工地围挡管理。全年共计完成可移动式多功能围挡底座推广 152 处，4380 余米。

【规范停车位】2020 年，区城管大队本着“以人为本，疏堵结合”的原则，联合区市政工程维护中心启动红旗南路沿线人行道停车位标线工作。前期通过扎实调研，广泛收集民意，并取得沿线门店同意的情况下，根据行道宽敞、不占压盲道、不影响行人通行的原则，在红旗南路沿线人行道标线停车位 51 个，有效解决该路段“停车难”“停车乱”的问题。为解决新华路（新华桥—湘运路段）人行道摩托车乱停乱放现象，区城管大队结合“人行道是王道”专项行动和城市管理样板街创建“回头看”工作，联合区市政工程维护中心，在新华路（新华桥—湘运路段）开展人行道摩托车停车位升级改造工作，先对人行道进行破除，再铺设沥青混凝土，统一喷涂清新、醒目的绿色油漆，并施划摩托车停车位标志、标线，总计改造 31 处。投入使用后，红旗广场周边的摩托车停放秩序得到很大改善，同时清新、醒目的新式摩托车停车位提高了城市街区的品质，得到市民的好评。

【整治违法建设】 2020 年，荷塘区紧紧围绕“清理旧违建、杜绝新违建、争取无违建”的工作目标，以网格化管理为基础，细化巡查标准，严格贯彻四级巡查机制，将网格化巡查、交叉巡查、集中巡查相结合，实现全区范围内巡查全覆盖、无死角。重点对上级交办督办认定移交的违法建设、妨碍重点项目工程推进的违法建设进行整治，圆满完成了各项工作任务。全年，组织拆违行动 135 次（含清表行动 2 次），其中一级行动 130 次、二级行动 1 次、三级行动 1 次、司法强拆 1 次，共计拆除违法建设 420 处，总面积 12.98 万平方米，超额完成市考评办下达的 12 万平方米拆除任务；发现并拆除新增违法建设 87 处，总面积达 15355.5 平方米；完成市移交督办案件共 5 起，拆除面积 390 平方米。在推进服务项目建设方面，全力保障和服务重点项目的征拆和控违工作，安排精兵强将服务重点项目，在项目启动后的前、中、后期全程介入，对项目内有违法建设或是为套取国家征地资金抢搭抢建的违法建设及时处置，为三一智慧钢铁城、“飞山奇”、宋家桥 3 地块，水竹湖储备地块六号、七号、八号以及湖南千金药业公司妇科千金胶囊现代化工程等多个项目进行保障，服务项目拆除违法建设 320 处，面积 9.8 万平方米，为项目进程按预期进行提供了保障。

【执法队伍建设】2020 年，区城管大队紧紧围绕“外树形象 内强素质”工作理念，以开展“强转树”活动为抓手，以半军事化管理为基础，重点抓好队伍形象和队员综合素质建设，严抓队员的仪容仪表，要求制服着装规范。坚持每周五开展军事化训练，在提升队员的身体素质的同时，形成了令行禁止的行为规范。坚持每月举行工作相关的政策和法律法规学习，持续提升队员依法行政的能力。同时大队领导带头倡导风清气正的工作生活作风和健康向上的社会主流价值取向，队伍内部工作作风始终保持严谨并持续向好。在宣传工作方面，坚持媒体宣传与现场宣传相结合，在《株洲日报》、株洲法治公共频道等媒体上报道 19 次，上门宣传 535 次，发放控违宣传资料 776 次，受理电话等形式的投诉 41 起，处置满意度 100%。

（谭　荣）

国有土地上房屋征收

【概况】株洲市国有土地上房屋征收处荷塘中心（简称“房屋征收中心”）成立于 2011 年 9 月。2018 年 10 月，加挂株洲市荷塘区国有土地上房屋征收管理办公室牌子。内设综合部、业务审计部、征收监督部、征收实施部、拆除监督部。在编人员 10 名，区聘人员 6 名。主要负责辖区内国有土地上房屋征收与补偿工作、初审建设业主单位提交的房屋征收申请文件及资料、调处荷塘区国有土地上房屋征收与补偿纠纷等工作。

【高效完成征收】2020 年，全区纳入市绩效考核的国有土地上房屋征收项目 4 个，涉征房屋 84 户、单位 1 家，征收面积约 9.6 万平方米。按照区委、区政府进度要求，房屋征收中心制定《计划推进表》《完成时间倒排表》，严格实行一日一报表、一周一调度、每月一讲评，明确工作要求，建立内部考评制度，严格奖惩，各项目责任人分别制定责任区的工作实施方案，确保征收任务全面完成。此外，全年整理 13 个项目的前期程序内资料，管理类档案共计 843 件；整理 3 个项目征收档案资料移交区档案馆，共计 1123 卷。

【阳光实施征收】2020 年，房屋征收中心强化征收项目的监督指导，统一征收操作流程，统一公示格式和模板，统一公示时限及公示范围。全面深化阳光征收，全面公开征收信息。全年区政府发布征收决定 1 个，下达补偿决定 12 户，向法院申请司法强制执行 2 户，实际强拆 1 户。

（谭炎秀）

征地工作

【概况】株洲市荷塘区征地工作协调服务中心（简称“区征地协调中心”）成立于 2019 年 3 月，为区人民政府办公室所属全额拨款正科级事业单位。有事业编制 13 名，实际在编在岗人员 10 人。主要职责是代表区政府管理、调度和考核全区征地拆迁、房屋征收工作；负责征地拆迁、房屋征收资金申请、拨付和管理；负责收集整理各项目中特殊情况和疑难问题，及时提请区重点工程征地拆迁工作领导小组集体研究解决；牵头负责安置人员资格终审；协调组织各镇（街道）分配安置房源等工作。

2020年，荷塘区完成集体土地征拆项目29个，签订集体房屋补偿协议678栋，累计交地257公顷；完成国有房屋征收项目4个，签订国有房屋补偿协议480户，征收国有房屋2.84公顷。年内株洲市征地拆迁和房屋征收第二次季度考核，荷塘区排名全市第一；年度考核被评为株洲市征地拆迁和房屋征收工作二类单位。

【扎实推进“征拆清零”】2020年，荷塘区根据市“征拆清零”行动的要求，专门成立“征拆清零”领导小组，制定具体清零行动方案，将任务落实到各个镇（街道），确保征拆征收工作有序推进。中共株洲市委党校（株洲行政学院）维修提质改造项目，涉征集体土地1.14公顷，集体房屋13户；涉征国有房屋0.93公顷，住户89户，单位1家。通过全区的共同努力，一个月内保质保量完成征拆征收任务。

【定期调度化解难题】2020年，为确保按时完成市级“双比双看”行动中交办的项目，荷塘区定期召开调度会，每周一、三、五晚上由分管县级领导亲自组织调度，一方面调度“双比双看”项目进度情况，另一方面组织个案研讨，集体研究，帮助各征拆责任单位及时化解征拆难题。全年共化解疑难问题42个，确保了三一智慧钢铁城、西湖排渍站等项目顺利交地，挂牌出让工业用地共71.59公顷。同时，红旗广场西南片区一期、二期、三期项目的顺利完成，保障了红旗广场商业圈的经济发展。

【以拆违促拆迁】2020年，荷塘区在桂花街道的金科二片区项目、宋家桥街道的幸福100城中村项目、明照街道的金城标准厂房项目、金山街道的妇科千金胶囊项目等多个征拆项目中，多次组织拆违行动，全年在征拆项目中拆除违法建筑约0.7公顷。通过拆违的方法促使拆迁工作打开僵化的局面。在国有土地上房屋征收工作中，充分发挥司法威慑力，共发生行政诉讼32起、申请法院强制执行搬迁腾房17户、法院强制司法拆除3户。

【阳光拆迁】2020年，为规范征地拆迁操作，保障被拆迁人的知情权、参与权、申诉权和监督权，荷塘区高度重视“阳光公示”工作，多次组织全区征拆工作人员进行业务培训，统一征拆征收程序和操作方式，规范征拆征收行为，主动将项目征地手续、征收程序、补偿结果等内容在指挥部进行张贴公示，将签约腾房情况实事求是的进行公开，将“阳光拆迁”落到实处。

11月6日，荷塘区举办征地拆迁业务培训会

【营造征拆工作良好氛围】2020年，荷塘区充分发挥媒体优势，在今日头条、直播株洲、《法制周报》、荷塘门户网等媒体发布征拆征收工作舆情信息。结合“奋战100天，冲刺双过半”及“双比双看”竞赛活动，加大宣传力度，在征地红线范围内醒目位置设置宣传栏，为征拆

征收工作营造良好的氛围。

（凌　姣）

物业服务

【概况】株洲市荷塘区物业服务指导中心（简称“区物业服务中心”）前身为荷塘区城管局下属副科级事业单位物业管理办公室。2019年3月，根据株荷编发〔2019〕1号文件精神，改设为荷塘区物业服务指导中心，为荷塘区政府直属正科级公益一类事业单位。内设综合股、业主事业股、物业项目服务股3个股室，核定事业编制11名，其中主任1名，副主任2名。2020年度实际配备人员5名，其中主任1名，副主任2名，主任科员1名（改非），科员1名。主要职责为参与物业服务质量管理、物业矛盾调解；担负业主大会和业主委员会政策业务指导和培训工作；参与社区综合治理、文明创建工作；协助街道办事处（镇）召开物业管理联席会议，开展“幸福荷塘”无物业管理小区业主自治工作等。

2020年，荷塘区无物业管理小区自治工作受到了中央、省、市媒体的广泛关注，中央电视台社会与法频道《中国之治》栏目、省、市电视台等新闻媒体相继予以采访报道20余次，接待市委党校等省内外县（市）、区前来考察学习20余次。年初新冠肺炎疫情突发，区物业服务中心第一时间会同各街道办事处完成物业小区摸排登记的核实工作，成立荷塘区物业小区疫情防控党员突击队和小区防控管理工作组。坚持以党建引领行业发展。7月31日，在“两新”（新经济组织和新社会组织）党工委的指导下，成立荷塘区物业行业党委。2020年，荷塘区物业行业综合党委下辖党总支1个、党支部3个，其中，经“三请示三批复”的规定程序，新成立行业党支部3个，分别是湘盛物业党支部、瑞丰物业党支部、家美物业党支部。根据行业归属原则，创通物业党总支由宋家桥街道党工委归靠到物业行业综合党委进行管理。

【无物业管理小区业主自治】 2020年，荷塘区根据《中共中央、国务院关于加强和完善城乡社会治理的意见》提出的“探索在无物业管理的老旧小区依托社区居民委员会实行自治管理”的顶层设计，按照“试点先行、以点带面、稳步推进”的步骤，围绕“保洁、保安、保运转”的自治基本目标，持续推进无物业管理小区业主自治工作。在无物业管理的老旧小区，广泛发动居民，引导成立自治组织，合理确定管理模式，建立长效协商机制，不断完善基层群众自治机制，努力构建人人有责、人人尽责的社会治理共同体。辖区内共有无物业管理小区116个，至年末，实现无物业自治小区共计92个，其中，新推进试点自治小区23个，已全部基本实现自治。

【物业管理】2020年，荷塘区有物业服务企业83家，物业服务项目156个。物业企业的日常监管由市物业事务中心、区物业服务中心、街道、社区实行四级层级管理。区物业服务中心扎实履行对物业企业服务项目的物业服务合同备案情况、物业履行合同情况的考核职能，实行定期考核和不定期抽查，考核成绩定期上报市物业管理处，与企业资质管理、信用信息等级评价和评先创优直接挂钩。2020年度区内物业服务表现突出的物业企业有：创通物业、家美物业、瑞丰物业、外海物业、永城物业。

【矛盾纠纷调解】2020年，区物业服务中心通过开设投诉热线，强化对物业服务企业的监管，及时调解和化解物业矛盾纠纷。加强与市物业事务中心、区直相关部门、街道办事处和社区的沟通协调，形成物业矛盾纠纷调解联动机制。年内区物业服务中心先后牵头成功协调亚泰时代广场、金域半岛、岭秀天下等小区的重大矛盾纠纷。

【开展物业小区安全生产排查】2020年，荷塘区根据《株洲市物业事务中心关于印发物业管理小区开展打通“生命通道”集中攻坚行动实施方案的通知》文件要求，切实加强物业小区安全管理。成立荷塘区物业小区安全大检查工作小组，按照“管行业必须管安全、管物业必须管安全、管生产经营必须管安全”的原则，调动街道、社区主体力量对全区156个物业小区开展18项关于小区安全生产的大检查，坚持企业自查与监督检查相结合，通过全覆盖、分层次、有重点的检查，深入推进落实物业企业主体责任、部门监管责任，认真解决安全管理上存在的突出问题和薄弱环节，落实安全保障措施和健全应急管理预案，加强宣传教育，全力确保城区运行安全。

（龙丽芳）

生态环境保护

【概况】株洲市生态环境局荷塘分局（简称“生态环境荷塘分局”）为市生态环境局驻区分支机构，有编制14人；年内新成立株洲市生态环境保护综合行政执法支队荷塘执法大队，有编制12人。采取局队合一的工作形式，有班子成员7人。内设办公室（综合办）、行政审批股、管理股、法制股5个股室和3个执法中队。负责荷塘区环境保护工作的统一监督管理，承担环评审批、排污许可、现场监管、行政处罚、污染纠纷调处、应急处置、环保宣传等工作，开展各类专项整治行动。

2020年，荷塘区空气优良天数为320天，较去年增加47天，优良率为87%，居城区第一，优良指数达265.3，主要污染物PM_{10}、$PM_{2.5}$均达到上级考核要求。水环境质量持续好转。湘江白石断面继续保持Ⅱ类，饮用水源水质达标率100%，辖区内17座水库达到水质功能区划的要求。土壤污染防治工作有序推进，6家土壤污染重点监管企业完成自行监测并进行了公示。

【大气污染防治】2020年，生态环境荷塘分局全面推进“大气污染防治攻坚战”，制定《荷塘区2020年度大气污染防治工作实施方案》，实行精准治污，对全区各类大气污染源进行排查和整治，基本摸清辖区餐饮企业、建筑工地、工业企业情况，建立了污染源清单和问题台账，明确分类整治目标。强化工程治理，完成“夏季攻势”VOCs整治任务的大气污染治理项目4个。成立交通、环保工作联合小组，排查汽修行业 VOCs 70 余家，对未安装环保设施的维修企业责令整改。利用移动执法系统，督促企业加强废气处理设施的运行和管理。加大油烟污染整治力度。在辖区大力开展露天烧烤油烟污染专项整治。加强工地扬尘治理。督促施工单位严格落实“8 个 100%”扬尘治理标准施工。持续推进机动车尾气整治工作，联合交警、城管等部门联合开展排放超标机动车上路行驶交通违法行为整治，全年共出动 19 次，检查机动车辆 128 台，其中 55 台不合格，由交警部门进行处罚。开展大气特护期行动，对辖区建筑（拆迁）工地扬尘、道路扬尘、餐饮油烟、焚烧垃圾（秸秆）等大气污染现象进行巡查，建立台账，同时对重点企业开展监察。

5 月 14 日，荷塘区召开大气污染防治攻坚工作部署会议

【水污染防治】2020 年，生态环境荷塘分局积极推动黑臭水体治理，全区 8 处主要城市黑臭水体已完成整改，并通过住建部和生态环境部的验收；完成 11 条农村黑臭水体整治。金山污水处理厂一期管网工程及仙庾镇污水处理厂建设工程已经竣工并初步投入使用，基本解决了工业园北部片区及仙庾镇的污水污染问题。

【土壤污染防治】2020 年，生态环境荷塘分局根据《株洲市荷塘区“清废行动”（2019—2020 年）工作方案》，对辖区内 230 余家产废单位进行全面摸排并录入国家、省固废管理系统，医疗废弃物安全处置率达到 100%，危险废物产生单位规范化管理达标率 95%，经营单位规范化管理达标率 100%。区政府通过专项投入完成龙洲垃圾场应急处置工程、疑似污染地块梳理及地块踏勘、污染耕地严格管控区种植结构调整等工作。

【环保审批】2020 年，生态环境荷塘分局进一步推进“放管服”改革，简化环保审批程序，压缩审批时间，对审批过程实行全公开，同时严把环保审批质量。全年共完成 60 个环保审批项目，其中报告表审批项目 55 个，报告书审批项目 5 个。

【生态环境督察问题整改】中央环保督察交办荷塘区问题 29 件，均已办结销号；中央环保督察“回头看”交办信访件 38 件，已办结 37 件，办结率 97%；省环保督察交办件 47 件（建宁港 5 件合为 1 件），已全部办结销案。11 月中旬，湖南省第一生态环境保护督察组对荷塘区开展为期 15 天的省生态环境督察“回头看”，并向荷塘区交办“回头看”信访件和交办件共 31 件，办理率为 100%，截至 2020 年底，已申报办结 26 件，办结率为 84%。

【环境监管】2020 年，生态环境荷塘分局严格执行“双随机”抽查检查工作机制，有序开展涉危单位危废管理计划和危废申报备案等工作；充分发挥各平台投诉监督作用，其中受理“12345”市长热线 636 件，“马上就办”交办件24件，微信及网络投诉25件，按投诉类型分为油烟投诉221件，噪声投诉198件，废水投诉49件，废气投诉211件，辐射投诉6件，所有投诉件均得到及时办理，投诉办结率达100%，回复率达100%。充分运用“交叉执法”“随机检查”等手段，严厉打击各类生态环境违法行为，全年共立案5起，下达正式处罚文书1起，移送行政拘留1人，合计处罚金额110万元，营造了环境违法必查的高压态势。

【环保宣传】2020年，生态环境荷塘分局组织开展环保“六进”工作，在麻园社区、西子社区开展“生态文明进社区大型宣传活动”，吸引大批群众参加，在601小学、红旗小学举办环保知识讲堂，受到全校教师学生的欢迎。利用“六五”世界环境日广泛开展环保宣传活动，发放宣传手册，接受群众现场咨询，营造良好的环境保护氛围。

（李　虹）

园区建设

株洲金山科技工业园

【概况】 中共株洲金山科技工业园工作委员会、株洲金山科技工业园管理委员会为中共荷塘区委和荷塘区人民政府的派出机构（副处级），管理委员会代表党委和政府对株洲金山科技工业园区（简称“园区”）实行统一领导、统一规划、统一管理。截至2020年年底，园区已形成复合新材料、医学健康、轨道交通装备、装配式建筑材料四大主导产业，已入驻企业260余家，其中规模以上企业79家，高新技术企业40家，提供就业岗位逾29660个。

2020年，园区完成技工贸收入184亿元，同比增长24.62%；规模工业增加值46亿元，同比增长6.6%；固定资产投资79.3亿元，同比增长17.38%；高新技术产业主营业务收入157.7亿元，同比增长26.62%；上缴税金8.7亿元，同比增长35.11%。园区主要经济指标增幅在一、二季度全市排名第二，三季度排名第一，四季度排名第二。在市园区考核中，第一季度、第三季度获得第二名，第四季度排第三名，获得全市“真抓实干”表彰。全年园区共引进项目21个，其中三峰科技等10亿元以上项目2个，引进高低压开关柜生产线、东裕等亿元以上项目7个。雪宝智能制造总部基地项目（二期）、金城华亿电商产业园一期、飞山奇、现代物流等19个项目新开工；IC用溅射靶材生产研发基地（稀美钛）、汉德二期、电焊条二期等17个项目新竣工。

2020年，园区创新构建“招商办—优化营商环境协调事务中心—产业服务中心”“三位一体”的企业服务体系，为园区企业提供从招商到立项、建设到发展，贯穿企业成长的全流程系统化服务。建立土地报批、征地拆迁、项目建设推进、矛盾纠纷处理4项工作机制，构建大园区发展运营模式，发挥最大合力，打造最优营商环境。在企业融资、政策落实和产业孵化三个方面推动暖企行动持续升温。打造行政审批代理、“一对一”管理诊断、惠企公益培训、专员驻企周等系列服务品牌，帮助企业申报项目获得政策资金扶持1800余万元，申请专利615件，获得授权379件；开展专题培训19场，组织企业参展、市场对接、专场招聘会等特色活动11场。被评为湖南省2020年中小微企业核心服务机构，湖南省2019年度优秀服务产品、市2019年度“十佳”服务项目、“拿地即开工”市级新标杆。荷塘区荣获株洲市“产业项目建设年”活动先进单位，成功实现三连冠；荣获市营商环境评价第一名；园区工作获得全市“真抓实干”表彰；近几年园区综合评价排名位居全省前 50 名。

【战役情规上工业企业全面复工】 2020 年初，突发新冠肺炎疫情，导致工业企业生产受到严重冲击。1—3 月，金山科技工业园根据省、市、区指导精神，结合实际，建立企业复工复产“4 个 3”防疫工作机制：压实 3 个责任，即企业主体责任、乡办属地责任、行业监管责任；完善 3 个举措，即《扶持企业复工复产政策措施》《荷塘区企业复工复产操作指南》《荷塘区驻企联络员制度》；夯实 3 个基础，即一企一策、一企一档、一人一表；严把 3 个关口，即入口关、隔离关、防控关。园区规上工业企业复工率于 3 月 16 日在全市率先达到 100%，全区规上工业企业实现复工率 100%。

【领导到园区调研指导】 2 月 14 日，株洲市副市长谭可敏一行到园区调研装配式建筑产业链疫情防控和复工复产情况。区领导郭凌云、肖宏琳、朱福兴参加调研。谭可敏一行先后到中天杭萧钢构、湖南国信、湖南建工五建装配式建筑基地进行调研，并听取汇报。谭可敏要求，区委、区政府和相关部门要及时掌握企业实际情况，坚持“一企一策”，提供精准服务保障，有针对性地帮助企业协调解决实际困难，指导企业进行严格防疫，确保企业有序复工，实现正常生产经营。3 月 17 日，市委副书记、市长阳卫国到园区企业调研。荷塘区领导王利波、陈柏文、朱福兴等陪同调研。阳卫国要求要提升认识高度，帮企业就是稳增长、促发展，要全力推动国家、省、市系列惠企政策落地落实，促进企业复工复产。要把握政策精度，坚持问题导向，及时收集政策落实过程中企业的意见建议，精准解决企业的难点、痛点、堵点，打通政策落地的“最后一厘米”，帮助企业尽快恢复正常生产经营。要加大政策的宣传力度、执行力度、督查力度，强化分类指导、精准施策，把惠企政策的落实情况纳入相关考核，倒逼责任落实、政策落地。4 月 8 日下午，市委常委、市纪委书记、市监委主任邓为民以市先进硬质材料产业链链长身份，先后赴株洲硬质合金集团有限公司、株洲夏普高新材料有限公司、株洲金佰利硬质合金有限公司走访调研，了解企业复工复产等情况，并与市硬质合金产业协会、有关企业负责人座谈。市发改委主任向平、市工业和信息化局党组书记、局长刘海宾，区领导郭凌云、王利波、郑志富、喻秋良、陈柏文参加调研。邓为民强调，要统一思想。树立战略思维，跳出企业看行业，跳出区内看全市，跳出国内看国外，克服本位主义，坚持统筹谋划，延伸产业链，形成行业优势。要迅速行动。针对株洲市硬质材料产业在全国的地位，牢牢把握规则制定权、技术创新权、行业宣示权和产业引导权，着力形成核心竞争力，不断推动企业抱团发展、产业集群发展，力争走在世界前列。要抓好结合。找准企业与政府、企业与行业、企业与企业之间的结合点，形成密切配合、协同作战、多方联动的工作格局，共同把先进硬质材料产业链做实做好。6 月 12 日，株洲市委常委、市委秘书长、副市长何朝晖率队赴荷塘区现场考察三一智慧钢铁城项目建设工作。区领导郭凌云、刘国梁、刘新华、陈柏文、朱福兴参加调研。何朝晖详细询问项目建设进展情况，对项目前期工作取得的阶段性成果予以肯定，要求相关各方进一步加强协作、密切配合，紧盯时间节点，确保项目按计划有序推进。区委书记邬凌云表示项目建设组将加大统筹协调力度，优化资源配置，坚定工作目标，主动担当作为，全力以赴推进三一项目建设，确保项目建设取得实效。三一智慧钢铁城项目总投资100亿元，占地面积160公顷，旨在打造中部地区最大的、数字化的钢铁加工贸易基地。该项目将培育智能制造、现代物流、金融服务3大产业集群；打造研发检测、智能制造、智能商业、智能物流、智能金融和工业数据6大平台。8月7日，市委副书记、市长阳卫国一行赴荷塘区调度三一智能制造及金属材料数字化加工贸易中心项目建设，并看望慰问高温下辛勤工作的一线职工。区领导王利波、朱福兴、杨忠亮参加慰问。在项目现场，阳卫国详细了解项目建设进展情况，并亲自为工人们送上防暑降温物品。阳卫国指出，广大一线工作者冒高温、战酷暑，为三一项目建设作出了重要贡献。希望各单位、各部门坚持质量第一、安全第一，加强信息共享、协调配合，努力将三一智慧钢铁城打造成国内领先的智能制造产业链园区。9月28日，市委常委、常务副市长何剑波到荷塘区塘区调研三一项目建设及荷塘化债工作。区领导邬凌云、王利波、刘国梁、刘新华、陈柏文、杨忠亮、喻秋良参加调研。何剑波一行听取了三一项目建设、三一片区综合开发、荷塘区化债工作情况的汇报，并就项目规划、土地报批、融资模式、化债风险等事宜展开现场交流。何剑波强调，市级各有关部门要积极配合、密切联络、倒排工期、拿出方案，共同协调解决项目建设及片区开发中存在的问题，全力加快项目建设进度，推进片区综合开发；区级主要负责人要切实加强组织领导，层层压实责任，增强工作合力，吃透相关文件精神，统筹规划项目施工区域铁路跨线桥、主干道等基础设施建设，为项目建设营造最优的发展环境；各级各部门要深刻认识当前面临的形势，切实增强责任感紧迫感，算好平衡账，主动稳妥做好化债各项工作；要合理规划开发用地，优化设计方案，降低工程成本；要提高土地出让率，优化融资模式；要科学、合理、依法化债，多管齐下、多方施策，有效防范债务风险。

【飞山奇项目开工】 3月3日，在株洲市2020年“产业项目建设年”第一次集中开工活动中，荷塘区分会场湖南飞山奇新型环保建材制造基地项目开工仪式顺利进行。区委常委、常务副区长刘国梁，金山工业园党工委书记朱福兴，金山工业园管委会主任易海平，湖南飞山奇新材料有限公司董事长李林辉，湖南飞山奇新材料有限公司总经理艾庭军等出席仪式。湖南飞山奇新型环保建材制造基地项目位于荷塘区金山科技工业园金达路以东、金塘大道以西、罗湾路以北、金桥路以南114地块。项目总投资10亿元，年度计划投资3亿元，总用地面积7.2公顷。建设期为2020年3月至2022年3月，共24个月。主要建设内容为新建生产车间、仓库、综合办公楼等配套工程，新建智能化生产线和购置配套设备设施等。该项目为装配式绿色建筑的配套产业，具有资源节约、环境友好的属性。项目建成后，预计年产值达4亿元。

【市“看学议”观摩团到金山工业园现场观摩】

4月23日，市委书记、市人大常委会主任毛腾飞，市委副书记、市长阳卫国分组率市级领导、各县市区党政负责人、市直部门负责人到荷塘区金山工业园的汉德车桥株洲智能化生产基地项目、湖南国信PC装配式建筑生产基地项目现场开展2020年产业项目建设年第一次“看学议”活动现场观摩，检阅项目，互学经验，加压鼓劲，指路支招，营造浓厚的“比学赶超”氛围，掀起全市产业项目建设新热潮，奋战100天，冲刺“双过半”，确保夺取疫情防控及经济社会发展双胜利。毛腾飞勉励企业进一步提升产品品质，抢抓疫情防控政策窗口期机遇，加快替代国外产品，不断扩大市场、做大做强。

毛腾飞（前左二）率第一组观摩项目

阳卫国（前右二）率第二组观摩项目

【荷塘区召开园区空间规划工作调度会】 9月10日，荷塘区召开园区空间规划工作调度会，听取园区空间规划进展情况汇报，研究和解决规划工作中遇到的困难和问题。区领导邬凌云、王利波、刘国梁、何恒仁、文韶松、刘新华、王冬、黄团结、陈柏文、朱福兴、杨忠亮参加会议。株洲市自然资源和规划局党组成员、总规划师曹阳特邀出席会议。会上，市规划设计院围绕“中国动力谷·株洲材料城”主题，汇报了园区国土空间规划情况；参会区领导就进一步做好园区国土空间规划工作提出具体要求。曹阳表示，荷塘工业集中区发展势头强劲，国土空间规划事关城市未来发展方向，各相关部门要认真贯彻落实省市的决策部署，吃透相关政策文件，明确约束性指标要求，统筹好所有空间的规划；要树立底线思维，在立足生态保护红线的基础上进行城市发展空间规划，实现均衡发展和高质量发展；要坚持问题导向，提出并解决问题，找准短板弱项，全面综合考虑；要坚持项目导向，紧紧抓住三一智慧钢铁城项目这个重点，做好预判和排序，将本地区位、产业、资源等优势等融入规划中，形成合理布局、高效利用的国土空间规划体系。区委书记邬凌云指出，三一智慧钢铁城项目体量大、产值高。他要求，要以三一项目的丰富内容、高端定位拉升园区规划和建设的新层次；要以现实的发展需求和建设中遇到的困难和困扰来确定合理、科学、实用的空间布局；要早谋划，早行动，视规委的认可程度来决定建设用地指标、耕地指标、基本农田等具体范围。各相关部门要深入研究政策、精准把握要求、积极稳妥推进，主动思考园区空间的发展需求，充分考虑铁路延伸、村界范围等实际情况，明确专人负责，确保国土空间规划数据翔实、方案合理。三一项目指挥部、区委办、区政府办、区发改局、区住建局、区财政局、区科工信局、区自然资源局、区金融办、区招商办、区经济研究中心、区征地服务中心、区优营中心、金城集团、金科集团等相关负责人参加会议。

9月10日，荷塘区召开园区空间规划工作调度会

【三一智慧钢铁城片区综合开发战略合作意向协议成功签订】 9月25日，荷塘区举行三一智慧钢铁城片区综合开发战略合作意向协议签约仪式，与片区综合开发联合体达成战略合作意向协议，双方将在三一智慧钢铁城片区开展全方位合作。区领导邬凌云、王利波、刘新华、杨忠亮出席仪式。签约仪式后，各联合体成员分别就片区开发战略定位、未来合作模式、合作发展前景及相关工作计划进行交流。片区开发联合体成员主要负责人、金城集团相关负责人参加仪式。

【株洲荷塘实验学校签约暨开工仪式举行】 9月29日，湖南师范大学附属株洲荷塘实验学校签约暨开工仪式在荷塘区金山科技工业园举行。开工仪式由市委副书记、市长阳卫国主持。他强调，项目的开工标志着荷塘区与湖南师范大学校的合作办学进入一个新阶段，必将加速荷塘教育提质提效，跨越发展。湖南师范大学附属荷塘实验学校为九年一贯制义务教育公办学校，学校一期建设工程（小学部）位于金龙东路和金泉路交汇处，规划净用地面35114.05平方米，总建筑面积29565.3平方米，容积率0.772。设置36个班级，可招生1660人（以教育局公布为准），预计将于2022年秋季招生。二期建设工程（初中部）位于政通路与金龙西路交汇处，正在进行设计等前期工作，项目规划净用地面积约8公顷，总建筑面积约5万平方米，设置36个班级，可招生1660人（以教育局公布为准），预计将于2023年秋季开始招生。

（袁永花）

株洲金城投资控股集团

【概况】 株洲金城投资控股集团有限公司（简称“金城集团”）成立于2011年3月，是负责投资和开发金山新城的国有公司。公司注册资本10亿元人民币，截至2020年12月底，集团资产总额147.63亿元。公司的股权结构为株洲市国资委持股51%，荷塘区国资委持股49%。公司现有人员105人。内设党群人力部（综合管理部）、融资财务部、工程建设部、土地开发部、审计法务部、战略发展部、项目前期部7个部门；下属7家全资子公司：株洲金城集团基础设施建设有限公司、株洲金城集团资源开发建设有限公司、株洲金城华亿发展有限公司、株洲市金城景和房地产开发有限公司、株洲景轩房地产开发有限公司、株洲景林房地产开发有限公司、株洲景晖房地产开发有限公司；拥有4家参股子公司：株洲国投金汇置业投资有限公司、株洲金城燃气发展有限公司、株洲亿利生态修复有限公司、株洲国信伟大建筑工业有限公司。

2020年，金城集团以授权经营范围内的片区和产业园区城市基础设施建设管理服务和土地整理管理服务为基础，以开发建设“再造实力、活力、幸福新荷塘”为己任，恪守专业化投资、规范化管理、市场化运营的经营方针，按照经营园区、经营城市的发展理念，高效运营授权范围内的国有资产，科学开展项目融资、投资、开发、建设和运营，打造现代企业集团和高水准片区产业发展商，在实现公司的可持续发展和国有资产保值增值，促进荷塘区经济社会快速健康发展上取得新成绩。金城集团资产规模增加到147.63亿元。金城华亿从健康产业园到电商服饰产业园走出自己的工业地产开发的路子，全年开工建设标准厂房5.25万平方米，租售面积2.24万平方米，完成回款金额约4300万元，成功申报湖南省创新创业园区基地。资源公司取得工程总承包和三级房建资质增项，签订项目合同14个，合同总金额2041万元，已实现营业收入690万元，另有7个项目约1600万元正在对接。三一智慧钢铁城片区综合开发项目对接了中钢、中铁、上海城建等20家央企和国企，基本得到了社会资本方的响应和市、区两级政府的认可，基本确定实施模式和落实相关政策。项目合作模式的创新，标志着公司从传统的土地整理和园区建设到片区综合开发和管理运营服务模式的转型，同时在严控政府新增债务的高压下，破解平台公司不能直接参与公益性项目建设的困局。

【融资发债】2020年，金城集团在资本市场额度趋紧，公益性项目银行表内平台类业务几乎暂停，且资金价格全年直线攀升的“寒冷”融资环境中，克服种种不利因素，加强与金融机构对接，拓宽投融资渠道，积极争取项目贷款，引金融之活水，保金城之运转，灌发展之良田。全年累计融资到位36.42亿元，较上年增加4.11亿元，同比增长12.7%。进一步控制融资成本增幅，优化融资方式，拓宽融资渠道，同时防范未发生债务逾期风险，切实做到防范和化解债务风险。公司信用评级维持在AA。

【土地开发】2020年，金城集团批回土地41.87公顷（其中：工业用地21.2公顷、基础设施用地20.67公顷）；供应土地82.88公顷（其中：商住用地6.47公顷、工业用地71.53公顷、基础设施用地4.88公顷）。项目审批跑出金城新速度，金山污水处理厂项目，在两周的时间内按最新要求上报省自然资源厅审核，成为株洲市2020年第一个在省厅通过的卷宗。

【项目建设】 2020年，金城集团新建项目17个，三一智慧城2、4、5号地块低压杆迁等7个项目已完工，湖南师范大学附属荷塘实验学校一期等10个项目正加快推进；2020年续建项目17个，金城东路二期等14个项目已完工，金塘大道二期等3个项目进入完工扫尾阶段。

【三一智慧钢铁城产业城项目落户金山新城】9月26日，株洲市人民政府与三一集团举行了项目签约仪式，三一智慧钢铁城项目正式落户荷塘区金山新城。项目计划总投资210亿元，拟规划占地面积193.33公顷（含33.33公顷配套商住用地、160公顷工业/物流用地）。项目致力紧扣创新型钢铁供应产业链建设，以三一自身业务需求和钢材配套加工能力为牵引，重点打造金属结构件智能制造中心、钢铁数字化加工贸易、二级部件配套产业园三大产业集群。项目建成后将打造三一全球钢材加工中心，培育智能制造、现代物流、金融服务3大产业集群。将建成六大功能区：智造加工区、铁路物流区、现货交易区、集中仓储区、商务金融区、汇智生态区。预计可实现综合产值2000亿元，直接带动3万余人就业，税收贡献19.5亿元～37.5亿元，助力株洲进一步挖掘产业内生力，开创新的经济增长极。

【三一智慧城完成1号、3号地块土石方工程】 三一智慧城1号和3号地块土石方项目总占地面积28.8公顷，土石方总量约160万立方米，其中次坚石约95万立方米，坚石约6万立方米。

三一项目1号、3号地块施工现场

于2019年10月27日开工，2020年8月30日完成。二次平整于2020年11月开工，2021年1月30日全部完成，并完成土地交接。二次平整共完成土石方总量约25万立方米，其中次坚石约5万立方米，坚石约4万立方米。三一项目克服新冠疫情和雨雪天气的影响，在有效施工工期不到9个月的时间里，完成土石方总量185万立方米，其中次坚石100万立方米，坚石10万立方米。项目高峰时期机械设备投入挖掘机40台，中型推土机12台，巨型推土钩机3台，土石方运输车辆100台，实行24小时不间断、两班倒制施工，每天完成土石方工程量约4万方。施工场面震撼，一度成为网红施工场景项目。

【明照湖公园建成开园】 9月29日，明照湖公园建成开园。明照湖公园位于荷塘区金山新城核心区，紧靠沪昆高速株洲东出口，东靠荷塘大道，西接金升路，北至金龙路，南临金城西路，总用地面积54.51公顷，是集生态水利于一体的综合性公园。水利工程包括湖体工程、驳岸、环湖渗滤系统，生态工程包括日月湖岸线景观、山体休闲区、生态湿地体验区、体育休闲区。湖体工程占地15.88公顷，绿化面积70632平方米，水生态处理面积146520平方米。

明照湖公园

【金城东路竣工通车】 12月1日，金城东路（金达路—金塘大道）竣工通车。道路长约494.3米，宽32米，双向六车道。工程概算总投资约4995万元，合同价1942万元。工程施工范围包括道路工程、地下通道、交通工程、给排水工程、景观工程、照明工程等。

【金城·华亿健康产业园一期项目交付使用】 金城·华亿健康产业园是金城集团开发的首个工业地产项目，也是株洲市唯一以健康产业定位的标准厂房项目。项目位于株洲市荷塘区金龙路与金塘大道交汇处，属于省级工业园金山科技工业园的核心地带。园区占地面积3.93公顷，建筑面积约 40000 平方米。项目全部建成交付后，可入驻大健康产业企业 40 余家，园区产值可达 10 亿元，赋税 5000 万元以上，促进就业 800 人以上。目前第一批拟入园企业入驻面积超 25000 平方米，入园企业均为健康医疗及健康食品行业及相关配套企业。2020 年，金城华亿健康产业园完成销售面积约 14000 平方米，健康产业园一期项目全年销售回款约 4277 万元，已入驻企业 19 家，包括上市企业深圳海王株洲子公司，上市企业上海润达株洲参股子公司等优质健康医疗行业企业，目前已成为株洲健康产业集聚地，预计园区产值可达 10 亿元以上，年赋税 3000 万元以上，促进就业 500 余人。

金城华亿健康产业园

【金城·华亿电商服饰产业园开工建设】金城·华亿电商服饰产业园为集服饰智能制造、原创设计、线下展示体验、云仓储集散仓库、总部办公、电子商务、质量检测、云计算为一体的现代化综合电子商务产业园。项目位于荷塘区黄泥塘路以北，金达路以西。总投资超 3 亿元，总占地面积约 7.2 公顷，规划建设标准厂房约 10 万多平方米，包含高层厂房 2.13 万平方米，多层标准厂房 7.28 万平方米，生活配套用房 6900 平方米，项目容积率 2.0，建筑密度 40%，绿地率 15%，分为两期开发建设。2020 年，项目一期已开工建设，一期用地面积 3.35 公顷，建筑面积 6 万平方米，容积率 2.39，建筑密度 34.95%，绿地率 15%，车位 231 个。包含 4 栋 5 层厂房。已完成 52536 平方米厂房施工，正进行室外附属工程施工。目前已签约企业 2 家，预计引进企业 50 家，促进就业 800 余人，预计园区年总产值超 10 亿元，纳税达 4000 万元以上。二期用地面积 3.86 公顷，建筑面积 4.8 万平方米，容积率 1.71，建筑密度 45.08%，绿地率 15%，车位 81 个。包含 2 栋 5 层的多层厂房，1 栋 2+13 层的高层厂房，1 栋 2+11 层的生活配套用房。二期采取按企业需求定制厂房的模式，已确定入驻企业 4 家，预计年产值 5 亿元，促进就业 300 余人，纳税达 2000 万元以上。

（黄　冠）

株洲金科建设投资经营集团

【概况】株洲金科建设投资经营集团有限公司（简称“金科集团”）现有员工 66 人，本科及以上学历 43 人，中、高级职称 17 人。公司经营市政基础设施建设、房地产开发与销售、土地开发整理、棚户区改造、国有资产经营等。2020 年，资产规模达百亿元，实现营业收入 7.67 亿元，新增融资 7.67 亿元。可出让净用地总面积约 94.22 公顷，完成土地征拆 15.7 公顷，实现土地出让 18.75 公顷。

【股权转让】2020 年初，受新冠疫情的影响，全市土地及房地产市场持续低迷，为盘活资产，金科集团决定自挂自摘土地，通过成立子公司，把土地资产装入干净的子公司，再通过资产回购或提供财务支持的方式实现转让子公司股权。通过招商方式的创新，最终与美的房地产开发有限公司和湖南省第五工程有限公司、湖南建工地产投资有限公司完成集团2家子公司的股权交易，转让面积合计18.37公顷，转让金额8.97亿元，为公司有效的回笼了资金，有效地化解了债务风险。

【项目建设】2020年，金科集团完工项目有东部美的城工业景观长廊和荷塘区四三零铁路边边坡支护工程；在建项目芙蓉路预计年底通车；目前规划01号路（白云路—规划09路段）、规划09号路（芙蓉路—北环大道段）、南车北路（迎风路—北环大道段）正在做前期工作。

【资产管理】2020年，金科集团共销售安置房7套、外销房屋14套，剩余房源94套，销售车位9个，合计签约金额845.3万元。

（张梦欣）

产业服务

【概况】株洲市荷塘区产业服务中心（简称“区产业服务中心”）前身为荷塘区企业服务中心，成立于2016年，2019年3月升格为产业服务中心，为区政府全额拨款正科级公益类事业单位。有在职人员23名，其中核定事业编制10名，实际在编在岗8人；企业服务专员12名，临聘人员3人。办公地点位于荷塘区荷塘大道77号金山新城一楼。拥有3900平方米服务场地，配备服务接待区、信息体验区、培训室等功能区域。

2020年，区产业服务中心以“为企业着想、替企业解忧、帮企业成长”为宗旨，通过实施“服务功能网格化、内部管理规范化、服务项目品牌化、业务拓展渠道化”的运营模式，依托“一中心、九平台、多站点”的服务体系，为企业提供投融资、项目代理、创业辅导、人才培训、企业家协会等9大类93项服务，成为企业转型升级的好帮手，全区中小企业寻求服务的门户和窗口。2020年，服务中心被评为“湖南省中小微企业核心服务机构”；服务中心“拿地即开工”审批代理项目被评为“湖南省‘2019年度创新服务产品’”，中心智慧碰撞大讲堂项目被评为“株洲市2019年‘十佳’服务项目”。

【微信小程序“荷企福”上线】 7月6日，荷塘区正式上线微信小程序“荷企福”，囊括政策资讯、活动报名、问题提报、资源交换和企业信息5大板块功能。其中，政策资讯板块，主要发布国家、省、市、区四级的各项惠企政策；活动报名板块，随时发布区内最新的企业交流、培训等活动信息，企业还可在线报名；问题提报板块，主要接收企业咨询以及问题提交，中心工作人员在第一时间给予回复或向区内职能部门进行交办；资源交换板块，作为企业供需信息的交流平台，企业有空余厂房、设备，或者招聘需求等，均可在线上发布信息；企业信息板块，为展示企业情况提供平台。小程序的上线，让指尖服务更便利。

【开展“专员驻企周”活动】8月10—21日，区产业服务中心开展首次“专员驻企周”活动。18名荷塘区产业服务专员分两批次，赴联点企业开展驻企服务活动。专员们提前对接好入驻企业，严格按照企业作息时间和工作安排，深入企业、项目工地，倾听企业心声，熟悉生产流程，直面企业难题，用所学所能帮助企业出谋划策。同时，大力进行“人才十六条奖补”“担保费补贴”“专利费用减缓”等惠企政策宣传，帮助企业知晓政策、用好政策。此次活动是荷塘区优化营商环境、提升企业服务水平的一次新的尝试。

【举办湖南省首场“破零倍增”进企业活动】 9月9日，由湖南省工业和信息化厅指导，湖南省中小企业公共服务平台主办，株洲市荷塘区产业服务中心承办的湖南省2020年“破零倍增”进企业活动在荷塘区拉开帷幕。省工信厅中小企业发展促进处副处长王平、中小企业公共服务平台吕巧素带领长沙智嵘、长沙楚为、广州嘉权3家服务机构的专家，在荷塘区科技和工业信息化局局长曾健、产业服务中心主任陈霞霞陪同下，对荷塘区6家企业进行了调研诊断。本次活动以交流座谈和现场调研相结合的方式进行，旨在解决中小企业技术创新突出问题，促进企业成长，培育一批“专精特新”中小企业。参与企业负责人就企业产品、知识产权、技术创新瓶颈等情况与专家进行了交流探讨。专家团队深入6家企业生产一线，了解企业技术创新成果转化情况和需求，为企业破解创新难点提出新思路，帮助提高企业知识产权布局意识，对接产学研合作相关资源。

【启动企业问诊第二季】 9月2日，荷塘区启动2020民营中小企业“一对一”管理诊断服务活动，把专家送进企业“把脉开方”。作为温暖企业行动的系列活动之一，荷塘区开展此项“问诊”活动已经是第二季，主要是针对企业的生产管理、现场管理、企业文化等，开展管理诊断，为企业打通“肠梗阻”。此次活动邀请了企业管理变革实战咨询专家雷小军，对湖南海瑞智能机械制造有限公司进行了第一次调研诊断工作。海瑞是一家专业生产硬质合金行业装备的公司，成立至今已近18年。作为细分行业内的元老级装备制造企业，该公司的产品可替代国外垄断企业的同类型产品，在国内外都有着一席之地。但近年来，公司产值逐年萎缩，尤其是2020年，受疫情冲击，与国外客户联系困难，困境益发凸显。雷小军通过查看现场、面谈交流，对企业经营管理提出20余条需要改善的意见和建议，为企业转型发展献计献策。

雷小军（左一）在湖南海瑞智能机械制造有限公司开展现场诊断

【赴东莞开展技术对接交流活动】 10月15日，区产业服务中心联合株洲市硬质合金产业协会，组织全市40余家先进硬质材料企业，到东莞长安镇进行为期2天的对接交流活动。荷塘区人民政府副区长陈柏文、荷塘区二级调研员喻秋良、金山科技工业园管委会副书记王巍、株洲市硬质合金产业协会常务副会长张忠健、东莞市数控刀具行业协会会长朱海兵参加了交流座谈。本次活动就东莞数控刀具行业和株洲先进硬质材料行业的技术发展情况、未来技术突破方向等进行深入探讨，株洲硬质合金集团尹超博士向与会企业详细介绍了磨削前沿技术、纳米硬质合金刀具等先进制造技术。本次活动是荷塘区科技创新“破零倍增”系列活动之一，旨在稳定和畅通先进硬质材料产业链，加速推进硬质合金产业升级，跟上先进技术发展步伐，促进成果转化，提高工业“智造”水平。

中良电气、东裕科技项目“交地即交证”“拿地即开工”签字仪式

【签订全市首份“指定代办”无偿委托服务协议】10月15日，区产业服务中心与株洲三一智能制造有限公司、湖南中良电气设备有限公司、湖南东裕科技有限公司3家企业签订“指定代办”无偿委托服务协议，为企业提供行政审批全程免费代办服务。这也是株洲市开展“双比双看”大竞赛和推行工程建设领域“两招三办”模式以来，签订的第一份“指定代办”无偿委托服务协议。从9月开始，株洲市抢抓政策窗口期和施工黄金期，在全市开展“双比双看”大竞赛活动，加快推进项目建设进度，冲刺突破全年指标任务。为帮助项目节约投资、缩短建设周期，市“一件事一次办”改革工作领导小组在全市推行工程建设领域的“两招三办”，即两种招标模式，项目审批“指定代办、部门快办、联合督办”3种工作机制，以规范政府投资工程建设项目的招标组织模式，推动园区产业项目和重大招商项目“拿地即开工”快速审批模式和改革举措落地落实。

【举办市硬质合金产业信息化沙龙】11月10日，株洲市硬质合金产业信息化沙龙在荷塘区金山新城一楼会议室举行。市工信局二级调研员张熠云、工业信息化科科长王军，市硬质合金产业协会常务副会长张忠健出席活动。20余位硬质合金企业代表齐聚一堂，共同探讨传统硬质合金企业如何借助信息化实现转型升级。张熠云对此次沙龙活动给予充分肯定。他建议充分结合企业实际情况，有计划、有效率地进行信息化升级，着力解决生产管理中的痛点、难点问题，以达到节约成本、提高生产效率的目的；安排专人梳理政策，仔细研究株洲市两大融合专项、中小企业发展专项及智能制造专项等国家、省、市各级专项资金扶持政策，活用政策为企业信息化保驾护航。他指出，要以本次沙龙为契机，着手推进硬质合金工业互联网平台建设，充分发挥平台带动作用促进产业融合，助推株洲市先进硬质材料产业向智能化、信息化、集群化迈进。

【东裕、中良项目创下审批新速度】12月31日，中良电气开关柜制造基地项目、东裕科技美耐皿制品项目获得“建筑工程施工许可证”。这2个项目从土地交易摘牌到取证，前后仅耗时5个工作日，成为株洲市本级首批工业用地弹性年期供应“标准地”“交地即交证”标杆案例，刷新了“拿地即开工”审批速度的新纪录。湖南中良电气设备有限公司中良电气开关柜制造基地项目，计划投资2亿元，生产特种变压器等相关设备；湖南东裕科技有限公司东裕科技美耐皿制品项目，计划投资1.5亿元，生产美耐皿制品等餐具。2个项目的立项备案、环境影响评价、水土保持评价、规划方案设计及施工图设计等工程建设手续均在11月启动，土地交易于11月24日公示挂网。依托技术预审、告知承诺、网络流转、容缺受理、事中事后监管等举措和“指定代办、部门快办、联合督办”（简称“三办”）的工作机制，荷塘区派出企业服务专员，为企业代办相关审批事宜。与市行政审批服务局、市资规局、市住建局等部门相互配合，每天跟踪调度和反馈项目进展，解决企业办证难题，再次创下审批新速度。

（巫　湘）

社会事业

教 育

【概况】株洲市荷塘区教育局（简称“区教育局”）前身为株洲市东区教育局，成立于1987年12月，1997年8月随区划调整更名为株洲市荷塘区教育局。为区人民政府正科级工作部门，担负全区中、小学及幼儿教育工作。

2020年，荷塘区有义务教育阶段学校26所（其中民办学校4所；九年一贯制学校1所），在编教师1654人，在校中小学生43952人（其中公办学校33840人；民办学校共10112人），其中外来务工人员子女学生29132人，占全区在校中小学生总量的66.27％。义务教育入学率、完成率均为100%，“三残”（智残、体残、肢残）儿童入学率100%，初中毕业生升学率99.87%。全区有幼儿园112所，其中公办幼儿园27所，在园幼儿16534万人，接受学前一年教育率100%。荷塘区坚持教育优先发展的战略，在消除大班额、公办幼儿园建设、教师队伍建设、校园足球发展等方面取得了显著成绩。大班额率实现清零；公办幼儿园位占比提升率居全市城区第一；引进湖南师大附中品牌；教师待遇保障全面提升；被教育部认定为全国青少年校园足球“满天星”训练营（2020年湖南省唯一入选单位）。荷塘教育实现向更高质量发展。坚持以党建引领教育事业发展。全区教育系统42个党支部“五化”（组织设置网格化、工作运行民主化、党员管理一体化、服务群众品牌化、保障机制标准化）支部覆盖率100%，“五化”支部示范点占比33.3%。创建“红色领航•先生最美”教育党建品牌，深入开展“最美课堂”“最美服务”“最美书香”等党员爱岗敬业争当最美活动，营造“比、学、赶、帮、超”的良好氛围。全系统组织学习贯彻习近平新时代中国特色社会主义思想和党的十九届四中、五中全会精神，习近平总书记在湖南考察的重要讲话精神宣讲近100场次，集中观看意识形态专题片近200场次，开展专题讨论1000余场次。在“学习强国”发稿41篇，注册率、参与度、人均积分在全区名列前茅，参赛获奖率排名第一。（陈 钦、王丽霞）

【党政重教】2020年，区委常委会、区政府常务会先后研究教育工作17次，通过学习泸溪教育改革经验、提升乡村教育发展水平、进一步落实义务教育教师工资待遇、红旗路小学改扩建方案、提升公办幼儿园园位比例、引进湖师大附中合作办学等决议，有效解决教育工作的重点难点问题，推动教育事业健康发展。同时继续实施县级领导联系学校（幼儿园）制度，每位县级领导联系1所学校（幼儿园），及时掌握和解决学校（幼儿园）在重点项目建设、教育教学改革、师资队伍建设、安全隐患排查整治、校园周边环境治理等方面遇到的重点难点问题。全年荷塘区教育支出4.68亿元，占地方一般公共预算支出27.3%，比上年增长1%。

（陈 钦）

【荷塘区召开学校重点项目建设工作推进会】 2月26日，荷塘区学校重点项目建设工作推进会在区政府2号楼五楼会议室召开。区人民政府副区长罗曼主持会议，副区长王冬参加会议并讲话。会议听取红旗路小学改扩建方案、明照小学过渡校维修改造方案汇报，重点对项目推进过程中存在的产权纠纷、征地拆迁、建设标准等问题进行研究。罗曼指出，学校改扩建、搬迁过渡是荷塘教育事业发展的需要，也是进一步消除大班额、改善办学条件、促进教育公平的有效途径。相关职能单位要认真贯彻落实会议精神，充分考虑项目建设的安全性、功能性、前瞻性，加强沟通协调，通力合作，有序推进项目实施，努力办人民满意教育。王冬强调，红旗路小学改扩建、明照小学搬迁过渡项目是重要的民生工程，区教育局、相关街道要积极牵头，各部门要通力配合，确保项目有力有序推进。

（陈 钦）

【市、区领导关爱荷塘教育】 3月17日，株洲市人民政府副市长杨胜跃到荷塘区钻石幼儿园调研指导足球场地建设工作。杨胜跃考察钻石幼儿园办园环境，听取钻石幼儿园提质改造项目汇报，并实地查看足球场地设施建设项目用地。杨胜跃指出，钻石幼儿园作为荷塘区乃至株洲市知名公办幼儿园，办园场地条件优越，办园水平享有较高声誉。市、区相关职能部门要根据《株洲市文化旅游广电体育局关于加快完成株洲市2019—2020年社会足球场地设施建设项目用地“三通一平”和交地工作的通知》要求，加快完成足球场地“三通一平”工作，确保6月如期完成足球场地建设，促进幼儿体育事业蓬勃发展。5月29日，在“六一”国际儿童节即将到来之际，区委书记邬凌云，区委副书记、区长王利波分别带队到星河幼儿园、龙洲小学、红旗路小学、八达小学等学校看望少年儿童，提前为他们送上节日的祝福，同时向广大教育工作者表示慰问和感谢，并给孩子们送去节日礼物。9月2日，株洲市教育局党委书记、局长吴安浩先后到戴家岭小学、六〇一中英文小学指导新冠疫情防控及开学工作。吴安浩实地察看校园环境、门岗测温点、教学楼、体育馆、学生宿舍、食堂、教师办公室等场所，详细询问校园文化建设、教育教学质量、特色课程建设、教师队伍建设、防疫物资储备等情况，认真听取校长关于常态化疫情防控及开学工作情况汇报。吴安浩指出，荷塘区开学工作周密精细、秩序井然。六〇一中英文小学分部秋季投入使用，是荷塘区重大的惠民举措之一，有效缓解周边适龄儿童就学压力，扩大了优质资源覆盖面。戴家岭小学的美雅课程富有特色，希望学校继续推进“美雅课程”改革，促进教育教学质量的提升。在第36个教师节到来之际，区四大家主要领导分别率队，赴各学校走访慰问一线教职工代表，向教师们致以诚挚的节日问候。区委书记邬凌云、区政协主席何恒仁一行先后到第十九中学、天鹅湖小学和株洲北大公学附属学校了解学校的师资配备、学生数量、基础设施建设等情况，看望慰问教师代表，并与学校教职工座谈交流，听取教学科研成果汇报。区委副书记、区长王利波，区人大常委会主任刘国梁一行到启明小学和实验小学，了解学校的教学环境、硬件设施及学校建设中存在的问题，听取关于学校办学规模、招生情况、师资配备、教育教学等情况的汇报，并观看孩子们致敬老师的表演。

（马萍菲、吴晶婕、陈　钦、夏佩琼）

区委书记邬凌云（后左二）一行在星河幼儿园开展“六一”慰问

【“教坛新秀”评选活动】荷塘区2020年“教坛新秀”评选经过校级、区级几轮测试、比拼，5月27日在第十九中学西校区圆满结束。通过素质测试脱颖而出的20名优秀青年教师分文科、理科2个赛场同台PK教学技能。

（丁绍槐）

【召开教育教学质量研讨会】 7月11日，荷塘区教育局组织召开教育教学质量研讨会。区教育局党委班子成员，各股室负责人，教育教学研究指导中心专兼职教研员，基础教育股全体成员，首席督学，各中小学校长、书记、教学副校长、教务主任、教研主任、督导主任参加会议。会上，从横向比照看差距、纵向比照看进步两个角度，从数据、思考、建议三个方面，科学、全面、客观、公正地评价2019年下学期各学校学业检测情况。从视导价值、内容、方法以及发现的问题等方面分析各学校课堂教学情况，并阐述有效课堂建设的几点思考。太阳小学教师周芷茹、第十九中学副校长兼物理教研员朱暾颖、荷塘外国语小学部校长徐琛、实验小学校长周华杰和八达小学校长赵腾达分别作经验交流发言。（黄　明）

【荷塘区颁发第五届“园丁奖”】 9月8日，荷塘区庆祝第36个教师节暨第五届“园丁奖”颁奖典礼在美的学校举行，对第五届学科教师类“园丁奖”、班主任类“园丁奖”、管理贡献类“园丁奖”获得者进行表彰。袁再雄、戴永红、李蓉晖、杨叶丛、张凤娥、向莉、陈琳、罗慧君、齐超、吴晓燕、徐丽萍等50位教育工作者被评为第五届“园丁奖”，赵腾达、彭迎春、彭维、李嫦月、宾玲5位教育工作者被评为2020年“株洲优秀教育工作者”。市教育局二级巡视员毛大训，市教育局督导室主任、四级调研员谭仕荣，区领导邬凌云、王利波、刘国梁、何恒仁、王顺安、田灿、余鹏、张赐华、罗曼、张苏龙等出席活动并颁奖。（陈　钦）

荷塘区庆祝第三十六个教师节暨第五届“园丁奖”颁奖典礼

【学习泸溪县教育改革经验】9月23—26日，荷塘区政协党组副书记、副主席方芳带领区政协教育界别组委员赴湘西，考察学习泸溪县教育改革经验。考察团一行先后到泸溪县思源实验学校、武溪镇红土溪村教学点、泸溪县第二中学等校园观摩，实地考察校园建设、师资队伍、教研教改、学生管理等相关情况，通过召开座谈会等形式，听取经验介绍，探讨交流工作。此次考察，旨在实地学习泸溪县经验做法，加快推动荷塘区基础教育高质量发展，为区委、区政府研究乡村教育乃至全区教育工作建言献策，为优化配置教育资源、助推城乡义务教育均衡发展贡献力量。（帅慧娟）

湖南师范大学附属株洲荷塘实验学校开工仪式现场

【株洲荷塘实验学校项目签约暨开工】9月2日，湖南师范大学附属株洲荷塘实验学校签约暨开工仪式在荷塘区金山科技工业园举行。湖南师范大学附属株洲荷塘实验学校为九年一贯制义务教育公办学校，由荷塘区人民政府新建委托湖南师范大学附属中学管理，实行管委会领导下的校长负责制。设计办学规模为小学部60个教学班，初中部48个教学班，小学、初中校园分设。该项目的建设能有效缓解荷塘区义务教育大班额和金山新城片区基础教育资源紧缺、适龄儿童就近入学的问题，有利于保证义务教育发展，助推园区产业服务的发展，促进金山新城片区和荷塘区教育事业与开发建设的协调发展。（颜医姣）

【龚民一行到荷塘区调研合作办学履约情况】10月22日，湖南师范大学基础教育发展中心主任龚民一行到荷塘区调研合作办学履约情况。广益中学、附属思泌中学原校长刘邵来，长沙市一中原副校长陈德平，湖南师范大学基础教育发展中心副主任杨栋、项目部部长何磊参加调研。荷塘区委常委、区委办主任文韶松，金山科技工业园党工委书记朱福兴陪同调研、座谈。龚民一行实地察看湖师大附属株洲荷塘实验学校初中部拟用地块，了解项目设计初步方案等情况，并在区教育局召开合作办学履约情况座谈会。龚民表示，学校建成后，湖南师范大学将坚持资源共享、平等互利原则，认真落实协议约定，履行责任义务，将湖师大附属株洲荷塘实验学校打造成合作办学的示范和标杆。（陈　钦）

【中小学课例研修专题培训】11月24日，荷塘区2020年中小学课例研修专题培训在景弘中学举行。本次培训邀请株洲市教育科学研究院中学英语教研员、中学教研室主任张光明和湖南省教科院小学教育教研室主任、省小学数学教研员黄泽成主任作专题讲座。区教育教学研究指导中心全体成员、各中小学主管教学副校长、教导（教务）主任、教研主任、株洲市第八届学科带头人、荷塘区第八届骨干教师、专兼职教研员等共计400余人参加培训。此次专题培训，要求全区各学校认真组织、高效扎实地推进课例研修活动，上下联动，左右互动，自主行动，真正把课例研修活动落到实处，发挥其诊断课堂，提升课堂教学质量的作用，打造一批优质精品课例，实现资源共享，促进全区城乡教育优质均衡发展。（文　佳）

【明照小学新校区建成开课】12 月 7 日，荷塘区明照小学新校区正式开课。全校 600 多名师生在新操场上举行庄严的升旗仪式。原明照小学地处“三一”项目征拆范围，2019 年 11 月，荷塘区正式启动明照小学过渡校建设，历经一年时间，完成了改造搬迁。（贺思明）

明照小学新校区

【荷塘区“星火”名师工作室挂牌】12 月 24 日，荷塘区 2020 年少先队经验交流暨株洲市“星火”名师工作室挂牌仪式及优秀少先队辅导员、少先队集体颁奖典礼在文化路小学举行。区人民政府副区长罗曼出席仪式并讲话。仪式上，宣读了工作室顾问、专家、导师以及成员名单，颁发了工作室专家、导师、主持人聘书，并为工作室挂牌。株洲市少先队名师工作室由株洲市少工委审批命名、统一管理，各县市区少工委对本辖区的株洲市少先队名师工作室直接管理、具体指导。荷塘区“星火”名师工作室为首批“株洲市少先队名师工作室”之一。仪式上还表彰了荷塘区 2020 年度少先队工作优秀个人与集体，文化路小学、八达小学、红旗路小学先后就本校少先队特色工作做了经验交流。（陈　洁）

【消除大班额】2020 年，荷塘区全面化解“大班额”难题，六〇一中英文小学分部、明照小学新校区先后投入使用，顺利将天鹅湖学校（前身为天鹅湖小学）搬迁至北大公学附属学校办学，增设 4 个初中班级，有效满足天鹅湖周边义务教育学位需求。2020 年荷塘区新增学位 1900 个，秋季大班额实现清零。完成仙庾中心学校南护坡新建、六〇一中英文小学扩班校址厕所改造等项目，推进湖师大附中附属株洲荷塘实验学校新建、水竹湖学校新建、红旗路小学改扩建等项目，不断满足老百姓对优质教育资源的新期待。（田芳骐）

【乡村教育】2020 年，区教育局积极学习推广泸溪经验，提升乡村教育发展水平。拓展荷塘小学教育集团，组建八达小学教育集团，将所有乡村学校纳入集团化办学管理，进一步缩小城乡办学差距。投入 100 余万元完成 5 所乡村学校计算机教室设备更换，投入 60 万元落实乡村教师各项待遇。2020 年，建立乡村教师岗位津贴制度，按 1000 元/月•人和 600 元/月•人 2 个标准分校发放。年内乡镇党委、政府，街道本级及辖区村共计拨付助学经费 20 余万元，助力乡村教育事业发展。（陈　钦）

【学前教育】2020 年，荷塘区加大公办幼儿园的建设力度。投资 490 万元，完成钻石幼儿园园所提质改造，投入1300余万元，新增21所公办幼儿园，公办幼儿园在园幼儿数占比达41.93%，公办幼儿园位占比提升率居全市城区第一。加强普惠性民办幼儿园管理。开展“组团发展 联片教研”工作模式，通过区域内、园际间管理互通、研学联动，构建不同幼儿园之间的优势互补、合作共赢格局。按时制定每个学期普惠园补助资金发放表，确保每一名就读普惠幼儿园的孩子能享受到普惠补助。

（马萍菲）

【民办教育】2020年，荷塘区公共服务综合信息平台受理民办学校、幼儿园筹设、登记审批27项，并发放民办机构的办学许可证。对暂不符合条件的机构进行整改指导，条件成熟再予以审批，确保了民办教育的健康发展。

（李娅琴）

【教研教改】2020年，区教育局积极落实教研员 “驻校教研”工作制度，以“引导、发现、诊断、改进”为工作规程，开展听评课和集体备课指导，重点对薄弱学校、薄弱教师开展跟踪指导服务，有力地推动全区教师队伍建设。以“红色领航，先生最美”为主题开展导师课堂观摩、课例和教材解读、微讲座与课堂实践等课堂实践与观摩。举办了首届“红色领航，先生最美”校长思政课教学展示活动、第三届中学教研员中考大讲堂、“教坛新秀”课堂竞赛、课堂教学视导等课例研修活动，参与听评课的教师达到762人次，小学教师参与率达80%。

（吴世伦）

【教育综合治理】2020年，区教育局组织开展了中、小学违规征订教材教辅材料专项整治，严格按照整改清单逐项整改到位。紧紧围绕教育系统问题反映集中的重点工作，做到提前介入整章建制，深入现场重点监督，发现问题狠抓整改。开展了在职中、小学教师到校外培训机构兼职兼课整治行动，进一步完善了荷塘区中小学教师师德师风建设相关制度，切实维护学生合法权益，营造风清气正的教育发展氛围。

（杨　浩、马萍菲）

【校园足球】10月19日，湖南省青少年校园足球夏令营在常德武陵区落下帷幕，荷塘区星河小学代表株洲市女子足球队参赛，荣获小学女子组第一名；六〇一中英文小学代表荷塘区混合足球队参赛，荣获混合组第三名。该项赛事由湖南省教育厅、湖南省体育局主办，于10月15—19日在常德武陵区举行，历时5天。全省有13个市州（含所辖5个全国青少年校园足球试点县区）33支代表队近400名足球运动员参赛。2020年，荷塘区积极打造“区俱”合作模式、“以赛促训”竞赛体制为支撑的校园足球荷塘模式，校园足球工作成绩斐然。在湖南省青少年校园足球夏令营中，星河小学代表株洲市女子足球队参赛，荣获小学女子组第一名；六〇一中英文小学代表荷塘区混合足球队参赛，荣获混合组第三名。第十九中学女子足球队成功卫冕湖南省青少年校园足球联赛初中总决赛女子组冠军。12月，荷塘区教育局被教育部认定为全国青少年校园足球“满天星”训练营（2020年湖南省唯一入选单位）。南雅实验中学、黄塘小学入选全国青少年足球特色学校，全区全国青少年足球特色学校增至15所。钻石幼儿园入选全国足球特色幼儿园，为株洲市仅

有2所全国足球特色幼儿园之一。（谭　杰）

【教育信息化】 2020年，区教育局大力推进教育信息化2.0行动计划，启动基于物联网、人工智能和大数据云计算的智慧校园试点建设。确保教育系统网络安全，严格主体责任追究制，防范化解网络安全风险。年内创建省市级教育信息化试点（示范）学校3所，区域网络研修项目被评为教育部“项目工作成绩突出单位”。（王　伟）

【校园安全】2020年，区教育局以“安全第一、预防为主、综合治理”为宗旨，以督导考核、部门联动机制为抓手，以安全生产“三年整治”行动和“大排查大管控大整治”行动以及交通问题“顽瘴痼疾”集中整治行动等安全核心工作为着力点和落脚点，层层落实安全责任，广泛开展安全教育和应急演练，严格落实重大安全隐患“一单四制”（重大事故隐患清单、交办制、台账制、销号制、通报制）。积极开展主题教育工作（溺水教育、防灾减灾、反恐防暴、法治教育、扫黑除恶、禁毒教育、反欺凌防性侵等）。大力筹措资金，实现校园安防“三项”（专职保安员配备、封闭式管理、报警和视频监控联网）建设在全市率先达标，全区公办学校智慧消防用电实现全覆盖。全年未发生安全生产、校车安全、校园欺凌等重大事件。

（谭文军）

【年度招生】2020年，荷塘区小学招生人数5086人，小学在校学生29004人，同比增长4.30%；普通初中招生人数5091人，普通初中在校学生14948人，同比增长4.94 %。适龄儿童小学入学率100%，小学升学率100%，普通初中生升学率99.87%。一年级外来务工人员子女入学人数达3304人，占一年级新生人数的64.96%。

（唐芬奇）

【关爱教师】12月10日，株洲市初中数学名教研员工作室2020年第三批优秀骨干教师研培暨荷塘区数学学科教师培训在景炎学校举行。株洲市教育科学研究院院长王开和，副院长丁文平，工会主席、发展室主任黄怀清，中学数学教研员刘亚利出席培训会，荷塘区教育教学研究指导中心主任过斌，书记吴世伦，中学数学教研员张凌云，各县市区中小学数学骨干教师等共计100余人参加培训。2020年，荷塘区切实加强教师队伍建设，年内招聘教师159人，全区农村学校在编教师配备率达100%。委派7名优秀教师到保靖县支教，高质量完成“三区”（边远贫困地区、边疆民族地区和革命老区）支教选派工作。举办第五届“园丁奖”颁奖典礼活动，对50名优秀教师和5名市优秀教育工作者予以表彰。有2名优秀教师被评为湖南省第十一届特级教师。参加株洲市第八届“教坛新秀”大赛有5名教师获奖，居全市首位。推荐评选荷塘区第八届市级学科带头人21名、区级骨干教师53名。足额保障教师工资待遇，2020年义务教育教师人均提高待遇8817元，确保教师待遇不低于公务员。建立长效机制，明确自2020年起，荷塘区在研究公务员年终一次性奖励标准时，同步研究义务教育教师待遇。

（陈清生、余青、李迅、赵倩）

文化体育旅游

【概况】 株洲市荷塘区文化旅游体育局（简称“区文旅体局”）前身为株洲市荷塘区文化体育和旅游局，2019 年 3 月机构改革更为现名，为区人民政府正科级工作部门，对外使用株洲市荷塘区文物局名称。内设办公室、业务股，有机关行政编制 5 名。下辖“荷塘区公共文化服务中心”，为全额拨款副科级公益一类事业单位，核定全额拨款事业编制 7 名。全局实有人员 13 人。办公地点位于株洲市荷塘区新华东路 1468 号。

【文化惠民工程】 2020 年，荷塘区大力实施文化惠民工程，全年送戏下乡 8 场次，组织业余团体免费进行曳步舞、排舞、广场舞、韵律操、合唱等培训共计 29 次；放映公益电影 384 场次；重点打造优秀农家书屋，先后投入 16 万元进行提质改造。主办了荷塘区 2020 年第三届“幸福荷塘”健身广场舞。同时积极参加株洲市文化旅游广电体育局举办的“第二次文创作品大赛”，荷塘区民间剪纸艺术家欧阳玉英的“防范新冠疫情”“纸伞”“布（纸）袋”“神农•农耕”系列作品被评为大赛优秀作品。

第三届”幸福荷塘“健身广场舞大赛

【体育事业】2020 年，仙庾岭村、樟霞村、黄塘村、星星村、亭子前村、袁家湾社区、黄家塘社区、金山运动公园 8 个健身路径全部安装到位投入使用。其中，由国家体育总局捐赠的全省唯一 1 套健身路径落户荷塘区金山运动公园。顺利完成国民体质检测国家样本数 602 人、全民健身活动状况调查国家体育总局样本数 260 人。举办全省第二届趣味运动会排位赛 7 场次，同时组织广场舞等协会参加株洲市第七届全民健身节广场舞、曳步舞、排舞大赛，荷塘区获得广场舞组二等奖和曳步舞组二等奖。全年新增 5 个单位共计 16 个体育场地。

【社会足球场地建设】 2020 年，荷塘区积极推进全国社会足球场地设施建设试点工作，新建成 601 社区、硬质合金厂幼儿园、430 厂、东湖公园 4 片社会足球场，获市真抓实干激励表扬。本次新建的社会足球场均按照国际标准，在三通一平基础上先后完成了碎石层、混凝土、缓冲垫等铺设工序，最后覆盖人造草皮。同时，部分场地配备了球场照明、洗浴间、更衣室等设施，既可以满足群众开展足球健身休闲活动的需求，又可以承接足球集训活动和各类赛事，实现了资源的集约利用。2020 年荷塘区常住人口约 29.75 万人，共计有 26 个足球场，其中校园足球场 18 个、社会足球场 8 个，包括 11 人制足球场 5 个。平均每万人拥有足球场地约 0.9块。

【旅游产业】 “十一”黄金周期间，区文旅体局整合辖区旅游资源，在“在荷塘”公众号推出推介文章，点击量达 3 万；成功将湖南仙泉谷文化旅游公司、株洲湘民实业有限公司、吉度酒店、柏悦酒店申报为四上企业。同时，积极引导乡村旅游产业创新发展，申报耕食小镇为湖南省5星级乡村旅游区点、香荷生态农庄为湖南省4星级乡村旅游区点。香荷生态农庄实现升级开业，成为株洲市首个树屋民宿点。

（刘子昕）

【乡村旅游项目建设】荷塘月色事务服务中心于2019年由原荷塘月色示范区管理委员会改设，为区政府正科级全额拨款事业单位。中心核定编制8人，现在职在编3人，其中主任1名，副主任2名。主要担负统筹城乡发展，打造特色项目，积极推进“特色小镇”建设职能。2020年，荷塘区有多个乡村旅游项目落地或投入规划，乡村建设也取得了新的成绩。

耕食小镇 2018年9月10日，荷塘区与耕食小镇公司签订框架协议，由小镇公司出资，以仙庾岭省级风景名胜区为背景，打造一个以耕食为主题的农业特色小镇。该项目以“中国·仙庾耕食小镇”命名，位于仙庾镇仙庾岭村、黄陂田村，占地面积8.16平方千米。小镇总投资约60亿元，致力于打造株洲“全球华人神农文化景观长廊”（“耕食文创”版块）；“耕食中国•区域（湘东）农业与食物创展孵化小镇（地方农业与食物价值链再造枢纽）”；长株潭浏都市休闲、康养、教育、禅修、旅居中心。项目被列入2019年1月5日株洲市重大招商项目签约仪式上签约的25个重点项目之一，是株洲市2019年、2020年的重大农业产业项目。至2020年，小镇公司已形成“一母三子”的格局。母公司为湖南仙庾耕食小镇投资发展有限公司，注册资金15000万元，目前实到资本7014万元，现有在职员工21人；全资子公司株洲仙泉谷文化旅游发展有限公司，注册资本500万元，实到资本753.72万元，在职员工57人；子公司湖南耕食玉天然实业有限公司，注册资本5000万元，实到资本600万元，在职员工12人；子公司湖南耕食农业发展有限公司，注册资本2000万元，实到资本350万元，在职员工20人。4家公司现资产总额为8000余万元，在职员工合计为110人。

耕食书院 由耕食小镇投资有限公司开发的第一期大型园林生态酒店和休闲农业项目。占地面积7.2公顷，建筑面积8000平方米，投资规模4200万元。主要经营餐饮、民宿、会务、团建、婚庆等。书院为湖南省五星级乡村旅游点、湖南省休闲农业示范农庄、株洲市中、小学生社会实践资源基地等。2020年5月份开始试营业，当年实现营业收入700万元。

耕食农业 由小镇公司下属的农业公司在耕食小镇范围内的流转田地中，为休闲、观光、研学配套的种养殖项目，同时为“耕联盟”对外进行配送。有流转土地160公顷，主要有水稻种植基地、蔬菜种植基地、荷花种植基地、水果种植基地、畜禽养殖基地、耕食农业配送中心等。截至2020年年底，已投资800万元，为株洲市农业产业化龙头企业。

黄陂田农禅文化园 项目位于黄陂田村内，占地面积3.2公顷，建筑面积约为12000平方米，预计总投资约7200万元。建设内容主要有禅堂、酒店、新建民宿。2020年，已完成立项和耕保平衡方案并经市林业局公示，选址意见书已经省名胜风景管理处通过；建筑规划设计已经完成，预计 2021 年上半年可进入施工阶段。与仙泉谷公司联手为黄陂田项目的前期展示打造以能量中心、禅修中心、禅意宾馆、养身餐厅、资料室、百草园等专为都市人群服务和体验的场所“禅漫家园”“禅境馆”。

神农部落 项目包含庆丰山及荷花田，面积 53.34 公顷，预计总投资 5000 万元，计划于 2021 年上半年开工建设。神农部落分为神秘森林、五彩田园和神农家园三大板块，以神农生平事迹、神农亲人、神农部落故事为背景，打造集游乐、探险、观光、休闲为一体的游览景区。

云上花溪民宿 项目位于仙女湖畔，规模 3000 平方米，预计总投资 2000 万元，计划于 2021 年开工建设。项目含登龙书院、环仙女湖民宿、游道等。云上花溪包含四大景观区域，以仙女湖为中心，风景秀丽， 在民宿内即可观赏湖光山色，享受自然美景。走出房间可以穿梭在湿地花海，欣赏山坡桃花，泛舟湖面。

温泉民宿 项目位于耕食书院停车坪下，通过对原钓鱼台农家乐进行整体提质改造打造。占地面积 2.34 公顷，建筑面积 1200 平方米，预计总投资 1000 万元，计划于 2021 年开工建设并投入使用。项目含水上乐园、温泉、民宿等业态，可以为耕食书院进行业态拓展，形成互补。

亿都民宿项目 为耕食小镇的配套项目，坐落于仙女湖畔。计划投资 800 万元，由亿都房产作为实施主体。采用民居改造方式建设，有乡村图书馆、民宿各 1 栋，客房 5 间，总建筑面积约为 1200 平方米。已完成设计和土地平整，累计已支付 100 多万元。

桃花岛民宿项目 为耕食小镇的配套项目，坐落于仙女湖边的桃花岛上，计划投资 1000 万元，由株洲市青商会作为实施主体。采用民居改造方式建设，有民宿 1 栋，客房 12 间，建筑占地面积 1500 平方米。已完成项目设计，累计已支付 120 万元。

香荷生态庄园民宿项目 以农耕文化体验休闲为主题的综合项目，由湘民实业有限公司作为实施主体。项目流转租赁土地近 66.67 公顷，从 2014 年开始建设，分为三期实施，预计 5 年内完成。投资规模 5000 万元，已经完成投资近 1500 万元。民宿已经于 2020 年 9 月 23 日开业。

仙庾镇污水处理工程 9 月，仙庾镇生活污水整治工程竣工。工程于 2019 年 4 月开工，建设污水处理站 1 座，处理规模近期 1000 立方米/日，远期规模 2000 立方米/日，厂区用地面积约 4928 平方米。建设配套污水收集管网约 7300 米；2 个 1000 立方米/日污水提升泵站及 1 个 2000 立方米/日污水提升泵站，收集范围包括黄塘商品街两侧居民集中区域，仙女湖水系、高塘水系在茶马线东侧部分汇水区范围，约 7.8 千米。总投资约 3900 万元。

仙庾片区自来水工程 6 月 11 日，仙庾片区自来水工程开通自来水，管网从茶马线东园村与蝶屏村交界处至仙庾镇政府，总长度 4.4 千米。工程于 2018 年 12 月动工，2019 年 7 月份完工。总投资约 1100 万元。

茶马线提质改造工程 5 月，茶马线提质改造工程竣工，改造道路全长 7.5 千米。路面改造于 2019 年 8 月完成，道路绿化提质工程于 2020 年 5 月完工。总投资约 4000 万元。

黄陂田新建组道路拓宽工程 7 月，黄陂田新建组道路拓宽工程竣工。路基拓宽于 2019 年 11 月完工，铺油于 2020 年 7 月完工。总投资约 400 万元。

（魏永卷）

卫生和健康

【概况】株洲市荷塘区卫生健康局（简称“区卫健局”）成立于 2019 年 3 月，系整合原区卫生和计划生育局职责、区民政局老龄工作职责和原区安全生产监督管理局职业安全健康监督管理职责而立。为区人民政府工作部门。内设办公室、医疗管理股（中医管理股）、人口监测与家庭发展股（综合治理股）、健康服务股、爱国卫生工作股 5 个股室；区卫生健康事务中心、区卫生健康会计核算中心、区流动人口管理站 3 个事业单位。下辖区妇幼保健中心、区疾控中心、区卫健执法大队 3 个二级机构及 7 个镇（社区）卫生服务中心。

【抗击新冠肺炎疫情】年初新冠肺炎疫情突发后，区卫健局立即启动应急机制，制定《株洲市荷塘区卫生健康局新型冠状病毒感染肺炎防控工作方案》，成立由党委书记、局长任组长，党委成员任副组长的新冠病毒肺炎防控工作领导小组，进行统一指挥，统一调度，有效落实各项防控措施。从春节假期开始，全系统干部职工取消休假，实行 24 小时值班，全力投入防控工作。及时开展流行病学调查，规范医疗机构发热门诊设置，严格实行预检分诊制度，全区共计通报和医学观察发热（咳嗽）病人 1504 人次，排查涉湖北人员 8767 人次、涉武汉人员 1437 人，中高风险地区入株 5 人，境外入株 106 人。全区 21 例确诊病例全部找到感染来源，未发生 1 例本地二代病例，无 1 例死亡病例，成功实现医务人员零感染的目标。为有效防控新冠肺炎疫情，区卫健局先后设立 8 个医学观察隔离点，按照涉武汉、涉湖北、涉外、密接、密接对象的重点接触者、治愈出院确诊患者、红色黄色健康码等不同人员进行分类隔离医学观察。派出专业团队 24 小时全程服务，确保隔离对象得到完善的健康和生活保障。对所有疑似或确诊病例，在接到指令后 2 小时内，由专业人员进行疫点终末消毒，为在定点酒店集中隔离的密切接触者、65 岁以上老年人、疾控中心、社区、公安、环保、交通等一线人员发放预防中药 82102 份。同时及时启动 PCR 核酸检测工作，区疾控中心、区内二级以上医疗机构均开展了核酸检测项目，对确诊病例的密切接触者、密切接触者的重要接触者、基层防疫工作一线人员、企业复产复工自愿检测人员累计完成检测 19576 人。制定《荷塘区新型冠状病毒肺炎应急预案和秋冬季疫情防控工作方案》，实行每天责任领导值班制度，落实联防联控，建立新型冠状病毒防控的区、镇（街道）、村（居委会）三级联防联控网络。开展新冠肺炎疫情应急演练，联防联控领导小组各成员单位和镇（街道）、疾控中心、社区卫生服务中心（卫生院）等单位均参加演练，提升各单位的应急处置能力和水平以及对新冠疫情应急处置流程熟悉程度。

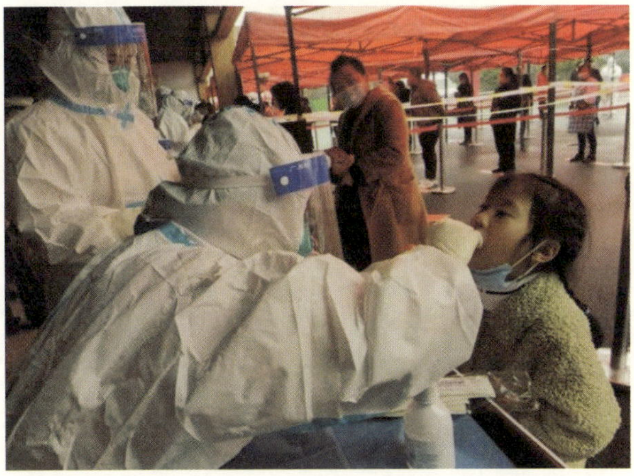

2月8日，荷塘区新冠肺炎全员核酸检测应急演练在东湖公园举行

【再创计生服务“新国优”】 荷塘区继2016年成功创建“全国计划生育优质服务先进单位”以来，始终按照“强基础、谋创新、上水平、争优秀”的总目标，强化“组织保障、阵地保障、经费保障”，着力打造“阳光计生、法制计生、惠民计生、人文计生”，把人口计生工作纳入全区经济社会发展总体布局，以创“新国优”活动为载体，着力创特色、育亮点、克难点、求实效，促进全区人口计生管理服务上水平、上台阶，促进人口与辖区经济社会、资源环境协调可持续发展。全区政策生育率水平、出生人口性别比控制均优于全省均值，出生缺陷发生率控制、全员人口主要数据项准确率实现逐年提优，各项指标达到国优目标，处于省、市前列。9月，省卫健委到荷塘区进行全国计划生育优质服务先进单位创建现场核查，对荷塘区计生服务工作给予高度肯定，并向国家卫健委推荐为“新一轮全国计划生育优质服务先进单位”。（2021年通过国家公示，荷塘区被继续授予“全国计划生育优质服务先进单位”）

【基本公共卫生服务】 2020年，荷塘区通过巡诊、做实家庭医生签约、绩效改革等一系列措施，基本公卫工作得到有效的提升。建立居民健康档案252048份；共为65岁以上老年人免费体检16684人次；管理高血压患者17054人，随访75161次；管理2型糖尿病患者6390人，随访30036次；管理0～6岁儿童23401人，体检20026人次；管理孕产妇2505人。开展健康教育活动115次，参与活动32927人次，发放健康教育宣传资料45674份。

7月2日，荷塘区召开国家卫生城市提升工作推进会

【爱国卫生工作】 2020年，荷塘区依据国家卫生城市标准（2014版），按照市、区国卫提升工作方案及各专业组考核考评细则，对标对表整改落实，持续有效地推进国家卫生城市提升工作，已通过省级评估。开展以“共建卫生家园、共享健康佳节”为主题、以市场环境整治为重点的冬春季爱国卫生运动。先后开展环境整治活动157次；整治老旧社区（城中村、城乡接合部）106个；清理卫生死角314处；清理垃圾2233吨；组织消杀人员2953人，清除

滋生地 1118 处，使用药物 1391.5 公斤；规范市场管理 18 个。开展“大清洗、大整治、大提升”活动。共清洗路段 85 余条；清洗人行道污染 125 余处；加强清洗双黄线油脂污染及标志线 230 余处；冲洗渣土污染 310 余处；清扫散落树叶 300 余处。组织环卫工人突击队 12 人、调集垃圾清运车 3 辆，开展卫生死角大整治行动。

【基层医疗机构建设】2020 年，荷塘区持续推进优质服务基层行活动，加大对基层医疗卫生机构财政投入，提升医疗服务能力和服务水平。全区基层医疗机构已实现彩超、DR、全自动生化仪全覆盖。

【积极应对人口老龄化】2020 年，荷塘区积极推行医养融合，应对人口老龄化。由专业的医疗服务团队每天查房巡诊，为老人提供定期体检、慢性病管理和康复训练等医疗服务。护养院特设安宁疗护区，初步启动临终关怀服务。建立日间照料、提供居家养老。由政府出资，托管医养结合机构在西子、湘华、袁家湾等多个社区建立日间照料中心。社区卫生服务中心每天配备 1 名全科医生、1 名护士提供全天候保健服务。日照中心采取空间老管家的管理模式，让社区老年人在家门口即可享受到老有所医，老有所乐的居家式养老服务。组织开展“金秋惠老，乐享银龄”“弘扬养老孝老敬老传统，共建共享老年友好社会”敬老月的系列活动，使老人们感受到社会的温暖，积极营造尊老敬贤的良好社会氛围。

【计划生育服务】2020 年，全区全员人口 20.36 万人。上报总出生 1274 人，出生率 6.26‰；上报死亡 1337 人，死亡率 6.57‰。全区上报出生人口中，政策内出生 1255 人，符合政策生育率 98.51%；上报男孩 650 人，女孩 624 人，出生人口性别比 104.17。自然增长率为—0.31‰。全区享受计生特别扶助对象 514 人，2020 年新增 80 人，退出 8 人。截至 2020 年年末，共计建立计划生育特殊家庭“双岗”联系人 253 人，帮扶 514 人。生日慰问 260 人，合计慰问金 5.2 万元；春节慰问 442 人，合计慰问金 16.55 万元；其他节日慰问 313 人，慰问金 6.58 万元；慰问重大疾病 19 人，合计慰问金 0.45 万元；开展临终关怀 3 人，合计慰问金 0.15 万元，实现慰问全覆盖。

【医政工作】2020 年，荷塘区完成医疗机构设置 9 家，医疗机构校验 142 家，医疗机构变更 22 家，医疗机构注销 17 家，发放医疗机构母婴保健技术服务许可证 4 家，医师注册、变更、备案 199 人，注销注册 2 人，护士注册、变更、延续注册 861 人，注销注册 21 人。

（何柏瑜）

疾病预防控制

【概况】荷塘区疾病预防控制中心（简称“区疾控中心”）为 2016 年在原荷塘区卫生防疫站基础上重新组建成立，是区政府举办的实施疾病预防控制与公共卫生技术管理和服务的公益事业单位。内设综合办公室、疾控一股、疾控二股、监测股、检验股、应急办 6 个股室。中心人员编制 25 人，在职职工 18 人。主要负责组织实施辖区内疾病预防控制指导；组织突发公共卫生事件的调查和处置；负责辖区内健康教育与健康促进；组织对重大疫情、传染病暴发流行的调查，制订控制对策和措施；组织对慢性非传染性疾病的干预和防控；实施计划免疫接种规划；负责公共场所、生活饮用水卫生监测检验和食品安全风险监测等。

2020年，区疾控中心积极、稳妥地开展各项疾病预防控制工作，特别是全力以赴投入到新冠肺炎疫情防控工作中，为全区战疫工作取得阶段性成果作出了积极贡献。先后荣获市级“文明标兵单位”、市级“三八红旗手”集体、荷塘区巾帼战“疫”先进集体等荣誉称号；尿碘实验室参加全国质控网络获合格；通过了省、市疾病预防控制中心开展的新冠病毒核酸检测实验室质控考核；参加湖南省梅毒血清学检测实验室室间质量考评以及艾滋病抗体检测实验室质量考评均获得优秀。

【新冠肺炎疫情防控】年初新冠肺炎疫情突发后，区疾控中心全力以赴战斗在疫情防控第一线，进一步完善传染病防控工作预案，明确职责分工，成立3支应急机动处置队伍，准备充足的应急防控物资，24小时严阵以待，积极开展流行病学调查工作及核酸检测工作。全区累计报告新冠肺炎确诊病例21例，无症状感染者4例，追踪管理密切接触者169人，累计集中隔离1400余人，通过各种线索摸排发现涉外（包括港澳台）需管控人员247人，国内中高风险地区返荷人员46人，21例病例全部调查清楚病源。共发放各类宣传折页6万余份，疫情防控指南30余万份，张贴海报5万余张，开展健康宣传教育180余次；累计开展消毒消杀工作86次，消毒面积达73604平方米，切实做到全区疫情防控宣传的全覆盖，有效遏制疫情蔓延扩散。同时对74家企业单位、30余家茨菇塘街道小微企业、1000余家合泰小微企业、8家大型商场、11家养护院、1家监管中心、1家戒毒所，2家汽车站进行疫情防控现场指导，有力推动企业的复工复产。

【其他法定传染病防控】2020年，荷塘区累计上报15起突发公共卫生事件和3起食源性疾病事件。所有疫情均得到及时有效处置，未造成进一步扩散，无重症、死亡病例发生，未造成不良的社会舆论影响。传染病网络报告质量较好，辖区医疗机构传染病漏报率均＜2%。无甲类传染病和疑似病例报告，共报告乙、丙类传染病15种2142例，其中乙类传染病报告11种共计574例；丙类传染病报告4种共计1568例。重点传染病监测工作有序开展，采集新型冠状病毒食品样本381例、环境样本277例、从业人员46例，检测结果均为阴性；采集手足口病样本50例送检，21人检测结果阳性，无聚集性疫情；霍乱监测经检测未发现霍乱弧菌阳性报告。

【基本公共卫生与慢性病管理】2020年，荷塘区累计建立居民健康档案266509份，建档率为90.3%，新建居民健康档案52554份，其中93135人已查阅；老年人已体检17200人，体检率为48.0%；高血压累计管理17225人，规范管理率71.23%；糖尿病累计管理6444人，规范管理率为70.29%；登记在册的确诊严重精神障碍患者人数为1323人，按照规范要求进行管理的人数为1258人，规范管理率为95.09%，严重精神障碍患者以奖代补工作已完成，共奖励 202 人，奖励金额 48.1 万元。2020 年共报告心脑血管事件 640 例，肿瘤 133 例。截至 12 月 31 日，死亡报告 2031 例，死亡报告率 6.83‰。对基层医疗机构开展了 4 次现场技术指导，1 次半年考核，1 次年终考核。

【健康教育】2020 年，区疾控中心对规上企业技术指导和微小企业入户培训 100 余次；对社区卫生服务中心（卫生院）点对点线下培训 1 次；对辖区内民营医院技术指导 1 次、二级及以上医疗单位和社区卫生服务中心（卫生院）技术指导 5 次；对全区中小学和高校督导 3 次，与区教育联合督查 137 家幼儿园 1 次；播放健康教育音像资料 17000 多小时，健康教育宣传栏更新至第 6 期；新增健康宣传资料 16 种制作 47 万余份，发放健康教育宣传资料 440000 余本；举办健康巡讲 66 次，参加人数 7700 余人；组织开展主题日宣传活动 4 次和公众健康咨询服务 3800 余次，接受咨询人数 20000 余人。完成 21 所中、小学校 2020 年秋季体检工作，体检人数 34326 名。完成了 2020 年荷塘区近视筛查工作，共筛查 11 家托幼机构与学校，筛查学生累计 2967 人，完成问卷调查学生累计 2218 人。

荷塘区疾控中心深入微小企业进行企业疫情防控及消毒知识培训

【结核病防治】2020 年，区疾控中心对所有新生及愿意参加筛查的学生开展结核病 PPD 及问询筛查工作，共筛查 25447 人，其中幼儿园问询筛查 11976 人；小学问询筛查 5078 人；初、高中生 PPD 筛查 8393 人。开展辖区内重点人群（65 岁以上老年人、糖尿病患者）筛查工作，65 岁以上老年人筛查 18252 人，糖尿病患者筛查 8502 人。为 65 岁老年人合并糖尿病患者筛查 2606 人，并对可疑症状者进行胸片筛查，确诊 0 人。全区疫情报告 211 条：追踪到位 58 例，结核病防机构收治 162 例，总体到位率 95%，治愈率 91%。

1 月 14 日下午，荷塘区疾控中心召开艾滋病患者救助座谈会

【性病、艾滋病防治】2020 年，荷塘区完成艾滋病快速检测点的建设工作，成立 14 家艾滋病快检单位。区艾滋病网络报告发现新病例 HIV/AIDS 共 37 例，其中 HIV 感染者 23 例，AIDS14 例，死亡 1 例，管理病例 221 例；进行抗病毒治疗人数 211 人，其中新增 34 人，抗病毒治疗比例为 93.8%，抗病毒治疗成功率 95%，均达到要求；艾滋病自愿咨询检测（VCT）589 人，超额完成全区任务数（545 人）；HIV 初筛检测 36254 人，HIV 初筛检测阳性 18 人，由市疾控做确证实验，确认阳性 16 人。对全区艾

滋病患者的配偶进行一次免费HIV抗体检测，检测率达到100%，既往艾滋病患者的配偶均无一人转阳。

【免疫规划】2020年，区疾控中心组织开展荷塘区新冠肺炎疫情防控期间预防接种专项指导，做好新冠疫苗紧急接种的前期工作，已确定新冠疫苗紧急接种点4个，接种方案，接种工作人员配备、培训，急救物资的储备等都已按要求落实到位。开展春、秋季入学入托查验证工作，查验率100%。开展接种率调查，补种率有待进一步提高。年内报告7例疑似麻疹病例，均为排除病例；已报2例AFP疑似病例，均为实验室排除病例；报告3例百日咳疑似或临床病例，均开展流行病学调查和订正。暂无乙脑、流脑、新生儿乙肝病例、甲肝等疾病报告。上报34例AEFI病例，其中22例为一般反应，12例为异常反应，均已做调查和处置，无重大接种事故发生。

【寄生虫病、地方病及血吸虫病防治】 2020年，荷塘区围绕年初既定目标，圆满完成各项血防工作，顺利通过湖南省血吸虫病防治达消除标准的考核验收，血防工作取得较好成效。铲草除障35万平方米；查螺1815万平方米，共捡获钉螺41只，经解剖，死螺41只，活螺0只；灭螺面积90万平方米；对人群查病8093人次，其中流动人口205人次，发现血检阳性2人，经加藤粪检为阴性，未发现血吸虫病病人。疟疾防控血检任务达标；完成碘盐监测工作。

【职业卫生】2020年，区疾控中心开始承担职业卫生工作，年内完成对荷塘区17家医疗和非医疗单位的放射性危害因素调查工作；完成职业病危害现状调查195家，用人单位工作场所职业病危害因素监测18家，按时按量完成国家系统申报。

【卫生监测检验】 2020年，区疾控中心体检从业人员6190人，体检托幼类机构人员1347人，发放健康证7537份。对辖区公共场所样品检测114份、学校饮用水检测46份、二次供水检测10份、游泳池水检测8份、农村饮用水检测21份、霍乱日常监测样品90份、艾滋病自愿咨询血液检测1727份、疟原虫标本检测7份、麻疹风疹标本检测9份、血防达标标本检测8000份、突发疫情标本检测487份、食品安全标本检测110份。在新冠疫情突发初期，区疾控中心及时开启新冠病毒核酸检测实验室检验工作，是湖南省第一批区县级疾控中心开展新冠病毒核酸检测的实验室，累计核酸检测26702例。

（唐叶媚）

妇幼保健和计划生育服务

【概况】株洲市荷塘区妇幼保健计划生育服务中心（简称“区妇幼”）成立于2016年1月，由原荷塘区妇幼保健所、原荷塘区计划生育服务站整合而立，为区卫生健康局所属全额拨款正科级公益一类事业单位。核定全额拨款事业编制9名，现有在编人员9名、临聘人员3名。内设4个科室，分别为办公室、儿童保健科、妇女保健科、计划生育技术服务科。主要职责为辖区内妇女、儿童提供保健服务，负责基层医疗机构妇女、儿童保健工作的管理、业务培训及指导；承担辖区内计划生育宣传教育、技术服务、优生指导、药具发放、信息咨询、随访服务、生殖保健、人员培训；承担辖区助产医疗机构的产科质量管理；开展婚前检查、孕前优生健康检查和出生缺陷综合防治等工作；做好适龄妇女“两癌”免费检查和孕产妇免费产前筛查的民生实事项目。承担国家妇幼卫生监测及儿童营养监测项目；辖区托幼机构管理和卫生评价、出生医学证明管理、辖区妇幼健康信息数据上报、质量控制等。2020年，区妇幼获得株洲市农村适龄妇女“两癌”免费检查先进单位、株洲市母婴安全保障工作先进单位、荷塘区“巾帼文明岗”。

【民生实事】2020年，农村和城镇低保适龄妇女“两癌”免费检查工作和孕产妇免费产前筛查两项工作被纳入省、市重点民生实事项目，目标任务分别为2500人、2348人。3月8日—6月8日，区妇幼整合辖区医疗资源，在医联体单位抽调20名素质高、业务精、服务优的妇科、乳腺外科和影像科的医护人员，组建“两癌”检查专家团队，为符合条件的适龄妇女和城镇低保户进行检查，共检查2519人，完成率100.76 %。此次检查发现宫颈细胞学初筛异常人数71例，其中宫颈癌前病变8例、乳腺彩超阳性复诊人数153人，均通过电话及上门督促进一步检查，实现早发现、早诊断、早治疗的目标。1—12月，共完成孕产妇免费产前筛查2348人，完成率100%。筛查出高风险阳性人数814人，高危干预人数763人，高危人群干预诊断率93.7%，高危人群妊娠结局随访率99%，有效地降低了出生缺陷儿的发生。

【孕产妇及儿童健康管理】2020年，区妇幼对孕产妇及儿童健康全面执行日常监管的质量控制模式，每月随机电话抽查10名产妇和0～6岁儿童，核查档案规范情况。通过点对点、面对面、“传帮带”的创新工作方式，定期指导基层开展孕产妇和儿童保健工作。全年辖区孕产妇早孕建册率98.21%，产后访视率97.41 %，0～6岁儿童健康管理率95.81%，3岁以下儿童系统管理率94.33% ，新生儿访视率99.21%。

【母婴安康】2020年，区妇幼全面落实孕产妇妊娠风险筛查与评估、高危专案管理、危急重症救治、死亡个案报告和约谈通报5 项核心制度，严格执行妊娠风险预警及分级管理，开展孕产妇家庭医生签约，动态掌握辖区所有孕产妇风险情况，对分级为“黄色”及以上的孕产妇进行专人专案管理，并追踪随访到产后42天。全年共筛查孕产妇2662人，其中高危孕产妇1368人，黄色1112人，橙色246人，红色5人，紫色5人。指导区级危重孕产妇和新生儿救治中心建设并制订危重孕产妇和新生儿救治工作应急预案，开展急救演练，提高救治能力。年内，全区未发生孕产妇死亡，5 岁以下儿童死亡率2.31%，婴儿死亡率0.93%。

【出生缺陷综合防治】2020年，区妇幼建立健全区、镇（街道）、村（社区）三级出生缺陷防治网络，将婚前医学检查、孕前优生健康检查、增补叶酸、产前筛查等综合防控工作进行整合，实行孕产妇保健“一条龙”服务，统筹实施出生缺陷三级预防措施，全力做好“八免两救助”项目，力争出生缺陷发生率逐年下降。全年婚前医学检查1840人，检查率88.55%，孕前优生健康检查520人，完成目标人群覆盖率100%，早孕随访率100%，妊娠结局随访率100%。叶酸服用率99%，服用依从率88%，新生儿听力筛查率98.4%、新生儿疾病筛查率98.6%；出生缺陷发生率为66.26/万。

（唐　瑶）

卫生健康综合监督执法

【概况】 株洲市荷塘区卫生健康综合监督执法大队（简称“区卫健执法大队”）2019年7月由原株洲市荷塘区卫生计生综合监督执法局改设成立。为全额拨款副科级事业单位，核定编制9名，现有在编人员7名。主要负责全区公共卫生、医疗卫生、计划生育、职业卫生综合监督。管理辖区医疗机构265家、公共场所340家、学校25家。2020年，全大队出动卫生监督员2044人次，监督相对单位2166户次，立案查处102起，累计罚款5.09万元。

【医疗卫生监督】 2020年，区卫健执法大队加强对医疗机构的日常监督，共对206家医疗机构开展医疗卫生日常监督，下达意见书150余份。开展辖区医疗机构恢复正常医疗服务情况专项检查行动1次，出动监督人员300余人次，检查医疗机构300户次。开展打击非法医疗美容专项检查1次，检查医疗美容机构及生活美容机构50余家。开展医疗废物专项监督检查和扫黑除恶专项整治行动，出动监督人员300余人次，检查医疗机构255户次。处理各类医疗投诉15起，办结各类案件15起，处罚1.1万元。

【学校卫生防治监督】 2020年，区卫健执法大队有序开展学校卫生工作和传染病工作检查。开展了新冠肺炎疫情防控期间学校复学工作督导专项行动，督导检查辖区学校32所，出动执法人员65人次，车辆32台次，下达监督意见书32份。开展辖区25所中、小学校的学校卫生传染病防控专项卫生执法监督检查和学校饮用水的监督检测2次，出动执法人员75人次，车辆60台次，下达监督意见书50份。开展辖区5所中小学校卫生综合评价，对不符合国家有关卫生标准的5所学校，予以警告处罚。

【职业病卫生防治监督工作】 2020年，区卫健执法大队明确职业病卫生防治监督工作的负责科室和人员，开展新冠肺炎疫情防控期间企业复工复产疫情防控督导专项行动，督导企业50家，出动执法人员50人次，车辆50台次，下达监督意见书50份。开展推进尘毒危害专项执法检查工作，监督检查各类型企业30家，出动执法人员60人次，车辆30台次，下达监督意见书30份，立案警告处罚2家。

【公共场所及生活饮用水卫生监督】 2020年，区卫健执法大队新发放卫生许可证69户，办理公共场所行政处罚案件60起，处罚8070元，处理投诉5起；对辖区9家二次供水单位开展专项督查，进一步规范全区二次供水单位的消毒卫生管理制度。按照国卫提升工作标准，将全区监督员、协管员分为5个小组，按片区包干到组，对辖区公共场所、二次供水单位进行全面监督检查，并按照标准要求落实整改。迎省检期间，共计出动监督员1062人次，车辆400余台次，检查单位300余家，圆满完成迎检工作任务。

荷塘区卫健执法大队督查学校卫生及饮用水安全

【计划生育监督】 2020年，区卫健执法大队组织开展出生医学证明发放专项督查工作和查处违法违规应用人类辅助生殖技术专项行动。加强预防“两非”（非法鉴定胎儿性别；非法选择胎儿性别终止妊娠的规定。）机制建设，开展签订超声诊断仪和染色体检测设备管理使用责任书单位10家。年内结案1例社会抚养费征收案件，征收金额3.22万元。

【国家“双随机”抽检工作和各项专项检查】 2020年，区卫健执法大队承担国家“双随机”抽检任务43家，完成率100%。其中完成监督学校5家、公共场所27家、医疗机构5家、传染病4家、关闭2家（公共场所）。检查结果在区政府门户网进行了公示。年内开展非法医疗美容专项整治、医疗废物专项检查、尘毒危害专项治理、二次供水专项督查等专项检查行动共计14次，在专项检查行动中办理案件4起，罚款7000元。

【疫情防控】2020年，围绕新冠肺炎疫情防控，区卫健执法大队组织开展辖区消毒产品专项监督检查工作，监督检查消毒产品经营单位38家，出动执法人员45人次，车辆20台次，下达监督意见书38份。开展了医疗卫生机构传染病防治分类监督综合评价工作，监督检查各类医疗机构20家，出动执法人员45人次，车辆20台次，下达监督意见书20份。查处医疗机构未按规定对污水进行严格消毒案2起，予以警告处罚；查处消毒产品经营店用于传染病防治的消毒产品不符合国家卫生标准和卫生规范案1起，给予没收违法所得1070元，罚款5000元的行政处罚。根据疫情防控工作的需要，区卫健执法大队承担对辖区7家定点集中隔离宾馆每日2次的常规消毒以及临时突发性的消毒任务，共出动消毒人员240人次，消毒面积达77700平方米。

荷塘区卫健执法大队执行抗击疫情定点隔离宾馆消毒任务

【卫生计生监督协管队伍建设】 2020年，区卫健执法大队组织对各街道社区卫生服务中心及乡镇卫生院卫生计生协管工作进行监督巡查，并组织了3次协管员进行集中培训。培训内容包括公共卫生管理规范、医疗机构常见违法事实及法律责任、母婴保健和计划生育技术服务监督重点、学校卫生监督检测解析、个人防护和消毒工作、职业卫生监督等，并采取法律条文和案件事例讲解相结合，科室骨干与上级专家当讲师相结合的方式，使全区卫健执法监督员、协管员较好地掌握相关业务知识。同时积极组织监督员和协管员参加市局开展的每周五学习群视频培训及各项线下培训，取得较好培训效果，对基层卫生计生监督协管工作能力的提升起到良好促进作用。

（熊艳辉）

医疗保障

【概况】 株洲市荷塘区医疗保障局（简称“区医保局”）成立于2019年4月，为荷塘区政府正科级工作部门。核定机关行政编制2人，事业编制6人。主要负责拟订全区医疗保险、生育保险、医疗救助相关制度措施，组织实施全区定点医药机构协议和支付管理办法。2020年，荷塘区成为株洲市高血压、糖尿病门诊保障用药试点县市区，先后接待国家、省、市各级医疗保障行政部门领导调研并得到充分肯定。区医保局党支部获得“荷塘区先进基层党组织”称号。

【参保扩面】 2020年，区医保局与税务、财政等部门加强协作，进一步扩面城乡居民参保。市医保局下达荷塘区2021年度城乡居民参保任务为157100人，至3月底实际参保158464人，超过任务数1364人。多年来，荷塘区参保率一直稳定在95%以上。

【医保基金运行】 2020年，城乡居民参保个人缴费提高到250元，各级配套550元/人。区医保局按照总量控制、统筹兼顾、基层倾斜的原则，科学合理制定基金分配预算。区医保基金预计总收入3651.28万元。至年末，基金支出3267.6万元，占比年度统筹基金90%。全年基金运行安全、平稳、可控。同时积极响应市级统筹工作，在城市五区中率先完成基金归集。

【“两病”门诊用药保障】 5月12日和8月27日，省医保局党组成员、副局长伍国用一行、国家医疗保障局待遇保障司副司长刘娟一行分别到荷塘区调研医疗保障待遇实施情况，充分肯定荷塘区“两病”（心、脑血管疾病）用药保障和门诊统筹改革工作。全区全年审核通过高血压对象2480人，累计报销5676人次，金额42.55万元；审核通过糖尿病对象1035人，累计报销2723人次，金额32.74万元。

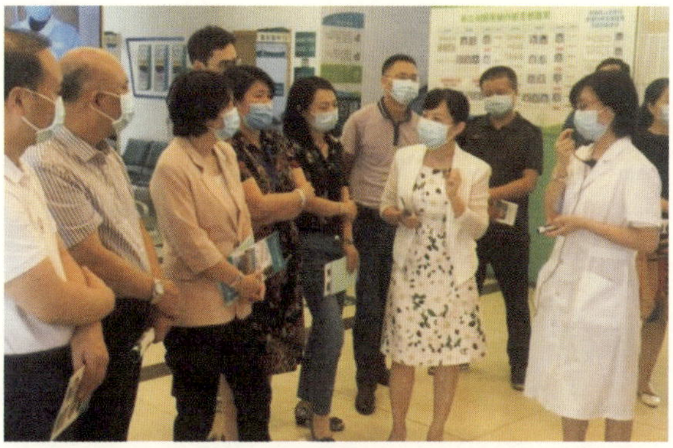

8月27日，国家医疗保障局待遇保障司副司长刘娟（左三）一行到荷塘区调研医疗保障待遇实施情况

【开展欺诈骗保专项整治】 4月24号，区医保局组织召开专题会议，通报2019年度对各协议医疗机构稽核监管和审核工作的情况，就2020年医疗保障基金监管进行部署，要求进一步深化打击欺诈骗保，针对开大处方、重复检查、重复收费、串换药品、恶意使用医保基本药品目录和基本诊疗项目以外的药品、器材、诊疗项目，以及挂床住院、弄虚作假套取基金等行为进行严肃查处。区医保局采取医院自查自纠、

集中整治、交叉检查等方式打击欺诈骗保，联合区纪委和区卫健部门共开展2轮现场核查，实现基金监管全覆盖。现场检查协议医疗机构37家，住院患者300余人次，抽查病历260余份，回访84人次，全年追回医保基金损失60.03万元。现场检查协议药店（诊所）227家。

【药品招采】2020年，荷塘区严格落实国家、省、市药品及耗材、新冠检测试剂集中带量采购政策，积极组织落实国家第一、二、三、四批药品集中带量采购、省抗菌药物专项集中带量采购、五省市联盟集中带量采购、株洲市首批集中带量药品采购、株洲湘潭等五市医保经办机构代签药品集中带量采购，有效减轻了群众的用药负担。

【医疗救助】 2020年，区医保局扎实落实医疗救助政策，对特困人员、1～2级残疾、3～4级精神智力残疾人员按250元/人的标准实行全额资助参保，对边缘户按125元/人的标准给予资助参保，对低保对象按100元/人的标准给予资助参保。2020年共计资助总人数4900余人，资助参保总金额85万余元。全年共救助各类住院对象678人次，发放救助金172.9万元。特困、低保、重残、计生特殊家庭等特殊对象住院费用的基本医疗、大病保险、医疗救助，执行市局制定的优惠政策，实行“一站式”结算。

【政务服务】 2020年，区医保局全面梳理医保经办事项，高标准落实“放管服”，积极贯彻“最多跑一次”，32个公共服务类事项全部进驻区政务服务中心办理，其中7个事项实现全程网办。全年累计办理医保业务15122人次，占全区政务服务事项的12.68%。医保系统没有发生一起不良信访事件，“市长热线”、上级交办的信访办结率、满意率均为100%。政务服务事项实行好差评制度，满意率达99.9%。

（唐媛媛）

镇·街道

仙庾镇

【概况】株洲市荷塘区仙庾镇（简称“仙庾镇”）前身为株洲市荷塘区蝶屏乡，2001年10月撤蝶屏乡，建仙庾镇，为荷塘区唯一建制乡镇。地处荷塘区东北部。辖区东、北毗邻长沙浏阳市，南与芦淞区为邻，西连金山、宋家桥、明照街道、云龙新区。面积80.19平方千米。常住人口2.7万人。境内植被资源丰富，森林覆盖率达到70%，属于长株潭生态绿心核心区。2020年，辖永福1个社区，联星、兴塘、黄陂田、徐家塘、黄塘、东山、樟霞、亭子前、仙庾岭、蝶屏村10行政村。

2020年，仙庾镇以美丽乡村建设为主抓手，充分发挥党建引领龙头作用，夯基础、强队伍、正风气、抓落实，美丽乡村全域推进工作成功接受省级验收；成功创建省级美丽乡村建设示范镇；镇农村人居环境整治工作考核长期排名全市前列；镇政协协商议事室荣获省级示范性政协委员工作室荣誉称号；徐家塘村荣获全国文明村荣誉称号；蝶屏村成功创建湖南省文明村镇、省级美丽乡村，仙庾岭村成功创建省级精品乡村。

【党的建设】2020年，仙庾镇党委着力抓好村级党组织建设，全面完成全镇28个党支部“五化”（组织设置网格化、工作运行民主化、党员管理一体化、服务群众品牌化、保障机制标准化）建设，做好1个村软弱涣散党组织整顿工作，党组织的战斗堡垒作用得到进一步发挥。全年镇党员参与抗洪抢险165人次，参与护林工作12次，参与森林防火3次。在新冠肺炎疫情防控中，全镇730余名党员参与39处路卡值守，累计捐资捐物45万元。在“幸福荷塘”系列民生行动中，党员志愿者带头开展结对帮扶并帮助近200名村民实现就近就业。2020年新发展党员17名，其中35岁及以下年轻党员12名、具有大专以上学历的6人，基层党组织活力进一步增强。

5月21日，荷塘区“遇见你”党员志愿者授牌仪式仙庾镇专场在镇政府一楼会议室举行

【经济建设与产业发展】经济保持良好发展态

势。全年完成47.33公顷四季蔬菜标准化基地建设；早稻备耕完成53.33公顷水稻种植。建成荷塘区一、二、三产业融合基地并投入运作，集“种植、加工、销售”于一体的农业产业链日趋完善。东山、兴塘、联星、仙庾岭等村集体经济项目有序推进。东山丝瓜试水网络直播，观众数量达16.3万人，获点赞数162万次，累计销售80单，突破1万余元。成功争资引项420万元，樟霞村油茶改造项目及“两型”文化广场建设项目、联星村村组道路硬化项目、黄塘村移民资金项目等得到省、市、区各级部门的大力支持。积极推进一、二、三产业融合。目前仙庾岭村90%以上土地已经流转，流转管理费收入达20万元。桃花岛等2个休闲民宿项目加快推进。大力打造民庆食品、樟霞茶油、柏春葡萄、东魁杨梅、仙庾岭黄桃品牌。樟霞油茶每年给农户增收约700万元。积极壮大农家乐，通过规范管理，目前全镇“农家乐”已发展到50户，解决本镇劳动力就近就业近300人，总体产值约为600万元。通过引导成立“耕联盟”，将40余户种植户的蔬菜纳入收购范围内，带动50余人的就业，直接给农民增收超过50万元。大力消灭集体经济“空壳村”，扶持集体经济发展，引导打造徐家塘沃柑基地，目前徐家塘村、黄塘村、联星村集体经济扶持项目有序推进，来势喜人。

【基础设施建设】2020年，仙庾镇污水整治工程、徐家塘污水处理厂厂区建设相继完工，茶马线段、夏徐线段、进厂管网铺设均已完成。

【人居环境整治】2020年，仙庾镇深入进行农村垃圾治理。根据各村实际情况对保洁员重新调配，确保各主副干道全部有人清扫保洁，各村聘请保洁员102人。截至9月，仙庾镇对常住人口及门店企业垃圾收费处理共计收费34.1万元，全镇收费率达95%以上。大力开展污染治理。发动群众开展以清扫房前院后垃圾、整治乱摆乱放、家禽散养等问题为主要内容的集中整治，庭院养殖实行畜禽圈养，畜禽粪便资源化综合利用率85%；开展村庄清洁整治行动180次，参与人数达到近10万人次；清理卫生死角320余处，牛皮癣1000余处，清除辖区道路两侧杂草约600千米。拆除垃圾池243处，增设垃圾桶（入户与公共）1.2万余个。常态化开展卫生评比。以组为单位每季对人居环境开展检查并即时公示，同时对村干部、党小组长、男女组长的家庭卫生进行分类专项检查，全镇最美庭院达到50%，群众参与意愿显著增强。有序推进“五类房”（违建房、危旧房、危险房、空心房、偏杂房）整治，拆除农村“违建房、危险房”共计23处3012平方米，整治其他“三类房”19处2135平方米，其中空心房整治效果成效显著。农村“厕所革命”有效推进，全镇卫生厕所户数已达5110户，卫生厕所普及率已达92%。村内主道两旁绿化亮化效果显著，部分村道路已配备防护栏，道路周边绿化覆盖率达95%。仙庾镇人居环境整治工作第一季度和第二季度在荷塘区均名列第一，并被评为株洲市“十佳乡镇”。

【美丽乡村建设】 2020年，仙庾镇坚持以提升人民群众生活品质为根本出发点，以先进理念指导规划，以科学规划引领建设，多措并举，积极推进美丽乡村建设。集中力量打造1个省级精品乡村和省级美丽乡村蝶屏村，取得了初步成果。12 月，顺利通过省级美丽乡村、省级精品乡村、仙庾镇整域推进省级检查组验收。

3 月 31 日，仙庾镇召开人居环境整治工作会议

【社会民生事业】2020 年，仙庾镇切实将各项社会民生事业落到实处。社会救助工作：春节期间为贫困人群送去慰问资金 7.87 万元；开展各种慰问 161 人次，发放特困人员救助资金 84 万元，大病医疗救助资金 33.6 万元。优抚工作：发放优抚、关爱资金 156.8 万余元；组织对辖区军人“大走访”，发放慰问资金 15.8 万元；对各类优抚对象开展医疗、临时救助共计 24.6 万元。计生工作：完成免费孕前优生健康检查 63 对；独生子女保健费落实率达 100%；农村部分计划生育家庭奖励扶助准确率达 100%；“计生村民自治”工作面达 100%。全镇计划生育率 97.2%。公共卫生服务工作：完成“两癌”（宫颈癌、乳腺癌）筛查 783 人。文化体育工作：开展送戏下乡 4 次、送电影下村和社区 24 场。指导协助村开展“文艺汇演”活动，在仙庾岭村、联星村、樟霞村、亭子前村精心筹备 5 场具有特色的文艺演出，吸引 2000 余人次参与。城乡帮困工作：在原有 10 支志愿服务队伍基础之上，吸引核心志愿者 110 名，将志愿者队伍扩增至 416 名。按照“三榜工作法”，通过腾讯 99 公益募捐，累计获得配捐资金 6 万元。深入开展志愿帮扶行动 700 余次，为 170 名老人、30 名儿童提供包含生活、入学、就医等在内的精准帮扶服务。

【综治工作】2020 年，仙庾镇矛盾纠纷调处率达到 100%，实现“小事不出村，大事不出镇，矛盾化解在基层”。成功化解帅小会 20 年信访积案等重大信访疑难案件 7 起；基层化解矛盾纠纷 20 余起；由镇司法所等职能部门参与调处 40 余起。深入推进“雪亮”工程，在各村委会、主要路口、重点路段安装视频监控摄像头 127 个。积极落实“县域警务”要求，持续加大网格员+辅警队伍管理，治理基础得到进一步夯实。年内仙庾镇在黄塘农贸市场开展 5 次大型集中禁毒宣传活动，共计悬挂禁毒宣传横幅 12 条、禁毒宣传板报 6 块、发放宣传资料 3000 余份，受教育群众达 5000 余人次。

【村（社区）换届选举】2020 年，仙庾镇圆满完成了村（社区）“两委”〔村（社区）党支部委员会、村（居）民委员会〕换届选举。新当选的“两委”成员中，高中以上学历 53 名，占 87%，其中大专以上学历 34 名，占 56%；平均年龄 43 岁，比换届前降低 8 岁。

（谷　梁）

月塘街道

【概况】株洲市荷塘区月塘街道办事处（简称“月塘街道”）前身为株洲市东区月塘街道办事处，成立于 1969 年 9 月，1997 年 8 月因区划调整更为现名。地处荷塘区西南部，东、东北与金山街道交界，南与芦淞区龙泉街道为邻，西南与芦淞区建宁、建设街道相望，西北、北分别与茨菇塘街道、桂花街道接壤。面积8.38平方千米。人口12万人。下辖袁家湾、南岳岭、野鸭冲、水竹、东环、石子头、石塘冲、东湖、合泰、文化路10个社区和荷塘铺1个行政村。2020年有机关在职干部职工27人，社区专职工作者47人。有70个基层党组织，其中社区、村党组织63个，机关支部1个，退休支部1个，非公支部4个，党员2071人。

2020年，月塘街道协税护税成效突出。通过新增登记注册企业、外引税源，新增纳税企业17家，新增纳税226.5万元，新增总数排名第三，返还总奖励431589元。"四上申报"名列前茅。协助完成申报的企业10家，完成数量位居全区第二。新冠肺炎疫情防控累计摸排中高风险地区人员5790人，防疫阻击战历时4个多月。人口普查工作圆满完成，共登记127921人，自主填报2348户，超过全省平均水平。

【组织建设】 年初，在新冠肺炎疫情防控期间，成立了14个临时党支部，发动400余名党员志愿者，日夜坚守疫情防控阵地60天。依托党员楼栋长，一个月时间内完成了12.6万人的信息普查，基层党组织的号召力、战斗力明显提升。顺利完成10个社区、1个村的"两委"〔党组织、村（居）民委员会〕换届工作。有49个党支部通过"五化"（支部设置标准化；组织生化正常化；管理服务精细化；工作制度体系化；阵地建设规范化）党支部验收，全面完成"五化"党支部创建三年计划，完成了对水竹社区软弱涣散党组织的整顿工作。成立国企社会化党总支，完成600余名国企退休党员的接收工作。深入开展"在荷塘•红色领航"工程，初步构建精准就业、城乡帮困等工作机制。发挥街道"大工委"协调作用，解决了博雅、晨荷2所小学放学交通安全问题。创建了12个小区党支部，模具厂小区党支部被评为全市四星级小区党支部。提质袁家湾党群服务中心，建成东湖社区日照中心，社区党组织服务能力不断提升。

1月19日，月塘街道组织召开"不忘初心、牢记使命"主题教育总结大会

【纪检工作】 2020年，月塘街道党工委切实加强对党风廉政建设工作的领导，强化管党治党政治责任。坚持每季度专题研究一次党风廉政建设工作，全年在4次党工委会议、8次月度工作例会上组织学习相关纪律要求，通报违法违纪典型案件，让全体党政领导、机关社区干部始终拉紧一根弦。结合"纠四风、治陋习、树新风"专项整治行动，全年共开展明察暗访20余次，抽查11个村、社区的财务开支情况。下发督查通报6期，约谈干部7人，口头提醒干部31人次，党纪立案1件。开展廉政谈话40余次，先后有120余人次接受谈话。收到信访件3件，均已进行回复。加强微信群的巡群工作，前后定期不定期对服务监督微信群的运

转、回复等工作进行 10 余次督察，年内发布相关政策信息 15000 余次，解决群众反映的诉求和大小问题 100 余个。

【文明创建】2020 年，月塘街道以建设新时代全域化更高水平文明城市为主线，不断深入推进文明建设。利用辖区 300 余处户外宣传栏、墙体广告、电子显示屏等多种形式宣传社会主义核心价值观；结合疫情防控做好政策宣讲工作，把疫情防控与推进文明创建紧密结合起来。完成了所有社区新时代文明实践站的建设，利用街道综合文化站及社区新时代文明实践站等活动场所积极开展欢乐潇湘、中共十九届四中、五中全会精神进基层宣讲等主题活动，并结合传统节日积极开展主题教育实践活动，全年共开展活动 40 多次。深入推进“学习强国”学习平台的推广使用。积极组织开展志愿服务活动，针对辖区不同情况的困难居民，建立“金手杖”“近邻帮”“星火相传”志愿服务项目，对街道困难群体就行帮扶。

【安全生产】 2020 年，月塘街道加强对辖区安全生产经营单位的定期安全工作检查，完成辖区 946 家服饰加工类企业、2583 家各类门店的摸排。全年共查出各类隐患和不安全现象 32 处，发出隐患整改通知书 32 份，进行行政处罚 6 次，同时督促问题单位及时消除安全隐患。严格推行“一单四制”制度，对每项重大事故隐患治理任务实行交办制、台账制、销号制、通报制管理，做到治理任务不落实不放过、隐患不消除不销号，并对逾期未完成治理任务的予以通报。年内累计排查辖区重大安全事故隐患 51 个，销号 51 个，销号率 100%。积极配合区应急管理局，针对辖区内集生产、生活、仓库为一体的“三合一”场所开展专项安全隐患整治行动。投入 200 万元，改造消防基础设施，在合泰、富家垅地区推行智慧用电安全隐患监管服务系统，关停电气线路不符合要求的场所 36 家，督促 12 处重大火灾隐患整改并销案；联合相关职能部门开展烟花爆竹“打非清剿”专项行动。

【计划生育】 2020 年，月塘街道出生人口 228 人，新增特别扶助 22 人，农村奖励扶助 3 人，计生特扶人员家庭医生签约率 100%。孕前优生检查 64 人，完成比率 119%；“两癌”（宫颈癌和乳腺癌）筛查 300 人，完成比率 100%；献血完成 210 人，完成率 100%。

5 月 7 日上午，月塘街道计生协联合人民医院骨干会员，在荷塘区公益中心开展“携手仁爱，健康帮扶”活动

【劳动保障】2020 年，月塘街道累计新增就业 1695 人，失业再就业 663 人，就业困难人员再就业 213 人，新增农村劳动力转移就业 15 人，均完成或超额完成全年计划，失业率控制在 2.6%以下。对辖区 78 名高校实名登记毕业生开展回访，离校未就业高校毕业生实名登记率、跟踪回访率、就业服务率均达到 100%；零就业家庭动态援助 100%。就业形势总体稳定。组织

253 名求职人员参加线下招聘会，成功匹配上岗 32 人。7 月 26 日和 11 月 5 日，街道分别在合泰裕丰广场与华润万家商场举办“服装加工类”专场招聘会和电商专场招聘会，共有 20 家单位提供 240 个就业岗位，48 名求职者前来应聘。积极为广大退役军人、失业人员及高校毕业生的就业提供平台，促进充分就业。

【社会救助】2020 年，月塘街道有城镇低保户 318 户（其中特困 16 户、16 人），共 404 人，农村低保 8 户，共 18 人。共计发放城镇低保金 239.68 万元，农村低保金 6.85 万元；发放特困人员护理费 5.05 万元，株洲市价格临时补贴 23.37 万元。

【政务服务】2020 年，月塘街道严格按照政务服务“一件事一次办”的要求，及时为群众办结每一件需办理的事项。全年街道及各社区总计受理政务服务事项 11871 件，其中咨询件 856 件、 办理件 11015 件。办理事项数量前六名分别为企业退休人员领取养老金资格认证（普通人群）4711 件、居住证办理 1257 件、城镇居民基本医疗保险集中参保 958 件、高龄老人身份认定年审 932 件、个体工商户的设立登记审批 529 件、“老年人优待证”首次办理 364 件。办理件涉及范围包括人社局、医疗保障局、公安局、市场监督管理局、民政局等多部门。

【城市管理】 2020 年，月塘街道加强各农贸市场整治、环境卫生督查，重点强化富家垅、财富小区、合泰片区的保洁和清运工作，在全区城管工作考评中获得 2 次月度第一、1 次月度第二 、2 次月度第三的成绩。积极新推进东城家园二期、前进宿舍 2 个无人管理试点小区的自治工作，并成功验收东城家园二期、凯旋门小区、电业局小区、模具厂小区、中银宿舍、石塘冲小区、五中宿舍、教培小区、无线电七厂、海天盛景园 10 个小区的自治工作。

【综治工作】2020 年，月塘街道以“为党分忧、为民解难、保境安民、保驾护航”为宗旨，深入推进平安荷塘、法治荷塘建设。街道从抓综治基础工作出发，共调处民间纠纷 400 余宗；圆满完成全国“两会”等特护期保障工作，实现“零非访”“零登记”工作目标。年内组织综治执法活动 1 次，处理区级信访交办件 33 件。

【城乡帮困】 2020 年，月塘街道联合社区、社工、志愿者队伍，通过对辖区困难居民的走访和摸排，从老、幼、残、弱等困难群体出发，策划实施了 4 个帮困项目，覆盖困难对象 81 户，2 个微公益项目，服务对象 92 人，已招募志愿者共 384 名，其中核心志愿者 90 名，募集爱心资金（物资）77.31 万元。

（廖敏作）

茨菇塘街道

【概况】 株洲市荷塘区茨菇塘街道办事处（简称“茨菇塘街道”）前身为株洲市东区茨菇塘街道办事处，成立于 1969 年 9 月。1997 年 8 月因区划调整更为现名。地处荷塘区西南部，东接金山街道，东南毗月塘街道，西南与芦淞区贺家土街道为邻，东北与桂花街道相连，西北界石峰区学林街道。面积约 6.7 平方千米。

2020年辖六〇一、前进、余家冲、黄家塘、红旗村、上月塘、新月塘、荷叶塘、长征、红旗路、天鹅、麻园、汽车城13个社区居委会。总人口78150人，总户数33505户。

2020年，茨菇塘街道先后荣获“2020年湖南省文明单位”“株洲市2019年度文明村镇”“湖南省就业充分街道”“株洲市综治治理先进街道”“平安街道”“株洲市信访工作‘三无’单位创建活动先进单位”等多项荣誉称号。

【党的建设】2020年，茨菇塘街道有党组织69个，其中党工委1个，党委5个，党总支6个，党支部57个（含新经济组织和新社会组织“两新”党组织7个），共有党员3665人。街道党工委按照找党员、优组织、选准人、做实事“四步工作法”，持续深化社区党建区域化共建，有效整合碎片化党建资源，选树共建示范单位3家，其中以荷塘星城小区党支部为五星打造，让街道大工委、社区兼职党委、两代表一委员、联点单位、小区物业、业委会、楼栋长等资源联动起来，邀请爱心企业潘俐老师的袋鼠亲子课堂、疯狂义工唐先华老师的公益课堂进驻阵地，创新“党员志愿服务队”“片区服务站”等党员服务活动，小区党建由原来的“独角戏”转变为“大合唱”。结合社区“两委”换届试点工作，全面开展社区“两委”班子综合分析，同时建设街道人才库，落实帮带培育措施，确保每个社区有一定比例30岁左右的后备干部。进一步压实支部设置标准化、组织生活正常化、管理服务精细化、工作制度体系化、阵地建设规范化“五化”支部建设责任，推动未达标党支部年内全部达标；对已经达标的党支部实施提质工程，突出地域领域特色，打造基层党建示范点。加强“两新”党组织建设，亿都党支部升格为党委，钻石党支部创市级“两新”党支部。加大在社区干部、退伍军人、社会组织、大学毕业生等群体中以及从疫情防控一线、重点项目建设等区委中心工作中表现优秀的入党积极分子中发展党员，重点发展35岁以下年轻党员，逐步优化党员年龄结构，年内共发展党员12名。

分享党群之家实践经验

【经济工作】2020年，茨菇塘街道有规模以上企业57家，其中，工业企业5家、房地产建筑业企业17家、商贸业企业20家、服务业企业15家。至10月底，联网直报数据达标100%，报送及时率100%。完成申报新建新投产企业4家，小升规企业5家。年初，新冠肺炎疫情暴发导致企业停工停产，街道积极协助企业的抗疫工作，帮助企业复工复产。2—4月，共计上门指导和服务企业142家，门面200余家，为企业送免费中药及联系和调度口罩、手套、消毒液、体温枪等防疫物资，建立茨菇塘街道企业防疫微信群，及时沟通情况，加强协调，推动辖区企业全部实现安全平稳复工，未出现1例企业感染病例。年内街道完成制定的各类调查任务6个，分别是农民工调查15户、居民消费调查 20 户、小微企业调查 1 家、限下商贸业调查 15 家、规下服务业调查 4 家、规下工业调查 1 家，为上级的数据参考提供了依据。上门走访核实企业的经营和纳税情况，重点走访工业企业和建筑安装企业纳税大户 7 家。新增注册企业 10 家，引进税源 100 万元。

【社会治理】 2020 年，茨菇塘街道围绕扫黑除恶、禁毒、信访、平安创建、反邪防邪、综治民调、国家安全等，开展大型综治宣传活动 5 次；宣传进社区活动 5 次；制作横幅 28 条，宣传展板 10 块，大型喷绘一张，同时在辖区内 80 块电子显示屏进行滚动播放宣传；发放宣传资料 67521 份；走访商户、居民 31256 人次。构建了专业保安、内保辅助、志愿者配合、派出所指导的治安联防管理模式，组织义务巡逻队 13 支，人数达 95 人，营造了安全、宜居、有序的社会环境。目前街道已上报红旗村、汽车城 2 个社区为平安社区，上报平安家庭 104 户。组织机关干部及 13 个社区的工作人员及党员、居民 300 余人次观看了国家安全宣传视频。深入开展了禁毒排查工作和网格化管理，对辖区 13 个社区共 281 名社会面吸毒人员进行了全面核查。现辖区社区戒毒（康复）人员管控率达到 100%。积极配合社会组织开展对邪教人员的社会化帮教工作，组织开展“崇尚科学、远离病毒、防范邪教、关爱家庭”防范邪教宣传周活动。街道 368 个“雪亮工程”摄像头全部安装完毕并连通，强化对辖区内的安全隐患的监督和预警。完成社会治理平台搭建。全年共调处各类矛盾纠纷 96 起，处理回复网上信访 11 件，回复落实省巡视组交办件 2 件，区交办件 1 件。信访矛盾纠纷较上年同期下降 23.8%。开展铁路护路工作，社区每天组织志愿者进行义务巡逻，排查安全隐患，全年共排除安全隐患 12 起。

“河湖洁净月”主题活动

【城管治违】 2020 年，茨菇塘街道在全区城管工作中获得 1 个第一名、1 个第二名、2 个第三名。年内共组织民工 500 余人次对辖区范围内的卫生死角和上级交办的问题进行处理，并多次组织民工队伍对汽车城市场和白石港河堤进行专项卫生大规模的整治，对白石港流域水面的漂浮垃圾和水葫芦进行多次打捞。先后购置垃圾桶 500 余个，解决辖区范围内的环卫设施严重破损问题。数字化城管处理上级案卷 5 万余条，上户劝导户主自行清理装运垃圾百余处。加大生态环境保护治理，通过对辖区严密巡查，有效防止近年取缔的非法养殖、塑料破碎、油漆喷涂点死灰复燃；加装餐饮店油烟进化器 30 台；对红旗路社区征收地块裸露废区进行绿网覆盖；处理环保有关投诉 100 余条。坚持“一个原则严格监督，一把尺子严厉打击”原则，确保辖区范围内全年违法建设零增长。共组织小规模拆违行动 3 次，拆除简易结构违法建设 5 处、砖混结构违法建设 1 处，共 200 平方米，守住了零违建的政策红线。在拆违工作中，街道坚持以思想工作为主，做到零上访零上诉。按照上级部门开展创无违建小区整治工作要求，街道对违法建设实行每月定点定面积拆除，同时实行网格化管理，定网格、定人员、定任务，每名队员每天在网格内巡查不少于3次，做到交办、投诉不延期不回避，及时处理，以微信位置共享查岗，实现信息化管理。

【计划生育】2020年，茨菇塘街道已婚育龄妇女8679人，办理一孩生育服务证141例，二孩生育服务证118例，再生育6例，“生育服务证”办证准确率100%。开展全员人口信息清理清查工作，6个月以上出生身份证号码为其他的完善修改1215条，逻辑改错3000条。办理独生子女父母奖励545人，各类奖励对象准确率100%。对流动人口日常性管理组织4次集中清查，共清查流动人口5000余人，其中新增流入764人，流出51人。核查接收信息6635条，其中重要信息665条，PADIS协查及通报信息73条，湘粤通报信息58条，村直报信息4668条，发送重要信息917条。新增计划生育特别扶助奖励对象27人，目前街道计划生育特别扶助对象共计182人。2020年，街道投入10万余元，继续委托树德公益组织为辖区60名计划生育特扶人员量身打造“暖心家园”关爱失独困难家庭扶贫帮困项目。

【人口普查】6月，茨菇塘街道荷叶塘社区被选定为“全国第七次人口普查”株洲市综合试点单位。作为全市唯一先行试点单位，街道统计站提前布局，根据实际情况将社区划分为20个普查小区，从各社区抽调13名业务骨干，联合社区工作人员、志愿者12名，经过4次培训后，一个月内共计摸底1708户，6095人。在试点工作的基础上，街道成立了专门普查小组，共选聘330名普查员，经过近半年的上户摸底，截至10月25日，全街道已完成33139户的摸底工作，共上报登记户数为18660户、登记人口为78150人、其中户籍登记人口为49659人。

【疫情防控】2020年，面对新冠肺炎疫情的突发，茨菇塘街道严格按照“不漏一户，不落一人”的要求，对照物业、社区自治家园等基础人员台账，通过上户走访、电话核实、台账对比等措施，对辖区13个社区、9万多常住及流动人口、1000余家大小型企业、公共单位、门店进行全覆盖、拉网式排查，分类建立涉湖北、涉外、外地返株共5000余人台账，对来自疫情重点地区人员严格执行文件政策要求，进行隔离、医学观察、电话回访等。对所有小区实行24小时闭环式管理，启动居民小区健康登记管理程序，实行逢人必问、逢车必查、逢进必登，在卡口实行酒精喷雾、温度测量等清洁防疫措施，在主、次干道，小区楼道、周边建筑实行每天2次喷洒消毒液等措施。主动联系复工复产企业，为其协调口罩、手套、消毒液及体温枪等防疫防护物资采购40多次，为企业提供防疫支持。联合省直中医院为15家企业现场免费捐送抗病毒中药300余袋。针对辖区有工业企业50余家，且布局较为集中的实际情况，联合区复工复产指导组和联络员，对已经开业复工的企业实行每日上门一查，现场指导企业复工复产。对于防疫风险落实不力，整改不达标的企业坚决不允许开门复工复产。

【劳动就业】2020年，茨菇塘街道城镇新增就业1548人，失业人员再就业606人，就业困难对象再就业185人；城镇登记失业率控制在3.5%以内；开展职业培训、企业职工技能培训338人；零就业家庭动态就业援助100%；办理发放“就业创业登记证”324本。为204人申请城镇就业困难人员，为555名有就业意愿的失业人员及时做好“311服务”推荐工作。积极落实各项就业政策，为16名自主创业人员成功申报小额担保贷款共计290万元；办理灵活就业人员医疗保险补贴40人、养老保险补贴227人。登记2020年离校毕业生111名，通过电话，上门等方式了解其就业情况，为未就业高校毕业生做好就业创业政策宣传，就业岗位推荐等工作。办理企业退休人员领取养老金资格认证112人，其中特殊工种退休人员33人；办理丧葬抚恤金56人。全力推进精准荷塘就业开张工作，从各社区中聘请专职就业服务专员8人，并邀请株洲钻石人力资源管理服务有限公司专业人士对就业服务专员进行专业培训和指导，建立了专业的规章制度、工作流程和完善的考核机制，就业服务专员依托荷塘区就业平台及详细的台账和高效的匹配程序，对求职人员和用工单位进行精准化的高效匹配。建立回访制度，对已就业人员和用工单位进行一周和每月的回访，实现空岗及补。截至11月底，已收集求职人员信息1651人，用工单位招工信息348条，613个岗位用工信息。组织小型专场招聘会13场，专场招聘会1场，组织技能培训班4期，求职人员匹配成功上岗916人。

【社会保障】 2020年，茨菇塘街道共计发放低保户低保金466.58万元，惠及875人；“双节”、物价、医保补贴67.27万元。临时救助9人，共计0.85万元；大病救助83人，共计23.46万元；为辖区2335名高龄老人共计发放补贴133.97万元。帮助辖区内有能力有需求的8位残疾人参加区残联举办网络技能培训，配合蒲公英助残社会工作服务中心做好30户上门摸底工作，核实26名贫困肢体残疾人机动车燃油补贴，全部更换惠民一卡通账号。以春节、助残日、端午节等为契机，街道残联组织社区和志愿者深入残疾人家庭，共发放慰问及补贴金3万余元。落实残疾人大学生、高中生及贫困残疾人家庭子女就学资助政策14人；个体户残疾人参加城镇职工养老保险补助8人；为1名残疾人申请创业扶持金；推荐1名残疾人参加技能比赛。组织开展对辖区内1020名残疾人的专项调查，对于新增和死亡的残疾人进行摸排。按照“两项补贴”的发放条件和要求，为符合条件的困难残疾人和重度残疾人进行申报审核。经审核，辖区内共有250名残疾人享受困难残疾人生活补贴，共计250万元；390名残疾人享受重度残疾人护理补贴，共计390万元。为街道14名儿童申请“友邻帮”儿童政府购买服务项目。

【社区居委会换届选举】 2020年，茨菇塘街道作为全市社区居委会换届选举试点单位，率先在9月开始启动这项工作，至11月29日全部完成。13个社区居委会共设居委总职数67名，除601社区设居委职数7名外，其余12个社区居委职数均设5名。换届后，社区居委男性25人，占比29%，女性60人，占比71%；平均年龄38.2岁，较上届年轻6.4岁，其中1989年1月1日以后出生的23人，占比27%，35岁左右“两委”主职1名；具备研究生学历1人，本科学历31人，占比38%，大专学历44人，占比52%，中专（高中）学历9人，占比10%。

【“幸福荷塘”系列民生行动】2020年，茨菇塘街道通过地毯式摸底调研，对困难对象进行精准分类，实施了针对空巢、失能、失独、老养残、困境青少年、因病致困等人群的帮困项目，参与区级三社联动项目（精智障碍青少年）1个。全街道纳入帮困的家庭近300户（其中城乡帮困精准帮扶179户），以政府购买服务方式，由专业社工机构承接，按照“幸福来敲门”的主题、“尽力而为，量力而行”的原则及“优势视角，助人自助”的理念，一户一策，精准施策。辖区300余名爱心志愿者全程参与帮困工作，特别是在2020年99公益活动中，得到130余家爱心企事业单位的鼎力支持，链接到爱心资金和物资120余万元。项目实施以来，累计上门服务3000次以上，电话服务4000次以上，解决实际问题及困难500余个；开展专业小组活动近70次，大小型社区活动50余场，累计3000余人次参与。为所有服务对象购买补充医疗保险，共计4.2万元。投入3.5万元为6户家庭进行房屋老旧设施改造，实现微心愿400余个，大心愿65个。为120户家庭构建起新的互助支持系统；为65户服务家庭建立友好邻居、就近支持系统。协助就医150人次，为32户家庭对接医疗资源15万元。为5户家庭解决出行难问题，为3户家庭缓解康复难问题；为24户家庭找到过渡性就业渠道，引导4户家庭在自主创业中找到了人生新动力；为8户家庭提供教育帮扶2.2万元。服务对象的个体潜能、家庭功能及社会支持网络逐步建立和提升，一批服务对象从受助者转变成志愿者。街道还培养了一支比较稳定的志愿者队伍，项目志愿者团队超过300人，核心志愿者已达100人。同时，广泛链接爱心人士、爱心企业，特别是医疗、教育、心理咨询、维修、法律等专业志愿者。志愿者参与服务累计达8000小时以上。共组织志愿者培训、座谈、外出交流等团建活动30余次，组织“幸福来敲门”情景剧、志愿者表彰、志愿者年会等有影响力的大型活动。新冠肺炎疫情突发期间，街道高峰期80个卡点累计有近500名志愿者主动参与一线抗疫，形成了小茨微檬巾帼先锋队、朱水莲家园守护小团队、老兵之家志愿服务队等10余个小团队，成为抗疫一线的靓丽风景线。街道志愿者服务风采先后得到“学习强国”、《人民日报》、新华社、《株洲日报》、新湖南、株洲新闻综合频道等主流媒体采访报道近20条。

茨菇塘街道志愿者重阳节活动

【便民服务】2020年，茨菇塘街道共计办理政务服务“最多跑一次”事项15248件，即办率达到85%，没有发生一起超时办结情况，群众满意率100%。街道联合13个社区便民中心组织各种宣传活动20余次，发放宣传资料820余份，引导居民下载智慧荷塘APP、注册诸事达共计500余次，为辖区居民办理各类帮办事项220件，受到居民欢迎。

（易子惠）

宋家桥街道

【概况】 株洲市荷塘区宋家桥街道办事处（简称“宋家桥街道”）前身为株洲市东区宋家桥街道办事处，成立于1969年，1997年8月因区划调整更为现名。地处荷塘区中西部，辖区东邻仙庾镇，南毗金山街道，西南接桂花街道，西北界石峰区龙头铺街道，北与明照街道相连。面积12.1平方千米，总户数14722户，总人口31143人，其中城镇人口23164人，农村人口7979人。下辖四三〇、月桂、芙蓉3个社区和宋家桥、天台、龙洲3个行政村，属典型城郊型街道。经济产业结构以第二产业为主，以中车株洲车辆有限公司为主的铁路装备工业产业优势明显。辖区内共有法人单位252家，规模以上工业12家。

2020年，宋家桥街道先后被评为“株洲市全国第四次经济普查先进集体”“株洲市信访工作‘三无’单位创建活动先进单位”“株洲市安全生产工作考核优秀单位”“湖南省抗击新冠肺炎疫情先进集体”。

【党建创新】 2020年，宋家桥街道党工委在创新党建工作方面积极探索实践。在芙蓉社区铁四院小区探索建立“街道党工委—社区党委—小区党支部—楼栋党小组—小区党员户”五级组织体系，延伸党建触角，让小区居民感受到“党员就在身边、党的组织就在身边”。在430社区东风村小区开展了多项党建创新实践：探索建立小区居民议事制度，定期对小区重大事项进行研究讨论，商议解决居民普遍关心的问题；探索建立“多对一结对帮扶”机制，党支部31名党员与11名高龄、独居老人结成对子，每月固定登门探视清洁2次，其余事项随叫随到，提供代办帮办服务；探索建立“居民下单、分别派单、党员跑单”机制，加强以党员为核心，以志愿者、社工、热心居民等为骨干的志愿服务队伍建设，积极开展志愿服务，弘扬志愿精神、传递正能量。430社区东风村小区党支部的多项探索实践获得上级党组织和基层群众的广泛肯定，被评为株洲市四星级小区党支部。目前街道下辖3个社区，18个小区，城市社区直管党员483人，其中流动党员173人，已在符合条件的10个小区成立党组织，其余8个小区将在国企退休党员社会化移交至社区后，逐步成立党组织，实现党组织的全覆盖。街道党工委和各级基层党支部始终坚持每月开展主题党日活动。其中7月31日—8月1日，组织街道党政班子成员、机关支部党员和入党积极分子34人赴炎陵开展庆“七一”党员主题实践教育活动；9月，邀请华中师大研究生深圳教学中心、深港公共行政学院特约教授晏世乐给街道党员干部上党课。

【党风廉政建设】 2020年，宋家桥街道党工委和纪工委不断完善和严格执行党风廉政建设主体责任，全面落实“一岗双责”（“一岗”，一个领导干部的职务所对应的岗位；“双责”，一个领导干部既要对所在岗位应当承担的具体业务工作负责，又要对所在岗位应当承担的党风廉政建设责任制负责）要求，出台《2020年度宋家桥街道党风廉政建设推进计划》《2020年度宋家桥街道党风廉政建设主体责任分工》文件，将班子成员党风廉政建设工作与业务工作、分管工作紧密结合，全面部署，分责落实，严格考核。同时充分发挥街道纪工委职能作用，认真落实《中国共产党党内监督条例》和《中国共产党问责条例》，严肃追责问责。进一步完善选人用人制度、内部管理制度、临聘人员管理制度，分层管理在编干部和临聘人员，严格落实纪检监察监督机制和《荷塘区组织、人事、编制部门三家联席会议议事规则》及关于进一步规范镇（街道）临聘人员管理的通知相关精神，确保街道工作人员总数得到有效控制，对不满足要求的人员予以辞退，年内辞退1人。继续健全和严格执行各项规章制度，灵活运用“四种形态”（党内关系要正常化，批评和自我批评要经常开展，让咬耳扯袖、红脸出汗成为常态；党纪轻处分和组织处理要成为大多数；对严重违纪的重处分、作出重大职务调整应当是少数；严重违纪涉嫌违法立案审查的只能是极少数），对各类问题做出恰当处理。结合新冠疫情防控工作，先后进行工作督查21次，口头谈话4人次，宣布上级办理案件的党纪处分1人。严格执行村（社区）财务公开的相关规定，由街道纪工委牵头，联合财政所多次召开村（社区）财务公开工作调度会，于7月24日在街道“幸福株洲荷塘宋办”等28个微信群开启实行月度财务公开。群内回复群众诉求95次，宣传教育64条，舆情处置1条。

【意识形态工作】 2020年，宋家桥街道党工委认真学习贯彻《意识形态工作责任制实施细则》，落实“一岗双责”的要求，召开党工委会议研究意识形态工作2次，并把意识形态工作同党建、征拆、纪检等工作同安排同部署，纳入干部年终绩效考核内容。年内街道组织学习20余次，观看教育片5次，上党课30余堂，充分发挥“学习强国”“在荷塘”“三会一课”（定期召开支部党员大会、支部委员会、党小组会；按时上好党课）等载体作用，用党的最新理论成果武装头脑。严格落实“三会一课”“民主生活会”“主题党日”等制度，每月定期开展主题党日活动，先后学习习总书记系列重要讲话精神、《中国共产党章程》《中国共产党纪律处分条例》等内容，组织领导干部上党课3次。2020年开展的《习近平谈治国理政》第三卷交流暨“学习强国”挑战答题活动被“学习强国”采稿。创新工作方法，通过线上宣传（微信群、QQ群等）、线下引导（村、社区“两委”换届选举、走访企业）等形式，引导居民关注《在荷塘》公众号、《荷塘青春志》抖音号，并强化网络舆情监控与引导，安排专人负责网络舆情信息监控，每天登陆湖南舆情通、人民网、湖南日报客户端等进行舆情监控，从辖区党员、志愿者中选聘8位微信盟主和44名阳光信使，负责辖区微信群环境的维护，在微信群内传递正能量、抵制负能量。全年共向区委办、区政府办、区委宣传部等部门报送宣传信息120余篇，在红星网、《湖南日报》《株洲日报》等省市主流媒体上稿15篇，配合区网信办处理舆情危机2次。

【服务经济发展】 2020年，宋家桥街道在新冠肺炎疫情防控期间，助力辖区178家企业实现复工复产。6—12月，街道以“暖企”行动为抓手，以企业需求为“指南针”，全力为企业发展“保驾护航”。共走访企业71家，为11家企业对接相关部门，组织专场协调会5场，为企业解决突出问题11个。加大争资引项力度，街道先后争取省、市资金68万元，争取上级平台公司支持资金900万元，争取“三供一业”企业移交资产约400万元。提前2个月完成了幸福100城中村项目清零扫尾工作，顺利实现交地。仅用42天时间，完成天台储备地块26.87公顷61户民房签约及倒房，有效推进5家企业近2.5万平方米厂房搬迁。新塘路四期，职教城等5个项目得以启动结算。启动株洲报废汽车项目，有效盘活天台村村级集体经济。开展天台10.73公顷农业机械项目（原定名）前期工作，为2021年项目作储备。辖区年内新增注册公司16家，新增纳税60.1万元；新增“四上”企业8家。

【人口普查】 2020年，宋家桥街道扎实开展全国第七次人口普查工作，共录入总户数14722户，总人口31143人，其中城镇人口23164人，农村人口7979人。

【社会保障】 2020年，宋家桥街道养老工作秉持“一切以人民为中心”发展理念，切实从老年人最期盼、最迫切的需求入手，探索实践“社区和居家养老、医养结合型养老、嵌入式养老”等多种养老模式，形成互补，构建养老新格局。已建成株洲市瑞康护养院和株洲海福祥养老院2家医养结合养护院，可供床位415个，入住老人373人，入住率达90%。在月桂小区内和四三〇东风村旁建成2个社区日间照料居家养老服务中心，养老服务实现有效、有益、有市场联动的格局。完成高龄老人生活补贴780余人。为革除丧葬陋俗，推行免除基本殡葬服务费、节地生态安葬，4月27日，辖区首个贯彻“惠民礼葬”政策逝者家属，获得4312元补贴奖励。残疾人动态更新总人数为525人，入户率达96.98%。为促进残疾人就业，组织5名残疾人参加抖音直播培训，3人参加种养殖技术培训，创业扶持1人，扶持金额1万元。疫情期间残疾人门面补贴8人，每人一次性补贴2000元。扎实摸底，认真落实社会保障和社会救助工作，发放大学生助学补贴4人，共计1.6万余元。为28名残疾人提供政府购买居家服务，为27名残疾人发放机动车燃油补贴。“友邻帮”服务对象共6人，年内新增农村残疾人1人，困境儿童3人。

【应急管理】宋家桥街道辖区内有中车株洲车辆有限公司及其他生产企业70多家，中、小学3家，幼儿园10家，养老机构2个，宾馆5家，网吧4家。2020年，街道每个季度就辖区内企业安全生产隐患、交通安全、老旧小区消防安全、建筑工地和燃气安全、学校幼儿园安全问题进行对接和开展联合执法，每个季度按时召开安全生产联席会议，及时反馈和交办问题，下达文书和跟进整改复查结果。辖区内企业全年实现安全生产零事故。积极开展应急预案编制工作，聘请专家编制了综合应急预案和森林防火、防汛抗旱专项应急预案。企业已完成安全应急预案编制的有20多家。联合区教育局、街道安监站对街道辖区内的校外培训机构进行专项治理。按季节发放消防安全提示和全民应急安全知识手册到每家每户，根据街道老龄化严重和老旧小区较多的情况，对独居老人的用电用火用气安全进行一对一探视帮扶，在老人家里醒目位置贴放消防应急知识指南，放置一对一紧急电话卡。全年共发放宣传资料10000余份，在交通安全隐患较大的地段设立荧光道路风险提示牌和安全风险警示牌20余块，减少交通事故发生率。积极参加市应急局组织的安全生产行政执法管理系统上线培训班。2020年，街道被评为株洲市安全生产先进单位。

【医疗卫生】 2020年，宋家桥街道全年开展医卫数据清查及业务工作培训或以会代培12次；定期开展义诊和巡诊服务、出生缺陷综合防控、传染病应急处置以及慢性疾病综合防控等形式多样的健康宣传服务活动15场次；接受卫生和计划生育健康咨询服务达2万余人次。民生工程农村适龄妇女“两癌筛查”，免费筛查366人，排除阳性可疑46例（其中宫颈复查12人，乳腺复查34人）。年末街道总人口23651人，其中已婚育龄妇女3577人，符合政策生育率99%以上，出生统计准确率100%，出生缺陷率为零，群众满意率98%以上。惠民工程国家免费孕前优生健康检查完成64人，早孕随访率及妊娠结局随访率均为100%；叶酸服用率95%以上；孕产妇产前筛查目标覆盖率100%，产前筛查高危孕妇管理率100%。辖区全年无缺陷儿出生、无孕产妇及新生儿死亡。无偿义务献血完成128人。年内街道新增特扶对象17人，累计68人；新增城镇独生子女奖励扶助206人，累计3860人；新增农村奖励扶助对象7人，累计65人；享受14周岁内独生子女奖励对象150人。全年落实19名特扶对象住院护理补贴金共计87909.62元。全力以赴开展新冠肺炎疫情防控工作。疫情期间，共排查3万余人，针对性电话调查3567人，上报疫区返株及密切接触人员1215人，重点人员跟踪随访服务管理1552人，隔离观察管控对象456人，宣传培训指导2万余人。

5月25—28日，宋家桥街道计生协组织辖区农村户口和城镇低保“三无”贫困家庭妇女开展免费“两癌”筛查活动

【群众工作】 2020年，宋家桥街道围绕扶贫帮困及群众关心的热点难点问题和诉求，扎实开展群众工作。组织实施1个“三社联动”（以社区为平台、社会组织为载体、社会工作专业人才为支撑的联动服务机制）和5个相对贫困人员精准帮扶项目，覆盖辖区“老、弱、病、残”等121户困难家庭，涉及困难群众218人。成功培育本土志愿者512人，通过“社工+志愿者小团队”的帮扶模式，按照“一户一策”原则对困难群体实施精准帮扶，开展上门帮扶1100余次，共链接爱心物资69.8万元。培育发展了9支高质量的本土骨干志愿者队伍，开展大小业务培训57次。全街道共有477名志愿者参与了辖区新冠肺炎疫情防控，总服务时长达到7.7万个小时；55名志愿者参与全国文明城市创建志愿服务。国学经典素读主题活动实现常态化，沁润1000余对青少年家庭。践行网上群众路线，定期组织微信群员开展“微秀”“微帮”“微风尚”特色主题活动，举办百家宴11期；线上线下紧密联系群众，累计通过微信收集办理群众诉求2600件，满意率100%。深入

开展群众喜闻乐见的文体活动，街道先后组织开展“农村春晚”、“宋予爱心•浓情 99”、广场舞比赛、道德讲堂等文体活动 19 次，进一步满足辖区居民精神文化生活的需求。

【农村环境治理】 2020 年，宋家桥街道通过广泛宣传发动，推动农村人居环境整治工作再上新台阶。辖区各村全方位召开支村“两委”会议、党员大会、组长会议、全体组员会议等进行宣传动员，并积极走村入户、张贴标语、进行移动广播宣传、印发宣传册、利用村、组微信群等多种形式进行线上线下联动宣传，取得了积极的成效。截至 2020 年年末，共拆除辖区内露天垃圾池 10 个，更换 3 个村垃圾桶 1700 余个，硬化龙洲村范围内所有放置小白斗的地面，完成了龙洲垃圾填埋场应急处置工程项目。完成改厕任务 22 户（年度任务 8 户），并完成乡村道路绿化 5.84 千米。街道改厕任务户数 8 户，实际完成 22 户，道路绿化 5.84 千米。3 个村共有 1471 户有生活污水排放，其中 907 户纳入集中式生活污水处理，已建分户处理 334 户，需建 230 户，已完成农户生活污水处理工作 8 户。努力提升村容村貌，出台考核方案，严格兑现奖惩。街道修订了《宋家桥街道农村人居环境整治工作考核评估办法》，对每次考核成绩排名靠前的进行奖励，对排名靠后的由街道主要领导进行约谈，确保农村人居环境长治长效。为应对非洲猪瘟情疫情，街道组织每月对生猪养殖户消毒工作进行督查，3 个村共有养殖户 16 户，生猪约 156 头，未发生一例疫情。3 个村 4 类房 60 户已全部完成整治。处理 6 个村（社区）居民上交报告 39 份，为街道 8 户居民办理临时搭建建房手续。控制违章建筑 20 余处，共拆除违建 12 处，处理违建投诉 30 余起。“最美庭院”工作取得实质性效果，龙洲村、宋家桥村、天台村评选三星及以上“最美庭院”311 户，挂牌率 30%。

4 月 10—22 日，宋家桥街道组织各村开展农村农户房前屋后环境卫生大整治行动

【城市管理】 2020 年，宋家桥街道切实加强新冠肺炎疫情防控下的城市管理工作，在主次干道、小区、农贸市场、社区、村共设置口罩回收桶 35 个，并每天对辖区内小区、村道、垃圾收集车、垃圾收集容器、口罩回收桶等进行清理和消毒。对农贸市场每日进行 2 次清洁清扫及 1 次整体全方位、无死角消毒。日均测量进入市场人员体温 900 余人，劝离市场及周边游商 100 余次。对不符合防疫要求营业的门店责令停止营业 20 余家、督促整改 40 余家。开展夜宵摊违规经营整治行动，对存在占道经营、路面油渍污染、垃圾满地等问题的夜宵摊点，开展执法整治行动，共计整治违规经营夜宵摊点 4 家，取缔违规夜宵摊点 1 家，登记保存烧烤炉 1 台、油烟净化器 1 台、灯箱 1 个、桌子 5 张、凳子 60 张。5—10 月，开展卫生和文明城市复审工作，加强对老旧小区、城中村市容环境进行整治。其中 9 月份，街道购买 300 个垃圾设施，分发给辖区各村和社区，年内街道

共计投入10万余元购买环卫设施，不断完善辖区的基础设施，提升清扫保洁机制。开展“五大一改”（大宣传、大清洁、大消毒、大保护、大清查，改变农村陋习）专项整治行动，共清理各类积存垃圾300余吨。以龙洲村为试点，开展农村生活垃圾分类减量工作，购置大型垃圾桶120个，在龙洲村村道两旁及公共区域配备了可回收、不可回收大型垃圾桶共208个，并在赵家湾组设置垃圾分类可回收站点；完善基础设置和垃圾分类工作机制，持续指导村民、企业、单位开展垃圾分类工作。2020年，宋家桥街道城市管理工作荣获2次全区第一。

【综治工作】 2020年，宋家桥街道抓实综治维稳、扫黑除恶常态化工作，成功化解龙洲村“三一”铁塔安装项目周边矛盾、湘煤立达矿山装备有限公司与周边村民矛盾、市公安局“三所合一”项目与周边邻里矛盾、新湘路渣土车单方事故矛盾纠纷等。化解金山家园二期276户业主与开发商，型格七都会开发商与建设方及开发商与业主等重大纠纷。全年调解各类纠纷近50起。妥善处理4月8日申通快递公司快递员交通事故死亡事故、4月27日领秀天下6栋小孩意外坠楼死亡事故、5月17日天台村交通事故致2人死亡事故等突发事件，避免了矛盾升级。特护期间，主动做通思想工作，成功收取2名涉军重点人员进京车票，实现全年赴省进京“零”非访目标。结合复转军人之家平台和网上群众路线等工作，先后为易建明等老兵群体进行精准帮扶。扎实抓好脱贫攻坚工作，对辖区102户297名五类对象（城乡低保、特困供养、孤儿、残疾人及优抚对象）家庭进行帮扶，100%完成省脱贫攻坚“回头看”及涉贫信访问题整改，群众满意率达到100%。广泛宣传发动，充分利用综治民调、平安创建、“宪法宣传日”、干部大走访及网格员入户采集信息契机，在辖区醒目位置张贴200余条宣传横幅及宣传海报，设立专项斗争宣传栏等。加强禁毒宣传教育工作，在坚持常态化宣传基础上，创新新媒体禁毒宣传。在全区开展的3次禁毒模拟民调中取得1次第一、2次第二的好成绩。

【村（社区）换届选举】 11月底，宋家桥街道全面铺开村（社区）“两委”换届选举工作。前后历时43天，在全区率先完成此次换届选举，共推选出34名符合民意、顺应民心的“两委”成员。

【武装工作】 2020年，宋家桥街道将党建工作、武装工作和经济工作统筹安排，坚持议军制度、办公制度，每季度至少召开一次党工委议军会。年内组织学习12次，邀请专业干部及退伍老兵为街道工作人员和基干民兵进行国防教育讲座10次。2020年因疫情影响，春季征兵与秋季征兵合并进行，完成大学生入伍工作。年初组织30余名民兵参与疫情防控工作。鼓励退伍军人再就业，利用复转军人之家的平台，完善老兵议事、接访等制度，开展创业就业技能培训4次、退役军人及家属专场招聘会2场，成功解决5名退役军人的就业岗位。对辖区内120余名军烈属、重点优抚对象、生活困难的老兵进行走访慰问，帮扶辖区内生活特困、因病致贫的老兵22人。自街道退役军人服务站成立以来，接待团体单位参观学习20余次，并先后接待100余名退役军人及家属来访，认真倾听他们在生活上所遇到的问题和困难，将诉求记录备案，及时妥善处理。全年共解决老兵各种诉求 20 余件。辖区 1000 余名老兵，没有一名老兵越级上访。

（谢灵燕）

桂花街道

【概况】 株洲市荷塘区桂花街道办事处（简称“桂花街道”）于 2005 年 2 月由荷塘区原荷塘铺乡析置。地处荷塘区西南部，东与宋家桥街道为邻，东南、南与金山街道、月塘街道接壤，西南与茨菇塘街道毗邻，西北、北与仙庾镇相连。2020 年下辖西子、新荷、赵家冲、向阳、阳光里、龙湾 6 个社区和新桂、戴家岭 2 个行政村。土地面积 10.8 平方千米。根据 2020 年第七次人口普查登记，桂花街道登记人口总数为 91259 人，现有人口 78925 人。下设党政办公室（党建办公室）、城市管理办公室（农业农村工作办公室）、公共服务办公室公共安全办公室、生态环境办公室 5 个内设机构；下辖党群服务中心（综合便民服务中心）、综合治理站（网格化管理站、文化综合服务站）、退役军人服务站、农业综合服务站、综合行政执法大队 5 个所属事业单位。2020 年，桂花街道办事处机关在编干部 26 人，其中行政编制 15 人，事业编制 11 人。

2020 年，桂花街道以习近平新时代中国特色社会主义思想为指导，认真落实区委、区政府的决策部署，坚持稳中求进、进中争先，坚定不移地推动高质量发展，加快建设实力、活力、宜居的幸福新荷塘，各项事业健康有序发展，多项工作被《潇湘晨报》、湖南之窗、株洲电视台、《株洲日报》《株洲晚报》、株洲法制民生频道等新闻媒体采访报道，共计 40 余次。年内，街道工作先后被评为湖南省优秀人民调解委员会、株洲市安全生产工作优秀单位、株洲市人口和计划生育工作良好单位；荣获荷塘区创建全国文明城市先进单位、征地拆迁和房屋征收“红旗单位”、宣传思想工作、意识形态工作、创新群众工作先进单位、治违工作一等单位等 11 个区级奖项。

【基层党建】 2020 年，桂花街道党工委下辖 3 个社区党委、2 个社区党总支、1 个社区党支部、1 个村党委、1 个村党总支、1 个机关支部、1 个离退休支部、5 个非公党支部，38 个村社区二级党支部，76 个党小组，辖区直管党员 1202 名。街道各级党组织和广大党员牢固树立“四个意识”（政治意识、大局意识、核心意识、看齐意识），坚定“四个自信”（道路自信、理论自信、制度自信、文化自信），日常党建工作在市委组织部、区委组织部的调研中，获得充分肯定。扎实推进“不忘初心、牢记使命”主题教育，派出 9 个指导组，26 名指导员，深入村（社区）督促指导，夯实城市基层基础党建；加强意识形态教育工作，积极推广“学习强国”平台使用。依托线上+线下，党课+自学等方式，开展集中轮训、在线学习、集中讨论、个人自学等。为年老体弱党员送学 100 余次，为流动党员网上送学 96 次，为党员发放学习资料 2670 册，街道上下共接受传统教育、形势政策教育、先进典型教育和警示教育 384 次，全覆盖专题轮训支部书记 114 人次。聘请 7 位有影响力的机关、企业党组织负责人为“大工委”委员、24 位社区兼职委员，形成组织联建、党员联管、资源联用的良好格局，实现党建共建、资源共享。切实增强党支部的政治功能和组织力，完成22个党支部的示范点建设目标。以“四不两直”（不发通知、不打招呼、不听汇报、不用陪同接待；直奔基层、直插现场）的方式开展基层党建工作调研和业务指导，确保各党组织书记履职尽责，提升党建业务水平。培养21名入党积极分子，确定发展党员对象7名，预备党员转正7名，储备培养23名后备干部；完成2处“两代表一委员”（党代表、人大代表、政协委员）工作室的建设。

桂花街道召开大工委会议

【党风廉政建设】2020年，桂花街道全程积极配合省委第九巡查组对街道党工委为期2个月的巡查，对照巡查意见提出的15项问题，逐一切实整改落实。强化执纪监督，组织廉政谈话100余人次，提醒谈话10人次，通报批评5人，立案调查5起，结案5起。建立作风建设“大督查”机制，推进作风建设常态化。每月开展2次工作作风检查，每季度开展1次村级财务大检查，及时整改作风问题20余起，督促整改财务审计问题6起，通报批评5人次。畅通信访举报、监督、回复渠道，街道纪工委收到有关信访举报件8件，通过与20余名村组干部进行核实谈话和走访调查，年内已全部办结。

【经济工作】2020年，桂花街道规模工业总产值同比增长15.4%，社会消费品零售总额同比增长9.8%，固定资产投资额同比增长19.9%，房地产完成投资同比增长14.6%，各项经济指标稳定增长。全面调查辖区第二产业和第三产业的发展规模、布局和效益，以前期清查工作和正式经济普查形式完成对辖区843家企事业单位的经济普查。通过互联网+云技术，实行互联网+监督，推行“阳光公示规范化、土地先行数据化、档案管理信息化”，确保征地拆迁工作更加规范、高效、透明。完成水竹湖综合配套用地六、七、八地块，金山路储备用地补征地等4个项目的交地工作；完成新苗公园项目、新桂教育地块项目、金山路储备地块补征地块项目等3个项目的结算工作。

【“幸福荷塘”民生行动】 2020年，桂花街道设立“桂花街道就业服务驿站”，为用工企业与失业人员搭建服务平台，收集用工企业信息173家，登记求职人员725名。结合辖区的失业人员的实际需求，成功推荐上岗人员357人。组织职业技能专题培训班5期，培训结业人员近200人。共举办3场“精准就业服务”专场招聘会、1场“国投保安”专场招聘会，4场招聘会共联系160家用人单位进场招聘，提供机械制造、企业管理、市场营销、餐饮服务、保洁绿化等4000余个就业岗位，与用人单位达成就业意向的农民工、大中专毕业生、下岗失业人员等达730余人。年内发放辖区1050位高龄老人生活补贴619400元；慰问计划生育家庭

60 户。家庭医生签约数达到 9130 人，享受服务（就诊）3970 人次。全年组织 3 场无偿献血活动，共计成功献血 157 人，献血量达 54000 毫升。

桂花街道城乡帮困志愿者表彰大会

【城市管理数字化终端案卷处置】2020 年，桂花街道城市管理数字化终端共接到案卷 24484 起，处置完成 23470 起，结案率 95.86%，按时处置率 74.03%；接处 50 余起市长热线投诉，大部分处置完成，对于不能及时处理的问题向职能部门进行反馈。共签约 2 个市场化保洁公司，分别是天园环境和丛城清洁，承担区域保洁任务和街道下派的数字化终端案卷处置。

【综治司法】2020 年，桂花街道对社区戒毒（康复）人员全部进行了台账规范完善，做到了一人一档，社区戒毒（康复）管控率为 100%。社区戒毒（康复）42 人（社戒 28 人、社康 14 人）其中高风险 2 人、中风险 40 人。加大矛盾调处力度，共调解各类矛盾纠纷 60 余起，6 起意外死亡事件都得到及时有效的化解和处置，没有造成负面影响。年内开展了 20 余次综治宣传活动，共出各类板报（墙报）200 余块，粘贴宣传标语 300 余条，发放各类宣传资料 50000 余份，制作大型喷绘 10 幅，宣传横幅 200 余条。

【社会事务】2020 年，桂花街道城镇新增就业 929 人，失业人员再就业 365 人，就业困难人员再就业 105 人，农村劳动力转移 45 人，带动城乡就业 804 人，为辖区 10 人申请了小额担保贷款。办理核发“就业失业登记证”200 本；为 95 人进行就业困难人员认定。申请廉租房补贴 14 户，申请廉租房实物配租 14 户。办理被征地农民养老保险 229 人，城乡居民基本医疗保险 15358 人，灵活就业人员医保补贴 32 人，养老保险补贴 85 人。新办理退休人员 43 人。办理丧葬费补贴 18 人次。对 1520 名退役军人进行信息采集，悬挂光荣牌 1291 块；为 45 名退役军人重点优抚对象提供免费健康体检；为 74 名参战涉核重点优抚对象发放抚恤金 57.8 万元；申报退役老兵困难生活补助 2 人；春节及“八一”、中秋节走访慰问 150 人次，发放慰问资金 12 万元。

【城乡帮困】2020 年，桂花街道共有 8 个城乡帮困项目，共计 141 户服务对象。新发展 56 名志愿者，其中服务对象志愿者 3 名，家属志愿者 6 名，目前街道骨干志愿者共有 33 名。链接爱心物资和社会资金共 37 万余元，其中包括 99 公益日募捐 25 万余元。街道在“三榜工作法”的基础上，着重帮困项目品牌的打造和推广。目前爱心续航项目“桂人相助”家属互助会，守护未来项目“PFSC”模式以及“奥力给•少年”系列活动已初显成效，并制作成操作手册。打造由幸福荷塘 V 联盟、社区 V 学院、公益 V 实践、荣誉 V 成长 4 个板块组成的 4V 志愿者培养体系，包含志愿者的注册管理、积分、课程学习、志愿服务实践以及荣誉表彰等内容，已完成“幸福桂花，桂在有你”手绘地图、志愿者课程和表彰，将进一步推出4V服务手册。借助项目成功调解家庭矛盾3次；通过信息分享、岗位推荐等成功帮助4人就业；通过个案面谈、心理疏导等专业方法成功改善15人心理状况；通过学业辅导、链接培训机构等方式成功提升7名服务对象学习成绩；通过链接公益机构及兴趣班、提供优惠或减免学费支持，成功帮助3名青少年儿童服务对象充分完成特长学习；通过家属互助会的建立与发展成功缓解7名家属的照顾压力；通过链接专业志愿者进行用药、康复指导等成功改善2名服务对象的身体状况。

11月14日，桂花街道守护未来项目联合爱心续航项目在新苗公园开展“快乐齐上阵”户外拓展活动

（李文彬）

金山街道

【概况】 株洲市荷塘区金山街道办事处（简称“金山街道”）2005年2月由荷塘区原荷塘铺乡析置。地处荷塘区东南部，东邻仙庾镇、芦淞区白关镇，南毗芦淞区董家塅街道，西与月塘、茨菇塘、桂花街道相连，北与宋家桥街道接壤。总面积20平方千米。办事处驻太阳村雷塘组。下辖晏家湾、流芳、湘华、石宋路4个城市社区；太阳、新市、桐梓坪、金钩山4个村。辖区常住人口4万余人。2020年，有行政编制12人，事业编制9人。

2020年，金山街道完成规模工业增加值9.82亿元，同比增长6%；固定资产投资额完成46.1亿元，同比增长15.9%；社会消费品零售额完成5.9亿元；房地产完成投资6.7亿元。先后荣获“省级文明卫生单位”“省级计划生育基层群众自治先进单位”“株洲市2020年安全生产工作先进街道办事处”等荣誉称号；街道武装部荣获湖南省首批“五星”称号。

4月26日，金山街道党工委组织机关党员干部、驻村工作队到新市村开展“党员带头下田地、插抛秧、促春耕”主题教育实践活动

【党的建设】 2020年，金山街道坚持以党建为引领，把党的领导扎实落实到基层治理各领域各方面各环节。大力规范街道社区组织管理，优化配置调整一批社区干部，实现一村一社区主职一肩挑，完成“五化”（支部设置标准化、组织生活正常化、管理服务精细化、工作制度体系化、阵地建设规范化）支部100%验收。年内辖区党组织共发展预备党员5名，吸收入党积极分子22名，在项目指挥部成立2个临时党支部。挂牌成立17个小区党支部。开展党员

教育和志愿服务，带领辖区373名志愿者，推进3个帮困项目开展，帮助困难对象71户。

【党风廉政建设】 2020年，金山街道党工委狠抓党风廉政建设，充分发挥宣传工作在廉政教育中的作用，先后派发宣传材料4000多本，悬挂宣传横幅10多条，制作宣传专栏9个，在8个村、社区张贴了宣传海报。定期组织专题学习中央、省、市、区关于党风廉政建设的相关文件精神，并对相关案例进行深入剖析，开展警示教育6次。全年街道党工委对社区村书记、主任、纪检专干进行廉政谈话38人，对街道和社区村财务人员进行廉政谈话12人。定期开展日常检查活动，全年共进行监督执纪35次，谈话6人次，发放通报3次，其中通报批评2人，批评教育4人。全年办理党员违纪案件3起，其中自办件1起，协办件2起；办理信访案件3起。在村（社区）换届选举阶段，街道党政领导上门入户，共计谈话20余人次，否决3名不符合资格的两委选举候选人，推进了全面从严治党在基层走深走实。

【经济建设】 2020年，金山街道完成“四上”企业申报12家，走访“四上”培育企业31家。街道经协办组织各社区、村开展了一系列打击整治非法金融工作。共4次组织相关站、办、所和各村（社区）工作人员深入辖区内4栋重点楼宇进行“地毯式”摸底排查，辖区未发现有涉及非法金融的企业、组织和个人。

【安全生产】 2020年，金山街道就安全生产问题组织人员对辖区内企业进行详细摸底，指导企业完成安全隐患台账。同时每月定期携安全生产专家对辖区内企业及隐患区域进行安全生产检查，针对问题下达相关执法文书。狠抓马路市场、银泰商业广场的消防整治，桐梓坪村“三合一”场所的整治，以及对辖区存在问题商户下达安全隐患告知书。在“防事故、强执法”工作上，狠抓宣传发动，发放宣传资料15000份，组织30多家企业参加了隐患整治培训。定期开展专项行动，对20多家单位作出了简易处罚，配合区直部门完成处罚3起，处罚金额达到6万元。重点做好了“打非治违”工作，配合区直部门参与4次专项行动，涉及食品安全、成品油、烟花生产等方面。全年街道辖区内没有发生重大伤亡安全生产事故。

【综治工作】 2020年，金山街道积极构筑小事不出村（社区），大事不出中心组，重大纠纷不出街道的矛盾纠纷调处工作格局，采取超前排查，根据纠纷性质分类建档的办法，力争把各类矛盾处理在基层。全年街道辖区内共发生各类矛盾纠纷112起，调处112起，防止和避免集体上访事件2起，防止和避免民间纠纷化为刑事案件1起。大力开展综治宣传。入户走访发放禁毒宣传资料和禁毒禁赌承诺书10000余份，悬挂宣传横幅40余条，张贴宣传标语150余张，4次在银泰财富广场开展集中禁毒宣传。印发反邪教读本1000册，宣传资料4000多份，入户率达到100%，实现连续三年全街道无邪教活动。充分利用社会各方面力量，依靠各级组织，发挥村（社区）干部、党团员和广大群众的积极作用，组建多层次、多渠道、多形式的治安防范控制网络，共组建村（社区）级义务巡逻队8个，拥有队员55人，治安领导小组15个，调解领导小组15个，治安信息员

15 人。积极开展普法宣传，抓好未成年人的法制教育。2020 年，街道组织人员学习新《中华人民共和国土地管理法》《中华人民共和国刑法》《治安管理条例》《信访条例》4 部法律法规，并完成学法考法工作，参考率 100%、合格率 100%。6 月和 9 月开展法制到村（社区）巡回宣传活动和法律咨询活动，印发法制宣传资料 10000 多份。深入开展扫黑除恶专项斗争。制定《金山街道扫黑除恶专项斗争工作方案》，成立“扫黑除恶专项斗争”领导小组，同时加强宣传，营造氛围，制作宣传标语板面 20 余块，张贴《关于深入开展“扫黑除恶”专项斗争的通告》350 余张，印制扫黑除恶为内容的宣传彩页 5000 份，悬挂宣传横幅 75 条。发动辖区内有 LED 电子显示屏的单位，银行网点、商户等不间断播放扫黑除恶标语口号，在银泰财富广场、株洲烈士公园等人口密集区域采取悬挂横幅，设立咨询台，展出宣传板面的形式，进行系列宣传活动。在街道所在村（社区）分别设置了举报箱、公开举报电话，进一步畅通信息渠道。加强摸底排查，线索收集，对辖区内的重点人群进行突击检查，坚决做到“黑恶必除，除恶务尽”，确保扫黑除恶专项行动取得实实在在的成效，为街道提供和谐稳定的社会环境。

【城市管理】 2020 年，金山街道以株洲市创国家文明城市和创国家卫生城市工作为重点，积极开展常态化疫情防控下的城市管理工作。加强对湘华小区道路及湘华农贸市场周边的管理，取缔湘华马路市场，规范湘华农贸市场正常经营；加强辖区门店管理，通过与门店经营户签订“门前三包”责任书，对不按照要求经营的业主下达《城市管理嫌弃整改通知书》50 余次，有效改善了门店卫生等问题；规范小区车辆停放管理，投入资金制作禁止车辆停放标牌，并通过发放宣传资料，加大宣传力度，改善小区车辆乱停乱放现象。全辖区投放新垃圾桶 500 余个，垃圾转运收运、垃圾堆放点面貌一新。截至 10 月底，在区级城管工作月度考评中，金山街道共取得 1 个第一名，1 个第二名，4 个第三名的好成绩。

【项目建设】 2020 年，金山街道新开征 5 个重点项目：荷塘商贸城储备地块 A 项目（简称 180 亩）；新市村新建固体废物填埋场项目；中共株洲市委党校（株洲行政学院）维修提质改造项目二期；太阳支流黑臭水体治理工程项目；太阳村映日路（莲易大道—金钩山路）项目。另有扫尾续征项目：妇科千金胶囊现代化工程项目（165 亩）；东环普通商品房太阳村 C 地块、D、D+地块；东环普通商品房金钩山 DJ 地块；桐梓坪城中村项目（570 亩）等。全年项目签约 48 栋，签约房屋面积 14971 平方米，拆除房屋面积 40613.4 平方米。完成新文化路项目、南郊垃圾场、新市村新建固体废物填埋场项目、太阳支流黑臭水体治理工程项目交地结算工作；太阳村映日路项目、妇科千金胶囊现代化工程项目、中共株洲市委党校（株洲行政学院）维修提质改造项目二期、荷塘商贸城储备地块 A 项目交地工作，交地近 50 公顷。接待项目问题人员、调解项目纠纷 40 余起，开具未征收等证明 15 份，分立户 27 户，迁户 26 户，27 人。全年拆除存量违法建设面积 7669.15 平方米，拆除新增违法建设面积 3912 平方米。在巩固控违拆违工作战果的基础上，加大对新的违法建设的管控，实现违法建设“零”增长。

【人居环境整治】 2020年，金山街道在辖区内深入开展包括“厕所革命”、四类房（违建房、危旧房、空心房、偏杂房）、村容村貌整治等乡村振兴工作。发放“荷塘区农村厕所革命明白卡”1000多张，对2019年度整改的49户农村厕所进行问题排查，并拨付厕改资金81770元，完成2020年改厕任务37户，改厕完成率100%，并已全部通过区验收。根据整治要求对农村集体土地上建筑进行再摸底，遗留下来的4栋违建房已拆除2栋，销号2栋，拆除重建危险房2栋。从2020年二季度开始，改革村庄清扫保洁模式，街道投入120余万元，组建村庄保洁队伍，建立户收集、村转运体系，强化清扫保洁力度，垃圾清运的效率，为建设美丽清洁乡村提供有力保障。

【劳动保障】 2020年，金山街道全面落实荷塘区委、荷塘区人民政府精准就业工作要求，始终把推进荷塘大就业作为重点民生实事和街道中心工作。全年举办微型招聘会7场；登记求职人员1492人，匹配成功就业441人；开办各类技能培训班4期，培训学员150人。扎实开展社会保障工作，清理取消城市低保14户28人，农村低保5户13人；新增城市低保7户8人，农村低保11户18人。发放最低生活保障金260.56万元，困难户各项补贴金47.17万元。登记临时救助居民20户，发放救助金额2.82万元，发放80岁以上高龄老人补贴36.485万元。困难人员灵活就业养老保险补贴新增170人，困难人员灵活就业医疗保险补贴新增30人，失地农民养老保险参保173人，城乡居民基本医疗保险参保13018人，现有政府购买服务人员37人。积极响应上级政策，关心关爱残疾人士，传递温暖爱心。2020年，办理“残疾证”21本，为5名残疾人申请辅助器具，为辖区内5名残疾私营业主、企业申请疫情期间门面租金补贴2000元，为7名残疾人办理爱心车卡，为4名精神残疾人办理精神病人免费服药，为11名残疾人办理重度残疾人护理补贴和困难残疾人生活补贴，为12名重度残疾人申请居家托养。

【就业驿站】 2020年6月，金山街道在中心城区人流密集的湘运路成立金山就业驿站，旨在打通服务群众就业需求的“最后100米”就业服务平台。驿站内部设立“就业信息港”“微型招聘会”“技能加油站”“创业连心桥”四大功能板块，围绕就业信息发布、技能匹配、牵线搭桥、签约上岗等就业服务全链条，为群众提供“一站式”服务。

【卫健工作】 2020年，金山街道辖区共出生225人，其中男孩113人，女孩112人，人口出生比往年有所下降。全年发放避孕药具26500余份，发放进城务工人员孕育指南400余份，街道卫生服务中心建档2300余条，组织社区（村）适龄已婚妇女进行免费“两癌”筛查320人。扎实开展计划生育家庭特别扶助“三个全覆盖”，即对计划生育家庭特别扶助制度的独生子女伤残或死亡的家庭夫妻，落实“双岗”联系人制度、建立就医“绿色通道”、开展家庭医生签约服务，覆盖辖区所有计划生育特殊家庭。6月，组织对辖区计划生育特别扶助对象，实行了100%免费“家庭医生签约”服务，年内进行了春节、生日、节假日、住院等慰问共 71 人 145 次，送慰问金 51600 元。积极开展无偿献血活动，共组织大型的无偿献血活动 4 次，参与献血人员达 350 余人，成功献血 167 人，献血量达 61300 毫升，完成率 102%。加强新冠肺炎疫情防控的常态化管理，全面落实“外防输入、内防反弹”的总体防控要求，做好政策宣传，对辖区的返株人员进行地毯式的摸排，共摸排 5800 余人，集中隔离 60 人，并对所有摸排人员进行医学、居家观察。

金山街道志愿者在进行疫情防控消杀工作

【人口普查】 2020 年，金山街道保质保量完成第七次全国人口普查工作。在第七次人口普查工作中，金山街道共选聘普查员 173 名，进行业务培训 5 次；悬挂宣传横幅 40 幅，张贴宣传画 400 余张。街道共上报登记户数 16935 户，登记人口 51191 人，其中户籍登记人口为 26589 人。

【城乡帮困】 2020 年，金山街道根据区委“三榜工作法”工作要求，按照“社工+小邻通+志愿者”的项目运行模式，对辖区内 91 户帮困对象开展 4 个项目精准、重点帮扶：“爱在行动”：由圆梦贫困病友社工介入服务项目，为 4 个社区、4 个村家庭人均纯收入低于 6000 元且患有重大疾病或慢性病的 28 户服务对象开展重点服务；“雨润青苗”：重点服务辖区内 6～18 周岁的贫困、单亲学子 27 名；“益起绽放”：由金山志愿者团队承接，重点服务 4 个社区 40～50 岁困境女性 16 人；“向阳计划”：由长沙仁与社会工作服务中心承接，重点服务在社区康复的相对贫困精障人员 20 人。全年共组织开展志愿者团建活动 4 次、志愿者服务技巧培训 9 次、志愿者座谈会 8 次，志愿者自发组织服务活动 70 余次。志愿者协助“城乡帮困”项目入户探访 854 人次，电访近 1200 人次，累计服务近 2000 人次。开展腾讯 99 公益日活动，组建了近 500 人投手及小红花团队，为辖区困难群众筹集和获得腾讯慈善配捐约 32 万余元；为相对贫困人员链接各类资金、物质资源合计 12.17 余万元，为帮扶对象解决急难愁盼事项近 100 余件，各类活动及心理辅导近 50 余次，新增注册志愿者 70 余人（其中 8 名服务对象转化为志愿者）。2020 年，“雨润青苗”项目被评为湖南省“七彩假期”志愿服务项目示范团队、团市委 2020 年株洲市青年志愿服务项目“三星级青年志愿服务项目”。金山志愿者团队被评为荷塘区城乡帮困遇见你幸福荷塘 V 联盟志愿者团队。

2020 年金山街道志愿者总结表彰大会暨爱心企业答谢会

【退役军人服务】 2020年，金山街道积极开展退役军人就业创业扶持、优抚帮扶、走访慰问、信访接待、权益保障等工作，突出服务职能。通过来访接待室接待来访并解决诉求13次，息访息诉3次。定期开展走访慰问活动，并建立常态化联系走访制度，登记优抚对象92人，帮助优抚对象医疗报销12人；按时进行“八一”和春节两节慰问，让复转军人、参战企业退休人员及其家属感受到党和政府的关怀。积极发挥退役军人的示范作用，加强后备队伍的建设，全年组织基干民兵训练2次，上思想政治课8次，参加活动4次，退役军人在疫情防控、创文、创卫等方面发挥了重要作用。进一步加强“退役军人之家”建设，圆满完成全国乡镇（街道）“枫桥式退役军人服务站”的创建工作，通过建立包括有老照片、老物件、各类制度的实体平台，加强对退役老兵群“金戈铁马”等微信群的管理，让老兵深刻体会到找到组织的踏实感和家的温暖感。2020年，金山街道武装部荣获湖南省首批“五星”称号。

【政务服务改革】 2020年，金山街道持续推进网上政务服务大厅和帮办工作，全面开展“诸事达”“智慧荷塘” APP推广应用工作，推动实现广大群众办理政务服务事项足不出户、诸事可达。10月底，3个村级便民服务大厅同步上新，实现便民系统的区域全覆盖。为了让辖区居民更好地享受到政务服务改革的成果，金山街道坚持一月一考评，一月一调度的形式，定期召开“一件事一次办”工作调度会，不断提升工作人员的业务素质和技能水平。

（刘　隽）

明照街道

【概况】 株洲市荷塘区明照街道办事处（简称“明照街道”）2017年5月由宋家桥街道析置。辖区范围东与仙庾镇毗邻，南、西与宋家桥街道接壤，北抵云龙示范区和仙庾镇，总面积21.9平方千米，总人口17074人。下辖青塘1个社区，东园、星星、金塘、明照4个行政村，有99个村民小组。驻地荷塘大道明照安置房裙楼。

2020年，明照街道在区委、区政府的坚强领导下，围绕疫情防控、民生保障、项目建设、社会治理、党的建设等中心工作，不断激发创新活力，经济社会各项事业实现高质量发展。规模工业总产值同比增长11.9%，社会消费品零售总额同比增长8.2%，固定资产投资额同比增加5.9%，房地产完成投资同比增加4.2%，各项经济指标稳定增长。年内街道先后荣获株洲市文明单位、株洲市真抓实干成效明显的单位、株洲市五星基层武装部、荷塘区宣传思想工作先进单位、荷塘区统战工作先进单位等荣誉称号。

【党的建设】 2020年，明照街道共有党委1个，党总支4个，党支部17个，党员493名。全年召开党员大会2次，支委会6次，支部书记讲党课1次。新发展培养对象6名，预备党员转正7名。在新冠肺炎疫情防控的背景下，涌现一大批忠诚担当、乐于奉献党员，党的基层战斗堡垒作用得到极大发挥。党员抗疫自愿捐款5万余元；有32名优秀党员志愿者受到表彰。“学习强国”学习管理组在镇（街道）

排名中多次排名前列，注册学员参与度持续保持在 80%以上。

【疫情防控】年初新冠肺炎疫情突发后，明照街道迅速行动，按照中央、省、市、区的部署，严格开展疫情防控工作，在街道范围全面实行联防联控。党员干部“包村”“包组”“包户”，开展“一摸四查”（全面摸排；电话核查、单位自查、逐户排查、举报追查）；出动宣传车巡逻宣传，构建“人防+技防”的立体宣传防控网络。疫情期间，共计发放口罩 48753 个，消毒液 224 瓶+421.5 千克，酒精 793 瓶+476.5 千克，抗菌液 50 瓶，确保疫情防控工作有效开展。在疫情防控和企业复工复产的关键时刻，街道全力服务企业复工复产，安排专人对企业返工人员重点摸排，打好统筹疫情防控和推动企业复工复产的“组合拳”，截至 5 月，辖区 80 多家企业、12 个在建工地 3500 余名外来务工人员均已正常复工复产。全年辖区群众及外来人员未出现 1 例疑似或确诊病例，成功实现“ 零感染、零确诊”目标。

【经济建设】2020 年，明照街道加大力度推进综合治税工作，通过广泛宣传，大力营造依法治税、协税护税工作环境，抓好税源调查“守住老户、发展新户”，积极推进协税护税工作。截至 12 月底，辖区新增纳税 615.77 万元，新增注册 8 家企业，并完成 1 家小规模企业升级规模企业。将增资引项工作作为提升经济发展重要着力点，积极争取省、市资金，多次与省林业厅、市自然资源局等部门协调沟通，多笔专项资金已经到位。

【征地拆迁】2020 年，明照街道对征地拆迁指挥部的架构和人员进行大刀阔斧的调整，加强资料员的业务培训，确保项目资料的完整。积极开展“双比双看”（比项目建设，看推进力度；比全年任务，看完成进度）大竞赛活动，稳妥解决三一项目遗留户问题，完成了拆除任务，为该片区项目建设节约了建设成本和时间。新开征分路口储备地项目、H5 二期、金城补报、以及金泉路、金兴路、金达路、余湾路、金宋路、象湾路、政通路 7 条道路项目征收工作，共计征收面积 18.87 公顷，涉及征收户 103 户，已签约 34 户。

9 月 28 日，明照街道联合株洲农村商业银行为“照亮明天”项目的 25 名困境留守儿童家庭送去关心与关爱

【民生保障】2020 年，明照街道贯彻落实“保就业、保基本民生”工作要求，推动“造血”和“输血”相结合做好民生保障工作。有序推进就业帮扶。对就业重点关注对象进行一对一帮扶，主动联系企业，架通就业桥梁。同时通过抖音带货、视频直播等方式“带货”，助力灵活就业。举办育婴师、中式面点等职业技能培训班。大力支持村集体经济发展，在东园村开办了服装加工厂，充分利用农村剩余劳动力，解决村民家门口就业的问题。年内，街道新增就业 205 人。逐步完善城乡帮困机制。持续推

进7个城乡帮困项目，有25名困境儿童、38名困难户纳入“一帮一”帮扶范围，按照“一户一策”，逐步落实帮扶措施。落实民生资金兜底保障。全年街道发放低保资金41.5万元，“五保”资金8.2万元，临时救助35人次，发放救助资金3.7万元，残疾人两项补贴17.9万元。

【社会治理】2020年，明照街道始终秉承“发展为第一要务”“稳定为第一责任”“平安为第一民生”的工作理念，统筹抓好综治维稳、扫黑除恶、安全生产、人居环境等各项社会治理工作。全年接到信访件46件（其中来信1件，投诉33件，来访3件，省第三巡视组交办件9件），其中42件已于年内办结。

【安全生产】2020年，明照街道开展安全生产培训2次，消防演习2次，培训人员200余人次。全面开展以道路安全、危险化学品、生产企业、烟花爆竹零售点为重点的专项整治工作。特别是在节假日、重大社会活动期间及时组织各部门、单位，采取企业自查、部门检查和安监站督查的方式开展安全生产大检查。全年累计开展检查100余次。其中：检查危化使用单位20余次，食品经营户10多次，建筑工地2次，个体工商户80多次。下发整改指令50多份，提出整改意见达200多条，排查到重大隐患32处，已整改到位32处。年内街道累计下达行政处罚决定书10份，经济处罚0.16万元，已到账0.16万元。配合区应急管理局及公安机关开展打非（烟花爆竹、危化）行动2次，查封礼花8箱、鞭炮27封，查扣10吨油罐2个。全年辖区内各企业全年未发生一起责任事故，未死伤一个人。

【农业农村】2020年，明照街道全年发放耕地力补贴面积总计286.8公顷。其中明照村面积60.69公顷；东园村面积129.66公顷；金塘村面积56.3公顷；星星村面积40.15公顷。全年完成改厕任务户数18户，至三季度100%完成厕所改造。

【村、社区“两委”班子换届】截至2021年1月19日，明照街道圆满完成村、社区“两委”（党支部、村（居）民委员会）班子换届。换届后，街道4个村、1个社区书记、主任“一肩挑”全部落实到位，按照5∶5∶4∶6的职数配备，高度实现交叉任职。此次共选拔出30名村（社区）“两委”干部，其中18人为交叉任职，交叉率为60%；13人为新当选“两委”成员，新进比例达43%，其中年龄最小的为25岁。此次换届各村（社区）“两委”班子的年龄结构得到较大改善，为明照街道的快速发展增加了新的动能。

市人大到星星村开展驻室活动

【李智到星星村开展人大代表驻室活动】11月18日，株洲市人大常委会党组成员、副主任李智一行在区人大常委会党组书记、主任刘国梁的陪同下到星星村开展人大代表驻室活动，认真听取村民代表关于村集体经济长效发展、失地农民就业难的问题和农村房屋确权加强完善事宜的情况汇报。李智主任和来访群众亲切交谈后，表示对村民代表反馈的意见一定会提交上去，讨论解决，并督促街道和村要针对问题及时反馈，认真研究，做好群众的宣传解释工作。2020年，明照街道将每月的20日作为人大代表入室接待日，全年开展人大代表驻室接待活动9次，接待、走访选民15人（次），收集群众意见建议9件。

（罗雨伦）

人 物

2020年荷塘区新任区级领导

罗鹏程 男，汉族，1980年7月生，湖南澧县人。中南大学机械工程领域工程专业毕业，工程硕士学位。2003年7月参加工作，2007年5月加入中国共产党。现任中共株洲市荷塘区委副书记、区人民政府区长候选人。

1999年7月—2003年7月，就读湘潭大学机械工程学院机械设计与制造及自动化专业，获工学学士学位；2003年7月—2004年2月，在3028厂航空产品分厂见习；2004年2月—2006年4月，任3028厂数控加工分厂技术员；2006年4月—2007年11月，任3028厂科技处处长助理；2007年11月—2010年5月，任中航飞机起落架有限责任公司湘陵分公司科技处副处长；2010年5月—2011年4月，任中航飞机起落架有限责任公司湘陵分公司科技处副处长兼质量管理处副处长；2011年4月—2011年8月，任中航飞机起落架有限责任公司团委书记兼湘陵分公司质量管理处处长；2011年8月—2013年2月，任中航飞机起落架有限责任公司团委书记兼群众工作部副部长；2013年2月—2013年4月，任中航飞机起落架有限责任公司（中航飞机股份有限公司长沙起落架分公司）质量安全部部长兼团委书记；2013年4月—2013年12月，任中航飞机起落架有限责任公司（中航飞机股份有限公司长沙起落架分公司）质量安全部部长；2013年12月—2014年7月，任中航飞机起落架有限责任公司（中航飞机股份有限公司长沙起落架分公司）质量安全部部长兼客户服务中心主任；2014年7月—2015年9月，任中航飞机起落架有限责任公司（中航飞机股份有限公司长沙起落架分公司）国际合作与转包事业部总经理；2015年9月—2019年8月，任中航飞机起落架有限责任公司（中航飞机股份有限公司长沙起落架分公司）国民机与国际合作部部长（其间：2017年8月—2019年4月挂职任辰溪县委常委、副县长；2016年6月获中南大学机械工程领域工程专业工程硕士学位）；2019年8月—2020年9月，任中航飞机起落架有限责任公司工程技术研究中心副主任；2020年9月—2020年12月，任中航飞机起落架有限责任公司工程技术研究中心党支部书记、副主任；2020年12月起，任中共株洲市荷塘区委副书记、株洲市荷塘区人民政府区长候选人。

刘国梁　男，汉族，1967年6月生，湖南衡阳县人。中央党校函授学院法律专业毕业，中央党校函授本科学历。1983年12月参加工作，1990年11月加入中国共产党，现任株洲市荷塘区人大常委会党组书记、主任。

1983年12月—1985年5月，在株洲市湘运公司工作；1985年5月—1987年12月，在株洲市郊区水利水电局工作；1987年12月—1996年5月，在株洲市郊区区委办工作；1996年5月—1996年10月，在株洲市郊区区委组织部任科员；1996年10月—1997年1月，任株洲市郊区荷塘铺乡人武部副部长；1997年1月—2001年11月，任株洲市郊区（1997年8月改为荷塘区）荷塘铺乡党委委员、人武部部长（其间：1996年9月—1999年6月在株洲市委党校经济管理专业专科学习；1997年3月—1997年4月在株洲市郊区党校中青班学习）；2001年11月—2004年1月，任株洲市荷塘区明照乡党委副书记（2000年8月—2002年12月在中央党校函授学院法律专业本科学习）；2004年1月—2007年4月，任株洲市荷塘区明照乡党委副书记、乡长（其间：2006年2月—2006年6月在株洲市委党校中青班学习）；2007年4月—2010年6月，任株洲市荷塘区财政局局长；2010年6月—2011年8月，任株洲市荷塘区人民政府副区长，区财政局局长；2011年8月—2012年5月，任株洲市荷塘区人民政府党组成员、副区长（其间：2012年2月—2012年4月，在株洲市委党校县干班学习）；2012年5月—2013年5月，任株洲市荷塘区区委常委、统战部部长，区人民政府党组成员、副区长；2013年5月—2015年1月，任株洲市荷塘区区委常委、统战部部长，区人民政府党组成员、副区长，区政协党组副书记；2015年1月—2016年11月，任株洲市荷塘区委常委，区人民政府党组成员、副区长；2016年11月—2020年6月，任株洲市荷塘区委常委，区人民政府党组副书记、常务副区长；2020年6月起，任株洲市荷塘区人大常委会党组书记、主任。

刘新华　男，汉族，1977年10月生，湖南攸县人。湖南省委党校经济学专业毕业，省委党校在职研究生学历。2001年7月参加工作，2000年3月加入中国共产党。现任中共株洲市荷塘区委常委，株洲市荷塘区人民政府党组副书记、常务副区长。

1997年9月—2001年6月，就读湖南师范大学体育教育专业本科，获教育学学士学位；2001年7月—2003年1月，历任醴陵市贺家桥镇企业办主任、民政助理、集镇办主任、国土管理员；2003年1月—2004年2月，任醴陵市贺家桥镇党委委员；2004年2月至2005年1月，任醴陵市贺家桥镇人民政府副镇长；2005

年1月—2006年3月，任共青团醴陵市委副书记；2006年3月—2007年3月，任醴陵市沈潭镇党委委员、副镇长；2007年3月—2010年1月，任醴陵市沈潭镇党委副书记、镇长（2006年9月—2009年7月在湖南省委党校经济学专业就读在职研究生）；2010年1月—2011年3月，任醴陵市沈潭镇党委书记、人大主席（其间：2010年9月—2011年1月在株洲市委党校中青班学习）；2011年3月—2012年2月，任醴陵市沈潭镇党委书记（其间：2011年12月—2012年1月在湖南省委党校选调生班学习）；2012年2月—2012年11月，任醴陵市浦口镇党委书记；2012年11月—2014年10月，任醴陵市人民政府党组成员、副市长；2014年10月—2015年8月，任醴陵市人民政府党组成员；2015年8月—2016年11月，任醴陵市人民政府原党组成员、副市长；2016年11月—2018年12月，任株洲云龙示范区管委会综合管理部部长；2018年12月—2020年5月，任株洲市天元区人民政府副区长；2020年5月—2020年6月，任株洲市荷塘区委常委，区人民政府副区长（常务）提名人选；2020年6月起，任株洲市荷塘区委常委，区人民政府党组副书记、常务副区长。

王冬　男，汉族，1968年12月生，湖南株洲天元区人。厦门水产学院机械与电子工程系机械设计及制造专业毕业，大学学历。1990年7月参加工作，1995年12月加入中国共产党。现任中共株洲市荷塘区委常委、政法委书记。

1986年9月—1990年7月，就读厦门水产学院机械与电子工程系机械设计及制造专业本科，获工学学士学位；1990年7月—1992年6月，在株洲市轮胎厂工作；1992年6月—1995年10月，在株洲市郊区畜牧水产局工作；1995年10—1997年1月，任株洲市郊区畜禽水产鱼苗鱼种场场长（副科级）；1997年1月—1997年6月，任株洲市郊区畜牧水产局副局长、畜禽水产鱼苗鱼种场场长；1997年6月—1997年8月，任株洲市郊区畜牧水产局副局长；1997年8月—1997年11月，任株洲市芦淞区畜牧水产局副局长；1997年11月—2001年11月，任株洲市芦淞区畜牧水产局局长兼农村工作部副部长、农办副主任；2001年11月—2005年2月，任株洲市芦淞区农村工作局局长（其间：2001年9月—2001年12月在株洲市委党校中青班学习；2000年4月—2002年4月在中国政法大学经济管理专业研究生课程班学习；2004年3月—2004年7月在株洲市委组织部干部英语培训班学习）；2005年2月—2006年6月，任株洲市芦淞区五里墩乡党委书记；2006年6月—2006年10月，任株洲市芦淞区副县级干部，五里墩乡党委书记；2006年10月—2011年6月，任株洲市芦淞区副县级干部，五里墩乡党委书记、人大主席团主席（兼）；2011年6月—2011年11月，任株洲市芦淞区人民政府党组成员、副区长，五里墩乡党委书记、人大主席团主席（兼）；2011年11月—2016年9月，任株洲市芦淞区人民政府党组成员、副区长；2016年9月—2016年11月，任株洲市荷塘区人民政府党组成员、副区长候选人；2016

年 11 月—2020 年 7 月，任株洲市荷塘区人民政府党组成员、副区长；2020 年 7 月起，任中共株洲市荷塘区委常委、政法委书记。

王伟胜 男，汉族，1977 年 8 月生，湖南攸县人。中共湖南省委党校经济学（经济管理）专业毕业，省委党校在职研究生学历。1999 年 7 月加入中国共产党，同年 11 月参加工作。现任中共株洲市荷塘区委常委、区委办公室主任。

1993 年 9 月—1997 年 7 月，在湖南省电子工业学校机械制造专业中专学习；1997 年 11 月—2003 年 5 月，在攸县皇图岭镇人民政府担任干部（1995 年 10 月—2001 年 6 月就读湖南大学自考专科会计专业）；2003 年 5 月—2008 年 1 月，在攸县人民政府办公室担任干部（其间：2004 年 9 月—2007 年 6 月就读湖南师范大学公共事业管理专业自考本科）；2008 年 1 月—2009 年 7 月，任攸县人民政府办公室干部，县侨联副主席；2009 年 7 月—2009 年 10 月，任攸县人民政府办公室主任科员，县侨联副主席；2009 年 10 月—2010 年 10 月，任株洲市委办公室综调室正科级干部；2010 年 10 月—2012 年 7 月，任株洲市委办公室综调室副主任、主任科员；2012 年 7 月—2013 年 8 月，任株洲市委国家保密局保密法规宣传科科长；2013 年 8 月—2017 年 6 月，任株洲市委办公室秘书二科科长〔2011 年 9 月—2014 年 6 月就读中共湖南省委党校在职研究生班经济学（经济管理）专业〕；2017 年 6 月—2019 年 7 月，任株洲市委常委办公室主任；2019 年 7 月—2020 年 11 月，任株洲市委督查专员兼督查室主任；2020 年 11 月—2020 年 12 月，任株洲市荷塘区委常委；2020 年 12 月起，任株洲市荷塘区委常委、区委办主任。

丁国祥 男，汉族，1967 年 4 月生，湖南攸县人。湘潭大学历史系历史专业毕业，大学学历。1989 年 7 月参加工作，1993 年 1 月加入中国共产党。现任株洲市荷塘区人大常委会党组成员、副主任。

1985 年 9 月—1989 年 7 月，就读湘潭大学历史系历史专业本科，获历史学学士学位；1989 年 7 月—1990 年 6 月，在株洲市东区田心街道办事处担任政工干事；1990 年 6 月—1993 年 3 月，在株洲市东区人大办公室担任秘书；1993 年 3 月—1995 年 4 月，任株洲市东区人大办公室副主任；1995 年 4 月—1997 年 11 月，任株洲市东区人民政府办公室（1997 年 8 月改任荷塘区人民政府办公室）副主任；1997 年 11 月—2001 年 3 月，任株洲市荷塘区明照乡党委副书记；2001 年 3 月—2002 年 12 月，任株洲市荷塘区荷塘铺乡党委副书记、乡长；2002 年 12 月—2005 年 2 月，任株洲市荷塘区荷塘铺乡党委书记；2005 年 2 月—2009 年 6 月，任株洲市荷塘区金山街道党工委书记；2009 年 6 月—2014 年 1 月，任株洲市荷塘区茨菇塘街道党工委书记；2014 年 1 月—2015 年 12 月，任株洲市荷塘区委办公室副主任（排第一，主持日常工作）、区委督查室主任；2015 年 12 月—2016 年 4 月，任株洲市荷塘区人力资源和社会保障局局长；2016 年 4 月—2016 年 11 月，任株洲市荷塘区人力资源和社会保障局党组书记、局长；2016 年 11 月—2017 年 1 月，任株洲金山科技工业园党工委书记，区人力资源和社会保障局党组书记、局长；2017 年 1 月—2020 年 1 月，任株洲金山科技工业园党工委书记；2020 年 1 月—2020 年 3 月，任株洲市荷塘区人大常委会副主任提名人选；2020 年 3 月—2020 年 6 月，任株洲市荷塘区人大常委会党组成员、副主任提名人选；2020 年 6 月起，任株洲市荷塘区人大常委会党组成员、副主任。

刘定光 男，汉族，1982 年 9 月生，湖南隆回人。湖南师范大学文学院汉语言文学专业毕业，大学学历。2007 年 7 月参加工作，2011 年 4 月加入中国共产党。现任株洲市荷塘区人民政府党组成员、副区长。

2003 年 9 月—2007 年 6 月，就读湖南师范大学文学院汉语言文学专业本科，获文学学士学位；2007 年 7 月—2008 年 12 月，在《长沙房地产》编辑部担任编辑；2008 年 12 月—2010 年 2 月，在郴州市工商行政管理局苏仙分局担任公务员；2010 年 2 月—2010 年 5 月，任郴州市工商行政管理局苏仙分局办公室副主任兼团总支书记；2010 年 5 月—2011 年 7 月，在郴州市财政局乡镇财政管理局担任科员；2011 年 7 月—2011 年 12 月，任郴州市财政局乡镇财政管理局副主任科员；2011 年 12 月—2012 年 12 月，任郴州市委政研室副科级研究员；2012 年 12 月—2013 年 12 月，任郴州市委政研室经济建设科副科长；2013 年 12 月—2016 年 1 月，任湖南省人大常委会民族华侨外事委法制处副主任科员；2016 年 1 月—2016 年 2 月，任湖南省人大常委会民族华侨外事委法制处主任科员（2015 年 3 月—2016 年 2 月在隆回县虎形山瑶族乡挂职，任乡党委副书记）；2016 年 2 月—2019 年 6 月，任湖南省人大常委会办公厅秘书处正科级秘书；2019 年 6 月—2020 年 7 月，任湖南省人大常委会办公厅秘书处副处长级秘书；2020 年 7 月—2020 年 8 月，任株洲市荷塘区人民政府副区长；2020 年 8 月起，任株洲市荷塘区人民政府党组成员、副区长。

向前进 男，土家族，1977 年 2 月生，湖南慈利人。武汉大学软件工程专业毕业，自考本科学历。1995 年 6 月加入中国共产党，同年 7 月参加工作。现任株洲市荷塘区人民政府党组成员、副区长。

1991 年 9 月—1995 年 7 月，就读株洲冶金工业学校热能工程专业中专；1995 年 7 月—1998 年 9 月，在株洲长江实业开发总公司工作（1993 年 4 月至 1997 年 6 月就读湖南大学工业管理工程专业自考专科）；1998 年 9 月—2000 年 11 月，任株洲长江实业开发总公司团委书记（1996 年 1 月—1999 年 6 月就读湖南大学工业管理工程专业自考本科）；2000 年 11 月—2001

年2月，任株洲长江实业开发总公司政工科副科长；2001年2月—2001年8月，任株洲市团委城乡部干事；2001年8月—2001年11月，任株洲市团委城市工作部副部长；2001年11月—2002年4月，任株洲市团委办公室副主任；2002年4月—2002年5月，任株洲市团委宣传部副部长；2002年5月—2003年12月，任株洲市团委宣传部部长；2003年12月—2007年3月，任株洲市荷塘区委宣传部副部长（2003年9月—2005年6月就读武汉大学软件工程专业，获工程硕士学位）；2007年3月—2011年8月，任株洲市荷塘区委宣传部副部长、区文明办主任；2011年8月—2012年4月，任株洲市荷塘区政府办副主任、主任科员（其间：2011年9月—2011年12月在株洲市委党校中青班学习）；2012年4月—2013年5月，任株洲市荷塘区委办副主任、政策研究室主任；2013年5月—2014年1月，任株洲市荷塘区宋家桥街道党工委副书记、办事处主任，金山科技工业园管委会副主任（兼）；2014年1月—2015年12月，任株洲市荷塘区宋家桥街道党工委副书记、办事处主任；2015年12月—2016年4月，任株洲市荷塘区仙庾镇党委副书记、镇长提名人选；2016年4月—2016年10月，任株洲市荷塘区人民政府党组成员，纪委副书记、监察局局长；2016年10月—2019年6月，任株洲市荷塘区人民政府党组成员，政府办党组书记、主任；2019年6月—2020年12月，任株洲市荷塘区人民政府党组成员，政府办党组书记、主任、四级调研员；2020年12月起，任株洲市荷塘区人民政府党组成员、副区长。

张苏龙　男，汉族，1967年9月生，湖南浏阳人。株洲市委党校经济管理专业毕业，市委党校专科学历。1986年9月参加工作，1999年10月加入中国共产党。现任政协株洲市荷塘区委员会党组成员、副主席。

1986年9月—1997年8月，在株洲市郊区明照乡财政所工作（其间：1991年9月—1994年11月就读湖南省农业广播电视学校乡镇企业管理专业成教中专）；1997年8月—2002年1月，在株洲市荷塘区明照乡财政所工作（其间：1998年9月—2001年6月就读株洲市委党校经济管理专业专科）；2002年1月—2002年12月，任株洲市荷塘区明照乡政府副乡长（其间：2002年9月—2002年11月在株洲市委党校乡镇长、党委书记班学习）；2002年12月—2004年1月，任株洲市荷塘区农税局局长；2004年1月—2005年5月任株洲市荷塘区财政局副局长、农税局局长；2005年5月—2011年9月，任株洲市荷塘区财政局副局长、农税局局长、主任科员；2011年9月—2016年4月，任株洲市荷塘区审计局局长；2016年4月—2017年1月，任株洲市荷塘区审计局党组书记、局长；2017年1月—2019年6月，任株洲市荷塘区财政局党组书记、局长；2019年6月—2020年1月，任株洲市荷塘区财政局党组书记、局长、四级调研员；2020年1月—2020年3月，任政协株洲市荷塘区委员会副主席提名人选，区财政局党组书记、局长、四级调研员；2020

年3月—2020年6月，任政协株洲市荷塘区委员会党组成员、副主席提名人选，区财政局党组书记、局长、四级调研员；2020年6月—2020年7月，任政协株洲市荷塘区委员会党组成员、副主席，区财政局党组书记、局长、四级调研员；2020年7月起，任政协株洲市荷塘区委员会党组成员、副主席。

龚新胜 男，汉族，1970年12月生，湖南新化人。湖南行政学院经济管理专业毕业，省行政学院函授本科学历。1992年7月参加工作。现任政协株洲市荷塘区委员会副主席（兼），株洲市荷塘区计划生育协会会长。

1989年9月—1992年7月，就读湖南医学专科学校妇幼专业大专；1992年7月—1997年8月，在株洲市东区妇幼保健站工作，历任检验科、药剂科主任；1997年8月—2005年10月，历任株洲市荷塘区妇幼保健所婚检科、儿科、办公室主任；2005年10月—2007年8月，任株洲市荷塘区残联副理事长；2007年8月—2011年8月，任株洲市荷塘区月塘街道办事处副主任（其间：2007年9月—2009年12月就读湖南行政学院经济管理专业函授本科）；2011年8月—2012年3月，任株洲市荷塘区月塘街道办事处副主任、主任科员；2012年3月—2015年12月，任株洲市荷塘区城市管理行政执法局副局长（兼）、环卫处主任（其间：2013年4月—2013年7月在株洲市委党校中青班学习）；2015年12月—2017年6月，任株洲市荷塘区建管办主任；2017年6月—2019年2月，任株洲市荷塘区民政局局长；2019年2月—2019年12月，任株洲市荷塘区政协提案和委员学习联络委员会主任；2019年12月—2020年1月，任株洲市荷塘区政协提案和委员学习联络委员会主任、一级主任科员；2020年1月—2020年3月，任政协株洲市荷塘区委员会副主席（兼）提名人选，提案和委员学习联络委员会主任、一级主任科员；2020年3月—2020年6月，任政协株洲市荷塘区委员会副主席（兼）提名人选，区计生协会会长；2020年6月起，任政协株洲市荷塘区委员会副主席（兼），区计生协会会长。

陈卫华 男，汉族，1971年7月生，湖南茶陵人。中南林业科技大学法学专业毕业，成教本科学历。1994年8月参加工作，2000年11月加入中国共产党。现任株洲市荷塘区人民检察院党组书记、检察长。

1992年9月—1994年7月，就读西北政法学院经济法系经济法专业大专；1994年8月—1999年2月，任株洲市人民检察院刑二科书记员；1999年2月—2001年5月，任株洲市人民检察院刑二科书记员、反贪局助理检察员；2001年5月—2002年2月，任株洲市人民检察院反贪局副科级助理检察员；2002年2月—2002年3月，任株洲市人民检察院控申处副处长；2002

年3月—2005年9月，任株洲市人民检察院正科级助理检察员、控申处副处长、检察员（2000年9月—2002年6月就读中国政法大学经济法专业研究生课程班；2002年4月—2004年10月援藏任西藏扎囊县人民检察院副检察长）；2005年9月—2008年2月，任株洲市人民检察院政治部干部科科长（其间：2005年9月—2007年6月就读中南林业科技大学法学专业本科，获法学学士学位）；2008年2月—2008年7月，任株洲市人民检察院监察处处长；2008年7月至2013年3月，任株洲市纪委驻市检察院纪检组副组长，市人民检察院监察处处长（其间：2009年9月—2009年11月在株洲市委党校科局长班学习；2012年9月—2013年1月在株洲市委党校中青班学习）；2013年3月—2014年4月任株洲市人民检察院民行处处长；2014年4月—2016年11月任株洲市人民检察院检委会委员、民行处处长；2016年11月—2019年7月，任攸县人民检察院党组书记、检察长；2019年7月—2019年9月任株洲市荷塘区人民检察院党组书记、检察长候选人；2019年9月—2020年6月，任株洲市荷塘区人民检察院党组书记、副检察长、代理检察长、检察长候选人；2020年6起，任株洲市荷塘区人民检察院党组书记、检察长。

朱福兴 男，汉族，1969年6月生，湖南茶陵人。中央党校函授学院法律专业毕业，中央党校函授本科学历。1989年8月参加工作，2003年6月加入中国共产党。现任株洲金山科技工业园党工委书记。

1986年9月—1989年7月，就读湖南省安江农业学校园艺专业中专；1989年8月—1996年7月，在株洲市苗圃工作；1996年7月—1998年7月，在株洲市市政维护管理处工作（其间：1996年12月湘潭大学文秘专业自考专科毕业）；1998年7月—2000年8月，在株洲市城管大队工作；2000年8月—2002年2月，在株洲市荷塘区城管大队工作；2002年2月—2008年9月，在株洲市荷塘区城管局工作（2001年8月—2003年12月就读中央党校函授学院法律专业本科）；2008年9月—2011年8月，任株洲市荷塘区城管局副局长；2011年8月—2011年9月，任株洲市荷塘区宋家桥街道党工委副书记；2011年9月—2011年10月，任株洲市荷塘区宋家桥街道党工委副书记、办事处主任；2011年10月—2013年5月，任株洲市荷塘区宋家桥街道党工委副书记、办事处主任，金山科技工业园管委会副主任（兼）；2013年5月—2013年12月，任株洲市荷塘区城乡建设局局长；2013年12月—2019年3月，任株洲市荷塘区城乡建设局党委书记、局长；2019年3月—2019年12月，任株洲市荷塘区住房和城乡建设局党委书记、局长；2019年12月—2020年1月，任株洲市荷塘区住房和城乡建设局党委书记、局长、一级主任科员；2020年1月—2020年5月，任株洲金山科技工业园党工委书记、株洲市荷塘区住房和城乡建设局党委书记、局长、一级主任科员；2020年5月起，任株洲金山科技工业园党工委书记。

杨忠亮 男，汉族，1979年12月生，湖南株洲市人。中南大学外国语学院比较文学和世界文学专业毕业，硕士研究生学历，讲师。2002年7月参加工作，2012年6月加入中国共产党。现任株洲金山科技工业园党工委副书记、管委会主任。

1998年9月—2000年6月，就读株洲师范高等专科学校中文专业大专；2000年6月—2002年6月，就读湘潭师范学院中文系汉语言文学专业本科，获文学学士学位。2002年6月—2002年7月，待业。2002年7月—2004年9月，在广东省湛江市硇洲中学当教师；2004年9月—2006年5月，就读中南大学外国语学院比较文学与世界文学专业硕士研究生，获文学硕士学位；2006年5月—2006年9月，待业；2006年9月—2009年9月，任株洲师范高等专科学校文学与新闻传播学院讲师；2009年9月—2010年2月，任株洲市人民政府办公室秘书六科副科长；2010年2月—2013年2月，任株洲市人民政府办公室秘书六科副主任科员；2013年2月—2017年5月，任株洲市人民政府办公室秘书六科主任科员；2017年5月—2020年5月，任株洲市人民政府办公室发展财经科科长；2020年5月—2020年8月，任株洲市荷塘区金山工业园管委会主任；2020年8月起，任株洲金山科技工业园党工委副书记、管委会主任。

龙志奇 男，汉族，1966年6月生，湖南茶陵人。中央党校函授学院政法专业毕业，中央党校函授本科学历。1988年1月加入中国共产党，同年7月参加工作。现任株洲市公安局荷塘分局政委。

1985年9月—1988年7月，就读湖南省公安专科学校刑侦专业；1988年7月—1991年8月，任茶陵县公安局侦察员；1991年8月—1996年7月，任茶陵县公安局刑侦大队副队长、大队长；1996年7月—1998年3月，任茶陵县公安局刑侦队大队大队长、副科级侦察员（1995年8月—1997年12月就读中央党校函授学院政法专业本科）；1998年3月—2001年1月，任茶陵县公安局刑侦大队大队长；2001年1月—2002年4月，任茶陵县公安局副局长、党组成员；2002年4月—2002年6月，任茶陵县公安局副局长、党组成员、交警大队大队长；2002年6月—2010年5月，任茶陵县公安局副局长、党委委员、交警大队队长（其间：2005年9月—2006年1月在株洲市委党校中青班学习）；2010年5月—2012年11月，任炎陵县副县级干部，炎陵县公安局党委副书记、政委（其间：2011年3月—2011年5月在株洲市委党校县干班学习）；2012年11月—2020年5月，任攸县副县级干部，攸县公安局党委副书记、政委；2020年5月起，任株洲市公安局荷塘分局政委。

先进人物选介

劳动模范

刘丹丹 女，汉族，中共党员，大专文化。1974 年 1 月出生，湖南攸县人。现任宋家桥街道芙蓉社区党委书记。2020 年 11 月荣获湖南省劳动模范称号。

1997 年 4 月—2003 年 11 月，历任芙蓉社区综治、卫生、计生专干；2001 年 9 月—2004 年 6 月就读中共湖南省委党校经济管理专业毕业；2003 年 11 月—2008 年 11 月任芙蓉社区副主任、劳保专干和计生专干；2008 年 11 月—2011 年 9 月任芙蓉社区主任；2011 年 9 月—2012 年 8 月任月桂社区主任；2012 年 8 月—2017 年 3 月任芙蓉社区书记、主任；2017 年 3 月至今任芙蓉社区党委书记。

自 1997 年来到社区工作岗位后，20 多年如一日，将自己的全部精力投入到社区建设和为居民服务的工作之中，做出了突出成绩。2015 年，考取株洲市首批中级社会工作师证，带领社区工作人员、志愿者积极参与社会工作，培育孵化出荷塘区首个本土社工机构。2016 年，带领芙蓉社区出色完成了作为荷塘区第一批开展“最多跑一次”政务服务改革试点社区的试点工作，为该项工作的全面推广积累了宝贵的经验；2017 年代表荷塘区社区接受了时任中央政法委书记孟建柱的调研；2019 年接受了湖南省委副书记乌兰就创新群众工作的调研。芙蓉社区 2017 年荣获湖南省家庭教育示范社区；2018 年荣获全省无邪教创建示范社区、省级充分就业星级社区、湖南省和谐示范社区；2019 年荣获湖南省首批社区工作法推广社区；2020 年荣获株洲市书香社区。2020 年突发新冠肺炎疫情，刘丹丹始终奋战在抗疫第一线，曾 2 次因与疑似病人接触被隔离，解除隔离后马上又返回抗疫前线，受到居民群众广为赞扬。

刘彦直 男，汉族，中共党员，大专学历。1972 年 4 月出生，湖南株洲人。现任荷塘区明照街道办事处副主任。2020 年 11 月荣获湖南省劳动模范荣誉称号。

2011 年 3 月一至 2020 年 9 月在仙庾镇仙庾岭村担任村支部书记期间，带领村民成功引进 6 个特色种植产业园，引导村民大力发展旅游休闲产业，成立了仙庾美食协会，拥有会员近 100 家。每年定期开展各类活动，吸引省内外游客 30 余万人次，实现营业收入近 7000 万元。在他带领下，乡村建设取得了很大发展，全村的组道硬化率达到 99%，安装太阳能路灯 3000 余盏，被覆山塘 40 余口。全村老百姓走在了致富的康庄大道上。近几年，仙庾岭村先后获得“全国文明村”“全国妇联先进基层组织示范村”“中华孝行示范村”等荣誉。

先进个人

张岚 女，汉族，中共党员，本科学历。1962 年 11 月出生，湖南常德人。现任株洲市荷塘区总工会党组书记、主席。被中华全国总工会授予“2020 年全国优秀工会工作者”荣誉称号。

自 2012 年担任荷塘区总工会主席以来，大力推进工会组织向非公经济组织和社会组织、新型业态、新兴产业延伸，采取单独建会、联合建会等多形式、多渠道将广大职工特别是农民工吸纳到工会组织中来，辖区百人以上企业建会率达 100%，全区 6 万余职工都有了自己的“娘家”。2019 年，在工业集中区和城区中心分别建设 2 个工会服务站，实现工会服务对辖区内商户、职工和居民全覆盖。组织企业开展“建功‘十三五’”“先锋杯”“行行出状元、技能闯天下”“提高职工素质，营造发展环境新通杯”“劳动竞赛月”等主题突出、特色鲜明的劳动竞赛活动，指导行业系统工会开展“建功荷塘，争当先锋”主题演讲比赛、全区基层卫生人员岗位练兵技能竞赛、写作技能比武竞赛、机关“微培训”“微抢答”知识竞赛、“教坛新秀”系列教师技能评选等全区性的劳动技能竞赛活动，充分调动广大职工学比赶超的积极性和主动性，引导广大职工创新创业、建功立业。不断深化春送岗位、夏送清凉、秋送助学、冬送温暖活动，先后指导帮助 2 万余名失业职工实现再就业，发放 9000 余份清凉物资，救助 50 余名寒门学子圆了大学梦，帮扶慰问 5000 余名困难职工。按照“一户一册”原则，帮助辖区建档困难职工解决生活救助、医疗救助、子女助学等帮扶服务，全区三级建档困难职工全部实现解困脱困。新冠肺炎疫情发生以来，组织机关企事业单位工会向职工、工会会员发放新冠肺炎疫情防控特别慰问消费券和提前发放节日慰问电子消费券共计 599.5847 万元，惠及商家 94 家。大力推进工资集体协商工作，全区 50 人以上单位工资集体协商建制率达到 92%。积极引导辖区企业建立和完善以职工代表大会制度为基本形式的厂务公开民主管理，通过例会、厂报厂刊、QQ、微信等方式，在非公企业和小微企业大力推行“两建六公开”，建会非公企业厂务公开推行率达到 90%。积极开展法律援助、普法宣传，在社区及企业工会服务站设立职工维权帮扶站点，通过摆放咨询台、发放宣传图册、设置展板、悬挂横幅、现场解答群众疑问等形式，深入开展“尊法守法、携手筑梦”法律宣传，引导职工群众以理性、合法的形式表达利益诉求，畅通了弱势群体维权渠道。

文波 男，汉族，中共党员，本科学历。1982 年 8 月出生，湖南醴陵人。现任株洲市荷塘区退役军人事务局办公室主任。被评为湖南省第十届“爱国拥军模范个人”。

2001 年 12 月在醴陵市应征入伍，服役于空军某部。在部队期间，因工作突出，先后荣立“三等功”2次。2014年4月转业到地方工作后，始终牢记我军全心全意为人民服务宗旨，坚持践行“三个代表”重要思想和科学发展观，始终把“双拥”工作当作一项光荣的政治任务，全身心投入到国防建设的平凡岗位。多年来，刻苦学习“双拥”工作思想理论与政策法规，以高度的政治责任感，主动作为、勇于创新、开拓进取，依法依规抓协调，认真负责促落实，在株洲市荷塘区退役军人和其他优抚对象的抚恤优待、双拥褒扬、权益保障、双带双促，以及社会和谐方面做出了突出成绩。2019年在株洲市“寻找最美的你”系列先进典型推荐评选中被评为“爱国拥军模范个人”；2020年被评为湖南省第十届“爱国拥军模范个人”。

刘晔　男，汉族，中共党员，在职本科学历，学士学位。1983年1月出生。现任中共株洲市荷塘区月塘街道工作委员会书记。荣获湖南省抗击新冠肺炎疫情先进个人。

2020年，面对来势汹汹的新冠疫情，主动扛起总指挥责任，从大年初一起，带领街道、社区上下203名干部连续52天无休，全力抗疫，通常晚上10点还在调度、研究部署防疫工作，总是最后离开办公室，基本上工作到凌晨，没在家吃过一餐饭。坚持每天到现场指导防控措施落实，每例确诊对象都到现场指导消杀、管控。确保了街道确诊病例没有1例扩散，集聚疫情没有1起发生。针对辖区内鄂籍人员最多、外来流动人口最密集的合泰地区，主持制定“分区管控+重点摸排+定期巡查”的管控方案，建立人员信息登记、扫码出入系统，有效提高了工作效率，确保了人员摸排到位。组织开展地毯式摸排，一周内累计摸排家庭24000余户；对重点人员实行分级管控、“一户一隔离措施”，第一时间完成住所物理封闭和全面消杀；对51个开放式老旧小区实施封闭管理。安排2批次专车共接回滞留在鄂鄂籍人员288人，助力辖区企业复工复产；安排专人探视居家隔离和生活困难群众，为其代购、送餐；对志愿者组织防护培训、购买保险、配送防护物资。同时，经常深入各值班值守岗位，为坚守的人员加油打气。疫情趋缓后，对班子成员和家属一一致信感谢。

蔡灵敏　女，汉族，大学文化，中共党员。1974年6月出生，湖南湘潭人。现任株洲市荷塘区文学艺术界联合会主席。被评为2019年度湖南省文联先进个人。

自2015年12月担任荷塘区文联主席以来，始终坚持“双百”方针和“二为”方向，先后成立区书协、美协、作协、音协、摄协、诗联协等9个专业协会与荷塘读书会共计10个团队，会员近400余人。相继建立“荷塘区文联文学艺术创作交流基地”“协会活动基地”13个；建立“仙庾耕食小镇”“九畹书画院”“茶陵东阳湖”写生创作基地3个。 通过建设“互联网+文联”“互联网+协会”，利用中国文联、

"在荷塘""荷塘文联"公众号、株洲文艺窗、"株洲发布"等主流网络平台，有计划地推介宣传区域内艺术创作水平突出的文艺家和拔尖青年人才近50人。利用各文艺基地的优势，邀请领导、知名专家开展系列文艺研讨、笔会交流活动近40余次，与江西鹰潭、湘西花垣等地缔结了友好文联，与市内石峰区、芦淞区、渌口区成立城区文艺战线联盟。举办"忠孝荷塘""清风荷塘""大美荷塘"等系列大型书法、美术和摄影作品展览近20场，区书协、美协、摄协创作各类作品累计4000余件项，累计展评精品2800余件项。组织各协会参加全国、省、市各类展览比赛协会创作近2000件，并出版书画、摄影、诗歌文学书刊近2.5万册。成功为国家级书画人才晏云、陈伟红、李运南、陈越胜等举办个人作品专场展览，为全区近20名90后书画专业人才包装策划作品电子微展与国展冲刺培训活动。全区文艺创作获世界级奖项2个、获国家级奖项6个，获省、市级奖项近80个。其中，3人获得省、市级艺术基金资助，3人入选省文艺人才"三百工程"。组建9支荷塘文化志愿者小分队，深入基层、走进群众，在湘华社区等建立多个文艺志愿者服务站，开展各类文艺惠民活动近480余次。荷塘区文联先后被评为2016年度、2020年度湖南省"文联系统先进单位"；2017年度、2018年度、2019年度株洲市"文联系统先进单位" ；2018年度、2019年度、2020年度"株洲市文明单位"；2017年度区委政绩考核"一类单位"；2017年度区"综治考核优秀单位"。荷塘读书会被评为"2020年度株洲市最美读书会"。

湖南好人

邱莉 女，汉族，中共党员，本科学历，国家二级心理咨询师，中学高级教师。1968年10月出生。现任株洲市第十九中学党总支书记、株洲晚报志愿者联合会心理咨询义工。被评为2020年度1月助人为乐类湖南好人。

1991年进入教师队伍后，先后荣获"湖南省师资库专家""湖南省优秀国培教师""株洲市第四届学科带头人""株洲市百优教学能手""荷塘好人"等荣誉称号。2013年10月，她得知荷塘区对口扶贫支教点湘西永顺某中学初二学生田某某家境坎坷，父亲在他6岁那年就已去世，妈妈是聋哑人，改嫁他人，为改变命运，他只得靠打工赚钱再读书的情况后，第一时间汇去1000元钱给田某某。2014年元月，她和丈夫连夜坐火车专程赶到湘西看到田某某的家庭状况后，毅然将田某某接到株洲自己任教的十五中初二1501班就读，全部负责起他的学习、生活、心理等成长。2016年中考，田某某以4A1B的优异成绩考入省重点中学，后来以高过二本录取线50分的成绩考上湖南城市学院。十九中东校区一名学生刘某，经株洲市第三医院鉴定为重度抑郁症，被某民办学校劝退辍学在家，学生养父找到十九中东校区，希望给孩子一个读书机会，邱莉收留了他，与班主任、语文老师组成帮助刘某的小团队，经常家访，全面了解他在学校和家庭的状态，及时与他的母亲沟通，跟进他的成长，并通过学校党总支开展的金秋助学活动，为他家庭减轻经济负担和精神压力。现在刘某成长得非常健康阳光，成绩优异。作为学校党总支书记，她积极发动全体党员进行家访活动，她带头和班主任、科任老师一起家访，几年下来，她家访学生达200多人次。她结合学校心理老师专业团队优势，成立了十九中党总支心理教师志愿者团队，持续走进6个社区开展志愿者工作，并在文化路社区举行有68位家长参加的心理培训讲座，产生了很好的社会影响。作为资深青少年心理咨询师，邱莉坚持13年义务咨询帮助学生，经她帮助的学生无一不感恩于她的大爱和精湛的专业的水平。

李永红 女，汉族，1973年10月出生，湖南省株洲市荷塘区人。现为株洲百货股份有限公司荷塘店收货组员工。被评为2020年2月诚实守信类湖南好人。

2018年12月30日，株洲迎来第一场雪，天气异常寒冷。下午3点半左右，李永红在打扫负一楼的卫生时，在停车场的一个拐角处，发现地上有一个黑色的男士包。她捡起来打开一看，里面竟装了大大一沓百元大钞。当时，停车场内没有一个人，也是视频监控盲区，面对巨额现金，她没有丝毫犹豫，赶紧将包提到收货组办公室内，和组长一起查看，包内共有22500元现金，还有一些证件。她在瑟瑟寒风中原地等候了近1个小时，久久不见失主来寻。虽然到了下班时间，她仍坚持等失主。在迟迟找不到失主的情况下，李永红拨打了“110”报警求助。接警后，茨菇塘派出所民警立即赶到株百荷塘店。根据包内的证件信息，民警联系上了失主来先生。下午5点多，来先生急匆匆地赶到，当他拿到失而复得的包时，他握着李永红的手连声道谢。当得知李永红每月工资并不高时，来先生为了表达感激之情，当即拿出1000元现金以示酬谢，却被李永红婉言拒绝了。

湖南省抗疫最美家庭

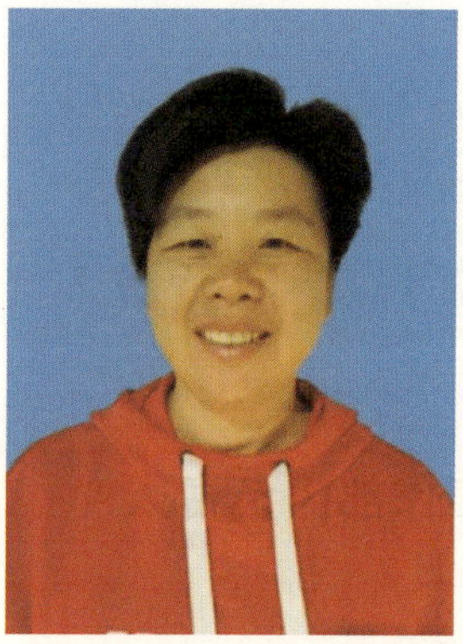

帅清民 女，汉族，1973年3月出生，湖南株洲人。中国致公党党员，荷塘区志愿者联合会会长，株洲市荷塘区仙庾镇湘民农村合作社社长，第十三届湖南省人大代表，第五届株洲市荷塘区政协常委，致公党株洲市委社会服务工作委员会副主任。2020年，被湖南省妇联评为“湖南省抗疫最美家庭”，并被推荐为株洲市“最美文明实践志愿者”。

2013年，加入荷塘区志愿者联合会，充分利用致公党组织和党员与海外联系广泛的特点，组织和动员一批志愿者投身新时代文明实践扶贫帮困志愿服务活动中去，先后开展“润苗助学”“扶志助飞助学”“关爱老人，点亮微心愿”等文明实践活动，实施了“美乐爱觉”、“折翼天使”文明实践志愿服务项目，协助建立留守儿童活动基地和“致公•蓓蕾书屋”文明实践阵地，新时代文明实践扶贫帮困志愿服务活动不断扩展。近年来，先后募集助学款75万元余元，实现200多名贫困学子的求学梦想。2020年抗击新冠肺炎疫情期间，主动向市妇联请缨为支援武汉前线的医务人员家属免费配送蔬菜，还为株洲本市在抗疫一线的医务人员家属配送蔬菜，全家三口一直坚持送菜达两个月之久，最多一天送菜267户，共免费配送蔬菜达5000多千克。同时，积极组织志愿者联系销售渠道，帮周边菜农打开销路，并带领志愿者主动帮忙运送，帮助他们解决销售运输难的问题，共计帮助周边菜农销售蔬菜1万多千克。

荷塘区区委、人大、政府、政协及政法机关和各部门、单位负责人

中共荷塘区委及工作部门负责人

中共荷塘区委

书　记　　郄凌云

副书记　　王利波（2020年12月免）

赖晓智（2020年5月免）

罗鹏程（2020年12月任）

常　委　　王顺安

刘国梁（2020年5月免）

郑志富

马永章

文韶松（2020年11月免）

成良池（2020年5月免）

田　灿

余　鹏

刘新华（2020年5月任）

王　冬（2020年7月任）

王伟胜（2020年11月任）

区委办公室

主　任　　文韶松（2020年12月免）

王伟胜（2020年12月任）

常务副主任　　李挺美

副主任兼机要局（密码管理局）局长、区委密码工作领导小组办公室主任

万　景（2020年5月免）

张　健〔区委办副主任2020年6月任，区机要局（密码管理局）局长、密码工作领导小组办公室主任2020年8月任〕

督查专员兼督查室

主　任　　张腾升

经济研究中心

主　任　　王杨辉

副主任　　彭鹏远

唐佳昕（女，2020年8月免）

辜天鹏　（2020年10月任）

区纪委、监察委

书记、监察委主任　　郑志富

常务副书记、监察委副主任

蒋国荣（女）

副书记、监察委副主任

郭运明

常委、纪检监察室主任、监察委委员

王洪连

监察委委员　　戴树忠

肖 煊
常委 刘 皓（女，2020 年 7 月免）
常委、监察委委员 成 兰（女）
常委、信访室主任 罗向阳（信访室主任 2020 年 6 月免）
常委 李 源（2020 年 7 月任）
派驻区财政局纪检监察组组长、财政局党组成员 易继锋
派驻区教育局纪检监察组组长、教育局党委委员 陈 宁（女）
派驻政法委纪检监察组组长
贺 全（2020 年 12 月免）
派驻区卫生健康局纪检监察组组长、卫生健康局党委委员 王云贵（2020 年 10 月免）
汤云峰（2020 年 10 月任）
党风政风监督室主任
曾云艺（女）
案件审理室主任 孙续艳（女）
办公室主任 欧阳妤（女）
第一纪检监察室主任
赵羿成
第二纪检监察室主任
谭艳辉（女，2020 年 3 月任）
第三纪检监察室主任
迟 橙（2020 年 3 月任）
信访室主任 周 惠（女，2020 年 6 月任）

区委巡察办

主任、巡视联络办主任
佘富华（2020 年 7 月免）
主任 刘 皓（女，2020 年 7 月任）
副主任（巡视联络办副主任）
陈 果

巡察组

组长、财政局主任科员
向宏武
组长 刘清毅（女，2020 年 3 月免）
谢爱武（女，2020 年 3 月免）
张新春(2020 年 3 月任）
朱航宏(2020 年 3 月任）
副组长 谢爱萍（女，2020 年 6 月免）
文 钰（女，2020 年 6 月任）
彭 程(2020 年 3 月任）

区委组织部

部长 余 鹏
常务副部长 周 波
副部长（兼） 周湘雄
副部长、“两新”党工委书记（兼）、老干局局长（兼） 张智春（2020 年 3 月免）
副部长、“两新”党工委书记（兼）
袁夕辉〔“两新”党工委书记（兼）2020 年 6 月任〕
副部长 瞿逢时（女，2020 年 7 月任）
党员教育中心主任 瞿逢时（女，2020 年 7

月免）

董婉璐（女，2020年8月任）

“两新”党工委专职副书记 宋　凤（女）

人才服务中心主任 杨　芳（女，2020年3月任）

党校校长 丁圣民

党校副校长 董婉璐（女，2020年8月免）

朱　毅(2020年10月任）

区委编办

主任 陈跃纯（女）

副主任 陈树杰（2020年5月免）

冯晓倩（女，2020年7月任）

机构编制事务中心主任 李诺男（女，2020年3月任）

区委宣传部

部长 田　灿

常务副部长 汤文辉（2020年3月免）

张智春（2020年3月任）

副部长 唐　波（女）

唐　杜

融媒体中心主任 秦　蓁

区委统战部

部长 王顺安

常务副部长 赵怀松（2020年3月免）

周文洁（女，2020年3月任）

副部长 刘　卫（女）

文铁柱

民宗局局长（兼） 文铁柱

区委政法委

书记 成良池（2020年5月免）

王　冬（2020年8任）

常务副书记 贺志德

副书记 刘雪峰

刘海荣

政治部主任 龙正来

区纪委监委派驻政法委、纪检监察组组长 贺　全（2020年12月免）

区委网信办

主任 张海湘（女）

副主任 刘晶晶（女）

网格化管理服务中心

主任 张新春（2020年3免）

杜　杨（女，2020年3月任）

副主任 王理蓉（女）

阳源良

档案馆

馆长 李俊伟（2020年8月免）

聂　炼（2020年8月任）

副馆长 刘丽君（女）

彭新华（2020年3月免）

刘靖一（女，2020年3月任）

荷塘区人大常委会及各委办负责人

党组书记、主任　　　陈友元（2020年6月免）
　　　　　　　　　　刘国梁（2020年6月任）
党组副书记、副主任　张赐华（女）
党组成员、副主任　　刘湘林
　　　　　　　　　　彭物明
副主任（兼）　　　　喻秋良（2020年3月免）
党组成员、副主任　　郭　莉（女，2020年3月免）
　　　　　　　　　　丁国祥（党组成员2020年3月任，副主任2020年6月任）
党组成员、办公室主任　龙丽娜（女，2020年6月免）
党组成员、办公室主任（信访办公室主任）
　　　　　　　　　　刘　勇（2020年6月任）
选举任免联络工作委员会主任
　　　　　　　　　　彭　栋
监察和司法委员会主任委员
　　　　　　　　　　黄继刚（2020年3月免）
　　　　　　　　　　谭件美（2020年3月任）
财政经济委员会主任委员
　　　　　　　　　　黄克忠
教育科学文化卫生委员会主任委员
　　　　　　　　　　唐　倩（女）
环境和资源保护委员会主任委员
　　　　　　　　　　余　前
农业与农村委员会主任委员
　　　　　　　　　　刘　勇（2020年6月免）
　　　　　　　　　　龙丽娜（女，2020年6月任）
社会建设委员会主任委员
　　　　　　　　　　周树根
办公室副主任　　　　张　超（女）
选举任免联络工作委员会副主任
　　　　　　　　　　席卫国（女，2020年3月免）
选举任免联络工作委员会副主任
　　　　　　　　　　陈　翊（女，2020年3月任）
财政经济委员会副主任委员
　　　　　　　　　　陈　翊（女，2020年3月免）
　　　　　　　　　　席卫国（女，2020年3月任）

荷塘区人民政府及工作部门负责人

区人民政府

党组书记、区长　　　王利波（区长2020年12月免）
区长　　　　　　　　罗鹏程（2020年12月提名任）
党组副书记、常务副区长
　　　　　　　　　　刘国梁（2020年6月免）
　　　　　　　　　　刘新华（2020年6月任）
党组成员、副区长
　　　　　　　　　　王　冬（党组成员2020

年11月免，副区长2020年12月免）
黄团结
副区长 罗　曼（女）
党组成员、副区长 陈柏文
刘必林
刘定光（党组成员2020年8月任，副区长2020年7月任）
向前进（副区长2020年12月任）
党组成员 易海平
唐　坚（2020年11月任）

政府办公室

党组书记、主任 向前进（2020年11月免）
唐　坚（2020年11月任）
副主任（兼） 魏　星（2020年10月任）
党组成员、副主任 黎　健
苏　轩
何　毅
张　健（2020年6月免）
旷世平（2020年7月免）
曾　慧（女，2020年6月任）
政府办督查专员兼督查室主任
曾　慧（女2020年6月免）
黄宇晖（2020年7月任）
接待服务中心主任 宋楚才

发展和改革局

党组书记、局长 唐　坚（2020年11月免）
党组成员、副局长 凌跃新（2020年3月免）
彭小龙（2020年3月任）
黎　剑

教育局

党委书记、局长 赵文喜
党委副书记、副局长
刘美贞（女，2020年7月免）
区纪委监委派驻教育局纪检监察组组长、教育局党委委员 陈　宁（女）
党委委员、副局长 潘书巧（女，2020年7月任）
王晓红（女）
李　薇（女）
教研中心主任 过　斌（2020年7月任）

科技和工业信息化局

党委书记、局长 谭件美（2020年3月免）
曾　健（2020年5月任）
党委副书记、副局长
廖结文（2020年6月任）

党委委员、副局长 王汉林（2020年6月免）
赖健鹰（女）
黄生发

民政局

局长 冯　晓
党组书记、“两新”党工委副书记（兼）
罗智玲（女，2020年7月免）
党组成员、副局长 田映平（女，2020年10月免）
桂凌云
赵　婷（女，2020年10

月任）

慈善事务服务中心主任

易 洲（女）

司法局

党组书记、局长 易 东

党组成员、副局长 周 璐（女）

彭丽华（女）

王雨薇（女）

财政局

党组书记、局长 张苏龙（2020年7月免）

苏 智（2020年7月任）

区纪委监委派驻财政局纪检监察组组长、财政局党组成员 易继锋

党组成员、副局长 李 莉（女）

李 剑（女）

谭 琦（2020年7月任）

党组成员、总会计师

陈奕红（女）

国库集中支付核算中心主任

漆卫星（女）

乡镇财政服务中心主任

曹菁槿（女）

财政投资评审中心主任

彭小龙（2020年3月免）

人力资源和社会保障局

党组书记、局长，区委组织部副部长（兼）

周湘雄

党组成员、副局长 夏昌顺

宾海燕（女）

邹 琼

漆 琳（女）

就业服务中心主任 尹李军

社会保险服务中心主任

徐昕晔（女）

劳动监察大队队长 余 雷

住房和城乡建设局

党委书记、局长 朱福兴（2020年5月免）

刘胜贤（2020年5月任）

党委委员、副局长 熊金星

党委委员、总工程师

宋永中

副局长 蔡群英（女）

人防办副主任 陈红兵（女）

建安站站长 周 理

交通运输局

党组书记、局长 肖 勇

党组成员、副局长 贺 伟（2020年7月免）

副局长 颜俊龙（2020年7月任）

农业农村局

党组书记、局长 刘骞晖（2020年7月免）

谭洪勇（2020年7月任）

党组成员、副局长 贺 伟（2020年7月任）

党组成员、总农艺师

刘潘雄（2020年7月免）

党组成员、副局长 刘 奇（2020年7月免）

刘剑锋

农技推广中心主任 宾 倪（2020年7月任）

农村经济管理服务站站长

张颖佳（女）

商务和粮食局

党委书记、局长　谭洪勇（2020 年 7 月免）

罗智玲（女，2020 年 7 月任）

党委委员、副局长　肖　伟

李海林

文化旅游体育局

局长　廖　山

党组书记　王　华

党组副书记、副局长

贺春庆

党组成员、副局长　龚　婷（女）

公共文化服务中心主任

熊　玉（女）

卫生健康局

党委书记、局长　黄国初

党委委员、副局长　石治国

区纪委监委派驻卫生健康局纪检监察组组长、卫生健康局党委委员

汤云峰（2020 年 10 月任）

党委委员、副局长　朱　珍（女）

欧阳江帆

区纪委监委派驻卫生健康局纪检监察组组长、卫生健康局党委委员

王云贵（2020 年 10 月免）

妇幼保健计划生育服务中心

主任　陈红阳（女，2020 年 3 月免）

田映平（女，2020 年 11 月任）

副主任　胡晓玲（女，2020 年 3 月任）

疾控中心

主任　谭光明

党支部书记　杜　杨（女，2020 年 3 月免）

谢爱萍（女，2020 年 6 月任）

副主任　胡晓玲（女，2020 年 3 月免）

卫生计生综合监督执法大队

大队长　刘　珺

审计局

党组书记、局长　王　虎

党组成员、副局长　廖　敏（女）

彭　畅（女）

投资审计中心主任　李　晔（女）

退役军人事务局

党组书记、局长　陈乐红（女，2020 年 3 月免）

陈　靖（2020 年 3 月任）

党组成员、副局长　谭　昕

应急管理局

党组书记、局长　赵　冰

党组成员、副局长　罗志勇（2020 年 10 月任）

黄兴云

副局长　罗　宁

曹姜君（2020 年 10 月免）

城市管理和综合执法局

党委书记、局长　汤思源

党委委员、副局长　江水龙（2020 年 12 月任）

李伟斌（2020 年 10 月任）

傅平辉

陈斯娜（女，2020 年 7 月免）

晏　蕾（2020 年 7 月任）

黄　炜

园林绿化服务中心

主任　易　旭

环境卫生服务中心

主任　张　晖

数字化城市管理监督指挥中心

主任　易勇强

城市管理综合行政执法大队

大队长（兼）　李伟斌

副大队长　易洋华

李动奇

治违大队

大队长　王海亮

教导员　宾　倪（2020 年 7 月免）

统计局

党组书记、局长　刘石平（2020 年 7 月免）

旷世平（2020 年 7 月任）

党组成员、副局长　吴　娟（女）

谭　琦（2020 年 7 月免）

欧阳敏（女，2020 年 7 月任）

社会经济调查中心主任

叶里平（2020 年 6 月免）

刘青松（2020 年 6 月任）

普查中心主任　赵　凯

信访局

党组书记、局长　魏　星

副局长　刘国照（2020 年 3 月免）

党组成员、副局长　裴黎明（2020 年 3 月任）

黎　伟（党组成员 2020 年 3 月任）

医疗保障局

党组书记、局长　黄大平

党组成员、副局长　欧阳劲梅（女）

医疗保障事务中心主任

唐国先

行政审批服务局

局长　文　丽（女）

党组书记　吴　琼（女）

副局长　袁宏伟

政务服务中心主任　刘　群（女，2020 年 3 月免）

刘海燕（女，2020 年 3 月任）

自然资源局（林业局）

局长　熊　昕

仙庾岭风景名胜区管理服务中心主任 黄　强

市场监管局

党组副书记、局长　罗炽成
党组书记　郭　维
党组成员、副局长
晏世元
柴伟坚（2020年7月免）
刘晓兵
张罗生
易　平（女）

政府金融工作办公室

主任　彭治凯
副主任　管　婧（女）

征地工作协调服务中心

主任　王沧海
副主任　范又明（2020年3月免）
汤　建
边俊华（2020年3月任）

物业服务指导中心

主任　罗周明
副主任　吴进文（2020年10月免）
漆泰虹（女，2020年10月任）
韩　娟（女）

产业服务中心

主任　陈霞霞（女）
副主任　王珊珊（女）
杨光强（2020年10月任）

优化营商环境协调事务中心

主任　罗　铭
副主任　何　立
谭前勇（2020年11月任）

机关事务服务中心

党组书记、主任　刘石建
党组成员、副主任　毛建源（2020年10月免）
余　玲（女）
曹思佳（女，2020年10月任）
副主任　朱其利（女）

市场服务中心

主任　胡　嵩
副主任　朱　毅（2020年10月免）
肖　锟（2020年6月免）
何彦欣（女，2020年7月任）
何　滔（2020年10月任）

荷塘月色事务服务中心

主任　汤　灿
副主任　罗　恒
魏永卷

金山科技工业园

党工委书记　朱福兴（2020年1月任）
管委会主任　易海平（2020年5月免）
杨忠亮（2020年5月任）
党工委副书记、纪工委书记

王 巍（纪工委书记 2020 年 10 月任）

党工委委员、管委会副主任
刘 梅（女，党工委委员 2020 年 8 月任）
唐 斌（党工委委员 2020 年 8 月任）

办公室主任 黎 婷（女，2020 年 7 月免）
唐佳昕（女，2020 年 8 月任）

规划建设科科长 李 琳（女）

招商产业科科长 唐丝思（女）

政协荷塘区委员会及各委办负责人

党组书记、主席 何恒仁

党组副书记 王顺安

党组副书记、副主席
朱兴来（党组副书记 2020 年 3 月免，副主席 2020 年 4 月免）
方 芳（女，党组副书记 2020 年 3 月任）

副主席（兼） 廖 山

副主席（兼） 肖宏琳（2020 年 4 月免）

副主席（兼） 冯 晓

党组成员、副主席 张苏龙（党组成员 2020 年 3 月任，副主席 2020 年 6 月任）

副主席（兼） 龚新胜（2020 年 6 月任）

党组成员、秘书长、办公室主任
谭二勇（办公室主任 2020 年 9 月任）

提案和委员学习联络委员会主任
龚新胜（2020 年 4 月免）
陈乐红（女，2020 年 4 月任）

经济科技和外事委员会主任
刘 伟

农业农村和人口资源环境委员会主任
周 兴

文教卫体和文史委员会主任
邓吏辛

社会法制和民族宗教委员会主任
豁 波（女）

办公室副主任 胡 嵩（2020 年 4 月免）
张 浩（女，2020 年 4 月任）

农业农村和人口资源环境委员会副主任
潘献春（女）

荷塘区人民法院、人民检察院负责人

荷塘区人民法院

党组书记、院长 黄玉丰

党组副书记、审委会专职委员
蒋 弘（女）

党组副书记、副院长
文环宇

副院长 黎 胜

党组成员、副院长
陈正刚

党组成员、审判员、审委会委员、云龙示范区人民法庭庭长
王丹茂（女）

党组成员、综合办公室主任、机关党总支书记 喻志强

党组成员、政治部主任

王　艳（女）

审委会专职委员、刑庭庭长

唐　玲（女）

荷塘区人民检察院

党组书记、检察长

陈卫华（检察长 2020 年 6 月任）

党组副书记、副检察长

康文辉

党组副书记、检委会专职委员

方清华

党组成员、副检察长、检委会委员

谭　熠

副检察长　黎　静（女）

党组成员、检委会专职委员

谭政频（女）

党组成员、政治部主任

罗君峰

荷塘区社会团体负责人

总工会

主席　张　岚（女）

副主席　曹晓晖（女）

罗飞跃（女）

团委

书记　张　敏（女）

副书记　刘青松（2020 年 6 月免）

王思静（女，2020 年 7 月任）

妇联

主席　张思思（女）

副主席　彭文瑾（女）

残联

理事长　宋周伟（女）

副理事长　吴莉华（女）

工商联

党组书记、区委统战部副部长（兼）

刘志勇〔统战部副部长（兼）2020 年 7 月任〕

主席　黎　婷（女，2020 年 7 月任）

副主席　胡跃玲（女，2020 年 6 月任）

科协

主席　杨能华

副主席　游　隽（女）

文联

主席　蔡灵敏（女）

计生协会

会长　龚新胜（2020 年 3 月任）

常务副会长　陈小伟

红十字会

会长（兼）　罗　曼（女）

专职副会长　高小平（女，2020 年 3 月免）

副会长　刘　恋（女，2020 年 7 月任）

侨联

党组书记　朱　勇

荷塘区镇、街道负责人

仙庾镇

党委书记　刘胜贤（2020 年 5 月免）
　肖昊昕（2020 年 5 月任）
党委副书记、镇长
　钟　杨（2020 年 7 月免）
　李俊伟（2020 年 8 月任）
党委副书记　杜　杜（2020 年 5 月免）
　杨思维（2020 年 6 月任）
　周　成（2020 年 12 月任）
党委委员、人大主席
　龚大力
党委委员（政协联络工作负责人）
　汤云峰（2020 年 10 月免）
党委委员、纪委书记
　晏　蕾（2020 年 7 月免）
党委委员、政法委员、副镇长
　田　勇（政法委员 2020 年 3 月任）
党委委员、组织委员
　周平刚
党委委员、副镇长
　柳　萧（党委委员 2020 年 3 月任）
党委委员、纪委书记
　侯德昌（2020 年 10 月任）
副镇长　刘彦直（2020 年 9 月任）
人大副主席　刘克章

月塘街道

党工委书记　刘　晔
党工委副书记、办事处主任
　王　穗
党工委副书记　颜俊龙（2020 年 7 月免）
　李　果（2020 年 7 月任）
党工委委员、人大工作委员会主任
　宋红娆（女）
党工委委员（政协联络工作负责人）
　周文洁（女，2020 年 3 月免）
党工委委员　黄海平（女，2020 年 3 月免）
党工委委员、政法委员
　王云贵（2020 年 10 月任）
党工委委员、纪工委书记
　言莫依
党工委委员、宣传统战委员
　肖　锟（2020 年 6 月任）
党工委委员、组织委员
　毛　伟
党工委委员、办事处副主任
　雷颖俊（2020 年 3 月任）
办事处副主任　姜　波
　刘梦宸（女）
劳保站站长　赵　途（女）

茨菇塘街道

党工委书记　王　荣
党工委副书记、办事处主任
　邓思思（女，2020 年 7 月免）
　刘石平（2020 年 7 月任）
党工委副书记　廖结文（2020 年 6 月免）
　周　涛（2020 年 6 月任）
党工委委员、人大工作委员会主任
　赵　虎
党工委委员（政协联络工作负责人）
　谭爱平
党工委委员、政法委员

周　剑（2020年3月免）

党工委委员、办事处副主任

欧阳鲲

党工委委员、组织委员

陈春花（女，组织委员 2020年03月任）

党工委委员、纪工委书记

黄　涛（女，2020年6月任）

办事处副主任　文　浪

刘江岸（女，2020年3月任）

劳保站站长　陈　捷（女）

桂花街道

党工委书记　蔡世华（2020年7月免）

邓思思（女，2020年7月任）

党工委副书记、办事处主任

王佳佳

党工委副书记　周　威（2020年3月任）

党工委委员、人大工作委员会主任

陈　靖（2020年3月免）

黎　伟（2020年3月任）

党工委委员、政法委员

易　峰（政法委员 2020年3月任）

党工委委员、办事处副主任

刘文进

党工委委员、纪工委书记

李　源（2020年7月免）

党工委委员、宣传统战委员

黄海鹏（2020年3月任）

党工委委员、组织委员

谭震宇（2020年3月任）

党工委委员、纪工委书记

颜建利（2020年7月任）

办事处副主任　马涛涛

杨思维（2020年6月免）

陈　静（女，2020年7月任）

劳保站站长　陈春贵（女）

金山街道

党工委书记　肖昊昕（2020年5月免）

许太相（2020年5月任）

党工委副书记、办事处主任

许太相（2020年5月免）

万　景（2020年5月任）

党工委副书记　聂　炼（2020年8月免）

党工委委员、人大工作委员会主任

晏　毅

党工委委员（政协联络工作负责人）

刘　强（2020年7月免）

党工委委员、纪工委书记

佘高平

党工委委员、宣传统战委员

陈斯娜（女，2020年7月任）

党工委委员、组织委员

龚丽君（女）

党工委委员、政法委员

言　彪（政法委员 2020年3月任）

党工委委员、办事处副主任

龙　斌（2020年3月任）

办事处副主任　裴黎明（2020年3月免）

陈　静（女，2020年7月免）

罗　丹（女，2020年3月任）

劳保站站长　胡新宇

宋家桥街道

党工委书记　　　苏　智（2020 年 7 月免）
　　　　　　　　钟　杨（2020 年 7 月任）

党工委副书记、办事处主任
　　　　　　　　曾　健（2020 年 5 月免）
　　　　　　　　杜　杜（2020 年 5 月任）

党工委副书记　　胡震宇

党工委委员、人大工作委员会主任
　　　　　　　　田　畅

党工委委员（政协联络工作负责人）
　　　　　　　　朱航宏（2020 年 3 月免）

党工委委员、宣传统战委员
　　　　　　　　黄海平（女，2020 年 3 月任）

党工委委员、办事处副主任
　　　　　　　　熊　军

党工委委员、纪工委书记
　　　　　　　　郭　栋（2020 年 10 月免）
　　　　　　　　单志雄（2020 年 10 月任）

党工委委员、组织委员
　　　　　　　　张森宇（2020 年 3 月任）

党工委委员、政法委员
　　　　　　　　易祥涛（2020 年 3 月任）

办事处副主任　　单志雄（2020 年 10 月免）
　　　　　　　　梁　波（2020 年 10 月任）
　　　　　　　　文　静（女）

劳保站站长　　　刘海燕（女，2020 年 3 月免）

明照街道

党工委书记　　　张　茂（2020 年 6 月免）
　　　　　　　　蔡世华（2020 年 7 月任）

党工委副书记、办事处主任
　　　　　　　　李正玉

党工委副书记　　刘　强（2020 年 7 月任）
　　　　　　　　杨艳红（女，2020 年 7 月免）

党工委委员、人大工作委员会主任
　　　　　　　　谭　宇（2020 年 6 月免）
　　　　　　　　杨艳红（女，2020 年 7 月任）

党工委委员（政协联络工作负责人）
　　　　　　　　潘书巧（女，2020 年 7 月免）

党工委委员、办事处副主任兼武装部长
　　　　　　　　周　威（2020 年 3 月免）

党工委委员、宣传统战委员
　　　　　　　　周　凯（2020 年 3 月任）

党工委委员、纪工委书记
　　　　　　　　李　果（2020 年 7 月免）

党工委委员、组织委员
　　　　　　　　彭　程（2020 年 3 月免）

党工委委员、政法委员
　　　　　　　　罗　威（政法委员 2020 年 3 月任）

党工委委员、组织委员
　　　　　　　　罗宇祥（2020 年 3 月任）

党工委委员、办事处副主任
　　　　　　　　陈苏远（2020 年 7 月任）

党工委委员、纪工委书记
　　　　　　　　龙佳欢（2020 年 10 月任）

办事处副主任　　梁　波（2020 年 10 月免）
　　　　　　　　曹姜君（2020 年 10 月任）
　　　　　　　　汤　瑶

荷塘区公安及消防救援部门负责人

株洲市公安局荷塘分局

党委书记、局长　黄团结

党委副书记、政委
　　　　　　　　龙志奇

党委副书记、副局长
陈庚社
党委委员、副局长
方　剑
刘拥军
黄稳钢
杨湘兵
党委委员、纪委书记
李星舟
工会主席　王建明

荷塘区消防救援大队
大队长　易　彦
副大队长　欧　旦

工会主席　杨海波

株洲市公安局交警支队荷塘大队
大队长　周　武
教导员　陈昱名
副大队长　周喜爱
殷星燎
朱　飞
颜　嘉
纪检委员　周　莺

株洲市生态环境局荷塘分局
局长　周应和
副局长　彭海波
李志海

荷塘区“双管”机构及金融单位负责人

国家税务总局株洲市荷塘区税务局
党委书记、局长　王　磊
党委副书记、副局长
肖国平
党委委员、副局长
李晓玢（挂职锻炼）
杨苏齐
胡　浩
曾纯武
李龙辉
向晨序
刘　红（女）
唐勇军
党委委员、纪检组组长
盛立新

株洲市国有土地上房屋征收处荷塘中心
主任　（缺）
副主任　袁　鲲

华融湘江银行东一支行
副行长　蔡　婧（女）
吕尚鸿

中国农业银行株洲荷塘支行
党总支书记、行长
周松青
纪检委员　谷　峰
党总支委员、副行长
谭子良
宋千千

中国建设银行株洲市城东支行

行长　　　　黄伟强
副行长　　　袁四红（女）
副行长　　　蔡　弘
副行长　　　倪巧兰（女）

中国工商银行株洲分行新华路支行

行长　　　　朱拥斌
副行长　　　曹志刚
副行长　　　李　玮
副行长　　　黄　蓉（女）
副行长　　　张立红（女）
支委委员　　黄学锋

中国光大银行株洲文化路支行

行长　　　　刘　君
副行长　　　陈　婷（女）

荣誉谱

2020年荷塘区获市级以上荣誉表

表7

单位	获奖名称	授予部门
荷塘区	2018—2020年全国计划生育优质服务先进单位	国家卫健委
	“一件事一次办”、商事制度改革和优化营商环境成效明显的市、县市区	湖南省人民政府办公厅
	全省疫情期间稳就业工作较好县市区	湖南省人社厅
	“一件事一次办”政务服务改革创新与实践荣获株洲市“十大两型改革案例”	株洲市“两型”社会建设综合配套改革领导小组
	株洲市“产业项目建设年”活动先进县市区	株洲市人民政府
	2020年度全省综治考核评估先进县市区	省委、省政府
	2020年度全市营商环境评价考核全市第一	市委办公室
	2020年度全市防范和处置非法集资工作先进单位	株洲市打击和处置非法集资工作领导小组
	城乡帮困工作入围全国创新社会治理百强案例评选，入选“湖南省基层改革探索100例”案例	省委改革办
	“推进全国社会足球场地设施建设试点工作”获2020年度真抓实干督查激励表扬	市委、市政府
	2020年安全生产和消防工作优秀单位	市委、市政府

2020 年荷塘区各单位获市级以上荣誉表

表 8

单位	获奖名称	授予部门
区委办	2020 年度全省党委督查工作先进基层单位	省委办公厅
区委宣传部	全省“学习强国”学习平台推广使用工作先进单位	省委宣传部
区委政法委	2020 年国庆、十九届五中全会等重点敏感期信访维稳工作全市先进单位	株洲市维护稳定工作联席会议办公室
区委网信办	全市网上群众路线工作年度考评第一名	市委网信办
区发展和改革局	2019—2020 年株洲市价格认定案卷管理先进单位	株洲市发展和改革委员会
区教育局	湖南省信息化创新应用示范区	湖南省教育厅
	全国青少年校园足球“满天星”训练营（2020 年湖南省唯一入选单位）	教育部
	2020 年湖南省青少年校园足球夏令营混合组第三名	湖南省教育厅
	2020 年国家义务教育质量监测实施优秀组织单位	教育部基础教育质量监测中心
	2020 年全省中小学教师教育宣传工作先进单位	湖南省教师教育学会
株洲市第四中学	全国文明校园	中央文明委
区民政局	2020 年度养老服务领域真抓实干成效明显地区	湖南省人民政府办公厅
	全省五化民政先进单位	湖南省民政厅
	湖南省示范儿童之家	湖南省民政厅
	县市区民政重点工作综合评估优秀单位	株洲市民政局
区科技和工业信息化局	“清欠”工作被省政府给予真抓实干激励表彰	省人民政府办公厅

续表 8

单位	获奖名称	授予部门
区自然资源局	2020 年度湖南省文明单位	湖南省精神文明建设指导委员会
区人社局	2020 年度就业宣传工作先进单位	中国就业促进会
区交通运输局	全市交通运输系统真抓实干先进单位	市交通运输局
	全市交通运输系统铁路环境专项整治先进单位	市交通运输局
	全市交通建设及养护目标管理先进单位	市交通运输局
区农业农村局	2020 年度全市深化供销合作社改革优秀单位	株洲市深化供销合作社改革领导小组
区商务和粮食局	株洲市“文明单位”	株洲市委宣传部
区退役军人事务局	株洲市 2020 年度退役军人服务保障体系建设先进单位	株洲市退役军人事务局
	株洲市“同赞军民鱼水情•共创双拥模范城”文艺作品征集活动“优秀组织奖”	株洲市双拥工作领导小组办公室、株洲军分区政治工作处
荷塘区统计局	湖南省第四次全国经济普查先进集体	湖南省第四次全国经济普查领导小组办公室
	株洲市第四次全国经济普查先进集体	株洲市人民政府第四次全国经济普查领导小组
区政府金融办	2020 年县市区综治考评防范和处置非法集资工作中被评为全市第一方阵	株洲市打击和处置非法集资工作领导小组办公室
	2020 年在“双比双看”大竞赛活动中融资力度指标城区排名第一，全市排名并列第一	株洲市“双比双看”大竞赛活动领导小组办公室
区市场监督管理局	株洲市创建全国文明城市工作先进单位	株洲市创建文明城市工作领导小组

续表 8

单位	获奖名称	授予部门
区城市管理和综合执法局	被评为株洲市城管局亮点工作——战寒潮 排内涝 应急包畅通	株洲市城管局
区产业服务中心	湖南省中小微企业核心服务机构（有效期：2020 年 8 月至 2022 年 7 月）	湖南经济和信息化委员会
	“拿地即开工”审批代理 2019 年度优秀服务产品	湖南省中小企业公共服务平台网络
	智慧碰撞开放大讲堂项目 2019 年度“十佳”服务项目	株洲市工业和信息化局
区疾控中心	株洲市文明标兵单位	株洲市精神文明建设指导委员会
	株洲市优秀青年突击队	共青团株洲市委
	株洲市“三八红旗手”集体	株洲市妇女联合会
区妇幼保健计划生育服务中心	株洲市农村适龄妇女“两癌”免费检查先进单位	株洲市卫生健康委妇幼健康科
	株洲市母婴安全保障工作先进单位	株洲市卫生健康委妇幼健康科
区总工会	“湘悦读•工力量”2020 年全省职工主题阅读活动优秀组织奖	湖南省总工会
	2020 年度株洲市工会工作红旗单位	株洲市总工会
株洲金山科技工业园工会联合会	2020 年湖南省百佳开发区（工业园区）工会	湖南省总工会
共青团荷塘区委员会	2020 年度全市共青团宣传工作先进单位	共青团株洲市委
区科协	2020 年科普信息员队伍建设“区县级科协优秀组织单位”（全国排名第 60 位）	中国科协办公厅

续表 8

单位	获奖名称	授予部门
区科协	2020 年湖南省科普信息传播竞赛活动中荣获县市区科协“优秀组织单位”（全省排名第 4 位）	湖南省科协
	全国科普日送科技下乡活动被评为 2020 年全国科普日优秀活动	中国科协办公厅
	2020 年全国科普日优秀组织单位	湖南省科协
	荷塘区杨家寨种植科普活动被评为“优秀活动”	湖南省科协
区文联	2020 年度湖南省文联系统先进单位	湖南省文学艺术界联合会
	株洲市 2020 年度文明单位	株洲市文明委
区政协	《荷塘工业 70 年》获“走过 60 年•我们的文史资料”评选“最具题材创意”奖	湖南省政协文史博览杂志
仙庾镇协商议事室	湖南省示范性政协委员工作室	政协湖南省委员会
区人民法院	湖南省优秀法院	湖南省高级人民法院
	株洲市先进法院	株洲市中级人民法院
区人民检察院	全省检察机关扫黑除恶专项斗争先进集体	湖南省人民检察院
	2020 年度全市先进检察院	株洲市人民检察院
	全市示范离退休干部党支部	中共株洲市离退休干部工作委员会
公安荷塘分局	全省执法质量考评优秀单位	湖南省公安厅法制总队
	全市政法工作先进集体	中共株洲市委政法委员会
	2020 年度全市公安机关平安建设优秀单位	株洲市公安局
荷塘区交警大队	株洲市创建全国文明城市工作先进单位	株洲市人民政府
	2020 年度全市公安交警系统整治工作成绩突出集体	株洲市公安局交警支队

续表 8

单位	获奖名称	授予部门
荷塘区交警大队	2020 年度全市公安交警系统办公文秘工作成绩突出集体	株洲市公安局交警支队
	2020 年度全市公安交警系统道路交通安全宣传工作成绩突出集体	株洲市公安局交警支队
	2020 年度全市公安交警系统工会工作成绩突出集体	株洲市公安局交警支队
	2020 年度全市公安交警系统党风廉政建设工作成绩突出集体	株洲市公安局交警支队
	2020 年度全市公安交警系统警务保障工作成绩突出集体	株洲市公安局交警支队
荷塘区消防救援大队	全省消防救援队伍先进基层党组织	中共湖南省消防救援总队委员会
荷塘区税务局	株洲市税务系统绩效管理先进单位	国家税务总局株洲市税务局
仙庾镇	省级美丽乡村建设示范镇	省农业农村局长工作会议公布
	2020 年度省示范性政协委员工作室	政协湖南省委员会
仙庾镇蝶屏村	省级美丽乡村建设示范村	省农业农村局
	湖南省文明村镇	省文明办
仙庾岭村	湖南省精品乡村	省农业农村厅
仙庾镇徐家塘村	全国文明村	中央文明委
月塘街道	株洲市 2020 年安全生产和消防工作优秀单位	中共株洲市委办公室
	湖南省军区“五星”基层武装部	市委组织部、市人力资源和社会保障局、株洲军分区动员处
	株洲市“河长制”工作标准建设单位	株洲市河长制工作委员会办公室
	株洲市信访工作“三无”单位创建活动先进单位	株洲市信访局
月塘街道荷塘铺村	株洲市“同心美丽乡村”	市统战部

续表 8

单位	获奖名称	授予部门
茨菇塘街道	2020 年度湖南省文明单位	湖南省精神文明建设指导委员会办公室
	株洲市 2019 年度文明村镇	株洲市精神文明建设指导委员会办公室
	省级“就业充分街道”	省人力资源和社会保障厅
	株洲市综治治理先进街道	中共株洲市委办公室
	株洲市平安街道	中共株洲市委办公室
	株洲市信访工作“三无”单位创建活动先进单位	株洲市信访局
	株洲市民族团结进步示范单位	株洲市民族宗教事务局
茨菇塘街道荷叶塘社区	株洲市 2020 年度文明村镇	株洲市精神文明建设指导委员会办公室
茨菇塘街道六〇一社区	湖南省抗击新冠肺炎疫情先进集体	中共湖南省委、湖南省人民政府
	湖南省先进基层党组织	中共湖南省委
	湖南省文明社区	湖南省文明办
	株洲市创建百岁健康社区示范单位	株洲市老年科技工作者协会
茨菇塘街道长征社区	湖南省示范儿童之家	湖南省民政厅
宋家桥街道	湖南省抗击新冠肺炎疫情先进集体	中共湖南省委、湖南省人民政府
	株洲市第四次全国普查先进集体	株洲市人民政府第四次全国经济普查领导小组
	株洲市信访维稳工作“三无”单位创建活动先进单位	株洲市信访局

续表 8

单位	获奖名称	授予部门
桂花街道	2020 年度全省计划生育基层群众自治先进乡镇街道	湖南省计划生育协会
	2020 年株洲市文明建设先进集体	市文明办
	株洲市第四次全国经济普查先进集体	市人民政府第四次全国经济普查领导小组
	街道司法所被评为湖南省优秀人民调解委员会	省司法厅
	街道卫健办被评为株洲市人口和计划生育工作良好单位	市卫健委
金山街道	湖南省文明卫生单位	湖南省爱国卫生运动委员会
	省级计划生育基层群众自治先进单位	湖南省计划生育协会
	株洲市 2020 年安全生产和消防工作优秀单位	中共株洲市委办公室
	街道武装部荣获湖南省首批“五星”称号	市委组织部、市人力资源和社会保障局、株洲军分区动员处
明照街道	株洲市信访维稳工作“三无”单位创建活动先进单位	株洲市信访局
	株洲市文明单位	株洲市委宣传部
	2020 年度真抓实干成效明显的街道（安全生产）	市委办、市政府办
	街道武装部被评为株洲市“五星”基层武装部	市委组织部、市人力资源和社会保障局、株洲军分区

重要文件选录

中共株洲市荷塘区委
关于深入学习贯彻习近平总书记考察湖南重要讲话精神 在奋力谱写新时代坚持和发展中国特色社会主义湖南新篇章中干在实处走在前列的决定

株荷发〔2020〕4号

2020年9月16日至18日，习近平总书记亲临湖南考察，发表重要讲话，作出重要指示，寄予殷切期望。为深入学习贯彻习近平总书记考察湖南重要讲话精神，认真落实省委十一届十一次全会、市委十二届十三次全会精神，统一思想行动，担负时代使命，在奋力谱写新时代坚持和发展中国特色社会主义的湖南新篇章中干在实处、走在前列，作出如下决定。

一、学深悟透习近平总书记考察湖南重要讲话精神，以实际行动践行“四个意识”“两个维护”

1.充分认识习近平总书记考察湖南重要讲话的重大意义。在决胜全面小康、开启全面建设社会主义现代化国家新征程的关键时刻和收官“十三五”、谋划“十四五”的重要节点，习近平总书记亲临湖南考察，发表重要讲话，具有十分重要的里程碑意义。习近平总书记强调，要落实党中央决策部署，坚持稳中求进工作总基调，贯彻新发展理念，坚持以供给侧结构性改革为主线，决胜全面建成小康社会、决战脱贫攻坚，扎实做好“六稳”工作，全面落实“六保”任务，着力打造国家重要先进制造业、具有核心竞争力的科技创新、内陆地区改革开放的高地，在推动高质量发展上闯出新路子，在构建新发展格局中展现新作为，在推动中部地区崛起和长江经济带发展中彰显新担当，奋力谱写新时代坚持和发展中国特色社会主义的湖南新篇章。习近平总书记的重要讲话为我们谋划工作、推动发展指明了前进方向、提供了根本遵循、带来了战略机遇、注入了强劲动力。全区上下要深刻领会习近平总书记重要讲话的重大政治意义、历史意义和现实意义，深刻领会贯穿其中的马克思主义立场观点方法，深刻领会蕴含其中的真理力量、实践伟力和人格魅力，切实用重要讲话精神统一思想、统揽全局、统领发展。

2.深刻领会习近平总书记对湖南发展的新定位新使命新要求。“三个高地”的战略定位和“四新”的使命任务，体现了当前与长远、全局与一域、目标与路径、机遇与责任的有机统一，体现了认识论、实践论、方法论的有机统一，是谋划推动荷塘“十四五”乃至更长时期发展的指导思想。“五项重点任务”与党的十八大以来对湖南提出的“精准扶贫”“一带一部”“三个着力”“守护好一江碧水”“弘扬老一辈革命家的崇高风范”等重要指示要求，目标上一致同向、一脉相承，要求上一以贯之、与时俱进。全区上下要把学习宣传贯彻习近平总书记考察湖南重要讲话精神作为当前和今后一个时期的首要政治任务，与学习贯彻习近平新时代中国特色社会主义思想结合起来，与学习宣传贯彻党的十九届五中全会精神结合起来，与贯彻落实习近平总书记历次关于湖南的重要指示批示精神结合起来，持续掀起学习宣传贯彻热潮，全面对标对表，深入落实落细，将习近平总书记提出的新定位新使命新要求转化为引领新时代荷塘发展的行动指南和强大动力，以贯彻落实的实际行动践行“四个意识”“两个维护”。

3.切实担负起习近平总书记赋予湖南使命任务的重大责任。荷塘区作为长株潭核心增长极的重要组成部分，打造“三个高地”、担当“四新”使命、落实“五项重点任务”有优越的区位条件、扎实的产业基础、丰富的创新资源和向好的发展来势，必须勇挑重担、抢抓机遇，当好打造“三个高地”的主力军和担当“四新”使命的先锋队。全区上下要切实增强责任感和使命感，牢牢把握“两个大局”的基本出发点、稳中求进的工作总基调、新发展理念的内在要求、全面脱贫与乡村振兴的有机衔接、新发展格局的重大机遇、服务国家战略的使命担当，主动扛起打造“三个高地”、担当“四新”使命、落实“五项重点任务”的重大责任，努力干在实处、奋力走在前列，在谱写新时代坚持和发展中国特色社会主义的湖南新篇章中展现更大作为、贡献更大力量。

二、推动经济高质量发展，在打造“三个高地”上彰显新担当

4.聚焦先进制造业发展，加快建设东部现代工业长廊。**坚持以实体经济为重点推动先进制造业集群发展。**主动融入以长株潭国家自主创新示范区为核心的科技创新基地建设，以金山新城片区为主体，做大做强新材料、轨道交通装备配套、医学健康等传统产业，培育发展壮大钢铁、装配式建筑、电商等新兴产业，推进产业结构优化升级，形成先进制造业集群梯次推进的发展格局。**坚持以产业链思维抓产业发展。**注重补短板、锻长板相结合，落实先进装备制造业倍增计划、先进材料提升工程、医药创优行动和制造业就近配套等专项行动，坚持“一链一策”统筹强链补链延链，紧盯产业发展前沿和“四新”经济发展方向，精准对接大型企业和龙头企业的供应链，实施重点企业培育工程，打好产业基础高级化、产业链现代化攻坚战。**坚持以“四升级一加强”做大做强园区。**全方位接轨长株潭一体化发展，推动园区承载能力、体制机制、产业生态和营商环境升级，全面加强干部队伍建设，建设“智慧园区”，发挥园区的科技创新、金融创新、服务创新的策源地和主力军作用，打造和建强一批特色“园中园”，加强国家级、省级特色园区、示范区、示范基地等申报与创建，增强对产业发展的支撑带动能力，全力促进园区扩增量、提质量。

5.聚焦科技创新引领，加快建设具有核心竞争力的新高地。**大力实施创新驱动战略。**紧抓湖南创新型省份建设和株洲创新型城市建设机遇，以科技创新为引领，加快打造一批重点科技创新平台，实施一批重点科技创新项目。积极对接中国智能制造示范引领区建设，以三一智慧钢铁城等重点项目为主导，带动先进轨道交通装备配套、工程机械等制造强省重点领域开展制造升级改造，推进智能制造工程。推动创新型园区建设，依靠创新驱动实现内涵式增长。**强化企业技术创新主体地位。**实施高新技术企业倍增计划和“瞪羚企业”培育计划，开展高新技术企业增量提质行动，壮大创新领军企业、科技“小巨人”、高新技术企业和科技型后备企业为主体的创新梯队，支持企业参与“揭榜挂帅”、开展工业“四基”攻关，促进创新要素向企业集聚。**激发人才创新活力。**落实《荷塘区关于改善人才环境、优化人才服务的十六条措施（试行）》等文件，探索和创新“人才+技术”、“人才+产业”路径，建立“卡脖子”技术人才需求清单和靶向引才、企业举才等机制，引进一批企业做大做强急需的科技创新人才（团队）、产业集聚发展欠缺的创业类高层次人才（团队），全力打造荷塘“智力磁场”。**加强创新平台支撑。**以建设高层次技术创新中心和重点实验室为牵引，积极争取国家、省级重点实验室、重大科技基础设施布局荷塘，支持创新能力较强的企业申创各类科技创新平台。瞄准高端装备制造、新材料、节能环保、生物医药等行业，搭建完善“苗圃（众创空间）—孵化器—加速器”双创孵化链条。健全科技资源开放共享激励机制，推动有资质的国家检测平台、质量监督检验中心、通用检测技术平台对外开放，为中小微企业提供技术培训、设备共享中心。**加大科技攻关和成果转化。**实施核心技术产品“攻尖”工程和自主创新产品“迭代”应用计划，重点推进一批科技攻关项目，加强中南大学•荷塘区联合创新实践基地建设，推动八方声学—清华大学建筑学院、格斯特—南航、北航、浙大等校企合作项目，打通科研与产业之间的通道，促进科技成果就地转化。

6.聚焦全面改革开放，加快建设高质量开放发展先行区。**推动更深层次改革。**认真贯彻党的十九届四中全会精神，加快推动制度建设成果转化为治理效能，推动基层社会治理体系和治理能力现代化。坚持目标引领和问题导向，围绕创新链产业链融合发展、市场化法治化国际化营商环境、高水平开放型经济、民生服务供给等重要领域，加快破除深层次体制机制障碍。深化“放管服”改革，深入推进“一件事一次办”。积极落实金融、科技、土地等要素市场改革，提高改革综合效能。**实行更高水平开放。**主动融入中部崛起、长江经济带发展、粤港澳大湾区建设、长三角一体化等国家战略，深度融入共建“一带一路”，以更广阔视角综合运用国际国内两个市场、两种资源，广泛开展对外合作，形成区域经济发展新优势。深化“迎老乡、回故乡、建家乡”行动，坚持领导带头招商、小分队招商、会展招商，加强资本招商、中介招商、线上招商等新模式，持续加大“三类500强”企业和产业链招商力度。**创造更优营商环境。**实施深化营商环境提升行动，深化“互联网+政务服务”改革，全面推进“证照分离”，压缩企业开办时间、工程建设项目审批时间，优化完善“两办一中心”工作推进机制，建立健全“店小二”式全程代办、“经理人”式全程跟进、“监护人”式全程保护的企业服务新模式。建立畅通有效的政企沟通机制和企业家参与涉企政策制定的决策咨询机制，构建“亲”“清”政商关系。

7.着力激发高质量发展动力。**注重扩大有效投资。**紧盯专项债、特别国债、中央和省预算内资金、政策性银行等重大资金支持的方向和领域，抢抓政策机遇，加大产业项目建设力度，加强基础设施“五张网”建设，实施“两新一重”、基础设施补短板攻坚行动，推动公共服务设施提标扩面、环境卫生设施提级扩能、市政公用设施提档升级、产业培育设施提质增效。提高市场准入开放度，鼓励专业化社会资本和行业领军企业参与环保、交通、医疗、养老、教育等重大基础设施和公共服务项目，推动形成市场主导的投资内生增长机制。**促进消费繁荣发展。**加快补齐项目软硬短板，营造良好消费环境。加大特色商业街区培育和发展，推动生鲜超市、便利店、快餐店等社区商业和“夜间经济”良性发展。多措并举升级吃穿用、住房、汽车、家电等传统消费，优化教育、文化、旅游、家政等服务消费，培育绿色消费、数字消费、智能消费、康养消费等新兴消费，挖掘新的消费增长点。**激发市场主体活力。**突出保市场主体，推动“纾困、减负、赋能”政策措施直达基层、直接惠及每个市场主体。全面实施市场准入负面清单制度，全面清理市场准入隐形壁垒，完善中小企业服务体系，支持民营经济高质量发展。大力弘扬企业家精神，更好地激励企业家干事创业。

三、推进农业农村现代化，在巩固脱贫的基础上大力推进乡村振兴

8.保障粮食产量和质量安全。坚持稳面积、稳产量，自觉落实稳定粮食生产属地责任。落实最严格的耕地保护制度，实施耕地质量保护与提升工程，按时按质完成粮食播种面积和产量任务。推进农业科技进村入户，培育和扶持一批农机、农技服务大户、合作社（公司）等实体，全面提升粮食生产综合服务能力和水平。

9.提升现代农业发展水平。以深化农业供给侧结构性改革为主线，以“六大强农”为抓手，实施新型职业农民培训和涉农职业教育，畅通“种养殖—加工—销售”渠道，发展壮大一批新型农业经营主体，加快推动农村一二三产业融合发展，培育农业产业化龙头企业和联合体。发展休闲农业与乡村旅游，深挖耕食文化和城市近郊农业发展潜力，有序推进耕食小镇等休闲农业产业项目及民宿、研学基地、农业景观建设，推进品牌强农。

10.推动农村改革实现重点突破。坚决守住土地公有制性质不改变、耕地红线不突破、农民利益不受损底线，深化农村集体产权制度改革，健全农村产权流转交易体制机制，深入推进承包地“三权分置”改革，稳妥推进农村集体经营性建设用地入市，深化农村“三变”改革、供销合作社综合改革等，建立健全农资供应体系、农机服务体系、金融保险体系等保障服务体系，以改革重点突破带动农村创新发展。

11.巩固提升脱贫攻坚成果。巩固对茶陵县结对帮扶成果，实现对泸溪县帮扶圆满收官。推深做实城乡帮困工作，继续完善精准识别、精准施策、精准退出的“三榜”工作法，广泛链接社会爱心资源，不断完善制度保障，有序引导社会力量参与困顿群众的帮扶，探索针对相对贫困的日常性帮扶措施，落实救助兜底保障措施，确保帮扶项目广泛、深入、可持续开展。

12.大力推进乡村振兴。坚持实事求是、走群众路线，因地制宜推进乡村振兴。深入开展驻村工作，让干部在实践中增长才干，在基层一线成长，为乡村振兴注入力量。加强农村精神文明建设，深入开展“最美乡村”“最美农家”“最美社区”等评选活动，持续培育文明乡风。以治垃圾、治污水、治厕所、治村容村貌、改陋习“四治一改”为重点，持续整治农村人居环境。全面推进“四好农村路”建设，推进农村信息化基础设施建设，加大各项民生行动向农村覆盖的力度和广度，加快补齐农村基础设施和公共服务短板。

四、加强生态文明建设，建设更加美丽的绿水青山典范城区

13.持续打好蓝天碧水净土保卫战。持续抓好长江经济带生态环境问题整改，动态“清零”中央、省、市环保督察问题，巩固提升“蓝天三百天、全域二类水”成果。落实湘江保护与治理第三个“三年行动计划”，完善“电力大数据+环保监管”模式，加强监管执法，防治工业污染，落实建筑工地扬尘防治、机动车尾气排放和“散乱污”企业整治措施，统筹推进控尘、控车、控排、控烧、控煤，减少工业排放和扬尘污染，提升空气质量；落实河湖长制，实行最严格水资源管理制度，扎实推进“两港两湖”及城乡点状黑臭水体整治，持续完善截污管网布设，推动源头治理，补齐环境历史欠账。

14.加强生态环境治理体系和治理能力建设。充分发挥区污染防治攻坚战指挥部作用，完善评价考核体系，压实生态环境保护责任。健全环境治理监管体系，整合相关部门污染防治和生态环境保护执法职责、队伍。依法实行排污许可管理制度，督促企业严格执行法律法规。完善公众监督和举报反馈机制，加强环保志愿者队伍建设，建立排污企业黑名单制，健全环境治理信用体系。牢固树立“绿水青山就是金山银山”的理念，全面推行清洁生产和低碳发展，巩固提升“两型社会”建设成效，加快形成绿色生产方式和生活方式。

五、全力改善民生维护社会稳定，不断满足人民对美好生活的向往

15.积极稳定和扩大就业。深入推进精准就业服务工作，借助市场化专业力量，加快完善公共就业服务平台，发挥就业服务专员和各参与方的积极性，做实精准就业服务工作，拓宽群众增收渠道。发挥税费减免、稳岗返还、稳岗奖补等政策效应稳住就业岗位。鼓励市场创造更多新形态就业岗位，拓宽高校毕业生、农民工、退役军人、城镇困难人员等群体就业渠道，支持灵活就业和零散用工。推进职业技能提升行动，坚持“订单、定向、定点”开展有针对性的技能培训，全力构建“培训+实训+上岗”的职业技能培训体系，提升劳动力素质，保障重点企业用工。保障农民工合法权益，根治拖欠农民工工资问题。

16.推动教育优先发展。以促进教育公平和提高教育质量为主线，学习推广泸溪县教育经验，构建结构优化、高位均衡、优质特色的现代教育体系，打造教育强区。增强学前教育公益普惠性，加快推进湖南师大附属株洲荷塘实验学校、水竹湖片区学校等项目建设，推进义务教育扩容提质。巩固提升荷塘小学、八达小学教育集团办学成效，提高教学水平。加强师德师风建设，营造尊师重教氛围，健全教师补充长效机制，完善教师待遇保障机制和收入分配激励机制。重视学生防近视问题，强化心理健康教育、防溺水、反欺凌、校车安全等学生安全管理。

17.完善公共卫生服务体系。坚持外防输入、内防反弹，抓紧抓实抓细常态化疫情防控。提升医疗卫生资源供给水平，加快推进中美医院等重点项目建设，加大民营医疗机构发展的支持力度，形成公立、民营医院良性发展格局。推进基层医疗服务均衡发展，做实基层公共卫生服务，完善“医联体”、“家庭医生”实质化、规范化运作机制，促进优质医疗卫生资源下沉。健全公共卫生和疾病预防控制体系，完善公共卫生监测预警体系、应急管理机制和突发公共卫生事件应急预案，推进区级疾病预防控制中心标准化建设。深入开展爱国卫生运动，健全健康教育制度。

18.加强防灾减灾能力建设。切实加大对合泰、富家垅等重点地区的安全排查及整改力度，坚决防范安全生产事故发生。推进防洪排涝薄弱环节治理“三年行动计划”，加快重大水利工程、病险水库除险加固和城市地下管廊等防灾减灾工程建设。加强火灾和地质灾害等监测预警风险评估管理、救援队伍力量、基层应急能力和救灾物资装备保障能力建设，完善应急管理工作体系和灾后恢复重建机制。加大防灾减灾宣传教育，提高全民安全意识。

19.完善民生保障体系。支持市场化养老机构参与，推动居家养老服务扩面提质，优化农村“友邻帮”互助养老服务，加强养老平台数据信息化建设，加快构建多层次养老服务体系。坚持因地制宜、分类推进，广泛发动群众参与，引导更多无物业管理小区实现自治。完善基本养老保险制度，推动城乡居民保险法定人群全覆盖、失业保险应保尽保。推进社保扩面，完善城乡一体的社会保险经办服务，加强公共服务网络建设，激励引导尚未参保的农民工、灵活就业人员和城乡居民依法参保。

20.建设更高水平的平安荷塘法治荷塘。主动参与全国市域社会治理现代化试点合格城市创建工作，构建体系更加完备、治理更加有效、群众更加满意的基层社会治理格局。打好扫黑除恶专项斗争决胜战，形成常效长效机制。坚决打击黄赌毒和各种刑事犯罪，推进安全生产专项整治三年行动，有效防范化解各类风险隐患。落实政法领域各项改革，发挥人民调解机制作用，推进严格规范公正文明执法。

21.扎实做好民族团结进步和宗教工作。加强民族团结进步教育，深入开展“全市民族团结进步示范街道”创建工作，不断探索少数民族流动人口服务管理新模式。落实宗教工作三级网络和两级责任制，坚决制止非法宗教活动。

22.大力推进新时代思想文化建设。落实意识形态工作责任制，巩固马克思主义在意识形态领域的指导地位。牢牢掌握意识形态工作主动权，深入走好线上线下群众路线，用好“在荷塘”、“荷塘青年志”等网络宣传平台，发挥微信盟主、群主作用，弘扬主旋律、传递正能量。大力开展群众性精神文明创建活动，推动新时代文明实践中心建设，广泛开展道德模范、最美人物、身边好人等先进典型选树和学习宣传。加强公共文化服务体系建设，深化拓展“欢乐潇湘•幸福荷塘”“社区大舞台”等群众文化活动，大力实施文化惠民工程，提高人民群众文化获得感。

六、切实加强基层基础工作，不断提高基层治理效能

23.*着力建强基层组织*。把党的政治建设摆在首位，推动对乡镇（街道）政治建设考察全覆盖。持续开展“组织生活质量提升年”活动，统筹推进城市、国有企业、机关、两新、事业单位等领域基层党组织建设。完善选育管用机制，抓好新一轮村（社区）“两委”班子换届，选优配强党组织书记。推动全面从严治党向基层延伸，持续整顿软弱涣散基层党组织。

24.*切实提高基层治理能力*。以“1+4”综合平台为载体，打造便民服务、市场监管、综合执法、综合治理四个平台。推进统一的基层社会治理网格化，加快实施“雪亮工程”，推进“一村一辅警”“城市快警”建设，完善巩固“四巡四防”工程。建立健全常态化风险发现预警与应对处置责任机制、矛盾纠纷多元化解机制，完善新时代党员群众互联互助基层治理模式。

25.*构建权责清晰的基层运行机制*。深化基层管理体制改革，规范乡镇（街道）机构设置，理顺乡镇（街道）职权事权，依法赋予乡镇（街道）审批服务执法、项目决策等权限。推进基层党支部、村民委员会、议事会、理事会、监事会多元主体共治，法律法规政策、村规民约、道德规范、乡村自治组织规范多元规范合治和国家机关、村组、村民、社会等多层级监督，完善自治、法治、德治相结合的乡村治理体系。建立健全基层民主协商的机制和社区居委会、业委会、物业企业相互协调的机制。

26.*提高基层公共服务水平*。推进基层公共服务（一门式）全覆盖，打造集党务、政务、村务、商务、公共文化和社会服务于一体的基层治理阵地和综合服务枢纽。加快服务均等化、普惠化、便捷化和城乡一体化，支持城乡基层社会组织发展，推动城市优质公共服务资源向农村延伸。健全养老服务体系，完善农村“三留守”关爱保护制度，保障特困人员、城乡孤儿、无人抚养儿童基本权益。

27.*充分调动基层工作积极性*。完善落实党代表联系群众、建言献策等制度。坚持和完善人大代表联系群众制度，全面贯彻落实《湖南省乡镇人民代表大会工作条例》，逐步推行民生实事项目人大代表票决制。充分发挥“政协云”作用，推动政协委员联系服务界别群众制度化常态化。加大基层一线先进典型的评选宣传力度，发挥先锋模范人物和农村致富带头人的示范作用。全面落实加强基层建设的政策措施，完善基层关怀帮助机制，健全正向激励、能上能下等制度，减轻基层负担，充分发挥基层党组织的战斗堡垒作用和基层党员的先锋模范作用。

七、全面加强党的建设，凝聚抓落实的强大合力

28.全面从严治党抓落实。把理想信念教育贯穿党的政治建设始终，把政治建设常态化、全覆盖考察和干部选育管用结合起来，更加坚定理想信念，增强“四个自信”、践行“两个维护”。巩固拓展“不忘初心、牢记使命”主题教育成果，建立“不忘初心、牢记使命”主题教育常态化长效机制，引导党员干部站稳人民立场、践行初心使命，坚定不移走群众路线，自觉把问需于民、问计于民、问效于民贯穿作决策、干工作全过程。树立正确用人导向，健全完善干部考核评价体系，让敢于担当、攻坚克难、群众公认的干部得褒奖、受重用，旗帜鲜明为担当者担当。落实从严治党主体责任，强化“六位一体”监督，开展腐败多发领域问题专项整治，一体推进不敢腐、不能腐、不想腐体制建设，力戒形式主义官僚主义，涵养清风正气，醇厚“和”与“正”的政治生态。更好发挥各级各部门党组作用，充分调动各群团组织和广大干部群众的积极性主动性创造性，让抓落实成为荷塘区的最强音。坚持以习近平新时代中国特色社会主义思想为指导，深入贯彻落实习近平强军思想和新时代军事战略方针，奋力开创新时代党管武装工作新局面。

29.完善推进机制抓落实。以改革精神创新完善体制机制，不断健全高质量发展制度机制，构建高水平开放型经济体制，完善民生保障、生态文明、社会治理、文化创新制度体系，以高效的体制机制保障各项工作取得实效。构建横向到边、纵向到底的责任和落实工作机制，形成主要领导抓全面、分管领导抓具体、各级各部门各司其职的责任体系，制定详细系统的任务书、路线图、时间表，发扬钉钉子精神，一件一件抓好落实。

全区各级党组织和广大党员干部要紧密团结在以习近平同志为核心的党中央周围，不忘初心、牢记使命、砥砺奋进，在加快“一谷三区”建设、加快实现基本现代化进程中体现荷塘担当、作出荷塘贡献，在奋力谱写新时代坚持和发展中国特色社会主义的湖南新篇章中干在实处、走在前列，以优异成绩向习近平总书记、向党和人民交出一份满意的荷塘答卷！

附件

《关于深入学习贯彻习近平总书记考察湖南重要讲话精神在奋力谱写新时代坚持和发展中国特色社会主义湖南新篇章中干在实处走在前列的决定》责任分解表

表9

序号	类　别	工作要求	牵头领导	牵头部门	备注
一、学深悟透习近平总书记考察湖南重要讲话精神，以实际行动践行“四个意识”“两个维护”					
1	充分认识习近平总书记考察湖南重要讲话的重大意义	全区上下要深刻领会习近平总书记重要讲话的重大政治意义、历史意义和现实意义，深刻领会贯穿其中的马克思主义立场观点方法，深刻领会蕴含其中的真理力量、实践伟力和人格魅力，切实用重要讲话精神统一思想、统揽全局、统领发展	邬凌云	区委办公室	
2	深刻领会习近平总书记对湖南发展的新定位新使命新要求	全区上下要把学习宣传贯彻习近平总书记考察湖南重要讲话精神作为当前和今后一个时期的首要政治任务，与学习贯彻习近平新时代中国特色社会主义思想结合起来，与学习宣传贯彻党的十九届五中全会精神结合起来，与贯彻落实习近平总书记历次关于湖南的重要指示批示精神结合起来，持续掀起学习宣传贯彻热潮，全面对标对表，深入落实落细，将习近平总书记提出的新定位新使命新要求转化为引领新时代荷塘发展的行动指南和强大动力，以贯彻落实的实际行动践行“四个意识”“两个维护”	田　灿	区委宣传部	

续表 9

序号	类　别	工作要求	牵头领导	牵头部门	备注
3	切实担负起习近平总书记赋予湖南使命任务的重大责任	全区上下要切实增强责任感和使命感，牢牢把握“两个大局”的基本出发点、稳中求进的工作总基调、新发展理念的内在要求、全面脱贫与乡村振兴的有机衔接、新发展格局的重大机遇、服务国家战略的使命担当，主动扛起打造“三个高地”、担当“四新”使命、落实“五项重点任务”的重大责任，努力干在实处、奋力走在前列，在谱写新时代坚持和发展中国特色社会主义的湖南新篇章中展现更大作为、贡献更大力量	邬凌云 罗鹏程	区委办公室 区政府办公室	
二、推动经济高质量发展，在打造“三个高地”上彰显新担当					
4	聚焦先进制造业发展，加快建设东部现代工业长廊	**坚持以实体经济为重点推动先进制造业集群发展。**主动融入以长株潭国家自主创新示范区为核心的科技创新基地建设，以金山新城片区为主体，做大做强新材料、轨道交通装备配套、医学健康等传统产业，培育发展壮大钢铁、装配式建筑、电商等新兴产业，推进产业结构优化升级，形成先进制造业集群梯次推进的发展格局。**坚持以产业链思维抓产业发展。**注重补短板、锻长板相结合，落实先进装备制造业倍增计划、先进材料提升工程、医药创优行动和制造业就近配套等专项行动，坚持“一链一策”统筹强链补链延链，紧盯产业发展前沿和“四新”经济发展方向，精准对接大型企业和龙头企业的供应链，实施重点企业培育工程，打好产业基础高级化、产业链现代化攻坚战。**坚持以“四升级一加强”做大做强园区。**全方位接轨长株潭一体化发展，推动园区承载能力、体制机制、产业生态和营商环境升级，全面加强干部队伍建设，建设“智慧园区”，发挥园区的科技创新、金融创新、服务创新的策源地和主力军作用，打造和建强一批特色“园中园”，加强国家级、省级特色园区、示范区、示范基地等申报与创建，增强对产业发展的支撑带动能力，全力促进园区扩增量、提质量	刘新华 朱福兴	区政府办公室 区发展改革局 金山科技工业园 各产业链长办公室	

续表 9

序号	类　别	工作要求	牵头领导	牵头部门	备注
5	聚焦科技创新引领，加快建设具有核心竞争力的新高地	**大力实施创新驱动战略。**紧抓湖南创新型省份建设和株洲创新型城市建设机遇，以科技创新为引领，加快打造一批重点科技创新平台，实施一批重点科技创新项目。积极对接中国智能制造示范引领区建设，以三一智慧钢铁城等重点项目为主导，带动先进轨道交通装备配套、工程机械等制造强省重点领域开展制造升级改造，推进智能制造工程。推动创新型园区建设，依靠创新驱动实现内涵式增长。**强化企业技术创新主体地位。**实施高新技术企业倍增计划和“瞪羚企业”培育计划，开展高新技术企业增量提质行动，壮大创新领军企业、科技“小巨人”、高新技术企业和科技型后备企业为主体的创新梯队，支持企业参与“揭榜挂帅”、开展工业“四基”攻关，促进创新要素向企业集聚。**激发人才创新活力。**落实《荷塘区关于改善人才环境、优化人才服务的十六条措施（试行）》等文件，探索和创新“人才+技术”、“人才+产业”路径，建立“卡脖子”技术人才需求清单和靶向引才、企业举才等机制，引进一批企业做大做强急需的科技创新人才（团队）、产业集聚发展欠缺的创业类高层次人才（团队），全力打造荷塘“智力磁场”。**加强创新平台支撑。**以建设高层次技术创新中心和重点实验室为牵引，积极争取国家、省级重点实验室、重大科技基础设施布局荷塘，支持创新能力较强的企业申创各类科技创新平台。瞄准高端装备制造、新材料、节能环保、生物医药等行业，搭建完善“苗圃（众创空间）—孵化器—加速器”双创孵化链条。健全科技资源开放共享激励机制，推动有资质的国家检测平台、质量监督检验中心、通用检测技术平台对外开放，为中小微企业提供技术培训、设备共享中心。**加大科技攻关和成果转化。**实施核心技术产品“攻尖”工程和自主创新产品“迭代”应用计划，重点推进一批科技攻关项目，加强中南大学•荷塘区联合创新实践基地建设，推动八方声学—清华大学建筑学院、格斯特—南航、北航、浙大等校企合作项目，打通科研与产业之间的通道，促进科技成果就地转化	余　鹏 陈柏文	区科工信局 区委组织部	

续表 9

序号	类　别	工作要求	牵头领导	牵头部门	备注
6	聚焦全面改革开放，加快建设高质量开放发展先行区	**推动更深层次改革。**认真贯彻党的十九届四中全会精神，加快推动制度建设成果转化为治理效能，推动基层社会治理体系和治理能力现代化。坚持目标引领和问题导向，围绕创新链产业链融合发展、市场化法治化国际化营商环境、高水平开放型经济、民生服务供给等重要领域，加快破除深层次体制机制障碍。深化“放管服”改革，深入推进“一件事一次办”。积极落实金融、科技、土地等要素市场改革，提高改革综合效能。**实行更高水平开放。**主动融入中部崛起、长江经济带发展、粤港澳大湾区建设、长三角一体化等国家战略，深度融入共建“一带一路”，以更广阔视角综合运用国际国内两个市场、两种资源，广泛开展对外合作，形成区域经济发展新优势。深化“迎老乡、回故乡、建家乡”行动，坚持领导带头招商、小分队招商、会展招商，加强资本招商、中介招商、线上招商等新模式，持续加大“三类500强”企业和产业链招商力度。**创造更优营商环境。**实施深化营商环境提升行动，深化“互联网+政务服务”改革，全面推进“证照分离”，压缩企业开办时间、工程建设项目审批时间，优化完善“两办一中心”工作推进机制，建立健全“店小二”式全程代办、“经理人”式全程跟进、“监护人”式全程保护的企业服务新模式。建立畅通有效的政企沟通机制和企业家参与涉企政策制定的决策咨询机制，构建“亲”“清”政商关系	王伟胜 刘新华 陈柏文	区委办公室 区行政审批局 区招商办 区产业服务中心 区优化营商环境中心 区市场监管局 区商务粮食局	

续表9

序号	类　别	工作要求	牵头领导	牵头部门	备注
7	着力激发高质量发展动力	**注重扩大有效投资。**紧盯专项债、特别国债、中央和省预算内资金、政策性银行等重大资金支持的方向和领域，抢抓政策机遇，加大产业项目建设力度，加强基础设施“五张网”建设，实施“两新一重”、基础设施补短板攻坚行动，推动公共服务设施提标扩面、环境卫生设施提级扩能、市政公用设施提档升级、产业培育设施提质增效。提高市场准入开放度，鼓励专业化社会资本和行业领军企业参与环保、交通、医疗、养老、教育等重大基础设施和公共服务项目，推动形成市场主导的投资内生增长机制。**促进消费繁荣发展。**加快补齐项目软硬短板，营造良好消费环境。加大特色商业街区培育和发展，推动生鲜超市、便利店、快餐店等社区商业和“夜间经济”良性发展。多措并举升级吃穿用、住房、汽车、家电等传统消费，优化教育、文化、旅游、家政等服务消费，培育绿色消费、数字消费、智能消费、康养消费等新兴消费，挖掘新的消费增长点。**激发市场主体活力。**突出保市场主体，推动“纾困、减负、赋能”政策措施直达基层、直接惠及每个市场主体。全面实施市场准入负面清单制度，全面清理市场准入隐形壁垒，完善中小企业服务体系，支持民营经济高质量发展。大力弘扬企业家精神，更好地激励企业家干事创业	刘新华 陈柏文	区财政局 区发展改革局 区商务粮食局 区市场监管局 区城管局	
三、推进农业农村现代化，在巩固脱贫的基础上大力推进乡村振兴					
8	保障粮食产量和质量安全	坚持稳面积、稳产量，自觉落实稳定粮食生产属地责任。落实最严格的耕地保护制度，实施耕地质量保护与提升工程，按时按质完成粮食播种面积和产量任务。推进农业科技进村入户，培育和扶持一批农机、农技服务大户、合作社（公司）等实体，全面提升粮食生产综合服务能力和水平	杨喜兰 刘定光	区农业农村局	

续表9

序号	类　别	工作要求	牵头领导	牵头部门	备注
9	提升现代农业发展水平	以深化农业供给侧结构性改革为主线，以“六大强农”为抓手，实施新型职业农民培训和涉农职业教育，畅通“种养殖—加工—销售”渠道，发展壮大一批新型农业经营主体，加快推动农村一、二、三产业融合发展，培育农业产业化龙头企业和联合体。发展休闲农业与乡村旅游，深挖耕食文化和城市近郊农业发展潜力，有序推进耕食小镇等休闲农业产业项目及民宿、研学基地、农业景观建设，推进品牌强农	杨喜兰 刘定光	区农业农村局	
10	推动农村改革实现重点突破	坚决守住土地公有制性质不改变、耕地红线不突破、农民利益不受损底线，深化农村集体产权制度改革，健全农村产权流转交易体制机制，深入推进承包地“三权分置”改革，稳妥推进农村集体经营性建设用地入市，深化农村“三变”改革、供销合作社综合改革等，建立健全农资供应体系、农机服务体系、金融保险体系等保障服务体系，以改革重点突破带动农村创新发展	杨喜兰 刘定光	区农业农村局 荷塘月色服务中心	
11	巩固提升脱贫攻坚成果	巩固对茶陵县结对帮扶成果，实现对泸溪县帮扶圆满收官。推深做实城乡帮困工作，继续完善精准识别、精准施策、精准退出的“三榜”工作法，广泛链接社会爱心资源，不断完善制度保障，有序引导社会力量参与困顿群众的帮扶，探索针对相对贫困的日常性帮扶措施，落实救助兜底保障措施，确保帮扶项目广泛、深入、可持续开展	王伟胜 刘定光	区农业农村局 区网格化服务中心	
12	大力推进乡村振兴	坚持实事求是、走群众路线，因地制宜推进乡村振兴。深入开展驻村工作，让干部在实践中增长才干，在基层一线成长，为乡村振兴注入力量。加强农村精神文明建设，深入开展“最美乡村”“最美农家”“最美社区”等评选活动，持续培育文明乡风。以治垃圾、治污水、治厕所、治村容村貌、改陋习“四治一改”为重点，持续整治农村人居环境。全面推进“四好农村路”建设，推进农村信息化基础设施建设，加大各项民生行动向农村覆盖的力度和广度，加快补齐农村基础设施和公共服务短板	余　鹏 刘定光	区农业农村局 区委组织部 区交通运输局	

续表 9

序号	类　别	工作要求	牵头领导	牵头部门	备注
四、加强生态文明建设，建设更加美丽的绿水青山典范城区					
13	持续打好蓝天碧水净土保卫战	持续抓好长江经济带生态环境问题整改，动态“清零”中央、省、市环保督察问题，巩固提升“蓝天三百天、全域二类水”成果。落实湘江保护与治理第三个“三年行动计划”，完善“电力大数据+环保监管”模式，加强监管执法，防治工业污染，落实建筑工地扬尘防治、机动车尾气排放和“散乱污”企业整治措施，统筹推进控尘、控车、控排、控烧、控煤，减少工业排放和扬尘污染，提升空气质量；落实河湖长制，实行最严格水资源管理制度，扎实推进“两港两湖”及城乡点状黑臭水体整治，持续完善截污管网布设，推动源头治理，补齐环境历史欠账	陈柏文 刘定光 向前进	生态环境荷塘分局 区农业农村局 区自然资源局 区住房城乡建设局	
14	加强生态环境治理体系和治理能力建设	充分发挥区污染防治攻坚战指挥部作用，完善评价考核体系，压实生态环境保护责任。健全环境治理监管体系，整合相关部门污染防治和生态环境保护执法职责、队伍。依法实行排污许可管理制度，督促企业严格执行法律法规。完善公众监督和举报反馈机制，加强环保志愿者队伍建设，建立排污企业黑名单制，健全环境治理信用体系。牢固树立“绿水青山就是金山银山”的理念，全面推行清洁生产和低碳发展，巩固提升“两型社会”建设成效，加快形成绿色生产方式和生活方式	陈柏文	区污染防治攻坚指挥部 生态环境荷塘分局	
五、全力改善民生维护社会稳定，不断满足人民对美好生活的向往					
15	积极稳定和扩大就业	深入推进精准就业服务工作，借助市场化专业力量，加快完善公共就业服务平台，发挥就业服务专员和各参与方的积极性，做实精准就业服务工作，拓宽群众增收渠道。发挥税费减免、稳岗返还、稳岗奖补等政策效应稳住就业岗位。鼓励市场创造更多新形态就业岗位，拓宽高校毕业生、农民工、退役军人、城镇困难人员等群体就业渠道，支持灵活就业和零散用工。推进职业技能提升行动，坚持“订单、定向、定点”开展针对性技能培训，全力构建“培训+实训+上岗”的职业技能培训体系，提升劳动力素质，保障重点企业用工。保障农民工合法权益，根治拖欠农民工工资问题	刘必林	区人力资源社会保障局	

续表 9

序号	类　别	工作要求	牵头领导	牵头部门	备注
16	推动教育优先发展	以促进教育公平和提高教育质量为主线，学习推广泸溪县教育经验，构建结构优化、高位均衡、优质特色的现代教育体系，打造教育强区。增强学前教育公益普惠性，加快推进湖南师大附属株洲荷塘实验学校、水竹湖片区学校等项目建设，推进义务教育扩容提质。巩固提升荷塘小学、八达小学教育集团办学成效，提高教学水平。加强师德师风建设，营造尊师重教氛围，健全教师补充长效机制，完善教师待遇保障机制和收入分配激励机制。重视学生防近视问题，强化心理健康教育、防溺水、反欺凌、校车安全等学生安全管理	罗　曼	区教育局	
17	完善公共卫生服务体系	坚持外防输入、内防反弹，抓紧抓实抓细常态化疫情防控。提升医疗卫生资源供给水平，加快推进中美医院等重点项目建设，加大民营医疗机构发展的支持力度，形成公立、民营医院良性发展格局。推进基层医疗服务均衡发展，做实基层公共卫生服务，完善"医联体"、"家庭医生"实质化、规范化运作机制，促进优质医疗卫生资源下沉。健全公共卫生和疾病预防控制体系，完善公共卫生监测预警体系、应急管理机制和突发公共卫生事件应急预案，推进区级疾病预防控制中心标准化建设。深入开展爱国卫生运动，健全健康教育制度	罗　曼	区卫生健康局 区疾控中心	
18	加强防灾减灾能力建设	切实加大对合泰、富家垅等重点地区的安全排查及整改力度，坚决防范安全生产事故发生。推进防洪排涝薄弱环节治理"三年行动计划"，加快重大水利工程、病险水库除险加固和城市地下管廊等防灾减灾工程建设。加强火灾和地质灾害等监测预警风险评估管理、救援队伍力量、基层应急能力和救灾物资装备保障能力建设，完善应急管理工作体系和灾后恢复重建机制。加大防灾减灾宣传教育，提高全民安全意识	向前进 刘定光	区应急局 区市场服务中心 区农业农村局 区自然资源局 荷塘消防救援大队	
19	完善民生保障体系	支持市场化养老机构参与，推动居家养老服务扩面提质，优化农村"友邻帮"互助养老服务，加强养老平台数据信息化建设，加快构建多层次养老服务体系。坚持因地制宜、分类推进，广泛发动群众参与，引导更多无物业管理小区实现自治。完善基本养老保险制度，推动城乡居民保险法定人群全覆盖、失业保险应保尽保。推进社保扩面，完善城乡一体的社会保险经办服务，加强公共服务网络建设，激励引导尚未参保的农民工、灵活就业人员和城乡居民依法参保	刘必林 刘定光	区民政局 区人力资源社会保障局 区物业服务中心	
20	建设更高水平的平安荷塘法治荷塘	主动参与全国市域社会治理现代化试点合格城市创建工作，构建体系更加完备、治理更加有效、群众更加满意的基层社会治理格局。打好扫黑除恶专项斗争决胜战，形成常效长效机制。坚决打击黄赌毒和各种刑事犯罪，推进安全生产专项整治三年行动，有效防范化解各类风险隐患。落实政法领域各项改革，发挥人民调解机制作用，推进严格规范公正文明执法	王　冬 黄团结 刘定光	区委政法委 公安荷塘分局 区司法局 区应急局	

续表 9

序号	类　别	工作要求	牵头领导	牵头部门	备注
21	扎实做好民族团结进步和宗教工作	加强民族团结进步教育，深入开展“全市民族团结进步示范街道”创建工作，不断探索少数民族流动人口服务管理新模式。落实宗教工作三级网络和两级责任制，坚决制止非法宗教活动	王顺安	区委统战部	
22	大力推进新时代思想文化建设	落实意识形态工作责任制，巩固马克思主义在意识形态领域的指导地位。牢牢掌握意识形态工作主动权，深入走好线上线下群众路线，用好“在荷塘”“荷塘青年志”等网络宣传平台，发挥微信盟主、群主作用，弘扬主旋律、传递正能量。大力开展群众性精神文明创建活动，推动新时代文明实践中心建设，广泛开展道德模范、最美人物、身边好人等先进典型选树和学习宣传。加强公共文化服务体系建设，深化拓展“欢乐潇湘•幸福荷塘”“社区大舞台”等群众文化活动，大力实施文化惠民工程，提高人民群众文化获得感	田　灿 罗　曼 廖　山	区委宣传部 区委网信办 区文旅体局	
六、切实加强基层基础工作，不断提高基层治理效能					
23	着力建强基层组织	把党的政治建设摆在首位，推动对乡镇（街道）政治建设考察全覆盖。持续开展“组织生活质量提升年”活动，统筹推进城市、国有企业、机关、两新、事业单位等领域基层党组织建设。完善选育管用机制，抓好新一轮村（社区）“两委”班子换届，选优配强党组织书记。推动全面从严治党向基层延伸，持续整顿软弱涣散基层党组织	郑志富 余　鹏 刘定光 冯　晓	区委组织部 区民政局 区纪委监委	
24	切实提高基层治理能力	以“1+4”综合平台为载体，打造便民服务、市场监管、综合执法、综合治理四个平台。推进统一的基层社会治理网格化，加快实施“雪亮工程”，推进“一村一辅警”“城市快警”建设，完善巩固“四巡四防”工程。建立健全常态化风险发现预警与应对处置责任机制、矛盾纠纷多元化解机制，完善新时代党员群众互联互助基层治理模式	王　冬 黄团结 陈柏文 刘必林 易海平	区委政法委 公安荷塘分局 区行政审批局 区市场监管局 区城管局 区信访局 区网格化服务中心	
25	构建权责清晰的基层运行机制	深化基层管理体制改革，规范乡镇（街道）机构设置，理顺乡镇（街道）职权事权，依法赋予乡镇（街道）审批服务执法、项目决策等权限。推进基层党支部、村民委员会、议事会、理事会、监事会多元主体共治，法律法规政策、村规民约、道德规范、乡村自治组织规范多元规范合治和国家机关、村组、村民、社会等多层级监督，完善自治、法治、德治相结合的乡村治理体系。建立健全基层民主协商的机制和社区居委会、业委会、物业企业相互协调的机制	余　鹏 刘必林 刘定光	区委组织部 区委编办 区民政局 区物业服务中心	

续表 9

序号	类　别	工作要求	牵头领导	牵头部门	备注
26	提高基层公共服务水平	推进基层公共服务（“一门式”）全覆盖，打造集党务、政务、村务、商务、公共文化和社会服务于一体的基层治理阵地和综合服务枢纽。加快服务均等化、普惠化、便捷化和城乡一体化，支持城乡基层社会组织发展，推动城市优质公共服务资源向农村延伸。健全养老服务体系，完善农村“三留守”关爱保护制度，保障特困人员、城乡孤儿、无人抚养儿童基本权益	余　鹏 刘定光	区委组织部 区民政局	
27	充分调动基层工作积极性	完善落实党代表联系群众、建言献策等制度。坚持和完善人大代表联系群众制度，全面贯彻落实《湖南省乡镇人民代表大会工作条例》，逐步推行民生实事项目人大代表票决制。充分发挥“政协云”作用，推动政协委员联系服务界别群众制度化常态化。加大基层一线先进典型的评选宣传力度，发挥先锋模范人物和农村致富带头人的示范作用。全面落实加强基层建设的政策措施，完善基层关怀帮助机制，健全正向激励、能上能下等制度，减轻基层负担，充分发挥基层党组织的战斗堡垒作用和基层党员的先锋模范作用	刘国梁 何恒仁 余　鹏 刘新华	区人大常委会办公室 区政协办公室 区政府办公室 区委组织部	
七、全面加强党的建设，凝聚抓落实的强大合力					
28	全面从严治党抓落实	把理想信念教育贯穿党的政治建设始终，把政治建设常态化、全覆盖考察和干部选育管用结合起来，更加坚定理想信念，增强“四个自信”、践行“两个维护”。巩固拓展“不忘初心、牢记使命”主题教育成果，建立“不忘初心、牢记使命”主题教育常态化长效机制，引导党员干部站稳人民立场、践行初心使命，坚定不移走群众路线，自觉把问需于民、问计于民、问效于民贯穿作决策、干工作全过程。树立正确用人导向，健全完善干部考核评价体系，让敢于担当、攻坚克难、群众公认的干部得褒奖、受重用，旗帜鲜明为担当者担当。落实从严治党主体责任，强化“六位一体”监督，开展腐败多发领域问题专项整治，一体推进不敢腐、不能腐、不想腐体制建设，力戒形式主义官僚主义，涵养清风正气，醇厚“和”与“正”的政治生态。更好发挥各级各部门党组作用，充分调动各群团组织和广大干部群众的积极性主动性创造性，让抓落实成为荷塘区的最强音。坚持以习近平新时代中国特色社会主义思想为指导，深入贯彻落实习近平强军思想和新时代军事战略方针，奋力开创新时代党管武装工作新局面	郑志富 马永章 余　鹏	区纪委监委 区委组织部 区人武部	

续表 9

序号	类　别	工作要求	牵头领导	牵头部门	备注
29	完善推进机制抓落实	以改革精神创新完善体制机制，不断健全高质量发展制度机制，构建高水平开放型经济体制，完善民生保障、生态文明、社会治理、文化创新制度体系，以高效的体制机制保障各项工作取得实效。构建横向到边、纵向到底的责任和落实工作机制，形成主要领导抓全面、责任领导抓具体、各级各部门各司其职的责任体系，制定详细系统的任务书、路线图、时间表，发扬钉钉子精神，一件一件抓好落实	刘新华 王伟胜	区委办公室 区政府办公室	
备注：牵头领导职务如有变动，由调整后的接任领导自然替补					

株洲市荷塘区人民政府关于印发《株洲市荷塘区深化改革加强食品安全工作实施方案》的通知

株荷政发〔2020〕6 号

各有关单位：

《株洲市荷塘区关于深化改革加强食品安全工作实施方案》已经区人民政府同意，现印发给你们，请遵照执行。

株洲市荷塘区人民政府

2020 年 11 月 26 日

株洲市荷塘区关于深化改革加强食品安全工作实施方案

为深入贯彻落实《中共中央 国务院关于深化改革加强食品安全工作的意见》和省委、省政府《关于深化改革加强食品安全工作的实施意见》文件精神，构建“从农田到餐桌”全过程监管机制，确保人民群众“舌尖上的安全”，现结合我区实际，特提出如下实施方案。

一、总体要求

以习近平新时代中国特色社会主义思想为指导，全面贯彻落实党的十九大和十九届二中、三中、四中全会精神，坚持以人民为中心的发展思想，坚持安全第一、问题导向、预防为主、依法监管、改革创新和共治共享原则，遵循“四个最严”要求，提高“从农田到餐桌”全过程监管能力，提升食品全链条质量安全保障水平，不断增强广大人民群众的获得感、幸福感、安全感，努力实现 2020 年、2035 年总体工作目标。

二、落实“四个最严”

建立最严谨的标准、实施最严格的监管、实行最严厉的处罚、坚持最严肃的问责，严把产地环境、农业种植养殖源头、粮食收储、食品生产经营、进口食品等关口，健全打击危害食品安全违法犯罪行刑衔接、案件会商、联合督办等制度，压实各方面责任。

（一）建立最严谨的标准

强化标准实施。按照国家和省、市级部门的计划和方案，深入开展食品安全标准宣传培训，建立健全食品安全标准协调会商和收集反馈工作机制，加强食品安全标准使用跟踪评价，督促食品生产经营者严格执行食品安全标准，维护食品安全标准的强制性。（区卫生健康局、区农业农村局、区市场监管局、区商务粮食局，排第一的为牵头单位，下同）

（二）实施最严格的监管

1.严把产地环境关。加强水、大气、土壤环境综合治理，推进土壤污染状况排查，强化土壤污染源头防控，加强农用地、污染地块土壤环境管理，稳步推进土壤污染治理与修复试点工作；强化大气污染治理，加大重点行业挥发性有机物治理力度；强化对水污染防治工作治理。（生态环境荷塘分局、区农业农村局）

2.严把农业种植养殖源头安全关。加强农药产品质量监管，对农药、兽药、化肥、饲料添加剂等农业投入品管理；对饲料生产经营企业开展跟踪检查；严格落实兽药生产经营质量管理规范，坚决打击违规添加隐性农药成分、制售假劣农药和无证生产经营兽药等违法违规行为；开展农兽药使用指导，督促种植者、养殖者落实用药记录制度、农药安全间隔期和兽药休药期有关规定。加强畜禽疫病防控和屠宰管理，督促各农贸市场实施宰杀分离。加强食用林产品种植养殖环节安全监管。〔区农业农村局、区自然资源局（区林业局）〕

3.严把粮食收储质量安全关。严控收购、储存、运输等环节及政策性粮食购销的原粮质量安全，抓好超标粮食收购和处置长效机制。做好粮食收购企业资格审核管理，督促企业严格落实出入厂（库）和库存质量检验制度。（区商务粮食局）

4.严把食品生产经营质量安全关。加强食品生产加工、流通销售、餐饮服务各环节监管，加强食品、食用农产品集中交易市场和食品相关产品质量安全监管。落实主体责任，加强对食品生产经营主体单位监管，日常监督检查全覆盖，完善风险分级管理；加强特殊食品监管，对保健食品、婴幼儿配方食品、固体饮料等逐步探索开展体系检查；规范冷藏冷冻食品销售质量安全监督管理；建立完善严厉打击野生动物及其制品非法交易长效机制。（区市场监管局）

5.严把进口食品质量安全关。防范进口食品安全风险，加强对进口食品风险监测力度。（区市场监管局）

（三）实行最严厉的处罚

健全打击危害食品安全违法犯罪行刑衔接、案件会商、联合督办等制度，深入推进公安、检察机关在区市场监管部门设立联络室工作。加强涉刑事案件或涉职务犯罪线索移送，升级完善“两法”衔接信息共享平台，加强对食品安全执法司法活动的监督。推进食品安全公益诉讼。落实“直接入刑”“处罚到人”要求，对危害食品安全犯罪分子一般不适用缓刑或者免予刑事处罚，综合运用人身罚、财产罚、宣告禁止令、惩罚性赔偿、信用联合惩戒等多种措施，有效震慑违法犯罪。（区委政法委、区人民法院、区人民检察院、公安荷塘分局、区司法局、区农业农村局、区市场监管局）

（四）坚持最严肃的问责

制定食品安全工作责任清单和食品安全监管事权清单，压实各乡镇（街道）党政领导干部和职能部门的管理责任，尽职照单免责、失职照单问责。〔区食安办、各乡镇（街道）、区食安委相关成员单位〕

三、完善八大体系

（一）完善安全责任体系

严格落实企业主体责任，督促企业全面开展安全自查，推动企业设立质量安全管理岗位，建立 HACCP 体系和农产品“身份证”管理体系，加快重要产品追溯平台建设。推动食品生产经营单位积极投保食品安全责任险。（区市场监管局、区农业农村局、区商务粮食局）

（二）完善监管执法体系

1.积极配合区直相关部门做好食品安全、农产品质量安全领域规范性文件制定。（区司法局，区食安委相关成员单位）

2.区市场监管部门及其在乡镇（街道）的派出机构要以食品安全为首要职责。加强监管能力、执法能力建设，建立食品安全专业化职业化检查队伍。（区市场监管局）

3.农业综合执法要把保障农产品质量安全作为重点任务。加强监管能力、执法能力建设，建立农产品质量安全专业化职业化检查队伍。（区农业农村局）

4.加大打击食品安全犯罪专业力量建设力度。（公安荷塘分局）

（三）完善风险防控体系

完善问题导向的食品、食用农产品抽检监测机制和风险会商研判机制，持续加强食源性疾病、食品污染物、食品中有害物质等监测，依法公开抽检信息，严格不合格产品核查处置。加强风险交流、舆情监测，设立区食品安全辟谣平台，主动发布权威信息。设立区食品安全专家库。强化食品安全应急能力建设，适时修订应急预案，定期开展应急培训演练。〔区市场监管局、区委宣传部、区委网信办、区农业农村局、区卫生健康局、区商务粮食局、各乡镇（街道）〕

（四）完善技术支撑体系

1.统筹规划、加快健全食品和农产品质量安全检验检测体系，落实食品和农产品检验机构能力和装备配备标准，鼓励发展社会检验力量。支持基层监管所、大型农贸市场、食用农产品配送中心和生鲜超市逐步建立快速检测室。加强食品安全审评认证能力建设。（区食安办、区财政局、区农业农村局、区市场监管局、区商务粮食局）

2.食品安全纳入区级重点科技计划，重点突破食品加工制造、机械装备、质量安全、冷链物流、营养健康等领域的重大基础理论和关键瓶颈技术。支持培养食品领域科技领军人才和创新团队。（区科工信局）

3.推进“互联网+食品”监管，开发建设食品安全信息系统，逐步推动食品安全监管“机器换人”。（区市场监管局、区农业农村局、区卫生健康局、区行政审批局）

（五）完善投入保障体系

建立健全食品和农产品质量安全财政投入保障机制，确保食品和农产品质量安全工作所需经费列入同级财政预算。加大食品安全监管补助资金投入力度，保障食品安全监管执法部门依法履职必需的执法车辆、检验检测设备、抽样检测等经费和装备，提升基层食品安全监管执法能力。（区财政局）

（六）完善社会共治体系

1.推进食品安全科普宣传阵地建设，定期开展误食野生毒蘑菇等防控宣传，开展营养均衡配餐示范推广和健康知识普及。〔区食安办、区卫生健康局、区市场监管局、区农业农村局、区自然资源局（区林业局）、区教育局、各乡镇（街道）〕2.推进食品安全培训进党校。（区委组织部）

3.大力支持行业协会健全行规行约，强化自查自律。（区民政局）

4.鼓励新闻媒体准确客观报道，有序开展舆论监督。（区委宣传部、区委网信办）

5.健全投诉举报体系，完善举报奖励制度，依法严查打击报复举报人和恶意举报非法牟利的行为。开展食品安全公众满意度调查。〔区食安办、各乡镇（街道）、区食安委相关成员单位〕

（七）完善产业发展体系

大力发展特色食品产业园区和区域特色食品工业，加快食品产业聚集发展，积极培育龙头企业和“荷塘品牌”。引导企业建立优质原料基地及配套设施。大力推进食品和食用农产品市场体系建设，完善便民生鲜农产品供应市场网络，提升农村食品流通供应体系。（区科工信局、区农业农村局、区商务粮食局、区市场监管局）

（八）完善配套服务体系

1.大力发展专业化、规模化冷链物流业，建立覆盖生产、运输、储存、销售等环节的全程冷链物流体系。（区发展改革局、区商务粮食局、区农业农村局）

2.加强病死畜禽无害化处理能力建设，抓好畜禽粪污资源化利用。（区农业农村局）

3.构建安全高效餐厨废弃物资源化综合利用体系。（区城管局、区发展改革局）

4.制定学校食堂建设标准指南，加快学校食堂提质改造。（区教育局、区市场监管局）

5.加强城乡居民饮用水安全管理。（区住房城乡建设局、区卫生健康局、区农业农村局）

四、开展十二大攻坚行动

（一）实施风险评估和标准制定专项行动

逐步争取进入国家风评中心对我区的食物消费量调查点，参与开展总膳食研究、毒理学研究等基础工作。加强食品安全风险监测和专项监测，为我区制定地方特色食品和农业标准提供支持。（区卫生健康局、区市场监管局、区农业农村局）

（二）实施农药兽药使用减量和产地环境净化“护源”行动

深入治理农兽药残留超标问题。深入推进碧水保卫战，落实大气污染防治攻坚战方案，按期完成污染防治攻坚战土壤治理项目。（区农业农村局、生态环境荷塘分局）

（三）实施食品生产质量提升行动

每年开展若干食品重点品种专项检查和整治。推动我区食品产业升级、品质提升、品牌培育。（区市场监管局、区食安委相关成员单位）

（四）实施校园食品安全“护苗”行动

在中小学建立膳食委员会，全面推行带量营养食谱制度和校长、家长陪餐制度。建立校

园食品安全综合治理机制，加强学校周边、午托机构和配送单位食品安全监督检查。（区教育局、区市场监管局、区卫生健康局）

（五）实施农村假冒伪劣食品治理行动

全面治理、重点打击农村和城乡接合部制售“三无”食品、劣质过期食品等违法行为。（区农业农村局、公安荷塘分局、区市场监管局、区商务粮食局、生态环境荷塘分局）

（六）实施餐饮业质量安全提升行动

深化“一非两超”、餐饮具安全、违规“一桌餐”等整治，推动餐饮业向大众化、集约化、标准化转型升级。全区逐步建成餐厨垃圾处理设施，全面开展餐饮门店“厕所革命”。（区市场监管局、区卫生健康局、区城管局、区商务粮食局、区发展改革局）

（七）实施保健食品“护老”行动

整顿规范保健食品市场秩序，加强老年人识骗、防骗宣传教育，严查欺诈、虚假宣传、非法添加、制假售假等违法行为。（区市场监管局、公安荷塘分局、区人民检察院）

（八）实施“优质粮油工程”行动

建立和完善全市粮油质量安全检验监测体系，建设粮食产后服务中心。（区商务粮食局）

（九）实施进口食品“国门守护”行动

加强进口食品监管，配合海关、公安开展“国门守护”行动，开展打击冻品、辣椒干、奶粉等走私专项行动，防止问题食品流入市场。（区市场监管局、公安荷塘分局）

（十）实施网络食品安全“网剑”行动

加强网络销售食品线上监测、线下检查，落实网络销售平台主体责任，促进网络食品交易秩序明显好转。（区市场监管局、公安荷塘分局、区商务粮食局）

（十一）实施“三小”食品整治行动

认真落实《湖南省食品生产加工小作坊小餐饮和食品摊贩管理条例》，明确“三小”管理责任部门，摸清辖区“三小”底数，加强“三小”综合治理。〔区市场监管局、区城管局、各乡镇（街道）〕

（十二）实施“双安双创”示范引领行动

深化食品安全示范城区创建和农产品质量安全县创建活动，发挥带动引领作用。（区市场监管局、区农业农村局）

五、加强组织领导，加大投入保障

加强组织领导，推进食品安全监管综合协同。落实食品安全党政同责。区委要结合巡视巡察工作安排，对党政领导干部履行食品安全工作职责情况进行检查。区委、区政府要把党政领导干部落实食品安全责任情况纳入督查督办重要内容。区政府食品安全委员会要定期召开会议，统筹协调部署荷塘区食品安全工作。并定期向上一级党委和政府报告年度食品安全工作情况。

健全食品和农产品质量安全财政投入保障机制，将所需经费列入区级财政预算，加强食品安全监管能力建设。

中共株洲市荷塘区委办公室 株洲市荷塘区人民政府办公室 关于印发《株洲市荷塘区“十四五”规划编制工作方案》的通知

株荷办发〔2020〕19号

仙庾镇、各街道，区直有关部门（单位）、市直驻区有关分支机构：

《株洲市荷塘区“十四五”规划编制工作方案》已经区委、区政府同意，现予印发，请认真遵照执行。

中共株洲市荷塘区委办公室
株洲市荷塘区人民政府办公室
2020年5月27日

株洲市荷塘区“十四五”规划编制工作方案

今年是“十四五”规划编制工作启动之年。科学编制好全区“十四五”规划是区委、区政府的重大安排部署。为进一步统一步调、集中智慧、分工协作，高质高效抓好全区“十四五”规划编制工作，特制定本工作方案。

一、指导思想

以习近平新时代中国特色社会主义思想为指导，全面贯彻党的十九大和十九届二中、三中、四中全会及区第五次党代会精神，统筹推进“五位一体”总体布局，协调推进“四个全面”战略布局，坚持稳中求进工作总基调，坚持新发展理念，坚持以高质量发展为主题，坚持以供给侧结构性改革为主线，把握时代特征，强化战略思维，统一规划体系，提高规划质量，更好发挥发展规划的战略导向作用，为加快建设“实力荷塘、活力荷塘、宜居荷塘”，加快实现基本现代化提供可靠的规划保障和科学的政策指引。

二、编制要求

全面贯彻落实国家和省、市规划编制工作要求，立足全局、前瞻谋划、深入研究，以更高的站位、更广的视野、更开放的态度，做好我区“十四五”规划的研究和编制工作。通过创新规划理念、提高规划质量、完善编制方法、健全衔接协调机制，更好地发挥发展规划的战略导向作用。通过科学编制和有效实施，努力使发展规划更加体现国家战略、更加符合新时代特征、更加反映群众美好生活新期待。

（一）着眼大局、深入谋划。始终坚持将我区“十四五”发展放在实现“两个一百年”奋斗目标的大背景之中、放在全面贯彻落实习近平总书记对湖南发展的定位要求之中、放在强化荷塘区在全市发展战略的主要作用中来思考和谋划。充分对标对表省、市“十四五”规划，保持与省、市未来五年发展战略部署相统一。

（二）提高质量、打造亮点。始终坚持面向全球、面向未来，以更高站位、更宽视野，全方位对标高标准、高水平。通过规划的研究和编制，把高质量发展要求贯彻到荷塘经济社会各个方面，对标现代化经济体系建设，推动质量变革、效率变革、动力变革。立足荷塘特色优势，抓住关键、聚焦发力，打造更多新时代“荷塘名片”。

（三）解放思想、创新理念。以改革创新的思维抓规划研究和编制工作。注重运用大数据，注重开展大调研，注重通过各种形式和渠道广开言路、问计于民，使规划编制真正能够集中民智、汇聚民意、形成共识。在规划表现形式上提质创新，使规划内容更加亲民管用。

（四）科学编制、有效实施。结合我区阶段性发展要求，研究2035年现代化发展目标，科学设计指标体系，合理设定规划目标指标。按照目标导向、问题导向、需求导向要求，明确发展主要任务，做到可分解、可操作、可评估。突出重大项目、重大改革、重大政策研究，强化项目对规划落实落地的支撑作用。建立以发展规划为统领，以空间规划为基础，以专项规划、区域规划为支撑，功能互补、统一衔接的规划体系，加强发展规划、专项规划、区域规划、空间规划的衔接协调。建立健全规划实施年度监测分析、中期评估和总结评估机制，确保规划有效实施。

三、主要任务及分工安排

（一）起草《区委关于编制荷塘区“十四五”国民经济和社会发展规划纲要的建议》（简称《建议》）。研究提出“十四五”时期全区国民经济和社会发展的总体要求、战略目标、战略任务、战略布局、重大工程建设和重点项目布局，以及实现规划目标任务的主要政策措施等。（牵头单位：区委办；参与单位：金山科技工业园、区发展改革局、区直有关部门、市直驻区分支机构、金城集团、金科集团）

（二）起草《荷塘区“十四五”国民经济和社会发展规划纲要（草案）》（简称《纲要草案》）。根据区委关于编制“十四五”国民经济和社会发展规划纲要的建议精神，在深入调查研究、凝聚各方智慧的基础上，编制《纲要草案》，报区委常委会、区人民代表大会、区政府常务会议审议。（牵头单位：区发展改革局；参与单位：金山科技工业园、区直有关部门、市直驻区分支机构、金城集团、金科集团）

（三）组织编制荷塘区“十四五”重点专项规划（简称《专项规划》）。以《建议》为依据，围绕“十四五”总体发展目标任务，组织编制全区重点领域、重点产业等专项发展规划，使之成为制定特定领域相关政策，指导该领域、该行业发展，决定重大项目建设以及安排政府投资和财政支出预算的基本依据。（牵头单位：区发展改革局；参与单位：金山科技工业园、区直有关部门、市直驻区分支机构、金城集团、金科集团）

（四）研究提出荷塘区“十四五”重大项目库。深入研究国家和省、市“十四五”重大项目布局，重点在产业发展、基础设施、社会民生、资源环境、城乡融合、新型智慧城市等领域的发展建设方面，提出全区“十四五”重大项目库，统筹全区项目建设。（牵头单位：区发展改革局；参与单位：金山科技工业园、区直有关部门、市直驻区分支机构、仙庾镇政府、各街道办事处、金城集团、金科集团）

四、进度安排

对接国家、省、市“十四五”规划工作安排，我区“十四五”规划编制工作的总体安排分三个阶段。

（一）前期研究阶段（2019年10月到2020年6月）

主要任务是起草形成规划《荷塘区“十四五”国民经济和社会发展规划纲要的基本思路》（简称《基本思路》）。召开全区工作部署会议，对“十四五”规划编制工作进行专题部署。成立区“十四五”规划编制协调领导小组，办公室设在区发展改革局，组织有关部门、研究机构等开展重大课题研究。研究起草规划《基本思路》，并按程序上报市发改委。深入开展调查研究，组织召开一系列座谈会，广泛听取各方面对规划《基本思路》的意见建议。

（二）拟定《建议》阶段（2020年6月到《建议》出台）

主要任务是起草形成规划《建议》。在明确《基本思路》的基础上，组织各部门研究提出纳入《建议》的发展目标、实施路线、主要指标体系和重大工程、重大项目、重大改革。开展不同层次的调研，召开多种形式的会议，听取各个方面的意见建议，起草形成并不断修改完善《建议》。

（三）《纲要草案》形成和审议阶段（2020年底区委《建议》出台后到2021年区人民代表大会审议）

主要任务是研究起草规划《纲要草案》，广泛征求各方建议，做好提交区人民代表大会审议准备。按照区委《建议》，起草形成《纲要草案》。区委、区政府听取“十四五”规划编制工作汇报，并提交区人民代表大会审议。做好规划档案、规划研究以及规划文本的汇编成册工作。

五、保障措施

（一）加强组织领导。成立由区委书记任顾问，区委副书记、区长任组长，副区长、金山科技工业园党工委书记任副组长，各乡镇（街道）、区直有关部门、市直驻区分支机构、金城集团、金科集团负责人为成员的领导小组。领导小组办公室设在区发展改革局，办公室主任由区发展改革局局长兼任。领导小组办公室负责统筹推进全区“十四五”规划编制工作，区直部门要明确专人负责。

（二）组建专家队伍。以区发展改革局为主，进一步充实“十四五”规划编制工作队伍，选好配好工作专班，加强向上对接汇报和横向联系。邀请专家、学者组成“十四五”规划专家咨询委员会，为规划编制提供咨询、论证等智力支持，力争在国家及省、市级层面体现更多荷塘区元素。

（三）创新工作方法。坚持开门编制规划，问需于民、问计于民，广泛听取各乡镇（街道）、各部门、人民团体、民主党派、离退休领导、人大代表、政协委员等各方面的意见建议。创新规划编制手段，综合运用大数据、云计算等现代信息技术，通过网络、传统媒体介质等形式，开展“十四五”规划建言献策活动。

（四）落实工作经费。区级规划“十四五”编制工作经费列入区财政预算，予以充分保证。明确年度专项工作经费，确保编制工作的需要。

附件：

1.株洲市荷塘区“十四五”规划编制协调领导小组名单

2.株洲市荷塘区“十四五”重点专项规划

3.株洲市荷塘区“十四五”规划编制调研安排表

4.株洲市荷塘区“十四五”规划编制调研会议安排表

5.株洲市荷塘区“十三五”规划主要指标完成及“十四五”指标预测责任分工表

附件1：

株洲市荷塘区“十四五”规划编制协调领导小组名单

为加强“十四五”规划编制工作，决定成立“十四五”规划编制工作领导小组。组成人员名单如下：

顾　问：邬凌云　区委书记

组　长：王利波　区委副书记、区人民政府区长

常务副组长：刘国梁　区委常委、区人民政府常务副区长

副组长：王　冬　区人民政府副区长

黄团结　区人民政府副区长、安局荷塘分局局长

罗　曼　区人民政府副区长

陈柏文　区人民政府副区长

刘必林　区人民政府副区长

朱福兴　金山科技工业园党工委书记

成　员：区委办（档案馆）、区委组织部、区委政法委、区政府办、区发展改革局、区教育局、区科工信局、区民政局、区司法局、区财政局、区人力资源社会保障局、区自然资源局、区住房城乡建设局、区交通运输局、区农业农村局、区商务粮食局、区文旅体局、区卫生健康局、区审计局、区退役军人局、区应急局、区城管局、区市场监管局、区统计局、区政府金融办、区信访局、区医保局、区行政审批局、金山科技工业园（招商办）、荷塘月色服务中心、区优化营商环境中心、区产业服务中心、区市场服务中心、金城集团、金科集团、公安荷塘分局、生态环境荷塘分局、仙庾镇、月塘街道、茨菇塘街道、金山街道、桂花街道、宋家桥街道、明照街道等单位主要负责人。

附件2：

株洲市荷塘区“十四五”重点专项规划一览表

表 10

序号	重点专项规划名称	责任部门
1	荷塘区“十四五”招商引资规划	区招商办
2	荷塘区“十四五”先进制造业发展规划（含科技创新）	区科工信局
3	荷塘区“十四五”园区发展规划	金山科技工业园
4	荷塘区“十四五”农业和农村经济发展规划（含水利）	区农业农村局
5	荷塘区“十四五”服务业发展规划	区发展改革局
6	荷塘区“十四五”商贸流通发展规划	区商务粮食局
7	荷塘区“十四五”环境保护和生态发展规划	生态环境荷塘分局
8	荷塘区“十四五”综合交通运输发展规划	区交通运输局
9	荷塘区“十四五”城镇建设、住房发展、人防事业发展规划	区住房城乡建设局
10	荷塘区国土空间总体规划（2018—2035年）	区自然资源局
11	荷塘区“十四五”法治荷塘建设规划	区司法局
12	荷塘区“十四五”人力资源和社会保障发展规划	区人力资源社会保障局
13	荷塘区“十四五”卫生健康事业发展规划	区卫生健康局
14	荷塘区“十四五”民政事业发展规划	区民政局
15	荷塘区“十四五”市场监督管理发展规划	区市场监管局
16	荷塘区“十四五”应急管理和安全生产规划	区应急局
17	荷塘区“十四五”文化旅游体育事业发展规划	区文旅体局
18	荷塘区“十四五”教育事业发展规划	区教育局
19	荷塘区“十四五”新型智慧城市发展规划	区行政审批局
20	荷塘区“十四五”医疗保障事业发展规划	区医保局
21	荷塘区“十四五”地方志和档案事业发展规划	区档案馆
22	荷塘区“十四五”城市管理创新发展规划（含垃圾分类处理）	区城管局
23	荷塘区国有平台公司转型升级发展规划	区财政局、区政府金融办、金城集团、金科集团

中共株洲市荷塘区委办公室 株洲市荷塘区人民政府办公室 关于印发《荷塘区2020年“民生100”工程实施方案》的通知

株荷办发〔2020〕28号

仙庾镇党委和人民政府、各街道党工委和办事处，区直机关各单位、各人民团体，市直驻区各分支机构：

《荷塘区2020年“民生100”工程实施方案》已经区委、区政府同意，现印发给你们，请结合实际，认真贯彻落实。

中共株洲市荷塘区委办公室

株洲市荷塘区人民政府办公室

2020年8月6日

荷塘区2020年“民生100”工程实施方案

为确保2020年“民生100”工程各项指标任务的全面完成，结合我区实际，制定如下实施方案。

一、“民生100”工程考核指标

2020年全区“民生100”工程共8大类61个项目指标，含省下达的13个指标（见附件）。

二、责任体系

区直相关单位、仙庾镇、各街道为责任主体，承担工作责任。

（一）区政府工作责任

负责全区“民生100”工程的组织实施工作。

（二）区直责任单位（含市直驻区分支机构）及工作责任

1.区直主要责任单位（部分单位同时为相关责任单位）：区法院、区委政法委、区总工会、区妇联、区残联、区文联、区侨联、区教育局、区科工信局、区民政局、区司法局、区财政局、区人力资源社会保障局、区住房城乡建设局、区交通运输局、区农业农村局、区文旅体局、区卫生健康局、区退役军人局、区城管局、区自然资源局、区市场监管局、区医保局。

2.区直相关责任单位：区委办、区委宣传部、区政府办、区政府督查室、区发展改革局、仙庾镇、各街道。

3.工作责任：建立领导责任制，主要领导亲自抓，分管领导具体抓，并组建工作班子，确定专人负责。建立工作责任制，制定工作方案，明确工作职责，及时报送报表。建立协调机制，及时协调处理工作中的矛盾和问题。建立督查机制，定期调度工作情况，督促工作目标任务的完成。建立健全民生实事项目后续管理长效机制，做到建管并重。

三、指标体系

区为民办实事考核办根据株洲市“2020年‘民生100’工程项目指标任务分解表”，将任务分解落实到有考核任务的单位。23个区直主要责任单位完成指标任务的数据由区统计局评估认定，区为民办实事考核办组织核验。

四、考核体系

（一）考核机构：由区为民办实事考核办统一组织考核。

（二）考核对象：23个区直主要责任单位。

（三）考核方法：按照“民生100”工程项目指标明确的考核内容与计分办法进行考核（具体考核内容与计分办法另行印发）。

五、考核结果运用

“民生100”工程项目指标纳入2020年区委、区政府和区直有关单位绩效评估指标体系。

六、工作要求

（一）加强领导，高度重视。各有关单位要强化宗旨意识，把办好民生实事列入本地区、本部门工作重点，加强组织领导，像抓发展一样抓民生、像落实发展指标一样落实民生任务，以实际行动谋民生之利、解民生之忧。

（二）精心组织，认真实施。各责任单位要建立健全工作责任制，认真制定项目实施方案，确保工作质量和全年目标任务完成。要认真落实民生实事项目的各项优惠政策，依据有关政策法规，简化项目审批手续，提供优质服务。区级财政要优先保障民生实事项目资金，加强对资金的计划、统筹和监管，根据项目实施进度及时拨付资金。

（三）加强调度，严格考核。区为民办实事考核办要积极履职，加强督查督办和协调调度，对进度不快、工作措施不力的地方和单位要及时督促整改。各有关单位要坚持按月调度情况，加强培训和指导，及时研究和解决工作中的困难和问题。区纪检监察部门要加强监管，对乱设关卡、乱摊派、乱收费和挪用、挤占、抵扣、滞留民生实事专项资金的，要依纪依规严肃查处。区统计部门要依法对民生实事项目统计数据进行评估认定，确保真实可靠、客观公正。

（四）强化后续管理，建立长效机制。各有关部门要建立和完善民生实事项目后续管理机制，加强经常性管理监督，及时发现和解决工作中的问题，巩固成果，提高质量，发挥好民生实事工程的综合效益。

附件：荷塘区2020年“民生100”工程项目指标任务分解表

附件：

荷塘区2020年“民生100”工程

项目指标任务分解表

表11

序号		指 标 项 目	工作目标	市考核认定单位	区牵头领导	主要责任单位	相关责任单位
一、就业增收工程	1	新增城镇就业	8900人	市人力资源社会保障局	刘必林	区人社局	区财政局 仙庾镇、各街道
	2	实现“零就业家庭”动态援助	100%援助	市人力资源社会保障局			
	3	新增农村劳动力转移就业	240人	市人力资源社会保障局			
	4	▲开展政府补贴性职业技能培训	职业技能培训2700人次（农村转移就业者200人次）	市人力资源社会保障局			
	5	土地托管服务	1000亩	市供销社	刘定光	区农业农村局	区财政局 仙庾镇、各街道
	6	惠民综合服务中心（社）	3个	市供销社			区委办 区政府办 区财政局 区自然资源局
	7	乡、镇成立供销合作社	1个	市供销社			区财政局 仙庾镇
	8	扶持农机专业合作组织	1家	市农业农村局			区财政局
	9	新建、维修、改造农村机耕道	100千米	市农业农村局			区财政局 区发改局 区自然资源局
	10	残疾人职业技能和实用技术培训	60人	市残联		区残联	
	11	●支持企业上云上平台	10家	市工信局	陈柏文	区科工信局	

续表 11

序号		指 标 项 目	工作目标	市考核认定单位	区牵头领导	主要责任单位	相关责任单位
二、社会保障工程	12	新增企业养老保险参保人数	2500 人	市人力资源社会保障局	刘必林	区人社局	
	13	▲提高农村低保标准和救助水平	标准不低于 6240 元/年，水平不低于 223 元/月	市民政局	刘定光	区民政局	区财政局
	14	▲困难残疾人生活补贴和重度残疾人护理补贴提标	70 元/人/月	市民政局			区财政局 区残联
	15	▲解决残疾儿童救助	48 名	市残联		区残联	区残联
	16	▲特困人员护理床位建设	新增床位 50 张（护理床位 40 张）	市民政局		区民政局	区卫健局
	17	探索推行“长者餐厅”	1 家	市民政局			
	18	提高社区居家养老日间照料中心覆盖率	70%	市民政局			
	19	殡葬改革	殡葬费用整体降低 30%以上	市民政局			
	20	扩大城镇职工医保参保面	新增城镇职工医保参保人数 3600 人	市医疗保障局	罗　曼	区医疗保障局	区财政局
	21	提高城乡居民高血压、糖尿病门诊用药保障水平	符合规定的降血压、降血糖药品费用医保支付比例 70%以上，待遇人数 200 人次以上	市医疗保障局			
	22	●扩大特殊病种门诊享受	出台实施办法，优化办理流程，全年待遇支付 100 万元以上，人数 200 人以上	市医疗保障局			
	23	实现军转安置率 100%	100%（待国家安置计划下达我区后，再进行分解）	市退役军人事务局	黄团结	区退役军人事务局	
	24	困难归侨（侨眷）重要节日慰问	3 人	市侨联	王顺安	区侨联	

续表 11

序号		指 标 项 目	工作目标	市考核认定单位	区牵头领导	主要责任单位	相关责任单位
三、素质提升工程	25	农村免费放映公益电影	288 场	市委宣传部	罗 曼	区文化旅游体育局	区委宣传部 仙庾镇、带村的街道
	26	全部消除义务教育大班额	7 个	市教育局		区教育局	区发政局 区财政局 区人社局 区自然资源局 区住建局 区政府督查室
	27	▲增加公办幼儿园学位	5378 个	市教育局			
	28	资助家庭经济困难学生	500 人	市教育局			区财政局
	29	公益艺术教育培训	1200 人次	市文联		区文联	
四、全民健康工程	30	▲建制乡镇卫生院 2 名全科医生全覆盖（68×2 名）	2 名	市卫健委		区卫健局	区财政局
	31	▲村卫生室运行经费数 609.6 万元	14.4 万元	市卫健委			
	32	在岗乡村医生按规定参加养老保险	完成省定任务	市卫健委			
	33	▲孕产妇免费产前筛查	2348 人	市卫健委			区财政局
	34	▲农村及城镇低保适龄妇女“两癌”免费检查	2500 人	市妇联、市卫健委		区妇联 区卫健局	区财政局
	35	归侨健康检查	1 人	市侨联	王顺安	区侨联	
	36	全市社会足球场地设施建设	建成 4 片社会足球场地	市文旅广体局、市发改委	罗 曼	区文化旅游体育局	

续表 11

序号		指标项目	工作目标	市考核认定单位	区牵头领导	主要责任单位	相关责任单位
五、安居宜居工程	37	市县乡村四级综治中心建设	区级综治中心1个、乡镇（街道）综治中心7个，村（社区）综治中心60个	市委政法委	王冬	区政法委	仙庾镇、各街道
	38	金山污水处理厂新建工程	完成主体工程建设	市住建局		区住建局	
	39	新建改建城市供水管网	新建3千米，改建0.5千米	市住建局			
	40	城市既有住宅加装电梯	5台	市住建局			
	41	黑臭水体整治	1处	市住建局			
	42	▲城镇老旧小区改造	12个	市住建局			
	43	●农村宅基地房地一体确权登记颁证	颁证率90%以上（约1万本）	市自然资源规划局		区自然资源局	仙庾镇、带村的街道
	44	●生活垃圾分类街道、社区试点创建	在辖区内公共机构、新交付居民小区开展生活垃圾分类	市城管局	刘必林	区城管局	仙庾镇、各街道
	45	●加大违法违章建筑治理	“零增长”	市城管局			
	46	推进“一江两岸”及城区重要节点亮化提质	做好协同配合及资金配套工作	市城管局			
	47	开展“微亮化”建设	做好协同配合及资金配套工作	市城管局			
	48	新增住房公积金建制人数	1500人	市住房公积金管理中心	刘新华	区财政局	
	49	▲改（新）建农村户用厕所和农村公用厕所	户厕500个	市农业农村局	刘定光	区农业农村局	仙庾镇、各街道
六、畅通出行工程	50	新增停车泊位	50个	市城管局	刘必林	区城管局	
	51	新建智能自助洗车便民点	1个	株洲日报社 市城管局			
	52	▲自然村通水泥（沥青）公路	2.648千米	市交通运输局	刘定光	区交通运输局	区发改局 区财政局 仙庾镇及带村的街道

续表 11

序号		指 标 项 目	工作目标	市考核认定单位	区牵头领导	主要责任单位	相关责任单位
七、安全保障工程	53	化解民间纠纷	650 件	市司法局	黄团结	区司法局	
	54	农超消费放心工程——流通领域使用农产品快检	69584 批次	市市场监督管理局	陈柏文	区市场监督管理局	
	55	株洲市电梯应急救援处置	做好配合协调工作	市市场监督管理局			
八、扶贫解困工程	56	残疾人居家服务	55 人	市残联	刘定光	区残联	
	57	贫困残疾人家庭无障碍设施改造	5 户	市残联			
	58	免减缓交诉讼费	110 件，40 万元	市中级人民法院	刘新华	区法院	
	59	为困难群众实施法律援助	215 件	市司法局	黄团结	区司法局	
	60	帮扶救助困难职工	300 人次	市总工会	罗　曼	区总工会	区财政局
	61	职工医疗互助	6000 人	市总工会			
说明：带▲为省重点民生实事项目，带●为面向社会征集的民生实事项目							

统计资料

2020 年荷塘区主要综合经济指标完成情况表

表 12

指标名称	计量单位	完成经济指标	同比增减（±%）
1.地区生产总值（GDP）（季度）	亿元	244.2	3.5
#第一产业	亿元	5.0	2.8
第二产业	亿元	123.5	4.7
第三产业	亿元	115.7	2.0
2.城乡居民可支配收入（元）（季度）	元	51491	4.7
3.固定资产投资	亿元	227.0	15.7
#工业投资	亿元	137.0	22.9
4.▲规模以上工业增加值	亿元	58.4	5.2
5.▲规模以下工业增加值（季度）	（%）	—	3.1
6.▲社会消费品零售总额	亿元	79.9	—2.4
7.▲建筑业总产值（季度）	亿元	71.0	10.2
8.▲商品房销售面积（万平方米）	万平方米	51.8	—26.7
9.▲房地产业工资总额（季度）	亿元	—	—10.0
10.▲农林牧渔总产值（季度）	亿元	9.4	2.8
11.高新技术产业增加值（季度）	亿元	79.1	16.0
12.▲其他营利性服务业营业收入（季度）	亿元	—	—

续表 12

指标名称	计量单位	完成经济指标	同比增减（±%）
运输代理业、装卸搬运和仓储业	亿元	—	48.0
租赁和商务服务业	亿元	—	4.2
科学研究和技术服务业	亿元	—	—0.2
居民服务、修理和其他服务业	亿元	—	13.5
文化、体育和娱乐业	亿元	—	—3.9
13.▲6 个行业劳动工资（季度）	亿元	—	—
科学研究与技术服务业工资	亿元	—	13.8
文化、体育和娱乐业工资	个	—	16.8
水利、环境和公共设施管理业工资	亿元	—	8.5
教育工资	亿元	—	9.8
卫生和社会工作工资	亿元	—	5.9
公共管理、社会保障和社会组织工资	亿元	—	9.5
14.一般公共预算收入	亿元	8.1	—4.5
#税收收入	亿元	7.0	—11.6
地方收入	亿元	4.8	0.5
#地方税收收入	亿元	3.7	—12.2
15.一般公共预算支出	亿元	20.2	—11.6
16.进出口总额（亿美元）（1—9 月）	亿美元	—	—
17.实际利用外资（亿美元）	万美元	2.0	14.3
18.实际利用内资	亿元	92.4	23.3
19.新增“四上”企业数（个）	个	87	—

县（市）区主要经济指标一览表（一）

表 13

县（市）区名称	生产总值（GDP）	第一产业增加值	第二产业增加值
	同比增减（%）	同比增减（%）	同比增减（%）
荷塘区	3.5	2.8	4.7
芦淞区	5.3	3.0	6.1
石峰区	4.9	2.8	5.5
天元区	4.1	2.7	3.8
云龙区	4.5	2.8	8.9
渌口区	5.5	3.2	8.7
攸　县	3.2	3.2	4.2
茶陵县	3.9	3.3	6.1
炎陵县	3.6	3.4	4.3
醴陵市	3.9	3.5	4.3

县（市）区主要经济指标一览表（二）

表 14

县（市）区名称	第三产业增加值	建筑业增加值	规模工业增加值
	同比增减（%）	同比增减（%）	同比增减（%）
荷塘区	2.0	10.2	5.2
芦淞区	4.6	11.0	9.7
石峰区	3.3	—7.5	7.2
天元区	4.4	11.6	2.7
云龙区	2.2	12.9	12.6
渌口区	2.9	11.8	21.6
攸　县	2.2	12.8	3.6

续表 14

县（市）区名称	第三产业增加值	建筑业增加值	规模工业增加值
	同比增减（%）	同比增减（%）	同比增减（%）
茶陵县	2.3	13.0	5.3
炎陵县	2.8	11.4	3.7
醴陵市	3.2	12.8	3.7

县（市）区主要经济指标一览表（三）

表 15

县（市）区名称	高新技术产业增加值	固定资产投资
	同比增减（%）	同比增减（%）
荷塘区	16.0	15.7
芦淞区	13.8	11.5
石峰区	23.0	8.2
天元区	9.1	8.1
云龙区	22.5	11.5
渌口区	42.0	16.0
攸　县	10.1	7.7
茶陵县	5.4	15.4
炎陵县	6.8	5.3
醴陵市	6.6	4.2
县域合计	9.8	—

县（市）区主要经济指标一览表（四）

表 16

县（市）区名称	社会消费品零售总额	
	绝对额（亿元）	同比增减（%）
荷塘区	79.9	—2.4

续表 16

县（市）区名称	社会消费品零售总额	
	绝对额（亿元）	同比增减（%）
芦淞区	207.2	—2.6
石峰区	59.5	—2.5
天元区	160.9	—2.4
云龙区	13.7	—2.0
城区合计	—	—
渌口区	50.2	—1.7
攸　县	148.6	—2.0
茶陵县	88.7	—2.2
炎陵县	31.8	—1.8
醴陵市	249.8	—2.0

县（市）区主要经济指标一览表（五）

表 17

县（市）区名称	实际利用外资	
	绝对额（万美元）	增速（%）
荷塘区	20466	14.3
芦淞区	20958	14.6
石峰区	20703	17.6
天元区	56965	16.5
云龙区	2306	15.2
渌口区	7643	15.3
攸　县	14347	15.3
茶陵县	3211	15.2
炎陵县	1144	3556.6
醴陵市	31190	15.5

县（市）区主要经济指标一览表（六）

表 18

县（市）区名称	实际利用内资	
	绝对额（万元）	增速（%）
荷塘区	923548	23.3
芦淞区	1009357	23.4
石峰区	778391	23.4
天元区	1112371	23.4
云龙区	376122	23.4
渌口区	428985	23.1
攸　县	839740	23.1
茶陵县	414546	23.1
炎陵县	357937	23.1
醴陵市	854674	23.4

县（市）区主要经济指标一览表（七）

表 19

县（市）区名称	进出口总额	
	绝对额（万美元）	增速（%）
荷塘区	80117	—32.9
芦淞区	26468	—32.0
石峰区	29958	91.8
天元区	595472	—17.3
株洲经开区	17084	18.4
渌口区	27008	941.2
攸　县	10252	411.3
茶陵县	3808	3.9

续表 19

县（市）区名称	进出口总额	
	绝对额（万美元）	增速（%）
炎陵县	30928	76.9
醴陵市	180386	—21.6
保税物流中心	20807	—89.2
其　他	16699	—61.4

县（市）区主要经济指标一览表（八）

表 20

县（市）区名称	城乡居民人均可支配收入	
	绝对额（元）	增速（%）
荷塘区	51491	4.7
芦淞区	54138	5.1
石峰区	52069	5.0
天元区	59331	4.7
云龙区	42462	4.8
渌口区	26938	6.4
攸　县	37468	5.6
茶陵县	24445	6.2
炎陵县	20084	6.1
醴陵市	38654	5.7

县（市）区主要经济指标一览表（九）

表 21

县（市）区名称	城镇居民人均可支配收入	
	绝对额（元）	增速（%）
荷塘区	51491	4.7
芦淞区	54138	5.1
石峰区	52069	5.0
天元区	59331	4.7
云龙区	42462	4.8
渌口区	38886	5.0
攸　县	43762	4.7
茶陵县	37867	4.9
炎陵县	32388	4.7
醴陵市	44981	4.8

县（市）区主要经济指标一览表（十）

表 22

县（市）区名称	农村居民人均可支配收入	
	绝对额（元）	增速（%）
荷塘区	—	—
芦淞区	—	—
石峰区	—	—
天元区	—	—
云龙区	—	—
渌口区	22037	7.2
攸　县	30277	7.1
茶陵县	11532	9.8

续表 22

县（市）区名称	农村居民人均可支配收入	
	绝对额（元）	增速（%）
炎陵县	10698	9.9
醴陵市	30777	7.1

县（市）区主要经济指标一览表（十一）

表 23

县（市）区名称	金融存贷款（本外币）	
	绝对额（亿元）	增速（%）
一、金融机构存款余额		
全　市	3552.8	8.5
城区合计	2221.3	8.9
渌口区	197.7	5.4
攸　县	336.2	6.1
茶陵县	268.6	10.1
炎陵县	97.9	6.2
醴陵市	431.1	9.5
二、金融机构贷款余额		
全　市	2527.7	16.7
城区合计	1673.5	16.8
渌口区	129.1	19.4
攸　县	178.2	11.8
茶陵县	156.5	14.6
炎陵县	74.3	15.5
醴陵市	316.1	19.1

县（市）区主要经济指标一览表（十二）

表 24

县（市）区名称	地方一般公共预算收入	
	绝对额（万元）	增速（%）
荷塘区	47685	0.5
芦淞区	47825	0.5
石峰区	63124	—21.6
天元区	532195	1.7
云龙区	116402	19.6
城区合计	807231	1.4
渌口区	90413	11.0
攸　县	141615	3.3
茶陵县	81135	5.1
炎陵县	34774	2.2
醴陵市	300677	5.6
县域合计	648614	5.6

县（市）区主要经济指标一览表（十三）

表 25

县（市）区名称	税收收入	
	绝对额（万元）	增速（%）
荷塘区	36801	—12.2
芦淞区	34249	1.7
石峰区	46227	—21.0
天元区	400680	—5.1
云龙区	87892	21.2
城区合计	605849	—3.6
渌口区	60569	6.2
攸　县	68661	—8.6
茶陵县	58865	4.6
炎陵县	20445	—14.3
醴陵市	168458	—1.1
县域合计	376998	—1.5

县（市）区主要经济指标一览表（十四）

表 26

县（市）区名称	一般公共预算支出	
	绝对额（万元）	增速（%）
荷塘区	201519	—11.6
芦淞区	157413	—29.2
石峰区	174715	—23.0
天元区	533614	—10.8
云龙区	112200	—26.9
城区合计	1179461	—17.5
渌口区	310327	—4.7
攸　县	492266	5.7
茶陵县	446880	9.8
炎陵县	187460	—4.2
醴陵市	771228	1.0

县（市）区主要经济指标（十五）

表 27

县（市）区名称	“四上”单位数	
	在库“四上”单位总数（个）	其中：新增“四上”单位（个）
荷塘区	345	87
芦淞区	402	81
石峰区	304	66
天元区	605	129
云龙区	97	22
城区合计	1753	385
渌口区	232	57
攸　县	518	74
茶陵县	340	48
炎陵县	197	30
醴陵市	930	106
县域合计	2217	315

索 引

说明：

1. 本索引采用分析索引方法，按索引词首字汉语拼音顺序排列（阿拉伯数字开头的索引词转成对应汉字再按拼音序列排列）。首字母音序相同者，按第二音序排列，依次类推。

2. 类目、分目、人名作索引词用加粗黑体字标明。

3. 索引词后的阿拉伯数字表示内容所在页码，拉丁字母 a、b 表示左右栏。

4. 特载、大事记、概况（述）、文件选录、统计资料分目未作索引。

C

D

E

F

J

K

L

M

N

P

Q

X

Y